전등록 3

전등록 3

김월운 옮김

동국역경원

차례 3

제 22 권 29

행사行思 선사의 제7세 ②

▶ **앞의 항주杭州 용화사龍華寺 영조靈照 선사의 법손**

태주台州 서암瑞巖 사진師進 선사 · 33
태주台州 육통원六通院 지구志球 선사 · 33
항주杭州 운룡원雲龍院 귀歸 선사 · 35
항주杭州 여항餘杭 공신원功臣院 도한道閑 선사 · 35
구주衢州 진경鎭境 우연遇緣 선사 · 35
복주福州 보국원報國院 조照 선사 · 36
태주台州 백운白雲 내迺 선사 · 36

▶ **앞의 명주明州 취암翠巖 영참令參 선사의 법손**

항주杭州 용책사龍冊寺 자흥子興 명오明悟 대사 · 37
온주溫州 운산雲山 불오원佛嶴院 지묵知默 선사 · 38

▶ **앞의 복주福州 안국원安國院 홍도弘瑫 명진明眞 대사의 법손**

복주福州 백록白鹿 사귀師貴 선사 · 38
복주福州 나산羅山 의총義聰 선사 · 39
복주福州 안국원安國院 종귀從貴 선사 · 40
복주福州 이산怡山 장경長慶 장용藏用 선사 · 41
복주福州 영륭원永隆院 언단彦端 선사 · 42
복주福州 임양산林陽山 서봉원瑞峰院 지단志端 선사 · 42
복주福州 흥성興聖 만滿 선사 · 46
복주福州 선종원僊宗院 명明 선사 · 46
복주福州 안국원安國院 상祥 화상 · 47

▶ 앞의 장주漳州 보복원保福院 종전從展 선사의 법손

천주泉州 초경원招慶院 성등省僜 정수淨修 대사 · 47
장주漳州 보복원保福院 가주可儔 명변明辯 대사 · 50
서주舒州 백수白水 해회원海會院 여신如新 선사 · 51
홍주洪州 장강漳江 혜렴慧廉 선사 · 52
복주福州 보자원報慈院 문흠文欽 선사 · 53
천주泉州 만안원萬安院 청운淸運 자화資化 선사 · 53
장주漳州 보은원報恩院 도희道熙 선사 · 54
천주泉州 봉황산鳳凰山 종침從琛 홍인洪忍 선사 · 55
복주福州 영륭원永隆院 영瀛 화상 명혜明慧 선사 · 57
홍주洪州 청천산淸泉山 수청守淸 선사 · 58
장주漳州 보은원報恩院 행숭行崇 선사 · 58
담주潭州 악록산嶽麓山 화상 · 59
낭주朗州 덕산德山 덕해德海 선사 · 60
천주泉州 후초경後招慶 화상 · 60
낭주朗州 양산梁山 간簡 선사 · 61
홍주洪州 고안현高安縣 건산建山 징澄 선사 · 61
복주福州 강산康山 계온契穩 법보法寶 대사 · 62
담주潭州 연수사延壽寺 혜륜慧輪 대사 · 62
천주泉州 서명원西明院 침琛 선사 · 63

▶ 앞의 남악南嶽 금륜金輪 가관可觀 선사의 법손

후남악後南嶽 금륜金輪 화상 · 63

▶ 앞의 천주泉州 수룡산睡龍山 도부道溥 선사의 법손

장주漳州 보복원保福院 청활淸豁 선사 · 64

▶ **앞의 운문산雲門山 문언文偃 선사의 법손**

소주韶州 백운白雲 상祥 화상, 실성實性 대사 · 66

낭주朗州 덕산德山 제9세 연밀緣密 원명圓明 대사 · 69

담주潭州 수서水西 남대南臺 도준道遵 화상 법운法雲 대사 · 71

소주韶州 쌍봉산雙峰山 흥복원興福院 경흠竟欽 화상 혜진慧眞 광오廣悟 선사 · 72

소주韶州 자복資福 화상 · 74

광주廣州 신회新會 황운黃雲 원元 선사 · 75

광주廣州 의녕義寧 용경龍境 윤倫 선사 · 75

소주韶州 운문산雲門山 상爽 화상 · 77

소주韶州 백운白雲 문聞 화상 · 77

소주韶州 피운披雲 지적智寂 선사 · 77

소주韶州 정법淨法 장章 화상 선상禪想 대사 · 78

소주韶州 온문산溫門山 만滿 선사 · 79

악주嶽州 파릉巴陵 신개新開 호감顥鑒 대사 · 80

연주連州 지장원地藏院 혜자慧慈 명식明識 대사 · 81

영주英州 대용大容 인諲 선사 · 81

광주廣州 나산羅山 숭崇 선사 · 83

소주韶州 운문雲門 보寶 화상 · 83

영주郢州 임계臨谿 경탈竟脫 화상 · 83

광주廣州 화엄華嚴 혜慧 선사 · 84

소주韶州 순봉舜峰 소韶 화상 · 85

수주隋州 쌍천산雙泉山 사관師寬 명교明教 대사 · 86

영주英州 관음觀音 화상 · 87

소주韶州 임천林泉 화상 · 88

소주韶州 운문雲門 후煦 화상 · 88

익주益州 청성靑城 향림원香林院 징원澄遠 선사 · 88

제 23 권

제 23 권 ·· 93

행사行思 선사의 제7세 ③

▶ **소주韶州 운문산雲門山 문언文偃 선사의 법손**

남악南嶽 반야사般若寺 계유啓柔 선사 · 103
균주筠州 황벽산黃檗山 법제法濟 선사 · 104
양주襄州 동산洞山 수초守初 종혜宗慧 대사 · 105
신주信州 강국康國 요耀 화상 · 109
담주潭州 곡산谷山 풍豊 선사 · 109
영주潁州 나한羅漢 광계匡界 선사 · 110
낭주朗州 창계滄谿 인璘 화상 · 110
균주筠州 동산洞山 보리원普利院 제8세 주지 청품清禀 선사 · 111
기주蘄州 북선北禪 적寂 화상 오통悟通 대사 · 112
홍주洪州 늑담泐潭 도겸道謙 선사 · 113
여주廬州 남천왕南天王 영평永平 선사 · 113
조남潮南 영안永安 낭朗 선사 · 114
호남湖南 담명潭明 화상 · 114
금릉金陵 청량清凉 명明 선사 · 115
금릉金陵 봉선奉先 심深 선사 · 115
서천西川 청성青城 대면산大面山 승乘 화상 · 116
노부潞府 묘승妙勝 진臻 선사 · 116
흥원부興元府 보통普通 봉封 화상 · 117
소주韶州 등봉燈峰 정원淨原 화상 · 117
소주韶州 대범大梵 원圓 화상 · 118
예주澧州 약산藥山 원광圓光 선사 · 118
신주信州 아호산鵝湖山 운진雲震 선사 · 119
여산廬山 개선開先 청요清耀 선사 · 120
양주襄州 봉국奉國 청해清海 선사 · 121
소주韶州 자광慈光 화상 · 121
담주潭州 보안保安 사밀師密 선사 · 121

▶ **앞의 태주**台州 **서암**瑞巖 **사언**師彥 **선사의 법손**

남악南嶽 횡룡橫龍 화상 · 122
온주溫州 온령溫嶺 서봉원瑞峰院 신록神祿 선사 · 122

▶ **앞의 회주**懷州 **현천**玄泉 **언**彦 **선사의 법손**

악주鄂州 황룡산黃龍山 회기晦機 선사 · 123
낙경洛京 백곡柏谷 화상 · 125
지주池州 화룡和龍 화상 · 125
회주懷州 현천玄泉 제2세 화상 · 126
노부潞府 묘승妙勝 현밀玄密 선사 · 126

▶ **복주**福州 **나산**羅山 **도한**道閑 **선사의 법손**

홍주洪州 대녕원大寧院 은미隱微 선사 · 127
무주婺州 명초明招 덕겸德謙 선사 · 129
형주衡州 화광華光 범範 선사 · 136
복주福州 나산羅山 소자紹孜 선사 · 136
서천西川 혜慧 선사 · 137
건주建州 백운白雲 영엄令弇 화상 · 139
건주虔州 천축天竺 의징義澄 상진常眞 선사 · 139
길주吉州 청평淸平 유광惟曠 진적眞寂 선사 · 140
무주婺州 금주金柱 의소義昭 화상 · 141
담주潭州 곡산谷山 화상 · 142
호남湖南 유양瀏陽 도오산道吾山 종성從盛 선사 · 142
복주福州 나산羅山 의인義因 선사 · 143
관주灌州 영암靈巖 화상 · 144
길주吉州 광산匡山 화상 · 144
복주福州 흥성興聖 중만重滿 선사 · 145
담주潭州 보응寶應 청진淸進 선사 · 145

▶ **앞의 안주**安州 **백조산**白兆山 **지원**志圓 **선사의 법손**

낭주朗州 대룡산大龍山 지홍智洪 홍제弘濟 대사 · 146
양주襄州 백마산白馬山 행애行靄 선사 · 146
영주郢州 대양산大陽山 행충行沖 선사 · 147
안주安州 백조산白兆山 축건원竺乾院 회초懷楚 선사 · 147
기주蘄州 사조산四祖山 청교淸皎 선사 · 148
기주蘄州 삼각산三角山 지조志操 선사 · 149
진주晋州 흥교興敎 사보師普 선사 · 149
기주蘄州 삼각산三角山 진감眞鑒 선사 · 150

▶ **앞의 담주**潭州 **등하**藤霞 **화상의 법손**

예주澧州 약산藥山 화상 · 150

▶ **앞의 담주**潭州 **운개산**雲蓋山 **경**景 **화상의 법손**

형악衡嶽 남대사南臺寺 장藏 선사 · 151
유주幽州 담자수潭柘水 종실從實 선사 · 151
담주潭州 운개산雲蓋山 증각證覺 선사 · 152

▶ **앞의 여산**廬山 **귀종사**歸宗寺 **회운**懷惲 **선사의 법손**

귀종사歸宗寺 홍장弘章 선사 · 152

▶ **앞의 지주**池州 **혜산**嵆山 **장**章 **선사의 법손**

수주隨州 쌍천산雙泉山 도건道虔 선사 · 153

▶ **앞의 홍주**洪州 **운거**雲居 **제4세 회악**懷岳 **선사의 법손**

양주揚州 풍화원風化院 영숭令崇 선사 · 154
예주澧州 약산藥山 충언忠彦 선사 · 154
재주梓州 용천龍泉 화상 · 155

▶ **앞의 균주**筠州 **동산**洞山 **도연**道延 **선사의 법손**

균주筠州 상람원上藍院 경慶 선사 · 155

▶ **앞의 양주**襄州 **녹문산**鹿門山 **처진**處眞 **선사의 법손**

익주益州 숭진崇眞 화상 · 156
양주襄州 녹문산鹿門山 제2세 담譚 화상 지행志行 대사 · 156
양주襄州 곡은谷隱 지정智靜 오공悟空 대사 · 157
여산廬山 불수암佛手巖 행인行因 선사 · 157

▶ **앞의 무주**撫州 **조산**曹山 **제2세 혜하**慧霞 **선사의 법손**

가주嘉州 동정東汀 화상 · 159

▶ **앞의 화주**華州 **초암**草庵 **법의**法義 **선사의 법손**

천주泉州 구양龜洋 혜충慧忠 선사 · 159

▶ **앞의 양주**襄州 **함주산**含珠山 **심철**審哲 **선사의 법손**

양주洋州 용혈산龍穴山 화상 · 161
당주唐州 대승산大乘山 화상 · 162
양주襄州 봉산鳳山 연경원延慶院 귀효歸曉 혜광慧廣 대사 · 162
양주襄州 함주산含珠山 진眞 화상 · 162

▶ **앞의 봉상부**鳳翔府 **자릉**紫陵 **광일**匡一 **대사의 법손**

병주幷州 광복廣福 도은道隱 선사 · 163
자릉紫陵 미微 선사 · 163
흥원부興元府 대랑大浪 화상 · 164

▶ **앞의 홍주**洪州 **봉서산**鳳棲山 **동안**同安 **위**威 **선사의 법손**

진주陳州 석경石鏡 화상 · 164

▶ **앞의 양주襄州 석문산石門山 헌獻 선사의 법손**

석문산石門山 건명사乾明寺 혜철慧徹 선사 · 164

▶ **앞의 양주襄州 만동산萬銅山 광덕廣德 의義 화상의 법손**

양주襄州 광덕廣德 연延 화상 · 166

▶ **앞의 수주隋州 수성산隋城山 호국護國 수징守澄 선사의 법손**

수주隋州 용거산龍居山 지문사智門寺 수흠守欽 원조圓照 대사 · 167
수성산隋城山 호국지원護國知遠 연화演化 대사 · 168
안주安州 대안산大安山 능能 화상 숭교崇教 대사 · 168
영주穎州 천복원薦福院 사思 선사 · 169
담주潭州 연수延壽 화상 · 169
수성산隋城山 호국護國 지랑志郎 원명圓明 대사 · 169

▶ **앞의 기주蘄州 오아산烏牙山 언빈彥賓 선사의 법손**

안주安州 대안산大安山 흥고興古 선사 · 170
기주蘄州 오아산烏牙山 행랑行朗 선사 · 170

▶ **앞의 봉상부鳳翔府 청봉靑峰 화상의 법손**

서천西川 영감靈龕 화상 · 170
경조京兆 자각산紫閣山 단기端己 선사 · 171
방주房州 개산開山 회주懷晝 선사 · 171
유주幽州 전법傳法 화상 · 172
익주益州 정중사淨衆寺 귀신歸信 선사 · 172
청봉산靑峰山 청면淸免 선사 · 172

제 24 권 175

행사行思 선사의 제8세

▶ **앞의 장주漳州 나한羅漢 계침桂琛 선사의 법손**

승주昇州 청량원淸凉院 문익文益 선사 · 181
양주襄州 청계산淸谿山 홍진洪進 선사 · 195
승주昇州 세량원勢凉院 휴복休復 오공悟空 선사 · 197
무주撫州 용제산龍濟山 소수紹修 선사 · 200
항주杭州 천룡사天龍寺 수秀 선사 · 204
노주潞州 연경원延慶院 전은傳殷 선사 · 205
형악衡嶽 남대南臺 수안守安 선사 · 205

▶ **앞의 복주福州 선종僊宗 계부契符 청법淸法 대사의 법손**

복주福州 선종僊宗 동명洞明 진각眞覺 대사 · 206
천주泉州 복청福淸 광법廣法 대사 행흠行欽 · 207

▶ **앞의 항주杭州 천룡天龍 중기重機 대사의 법손**

고려高麗 설악雪嶽 영광令光 선사 · 208

▶ **앞의 무주婺州 국태國泰 도瑫 선사의 법손**

무주婺州 제운齊雲 보승寶勝 선사 · 208

▶ **앞의 복주福州 승산昇山 백룡원白龍院 도희道希 선사의 법손**

복주福州 광평廣平 현지玄旨 선사 · 209
복주福州 승산昇山 백룡白龍 청모淸慕 선사 · 210
복주福州 영봉靈峰 지은志恩 선사 · 210
복주福州 동선東禪 현량玄亮 선사 · 211
장주漳州 보구원報劬院 현응玄應 정혜定慧 선사 · 212

▶ 앞의 천주泉州 초경招慶 법인法因 대사의 법손

천주泉州 보은원報恩院 종현宗顯 명혜明慧 대사 · 214
금릉金陵 용광원龍光院 징개澄忋 선사 · 215
영흥永興 북원北院 가휴可休 선사 · 216
침주郴州 태평원太平院 청해淸海 선사 · 217
연주連州 자운慈雲 보광普廣 대사 혜심慧深 · 217
영주郢州 흥양산興陽山 도흠道欽 선사 · 218

▶ 앞의 무주婺州 보은報恩 보자寶資 선사의 법손

처주處州 복림福林 징澄 화상 · 218

▶ 앞의 처주處州 취봉翠峰 종흔從欣 선사의 법손

처주處州 보은報恩 수진守眞 선사 · 218

▶ 앞의 양주襄州 취령鷲嶺 명원明遠 선사의 법손

양주襄州 취령鷲嶺 통通 화상 · 219

▶ 앞의 항주杭州 용화사龍華寺 지구志球 선사의 법손

항주杭州 인왕원仁王院 준俊 선사 · 219

▶ 앞의 장주漳州 보복원保福院 가주可儔 선사의 법손

장주漳州 융수隆壽 무일無逸 선사 · 220

▶ 앞의 담주潭州 연수사延壽寺 혜륜慧輪 선사의 법손

여산廬山 귀종歸宗 제12세 도전道詮 선사 · 221
담주潭州 용흥龍興 유裕 선사 · 223

▶ **앞의 소주**韶州 **백운**白雲 **상**祥 **화상의 법손**
소주韶州 대력大歷 화상 · 224
연주連州 보화寶華 화상 · 224
소주韶州 월화月華 화상 · 226
남웅주南雄州 지장地藏 화상 · 228
영주英州 낙정樂淨 함광含匡 선사 · 228
소주韶州 후백운後白雲 화상 · 230

▶ **앞의 낭주**朗州 **덕산**德山 **연밀**緣密 **대사의 법손**
담주潭州 녹원鹿苑 문습文襲 선사 · 232
예주澧州 약산藥山 가경可瓊 선사 · 232

▶ **앞의 서천**西川 **청성**青城 **향림**香林 **징원**澄遠 **선사의 법손**
관주灌州 나한羅漢 화상 · 233

▶ **앞의 악주**鄂州 **황룡**黃龍 **회기**晦機 **선사의 법손**
낙경洛京 장수長水 자개紫蓋 선소善沼 선사 · 233
미주眉州 황룡黃龍 계달繼達 선사 · 234
조수棗樹 화상 · 234
흥원부興元府 현도산玄都山 징澄 화상 · 235
가주嘉州 흑수黑水 화상 · 236
악주鄂州 황룡黃龍 지옹智顒 선사 · 236
미주眉州 창복昌福 달達 화상 · 237

▶ **앞의 무주**婺州 **명초**明招 **덕겸**德謙 **선사의 법손**
처주處州 보은報恩 계종契從 선사 · 238
무주婺州 보조普照 유瑜 화상 · 239
무주婺州 쌍계雙谿 보초保初 선사 · 240
처주處州 용천涌泉 구究 화상 · 241
구주衢州 나한羅漢 의義 화상 · 241

▶ **앞의 낭주**朗州 **대룡산**大龍山 **지홍**智洪 **선사의 법손**

대룡산大龍山 경여景如 선사 · 242
낭주朗州 대룡산大龍山 초훈楚勛 선사 · 242
흥원부興元府 보통원普通院 종선從善 선사 · 244

▶ **앞의 양주**襄州 **백마**白馬 **행애**行靄 **선사의 법손**

양주襄州 백마白馬 지륜智倫 선사 · 244

▶ **앞의 안주**安州 **백조산**白兆山 **제2세 회초**懷楚 **선사의 법손**

당주唐州 보수保壽 광우匡祐 선사 · 245

▶ **앞의 양주**襄州 **곡은**谷隱 **지정**智靜 **선사의 법손**

곡은谷隱 지엄知儼 선사 · 245
양주襄州 보녕원普寧院 법현法顯 선사 · 246

▶ **앞의 여산**廬山 **귀종**歸宗 **제4세 주지 홍장**弘章 **선사의 법손**

동경東京 보정원普淨院 상각常覺 선사 · 247

▶ **앞의 양주**襄州 **석문산**石門山 **제3세 혜철**慧徹 **선사의 법손**

석문산石門山 소원紹遠 선사 · 249
악주鄂州 영죽靈竹 수진守珍 선사 · 250

▶ **앞의 홍주**洪州 **동안**同安 **지**志 **화상의 법손**

낭주朗州 양산梁山 연관緣觀 선사 · 251

▶ **앞의 양주**襄州 **광덕**廣德 **제2세 연**延 **화상의 법손**

양주襄州 광덕廣德 주周 선사 · 253

제 25 권 ······ 255

행사行思 선사의 제9세 ①

▶ 금릉金陵 청량淸凉 문익文益 선사의 법손

천태산天台山 덕소德韶 국사 · 257
항주杭州 보은사報恩寺 혜명慧明 선사 · 279
장주漳州 나한羅漢 선법宣法 대사 지의智依 · 283
금릉金陵 종산鍾山 장의章義 선사 도흠道欽 · 285
금릉金陵 보은報恩 광일匡逸 선사 · 287
금릉金陵 보자도량報慈道場 문수文邃 도사導師 · 289
장주漳州 나한원羅漢院 수인守仁 선사 · 292
항주杭州 영명사永明寺 도잠道潛 선사 · 295
무주撫州 황산黃山 양광良匡 선사 · 299
항주杭州 영은산靈隱山 청용淸聳 선사 · 300
금릉金陵 보은원報恩院 현칙玄則 선사 · 303
금릉金陵 보자도량報慈道場 현각玄覺 도사導師 행언行言 · 306
금릉金陵 정덕도량淨德道場 달관達觀 선사 지균智筠 · 308
고려高麗 도봉산道峰山 혜거慧炬 국사 · 311
금릉金陵 청량淸凉 법등法燈 선사 태흠泰欽 · 311
항주杭州 진신보탑사眞身寶塔寺 소암紹巖 선사 · 318
금릉金陵 보은원報恩院 법안法安 혜제慧濟 선사 · 319
무주撫州 숭수원崇壽院 계조契稠 선사 · 321
홍주洪州 운거산雲居山 청석淸錫 선사 · 323
홍주洪州 백장산百丈山 대지원大智院 도상道常 선사 · 324
천태산天台山 반야사般若寺 통혜通慧 선사 경준敬遵 · 327
여산廬山 귀종사歸宗寺 법시法施 선사 책진策眞 · 328
홍주洪州 봉서산鳳棲山 동안원同安院 소현紹顯 선사 · 330
강주江州 여산廬山 서현사棲賢寺 혜원慧圓 선사 · 331
홍주洪州 관음원觀音院 종현從顯 선사 · 332

여주廬州 장안원長安院 연규延規 선사 · 334
상주常州 정근원正勤院 희봉希奉 선사 · 334
낙경洛京 흥선興善 서륜棲倫 선사 · 337
홍주洪州 무녕武寧 엄양嚴陽 신흥新興 제齊 선사 · 337
윤주潤州 자운慈雲 광달匡達 선사 · 338

제 26 권 ……………………………………………339

행사行思 선사의 제9세 ②

▶ **금릉金陵 청량淸凉 문익文益 선사의 법손**

소주蘇州 천복원薦福院 소명紹明 선사 · 347
택주澤州 고현원古賢院 근謹 선사 · 347
선주宣州 흥복원興福院 가훈可勳 선사 · 348
홍주洪州 상람원上藍院 수눌守訥 선사 · 349
무주撫州 복선覆船 화상 · 349
항주杭州 봉선사奉先寺 법명法明 보조普照 선사 법괴法瓌 · 350
여산廬山 화성사化城寺 혜랑慧朗 선사 · 350
항주杭州 혜일慧日 영명사永明寺 통변通辯 선사 도홍道鴻 · 351
고려高麗 영감靈鑒 선사 · 352
형문荊門 상천上泉 화상 · 353
여산廬山 대림사大林寺 승둔僧遁 선사 · 353
지주池州 인왕원仁王院 연승緣勝 선사 · 354
여산廬山 귀종사歸宗寺 의유義柔 선사 · 354

▶ **앞의 양주襄州 청계淸谿 홍진洪進 선사의 법손**

상주相州 천평산天平山 종의從漪 선사 · 357
여산廬山 원통원圓通院 연덕緣德 선사 · 358

▶ 앞의 승주昇州 **청량**淸涼 **휴복**休復 **선사의 법손**

승주昇州 봉선사奉先寺 정조淨照 선사 혜동慧同 · 359

▶ 앞의 무주撫州 **용제산**龍濟山 **소수**紹修 **선사의 법손**

하동河東 광원廣原 화상 · 360

▶ 앞의 형악衡嶽 **남대**南臺 **수안**守安 **선사의 법손**

양주襄州 취령鷲嶺 선미善美 선사 · 360

▶ 앞의 장주漳州 **융수원**隆壽院 **무일**無逸 **선사의 법손**

융수隆壽 법건法騫 선사 · 361

▶ 앞의 여산廬山 **귀종사**歸宗寺 **도전**導詮 **선사의 법손**

균주筠州 구봉九峰 의전義詮 선사 · 362

▶ 앞의 미주眉州 **황룡**黃龍 **계달**繼達 **선사의 법손**

미주眉州 황룡黃龍 제2세 화상 · 362

▶ 앞의 낭주朗州 **양산**梁山 **연관**緣觀 **선사의 법손**

영주郢州 대양산大陽山 경현警玄 선사 · 363

행사行思 선사의 제10세

▶ 앞의 천태산天台山 **덕소**德昭 **국사의 법손**

항주杭州 혜일慧日 영명사永明寺 지각智覺 선사 연수延壽 · 364
온주溫州 대녕원大寧院 가홍可弘 선사 · 368
소주蘇州 안국安國 장수원長壽院 붕언朋彥 대사 · 369

항주杭州 오운산五雲山 화엄도량華嚴道場 지봉志逢 대사 · 370
항주杭州 보은報恩 광교사光教寺 혜월慧月 선사 법단法端 · 374
항주杭州 보은報恩 광교사光教寺 통변通辯 명달明達 선사 소안紹安 · 375
복주福州 광평원廣平院 수위守威 종일宗一 선사 · 375
항주杭州 보은報恩 광교사光教寺 제5세 주지 영안永安 선사 · 377
광주廣州 광성도량光聖道場 사호師護 선사 · 380
항주杭州 봉선사奉先寺 청욱淸昱 선사 · 381
태주台州 천태산天台山 자응紫凝 보문사普聞寺 지근智勤 선사 · 381
온주溫州 안탕산雁蕩山 원제願齊 선사 · 383
항주杭州 보문사普門寺 희변希辯 선사 · 384
항주杭州 광경사光慶寺 우안遇安 선사 · 385
천태산天台山 반야사般若寺 우섬友蟾 선사 · 388
무주婺州 지자사智者寺 전긍全肯 선사 · 389
복주福州 옥천玉泉 의릉義隆 선사 · 389
항주杭州 용책사龍冊寺 제5세 주지 효영曉榮 선사 · 390
항주杭州 임안현臨安縣 공신원功臣院 경소慶蕭 선사 · 391
월주越州 칭심稱心 경진敬璡 선사 · 392
복주福州 엄봉嚴峰 사출師朮 선사 · 392
노주潞州 화엄華嚴 혜달慧達 선사 · 393
월주越州 섬현剡縣 청태원淸泰院 도원道圓 선사 · 393
항주杭州 구곡九曲 관음원觀音院 경상慶祥 선사 · 394
항주杭州 개화사開化寺 전법傳法 대사 행명行明 · 394
월주越州 소산현蕭山縣 어포漁浦 개선사開善寺 의원義圓 선사 · 395
온주溫州 서록사瑞鹿寺 상방上方 우안遇安 선사 · 395
항주杭州 용화사龍華寺 혜거慧居 선사 · 396
무주婺州 제운산齊雲山 우진遇臻 선사 · 398
온주溫州 서록사瑞鹿寺 본선本先 선사 · 399

▶ **앞의 항주**杭州 **보은사**報恩寺 **혜명**慧明 **선사의 법손**
복주福州 장계長谿 보명원保明院 통법通法 대사 도성道誠 · 408

▶ **앞의 항주**杭州 **영명사**永明寺 **도잠**道潛 **선사의 법손**
항주杭州 천광왕사千光王寺 괴성瓌省 선사 · 409
구주衢州 진경鎭境 지징志澄 대사 · 410
명주明州 숭복원崇福院 경상慶祥 선사 · 411

▶ **앞의 항주**杭州 **영은사**靈隱寺 **청용**淸聳 **선사의 법손**
항주杭州 임안臨安 공신원功臣院 도자道慈 선사 · 411
수주秀州 나한원羅漢院 원소願昭 선사 · 412
처주處州 보은원報恩院 사지師智 선사 · 413
구주衢州 곡녕瀔寧 가선可先 선사 · 413
항주杭州 임안臨安 광효원光孝院 도단道端 선사 · 414
항주杭州 서산西山 보청원保淸院 우녕遇寧 선사 · 414
복주福州 지제산支提山 옹희사雍熙寺 변륭辯隆 선사 · 414
항주杭州 서룡원瑞龍院 희원希圓 선사 · 415

▶ **앞의 금릉**金陵 **보자**報慈 **행언**行言 **도사의 법손**
홍주洪州 운거산雲居山 의능義能 선사 · 416

▶ **앞의 금릉**金陵 **청량**淸涼 **태흠**泰欽 **선사의 법손**
홍주洪州 운거산雲居山 제11세 주지 도제道齊 선사 · 417

▶ **앞의 금릉**金陵 **보은원**報恩院 **법안**法安 **선사의 법손**
여산廬山 서현사棲賢寺 도견道堅 선사 · 419
여산廬山 귀종사歸宗寺 제14세 주지 혜성慧誠 선사 · 419

▶ **앞의 여주**廬州 **장안원**長安院 **연규**延規 **선사의 법손**

여주廬州 장안원長安院 변실辯實 선사 · 422

담주潭州 운개산雲蓋山 해회사海會寺 용청用淸 선사 · 422

행사行思 **선사의 제11세**

▶ **앞의 소주**蘇州 **장수원**長壽院 **붕언**朋彦 **대사의 법손**

장수長壽 제2세 법제法齊 선사 · 424

| 제 27 권 | 427

선문에 통달한 사람으로서 세상에 드러나지는 않았으나 당시에 유명하던 열 사람

보지寶誌 선사 · 428

선혜善慧 대사大士 · 430

형악衡嶽 혜사慧思 선사 · 437

천태산天台山 수선사修禪寺 지자智者 선사 지의智顗 · 441

사주泗州 승가僧伽 대사 · 451

만회萬廻 법운공法雲公 · 452

천태天台 풍간豊干 선사 · 454

천태天台 한산자寒山子 · 456

천태天台 습득拾得 · 458

명주明州 봉화현奉化縣 포대布袋 화상 · 459

제방의 갖가지 이야기[雜擧] **· 물음**[徵] **· 들어냄**[拈] **· 대신 말함**[代] **따로 말함**[別語] **등** · 463

제 28 권 ······ 491

여러 곳의 선사들이 남긴 긴 법어法語

남양南陽 혜충慧忠 국사 법어 · 492
낙경洛京 하택荷澤 신회神會 대사 · 503
강서江西 대적大寂 도일道一 선사 · 507
예주澧州 약산藥山 유엄惟儼 화상 · 510
월주越州 대주大珠 혜해慧海 화상 · 512
분주汾州 대달大達 무업無業 국사 · 538
지주池州 남전南泉 보원普願 화상 · 543
조주趙州 종심從諗 화상 · 552
진주鎭州 임제臨濟 의현義玄 화상 · 553
현사玄沙 종일宗一 사비師備 선사 · 555
장주漳州 나한羅漢 계침桂琛 화상 · 558
대법안大法眼 문익文益 선사 · 562

제 29 권 ······ 569

찬讚·**송**頌·**게**偈·**시**詩

양梁 보지寶誌 화상의 대승찬大乘讚 10수首 · 570
보지寶誌 화상의 십이시송十二時頌 · 579
　첫 새벽의 인시寅時 · 579
　해돋이 묘시卯時 · 579
　밥 먹을 때인 진시辰時 · 579
　해가 불끈 솟은 사시巳時 · 580
　한나절인 오시午時 · 580
　해가 기우는 미시未時 · 581

해가 저무는 신시申時 · 581
해가 지는 유시酉時 · 581
초저녁 술시戌時 · 582
인적이 멈추는 해시亥時 · 582
한밤중 자시子時 · 583
닭이 우는 축시丑時 · 583

지공(誌公 : 寶誌) 화상의 십사과송十四科頌 · 583
보리와 번뇌가 둘이 아님 · 583
가지고 범함이 둘이 아님 · 584
부처와 중생이 둘이 아님 · 585
사事와 이理가 둘이 아님 · 586
고요함과 시끄러움이 둘이 아님 · 586
선과 악이 둘이 아님 · 587
색色과 공空이 둘이 아님 · 588
나고 죽음이 둘이 아님 · 589
끊음과 없앰이 둘이 아님 · 590
참과 속됨이 둘이 아님 · 591
해탈과 속박이 둘이 아님 · 592
경계와 비춤이 둘이 아님 · 593
운용運用이 걸림 없음 · 594
미혹과 깨달음이 둘이 아님 · 594

귀종歸宗 지진至眞 선사 지상智常의 게송 1수首 · 595
향엄香嚴 습등襲燈 대사 지한智閑의 게송 19수首 · 596
수지授指 · 596
마지막 말씀 · 597
현묘함을 드러냄、최대부崔大夫에게 주다 · 598

도량道場에 통달함、성음城陰 행자行者에게 주다 · 598
설판관薛判官에게 줌 · 598
임유현臨濡縣의 행자에게 주다 · 599
종지를 드러냄 · 600
3구句 뒤의 뜻 · 600
정랑중鄭郎中의 물음에 답한다 · 2수 · 600
도를 이야기하다 · 601
현기玄機라는 학인에게 주다 · 601
분명한 도 · 602
현묘한 종지 · 602
등주鄧州의 행자에게 주다 · 602
세 차례 뛴 뒤에 · 602
상근기上根機 · 603
법신이란 소견을 깨뜨리다 · 603
외다리[獨脚] · 604

동산洞山 화상 양개良价의 게송 1수 · 604
무심無心이 도에 계합한다 · 604

용아龍牙 화상 거둔居遁의 게송 18수 · 604
현사玄沙 사비師備 종일宗一 대사의 게송 3수 · 608
초경招慶 성등省僜 진각眞覺 대사의 게송 2수 · 609
좌선에 집착한 수좌에게 보임 · 609
좌선하는 방편을 보임 · 610

장주漳州 나한羅漢 계침桂琛 화상의 명도송明道頌 1수 · 610
남악南嶽 유경惟勁 선사의 각지송覺地頌 1수 · 612
각지覺地의 이름이 같고 다름을 간단히 밝힌다 · 612

영주郢州 임계臨谿 경탈敬脫 화상의 입도천심송入道淺深頌 5수 · 615
대법안大法眼 선사 문익文益의 게송 14수 · 617
삼계가 오직 마음뿐이다 · 617
화엄 6상相의 이치 · 617
수보리須菩提를 본다 · 618
거리의 북소리 · 618
사모하는 도道를 버리라고 보이다 · 618
『금강경』에서 남에게 경시당하는 장章 · 619
스님이 빛깔을 따르는 마니주에 대해 묻다 · 619
우두암牛頭庵 · 620
건달바성乾闥婆城 · 620
경전을 읽는 스님을 보고 · 620
어떤 스님에게 "아는가?" 했더니, "모른다"고 대답하기에 · 621
뜰의 잣나무와 화분의 연꽃 · 621
정월에 우연히 보이다 · 621
종릉鍾陵의 광光 승정僧正에게 주다 · 621
백거이白居易의 팔점게八漸偈 · 622
관觀 · 622
각覺 · 623
정定 · 623
혜慧 · 623
명明 · 624
통通 · 624
제濟 · 624
사捨 · 625

동안同安 찰察 선사의 십현담十玄談 · 625
심인心印 · 626
조의祖意 · 626
현기玄機 · 627
진이塵異 · 627
가르침을 펴다 · 628
달본達本 · 628
환원還源 · 628
회기迴機 · 629
전위轉位 · 629
일색一色 · 630
운정산雲頂山의 승僧 덕부德敷의 10수 · 630
말하고 침묵으로 헤아리기 어렵다 · 630
조사의 뜻과 교리는 매우 다르다 · 631
학문은 비록 묘하지만 · 631
질문이 와도 다만 대답하지 못하고 · 632
지적指的할 수 없다 · 632
스스로의 외고집을 즐긴다 · 632
문답을 할 때에는 일어나고 쓰러짐을 알라 · 633
말과 행동이 맞아야 한다 · 633
일구자一句子 · 634
고금古今의 대의大意 · 634
승僧 윤潤의 시詩 3수 · 635
『보림전寶林傳』을 읽다가 · 635
어느 수행자에게 준다 · 635
어느 선객에게 주다 · 636

제 30 권

제 30 권 …… 637

명銘·기記·잠箴·가歌

부傅 대사大士의 심왕명心王銘 · 638

3조祖 승찬僧璨 대사의 신심명信心銘 · 642

우두산牛頭山의 초조初祖 법융法融 선사의 심명心銘 · 648

식심명息心銘 · 656

보리달마菩提達磨의 약변대승입도사행略辨大乘入道四行 · 658

하택荷澤 대사의 현종기顯宗記 · 661

남악南嶽 석두石頭 화상의 참동계參同契 · 664

오대산五臺山 진국鎭國 대사 징관澄觀이 황태자문심요皇太子問心要에 답함 · 666

항주抗州 오운五雲 화상의 좌선잠坐禪箴 · 670

영가永嘉 진각眞覺 대사의 증도가證道歌 · 673

등등騰騰 화상의 요원가了元歌 · 684

남악南嶽 나찬懶瓚 화상의 노래 · 685

석두石頭 화상의 초암가草庵歌 · 688

도오道吾 화상의 낙도가樂道歌 · 690

배도杯渡 선사의 일발가一鉢歌 · 691

낙보樂普 화상의 부구가浮漚歌 · 698

소계蘇溪 화상의 목호가牧護歌 · 699

법등法燈 선사 태흠泰欽의 고경가古鏡歌 3수 · 700

담주潭州 용회龍會 도심道尋의 변참삼매가遍參三昧歌 · 703

단하丹霞 화상의 완주음翫珠吟 2수 · 704

관남關南 장로의 획주음獲珠吟 · 707

향엄香嚴 화상 지한智閑의 시 2수 · 708
여각음勵覺吟 · 708
귀적음歸寂吟 증동주贈同住 · 709

소산韶山 화상의 심주가心珠歌 · 711

위부魏府 화엄華嚴 장로의 시중示衆 · 712

한림학사翰林學士 공부시랑工部侍郎 증贈 예부상서禮部尙書 문공文公 양억楊億이 비서감祕書監에 임명되어 여주汝州를 다스리던 어느 날 내한(內翰 : 한림)인 이유李維에게 글을 보내 그가 법을 전해 받은 시말始末을 밝힘 · 716

발跋 / 725
소疏 / 727
경덕전등록 후서後序 / 730

경덕전등록景德傳燈錄 제 22 권

길주吉州 청원산青原山 행사行思 선사의 제7세 법손 ②

항주杭州 용화사龍華寺 영조靈照 선사의 법손 7인

태주台州 서암瑞巖 사진師進 선사

태주台州 육통원六通院 지구志球 선사

항주杭州 운룡원雲龍院 귀歸 선사

항주杭州 여항餘杭 공신원功臣院 도한道閑 선사

구주衢州 진경鎭境 우연遇緣 선사

복주福州 보국원報國院 조照 선사

태주台州 백운白雲 내迺 선사

〔이상 7인은 기록에 보임〕

명주明州 취암翠巖 영참令參 선사의 법손 2인

항주杭州 용책사龍冊寺 자흥子興 선사

온주溫州 불오佛嶴 지묵知默 선사

〔이상 2인은 기록에 보임〕

복주福州 안국원安國院 홍도弘瑫 선사의 법손 9인

복주福州 백록白鹿 사귀師貴 선사

복주福州 나산羅山 의총義聰 선사

복주福州 안국安國 종귀從貴 선사

복주福州 이산怡山 장용藏用 선사

복주福州 영륭永隆 언단彦端 선사

복주福州 임양林陽 지단志端 선사

복주福州 흥성興聖 만滿 선사

복주福州 선종僊宗 명明 선사

복주福州 안국安國 상祥 화상

〔이상 9인은 기록에 보임〕

장주漳州 보복원保福院 종전從展 선사의 법손 25인

천주泉州 초경招慶 성등省僜 선사

장주漳州 보복保福 가주可儔 선사

서주舒州 백수白水 여신如新 선사

홍주洪州 장강漳江 혜렴慧廉 선사

복주福州 보자報慈 문흠文欽 선사

천주泉州 만안萬安 청운淸運 선사

장주漳州 보은報恩 희熙 선사

천주泉州 봉황산鳳凰山 종침從琛 선사

복주福州 영륭永隆 영瀛 화상

홍주洪州 청천산淸泉山 수청守淸 선사

장주漳州 보은원報恩院 행숭行崇 선사

담주潭州 악록嶽麓 화상

낭주朗州 덕산德山 덕해德海 화상

천주泉州 후초경後招慶 화상

낭주朗州 양산梁山 간簡 선사

홍주洪州 건산建山 징澄 선사

복주福州 강산康山 계온契穩 선사

담주潭州 연수延壽 혜륜慧輪 대사

천주泉州 서명西明 침琛 선사

〔이상 19인은 기록에 보임〕

복주福州 승산升山 유柔 선사

복주福州 침봉枕峰 화상

낭주朗州 법조法操 선사

양주襄州 취령鷲嶺 화상

목주睦州 경련敬連 화상

담주潭州 곡산谷山 구句 선사

〔이상 6인은 기연할 어구가 없으므로 기록하지 않음〕

남악南嶽 금륜金輪 관觀 선사의 법손 1인

후형악後衡嶽 금륜金輪 화상

〔1인은 기록에 보임〕

천주泉州 수룡산睡龍山 도부道溥 선사의 법손 1인

장주漳州 보복원保福院 청활淸豁 선사

〔1인은 기록에 보임〕

소주韶州 운문산雲門山 문언文偃 선사의 법손 25인

소주韶州 백운白雲 상祥 화상

낭주朗州 덕산德山 연밀緣密 선사
담주潭州 남대南臺 도준道遵 선사
소주韶州 쌍봉산雙峰山 경흠竟欽 화상
소주韶州 자복資福 화상
광주廣州 황운黃雲 원元 선사
광주廣州 용경龍境 윤倫 선사
소주韶州 운문雲門 상爽 선사
소주韶州 백운白雲 문聞 화상
소주韶州 피운披雲 지적智寂 선사
소주韶州 정법淨法 장章 화상
소주韶州 온문산溫門山 만滿 선사
악주岳州 파릉巴陵 호감顥鑒 대사
연주連州 지장地藏 혜자慧慈 대사
영주英州 대용大容 인諲 선사
광주廣州 나산羅山 숭崇 선사
소주韶州 운문雲門 보寶 선사
영주郢州 임계臨谿 경탈竟脫 화상
광주廣州 화엄華嚴 혜慧 선사
소주韶州 순봉舜峰 소韶 화상
수주隨州 쌍천雙泉 사관師寬 선사
영주英州 관음觀音 화상
소주韶州 임천林泉 화상
소주韶州 운문雲門 후煦 화상
익주益州 향림香林 징원澄遠 선사
〔이상 25인은 기록에 보임〕

행사行思 선사의 제7세 ②

앞의 항주杭州 용화사龍華寺 영조靈照 선사의 법손

태주台州 서암瑞巖 사진師進 선사

상당上堂하여 대중과 오래 섰다가 말했다.

"이미 깨달아서 지니고 있는 여러 선덕禪德들에게는 미안하다. 만일 소리를 좇고 메아리를 들으려 하는 자라면 방에 돌아가서 불을 쪼이는 것만 못하다. 안녕〔珍重〕."

어떤 스님이 물었다.

"어떤 것이 서암瑞巖의 경계입니까?"

"겹겹이 막힌 산봉우리가 남쪽으로 멀리 뻗어 왔고, 북쪽을 향한 서울은 지척 사이에 있다."

"어떤 것이 경계 안의 사람입니까?"

"만 리의 흰 구름이 서악瑞岳에 조회朝會하고, 미미한 보슬비가 주렴 앞을 씻는다."

"어찌하여야 그 사람을 가까이할 수 있습니까?"

"나는 그대가 직접 방에 든 줄 알았더니, 여전히 만 겹의 관문이 막혔구나."

태주台州 육통원六通院 지구志球 선사

어떤 스님이 물었다.

"온몸에 칼을 찼을 때에는 어떠합니까?"

대사가 대답했다.

"떨어졌다."

"상대하는 이는 어떠합니까?"

"하늘을 그을리고 땅을 굽는다."

"어떤 것이 6통通의 경계입니까?"

"눈에 가득한 강산을 멋대로 보거라."

"어떤 것이 경계 속의 사람입니까?"

"옛과 지금〔古今〕이 스스로 오고 간다."

"두 길을 여의고서 향상의 길이 있습니까?"

"있다."

"어떤 것이 향상의 일입니까?"

"운수납자들이 천 무리, 만 무리이구나."

"취의毳衣를 입은 현도(玄徒 : 현묘한 이치를 구하는 무리)에게 스님께서 지시해 주시기 바랍니다."

"홍로(紅爐 : 붉은 술독)는 안문관雁門關에 떨어지지 않는다."

"어떤 것이 홍로가 안문관에 떨어지지 않는 것입니까?"

"푸른 하늘이 어찌 사람들이 잡는다고 인색하게 굴겠는가?"

"그런 줄 모르는 이도 있습니까?"

"있다."

"어떤 것이 모르는 이입니까?"

"금방(金牓 : 게시판)에 이름이 없다."

"어떤 것이 화상의 가풍입니까?"

"1만萬의 집마다 보름달이 밝다."

"어떤 것이 제2의 달입니까?"

"산하대지山河大地이니라."

항주杭州 운룡원雲龍院 귀歸 선사

어떤 스님이 물었다.

"오랫동안 싸움터에 있었는데 왜 공명을 이루지 못합니까?"

"허물은 이쪽에 있다."

"나아갈 곳이 있겠습니까?"

"얼음이 녹고 기와가 부서진다."

항주杭州 여항餘杭 공신원功臣院 도한道閑 선사

스님이 물었다.

"어떤 것이 공신의 가풍입니까?"

대사가 대답했다.

"속인은 동쪽에 서고, 중들은 서쪽에 선다."

"어떤 것이 학인의 자기自己입니까?"

"그대와 같고, 나와 같다."

"그러면 둘이 아니겠습니다."

"10만 8천이니라."

구주衢州 진경鎭境 우연遇緣 선사

어떤 스님이 물었다.

"여러 사람이 금을 일구면 누가 얻습니까?"

"개울가에서 모래를 헤치면 헛수고를 할 뿐이다. 집안에 보물이 있으니 속히 돌아가라."

"그러면 시종일관 남에게서 얻는 것은 아니겠습니다."

"설사 그대가 산을 메는 힘이 있다 하여도 어깨에 짊어지는 것은 면할 수 없다."

복주福州 보국원報國院 조照 선사

상당하여 말했다.

"내가 만일 기틀을 온전히 하면, 그대들은 어디를 향해 찾겠는가? 대체로 근기가 고르지 않아서 문득 부끄러움을 갖추지 않게 된 것이니, 알겠는가? 지금 여러분을 위해 들어갈 문과 길을 만들어 주리라."

그리고는 승상繩床을 두세 차례 두드리고 말했다.

"보았는가? 들었는가? 보았으면 본 것이고, 들었으면 들은 것이니, 의식 속에서 따지고 헤아려서 망상전도妄想顚倒를 이루지 말라. 벗어날 기약이 없다. 안녕."

불탑佛塔이 벼락을 맞은 일로 인하여 어떤 사람이 물었다.

"불조佛祖의 탑이 어째서 벼락을 맞습니까?"

"영통한 하늘의 작용이니라."

"이미 영통한 하늘이라면 어째서 불탑에 벼락을 칩니까?"

"어느 곳에서 작용하였기에 불탑을 보았는가?"

"그렇지만 낭자하게 어질러진 것이야 어찌하겠습니까?"

"무엇을 보았는가?"

태주台州 백운白雲 내迺 선사

스님이 물었다.

"형산荊山에 옥이 있지만 보배가 아니니, 주머니 속에 있는 진짜 금을 한마디 일러 주십시오."

"우리 집은 가난하다."

"자비는 어디다 두셨습니까?"

"공연히 도자道者의 명예를 부끄럽게 만드는구나."

앞의 명주明州 취암翠巖 영참令參 선사의 법손

항주杭州 용책사龍冊寺 자흥子興 명오明悟 대사

스님이 물었다.
"바른 지위〔正位〕 안에서도 부처를 이루는 사람이 있습니까?"
대사가 대답했다.
"누가 중생인가?"
"그러면 모두가 부처를 이루겠습니다."
"나의 바른 지위를 돌려다오."
"어떤 것이 바른 지위입니까?"
"그대는 중생이다."
"어떤 것이 값을 매길 수 없는 보배입니까?"
"변화卞和[1]가 공연히 박옥璞玉을 안았다."
"홀연히 초왕楚王을 만나면 진상하겠습니까?"
"성인과 범부의 모습이 잇달아 이어진다."
"옛사람이 옷의 털을 들어 보인 뜻이 무엇입니까?"
"그대가 든 것이 온전치 못하구나."
"어찌하여야 다 들겠습니까?"
대사가 가사 자락을 들어 올렸다.

---

1 초楚나라의 사람. 박옥璞玉을 얻어 초의 왕〔楚王〕에게 헌상했으나 가짜라고 해서 왼쪽 다리가 잘렸다. 다음 무왕武王 때 다시 헌상했으나 이번에는 오른쪽 다리가 잘렸다. 뒤에 문왕文王이 즉위하여 기술자로 하여금 박옥을 다듬게 하여 보석을 얻었다고 한다.

온주溫州 운산雲山 불오원佛嶼院 지묵知默 선사〔제2세 주지〕

상당上堂하여 이렇게 말했다.

“내가 지금 여러분의 행각한 일을 살피건대 허다한 고생을 했다. 산을 돌고 물을 건너는 것이 끝내 고을과 고을을 구경하러 다닌 것이 아니며, 명산과 성지聖地를 찾아다닌 것이 모두 이 일대사一大事를 위함이 아닌 것이 없다. 지금 여러분 중에 여기를 참례하면서 소식을 통한 이가 있는가? 운산雲山이 감히 증명해 주리라.

운산만이 증명하는 것이 아니라 선림禪林과 불찰佛刹까지도 모두 증명해 주리라.”

스님이 물었다.

“어떤 것이 불오佛嶼의 가풍입니까?”

“손님을 보낼 때에는 세 걸음 밖을 나가지 않고, 손님을 맞이할 때에는 초당 앞에 그저 있을 뿐이다.”

앞의 복주福州 안국원安國院 홍도弘瑫 명진明眞 대사의 법손

복주福州 백록白鹿 사귀師貴 선사

개당開堂하는 날에 어떤 스님이 물었다.

“서협西峽의 한 줄기 물은 마두(馬頭 : 나루터)와 다르지 않은데, 백록의 천 봉우리는 계족(鷄足 : 대가섭이 죽은 산)과 얼마나 비슷합니까?”

대사가 대답했다.

“대중이 일시一時에 증험해 보았다.”

“어떤 것이 백록白鹿의 가풍입니까?”

"그대에게 무어라 했던가?"

"그러시면 학인은 때를 알겠습니다."

"때를 아는 사람이 무슨 경지에 합하겠는가?"

"다시는 중얼중얼하지 마십시오."

"놓치지 말아야 한다."

"우두가 4조를 보기 전에는 백 가지 새가 꽃을 물고 와서 공양했는데, 본 뒤에는 어째서 오지 않았습니까?"

"먼동이 트기 전에는 사람마다 기다리지만, 새벽이 밝아지면 평상시와 같다."

복주福州 나산羅山 의총義聰 선사

상당하여 대중이 오래 섰으니, 대사가 말했다.

"만일 분부한 곳이 있다고 하면 나산은 안목이 없고, 분부한 곳이 없다면 수고해도 공이 없다. 그래서 유마維摩가 옛날에 문수를 대한 것인데, 지금 알겠는가?"

스님이 물었다.

"무엇이 사자가 굴에서 나온 것입니까?"

"어느 곳인들 진동으로 갈라지지 않겠는가?"

"어떤 소리를 지릅니까?"

"귀머거리는 듣지 못한다."

"'손으로 하늘과 땅을 가리키면서 나만이 홀로 존귀하다'고 했는데, 어찌하여 옆 사람의 책망을 들었습니까?"

"오랑캐의 수염을 붉다고 말한 것이라 여긴다."

"옆 사람에게는 어떤 장점이 있습니까?"

"길이 평등하지 못한 것을 보기 때문에 칼을 어루만진다."

복주福州 안국원安國院 종귀從貴 선사

스님이 물었다.

"참선할 궁전을 크게 창설하고 법을 배우는 무리가 구름같이 모였으니, 위로 향하는 외길[向上一路]을 스님께서 결단코 가려 주십시오."

"본래 시기에 맞는 무리가 아니구나."

언젠가 상당하여 이렇게 말했다.

"선禪과 도道를 들어서 한쪽에다 던져두어라. 부처와 조사는 무슨 헌신짝 같은 것이냐? 이렇게 고해도 여러분을 너무 깔보는 것이 아닐까? 깔본다고 여기거든 행각을 떠나고, 깔보는 것이 아니라고 여기거든 입을 다물어야 한다. 안녕."

또 언젠가 상당하여 이렇게 말했다.

"사실 양조梁朝를 만나지 못했으니, 안국安國도 속인 것에 불과하다. 안녕."

스님이 물었다.

"스님께서 종승宗乘을 들어 주십시오."

대사가 대답했다.

"오늘은 벼를 털고, 내일은 장작을 나른다."

"우두가 4조를 보기 전에는 어떠합니까?"

"향로가 승상繩床을 대하고 있다."

"본 뒤에는 어떠합니까?"

"사립문이 맨 기둥을 대하고 있다."

"어떤 것이 화상의 가풍입니까?"

"가풍을 묻는다면 곧 가풍을 대답하리라."

"학인이 가풍을 묻지 않을 때에는 어찌하시렵니까?"

"오랑캐가 오고, 한족漢族이 간다."

"다른 것은 묻지 않겠습니다. 힘이 덜리는 자리〔省要處〕를 스님께서 한마디 해주십시오."

"힘이 덜렸는가?"

대사가 법당에서 내려오며 말했다.

"순타純陀가 공양을 올리는구나. 안녕."

복주福州 이산怡山 장경長慶 장용藏用 선사

상당하여 대중이 모이니, 대사가 부채를 땅에 던지면서 말했다.

"어리석은 사람은 금을 흙이라 하는데, 지혜로운 이라면 어찌하겠는가? 후생後生이 무서우니 모두가 어리석음을 지키지 말라. 그런 이가 있는가? 나와서 말해 보아라."

이때에 어떤 스님이 나와서 절을 하고 뒤로 물러섰다.

대사가 말했다.

"딴 짓을 해서 무엇 하리오?"

"화상께서 밝게 살피십시오."

"천년 묵은 복숭아씨이니라."

"어떤 것이 가람伽藍입니까?"

"장계長溪의 창포 밭〔莆田〕이니라."

"어떤 것이 가람 속의 사람입니까?"

"신라新羅의 맑은 물이니라."

"어떤 것이 영천靈泉의 올바른 주인입니까?"

"남산과 북산이니라."

"어떤 것이 화상의 가풍입니까?"

"식전에는 부엌에서 남국南國의 밥을 짓고, 오후에는 냄비에다 북원北苑의 차를 달인다."

"법신法身도 고통을 받습니까?"

"지옥이 어찌 천당이겠는가?"

"그러면 고통을 받겠습니다."

"무슨 죄가 있는가?"

복주福州 영륭원永隆院 언단彦端 선사

상당하여 대중이 모이니, 자리에서 일어나 춤을 추면서 대중에게 외쳤다.

"알겠는가?"

대중이 말했다.

"모르겠습니다."

"내가 도법을 버리지 않고도 범부의 일을 나타냈거늘, 어째서 모르는가?"

"본래 스스로 원만히 이루어졌거늘, 어째서 밝고 어두움이 나누어집니까?"

"그대 스스로가 점검해 봐라."

복주福州 임양산林陽山 서봉원瑞峰院 지단志端 선사

그는 복주 사람으로서 고향의 남간사南澗寺에서 공부를 하다가 24세에 명진明眞 대사를 찾아갔다.

어느 날 어떤 스님이 "어떤 것이 만상 가운데 홀로 드러난 몸입니까?"라고 물으니, 명진이 한 손가락을 세웠으나 그 스님이 알지 못했다. 이에 대사가 현묘한 종지에 은밀히 계합해서 명진에게 입실하여 아뢰었다.

"아까 그 스님이 묻던 말에 대해서 지금 지단志端은 살피는 곳이 있습니다."

명진이 물었다.

"그대는 어떤 도리를 보았는가?"

대사도 한 손가락을 들고서 말했다.

"이게 무엇입니까?"

명진이 매우 흡족히 여겼다.

대사가 상당하여 불자拂子를 들고 말했다.

"조계曹溪도 다 쓰지 못한 것을 사람들은 머리에 뿔난 이라고 부른다. 내가 불자를 들어서 모기를 치니, 건곤이 무너지는 소식을 얻게 되리라."

"어떤 것이 서쪽으로부터 오신 뜻입니까?"

"나무말이 먼지가 자욱하게 달리는데, 돌사람이 미처 따르지 못한다."

"어떤 것이 선禪입니까?"

"금년은 작년보다 가물었다."

"어떤 것이 도道입니까?"

"겨울 밭이 반이나 망가졌다."

"어떤 것이 학인의 자기自己입니까?"

대사가 문득 한 번 발을 차니, 스님이 잡는 시늉을 했다. 이에 대사가 한 주먹 갈기니, 스님이 대답이 없었다. 대사가 말했다.

"사람을 무척 속이는구나."

"어떤 것이 인간의 종적이 멀리 끊어진 자리의 불법입니까?"

"산봉우리가 우뚝우뚝하여 푸르고 꽃다우니라."

"그러면 하나의 참된 이치는 서울이나 시골이나 다르지 않겠습니다."

"그런 도리는 아니다."

"어떤 것이 불법의 대의입니까?"

"대 젓가락〔竹箸〕 한 벌〔一文〕은 한 쌍이니라."

밤중에 어느 스님이 찾아오자, 대사가 물었다.

"누군가?"

"아무개입니다."

"천주泉州의 사탕과 배〔舶〕 위의 빈랑檳榔이니라."

스님이 대답이 없으니, 대사가 말했다.

"알겠는가?"

"모르겠습니다."

"그대가 만일 안다면 5온蘊이 활짝 밝아져서 시방을 온통 삼키리라."

대사는 개보開寶 원년 8월에 이런 게송을 지어 두었다.

내년 2월 2일에
그대들을 버리고 떠나리니
태운 재를 사방의 숲에 뿌려서
시주의 땅을 차지하지 않게 하라.

年來二月二　　別汝暫相棄
爇灰散四林　　勿占檀那地

이 게송이 시자에 의하여 외부로 전해지자, 대중이 모두 써서 외웠다. 이듬해 정월 28일에 고을 백성들이 앞을 다투어 산으로 와서 뵈었으나, 대사는 아무런 병도 없고 참문하는 일도 평상시와 같았다. 2월 1일이 되어 군수가 관원들을 거느리고 절에 와서 안팎을 살피니 절이 저자와 같았다. 2일 아침이 되자 대사는 공양을 마치고 상당하여 대중에게 하직을 고했다.

이때에 원응圓應 장로長老라는 이가 나서서 절을 하고 물었다.

"구름도 노을도 근심에 싸이고 대중도 슬퍼하는데, 스님께서는 한마디 이별의 말씀도 없으시니 일러 주시기를 청합니다."

대사가 발 하나를 늘어뜨렸다. 이에 원응이 다시 말했다.

"법의 거울이 이 땅에 임하지 않으면, 보배 달은 다시 어디를 비추겠습니까?"

"그대의 경계가 아니니다."

"그러면 거품으로 났다 거품으로 꺼져도 다시 물로 돌아가겠고, 스님께서 가시든 스님께서 오시든 본래 그대로이겠습니다."

대사가 기침 소리를 냈다.

다시 어떤 스님이 몇 가지 일을 물으니, 대사는 모두 대답을 한 뒤에 자리에서 내려와 방장으로 돌아갔다. 해시亥時가 되니, 대중에게 물었다.

"세존께서 열반에 드신 날이 언제인가?"

대중이 모두 대답했다.

"2월 15일 자시子時입니다."

"나는 지금 자시 이전이다."

말을 마치자 길이 떠났다.

복주福州 흥성興聖 만滿 선사

상당하여 말했다.

"마주 대하여 분부하는 일은 문자의 선전을 기다리지 않으니, 안목을 갖추어 기틀을 던지는 이는 참현상사(參玄上士 : 현묘한 종지를 참구하는 뛰어난 선비)라고 부르리라. 만일 이와 같이 할 수만 있다면 종풍이 땅에 떨어지지 않을 것이다."

스님이 물었다.

"옛날 영산회상靈山會上의 종지를 오늘 아침 흥성興聖의 법회에서 화상께서 친히 전하시는데, 어떻게 제창하시겠습니까?"

대사가 말했다.

"그대에게 한 가지 질문이 빠졌구나."

복주福州 선종원僊宗院 명明 선사

상당하여 말했다.

"다행히 이러한 문풍門風이 있거늘, 왜 바탕을 밝혀서 계승하지 못하는가? 만일 계승한다면 삼계 안에 있지 않을 것이니, 삼계를 벗어난다면 삼계를 무너뜨리고, 삼계에 있으면 삼계에 걸린다. 걸리지도 않고 무너뜨리지도 않으면, 이것이 삼계를 벗어나면서도 삼계를 벗어나지 않는 것이다. 이렇게 철저히 깨달으면 불법의 종자가 되기에 넉넉해서 인간과 하늘의 의지함이 있으리라."

어떤 스님이 물었다.

"구름을 잡는 것은 바람이나 우레의 편의를 빌리지 못하니, 거센 물결에서 어찌하여야 몸을 투과透過하겠습니까?"

대사가 대답했다.

"어째서 근본을 버리고 끝을 쫓는가?"

복주福州 안국원安國院 상祥 화상

상당하여 잠시 소리를 죽였다가 말했다.

"크게 까닭 없는 일이다. 그러나 어쩔 수 없다. 만일 이 속에서 눈치를 채지 못하는 이가 있다면 문득 방편을 열어 보이리라. 알겠는가?"

스님이 물었다.

"방편을 거치지 않고 스님께서 자비를 베풀어 주십시오."

"그대가 묻고 내가 대답하는 것이 방편이다."

"사물에 응하여 형상을 나타내는 것이 물속의 달과 같다고 하는데, 어떤 것이 달입니까?"

대사가 불자를 들어 올렸다.

"옛사람이 어째서 물속의 달은 형상이 없다고 했습니까?"

"무엇을 보았는가?"

"어떤 것이 종승의 일입니까?"

"회군淮軍이 흩어진 뒤이니라."

"어떤 것이 화상의 가풍입니까?"

"많은 눈은 속이기 어렵다."

앞의 장주漳州 보복원保福院 종전從展 선사의 법손

천주泉州 초경원招慶院 성등省僜 정수淨修 대사

처음에 보복에게 참문하여 문답 끝에 은밀히 부합하였다.

어느 날 보복이 대전大殿에 들어가서 불상을 보다가 손을 들고 대사에게 물었다.

"부처님께서 저렇게 하신 뜻이 무엇인가?"

대사가 대답했다.

"화상도 몸을 옆으로 누우셨습니다."

"말뚝 하나는 내 스스로 거두어 가지리라."

"화상은 몸을 누인 것만이 아니군요."

보복이 옳다고 여겼다.

나중에 초경에 살았는데, 처음 개당하는 날 자리에 올라서 조금 있다가 말했다.

"대중은 나중에 이르는 곳마다 도반을 만난다면 어떻게 이야기하려는가? 누군가가 말할 수 있다면 대중 앞에서 이야기해 보라. 만일 이야기할 수 있다면 위로 조사를 저버리지 않을 것이고, 후생들도 무시하지 않을 것이다. 옛사람이 말하기를 '마음을 통한 군자는 문자 밖에서 서로 본다'고 했으니, 그런 사람이 있겠는가? 하물며 조계 문하의 자손이니, 어떻게 이치에 합해야 하며, 어떻게 제창해야 하는가?"

스님이 물었다.

"각성覺城의 동쪽에서는 상왕(象王 : 부처님)이 거동을 했는데, 오늘 민령閩嶺의 남쪽에서는 어떻게 제접提接하시겠습니까?"

대사가 대답했다.

"알겠는가?"

"그러면 한 기틀이 열리는 곳은 네 구절로도 쫓지 못하겠으니, 위로부터의 종문에서는 어떠한 변사邊事를 성취하셨습니까?"

"물러서서 절을 하고 대중의 차례에 따라라."

"온전히 제창해도 이르지 못하는 곳을 스님께서 헤아려 주십시오."

"손뼉을 치면 되겠는가?"

"그러면 짐작을 하겠습니다."

"틀리지 말라."

"어찌하여야 자기도 상하지 않고 남도 저버리지 않겠습니까?"

"그대의 그런 질문을 무시하는 것이 아닌가?"

"이렇게 올라온 것이 이미 스님의 가리킴〔指〕을 받았습니다."

"그대가 또 나마저 무시해서 어찌하자는 것인가?"

"칼날을 마주한 한 구절을 스님께서 일러 주십시오."

"사(嗄 : 목이 쉼)."

스님이 다시 물으니, 대사가 말했다.

"이 잠에 취한 놈아."

대사가 어떤 스님에게 물었다.

"어디서 왔는가?"

"보은報恩에서 왔습니다."

"승당僧堂이 얼마나 큰가?"

"화상께서 말씀해 보십시오."

"왜 묻기를 기다리지 않는가?"

"학인은 온전한 몸〔全身〕을 모르겠으니, 스님께서 가리켜 주십시오."

"웃을 줄은 아는가?"

대사가 또 말했다.

"오래전부터 총림에 익숙한 이는 감히 비위를 건드리지 못하겠지만, 처음으로 발심한 후학 중에서 아직 믿지 못하는 자가 있다면 당장에 믿고, 아직 살피지 못한 자가 있다면 바로 살펴서 허탕을 치지 말라. 여러 사람의 본분本分의 거처去處는 한 때도 드러나지 않는 적이 없고, 한 물건도 덮인 것이 없다. 지금 알고자 한다면, 털끝만큼도 옮길 필요가 없고 조금의 공부도 할 필요가 없으니 그저 범부의 자리에서 당장 알아차려라. 이 어찌 마음의 힘을 더는 일이 아니랴. 이미 힘이 덜리면 문득 여러 부처님과 어깨를 가지런히 하고 다닐 것이니, 이로 인하여 백정법白淨法을 성취한다. 오늘 모름지기 백정법을 얻어서 몸과 마음이 남〔他〕과 합해야만 비로소 자연히 고금에 합하면서 생사를 여읜다. 옛사람이 말하기를 '마음을 알아채서 근본을 통달하고, 무위의 법을 알아야만 비로소 사문이라 부른다'고 했으니, 지금의 여러 관원들과 대중은 각자 체득해야 하니, 전부를 스승에게 지나치게 미루지 말라. 불법은 평등하여 위로 부처님에서부터 아래로 온갖 중생에 이르기까지 이 일은 동일하다. 이미 이러하다면 누구에게는 있고, 누구에게는 없으랴. 충성을 다하는 이외에는 이 일에 힘써라. 아까부터 허다한 말을 한 것은 어쩔 수 없어서 한 것이니, 위로부터의 종문에서 이런 말을 했다고 여기지 말라. 위로부터의 종문과 어떻게 해야 합하겠는지 알겠는가? 누군가가 안다면 산승은 오늘 죄를 씻을 것이다. 오래 서 있었다. 대중이여, 안녕."

장주漳州 보복원保福院 가주可儔 명변明辯 대사

스님이 물었다.

"어떤 것이 화상의 가풍입니까?"

대사가 대답했다.

"구름은 푸른 하늘에 있고, 물은 병에 있다."

"어떤 것이 취모검吹毛劍입니까?"
"별안간 떨어진다."
"쓸 수 있습니까?"
"귀신의 소리를 말라."

서주舒州 백수白水 해회원海會院 여신如新 선사

상당하여 한참 있다가 말했다.
"예의가 번거로우면 어지럽다."
스님이 물었다.
"위로부터의 종승을 어떻게 제창합니까?"
대사가 대답했다.
"더욱 고독함을 본다."
"친절한 자리를 한 말씀 해주십시오."
"죄를 씻을 수 없으니 남에게 들어라."
"가섭이 단박에 깨우친 일이 무엇입니까?"
"그대가 깨우친다면 내가 인색하지 않은 것이다."
"그렇다면 스님을 번거롭게 하지 않겠습니다."
"또 방망이를 들어야 하는데 어찌 번거롭지 않으랴."
"옛사람이 이리저리 말하였어도 위로 향하는 한 관문의 빗장은 몰랐다고 하는데, 어떤 것이 위로 향하는 한 관문의 빗장입니까?"
"다행히 여인이 낳아 준 팔이 짧구나."
"어떤 것이 조사의 뜻입니까?"
"말하려면 무엇이 어렵겠는가?"
"말씀해 주십시오."
"영리하다고 여겼더니, 선타바仙陀婆는 아니구나."

"영양羚羊이 뿔을 걸 때에는 어떠합니까?"

"이렇게 오고 또 이렇게 간다."

"어째서 그렇습니까?"

"잘 웃는 것만 보았을 뿐, 왜 그런 줄은 모른다."

홍주洪州 장강漳江 혜렴慧廉 선사

개당하는 날에 어떤 스님이 물었다.

"옛날 범왕梵王이 부처님께 청한 것은 불법을 받들기 위한 마음이었는데, 오늘 대신들이 자리에 모였으니 스님은 어떻게 구제하시겠습니까?"

대사가 대답했다.

"달리 베풀어 행할 것이 없다."

"어째서 베풀어 행할 것이 없습니까?"

"어디를 갔다 왔는가?"

"스님께서 보배 자리에 오르신 것은 지금의 시절을 간곡히 위하심인데, 사부대중이 모두 우러러뵈니 스님께서 제접해 주십시오."

"어디에서 그대를 굴욕되게 하였는가?"

"그러시면 자비로운 방편의 길을 보여 주셔서 곧바로 사람들을 저버리지 않았겠군요."

"그래도 모름지기 취해서 거두어야 좋겠다."

"어떤 것이 장강漳江의 경계입니까?"

"지장地藏이 눈썹을 찡그린다."

"어떤 것이 경계 안의 사람입니까?"

"보현普賢이 소매를 걷어 올린다."

"어떤 것이 장강의 물입니까?"

"쓰다."
"어떤 것이 장강의 제1구입니까?"
"딴 곳에 가거든 잘못 전하지 말라."

복주福州 보자원報慈院 문흠文欽 선사

"어떤 것이 부처님들의 경계입니까?"
"비가 오면 구름과 안개가 어둡고, 날이 개이면 해와 달이 밝다."
"어떤 것이 묘각명심妙覺明心입니까?"
"올 겨울의 좋은 늦벼는 가을비 올 때부터 이루어졌느니라."
"항하의 모래같이 묘한 작용이란 어떤 것입니까?"
"구름은 푸른 봉우리에서 생기고, 비는 높은 하늘에서 내린다."
"어떤 것이 평상심平常心이 도에 합하는 것입니까?"
"차를 마시고 밥을 먹으면서 시절 따라 지나고, 산을 보고 물을 보면서 실답게 정情을 펼친다."

천주泉州 만안원萬安院 청운淸運 자화資化 선사

스님이 물었다.
"용계龍溪의 한 가닥이 진수晋水에서 등불을 나누었는데, 만안萬安이 자리에 나오셨으니 어떻게 지시하시겠습니까?"
"어떻게 분질러서 맞추겠는가?"
"스님께서는 허락하시겠습니까?"
"다시 어찌하겠는가?"
"옛날 용계龍谿의 비밀 종지를 오늘날 만안이 드날리시니, 인간과 하늘들이 귀를 기울여 듣습니다. 부디 스님께서 연설해 주십시오."

"들리는가?"

"그렇다면 다섯 무리가 이미 스님의 지시를 받아서 성동(城東 : 사위성 동쪽)에서 열 가지 눈이 열린 것과 다르지 않겠습니다."

"다섯 무리는 그만두고 그대는 어떠한가?"

"오랫동안 그윽한 곳에 처했어도 온전한 몸을 알지 못하겠으니, 스님께서 지시해 주십시오."

"그대의 물음을 무시하는 것이 아닌가?"

"그러면 절을 하고 물러가서 대중의 서열을 따르겠으니 허락하시겠습니까?"

"고요한 곳에서 살바하(薩婆訶 : 一切智)를 이룬다."

"부처님들께서 나타나실 때에는 건곤이 진동했는데, 화상께서 세상에 나타나실 때에는 어떠하였습니까?"

"그대에게 이렇게 말하노라."

"그러면 부처님들과 다르지 않겠습니다."

"어지러이 지껄이지 말라."

"어떤 것이 만안의 가풍입니까?"

"김 국〔苔羹〕에 쌀밥이니라."

"갑자기 높은 손님이 오면 무엇으로 대접합니까?"

"밥 먹은 뒤에 차를 세 번 돌린다."

"어떤 것이 만안의 경계입니까?"

"하나의 탑에 얽힌 송라松蘿가 맑은 바다를 바라본다."

장주漳州 보은원報恩院 도희道熙 선사

처음에 보복保福의 심부름으로 천주泉州의 왕王 태위太尉에게 서신을 전하러 가니, 태위가 물었다.

"장남漳南 화상이 요즘도 사람들을 위합니까?"

대사가 대답했다.

"만일 사람들을 위한다면 이는 곧 화상을 무시하는 것이요, 사람들을 위하지 않는다 하면 태위의 물음을 무시하는 것입니다."

"한 구절을 취해서 무쇠 소가 풀을 뜯고, 나무말이 담배를 피우기까지 기다리시오."

"저는 애석하게도 입으로 밥을 먹습니다."

태위가 한참 있다가 또 물었다.

"나귀로 왔습니까, 말로 왔습니까?"

대사가 말했다.

"나귀와 말은 길이 같지 않습니다."

"그러면 어떻게 여기에 왔습니까?"

"태위께서 말을 알아들으시는 것이 매우 고맙습니다."

스님이 물었다.

"유명한 말과 묘한 구절은 묻지 않겠으나 스님의 진실함을 듣고자 합니다."

"온 뜻을 막지 않는다."

천주泉州 봉황산鳳凰山 종침從琛 홍인洪忍 선사

"어떤 것이 화상의 가풍입니까?"

"문풍門風이 비슷하면 막힘이 없겠지만, 학인은 그런 사람이 아니다."

"홀연히 그런 사람을 만날 때에는 어떠합니까?"

"미리 긁고서 가렵기를 기다리지 말라."

"학인이 근기와 생각이 둔해서 방편문 안에서 스님의 방별어傍瞥語를 바라겠습니다."

"방별어라니?"

"스님의 종지를 깊이 깨달은 것을 어찌 감히 말로 하겠습니까?"

"너무 말이 많구나."

대사가 언젠가 상당하니, 어떤 스님이 나와서 절을 하고 물러섰다. 이에 대사가 말했다.

"내가 그대만 못하다."

스님이 "예" 하니, 대사가 말했다.

"아무도 없는 곳에다 내려놓아라."

"옛날 영산회상에서 부처님께서는 한 목소리[一音]로 연설하셨는데, 오늘 스님께서도 한 목소리로 연설해 주십시오."

대사가 한참 있으니, 스님이 말했다.

"그러면 대중이 단박에 의심을 끊겠습니다."

"대중에게 흙탕물을 뿌리지 않는 것이 좋겠다."

"부처님들께서 모두가 하나의 큰 인연 때문에 세상에 나타나셨다고 하는데, 화상께서는 어떻게 구제하십니까?"

"바람이 서늘해서 퍽 좋다."

"어떤 것이 학인의 자기 일입니까?"

"곰곰이 생각하면 흐르는 세월의 일을 알 수 있으리라."

"어떤 것이 봉황의 경계입니까?"

"눈 내린 밤에 밝은 달을 본다."

"어떤 것이 서쪽에서 오신 뜻입니까?"

"사람을 추한 심부름꾼으로 만드는구나."

"남을 위함이 어디에 있습니까?"

"그대를 업신여기는 것이 아닌가?"

복주福州 영륭원永隆院 영瀛 화상 명혜明慧 선사

상당하여 말했다.

"'첫새벽부터 일어났다고 해도 다시 밤에 다니는 이가 있다'고 한 말이 비슷하기는 하나 옳지는 않다. 안녕."

누가 물었다.

"함이 없고 일도 없는 사람이 어째서 금 사슬의 환난을 받습니까?"

"거친 얽매임을 끊기 위하여 귀하고 소중함은 남겨 두기 어렵다."

"어째서 함이 없고 일도 없는 사람이 소요하면서 진실로 즐겁다고 합니까?"

"소란스럽기 때문이니 끊어 버려야 한다."

어떤 스님이 참문하니, 대사가 말했다.

"많은 일을 얻으려 하지 말고, 속히 속히 일러라."

스님이 대답이 없었다.

대사가 언젠가 대중에게 보였다.

"해가 뜨는 묘시卯時의 용처用處에서 잔꾀를 부리지 말아야 한다."

"어떻게 닦아 나아가야 근원에 도달할 수 있습니까?"

"의거하여 행하라."

홍주洪州 청천산淸泉山 수청守淸 선사

그는 복주福州의 민현閩縣 사람으로서 성은 임林씨이다. 암배산巖背山에 출가하였다가 마음을 깨친 뒤에는 청에 따라 청천산淸泉山에서 사니, 현묘한 종지를 구하는 무리들이 모여들었다.

"어떤 것이 부처입니까?"

"물음이다."

"어떤 것이 조사입니까?"

"대답이다."

"화상께서 옛사람을 보시고 무엇을 얻었기에 이 산에 사십니까?"

"그대가 긍정하지 않을 줄은 짐작했었다."

"제가 긍정하지 않을 줄 어떻게 아셨습니까?"

"거울에 비춘 것으로 빛깔을 가려낸다."

"친절한 곳을 스님께서 한 말씀 일러 주십시오."

"이것을 지나치지 말라."

"옛사람이 벽을 향한 뜻이 무엇입니까?"

"굴복하기 위함이다."

"그러면 힘이 덜리겠습니다."

"어디에 그런 사람이 있는가?"

"다른 것은 묻지 않겠으니, 어떤 것이 위로 향하는 일입니까?"

"그대의 세 차례 절을 취소할까, 그대의 세 차례 절을 취소하지 않을까?"

장주漳州 보은원報恩院 행숭行崇 선사

"어떤 것이 불법의 대의입니까?"

"방아를 찧고 맷돌을 가는 것이니라."
"조계의 외길을 스님께서 드날려 주십시오."
"조계를 욕되게 하는 것이 아닌가?"
"그러면 중생들은 믿을 곳이 있겠습니다."
"그대는 역시 늙은 쥐가 소금을 먹는 것 같구나."
"공公과 사私에 관련되지 않고 어떻게 논의합니까?"
"차나 마셔라."
"단하丹霞가 나무 불상을 태운 뜻이 무엇입니까?"
"날씨가 추워서 불을 피우고 쪼였다."
"취미翠微 화상이 나한羅漢을 맞이한 뜻이 무엇입니까?"
"따로 한 집안의 봄 풍경이다.

담주潭州 악록산嶽麓山 화상

상당하여 한참 있다가 대중에게 말했다.
"옛날의 비로자나요, 오늘 아침의 악록嶽麓이니라. 안녕."
누군가가 물었다.
"어떤 것이 빛과 소리 밖의 구절입니까?"
대사가 말했다.
"원숭이의 울음과 새의 지저귐이다."
"스님은 누구의 곡조를 부르시고, 종풍은 누구의 것을 이으셨습니까?"
"5음音과 6률律이니라."
"혀를 끊는 구절을 스님께서 들어 주십시오."
"해는 능히 뜨겁고, 달은 능히 서늘하다."

낭주朗州 덕산德山 덕해德海 선사

스님이 물었다.

"영산의 모임에서 누가 알아들었습니까?"

대사가 대답했다.

"그대가 알아들었다."

"영산회상에서 무엇을 말씀하셨습니까?"

"바로 그대가 안다."

"어떤 것이 하늘과 땅을 총괄하는 구절입니까?"

"1천 세계가 요동한다."

"위로부터의 종승을 무엇으로 증험합니까?"

"위로부터는 그만두고, 지금은 어떻게 증험하는가?"

"대중이 모두 봅니다."

"말에 떨어졌다."

"어떤 것이 조사께서 서쪽에서 오신 뜻입니까?"

"엄지[擘]이니라."

천주泉州 후초경後招慶 화상

"마지막 한 구절을 스님께서 헤아려 주십시오."

"티끌 속의 사람은 저절로 늙는데, 하늘가의 달은 항상 밝다."

"어떤 것이 화상의 가풍입니까?"

"병 하나와 발우 하나로 가는 곳마다 삶이다."

"어떤 것이 불법의 대의입니까?"

"어지럽고 총총한 새벽의 닭과 저녁 종이니라."

낭주朗州 양산梁山 간簡 선사

새로 온 스님에게 물었다.

"어디서 왔는가?"

"약산藥山에서 왔습니다."

"약을 가지고 왔는가?"

"화상께서 이 산에 사시는 것이 잘못되지 않았습니다."

홍주洪州 고안현高安縣 건산建山 징澄 선사

개당하는 날에 어떤 스님이 물었다.

"고을의 어른이 화상께 청하시는데, 어떻게 종지의 가르침을 들어 보이겠습니까?"

대사가 대답했다.

"들었는가?"

"그러시면 대중은 믿을 곳이 있겠습니다."

"그것은 듣지 못한 것이다."

"어떤 것이 법왕法王의 검입니까?"

"애석하구나."

"어떤 것이 인왕人王의 검입니까?"

"먼지는 마루 밑의 신을 덮었고, 바람은 시렁 위의 수건을 흔든다."

"일대시교一代時敎는 요즘 사람을 제접해 이끄는 것이지만, 조사의 종지는 어떻게 사람에게 보이십니까?"

"일대시교는 이미 어떤 사람이 물었다."

"화상께서는 어떻게 사람에게 보입니까?"

"뜰 앞에 처량히 서 있는 홍현(紅莧 : 비름)은 해마다 잎만 돋고 꽃은 피지 않는다."

"묵은해는 지나갔고 새해가 왔는데, 나이를 먹지 않는 이도 있습니까?"

"무엇이?"

"그러면 나이를 먹지 않겠습니다."

"성城 위에서는 이미 새해의 고동을 불었는데, 들창 앞에는 여전히 묵은해의 등불을 켰구나."

"어떤 것이 묵은해의 등불입니까?"

"납월臘月 30일이니라."

복주福州 강산康山 계온契穩 법보法寶 대사

처음 개당하는 날에 어떤 스님이 물었다.

"위음왕불威音王佛 이후에 차례로 전해 오는데, 스님께서는 지금의 이 모임에 누구의 법을 이었습니까?"

대사가 대답했다.

"상골象骨에서 손을 들면 용계龍谿에서 고개를 끄덕인다."

"둥글고 밝고 맑고 고요함은 스님의 종지가 아니니, 학인은 근원을 오히려 밝히지 못하겠습니다."

"가려내려고 해도 하지 못한다."

"그러면 식識의 성품은 근원이 없겠습니다."

"신발 위로 가려운 곳을 긁는구나."

담주潭州 연수사延壽寺 혜륜慧輪 대사

스님이 물었다.

"보배 검이 칼집에서 나오기 전에는 어떠합니까?"

"밖에 있지 않다."
"칼집에서 나온 뒤에는 어떠합니까?"
"안에 있지 않다."
"어떤 것이 한 빛깔입니까?"
"청·황·적·백이니라."
"한 빛깔이 퍽 좋습니다."
"아무도 없다고 여겼는데 한 개의 반은 있구나."

천주泉州 서명원西明院 침琛 선사

스님이 물었다.
"어떤 것이 화상의 가풍입니까?"
"대 젓가락에 질그릇 종지이니라."
"귀한 손님이 갑자기 오시면 어떻게 대접합니까?"
"누런 시래기 국에 묵은 쌀밥이니라."
"어떤 것이 조사께서 서쪽으로부터 오신 뜻입니까?"
"노주露柱를 살펴보라."

앞의 남악南嶽 금륜金輪 가관可觀 선사의 법손

후남악後南嶽 금륜金輪 화상

스님이 물었다.
"어떤 것이 금륜金輪의 제1구입니까?"
대사가 대답했다.
"둔한 사람아."
"어떤 것이 금륜의 한 개 화살입니까?"

"지나갔다."

"기틀에 맞게 쏜 화살 하나를 누가 맞서겠습니까?"

"거꾸러졌다."

앞의 천주泉州 수룡산睡龍山 도부道溥 선사의 법손

장주漳州 보복원保福院 청활淸豁 선사

그는 복주福州의 영태永泰 사람으로서 어려서부터 총명하고 민첩했다.

고산鼓山의 흥성興聖 국사에 의하여 머리를 깎고 계를 받은 뒤에 대장산大章山의 계여契如 암주庵主를〔이 말이 갖추어 있는데, 암주장庵主章에 나온다.〕 뵈었다가 나중에 수룡睡龍에게 참문했다. 어느 날 수룡이 물었다.

"청활淸豁아, 그대는 어떤 존숙을 보고 왔으며, 거기서 깨달은 바가 있는가?"

대사가 대답했다.

"청활은 일찍이 대장大章 대사를 뵙고 믿을 곳을 얻었습니다."

이에 수룡이 상당하여 대중을 불러 놓고 말했다.

"청활 대사는 나와서 대중 앞에 향을 피우고, 깨달은 곳을 이야기하라. 노승이 그대를 증명해 주리라."

이에 대사가 향을 피워 들고 말했다.

"향은 피워 들었으나, 깨달음이 곧 깨닫지 못함입니다."

수룡이 크게 기뻐하면서 인정했다.

대사가 상당하여 대중에게 말했다.

“산승이 지금 여러분을 위하여 화답할 거리를 마련해 주리니, 화답하는 이는 잠잠히 있고 화답하지 않는 이는 말하라.”

조금 있다가 또 말했다.

“화답함과 화답하지 않음이 분명히 지금대로이니, 산승은 그런 사소한 일들을 지니고 있다. 안녕.”

어떤 스님이 물었다.

“가난한 집에 도적을 맞았을 때에는 어떠합니까?”

“다 가져가지는 못한다.”

“어째서 다 가져가지 못합니까?”

“도적이 그 집안의 어버이니라.”

“집안의 어버이라면 어째서 도적으로 바뀌었습니까?”

“안에서 호응하는 이가 없으면 밖에서는 어쩔 수 없다.”

“홀연히 그를 잡아서 꺾으면 공은 누구에게 돌아갑니까?”

“상을 준다는 말은 듣지도 못했다.”

“그러면 수고하여도 공이 없겠습니다.”

“공은 없지 않으나, 이룬다 하여도 차지하지 않는다.”

“이미 공을 이루었는데, 어찌하여 차지하지 않습니까?”

“듣지 못했는가? 태평은 원래 장군이 이룩하지만, 장군이 태평을 누리지는 못하느니라.”

“어떤 것이 서쪽에서 오신 뜻입니까?”

“호인胡人이 울고, 한인漢人이 슬퍼한다.”

대사가 세상을 떠날 때가 되자, 대중을 버리고 산으로 들어가서 멸도滅度를 기다리다가 저계苧谿의 석교石橋를 지나면서 게송을 남겼다.

세상 사람들아, 길이 험난하다고 말하지 말지니
험난하고 굽이굽이 돌아가도 지척이더라.
저계苧谿의 개울가 물아, 잘 가거라.
너는 바다로 돌아가고, 나는 산으로 돌아가리.
世人休說路行難　　鳥道羊腸咫尺間
珍重苧谿谿畔水　　汝歸滄海我歸山

그리고는 바로 귀계貴谿로 들어가 암자를 세우고, 얼마 되지 않아 문인들에게 말했다.

"내가 죽거든 시체를 벌레들에게 주어라. 절대로 탑이나 무덤에 두어서는 안 된다."

말을 마치자 조용히 호두산湖頭山에 들어가 반석磐石에 앉은 채로 숙연히 떠났는데, 제자 계인戒因이 산에 들어갔다가 우연히 발견하고서 유언에 따라 7일을 두었으나 끝내 아무런 벌레도 침노하지 않았다. 그래서 화장을 하여 들에다 유해를 흩었는데, 지금도 천주의 개원사開元寺에는 정토원淨土院의 영당影堂이 남아 있다.

앞의 운문산雲門山 문언文偃 선사의 법손

소주韶州 백운白雲 상祥 화상 실성實性 대사

처음에 자광원慈光院에 살았는데, 광주廣州의 주인인 유劉씨가 고을로 불러들여서 설법을 청했다.

당시 어떤 스님이 물었다.

"보리수의 꽃이 피어서 바야흐로 좋은 때를 만났으니, 종풍을 어둡게 하지 않도록 스님께서 방편을 베풀어 주십시오."

대사가 대답했다.

"우리 대왕의 명령이 있다."

"경전의 뜻과 조사의 뜻이 같습니까, 다릅니까?"

"다르지 않다."

"그러면 같겠습니다."

"말귀를 알아듣는 것을 막지 않겠다."

"부처님들께서는 세상에 나시기 전에 벌써 대천세계에 두루하셨는데, 백운의 이 모임은 어떠합니까?"

"몇 사람이나 속여 왔는가?"

"그러면 사부대중은 누구를 의지합니까?"

"교섭할 길이 없다."

"마음이 곧 부처라고 가르치신 말씀이 앞의 말과 교섭하지 않는다면, 어떻게 지시해야 하겠습니까?"

"동서는 그만두고, 남북은 어떠한가?"

"어떤 것이 화상의 가풍입니까?"

"석교石橋는 저쪽 둑에 있지, 이쪽 가에는 없다. 알겠는가?"

"모르겠습니다."

"우선 정공丁公처럼 중얼거리고 있어라."

"법의는 어째서 6조에게 이르러서 더 전하지 않게 되었습니까?"

"바다가 고요하고 황하黃河가 맑아졌느니라."

"어떤 것이 화상께서 사람을 제접하시는 외길입니까?"

"내일 아침에 다시 초왕楚王에게 헌납해 보아라."

"위로부터의 종승을 어떻게 드날립니까?"

"오늘은 아직 차를 마시지 않았다."

대사가 상당하여 대중에게 말했다.

"여러분, 알겠는가? 다만 장터의 백정에게서나 지옥의 끓는 가마솥에서 알아야 한다. 만일 이렇게 안다면 능히 남의 스승이 되겠거니와, 만약 납승의 문하를 향한다면 하늘과 땅 사이이다. 또 어떤 사람은 오직 긴 평상 위에서 높은 사람 노릇만 하는데, 그대들은 이 두 사람 중에서 어느 쪽에 장점이 있다고 여기는가? 일 없다. 안녕."

대사가 어떤 스님에게 물었다.

"어디서 왔는가?"

"운문雲門에서 왔습니다."

"거기에는 얼마나 되는 물소가 있던가?"

"한두 마리 있습니다."

"좋은 물소구나."

대사가 또 어떤 스님에게 물었다.

"거짓 이름을 무너뜨리지 않고 실상을 이야기하려면 어찌해야 하는가?"

스님이 말했다.

"저것은 의자입니다."

대사가 손을 흔들면서 말했다.

"신주머니를 가져오너라."

스님이 대답이 없었다.〔운문 화상이 듣고 말하되 "모름지기 이는 그가 터득한 것이다"라고 하였다.〕

대사가 임종할 때가 가까워지니 대중에게 고백하였다.

"내가 비록 조사의 법인을 차고 있으나 그 안의 것은 다하지 못했다. 여러분들, 그 안의 것이 무엇인지 말해 보라. 변두리도 중간도, 안도 바깥도 없는 것이 아닌가? 이렇게 알면 온 누리는 마치 모래를 깔아 놓은 것과 같으리니, 이렇다면 딴 세계에서나 만나게 되리라."

말을 마치자 입적하였다.

낭주朗州 덕산德山 제9세 연밀緣密 원명圓明 대사

상당하여 대중에게 말했다.

"큰방 앞의 일은 사람들이 알고 있지만, 불전佛殿 위의 일은 어찌하겠는가?"

또 말했다.

"덕산德山에게 세 구절의 말이 있으니, 첫 구절은 건곤을 덮어씌우고, 다음 구절은 물결을 따라 출렁이고, 마지막 구절은 뭇 흐름을 딱 끊는다."

이때에 어떤 스님이 물었다.

"어떤 것이 법신을 꿰뚫는 구절입니까?"

"석 자 되는 주장자로 황하黃河를 젓는다."

"백 가지 꽃이 피기 전에는 어떠합니까?"

"황하의 물이 온통 흐른다."

"핀 뒤에는 어떠합니까?"

"깃대 끝이 하늘을 가리킨다."

"말의 예봉銳鋒을 범하지 않을 때에는 어떠합니까?"

"천태天台와 남악南嶽이니라."

"문득 이렇게 가면 어떠합니까?"

"강서江西와 호남湖南이니라."

"부처님께서 세상에 나시기 전에는 어떠합니까?"

"강 안이 온통 나무배이니라."

"세상에 나신 뒤에는 어떠합니까?"

"저쪽에서는 저쪽 마루〔軒〕를 밟는다."

"자기의 일을 밝히지 못했는데, 어떻게 가려낼 수 있겠습니까?"

"수미산의 정상이니라."

"다만 이렇게 가면 어떠합니까?"

"발밑의 물이 깊은가, 얕은가?"

"달마가 오기 전에는 어떠합니까?"

"천년 묵은 소나무가 거꾸로 달렸다."

"오신 뒤에는 어떠합니까?"

"금강金剛이 주먹을 곤두 세웠다."

"스님께서 세상에 나시기 전에는 어떠합니까?"

"불전佛殿은 정남향으로 열었느니라."

"스님께서 세상에 나신 뒤에는 어떠합니까?"

"백운白雲이 산 위에서 일어난다."

"나오심과 나오시지 않음을 나눌 수 있습니까, 없습니까?"

"고요한 곳에서 살바야를 이룬다."

"어떤 것이 화상의 가풍입니까?"

"남산南山에 구름이 일어나니, 북산北山에는 비가 내린다."

"어떤 것이 감응하여 작용하는 기틀입니까?"

대사가 할을 하니, 그 스님이 말했다.

"그것뿐입니까, 따로 있습니까?"

대사가 때렸다.

"큰 작용이 현전해서 규칙에 얽매지 않을 때에는 어떠합니까?"

"검은 땅에서 항아리를 때려 부숴라."

스님이 물러서니, 대사가 이내 때렸다.
"부처님께서 세상에 나시기 전에는 어떠합니까?"
"원숭이가 노주露柱를 때린다."
"세상에 나신 뒤에는 어떠합니까?"
"원숭이가 자루 속에 들어갔다."
"문수와 유마가 무슨 이야기를 하였습니까?"
"그대를 합친 세 사람이 줄도 없는데 스스로 묶였다."
"어떤 것이 부처입니까?"
"눈에 가득 산밤나무이다."
"학인은 잘 모르겠습니다."
"수고로울 뿐 공이 없구나."
"온 대지가 한 가지의 질문도 못할 때에는 어떠합니까?"
"이야기가 타락했다."
"대중이 다 봅니다."
대사가 문득 때렸다.

담주潭州 수서水西 남대南臺 도준道遵 화상 법운法雲 대사

상당하여 대중에게 말했다.

"위로부터의 종승宗乘을 어떻게 제창해야 되겠는가? 어떻게 논해야 되겠는가? 불법이란 두 글자를 어찌해야 되겠는가? 진여와 해탈을 얻을 수 있겠는가? 비록 그렇지만 미세하기로는 바람도 통하지 않고, 큰 것으로는 수레와 말도 통한다. 만일 이치로 교화하는 문에서 말한다면, 한 번 입을 열 때 건곤乾坤이 진동하고, 산하대지의 바다가 고요해지고 강이 맑아지며, 3세의 부처님께서 설법하시면서 현전한다. 만일 이를 분명히 하면, 옛 불전 앞에서 똑같이 저 언덕에 오르리라. 일 없구나. 안녕."

어떤 이가 물었다.

"어떤 것이 서쪽으로부터 오신 뜻입니까?"

"고개를 내려갈 때에는 뛰지 않는다."

"우두가 4조를 보기 전에는 어떠합니까?"

"옷 입고, 밥을 먹었다."

"본 뒤에는 어떠합니까?"

"발우를 벽에 걸어 둔다."

"어떤 것이 진여가 일체를 포함하는 것입니까?"

"분명하다."

"어째서 영리한 이와 둔한 이가 있습니까?"

"서천西天에서 북을 치니, 누각에서 종을 친다."

"어떤 것이 남대의 경계입니까?"

"금강의 손이 하늘을 가리킨다."

"어떤 것이 색色이 공한 것입니까?"

"도사道士가 빨간 옷을 입었다."

"하루 중 어느 때라도 여의지 않으면 어떠합니까?"

"분명한 말이다."

소주韶州 쌍봉산雙峰山 흥복원興福院 경흠竟欽 화상 혜진慧眞 광오廣悟 선사

그는 익주益州 사람이다. 아미峨眉 동계산洞溪山의 흑수사黑水寺에서 업을 익히다가 사방으로 다니면서 도를 사모하던 끝에 운문雲門의 법석에 참례하여 비밀의 가르침을 받고 산문을 열어 절을 지은 것이 차츰 총림이 되었다.

개당하는 날에는 운문 화상이 친히 왕림하여 증명하기도 하였다.

어떤 스님이 물었다.

"어떤 것이 불법의 대의입니까?"

"해가 돋아야 바야흐로 천하가 밝은 줄 아는데, 기름이 없거늘 어떻게 불당 앞의 등불을 켜겠는가?"

"어떤 것이 쌍봉의 경계입니까?"

"밤에는 암자 뒤의 대밭을 흐르는 물소리를 듣고, 낮에는 눈앞의 산에서 구름이 일어나는 것을 본다."

"어떤 것이 법왕의 검입니까?"

"납으로 된 칼날을 공연히 드러내지만 용천검龍泉劒만은 못하니라."

"쓰는 이는 어떠합니까?"

"칼끝을 숨기는 일도 허용되지 않거늘, 칼날을 드러내는 것을 어찌 감당하겠는가?"

"빈두로賓頭盧가 사천하의 공양을 받았는데 두루함을 얻은 것입니까?"

"달이 물에 들어간 것과 같다."

"무엇이 작용하면서도 섞이지 않는 것입니까?"

"명월당明月堂 앞에 구슬 발〔玉露〕을 드리우고, 수정전水精殿 안에 진주眞珠를 뿌린다."

어떤 행자가 물었다.

"제가 도적을 만났을 때에 죽이면 부처님의 가르침을 어기고, 죽이지 않으면 국왕의 분부를 어긴 것이니, 스님의 뜻은 어떠하십니까?"

대사가 대답했다.

"관官은 바늘도 용납되지 않으나 사사롭게는 수레와 말도 통한다."

광주廣州의 유劉씨가 친히 법의 요체를 물은 적이 있는데, 태평흥국太平興國 2년 3월에 문인들을 훈계했다.

"나는 오래지 않아 세상을 떠나겠으니, 그대들은 본산本山에 가서 미리 무덤과 탑을 만들어라."

그리하여 5월 23일에 이르러 공사가 끝나자, 대사가 말했다.

"다음날 자시子時에 떠나리라."

때가 되어 운문雲門 상爽 화상과 온문溫門 순봉舜峰 장로 등 7인을 모아 놓고 야화夜話를 하는데, 시자가 3경이 되었음을 알리자 대사가 향을 찾아 사르고 합장한 채 떠났다.

소주韶州 자복資福 화상

어떤 스님이 물었다.

"종승宗乘은 묻지 않겠거니와 스님의 심인心印을 듣고자 합니다."

대사가 대답했다.

"그런 이야기에는 대답하지 않겠다."

"어째서 대답하지 않으십니까?"

"앞의 말에 맞지 않기 때문이다."

"마주 보면서도 만나기 어려운 곳에서 어떻게 험난함과 평탄함을 돌아보겠습니까? 스님께서 절반의 게송이라도 내려 주셔서 후인들로 하여금 의혹을 끊게 하십시오."

"칼날 앞의 한 구절은 조어사[調御]를 초월하고, 어떠한가를 물으려 하면 벌써 여러 겁을 어긴다."

"그러면 동산東山과 서령西嶺은 사람들이 알고 있지만, 자복의 뜰 앞은 누구 집안의 풍월風月입니까?"

"앞의 이야기를 깨우쳐라."

광주廣州 신회新會 황운黃雲 원元 선사

처음으로 개당하는 날에 손으로 승상을 어루만지면서 말했다.

"여러 사람은 광대한 수미좌須彌座를 알겠는가? 모른다면 나를 보라."

그리고는 법상에 올랐다.

"어떤 것이 대한국大漢國의 경계입니까?"

"노래가 길에 가득하니라."

"용이 한 올이라도 걸치면 금시조金翅鳥가 삼키지 못한다고 하는데, 화상께서는 세 가지를 다 걸치시면 어떠합니까?"

"면할 수 있겠는가?"

대사가 상당하여 옛사람의 말을 들고 말했다.

"눈에 닿는 것마다 없는 것이 아닌데, 기틀에 임하여 왜 말하지 않는가?"

또 말했다.

"눈에 닿는 것마다 없는 것이 아니니, 기틀에 임하여 무엇을 말하겠는가?"

광주廣州 의녕義寧 용경龍境 윤倫 선사

처음 개당하는 날 불자拂子를 들고 말했다.

"알겠는가? 안다면 머리 위에 머리를 더하는 것이요, 모른다면 머리를 끊고서 살려는 것이다."

"어떤 것이 대한국大漢國의 경계입니까?"

"어지러이 설쳐서 무엇을 하려는가?"

"흡사 비가 오는데 하늘은 맑은 것 같습니다."

대사가 때렸다.

"어떤 것이 용경의 물입니까?"

"비린내 · 누린내 · 구린내가 난다."

"마시는 이는 어떠합니까?"

"칠통팔달七通八達이다."

"어떤 것이 용경의 가풍입니까?"

"벌레 · 이리 · 범 · 표범이니라."

"어떤 것이 부처입니까?"

"부지런히 밭을 간다."

"학인은 잘 모르겠습니다."

"벼를 일찍 거둔다."

대사가 어떤 스님에게 물었다.

"어디서 오는가?"

"황운黃雲에서 옵니다."

"어떤 것이 황운의 미치광이가 사람들을 위하는 한 구절인가?"

스님이 대답이 없었다.

대사가 상당하여 대중에게 물었다.

"어떤 것이 긴 평상 위에서 성품을 취하는 한 구절인지 말해 보라."

대중이 대답이 없었다.

소주韶州 운문산雲門山 상爽 화상

대사가 상당하니, 어떤 스님이 물었다.

"어떤 것이 부처입니까?"

"성스러운 몸이 만세萬歲이니라."

"어떤 것이 법신을 꿰뚫는 구절입니까?"

"은 향대香臺 위에서 무〔蘿蔔〕가 난다."

소주韶州 백운白雲 문聞 화상

상당하여 한참 있으니, 어떤 스님이 나와서 말했다.

"백운白雲의 외길은 전적으로 오늘을 인因합니다."

대사가 말했다.

"옳지 않다, 옳지 않다."

"화상께서는 어떻게 생각하십니까?"

"백운의 외길에는 풀이 한 길이나 깊다."

"학인이 한 가지 묻고자 하는데 스님께서 대답해 주시겠습니까?"

"쥐엄〔皁莢〕 나무 끝에 달렸으나, 바람이 불어도 곡조를 이루지 못한다."

"시주의 공양을 받고서 무엇으로 보답하겠습니까?"

"소나 말이 된다."

소주韶州 피운披雲 지적智寂 선사

스님이 물었다.

"어떤 것이 피운披雲의 경계입니까?"

대사가 대답했다.

"한낮에는 한가한 사람이 없다."

"이以자도 아니고 팔八자도 아니면, 그것이 무슨 글자입니까?"

대사가 게송으로 대답했다.

> 이以자도 아니고 팔八자도 아니니,
> 삼라만상이 이 속에서 분명하다.
> 아무리 천만 가지 묘함을 교묘히 설해도
> 방편〔漚和〕도 아니요, 경經도 아니다.
>
> 以字不是八不成　　森羅萬象此中明
> 直饒巧說千般妙　　不是謳阿不是經

소주韶州 정법淨法 장章 화상 선상禪想 대사

광주廣州의 주인 유劉씨가 물었다.

"어떤 것이 선사禪師입니까?"

대사가 한참 잠자코 있으니, 유씨가 어리둥절했다. 이로 인해 호號를 지어 올렸다.

스님이 물었다.

"해와 달이 겹쳐서 밝을 때에는 어떠합니까?"

대사가 대답했다.

"해와 달이 아무리 밝아도 엎어진 동이 밑은 밝히지 못한다."

"이미 금산金山인데 어째서 돌을 뚫습니까?"

"금산이 돌을 뚫는다."
"어떤 것이 도道입니까?"
"가고 가도 멀고 멀어서 10만여 리이니라."

소주韶州 온문산溫門山 만滿 선사

스님이 물었다.
"어떤 것이 부처입니까?"
대사가 대답했다.
"가슴에다 만卍자를 썼느니라."
스님이 물었다.
"어떤 것이 조사입니까?"
"인도에 가지 않았느니라."
어떤 사람이 벽에 걸린 그림을 보고 물었다.
"천 자나 되는 소나무가 어째서 방 안에 들어와 있습니까?"
"겨자씨가 수미산을 받아들이는 것을 어찌하겠는가?"
"담 너머로 뿔을 보고, 문득 소인 줄 알면 어떻습니까?"
대사가 때렸다.

대사가 어떤 노숙老宿과 함께 대궐 문턱에 앉았는데, 노숙이 물었다.
"자의紫衣와 대사大師의 호를 이미 받으셨으니, 또 무엇을 요구하시겠습니까?"
"국사가 되기를 요한다."
"부처도 되지 않거늘, 어찌 국사를 바라십니까?"
대사가 웃으면서 말했다.

"장로여."

스님이 물었다.
"어떤 것이 화상의 가풍입니까?"
"그대는 글을 읽은 적이 있는가?"
"태자가 처음 탄생하셨을 때에 어째서 부모도 알아채지 못했습니까?"
"훨씬 존귀하기 때문이다."

악주嶽州 파릉巴陵 신개新開 호감顥鑒 대사

처음에 운문雲門에 있을 때에 운문이 말했다.
"설봉 화상이 말하기를 '문을 열어라. 달마가 온다'고 하였으니, 그대의 뜻에는 어떠한가?"
대사가 대답했다.
"화상의 콧구멍을 쥐어박겠습니다."
운문이 말했다.
"아수라왕이 업을 발동하여 수미산을 한 주먹 때리고 범천梵天으로 뛰어올라 제석에게 보고했거늘, 그대는 어째서 일본국日本國에 가서 몸을 숨기는가?"
대사가 말했다.
"그런 심행心行이 좋지 않겠습니까?"
운문이 말했다.
"그대가 쥐어박는다고 한 것은 또 어찌하겠는가?"

대사가 주지가 된 뒤에 어떤 스님이 물었다.

"조사의 뜻과 경전의 뜻이 같습니까, 다릅니까?"

"닭은 추우면 나무에 오르고, 오리는 추우면 물로 들어간다."

스님이 물었다.

"3승乘 12분교分教는 의심치 않겠지만, 어떤 것이 종문 안의 일입니까?"

"납승衲僧의 분수에 맞는 일은 아니다."

"어떤 것이 납승의 분수에 맞는 일입니까?"

"흰 물결 구경하기를 탐하다가 삿대를 놓친다."

대사가 불자를 누군가에게 주니, 그가 물었다.

"본래 청정하거늘 불자는 무엇에 씁니까?"

"청정한 줄을 알았거든 잊지 말라."〔양산梁山이 따로 말하되 "그것도 털어 버려야 한다" 하였다.〕

연주連州 지장원地藏院 혜자慧慈 명식明識 대사

스님이 물었다.

"이미 지장원인데 어째서 치성광불熾盛光佛의 상像을 모셨습니까?"

대사가 대답했다.

"무엇이 잘못되었는가?"

"어떤 것이 지장地藏의 경계입니까?"

"노닐지 않는 사람이 없다."

영주英州 대용大容 인諲 선사

상당을 하자 어떤 스님이 물었다.

"천자가 6수銖의 옷을 하사하셨으니, 옷을 입으시고는 무엇으로

우리 황제의 은혜에 보답하겠습니까?"

"올 때에는 세 가지 가사를 입고, 갈 때에는 6수의 옷을 걸친다."

"어떤 것이 대용大容의 물입니까?"

"나에게 한 방울을 다오."

"오는 세상에 미륵이 하생하실 때에는 어떠합니까?"

"자씨궁慈氏宮 안에 봄 풀[春草]이 무성하리라."

"어떤 것이 진공眞空입니까?"

"들고서 양지陽地를 거부해라."

"어떤 것이 묘용妙用입니까?"

대사가 주먹을 쥐어 보였다.

스님이 다시 물었다.

"진공과 묘용의 거리는 얼마입니까?"

대사가 손을 저었다.

"긴 뱀과 초승달은 묻지 않겠지만, 필마단창匹馬單槍으로 뛰어들 때에는 어떠합니까?"

"마강麻江 다리 밑을 알겠는가?"

"잘 모르겠습니다."

"성수사聖壽寺의 앞이다."

"대용(大容 : 크게 용납함)이라면서 어찌하여 스님을 쫓아내십니까?"

"큰 바다는 티끌도 용납하지 않는데, 작은 개울에는 쓰레기가 많다."

"어떤 것이 옛 부처님의 외길입니까?"

대사가 땅을 가리키니, 스님이 또 말했다.

"그것을 묻지 않았습니다."

"가거라."

대사가 어떤 노숙과 어디를 가기로 약속했다가 이내 다른 일로 인하여 가지 못하자, 노숙이 말했다.

"부처님께서는 두 말씀이 없습니다."

대사가 대답했다.

"법은 일정한 것이 아니다."

광주廣州 나산羅山 숭崇 선사

스님이 물었다.

"어떤 것이 대한국大漢國의 경계입니까?"

"옥구玉狗가 짖을 때에는 아직 날이 새지 않았고, 금계金雞가 운 뒤에야 5경更이 시작된다."

"단하丹霞가 거사居士를 방문했는데, 여자가 광주리를 들지 않았을 때는 어떠합니까?"

"그래도 이 속에 이르러 한 번 전환해야 한다."

"어떤 것이 나산의 경계입니까?"

"포수布水의 물이 천 길이니라."

소주韶州 운문雲門 보寶 화상

상당하여 말했다.

"'지극한 도는 어려울 것 없으니 오직 간택하는 것을 꺼린다'고 하는데, 아직도 간택함이 있는가? 안녕."

영주郢州 임계臨谿 경탈竟脫 화상

스님이 물었다.

"어떤 것이 법신法身을 꿰뚫는 구절입니까?"

대사가 대답했다.

"눈 밝은 사람이 그대를 비웃는다."

"어떤 것이 법신입니까?"

"사해四海와 오호五湖의 나그네이니라."

"어떤 것이 본래의 사람입니까?"

"바람이 부니 얼굴 가득 먼지이니라."

"우두가 4조를 보기 전에는 어떠합니까?"

"부자가 되면 손님이 많으니라."

"본 뒤에는 어떠합니까?"

"가난하면 왕래가 끊기느니라."

"어떤 것이 부처입니까?"

"네거리이니라."

"어떤 것이 법입니까?"

"세 집이 사는 마을 속이니라."

"부처와 법은 하나입니까, 둘입니까?"

"노주露柱가 세 강을 건너면서도 오히려 품은 감회의 한恨이 유장하다."

"어떤 것이 무봉탑無縫塔입니까?"

"복주復州의 성城이니라."

"어떤 것이 탑 속의 사람입니까?"

"용흥사龍興寺이니라."

광주廣州 화엄華嚴 혜慧 선사

스님이 물었다.

"듣건대 옛사람이 말하기를 '허망한 마음이 없는 곳이 곧 보리菩提다'라고 했는데, 바로 허망에 당면할 때에도 보리가 있습니까?"

"그대의 소리가 이미 비추었다."

"잘 모르겠습니다."

"허망한 마음이 없는 곳이 곧 보리이니라."

소주韶州 순봉舜峰 소韶 화상

처음에 운문 화상에게 물었다.

"보배 달이 어째서 여기서 나누어 비칩니까?"

"1천의 광명이 똑같이 비춘다."

"화상께서 지시해 주신 것이 고맙습니다."

"무엇을 보았는가?"

승정僧正이 대사의 방장에 들어오면서 말했다.

"방장이 이렇게 어둡군."

대사가 대답했다.

"늙은 쥐의 굴이다."

승정이 말했다.

"고양이를 들여보내면 좋겠군."

"들여보내 보라."

승정이 대답이 없으니, 대사가 손뼉을 치면서 웃었다.

대사가 어떤 노숙과 함께 강을 건너다가 돈을 꺼내서 사공에게 주니, 노숙이 말했다.

"주머니 속에 청동靑銅 조각이 있는 것 같군요."

대사가 허리를 굽히면서 말했다.
"장로여, 웃지 마시오."

수주隋州 쌍천산雙泉山 사관師寬 명교明教 대사

상당하여 불자를 들고 말했다.
"이것이 중·하의 근기를 제접한다."
이때에 어떤 스님이 물었다.
"상근기의 사람이 오면 어찌하겠습니까?"
"북을 치는 것은 3군軍을 지휘하기 위한 것이다."
"위로 향한 종승을 어떻게 제창하시겠습니까?"
"감히 할 수 없다."
"그러면 중생들에게 희망이 있겠습니다."
"발밑의 물이 얼마나 깊은가?"
"온갖 언구言句는 모두가 유有와 무無에 떨어지는데, 유와 무에 떨어지지 않을 때에는 어떠합니까?"
"동불우대東弗于代[2]이니라."
"그것도 역시 유와 무에 떨어집니다."
"갈래가 설산雪山의 서쪽으로 지나갔다."

어떤 스님이 동산洞山에게 묻되 "어떤 것이 부처입니까?" 하니, 동산이 대답하되 "삼 서 근〔麻三斤〕이니라" 한 것을 듣고 대사가 말했다.
"남쪽에 대밭이 있고, 북쪽에는 나무가 있다."

---

2 4주洲 중의 하나. 즉 동불바제東弗婆提, 동승신주東勝身洲라고도 한다.

나중에 대사는 지문智門에서 살았는데, 어떤 스님이 물었다.

"지혜로써 알 수 없고, 의식으로 알아챌 수 없을 때에는 어떠합니까?"

대사가 대답했다.

"그와 같은 여우의 무리에는 들어가지 않는다."

"어떤 것이 선정입니까?"

"두꺼비가 뛰어도 말[斗]을 벗어나지 못한다."

"어찌하여야 벗어나겠습니까?"

"남산에 구름이 일어나니, 북산에 비가 내린다."

"북두北斗 속에 몸을 숨긴다는 뜻이 무엇입니까?"

"닭은 추우면 나무에 오르고, 오리는 추우면 물로 들어간다."

"주장자를 곧추 세운 뜻이 무엇입니까?"

"잎사귀 하나가 떨어지니, 천하에 가을이 온 줄 안다."

대사는 나중에 지문에서 여생을 마쳤다.

영주英州 관음觀音 화상

우물을 파는데, 어떤 스님이 물었다.

"우물의 깊이가 얼마나 됩니까?"

대사가 대답했다.

"그대의 콧구멍에 빠진다."

"우두가 4조를 보기 전에는 어떠합니까?"

"영주의 관음觀音이니라."

"본 뒤에는 어떠합니까?"

"영주의 관음이니라."

"어떤 것이 관음의 묘한 지혜의 힘입니까?"

"바람이 찢어진 창문을 때려 소리를 내느니라."

소주韶州 임천林泉 화상

스님이 물었다.

"어떤 것이 임천林泉의 주인입니까?"

대사가 대답했다.

"바위 밑의 흰 돌이니라."

"어떤 것이 임천의 가풍입니까?"

"손님을 맞아서 대접한다."

"어떤 것이 도입니까?"

"멀고 멀다."

"학인이 선뜻 깨우칠 때에는 어찌하겠습니까?"

"오래오래 반연을 잊은 이가 어찌 가고 머무는 정情을 품겠는가?"

소주韶州 운문雲門 후煦 화상

스님이 물었다.

"어떤 것이 조사께서 서쪽에서 오신 뜻입니까?"

대사가 대답했다.

"지금은 무슨 뜻인가?"

"그럴듯하군요."

대사가 할을 해서 쫓았다.

익주益州 청성靑城 향림원香林院 징원澄遠 선사

처음에 서천西川 도강현導江縣의 영상사迎祥寺 천왕원天王院〔사람들이 수정궁水精宮이라 불렀다.]에 살았는데, 어떤 스님이 물었다.

"맛 좋은 제호醍醐가 어째서 독약으로 변합니까?"

대사가 대답했다.

"도강導江의 종이[紙]이니라."

"색色을 보고서 곧 마음을 알 때는 어떠합니까?"

"아까 어디를 갔다 왔는가?"

"마음과 경계가 모두 없어질 때에는 어떠합니까?"

"눈을 뜨고 앉아서 조는구나."

대사가 나중에는 청성靑城의 향림香林에 살았는데, 어떤 스님이 물었다.

"북두北斗 속에 몸을 숨기는 뜻이 무엇입니까?"

대사가 대답했다.

"달은 활을 당긴 것 같은데, 비는 적고 바람은 많으니라."

"어떤 것이 부처님들의 마음입니까?"

"맑으면 끝끝내 맑으니라."

"어떻게 이해합니까?"

"남의 속임을 받지 않는 것이 좋다."

"어떤 것이 조사께서 서쪽으로부터 오신 뜻입니까?"

"머뭇거리는 이는 누구냐?"

"어떤 것이 화상의 묘한 약입니까?"

"온갖 맛을 여의지 않는다."

"먹은 이는 어찌 됩니까?"

"씹어 삼켜 보아라."

"어떤 것이 방 안의 한 등불입니까?"

"세 사람이 증명하면 거북도 자라가 된다."

"어떤 것이 가사 밑의 일입니까?"

"섣달의 불이 산을 태운다."

"대중이 모였으니, 스님께서 방편을 베풀어 주시기를 바랍니다."

"셋은 둘을 기다리지 않는다."

"어떤 것이 학인의 하루 동안 일입니까?"

"꼭 맞는다."

"어떠한 것이 현묘함입니까?"

"오늘이 오고, 내일이 간다."

"어떤 것이 현묘함 가운데의 현묘함입니까?"

"긴 평상 위이니라."

"어떤 것이 향림香林의 한 줄기 샘입니까?"

"생각이 끊임이 없다."

"마시는 이는 어떠합니까?"

"방향에 따라 저울질한다."

"어떤 것이 납자의 바른 안목입니까?"

"분별하지 않는다."

"비추어 작용하는 일이 어떠합니까?"

"길 가던 사람이 실족을 한다."

"만 가지 기틀〔機〕이 모두 쉬어서 비로소 본래의 사람을 알 때는 어떠합니까?"

"맑은 기틀이 저절로 드러난다."

"그러면 딴 사람이 아니겠습니다."

"비로소 본래의 사람을 보았구나."

"고기가 뭍에서 놀 때에는 어떠합니까?"

"말을 할 때는 반드시 뒤에 구제할 이가 있다."

"도리어 푸른 못으로 내려갈 때에는 어떠합니까?"

"머리는 무겁고, 꼬리는 가볍다."

"그러나 언어는 몽땅 빈객인데, 어떤 것이 주인입니까?"

"장안의 성안이니라."

"어떻게 이해하리까?"

"천 집, 만 집이니라."

경덕전등록 제 23 권

길주吉州 청원산青原山 행사行思 선사의 제7세 법손 ③

소주韶州 운문산雲門山 문언文偃 선사의 법손 36인

남악南嶽 반야般若 계유啓柔 선사

균주筠州 황벽黃蘗 법제法濟 선사

양주襄州 동산洞山 수초守初 대사

신주信州 강국康國 요耀 화상

담주潭州 곡산谷山 풍豐 선사

영주潁州 나한羅漢 광과匡果 선사

낭주朗州 창계滄谿 인璘 화상

균주筠州 동산洞山 청품淸禀 선사

기주蘄州 북선北禪 적寂 화상

홍주洪州 늑담泐潭 도겸道謙 선사

여주廬州 남천왕南天王 영평永平 선사

호남湖南 영안永安 낭朗 선사

호남湖南 담명潭明 화상
금릉金陵 청량淸凉 명明 선사
금릉金陵 봉선奉先 심深 선사
서천西川 청성靑城 승乘 화상
노부潞府 묘승妙勝 진臻 선사
흥원興元 보통普通 봉封 화상
소주韶州 등봉燈峰 화상
소주韶州 대범大梵 원圓 화상
예주澧州 약산藥山 원광圓光 선사
신주信州 아호鵝湖 운진雲震 선사
여산廬山 개선開先 청요淸耀 선사
양주襄州 봉국奉國 청해淸海 선사
소주韶州 자광慈光 화상
담주潭州 보안保安 사밀師密 선사
〔이상 26인은 기록에 보임〕
홍주洪州 운거산雲居山 융融 선사
형주衡州 대성사大聖寺 수현守賢 선사
여주廬州 북천왕北天王 휘徽 선사
영주郢州 파초산芭蕉山 홍의弘義 선사
미주眉州 복화원福化院 광光 선사
여주廬州 동천왕東天王 광자廣慈 선사
신주信州 서선西禪 흠欽 선사
강주江州 경운慶雲 진眞 선사
균주筠州 동산洞山 늠凜 선사
소주韶州 쌍봉雙峰 혜진慧眞 대사
〔이상 10인은 기연할 어구가 없으므로 기록하지 않음〕

수주隨州 쌍천산雙泉山 영永 선사의 법손 1인

광주廣州 대통大通 화상

〔1인은 기연할 어구가 없으므로 기록하지 않음〕

태주台州 서암瑞巖 사언師彦 선사의 법손 2인

남악南嶽 횡룡橫龍 화상

온주溫州 서봉원瑞峰院 신록神祿 선사

〔이상 2인은 기록에 보임〕

회주懷州 현천玄泉 언彦 선사의 법손 5인

악주鄂州 황룡黃龍 회기晦機 대사

낙경洛京 백곡柏谷 화상

지주池州 화룡和龍 화상

회주懷州 현천玄泉 제2세 화상

노부潞府 묘승妙勝 현밀玄密 선사

〔이상 5인은 기록에 보임〕

복주福州 나산羅山 도한道閑 선사의 법손 19인

홍주洪州 대녕大寧 은미隱微 선사

무주婺州 명초明招 덕겸德謙 선사

형주衡州 화광華光 범範 선사

복주福州 나산羅山 소자紹孜 선사

서천西川 혜慧 선사

건주建州 백운白雲 영엄令弇 선사

건주虔州 천축天竺 의징義澄 선사

길주吉州 청평淸平 유광惟曠 선사

무주婺州 금주金柱 의소義昭 화상

담주潭州 곡산谷山 화상

호남湖南 도오산道吾山 종성從盛 선사

복주福州 나산羅山 의인義因 선사

관주灌州 영암靈巖 화상

길주吉州 광산匡山 화상

복주福州 흥성興聖 중만重滿 선사

담주潭州 보응寶應 청진淸進 선사

〔이상 16인은 기록에 보임〕

한주漢州 면죽현綿竹縣 정혜定慧 선사

담주潭州 용회산龍會山 감鑒 선사

안주安州 목穆 선사

〔이상 3인은 기연할 어구가 없으므로 기록하지 않음〕

안주安州 백조산白兆山 지원志圓 선사의 법손 13인

낭주朗州 대룡산大龍山 지홍智洪 선사

양주襄州 백마산白馬山 행애行靄 선사

영주郢州 대양산大陽山 행충行沖 선사

안주安州 백조산白兆山 회초懷楚 선사

기주蘄州 사조산四祖山 청교淸皎 선사

기주蘄州 삼각산三角山 지조志操 선사

진주晋州 흥교興教 사보師普 선사

기주蘄州 삼각산三角山 진감眞鑒 선사

〔이상 8인은 기록에 보임〕

영주郢州 흥양산興陽山 화상

침주郴州 동선東禪 현해玄偕 선사
신라국新羅國 혜운慧雲 선사
안주安州 혜일원慧日院 현악玄諤 선사
경조京兆 대진사大秦寺 언빈彦賓 선사
〔이상 5인은 기연할 어구가 없으므로 기록하지 않음〕

담주潭州 등하藤霞 화상의 법손 2인
예주澧州 약산藥山 제7세世 화상
〔1인은 기록에 보임〕
담주潭州 운개산雲蓋山 화상
〔1인은 기연할 어구가 없으므로 기록하지 않음〕

홍주洪州 봉서산鳳棲山 동안同安 상찰常察 선사의 법손 1인
원주袁州 앙산仰山 양공良供 선사
〔1인은 기연할 어구가 없으므로 기록하자 않음〕

길주吉州 화산禾山 무은無殷 선사의 법손 5인
여산廬山 영안永安 혜도慧度 선사
무주撫州 조산曹山 의숭義崇 선사
길주吉州 화산禾山 계운契雲 선사
장주漳州 보복保福 화상
홍주洪州 취엄翠巖 사음師陰 선사
〔이상 5인은 기연할 어구가 없으므로 기록하지 않음〕

담주潭州 운개산雲蓋山 경景 화상의 법손 3인
형악衡嶽 남대南臺 장藏 선사
유주幽州 담자수潭柘水 종실從實 선사

담주潭州 운개산雲蓋山 증각證覺 선사

〔3인은 기록에 보임〕

여산廬山 귀적사歸寂寺 담권澹權 선사의 법손 2인

악주鄂州 황룡黃龍 온蘊 화상

수주壽州 박산泊山 화상

〔이상 2인은 기연할 어구가 없으므로 기록하지 않음〕

여산廬山 귀종歸宗 회운懷惲 선사의 법손 2인

귀종歸宗 제4세 홍장弘章 선사

〔1인은 기록에 보임〕

귀종사歸宗寺 암밀巖密 선사

〔1인은 기연할 어구가 없으므로 기록하지 않음〕

지주池州 혜산嵇山 장章 선사의 법손 1인

수주隋州 쌍천산雙泉山 도건道虔 선사

〔1인은 기록에 보임〕

홍주洪州 운거산雲居山 회악懷岳 선사의 법손 5인

양주揚州 풍화원風化院 영숭令崇 선사

예주澧州 약산藥山 충언忠彦 선사

재주梓州 용천龍泉 화상

〔이상 3인은 기록에 보임〕

운거산雲居山 주연住緣 화상

운거산雲居山 주만住滿 화상

〔이상 2인은 기연할 어구가 없으므로 기록하지 않음〕

무주撫州 하옥산荷玉山 광혜光慧 선사의 법손 1인

하옥산荷玉山 복福 선사

〔1인은 기연할 어구가 없으므로 기록하지 않음〕

균주筠州 동산洞山 도연道延 선사의 법손 2인

균주筠州 상람上藍 경慶 선사

〔1인은 기록에 보임〕

동산洞山 민敏 선사 제5세

〔1인은 기연할 어구가 없으므로 기록하지 않음〕

무주撫州 금봉金峰 종지從志 대사의 법손 2인

홍주洪州 대녕大寧 신강神降 선사

예주澧州 약산藥山 언彦 선사

〔이상 2인은 기연할 어구가 없으므로 기록하지 않음〕

양주襄州 녹문산鹿門山 처진處眞 선사의 법손 6인

익주益州 숭진崇眞 화상

녹문산鹿門山 제2세 담譚 화상

양주襄州 곡은谷隱 지정智靜 대사

여산廬山 불수암佛手巖 행인行因 선사

〔이상 4인은 기록에 보임〕

양주襄州 영계산靈谿山 명明 선사

홍주洪州 대안사大安寺 진眞 상좌

〔이상 2인은 기연할 어구가 없으므로 기록하지 않음〕

무주撫州 조산曹山 혜하慧霞 선사의 법손 3인

가주嘉州 동정東汀 화상

〔1인은 기록에 보임〕

웅주雄州 화엄華嚴 정혜正慧 대사

천주泉州 초경원招慶院 견堅 상좌

〔이상 2인은 기연할 어구가 없으므로 기록하지 않음〕

화주華州 초암草庵 법의法義 선사의 법손 1인

천주泉州 구양龜洋 혜충慧忠 선사

〔1인은 기록에 보임〕

담주潭州 보자報慈 장서藏嶼 선사의 법손 1인

익주益州 성흥사聖興寺 존存 화상

〔1인은 기연할 어구가 없으므로 기록하지 않음〕

양주襄州 함주산含珠山 심철審哲 선사의 법손 6인

양주洋州 용혈산龍穴山 화상

당주唐州 대승산大乘山 화상

양주襄州 연경延慶 귀효歸曉 대사

양주襄州 함주산含珠山 진眞 화상

〔이상 4인은 기록에 보임〕

함주산含珠山 장璋 선사

제2세 함주산含珠山 언偃 화상

〔이상 2인은 기연할 어구가 없으므로 기록하지 않음〕

봉상부鳳翔府 자릉紫陵 광일匡一 대사의 법손 3인

병주幷州 광복廣福 도은道隱 선사

자릉紫陵 제2세 미微 선사

흥원부興元府 대랑大浪 화상

〔이상 3인은 기록에 보임〕

홍주洪州 동안同安 위威 선사의 법손 2인

진주陳州 석경石鏡 화상

〔1인은 기록에 보임〕

중동中同 안지安志 화상

〔1인은 기연할 어구가 없으므로 기록하지 않음〕

양주襄州 석문산石門山 헌獻 선사의 법손 1인

석문산石門山 제2세 혜철慧徹 선사

〔1인은 기록에 보임〕

양주襄州 광덕廣德 의義 화상의 법손 3인

양주襄州 광덕廣德 제2세 연延 화상

〔1인은 기록에 보임〕

형주荊州 상천上泉 화상

광덕廣德 주周 화상

〔이상 2인은 기연할 어구가 없으므로 기록하지 않음〕

경조京兆 향성香城 화상의 법손 1인

등주鄧州 나문羅紋 화상

〔1인은 기연할 어구가 없으므로 기록하지 않음〕

항주杭州 서룡원瑞龍院 유장幼璋 선사의 법손 1인

서천西川 덕언德言 선사

〔1인은 기연할 어구가 없으므로 기록하지 않음〕

수주隋州 호국護國 수징守澄 선사의 법손 8인

수주隋州 지문智門 수흠守欽 대사

호국護國 제2세 지원知遠 대사

안주安州 대안산大安山 능能 화상

영주穎州 천복원薦福院 사思 선사

담주潭州 연수延壽 화상

호국護國 제3세 지랑志朗 대사

〔이상 6인은 기록에 보임〕

서주舒州 향로봉香鑪峰 경瓊 화상

경조京兆 반룡산盤龍山 만滿 화상

〔이상 2인은 기연할 어구가 없으므로 기록하지 않음〕

낙경洛京 영천靈泉 귀인歸仁 선사의 법손 2인

양주襄州 석문사石門寺 준遵 화상

영주郢州 대양산大陽山 견堅 화상

〔이상 2인은 기연할 어구가 없으므로 기록하지 않음〕

경조京兆 영안원永安院 선정善靜 선사의 법손 1인

대명산大明山 화상

〔1인은 기연할 어구가 없으므로 기록하지 않음〕

기주蘄州 오아산烏牙山 언빈彦賓 선사의 법손 3인

안주安州 대안산大安山 흥고興古 선사

기주蘄州 오아산烏牙山 행랑行朗 선사

〔이상 2인은 기록에 보임〕

괵주虢州 여산廬山 상常 선사

〔1인은 기연할 어구가 없으므로 기록하지 않음〕

봉상부鳳翔府 청봉青峰 화상의 법손 7인

서천西川 영감靈龕 화상

경조京兆 자각산紫閣山 단기端己 선사

방주房州 개산開山 회주懷晝 선사

유주幽州 전법傳法 화상

익주益州 정중淨衆 귀신歸信 선사

청봉青峰 제2세 청면淸免 선사

〔이상 6인은 기록에 보임〕

봉상부鳳翔府 장평산長平山 만滿 선사

〔1인은 기연할 어구가 없으므로 기록하지 않음〕

상주祥州 대암大巖 백白 화상의 법손 1인

공주邛州 벽운碧雲 화상

〔1인은 기연할 어구가 없으므로 기록하지 않음〕

행사行思 선사의 제7세 ③

소주韶州 운문산雲門山 문언文偃 선사의 법손

남악南嶽 반야사般若寺 계유啓柔 선사

스님이 물었다.

"인도〔西天〕에서는 납인臘人으로 증험을 삼는데, 여기서는 어떠합니까?"

대사가 대답했다.

"신라 사람의 짚신이니라."

"어떤 것이 천 명의 성인이 함께 돌아가는 도리입니까?"

"괴로움이 공한 경지를 통달치 못하면, 누구나 슬퍼서 탄식하느니라."

대사가 상당하였는데 판板이 세 차례 울리는 소리가 들린 뒤에 대중이 모이니, 이로 인하여 게송을 지었다.

묘하구나, 판이 세 번 울리니
여러분 모두가 와서 참례하네.
이미 시절을 잘 분별하기에
내가 두세 번 거듭하지 않으리.
妙哉三下板　諸德盡來參
旣善分時節　今吾不再三

대사는 다음에 형남荊南의 연수延壽에서 살았고, 나중에는 경조京兆의 광교원廣敎院에 살다가 입적했다.

균주筠州 황벽산黃檗山 법제法濟 선사

스님이 물었다.

"어떤 것이 화상의 가풍입니까?"

대사가 대답했다.

"천하 사람들에게 본을 보인다."

대사가 상당하여 대중에게 보였다.

"허공도 대각大覺 안에서 생긴 것으로 마치 바다에서 거품 하나가 일어난 것과 같나니, 각각 사람마다 일이 없다."

또 상당하여 한참 있다가 말했다.

"만일 황벽의 주장자를 알아채면 평생 행각行脚한 일은 끝난다. 안녕."

양주襄州 동산洞山 수초守初 종혜宗慧 대사

처음에 운문에게 참문하니, 운문이 물었다.

"요새 어디서 떠났는가?"

대사가 대답했다.

"사도楂渡에서 떠났습니다."

"여름은 어디서 지냈는가?"

"호남의 보자報慈에서 지냈습니다."

"언제 거기를 떠났는가?"

"작년 8월입니다."

"그대에게 세 방망이를 힘껏 때리리라."

이튿날 대사가 다시 올라가서 문안하고 말했다.

"어제 화상의 세 방망이를 맞았는데, 허물이 어디에 있는지 모르겠습니다."

운문이 대답했다.

"밥주머니〔飯袋子〕야, 강서江西와 호남湖南을 갔단 말인가?"

대사가 이 말에 크게 깨달았다.

대사가 주지가 된 뒤에 스님이 물었다.

"외길이 멀고 멀 때에는 어찌합니까?"

대사가 대답했다.

"날이 맑을 때는 가려 하지 않고, 다만 비가 오기를 기다린다."

"모든 성인들은 어떠하셨습니까?"

"물에도 들어가고, 진흙에도 들어간다."

"마음이 나기 전에는 법이 어디에 있습니까?"

"바람이 없는데 연잎이 흔들리면 분명히 고기가 다니고 있는 것이다."

"스님께서 사자좌에 오르셨으니, 도의 정情을 읊어 주십시오."

"마르고 갠 날에 물길을 열 것이지, 일 없이 조사曹司를 마련하는구나."

"그러면 스님의 지시에 감사하겠습니다."

"신을 파는 할멈의 다리가 역척䟐踧〔앞 글자는 랑郞과 격擊의 반절이고, 뒤 글자는 칠七과 적迹의 반절이다.〕하니라."

"어떤 것이 삼보三寶입니까?"

"헤아려 따질 것이 못된다."

"어떤 것이 무봉탑無縫塔입니까?"

"십자로十字路에 선 돌사자니라."

"어떤 것이 생사를 면하는 법입니까?"

"보아도 잡을 수 없고, 생각하면 3년이 걸린다."

"마음의 기틀과 의식을 여의고서 한마디 일러 주십시오."

"도사道士가 누런 옷을 입고 독 안에 앉았다."

"때가 아닌데도 참문을 왔사오니, 스님께서 한 구절 들려주십시오."

"간 곳마다 어떻게 이야기했는가?"

"현재의 선정에 의거해서 이야기했습니다."

"그대에게 30방망이를 때리겠다."
"허물이 어디에 있습니까?"
"죄는 거듭 부과하지 않는다."
"연꽃이 물에서 나오기 전에는 어떠합니까?"
"초산楚山의 그림자가 거꾸로 섰느니라."
"물에서 나온 뒤에는 어떠합니까?"
"한수漢水가 정동正東으로 흐른다."
"어떤 것이 취모검吹毛劍입니까?"
"금주金州의 나그네이니라."

어떤 비구니가 물었다.
"수레는 머물렀는데, 소가 머물지 않을 때에는 어떠합니까?"
"수레에 멍에나 메는 놈을 무엇 하겠는가?"
"어떤 것이 납승의 분수에 맞는 일입니까?"
"구름 속의 초산楚山 기슭에는 결정코 비바람이 많다."
"바다가 마르고 사람이 없어질 때에는 어떠합니까?"
"얻기 어렵다."
"문득 이렇게 갈 때에는 어떠합니까?"
"구름은 푸른 하늘에 있고, 물은 병 안에 있다."
"유와 무가 함께 없어지고, 방편과 실제를 둘 다 잊을 때에는 끝내 어떠합니까?"
"초산이 거꾸로 선다."
"학인이 이해하는 것을 인정합니까?"
"방편이 없지 않다."
"스님의 방편을 청합니다."

"천리만리이니라."

"우두가 4조를 보기 전에는 어떠합니까?"

"밤나무 주장자이니라."

"본 뒤에는 어떠합니까?"

"구멍이 여덟 개 뚫린 베 장삼이니라."

"어떤 것이 부처입니까?"

"확연하고 분명하니라."

"만 가지 연緣이 모두 쉰다는 뜻이 무엇입니까?"

"독 속의 돌사람이 대추씨〔棗團〕를 판다."

"어떤 것이 동산의 검입니까?"

"무엇 하려고?"

"학인은 알고자 합니다."

"죄가 있다."

"건곤乾坤에도 뜻을 부치지 말고, 우주에도 마음을 두지 말라고 합니다. 학인은 다만 이러할 뿐인데, 스님께서는 어떠십니까?"

"산마루 정자에는 안개가 일어나고, 급한 여울에는 배를 머물 수 없다."

"대중이 모였으니, 스님께서 요점을 추려서 제창해 주십시오."

"물 위에 뜬 거품은 다섯 빛깔을 드러내고, 바다 밑의 두꺼비는 달 밝음을 외친다."

"바로 이러할 때에는 문수文殊와 보현普賢이 어디에 있습니까?"

"장자가 81세가 되면, 그 나무에서 버섯이 나지 않으리라."

"그 뜻이 어떠합니까?"

"하나라면 이뤄지지 않고, 둘이라면 옳지 못하다."

신주信州 강국康國 요耀 화상

"문수文殊와 유마維摩가 마주 앉아서 무엇을 이야기했습니까?"

대사가 대답했다.

"그대가 해골바가지가 된 뒤라야 비로소 이해할 것이다."

"옛사람이 말하기를 해골 속에서 알아차려야 된다고 한 뜻이 무엇입니까?"

"그대가 알기는 하였는가?"

"그러면 먼 곳의 사람도 스님을 만날 수 있겠습니다."

"부질없는 말을 하지 말라."

담주潭州 곡산谷山 풍豊 선사〔흥원부興元府 보통원普通院에도 살았다.〕

스님이 물었다.

"스님은 어느 가풍의 곡조를 부르시며, 종풍은 누구의 것을 이으셨습니까?"

대사가 대답하였다.

"눈 덮인 산마루에 매화가 피니, 구름 쌓인 골짜기의 노승이 깜짝 놀란다."

대사가 상당하여 대중에게 보였다.

"준마駿馬는 기미가 나타나기 전에 남다르지만, 노니는 사람들은 팔꿈치 뒤에 매달린다. 이미 구름 밖 나그네를 참례했으니, 노승에게 한 번 볼 기회를 달라."

어떤 스님이 얼른 나서니, 대사가 때리면서 말했다.

"왜 진작 나오지 않았는가?"

영주潁州 나한羅漢 광계匡界[1] 선사

스님이 물었다.

"어떤 것이 취모검吹毛劍입니까?"

대사가 대답했다.

"마쳤다[了]."

"화상께서 세상을 마치신 뒤에 어떤 사람이 묻기를 '스님은 어디로 가십니까?' 하면, 무엇이라 대답하시겠습니까?"

"오랜 뒤에 작가作家를 만나거든 분명히 이야기하라."

"누가 지음知音의 사람입니까?"

"지음의 사람은 그렇게 묻지 않는다."

"어떤 것이 나한의 경계입니까?"

"소나무와 회나무의 늙은 모습이다."

"벽을 뚫고 빛을 훔칠 때는 어떠합니까?"

"틀렸다."

"그렇지만 애써 마음을 전일하게 하는 것이야 어찌하겠습니까?"

"틀렸다, 틀렸어."

낭주朗州 창계滄谿 인璘 화상

"어떤 것이 창계滄谿의 경계입니까?"

"눈앞의 물이 정동正東으로 흐른다."

"어떤 것이 창계의 가풍입니까?"

"들어오면 곧 보리라."

"이 법이 법의 자리[法位]에 머물러서 세간의 모습이 항상 머문

1 제23권 권두卷頭에는 광과匡果로 되어 있다.

다고 하는데, 운문 화상은 어디로 가셨습니까?"

"보았는가?"

"틀렸습니다."

"틀렸다, 틀렸어."

"어떤 것이 서쪽에서 오신 뜻입니까?"

"틀리지 않았다."

대사가 어떤 일로 인하여 게송을 읊었다.

천지天地가 앞길을 가리키니
사람들아, 억지로 옮기지 말라.
그 속에서 알음알이를 내면
눈썹에다 눈썹을 붙이는 것이다.

天地指前徑　時人莫彊移
箇中生解會　眉上更安眉

균주筠州 동산洞山 보리원普利院 제8세 주지 청품淸禀 선사

그는 천주泉州 선유仙遊 사람으로서 성은 이李씨이다. 어려서 중봉원中峰院의 홍밀鴻謐에게서 스님이 된 후 16세에 복주福州의 태평사太平寺에서 계를 받았다.

처음에 남악南嶽에 가서 유경惟勁 두타頭陀를 참문했으나 얻은 바가 없었다. 그래서 소양韶陽에 가서 조탑祖塔에 참배하고 돌아오는 길에 운문雲門을 찾았는데, 이때 운문이 물었다.

"오늘 어디서 떠났는가?"

"혜림慧林에서입니다."

운문이 주장자를 들면서 물었다.

"혜림 대사가 이렇게 하는 것을 그대가 보았는가?"

"이 물음을 깊이 깨우쳤습니다."

운문이 좌우를 돌아보면서 빙그레 웃기만 하니, 대사가 이로부터 입실하여 깨달음을 인가받았다. 그리고 나서 금릉金陵에 가니, 국주國主인 이李씨가 광목光睦에 살라고 청했다.

오래지 않아 다시 징심당澄心堂에 들어가 제방의 어록을 모으라고 명하더니, 10년이 지나면서 다시 동산에서 맞이하여 살게 하였다.

개당開堂하는 날에 유나維那가 종을 치고 대중에게 말했다.

"모임에 계신 여러 용상龍象들이여, 마땅히 제일의제第一義諦를 관찰하십시오."

대사가 대답했다.

"퍽 좋은 소식이다만 그대가 잘못 이해할까 걱정되는구나."

스님이 물었다.

"운문의 한 곡조는 스님께서 친히 부르시지만, 오늘날 신풍(新豊 : 동산 양개)의 일은 어떠합니까?"

"그래도 말은 해버려야 되겠다."

기주蘄州 북선北禪 적寂 화상 오통悟通 대사

어떤 스님에게 물었다.

"어디서 왔는가?"

"황주黃州에서 왔습니다."

"어느 절에 있었는가?"

"자복資福[2]입니다."

---

2 복을 가꾼다고 새긴다.

"복을 무엇을 가지고 가꾸는가?"
"두 겹의 공안公案이군요."
"그렇지만 북선北禪의 손아귀에 있는 바에야 어찌하겠는가?"
"손아귀에 있으면 곧 잡아서 취하겠습니다."
대사가 때렸다.

홍주洪州 늑담泐潭 도겸道謙 선사

스님이 물었다.
"어떤 것이 늑담泐潭의 가풍입니까?"
"그대가 여기에 온 지 며칠인가?"
"털끝이라도 있기만 하면 곧 티끌이라 하니, 있지 않은 때에는 어떠합니까?"
대사가 손으로 두 눈을 가렸다.
"드러난 곳[當陽]에서 제창하면 누가 듣습니까?"
"나는 귀먹지 않았다."

여주廬州 남천왕南天王 영평永平 선사

스님이 물었다.
"어떤 것이 서쪽에서 오신 뜻입니까?"
대사가 답했다.
"모래를 뿌리지 말라."
"어떤 것이 남천왕南天王의 경계입니까?"
"마음대로 구경하라."
스님이 물었다.
"어떤 것이 경계 속의 사람입니까?"

"앞의 말을 알아들어라."

"오래도록 싸움터에 있었는데 어째서 공명을 이루지 못했습니까?"

"다만 서리 위에 누워 눈이 깊도록 잠만 잤기 때문이니라."

"그러면 무기를 버리고 두 손을 모아서 조정으로 돌아가야겠습니다."

"지휘사指揮使가 그대에게는 아직 이르지 않았다."

조남潮南[3] 영안永安 낭朗 선사

스님이 물었다.

"어떤 것이 동양洞陽의 가풍입니까?"

대사가 대답했다.

"문에 들어오면 곧 본다."

"어떤 것이 문에 들어오면 곧 보는 것입니까?"

"손님이 바로 관상쟁이였느니라."

"어떤 것이 지극한 말씀입니까?"

"사랑하는 이를 여의기는 괴롭다."

호남湖南 담명潭明 화상

스님이 물었다.

"어떤 것이 상담湘潭의 경계입니까?"

대사가 대답했다.

"산은 큰 봉우리에 이어졌고, 물은 소상瀟湘강과 접했느니라."

---

3 제23권 권두卷頭에는 호남湖南으로 되어 있다.

"어떤 것이 경계 안의 사람입니까?"

"문득 앎과 합할 때이다."

"어떤 것이 불법의 대의입니까?"

"백 가지 의혹이 공연히 정신만을 수고롭게 한다."

금릉金陵 청량淸凉 명明 선사

강남江南의 국주國主가 대사에게 상당上堂을 청했는데, 소장로小長老가 물었다.

"온갖 언구는 모두가 방편에 떨어지는데, 방편에 떨어지지 않는 것을 속히 일러 주십시오."

대사가 대답했다.

"국주께서 여기 계시는데 감히 무례하게 굴지 말라."

금릉金陵 봉선奉先 심深 선사

강남江南의 국주國主가 청하여 개당하는 날에 자리에 막 오르자, 유나가 종을 치고 대중에게 말했다.

"모임에 계신 용상들이여, 마땅히 제일의를 관찰하십시오."

이에 대사가 말했다.

"과연 모르는구나, 둔하기 짝이 없는 사람아."

그때 어떤 스님이 나와서 절을 하고 물었다.

"어떤 것이 제일의입니까?"

"다행히 말해 버렸구나."

"어떻게 해야 이해하겠습니까?"

"빨리 절 세 번을 하라."

대사가 또 말했다.

"대중아, 말하라. 둔한 것이 누구의 분수에 떨어지는지 알겠는가?"

서천西川 청성青城 대면산大面山 승乘 화상

스님이 물었다.

"어떤 것이 상륜봉相輪峰입니까?"

"연기와 노을이 서린 곳까지 곧장 솟았느니라."

"위로 향한 일이 어떠합니까?"

"땅으로 3척 5촌을 들어가느니라."

"어떤 것이 불법의 대의입니까?"

"흥의문興義門 앞의 북소리이니라."

"학인은 잘 모르겠습니다."

"아침에 3천 번 치고, 저녁에 8백 번 친다."

노부潞府 묘승妙勝 진臻 선사

스님이 물었다.

"어떤 것이 묘승妙勝의 경계입니까?"

대사가 대답했다.

"용장龍藏을 열 때 패엽貝葉이 분명하니라."

"금속여래金粟如來가 어찌하여 석가의 회상에 강림했습니까?"

"향산香山의 남쪽이요, 설산雪山의 북쪽이니라."

"남섬부주南瞻部洲의 일은 어떠합니까?"

"황하黃河의 물길이 급하니 파도가 거칠다."

"마음과 마음이 적멸함은 묻지 않겠는데, 어떤 것이 위로 향하는 외길입니까?"

"한 줄기 제수濟水가 신라新羅를 관통한다."

"운문의 소식을 멀리서 들었는데, 남북南北과 종횡縱橫과 네 간방〔四維〕과 상하上下의 일이 어떠합니까?"

"오늘과 내일이니라."

흥원부興元府 보통普通 봉封 화상

스님이 물었다.

"오늘의 이 모임이 영산회상과 얼마나 닮았습니까?"

대사가 대답했다.

"건곤乾坤을 진동시킨다."

"어떤 것이 보통普通의 경계입니까?"

"뜰 앞에 대나무가 있는데 한 겨울에도 싱싱하고, 집안에 등불이 없어도 한 밤이 밝다."

소주韶州 등봉燈峰 정원淨原 화상

상당하여 대중에게 말했다.

"옛사람이 말하기를 '산하대지가 두루 진여眞如다'라고 했는데, 대중 가운데 진여를 얻은 이가 있다면, 곧 그 산하대지를 숨기는 것이 되고, 얻지 못했다면 옛 성인의 지극한 말씀을 어기는 것이다. 대중 가운데 말할 수 있는 이가 있거든 나와라. 말하지 못하겠거든 각자 방으로 돌아가라. 안녕."

스님이 물었다.

"어떤 것이 화상께서 사람을 위하는 한 구절입니까?"

대사가 대답했다.

"힘을 쓰지 않는다."

소주韶州 대범大梵 원圓 화상

상당하여 대중에게 말했다.

"대중아, 좋은 시절이니 어서 노력하라. 시간은 사람을 기다리지 않는다. 각각 방으로 돌아가서 본래의 선지식에게 물어라."

스님이 물었다.

"대중이 모였습니다. 스님께서 거양해 주십시오."

대사가 대답했다.

"의심이 있거든 물어라."

대사가 성승聖僧의 상을 보다가 스님에게 물었다.

"그 성승의 나이가 얼마나 되는가?"

스님이 대답했다.

"화상의 나이와 동갑일 것 같습니다."

대사가 할을 하면서 꾸짖었다.

"이 힘 빠진 소야, 쉽게 말하지 말라."

예주澧州 약산藥山 원광圓光 선사

스님이 물었다.

"약산에서 법의 등불이 이어지는데, 스님의 몇째가 되십니까?"

대사가 대답했다.

"만나면 모두가 벼슬을 쉬겠다고 하지만, 숲 속에서는 한 사람도 만나지 못했다."

"물과 육지를 거치지 않은 이도 스님께서 제접하십니까?"

"소로소로蘇嚕蘇嚕."

대사가 새로 온 스님에게 물었다.

"남쪽에서 왔는가, 북쪽에서 왔는가?"

스님이 대답했다.
"북쪽에서 왔습니다."
"말에 떨어지지 말고〔不落言〕 속히 말하라."
"저는 복건도福建道 사람으로서 시골 이야기를 잘 이해합니다."
"대중을 참례하라."
"분명하군요."
"뛰어라."
그리고는 때렸다.
"어떤 것이 조사께서 서쪽에서 오신 뜻입니까?"
"무슨 소리를 하는가?"

신주信州 아호산鵝湖山 운진雲震 선사

스님이 물었다.
"어떤 것이 부처입니까?"
대사가 대답했다.
"그대는 아니니라."
대사가 스님에게 물었다.
"요사이 어디서 떠났는가?"
"양절兩浙에서 떠났습니다."
"취모검吹毛劍을 얻어 왔는가?"
스님이 두 손을 벌리니, 대사가 말했다.
"나는 그대를 도끼 자루 썩히는 신선으로 알았는데, 원래 노름꾼이구나."
"어떤 것이 아호鵝湖의 가풍입니까?"
"손님이 주인의 상相이다."

"그러면 스님의 주선에 감사해야 되겠습니다."

"진번陳蕃의 탑을 내리기는 어렵다."

여산廬山 개선開先 청요淸耀 선사

스님이 물었다.

"어떤 것이 등불과 등불이 끊이지 않는 것입니까?"

"푸른 버드나무는 꺾어서 심느니라."

"학인은 잘 모르겠습니다."

"뿌리 없는 나무 밑에서 빈이름만 외친다."

"피운披雲의 한 구절은 스님께서 친히 제창하시지만, 장경長慶의 오늘 아침 일은 어떠합니까?"

"집집마다 관세음이니라."

"어떤 것이 피운의 경계입니까?"

"한 병의 푸른 물을 창 아래 놓아두니, 문득 해당된 생애가 몇 해나 지났는가?"

"무엇이 장경의 경계입니까?"

"방 안에 있는 노승의 머리가 눈처럼 희다."

"두 경계가 같은 곳으로 돌아가면, 마땅히 별개의 이치이겠습니다."

"어느 곳에서나 남의 의심을 사겠다."

"옛 개울, 차가운 샘에 누가 이를 수 있겠습니까?"

"말랐다[乾]."

"그러면 곧 이른 것입니다."

"깊이가 얼마던가?"

양주襄州 봉국奉國 청해淸海 선사

스님이 물었다.

"푸르디푸른 대밭이 모두 진여라 하니, 어떤 것이 진여입니까?"

"기와를 태워서 금을 만든다는 나그네는 이름만 들었을 뿐, 얼굴은 보지 못했다."

"그러면 절을 하고 물러가야 되겠습니다."

"옛날의 망상이 아직껏 남았구나."

"듣건대 옛사람이 말하기를 '달을 보았거든 손가락 보는 것을 그만두고, 집에 돌아왔거든 도정道程을 묻지 말라'고 했는데 어떤 것이 집입니까?"

"시험 삼아 화두話頭를 들어 보라."

"놓아 버리면 동쪽을 말하고 서쪽을 얘기하지만, 놓아 버리지 않으면 어떻게 말하겠습니까?"

"두 해〔二年〕가 똑같은 하나의 봄〔春〕이다."

소주韶州 자광慈光 화상

스님이 물었다.

"마음이 곧 부처라 함은 유인하여 가르치는 말인데, 앞 사람의 자취를 따르지 않는 이에게 어떻게 가리켜 줍니까?"

"동과 서는 그만두고, 남과 북의 일은 어떠한가?"

"그러면 학인은 어쩔 줄 모르겠습니다."

"용두사미龍頭蛇尾구나."

담주潭州 보안保安 사밀師密 선사

스님이 물었다.

"겨자씨를 굴려서 칼날에 던질 때에는 어떠합니까?"

"어디에 떨어졌는가?"〔양산梁山이 말하되 "그대의 눈에 떨어졌다 했어야 한다" 하였다.〕

"말끝을 건드리지 않을 때에는 어떠합니까?"

"천태天台와 남악南嶽이니라."

"문득 그럴 때에는 어떠합니까?"

"강서江西와 호남湖南이니라."

앞의 태주台州 서암瑞巖 사언師彦 선사의 법손

남악南嶽 횡룡橫龍 화상

초왕楚王인 마馬씨가 금륜金輪에 살기를 청하였는데, 어떤 스님이 물었다.

"어떤 것이 금륜의 제1구입니까?"

대사가 대답했다.

"둔한 놈이구나."

"어떤 것이 금륜의 한 개 화살입니까?"

"지나갔다."

"어떤 것이 조사의 등불입니까?"

"8풍風이 불어도 꺼지지 않는다."

스님이 말하였다.

"그러면 어두움이 생기지 않겠습니다."

"한낮에는 한가한 사람이 없다."

온주溫州 온령溫嶺 서봉원瑞峰院 신록神祿 선사

그는 복주福州의 복청福淸 사람이니, 고향의 천축사天竺寺에서 스님이 되었다가 서암瑞巖에게 법을 얻고 오랫동안 시봉을 하였다. 나중에 산문을 열고 절을 지으니, 공부하는 도반들이 와서 의지했다. 이에 대사가 게송을 지었다.

고요히 홀로 처해서 침음沈吟하고 있으니
무현금無絃琴이 묘한 소리를 낼 줄 누가 믿으랴.
종일토록 법당에서 조용히 앉았기만 하니
아무도 본래의 마음 묻는 이 없네.

蕭然獨處意沈吟　誰信無絃發妙音
終日法堂唯靜坐　更無人問本來心

이때에 붕언朋彦 상좌라는 이가 위의 게송을 되새기면서 물었다.

"어떤 것이 본래의 마음입니까?"

대사가 "붕언朋彦" 하고 부르자, 붕언이 "네" 하고 대답하니, 대사가 말했다.

"나에게 차를 끓여다 주게."

붕언이 이 말에 믿고 들어갔다.〔붕언은 곧 광법廣法 대사이니, 나중에 천태天台 국사의 뒤를 이어 소주蘇州의 장수長壽에 살았다.〕

대사가 태평흥국太平興國 원년에 입적하니, 수명은 105세였다.

앞의 회주懷州 현천玄泉 언彦 선사의 법손

악주鄂州 황룡산黃龍山 회기晦機 선사

그는 청하淸河 사람으로서 성은 장張씨이다. 당나라 천우天祐 때에 행각을 다니다가 이 산에 이르니, 절수節帥가 봉급을 털어 절을 짓고는 위에 아뢰어 자의紫衣와 초혜超慧 대사라는 호를 하사케 해서 법석法席이 크게 번창하였다.

스님이 물었다.

"조사와 부처에 관한 일은 묻지 않겠지만, 어떤 것이 평상의 일입니까?"

"내가 이 산에 산 지 15년이 되었다."

"어떤 것이 화상의 가풍입니까?"

"유리 발우鉢盂에 밑이 없느니라."

"어떤 것이 군왕의 검입니까?"

"온갖 중생을 해치지 않는다."

"그 칼을 차는 이는 어떠합니까?"

"피가 범천梵天에까지 솟는다."

"만류萬類를 상하지 않으니 너무나 좋습니다."

대사가 때렸다.

"부처님께서 계실 때에는 대중에게 설법을 하셨는데, 부처님께서 열반에 드신 뒤에는 누가 설법을 합니까?"

"부처님께 부끄럽다."

"터럭이 큰 바다를 삼키고, 겨자씨에 수미산을 넣는 일은 학인의 본분사本分事가 아닙니다. 어떤 것이 학인의 본분사입니까?"

"소반 다리를 접어서 저자에 걸어 둔다."

"간절하게 와서 뵈오니, 스님께서 소식을 통해 주십시오."

"불이 바지 끈의 향을 태운다."

"어떤 것이 크게 의심하는 사람입니까?"

"소반을 사이하고 마주 앉았는데, 활이 잔에 떨어진다."

"어떤 것이 의심하지 않는 사람입니까?"

"다시 소반을 사이하고 마주 앉았으니, 활이 잔에 떨어진다."
"바람이 멈추고 물결이 고요해질 때에는 어떠합니까?"
"백 척 되는 깃대 끝에 돈 다섯 냥이 달렸느니라."
대사가 임종할 무렵에 어떤 스님이 물었다.
"화상께서 세상을 뜨시면 발우 주머니를 누구에게 맡기시겠습니까?"
"마음대로 가져가라."
"그 속의 것은 어찌합니까?"
"실이 터져야 비로소 안다."
"어떤 사람이 얻습니까?"
"갈매기가 우레 소리를 내거든 그대에게 말해 주리라."
말을 마치자 조용히 입적하였다.

낙경洛京 백곡柏谷 화상

스님이 물었다.
"법비〔法雨〕가 두루 뿌릴 때에는 어떠합니까?"
대사가 대답했다.
"도가 있어서 천위天位를 전하지만 봉황지鳳凰池의 물은 긷지 못한다."
"90일 동안 출입을 금하니, 석 달 동안의 일은 어떠합니까?"
"납인蠟人의 기틀에 떨어지지 않는다."

지주池州 화룡和龍 화상

스님이 물었다.
"어떤 것이 조사에서 조사로 전한 마음입니까?"

대사가 대답했다.
"두 번, 세 번 그대에게 부촉했다."
"어떤 것이 위로부터의 종지입니까?"
"그대의 입 속에 닿았는데, 얻었는가?"
"힘을 더는 요긴한 곳을 한 번 제접해 주십시오."
"너무나 힘을 덜고 요긴하다."

회주懷州 현천玄泉 제2세 화상

스님이 물었다.
"말이 다하고 이치가 끝났을 때에는 어떠합니까?"
대사가 대답했다.
"이치에 들지 않으면, 어찌 똑같이 다할 수 있으랴."
"묘유妙有의 현묘한 구슬을 어찌하여야 얻겠습니까?"
"마니 구슬이 그림자가 끊긴 것 같지 않거늘, 눈 푸른 호인胡人이 어찌 볼 수 있으랴."
"입이 있어도 말할 수 없을 때에는 어떠합니까?"
"세 치 혀로도 북의 운율은 가지런히 할 수 없지만, 벙어리는 능히 나무 사람의 노래를 이해한다."

노부潞府 묘승妙勝 현밀玄密 선사

스님이 물었다.
"사방의 산이 서로 향할 때에는 어떠합니까?"
"붉은 해는 그림자를 드리우지 않고, 어두운 곳에서는 음音을 아는 이가 없다."
"학인은 잘 모르겠습니다."

"학이 뭇 봉우리를 투과하는데, 어찌 향배向背를 따지겠는가?"

"두 용이 구슬을 다툴 때에는 어떠합니까?"

"역사力士는 헌납할 마음이 없는데, 분발하는 기세가 오히려 광채를 잃는다."

"설봉의 한 곡조를 천 사람이 부르는데, 달밤에 등불을 들면 누구의 것이 가장 밝습니까?"

"소리의 조화가 가지런하지 않음이 없거늘, 밝고 어두움이 어찌 거둘 수 있으랴."

복주福州 나산羅山 도한道閑 선사의 법손

홍주洪州 대녕원大寧院 은미隱微 선사

그는 예장豫章의 신감新淦 사람으로서 성은 양楊씨이다. 임신되는 날 광명이 방 안을 비추는 일이 있었고, 17세 때 본 고을의 석두원石頭院에 가서 도견道堅 선사에 의해 스님이 되었다. 20세에는 개원사開元寺의 지칭智稱 율사에게 구족계를 받고, 여러 종장宗匠을 두루 방문하다가 나산羅山에 이르렀을 때 법보法寶 대사가 "사자가 굴에 있는가, 굴에서 나왔는가?" 하는 법요法要로써 인도하자 그로 인하여 깨달았다. 그 후 몇 년 동안 이리저리 다니다가 강표(江表 : 강남)로 돌아왔다.

당시 용천읍龍泉邑의 재상인 이맹준李孟俊이 십선도량十善道場에 살기를 청하니, 이때부터 종지를 드날리기 시작하였다.

대사는 상당하여 대중에게 이렇게 말했다.

"허공으로 날아오를 이가 있는가? 나와라."

대중에서 아무도 나오지 않으니, 대사가 게송을 말했다.

허공에 오르려면 바로 이때니
모름지기 윗눈썹을 찡그려 보라.
이로부터 같은 무리에서 뛰어나면
백발을 기다릴 필요가 없느니라.
騰空正是時　應須眨上眉
從玆出倫去　莫待白頭兒

스님이 물었다.
"어떤 것이 십선교十善橋입니까?"
대사가 대답했다.
"험하니라."
"건너는 이는 어떠합니까?"
"죽는다."
"자복資福 화상께서 몸을 버리고는 어디로 가셨습니까?"
"짚신이 헤어진다."
"어떤 것이 황매黃梅의 한 구절입니까?"
"지금의 것은 무엇인가?"
"어떻게 소식을 통합니까?"
"구강九江의 길이 막혔다."
"초심初心인 후학後學들이 어떻게 배웁니까?"
"머리로 하늘을 이었구나."
"끝내 어떠합니까?"
"다리로 땅을 밟았다."
"어떤 것이 법왕法王의 검입니까?"
"드러났다."

"사람을 죽이겠습니까?"
"무엇 때문에?"
"어떤 것이 용천龍泉의 검입니까?"
"칼집에서 나오지 않는다."
"꺼내 주십시오."
"별들이 자리를 잃었다."
"나라가 태평한데, 어째서 구슬이 나타나지 않습니까?"
"어디에 떨어져 있는가?"

주周의 광순廣順 원년(951) 신해辛亥에 금릉金陵 이李씨가 덕이 높다는 소문을 듣고 용광선원龍光禪苑〔나중에 봉선奉先이라고 고쳤다.〕에 불러들여서 살게 하고, 각적覺寂 선사라는 호를 봉하였다.

건륭建隆 2년 신유辛酉에는 강남의 이李씨를 따라 홍정洪井에 가서 대녕정사大寧精舍에 살면서 거듭 현묘한 종지를 폈다. 그해 10월 초에 병이 났는데, 27일이 되자 머리를 깎고 목욕하고 대중을 하직한 뒤에 태연히 앉아서 떠났다.

이듬해 2월 6일에 길주吉州의 길수현吉水縣으로 옮겨다 장사를 지내니, 유언에 따른 것이었다. 수명은 76세이고 법랍은 56세요, 시호는 현적玄寂 선사이고 탑호는 상적常寂이었다.

무주婺州 명초明招 덕겸德謙 선사

나산羅山에게 수기를 받은 뒤에 한 구석에 막혀 있지 않고 현묘한 종지를 격렬히 드날리니, 여러 노숙들도 그의 민첩함을 두려워했고, 후학들도 감히 그의 예봉에 맞서는 이가 없었다.

대사가 천주泉州의 초경사招慶寺에 있을 때, 법당에서 손으로 벽화를 가리키면서 스님에게 물었다.

"저것은 어느 신인가?"

스님이 대답했다.

"호법선신護法善神입니다."

"불법이 사태沙汰를 만났을 때에는 어디를 갔던가?"

스님이 대답이 없었다.

이에 대사가 그 스님으로 하여금 연演 시자에게 가서 묻게 하니, 연 시자가 대답했다.

"그대는 어느 겁에 그런 환난을 당했는가?"

그 스님이 돌아와서 대사에게 이야기하니, 대사가 말했다.

"연演 상좌가 후일에 천 명의 대중을 모은다 한들 무슨 쓸모가 있으랴."

그 스님이 절을 하고 딴 말씀을 청하자, 대사가 말했다.

"어디를 갔었는가?"

청淸 상좌가 앙산仰山이 삽을 꽂은 일을 들어 대사에게 물었다.

"옛사람의 뜻이 차수叉手한 곳에 있습니까, 삽을 꽂는 곳에 있습니까?"

대사가 "청 상좌" 하고 부르자, 청 상좌가 "네" 하고 대답하니, 대사가 말했다.

"꿈에라도 앙산을 본 일이 있는가?"

청 상좌가 말했다.

"말씀을 내려 주기를 요구하는 것이 아니라, 다만 상좌를 헤아려 주기를 요구합니다."

"헤아려 주기를 요구한다면, 법당 앞에는 전부터 1천5백 사람의 노사老師가 있느니라."

대사가 쌍암雙巖에 갔더니, 쌍암 장로가 대사의 풍채를 보자 이렇게 말했다.

"내가 한 가지 그대에게 묻겠으니, 그대가 대답하면 이 절을 주겠거니와 대답하지 못하면 주지 않겠소. 『금강경』에 말하기를 '온갖 부처님과 불법이 모두 이 경에서 나왔다'고 하였는데, 이 경은 누가 말씀하신 것이오?"

"말씀했다, 말씀하지 않았다 함은 잠깐 저쪽에 버려두고, 화상께서는 결정적으로 무엇을 경전이라고 부르십니까?"

쌍암이 대답이 없으니, 대사가 경의 말씀을 들어 말했다.

"온갖 성현聖賢이 모두 무위無爲의 법으로써 차별을 두었다고 합니다. 그렇다면 무위의 법으로 극칙極則을 삼은 것인데, 무엇에 의거하여 이런 차별이 있을까요? 그러면 이 차별이란 것은 허물인가요, 허물이 아닌가요? 허물이라면 모든 성현에게도 허물이 있을 것이요, 허물이 아니라면 결정코 무엇을 차별이라 하겠습니까?"

쌍암이 또 대답이 없으니, 대사가 말했다.

"설봉이 말한 것이오."

대사가 무주婺州의 지자사智者寺에 있을 때 첫자리에 앉아 있으면서 항상 정수淨水를 받지 않으니, 일 보는 스님이 말했다.

"어째서 더러운 것을 모르고 정수를 받지 않으십니까?"

대사가 상床에서 내려와 정병淨甁을 들고 말했다.

"이것은 깨끗한가?"

일 보는 스님이 대답이 없으니, 대사가 정병을 깨뜨려 버렸다. 이로부터 대사의 명성이 널리 퍼져서 대중들이 명초산明招山에서 법문을 설하기를 청하니, 사방에서 모여든 선자禪者가 집에 가득하였다.

이에 대사가 대중에게 말했다.

"언덕을 내려가면서 뛰지 않는 이를 한 사람이라도 만나기를 희망했으나 만나기가 너무 어렵다. 만일 생사를 같이하려는 이가 있거든 한 번 펼쳐 보이는 것도 무방하겠다."

이에 어떤 스님이 물었다.

"사자가 본래 굴에서 나올 때에는 어떠합니까?"

대사가 대답했다.

"날쌘 새매도 쫓지 못한다."

"굴에서 나온 뒤에는 어떠합니까?"

"만 리라도 바로 분분하게 설치느니라."

"나오려 하다가 나오지 못할 때에는 어떠합니까?"

"험준하다."

"위로 향하는 일이 어떠합니까?"

"잡(眨 : 눈을 깜빡임)."

"어떤 것이 법신을 꿰뚫는 한 구절입니까?"

"북두北斗 뒤에서 몸을 뒤집어라."

"일상 속에서 어떻게 향해 나아갑니까?"

"금강金剛을 땅 위에다 던져라."

"문수와 유마가 마주 앉아 무엇을 이야기했습니까?"

"이미 갈건葛巾과 사모紗帽를 벗어서 저쪽으로 던졌느니라."

"어떤 것이 화상의 가풍입니까?"

"꼭꼭 씹어야 솜씨가 좋으니라."

"연기 없는 불을 어떤 사람이 쪼입니까?"

"눈썹을 아끼지 않는 사람이다."

"화상께서는 쪼이실 수 있습니까?"

"그대는 나에게 몇 개의 눈썹이 있다고 여기는가?"

대사가 새로 온 스님이 법당으로 오르는 것을 보자 불자拂子를 들어서 던졌다. 그 스님이 인사를 하고 물러가자, 대사가 말했다.

"작가作家로구나, 작가야."

"온몸에 검을 찼을 때에는 어떠합니까?"

"홀연히 바로 그런 이를 만난다면 그때에는 어찌하겠는가?"

스님이 대답이 없었다.

대사가 국태國泰 도瑫 화상에게 물었다.

"옛사람이 말하기를 '구지俱胝는 다만 석 줄의 주문을 염念해서 문득 이름을 얻어 모든 사람을 초월했다'고 하는데, 무엇이 그로 하여금 석 줄의 주문을 염해서 문득 이름을 얻어 모든 사람을 초월케 하였는가?"

국태가 한 손가락을 세우니, 대사가 말했다.

"오늘 일이 아니었더라면 어찌 과주瓜洲의 나그네를 알아볼 수 있겠는가?"

대사에게 사숙師叔이 있는데 병원에서 큰 병을 앓고 있었다. 그가 글을 보내 물었다.

"나에게 이런 큰 병이 있어서 지금 고통을 받느라고 어디서나 편안히 있을 수가 없소. 누가 구제할 수 있을까?"

대사가 답장을 보냈다.

"정수리를 맞힌 이 금강전金剛箭이 저쪽으로 꿰뚫고 갔습니다."

어떤 스님이 대사의 법석에 있다가 하직하고 떠나서 암자에 가 살았다. 그가 1년 만에 다시 와서 절을 하고 물었다.

"옛사람이 말하기를 '3일 동안 만나지 않았다면 예전에 본 것같이 대하지 말라'고 하였습니다."

대사가 가슴을 떡 벌리면서 물었다.

"그대는 내 가슴에 터럭이 몇 개나 있다고 여기는가?"

스님이 대답이 없었다. 이에 대사가 다시 스님에게 물었다.

"그대는 언제 암자에서 떠났는가?"

"오늘 아침에 떠났습니다."

"올 때에 솥 다리를 부러뜨리는 것을 누구에게 분부했는가?"

스님이 또 말이 없으니, 대사가 할을 해서 내쫓았다.

어떤 이가 물었다.

"듣건대 스님께서 말씀하시기를 '나는 명초明招의 정상에 살면서 옛 부처의 마음을 전한다'고 하셨다니, 어떤 것이 명초의 정상입니까?"

대사가 대답했다.

"눈을 바꾸어라."

"어떤 것이 옛 부처의 마음입니까?"

"그대는 여전히 성급히 굴겠는가?"

"학인이 구름을 휘어잡고, 물결을 헤치면서 왔습니다. 스님께서 발우를 펴 주십시오."

"그대의 정수리에다 부딪쳐 깨뜨린다."

"역시 선타바(仙陀婆 : 남의 속을 잘 아는 사람)라야 되겠군요."

대사가 몽둥이를 휘둘러 내쫓았다.

대사는 따로 게송을 지어서 대중에게 보였다.

명초의 한 박자를 맞추는 이 드무니
이것이 진종眞宗의 최상의 묘한 기틀이라네.
돌 부딪친 불꽃은 별안간 어디로 갔나.
아침에 깨어난 봉황의 새끼라야 마땅히 알리라.
明招一拍和人希　　此是眞宗上妙機
石火瞥然何處去　　朝生鳳子合應知

대사가 명초산에 산 지 40년 동안에 말한 어록이 제방에 두루 퍼졌다. 장차 임종할 시기가 되자 상당하여 대중에게 부촉하고, 그날 밤에 발을 뻗으면서 시자에게 물었다.

"옛날 석가여래는 두 발을 내 보이면서 백 가지 보배 광명을 놓으셨는데, 오늘 나는 얼마나 되는 광명을 놓는다고 여기는가?"

시자가 대답했다.

"옛날의 학림鶴林이 오늘의 화상이십니다."

대사가 손으로 눈썹을 쓰다듬으면서 말했다.

"나를 저버리는 것이 아닌가?"

또 게송을 말했다.

칼끝이 총총한 속에서 온전한 위력을 드러내니
그대들은 마땅히 이 일을 잘 보호해서 지녀야 한다.
불 속의 무쇠 소가 새끼를 낳으니
갈림길에 임해서 누가 나의 기틀을 이해하리오.
驀刀叢裏逞全威　　汝等應當善護持
火裏鐵牛生犢子　　臨岐誰解湊吾機

게송을 마치자 편안하게 앉아서 조용히 떠나니, 지금도 탑이 남아 있다.

형주衡州 화광華光 범範 선사

스님이 물었다.

"영대靈臺가 서지 못해도 몸을 빼낼 곳이 있겠습니까?"

대사가 대답했다.

"있다."

"어떤 것이 몸을 빼낼 곳입니까?"

"나왔다."

"어떤 것이 서쪽에서 오신 뜻입니까?"

"말했다."

"어떤 것이 불법佛法의 대의大意입니까?"

"증험하라."

"우두가 4조를 보기 전에는 어떠합니까?"

"자유자재하니라."

"본 뒤에는 어떠합니까?"

"자유자재하니라."

"어떤 것이 불법 안의 일입니까?"

"마쳤다."

복주福州 나산羅山 소자紹孜 선사

상당上堂하니, 몇몇 스님이 앞을 다투어 나서서 물었다. 대사가 말했다.

"다만 일시에 나와 물어서 내가 일시에 대답하기를 기다려라."

스님이 선뜻 물었다.

"학인이 일제히 물었으니, 스님께서 일제히 대답해 주십시오."

대사가 대답했다.

"얻었다."

"학인이 겨우 총림에 들어 왔으니, 스님께서 조사의 또렷또렷한 뜻을 곧장 보여 주십시오."

"좋다."

서천西川 혜慧 선사

처음에 나산羅山에게 참문하니, 나산이〔17권 나산장羅山章에 보인다.〕 물었다.

"어디서 왔는가?"

"멀리는 서촉西蜀에서 떠났고, 가까이는 개원開元에서 왔습니다. 바로 지금의 일은 어떠합니까?"

나산이 읍(揖 : 절)을 하면서 말했다.

"차나 마셔라."

대사가 한참 잠자코 있자, 나산이 말했다.

"가을 기운이 점점 따스해지는구나."

이튿날 나산이 상당하니, 대사가 나서서 물었다.

"방문을 활짝 열며 마루에 나선 이는 누구입니까?"

나산이 할을 하니, 대사가 한참 잠자코 있었다. 이에 나산이 말했다.

"잔털도 나지 않았구나. 가거라."

〔어느 판본에서 말하였다.

처음에 나산을 참문해서 절을 하고 일어나니, 나산이 말했다.

"어디서 왔는가?"

"멀리는 서촉西蜀에서 떠났고, 가까이는 개원開元에서 왔습니다."

그리고는 앞으로 다가와서 물었다.

"바로 지금의 일은 어떠합니까?"

나산이 읍을 하며 말했다.

"차나 마셔라."

대사가 우물쭈물하고 있자, 나산이 말했다.

"가을 기운이 점점 따스해지는구나."

대사가 법당에 이르러서 스스로 탄식하였다.

"내가 서천西川 아미산峨眉山 기슭에서 쑥의 줄기로 만든 화살 한쪽을 습득해서 천하를 휘저었는데, 오늘 복건福建 도진道陳 노사老師의 영채營寨에 이르니, 활은 꺾이고 화살은 다해 버렸구나. 그만두자, 그만두자."

이튿날 나산이 상당하니, 대사가 또 나서서 물었다.

"방문을 활짝 열며 마루에 나선 이는 누구입니까?"

나산이 문득 할을 하였으나, 대사가 대답이 없었다. 이에 나산이 말했다.

"잔털도 나지 않았고 날개도 아직 온전치 않구나. 가거라."〕

이로 인하여 제자의 예를 갖추고, 오랜만에 수기를 받았다.

다음은 태주台州의 승광勝光에게 참문했는데, 승광이 승상繩床에 앉아 있었다. 대사가 곧장 승광 곁으로 가서 차수叉手하고 섰으니, 승광이 물었다.

"어디서 왔는가?"

대사가 말했다.

"아직도 대답을 기다리고 계시는가요?"

그리고는 바로 내려갔다. 승광이 주장자와 불자를 들고 내려왔다가 큰방 앞에서 대사를 보자 불자를 세우고 물었다.

"그대는 이것을 무엇이라 부르는가?"

대사가 대답했다.

"죽을 정도로 헐떡거리는 기운입니다."

승광이 고개를 숙이고 방장으로 돌아갔다.

건주建州 백운白雲 영엄令弇 화상

상당하여 대중에게 말했다.

"선생의 문하에 가라고 보냈는데, 뉘라서 상주喪主를 대한다고 하는가? 안녕〔珍重〕."

스님이 물었다.

"자기의 일을 밝히지 못했다면 무엇으로 증험을 삼습니까?"

"나무 거울에 흰 얼굴을 비춘다."

"증험한 뒤에는 어찌합니까?"

"많음을 다투지 않는다."

"삼태(三台 : 세 정승)를 초청하고 사부대중이 자리에 모였습니다. 이미 어진 이의 위치에 계시니, 스님께서 한 곡조 불러 주십시오."

"부르려면 어려울 것이 없다."

"스님께서 불러 주십시오."

"밤은 고요하고 물은 맑은데 고기가 물지 않으니, 배에 가득 공空을 싣고 달 밝은 밤에 돌아온다."

건주虔州 천축天竺 의징義澄 상진常眞 선사

처음에 나산羅山에게 참문하여 몇 해를 지냈는데, 나중에 나산이 병이 나자 대사가 물었다.

"화상께서 떠나신 백 년 뒤, 홀연 어떤 사람이 화상께서는 무엇으로 가르치셨는가를 물으면 어찌합니까?"

나산이 몸을 벌렁 뒤치면서 쓰러지니, 대사가 이로부터 깨달았다.

스님이 물었다.

"어떤 것이 불법의 대의입니까?"

대사가 대답했다.

"추위와 더위가 엇갈린다."

"황제께서 분부도 계셨고, 대중도 자리에 모였습니다. 스님께서 제창해 주십시오."

"받아들여라, 받아들여."

"그러면 인간과 하늘이 믿을 곳이 있겠습니다."

"그대는 어찌 되었는가?"

길주吉州 청평淸平 유광惟曠 진적眞寂 선사

상당하여 말했다.

"정신과 정情을 움직이지 않는 것에는 지고 이김이 있다. 상대할 사람이 있는가? 나와라."

이때에 어떤 스님이 나서서 절을 하니, 대사가 말했다.

"작가作家가 못 되니, 나가라."

스님이 물었다.

"어떤 것이 제1구입니까?"

"내 머리가 필요하거든 가져가라."

"어떤 것이 활인검活人劍입니까?"

대사가 말했다.

"알겠는가?"

"어떤 것이 살인도殺人刀입니까?"

대사가 꾸짖었다.

"어떤 것이 사자의 새끼입니까?"

"털끝에서 우주를 안배한다."

무주婺州 금주金柱 의소義昭 화상

스님이 물었다.

"어떤 것이 화상의 가풍입니까?"

대사가 대답했다.

"문을 열고 살림을 한다."

"홀연히 도적이 오면 또 어떠합니까?"

"그냥 그렇다."

새로 온 스님이 와서 참문하자, 대사가 발을 걷고 손으로 모자 벗는 시늉을 하였다. 스님이 가까이 다가서려고 하자, 대사가 말했다.

"사람을 속이는구나."

대사가 어떤 일로 인하여 게송을 지었다.

호랑이 머리에 뿔이 나서 아무도 만지기 어려우니
전광석화電光石火에 모름지기 밀밀히 펼쳐야 하네.
설사 열사烈士가 하여도 어려운 일이거늘
어수룩한 이가 어떻게 들쑥날쑥함을 알리오.

虎頭生角人難措　　石火電光須密布

假饒烈士也應難　　懞底那能解差互

담주潭州 곡산谷山 화상

스님이 물었다.

"힘이 덜리는 요긴한 곳을 스님께서 한 말씀 내려 주십시오."

대사가 일어나서 떠나 버렸다.

"영양羚羊이 뿔을 걸었을 때에는 어떠합니까?"

대사가 대답했다.

"그대는 어디를 향해 찾았는가?"

"뿔에다 건 뒤에는 어떠합니까?"

"달린다."

호남湖南 유양瀏陽 도오산道吾山 종성從盛 선사

처음에 고안高安의 용회龍廻에 살았는데, 어떤 스님이 물었다.

"어떤 것이 마주 보는 일입니까?"

대사가 대답했다.

"신라 나라로 갔느니라."

"어떤 것이 용회龍廻의 가풍입니까?"

"종횡으로 곧게 쏘느니라."

"어떤 것이 영원(靈源 : 마음의 근원)입니까?"

"무엇을 싫어하는가?"

"가까이하는 이는 어찌합니까?"

"마치 사람이 물을 마시는 것 같다."

"궁한 자식이 스님께 귀의하였으니, 구제의 손길을 펴 주십시오."

"그대들 너무 괄시하는 것이 아닌가?"
"궁한 데야 어찌하겠습니까?"
"많은 사람이 보고 있다."

복주福州 나산羅山 의인義因 선사

상당하여 대중에게 보였다.
"만일 참다운 종문의 나그네라면 반드시 나산을 괴이하게 여기지는 않을 것이다. 안녕."
스님이 물었다.
"듣건대 옛사람이 말하기를 '스스로 조계의 길을 인득認得한 뒤에는 생사가 서로 관계치 않는 것임을 알았다'고 하였는데, 조계의 길은 묻지 않겠거니와 어떤 것이 나산의 길입니까?"
대사가 두 손을 벌리니, 스님이 말했다.
"그러면 외길로도 통할 수 있고, 여러 길도 그러하겠습니다."
"어디에 여러 길이 있는가?"
스님이 앞으로 가까이 서니, 대사가 말했다.
"영특한 학은 구름 밖으로 날아갔는데, 둔한 새는 여전히 둥우리를 여의지 못한다."
"듣건대 경전에 말하기를 '법신을 순응하면 만상萬象이 모두 고요하고, 지혜의 작용을 따르면 만상이 가지런히 생겨난다'고 하는데, 어떤 것이 만상이 모두 고요한 것입니까?"
"무엇이 있는가?"
"어떤 것이 만상이 가지런히 생겨나는 것입니까?"
"승상繩床과 의자椅子니라."

관주灌州 영암靈巖 화상

스님이 물었다.

"어떤 것이 도道 가운데 보배입니까?"

대사가 대답했다.

"땅은 동남쪽으로 기울었고, 하늘은 서북쪽으로 높으니라."

"학인은 잘 모르겠습니다."

"낙조落照는 기미가 나타나기 전부터 이상하니라."

대사는 석공石鞏이 삼평三平을 제접한 일을 게송으로 읊었다.

활의 당김을 풀고서 가슴에 화살을 받았는데
어째서 다만 반 사람〔半人〕뿐일까.
길에서 새벽이 밝아지게 되니
온몸을 그대로 드러내지 않았네.

解擘當胸箭　因何只半人
爲從途路曉　所以不全身

길주吉州 광산匡山 화상

대사가 게송으로 무리들에게 보였다.

광산匡山의 길이여, 광산의 길이여.
벼랑이 험해서 오르기가 어렵다네.
왔던 사람 망설이면 천 산이 막히고
한 구절 분명하면 부처와 조사를 초월하리.

匡山路　匡山路　巖崖嶮峻人難措
遊人擬議隔千山　一句分明超佛祖

또 백우송白牛頌을 지었다.

나에게 옛 터의 참 백우白牛가 있으니
아버지와 아들이 간직한 채 몇 년을 지냈던가.
문밖을 나서면 곧장 외로운 봉우리의 정상을 투과하고
돌아와선 재빨리 호계虎谿 기슭에 걸터앉네.
我有古壇眞白牛　父子藏來經幾秋
出門直透孤峰頂　迴來暫跨虎谿頭

복주福州 흥성興聖 중만重滿 선사

상당하여 대중에게 보였다.

"마주 보고 분부하는 데는 문자를 기다리지 않고, 눈을 마주해서 기틀을 던지면 현묘한 종지를 공부하는 상사上士라고 부른다. 만일 이렇게 한다면, 그 까닭에 종풍이 타락하지 않으리라."

스님이 물었다.

"어떤 것이 종풍이 타락되지 않는 구절입니까?"

대사가 대답했다.

"나는 참을 수 없다."

"옛날 영산회상의 일을 오늘 아침 흥성의 법석에서 화상께서 친히 전하시는데, 어떻게 거양하시겠습니까?"

"그대의 한 가지 물음이 결점이다."

담주潭州 보응寶應 청진淸進 선사

스님이 물었다.

"어떤 것이 실상實相입니까?"

대사가 대답했다.
"그대를 없애는 것이다."
"지극한 이치는 말이 없는데, 어떻게 소식을 통합니까?"
"천차만별이니라."
"힘 얻는 곳을 스님께서 지시해 주십시오."
"잠꾸러기 놈아."

앞의 안주安州 백조산白兆山 지원志圓 선사의 법손

낭주朗州 대룡산大龍山 지홍智洪 홍제弘濟 대사

스님이 물었다.
"어떤 것이 부처입니까?"
대사가 대답했다.
"바로 그대이니라."
"어떻게 깨닫습니까?"
"다시 발우에 자루가 없다고 싫어하는 것인가?"
"어떤 것이 미묘함입니까?"
"바람은 물소리를 베개 곁으로 보내고, 달은 산 그림자를 옮겨다가 침대 곁에 이르게 한다."
"어떤 것이 극칙極則이 되는 곳입니까?"
"걱정스런 3월의 봄은 9월의 가을빛에는 미치지 못한다."

양주襄州 백마산白馬山 행애行靄 선사

스님이 물었다.
"어떤 것이 청정법신清淨法身입니까?"

"우물 속의 청개구리가 달을 삼킨다."
"어떤 것이 백마白馬의 바른 안목입니까?"
"남쪽을 향해 북두칠성을 본다."

영주郢州 대양산大陽山 행충行沖 선사〔제1세 주지〕

스님이 물었다.
"어떤 것이 무진장無盡藏입니까?"
대사가 한참 잠자코 있으니, 스님이 말이 없었다. 이에 대사가 말했다.
"가까이 오라."
그 스님이 가까이 오자 대사가 말했다.
"가거라."

안주安州 백조산白兆山 축건원竺乾院 회초懷楚 선사〔제2세 주지〕

스님이 물었다.
"어떤 것이 구절마다 모름지기 현묘한 길을 걷는 것입니까?"
"길을 따라 가면 곧바로 호남湖南에 이른다."
"어떤 것이 사자의 새끼입니까?"
"덕산德山이 용담龍潭의 뒤를 이었다."
"어떤 것이 화상께서 사람을 위하는 한 구절입니까?"
"그대와는 본래 원한이 없으니, 한 구절이란 원래 이 속에 있다."
"어느 쪽에 있습니까?"
"이 둔한 놈아."

기주蘄州 사조산四祖山 청교淸皎 선사

그는 복주福州 사람으로서 성은 왕王씨이다. 처음에는 정주郢州의 대양산大陽山에서 제2세 주지로 있었다.

어떤 스님이 물었다.

"스님은 어느 집안의 곡조를 부르시며, 종풍은 누구의 것을 이으셨습니까?"

대사가 대답했다.

"해사암楷師巖 곁에 상서로운 구름이 일어나고, 보수봉寶壽峰 앞에 법의 우레가 울린다."

대사는 다음에 안주安州의 혜일원慧日院에 살다가 마지막으로 기주의 사조산四祖山으로 옮겨서 제1세 주지로 살았다.

70세가 되던 해에 게송을 남겼다.

내 나이 여든여덟 살이면
머리는 온통 백발로 덮이리라.
뭉실뭉실한 안산의 쌍봉이요,
밝고 밝은 천 강물의 달이라.

吾年八十八　　滿頭垂白髮
顒顒鎭雙峰　　明明千江月

황매께서 조사의 가르침을 폈으니
영원토록 종지의 가르침을 계승하기를
날마다 자손들에게 고하여서
끊임이 없도록 하라.

黃梅揚祖教　　白兆承宗訣
日日告兒孫　　勿令有斷絶

순화淳化 4년 계사癸巳 8월 23일에 입적하니, 나이는 88세였다.

기주蘄州 삼각산三角山 지조志操 선사〔제3세 주지〕

스님이 물었다.

"교법이 아무리 많지만 종지는 하나로 돌아가는데, 화상께서는 어째서 허다한 말을 하셔서 두루 돌아다니게 하십니까?"

"그대가 두루 돌아다니기 때문이다."

"화상에게 지금이 곧 옛날인 소식을 청합니다."

대사가 손으로 승상繩床을 두드렸다.

진주晋州 흥교興教 사보師普 선사

스님이 물었다.

"용궁에 가득한 장경은 묻지 않거니와, 어떤 것이 교리 이외에 따로 전하신 법입니까?"

대사가 대답했다.

"눈 속이고, 귀 속이고, 코 속이니라."

"이것만으로 됩니까?"

"이게 무엇인가?"

스님이 '돌咄' 하니, 대사도 '돌' 하였다

스님에게 물었다.

"근래에 어디서 떠났는가?"

"하채下寨에서 떠났습니다."

"도적을 만났는가?"

"오늘 잡았습니다."

"그대에게 30방망이를 때리리라."

기주蘄州 삼각산三角山 진감眞鑒 선사〔제4세 주지〕

스님이 물었다.

"스님은 어느 집안의 곡조를 부르시며, 종풍은 누구의 것을 이으셨습니까?"

"홀연히 정령政令을 행하니 문득 마루의 섬돌에서 내려가는 것을 보게 된다."

앞의 담주潭州 등하藤霞 화상의 법손

예주澧州 약산藥山 화상〔제7세 주지〕

상당하여 대중에게 말했다.

"반야를 배우는 보살은 얻고 잃는 것을 두려워하지 말라. 일이 있으니 가까이 오라."

이때에 어떤 스님이 물었다.

"약산 조사의 후예를 스님께서 제창해 주십시오."

"만 가지 기틀로 끌어내도 나오지 않는다."

"어찌하여 만 가지 기틀로 끌어내도 나오지 않습니까?"

"언덕과 골짜기 때문이니라."

"어떤 것이 약산藥山의 가풍입니까?"

"잎이 떨어지면 처음만 같지 못하다."

"법의 우레가 으르렁거릴 때에는 어떠합니까?"

"우주는 흔들린 적이 없느니라."

"어째서 흔들린 적이 없습니까?"

"온 사바세계 안에서 일찍이 으르렁거린 적이 없느니라."
"으르렁거리지 않는 일은 어떠합니까?"
"나라를 덮었건만 아는 이가 없다."

앞의 담주潭州 운개산雲蓋山 경景 화상의 법손

형악衡嶽 남대사南臺寺 장藏 선사

"멀리서 스님을 찾아왔으니, 스님께서 한번 제접해 주십시오."
대사가 대답했다.
"문이 막지 않았다."
"어떤 것이 남대南臺의 경계입니까?"
"솔바람이 울릴 때에도 돌은 끄덕이지 않고, 외로운 봉우리의 산 밑은 첩첩히 가지런하기 어려우니라."
"어떤 것이 경계 안의 사람입니까?"
"바위 앞에 들 과일을 재배해서 오가는 손님을 대접한다."
"그러면 공양을 감사히 여기겠습니다."
"어떤 맛이 있던가?"
"어떤 것이 법당입니까?"
"벽이 없느니라."
"모든 인연을 돌아보지 않을 때에는 어떠합니까?"
대사가 한참 잠자코 있었다.

유주幽州 담자수潭柘水 종실從實 선사

스님이 물었다.
"어떤 것이 도입니까?"

대사가 대답했다.
"그 속에는 자주색과 검은색이 없느니라."
"어떤 것이 선禪입니까?"
"백운과 연결되지는 않았다."
대사가 어떤 스님에게 물었다.
"무엇 하러 왔는가?"
"스님을 친견하러 왔습니다."
"네 멋대로 백운은 산마루에 모이지만, 푸른 하늘이 얼굴을 펼치지 않는 것이야 어찌하겠는가?"

담주潭州 운개산雲蓋山 증각證覺 선사

스님이 물었다.
"어떤 것이 화상의 가풍입니까?"
대사가 대답했다.
"사해四海는 통한 적이 없다."
"어떤 것이 한 티끌이 법계를 머금는 것입니까?"
"온몸의 체體가 원만치 않느니라."
"어떤 것이 9세世가 찰나인 분수입니까?"
"번거롭게 홍기해도 문채文彩는 펴지 않는다."
"어떤 것이 종문 안의 분명한 뜻입니까?"
"만 리의 호승胡僧은 물결에 들어가지 않았다."

앞의 여산廬山 귀종사歸宗寺 회운懷惲 선사의 법손

귀종사歸宗寺 홍장弘章 선사〔제4세 주지〕

스님이 물었다.

"학인이 의심이 있을 때에는 어찌합니까?"
대사가 대답했다.
"의심을 시작한 지 얼마나 되는가?"
"작은 배로 큰 바다를 건널 때에는 어떠합니까?"
"비슷하다."
"어찌해야 건너겠습니까?"
"지나오지 않는다."
"마른 나무에 꽃이 필 때에는 어떠합니까?"
"한 다발 가져오너라."
"혼연混然해서 찾아도 찾지 못할 때에는 어찌합니까?"
"그게 무엇인가?"

앞의 지주池州 혜산嵇山 장章 선사의 법손

수주隨州 쌍천산雙泉山 도건道虔 선사

스님이 물었다.
"큰 종을 치기 전에는 어떠합니까?"
대사가 대답했다.
"음향이 끊겼다."
"친 뒤에는 어떠합니까?"
"음향이 끊겼다."
"어떤 것이 길에 있는 사람입니까?"
"딴 생각이 없다."
"어떤 것이 희유한 일입니까?"
"흰 연꽃이 중천中天을 향해 피는 것이다."

대사가 나중에는 안주安州의 법운원法雲院에 살다가 입적하였다.

앞의 홍주洪州 운거雲居 제4세 회악懷岳 선사의 법손

양주揚州 풍화원風化院 영숭令崇 선사〔제1세 주지〕

그는 서주舒州 숙송宿松 사람으로서 7세에 출가하고, 20세에 계를 받았다. 운거雲居 회악懷岳 화상과 인연이 계합해서 신주信州의 아호鵝湖에서 법을 열었다. 여주廬州의 절도사〔節帥〕 주본周本이 유양維揚의 서남쪽에다 절을 짓고 대사에게 살기를 청했다.

스님이 물었다.

"어떤 것이 적의 나라에서 바둑을 한 번 두는 것입니까?"

"놓아 보아라."

"한 방망이로 허공을 때려 부술 때는 어떠합니까?"

"깨진 조각 하나를 가져오너라."

예주澧州 약산藥山 충언忠彥 선사〔제8세 주지〕

스님이 물었다.

"경전에 말하기를 '부처님들이 광명을 놓아서 실상을 발하는 뜻을 돕는다'고 하는데, 광명은 묻지 않거니와 어떤 것이 실상을 발하는 뜻을 돕는 것입니까?"

대사가 대답했다.

"알겠는가?"

"문득 그런 것이 아닙니까?"

"그것이 무엇이던가?"

"스님은 어느 집안의 노래를 부르시고, 누구의 종풍을 이으셨습

니까?"

"운령雲嶺에는 용창龍昌의 달이요, 신풍神風에는 동상천洞上泉이 있다."

재주梓州 용천龍泉 화상

스님이 물었다.

"어떤 것이 조사께서 서쪽에서 오신 뜻입니까?"

대사가 대답했다.

"그대의 분수에는 있지 않다."

"학인이 만 길의 높은 벼랑을 뛰어 내리고자 할 때는 어떠합니까?"

"박살이 난다."

앞의 균주筠州 동산洞山 도연道延 선사의 법손

균주筠州 상람원上藍院 경慶 선사

처음 행각을 다니다가 설봉雪峰에게 물었다.

"어떤 것이 설봉의 뚜렷한 뜻입니까?"

설봉이 주장자로 대사의 머리를 두드렸다. 대사가 "네" 하고 대답을 하자, 설봉이 껄껄 웃었다. 나중에 동산의 인가를 받아 상람원上藍院에서 살았다.

어떤 스님이 물었다.

"어떤 것이 상람上藍의 날 없는 칼입니까?"

대사가 대답했다.

"없다."

"어째서 없습니까?"
"그대는 어느 곳에나 있느니라."

앞의 양주襄州 녹문산鹿門山 처진處眞 선사의 법손

익주益州 숭진崇眞 화상

스님이 물었다.
"어떤 것이 선禪입니까?"
대사가 대답했다.
"맑은 못에서 옥토끼를 낚는다."
"어떤 것이 대인大人의 모습입니까?"
"진흙으로 세 분의 토지신土地神을 빚는다."

양주襄州 녹문산鹿門山 제2세 담譚 화상 지행志行 대사

스님이 물었다.
"어떤 것이 실제의 이지理地입니까?"
대사가 대답했다.
"남섬부주南贍部洲와 북울단월北鬱單越이니라."
"그러면 사事로는 한 집이겠습니다."
"수미산이 막혀 있다."
"멀리 멀리서 왔으니, 스님께서 제접해 주십시오."
"어디서 왔는가?"
"강북江北에서 왔습니다."
"남당南堂에 편안히 내려가라."
"어떤 것이 청정법신입니까?"

"술해년戌亥年에 났느니라."

양주襄州 곡은谷隱 지정智靜 오공悟空 대사

스님이 물었다.
"어떤 것이 화상께서 몸을 뒤치는 곳〔轉身處〕입니까?"
대사가 대답했다.
"앉는 자리 밑에 눕는다."
"어떤 것이 도道입니까?"
"봉림관鳳林關 밑이니라."
"학인은 잘 모르겠습니다."
"곧장 형남荊南으로 가라."
"어떤 것이 돌아가야 할 길입니까?"
"그것을 사용하지 말라."
"그러면 학인으로 하여금 도달하게 합니까?"
"어디에다 그대를 붙이겠는가?"
"영산회상의 모임이 오늘의 모임과 무엇이 다릅니까?"
"지금과 다르지 않다."
"다르지 않은 것이 무엇입니까?"
"여래의 비밀한 뜻은 가섭迦葉도 전하지 못했다."

여산廬山 불수암佛手巖 행인行因 선사

그는 안문雁門 사람으로서 성씨는 자세하지 않다. 일찍부터 유교儒敎를 익히다가 하루아침에 속세를 버리고 출가하여 참된 진리를 구할 목적으로 행각에 나섰다.

처음에는 양양 녹문산鹿門山의 처진處眞 선사를 뵙고서 스승과 제자의 인연을 맺었다.

이어 강회江淮로 가서 여산에 올랐는데, 산 북쪽에 다섯 손가락 같은 바위가 있고, 그 밑에 세 길쯤 되는 굴이 있어서 그 속에 들어가 자리 잡고 앉으니, 이 까닭에 불수암佛手巖 화상이라 불렀다.

그는 제자를 두지 않았으므로 이웃 암자에 있는 스님이 시봉을 하였는데, 항상 이상한 사슴과 금낭조錦囊鳥가 그의 곁을 에워싸고 있었다.

강남江南의 왕 이李씨가 그의 덕화를 흠모하여 세 차례나 사신을 보내 불렀으나 끝내 일어나지 않으므로 서현사棲賢寺에서 법문을 열라고 굳이 청했더니, 한 달도 넘지 않아 몰래 불수암으로 돌아갔다.

스님이 물었다.

"어떤 것이 마주 보는 상대적으로 나타난 색신色身입니까?"

대사가 한 손가락을 세웠다.〔법안法眼이 따로 말하되 "그런 것이 있기는 한가?" 했다.〕

어느 날 약간의 병세가 있자, 시봉하는 스님에게 말했다.

"한낮이 되거든 나는 떠나겠다."

시봉하는 스님이 막 대답을 하자, 대사는 상床에서 내려와 두어 걸음 걷다가 우뚝 서서 떠났다. 바위 정상에 소나무 한 그루가 있었는데 같은 날 말라죽었다. 수명은 70여 세였다. 왕이 화공畵工에게 분부하여 영정을 그린 뒤에 향나무를 갖추어 화장을 하고 유골을 거두어 바위 밑에 탑을 세웠다.

앞의 무주撫州 조산曹山 제2세 혜하慧霞 선사의 법손

가주嘉州 동정東汀 화상

스님이 물었다.

"어떤 것이 도리어 간 사람입니까?"

대사가 대답했다.

"석녀石女가 베를 짠다."

"어떤 것이 도리어 온 사람입니까?"

"선거扇車에 빗장을 지르니 좋은 계책도 끊겼다."

앞의 화주華州 초암草庵 법의法義 선사의 법손

천주泉州 구양龜洋 혜충慧忠 선사

그는 본 고을의 선유현僊遊縣 사람으로서 성은 진陳씨이다. 9세에 본산(本山 : 구양산)에서 스님이 되었다. 구족계를 받고는 석장을 집고 행각을 나섰다가 초암草庵 화상을 뵈니, 초암이 물었다.

"어디서 왔는가?"

대사가 대답했다.

"육모봉六眸峰에서 왔습니다."

"여섯 가지 신통을 얻었는가?"

"중동重瞳[4]이 못 되는 것이 걱정입니다."

초암이 옳게 여겼다. 대사가 본산으로 돌아가니, 때마침 당나라 무종武宗이 불교를 박해하므로 시세에 따라 속인이 되었다가 선종

---

4 눈동자가 겹으로 된 것을 말한다.

宣宗이 중흥하자 이렇게 말했다.

"옛사람이 말하기를 '최상의 도사道士는 녹(籙 : 문부에 기록됨)을 받지 않고, 부처가 된 사미는 계율을 갖추지 않는다'고 했다."

그리고는 정오가 지나도 밥을 먹지 않고, 일정한 집이 없이 선정을 닦았다.

그리고는 세 개의 게송을 지었다.

눈이 쌓인 뒤에야 솔과 계수나무의 다름을 알고
구름이 걷혀야 비로소 은하수가 나뉜 것을 보나니
국왕이 환속을 시키지 않았더라면
어떻게 닭과 학을 가릴 수 있었으랴.

雪後始諳松桂別　　雲收方見濟河分
不因世主教還俗　　那辨雞群與鶴群

여러 해 세속 일이 부질없이 분주했으니
법복은 입었어도 모두가 스님은 아닐세.
오늘날의 수행은 착한 지혜에 의거한 것이니
머리 가득 머리칼을 남겨서 연등불을 기다린다.

多年塵事謾騰騰　　雖著方袍未是僧
今日修行依善慧　　滿頭留髮候然燈

형용은 변했지만 도는 항상 존속하고
속세에 섞였으나 마음의 근원은 어둡지 않네.
다시 선재동자가 순례한 게송을 읽어 보건대
그 당시 어디서 사문 노릇을 했었던가.

形容雖變道常存　　混俗心源亦不昏

更讀善財巡禮偈　　當時何處作沙門

대사는 처음에 참문하면서부터 원초原初에 돌아와 입적하기까지 한 번도 산에서 내려간 일이 없었는데, 무료無了 화상의 탑 동쪽으로 2백 걸음 떨어진 곳에다 장사하여 동탑東塔이라 불렀다. 몇 해가 지나서 그 탑의 한 길이 넘는 계단들이 갑자기 쪼개지니, 탑을 지키던 스님이 열려고 하였다. 그러나 그날 밤 선정에 들어 있노라니, 서탑西塔에서 이런 말이 들렸다.

"나의 시체로 인하여 이미 그대들을 두 번 장사 지내게 하여 수고롭게 했는데, 이제 다시 동탑을 번거롭게 파낼 필요가 없다."

탑을 지키는 스님이 이에 영감을 얻어서 시주들을 모아 중수하고 장엄하니, 아직까지도 향과 등불이 그치지 않고 있다. 당시 사람들이 '진陳·심沈의 두 진신眞身'이라 하는 것이 바로 이것이다. 무료無了 선사는 마조馬祖의 법을 이었으니, 자세한 사적은 다른 문장에 실렸다.

앞의 양주襄州 함주산含珠山 심철審哲 선사의 법손

양주洋州 용혈산龍穴山 화상

스님이 물었다.

"어떤 것이 조사께서 서쪽에서 오신 뜻입니까?"

대사가 대답했다.

"호랑이를 타고 파가巴歌를 부른다."

"큰 선지식이 어째서 토지신土地神을 위하여 전錢을 사릅니까?"

"저 상인上人이란 자는 대꾸하기 어렵다."

당주唐州 대승산大乘山 화상

어떤 이가 물었다.

"마른 나무가 봄을 만났을 때에는 어떠합니까?"

대사가 대답했다.

"세간에 드문 일이다."

"어떤 것이 사면四面 위의 일입니까?"

"되〔升〕 속에서 뛰쳐나와 말〔斗〕 속에서 몸을 뒤집는다."

양주襄州 봉산鳳山 연경원延慶院 귀효歸曉 혜광慧廣 대사

스님이 물었다.

"언어의 길이 끊겼을 때는 어떠합니까?"

대사가 대답했다.

"두 겹의 공안公案이구나."

"어떻게 이해하리까?"

"분명히 이야기했다."

"동산洞山이 물었다."

"어떤 것이 봉산鳳山의 경계입니까?"

대사가 대답했다.

"좋은 사람아, 간취看取하라."

"어떤 것이 경계 안의 사람입니까?"

"알겠는가?"

양주襄州 함주산含珠山 진眞 화상〔제3세 주지〕

스님이 물었다.

"스님은 어느 집안의 노래를 부르시고, 종풍은 누구의 것을 이으셨습니까?"

대사가 대답했다.

"구슬을 머금은 비밀한 뜻은 도가 같은 이라야 안다."

"그러면 날개를 빌리지 않고도 푸른 산마루에 오르겠습니다."

"둔하구나."

"옛 거울을 갈기 전에는 어떠합니까?"

"어둡게 할 수 없다."

"간 뒤에는 어떠합니까?"

"검기가 옻〔漆〕과 같다."

앞의 봉상부鳳翔府 자릉紫陵 광일匡一 대사의 법손

병주幷州 광복廣福 도은道隱 선사

스님이 물었다.

"어떤 것이 근원을 가리키는〔指南〕 외길입니까?"

대사가 대답했다.

"신령한 기틀의 일을 묘하게 인도하니, 맑은 물결은 기이한 법륜을 드러낸다."

"세 집에서 똑같이 청하면 어느 집으로 가시겠습니까?"

"달이 천 집의 물에 비치니, 각 문門마다 스님이 있다."

자릉紫陵 미微 선사〔제2세 주지〕

스님이 물었다.

"어떤 것이 자릉紫陵의 경계입니까?"

대사가 대답했다.

"고요하게 비추는 등불의 빛에 밤이 이미 깊었다."
"어떤 것이 경계 안의 사람입니까?"
"원숭이가 울고, 범이 휘파람을 분다."
"보배 검이 칼집에서 나오기 전에는 어떠합니까?"
"반석 위에다 송백松柏을 가꾼다."

흥원부興元府 대랑大浪 화상

스님이 물었다.
"이미 강물을 마신 신이라면서 왜 물에 밀립니까?"
대사가 대답했다.
"흐름을 따라야 비로소 묘함을 얻나니, 언덕에 기대면 도리어 미혹하게 된다."

앞의 홍주洪州 봉서산鳳棲山 동안同安 위威 선사의 법손

진주陳州 석경石鏡 화상

스님이 물었다.
"석경石鏡은 갈지 않아도 비춥니까?"
대사가 대답했다.
"전생은 원인이요, 금생은 결과이니라."

앞의 양주襄州 석문산石門山 헌獻 선사의 법손

석문산石門山 건명사乾明寺 혜철慧徹 선사〔제2세 주지〕

어떤 이가 물었다.

"해[金烏]가 바다 위로 나와 천지를 비추면, 이 세월의 일과 어떠합니까?"

대사가 대답했다.

"용이 골짜기에서 나오면 비바람이 닥치고, 바다와 산악이 기울 때는 일월이 밝다."

"위로부터의 여러 성인들은 어디로 갔습니까?"

"돌기둥에다 등을 달았다."

"스님은 어느 집안의 노래를 부르시고, 종풍은 누구의 것을 이으셨습니까?"

"조각구름이 봉령鳳嶺 위에 생기니, 나무꾼이 곳곳마다 분명하구나."

"어떤 것이 화상의 가풍입니까?"

"지혜는 뿌리 없는 나무를 접하고, 능력은 바다 밑에 등불을 켠다."

"어떤 것이 조사께서 서쪽에서 오신 뜻입니까?"

"소림少林에 구정九鼎이 맑으니, 물결이 출렁이면 백 가지 꽃이 새롭다."

"어떤 것이 불법의 대의입니까?"

"삼문三門 밖의 소나무는 생겨나는 것도 보고, 자라나는 것도 본다."

"한 터럭이 나기 전에는 어떠합니까?"

"예羿는 활을 잘 고르지 않아도 화살은 삼강三江의 어귀를 지나간다."

"어떤 것이 부처입니까?"

"나무꾼이 거친 벌판을 지나는데, 소를 타서 풀이 드러나지 않는다."

앞의 양주襄州 만동산萬銅山 광덕廣德 의義 화상의 법손

양주襄州 광덕廣德 연延 화상〔제2세 주지〕

처음에 광덕廣德 의義 화상을 뵙고 절을 한 뒤에 물었다.

"어떤 것이 화상의 깊고 깊은 곳입니까?"

의義 화상이 대답했다.

"몸을 숨기는 데 반드시 바위 골짜기일 필요는 없으니, 시끄러운 거리에서도 보는 이가 드물다."

"그러면 곧 물을 따르고, 꽃을 바칩니다."

"홀연히 안개가 끼면 그대는 어찌하려는가?"

"꽃을 꺾고 물을 긷는 것이 헛되이 베푸는 것은 아닙니다."

"대중은 제2대의 광덕을 지켜보라."

대사는 산문을 이어받아 무리를 모아 법문을 열었다.

스님이 물었다.

"어떤 것이 조사께서 서쪽에서 오신 뜻입니까?"

대사가 대답했다.

"고기는 근원 없는 물에서 뛰고, 꾀꼬리는 만고萬古의 소나무에서 운다."

"어떤 것이 항상 존재하는 사람입니까?"

"섣달에 죽은 뱀이 큰길에 놓였으니, 건드리다가 다친 이는 어쩔 수 없다."

"무엇이 대통지승불大通智勝佛의 시절입니까?"

"한 여름의 해는 새롭게 갠 뒤에는 그대가 눈을 부릅떠도 보지 못한다."

"무엇이 대통지승불의 뒤입니까?"

"달이 취봉鷲峰의 마루에 숨으니, 그대들은 파촉의 원숭이에게 애간장을 끊지 말라고 하라."

"어떤 것이 무간업無間業을 짓는 것입니까?"

"맹렬한 불로 냄비를 때서 부처의 입술을 끓이는 것이니라."

대사가 어떤 일로 인하여 이런 게송을 지었다.

홍산洪山에 이르자 자리를 잡고 앉아
사방과 팔면에 대해 말하지 않는다.
그의 집안에는 스스로 구름을 잠재우는 뜻이 있어
갈대 피리를 비껴 물고 우주의 분수를 분다.

才到洪山便垛根　　四平八面不言論
他家自有眠雲志　　蘆管橫吹宇宙分

앞의 수주隋州 수성산隋城山 호국護國 수징守澄 선사의 법손

수주隋州 용거산龍居山 지문사智門寺 수흠守欽 원조圓照 대사 스님이 물었다.

"두 거울이 마주하면 어째서 중간에 상像이 없습니까?"

대사가 대답했다.

"자기도 모름지기 숨어야 한다."

"거울이 깨지고 경대도 없어질 때에는 어떠합니까?"

대사가 주먹을 세웠다.
"어떤 것이 화상의 가풍입니까?"
"이마에다 방牓을 붙이지는 않는다."

수성산隋城山 호국지원護國知遠 연화演化 대사〔제2세 주지〕

스님이 물었다.
"아들을 데리고 문으로 들어올 때에는 어떠합니까?"
"정情을 반연하고 사물을 체體 받는 것이 무엇인가?"
"건곤乾坤에도 머무는 뜻을 두지 않고, 우주에도 마음을 두지 않을 때에는 어떠합니까?"
"모두가 전쟁일 때는 수습할 수 있으나, 도리어 노래와 춤이 벌어지면 없애기 어렵다."
"근원을 곧장 끊는 것은 부처님께서 인가하신 바이나 잎을 따서 가지를 찾는 일은 나는 못한다고 한 뜻이 무엇입니까?"
"구름 나무에 올라서 3추秋의 과일을 따려 하지 말고, 푸른 못 속의 외로운 달도 연모하지 말라."

안주安州 대안산大安山 능能 화상 숭교崇教 대사

스님이 물었다.
"스님은 어느 집안의 노래를 부르시고, 종풍은 누구의 것을 이으셨습니까?"
대사가 대답했다.
"남산의 북을 두드리고, 북산의 노래를 부른다."
"어떤 것이 추운 겨울의 경계입니까?"
"천 산은 푸른빛을 더하고, 만 그루의 나무는 은빛 꽃에 덮인다."

영주潁州 천복원薦福院 사思 선사〔일찍이 당주唐州의 천목산天目山에 살았다.〕

스님이 물었다.

"옛 법당에 부처가 없을 때에는 어떠합니까?"

대사가 대답했다.

"범음梵音이 어떻게 왔는가?"

"닦아 증득하지 않고서야 어떻게 부처를 이룹니까?"

"닦아 증득한다면 곧 이루지 못한다."

담주潭州 연수延壽 화상

스님이 물었다.

"스님은 어느 집안의 노래를 부르시고, 종풍은 누구의 것을 이으셨습니까?"

대사가 대답했다.

"양제煬帝는 변수汴水에 의하여 번영했고, 노승은 서호書湖로써 못 둑을 삼는다."

수성산隋城山 호국護國 지랑志郎 원명圓明 대사〔제3세 주지〕

스님이 물었다.

"스님은 어느 집안의 곡조를 부르시고, 종풍은 누구의 것을 이으셨습니까?"

대사가 대답했다.

"정과淨果의 맏아들이요, 소산疎山의 손자이니라."

"어떤 것이 만법萬法의 근원입니까?"

"공空 안에서는 거둘 수 없으니, 호국護國도 해당되지 않는다."

앞의 기주蘄州 오아산烏牙山 언빈彦賓 선사의 법손

안주安州 대안산大安山 흥고興古 선사

스님이 물었다.

"죽은 스님이 떠나서 어디로 갔습니까?"

대사가 대답했다.

"지난밤 3경에 달이 산봉우리에 떴다."

"유마의 고요한 침묵이 말입니까, 말이 아닙니까?"

"어둠 속의 돌 송아지는 초연해서 문을 나서지 않는다."

기주蘄州 오아산烏牙山 행랑行朗 선사

스님이 물었다.

"사람의 몸을 받기 전에는 무엇이었습니까?"

대사가 대답했다.

"바다 위의 돌소가 노래하고 세 번 손뼉을 치니, 한 줄기 붉은 줄이 손바닥 사이에서 나누어진다."

"가섭의 좋은 옷은 누가 입을 수 있습니까?"

"천연하여 모습 없는 사람은 티끌을 벗어나는 옷이라도 걸치지 않는다."

앞의 봉상부鳳翔府 청봉青峰 화상의 법손

서천西川 영감靈龕 화상

스님이 물었다.

"어떤 것이 부처님들의 몸이 나온 곳입니까?"

대사가 대답했다.

"나온 곳은 부처와 관계없으니, 봄이 오면 풀이 저절로 푸르다."

"녹록碌碌할 때에는 어떠합니까?"

"한 걸음 나아가 보라."

경조京兆 자각산紫閣山 단기端己 선사

스님이 물었다.

"네 가지 모습[四相]이 모두 다하면 무엇을 참이라 인정합니까?"

대사가 대답했다.

"그대는 어디를 갔었는가?"

"위수渭水가 정동正東으로 흐를 때에는 어떠합니까?"

"예로부터 끊긴 적이 없다."

방주房州 개산開山 회주懷晝 선사

스님이 물었다.

"어떤 업을 지어야 천千 성인의 가르침을 어기지 않겠습니까?"

대사가 대답했다.

"묘한 행은 짝할 이가 없고, 정情의 현묘한 본체는 스스로 남다르다."

"귀가 있어도 맑은 물에 씻지 않을 터인데, 무심無心을 누가 백운白雲의 그윽함이라 합니까?"

"천 냥의 황금을 걸 나무가 없다."

"건 뒤에는 어떠합니까?"

"묘연해서 사람들이 가려내기 어렵다."

유주幽州 전법傳法 화상

스님이 물었다.

"교리의 뜻과 조사의 뜻이 같습니까, 다릅니까?"

대사가 대답했다.

"꽃이 피니 황금 선線이 수려하고, 옛 골짜기에는 흰 구름이 깊다."

"다른 사람은 어째서 제자가 많고, 스님은 어째서 제자가 없습니까?"

"바다 섬에는 용이 많이 숨지만, 갈대밭에는 봉鳳이 깃들지 않는다."

익주益州 정중사淨衆寺 귀신歸信 선사

스님이 물었다.

"연꽃이 물에서 나오기 전에는 어떠합니까?"

"향기가 연못 가득히 흐른다."

"물에서 나온 뒤에는 어떠합니까?"

"잎이 떨어져도 가을을 모른다."

"부낭浮囊에 의지하지 않고, 큰 바다에 들어갈 때에는 어떠합니까?"

"붉은 부리〔紅嘴〕는 삼계 밖으로 날아갔으며, 녹색 털은 도를 이해해서 차를 달인다."

청봉산青峰山 청면淸免 선사〔제2세 주지〕

스님이 물었다.

"포도주를 오래 숙성시켰는데, 오늘 누구를 위하여 열까요?"

대사가 대답했다.

"마시는 자는 안다."

"어떤 것이 조사께서 서쪽에서 오신 뜻입니까?"

"아뇩달지阿耨達池에는 한 방울이 없어도 사방의 바다는 스스로 도도하다."

경덕전등록 제 24 권

길주吉州 청원산靑原山 행사行思 선사의 제8세 법손 74인

장주漳州 나한원羅漢院 계침桂琛 선사의 법손 7인

금릉金陵 청량淸凉 문익文益 선사

양주襄州 청계淸谿 홍진洪進 선사

금릉金陵 청량淸凉 휴복休復 선사

무주撫州 용제龍濟 소수紹修 선사

항주杭州 천룡사天龍寺 수秀 선사

노주潞州 연경延慶 전은傳殷 선사

형악衡嶽 남대南臺 수안守安 선사

〔이상 7인은 기록에 보임〕

복주福州 선종僊宗 계부契符 대사의 법손 2인

복주福州 선종僊宗 동명洞明 대사

천주泉州 복청福淸 행흠行欽 선사

〔이상 2인은 기록에 보임〕

항주杭州 천룡天龍 중기重機 대사의 법손 1인

고려高麗 설악雪嶽 영광令光 선사

〔1인은 기록에 보임〕

무주婺州 국태도國泰瑫 선사의 법손 1인

무주婺州 제운齊雲 보승寶勝 선사

〔1인은 기록에 보임〕

복주福州 승산昇山 백룡白龍 도희道希 선사의 법손 5인

복주福州 광평廣平 현지玄旨 선사

복주福州 백룡白龍 청모淸慕 선사

복주福州 영봉靈峰 지은志恩 선사

복주福州 동선東禪 현량玄亮 선사

장주漳州 보구報劬 현응玄應 선사

〔이상 5인은 기록에 보임〕

천주泉州 초경招慶 법인法因 대사의 법손 7인

천주泉州 보은報恩 종현宗顯 대사

금릉金陵 용광龍光 징개澄忋 선사

영흥永興 북원北院 가휴可休 선사

침주郴州 태평太平 청해淸海 선사

연주連州 자운慈雲 혜심慧深 대사

영주郢州 흥양興陽 도흠道欽 선사

〔이상 6인은 기록에 보임〕

장주漳州 보복保福 청계淸豁 선사

〔1인은 기연할 어구가 없으므로 기록하지 않음〕

무주婺州 보은報恩 보자寶資 선사의 법손 1인

처주處州 복림福林 징澄 화상

〔1인은 기록에 보임〕

처주處州 취봉翠峰 종흔從欣 선사의 법손 1인

처주處州 보은報恩 수진守眞 선사

〔1인은 기록에 보임〕

양주襄州 취령鷲嶺 명원明遠 선사의 법손 1인

양주襄州 취령鷲嶺 제2세 통通 화상

〔1인은 기록에 보임〕

항주杭州 용화龍華 지구志球 선사의 법손 1인

인왕원仁王院 준俊 선사

〔1인은 기록에 보임〕

장주漳州 보복保福 가주可儔 선사의 법손 1인

장주漳州 융수隆壽 무일無逸 선사

〔1인은 기록에 보임〕

담주潭州 연수사延壽寺 혜륜慧輪 선사의 법손 2인

여산廬山 귀종歸宗 도전道詮 선사

담주潭州 용흥龍興 유裕 선사

〔이상 2인은 기록에 보임〕

소주韶州 백운白雲 상祥 화상의 법손 6인

소주韶州 대력大歷 화상

연주連州 보화寶華 화상

소주韶州 월화月華 화상

남웅주南雄州 지장地藏 화상

영주英州 낙정樂淨 함광含匡 선사

소주韶州 후백운白雲後 화상

〔이상 6인은 기록에 보임〕

낭주朗州 덕산德山 연밀緣密 대사의 법손 2인

담주潭州 녹원鹿苑 문습文襲 선사

예주澧州 약산藥山 가경可瓊 선사

〔이상 2인은 기록에 보임〕

서천西川 청성青城 향림香林 징원澄遠 선사의 법손 1인

관주灌州 나한羅漢 화상

〔1인은 기록에 보임〕

양주襄州 동산사洞山寺 초初 선사의 법손 1인

담주潭州 도숭道崧 선사

〔1인은 기연할 어구가 없으므로 기록하지 않음〕

악주鄂州 황룡黃龍 회기晦機 선사의 법손 9인

낙경洛京 자개紫蓋 선소善沼 선사

미주眉州 황룡黃龍 계달繼達 선사

조수棗樹 제2세 화상

흥원부興元府 현도산玄都山 징澄 화상

가주嘉州 흑수黑水 화상

악주鄂州 황룡黃龍 지옹智顒 선사

미주眉州 복창福昌 달達 화상

〔이상 7인은 기록에 보임〕

상주常州 혜산慧山 연然 화상

홍주洪州 쌍령雙嶺 오해悟海 선사

〔이상 2인은 기연할 어구가 없으므로 기록하지 않음〕

무주婺州 명초明招 덕겸德謙 선사의 법손 6인

처주處州 보은報恩 계종契從 선사

무주婺州 보조普照 유瑜 화상

무주婺州 쌍계雙谿 보초保初 선사

처주處州 용천涌泉 구究 화상

구주衢州 나한羅漢 의義 화상

〔이상 5인은 기록에 보임〕

복주福州 흥성興聖 조調 화상

〔1인은 기연할 어구가 없으므로 기록하지 않음〕

낭주郎州 대룡산大龍山 지홍智洪 선사의 법손 3인

대룡산大龍山 경여景如 선사

대룡산大龍山 초훈楚勛 선사

흥원부興元府 보통원普通院 종선從善 선사

〔이상 3인은 기록에 보임〕

양주襄州 백마白馬 행애行靄 선사의 법손 1인

백마白馬 지륜智倫 선사

〔1인은 기록에 보임〕

안주安州 백조산白兆山 회초懷楚 선사의 법손 3인

당주唐州 보수保壽 광우匡祐 선사

〔1인은 기록에 보임〕

기주蘄州 자남自南 선사

과주果州 영경원永慶院 계훈繼勳 선사

〔이상 2인은 기연할 어구가 없으므로 기록하지 않음〕

양주襄州 곡은谷隱 지정智靜 선사의 법손 2인

곡은谷隱 지엄知儼 선사

양주襄州 보녕普寧 법현法顯 선사

〔이상 2인은 기록에 보임〕

여산廬山 귀종歸宗 홍장弘章 선사의 법손 1인

동경東京 보정원普淨院 상각常覺 선사

〔1인은 기록에 보임〕

봉상부鳳翔府 자릉紫陵 미微 선사의 법손 2인

봉상부鳳翔府 대랑大朗 화상

담주潭州 신개新開 화상

〔이상 2인은 기연할 어구가 없으므로 기록하지 않음〕

양주襄州 석문산石門山 혜철慧徹 선사의 법손 2인

석문산石門山 소원紹遠 선사

악주鄂州 영죽靈竹 수진守珍 선사

〔이상 2인은 기록에 보임〕

홍주洪州 동안同安 지志 화상의 법손 2인

낭주朗州 양산梁山 연관緣觀 선사

〔1인은 기록에 보임〕

진주陳州 영통靈通 화상

〔1인은 기연할 어구가 없으므로 기록하지 않음〕

양주襄州 광덕廣德 연延 화상의 법손 1인

광덕廣德 주周 선사

〔1인은 기록에 보임〕

익주益州 정중사淨衆寺 귀신歸信 선사의 법손 1인

한주漢州 영감산靈龕山 화상

〔1인은 기연할 어구가 없으므로 기록하지 않음〕

수주隋州 호국護國 지원知遠 선사의 법손 1인

동경東京 개보開寶 상보常普 대사

〔1인은 기연할 어구가 없으므로 기록하지 않음〕

행사行思 선사의 제8세

앞의 장주漳州 나한羅漢 계침桂琛 선사의 법손

승주昇州 청량원淸涼院 문익文益 선사

그는 여항餘杭 사람으로서 성은 노魯씨이다. 7세에 신정新定 지통원智通院의 전위全偉 선사에 의해 스님이 되었고, 스무 살 때에 월주越州의 개원사開元寺에서 구족계를 받았다.

당시 율종의 거장인 희각希覺이 명주明州 무산鄮山의 육왕사育王寺에서 성대히 교화를 펴고 있었는데, 대사는 거기에 가서 율장을 익히는 동시에 유서儒書도 탐구하여 글의 흥취 속에 잠겨 있었다. 희각이 대사를 가리켜 우리 문하의 자하子夏와 자유子遊 같은 사람이라 하였다.

대사는 현묘한 기틀을 한 번 발하자 온갖 일을 다 버리고, 석장을 끌고 남쪽으로 가서 장경長慶의 법회에 참석하였다. 아직 반연하는 마음이 쉬지 않았지만 대중이 모두 추천하므로 다시 도반을 맺고 호외湖外 지방으로 떠났다. 길을 떠나자, 마침 큰 비가 와서 개울이 넘치므로 잠시 성 서쪽에 있는 지장원地藏院에 들렀다.

이때 계침桂琛 선사를 뵈니, 계침이 물었다.

"상좌上座는 어디를 가는가?"

대사가 대답했다.

"여기저기 행각行脚을 합니다."

"행각하는 뜻이 무엇인가?"

"모르겠습니다."

"모르는 것이 가장 친절하니라."

대사는 활연히 깨닫고 동행하는 진進 산주山主 등 4인과 함께 정성껏 귀의하여 물으니, 모두 계합하여 이해했다. 그리하여 차례차례 인가를 받고서 제각기 한 지방에 자리를 잡았는데, 대사는 홀로 감자주甘蔗洲에다 암자를 지었다.

거기에 머무르고자 의논을 하는데, 진 산주 등이 강남의 총림을 두루 보고자 한다면서 대사에게 동행하기를 청하였다. 그래서 임천臨川에 이르렀더니, 고을의 군수가 숭수원崇壽院에 살기를 청하였다.

처음 개당開堂하는 날, 차 마시는 자리에서 일어나기도 전에 사부대중이 벌써 법상을 둘러싸고 있었다. 이때 승정僧正이 대사에게 아뢰었다.

"사부대중이 벌써 화상의 법상을 둘러쌌습니다."

대사가 대답했다.

"여러 사람들이여, 참 선지식께 참문하라."

조금 있다가 법상에 올랐다. 대중이 예배를 마치자, 대사가 대중에게 말했다.

"여러 사람이 모두 이 산에 있으니, 내가 말이 없을 수 없다. 대중에게 옛사람의 방편을 하나 보여 주리라. 안녕."

그리고는 법상에서 내려왔다. 이때에 어떤 스님이 나와서 절을 하니, 대사가 말했다.

"잘 물어라."

그 스님이 막 물으려는데, 대사가 말했다.

"장로여, 아직 개당開堂하지 않았으니 이야기에 대답할 수 없다."

자방子方 상좌가 장경長慶에서 오니, 대사가 먼저 장경長慶 능稜 화상의 게송을 듣고 물었다.

"어떤 것이 만상萬象 가운데 홀로 드러난 몸인가?"

자방이 불자를 번쩍 드니, 대사가 말했다.

"그렇게 알아서야 어찌하겠는가?"

"화상의 높으신 뜻은 어떠합니까?"

"무엇을 만상萬象이라 하는가?"

"옛사람은 만상을 배척하지 않았습니다."

"만상 가운데서 홀로 드러난 몸인데, 어찌하여 배척한다느니 배척하지 않는다느니 이야기하랴."

자방이 활연히 깨달아 게송을 지어 바치고 귀의하니, 이로부터 제방에서 알음알이를 가진 이는 모두가 쓸리듯이 모여왔다. 처음 그들의 태도는 도도했으나 대사가 미묘한 설교로 계발해 주니, 모두가 차츰 굴복하여 배우는 무리가 항상 천 명에서 줄지 않았다.

대사가 상당했다. 대중이 오래 서 있자 그들에게 말했다.

"그저 이렇게 흩어져도 불법이 있겠는가? 말해 보라. 없다면 여기에 와서 무엇 하겠는가. 만약 있다면 큰 시장의 소란한 속에도 있을 것이거늘, 무엇 하러 여기에 왔는가. 여러분들은 일찍이 『환원관還源觀』·『백문百門』·『의해義海』·『화엄론華嚴論』·『열반경涅槃經』 따위 여러 서적을 보았을 것인데, 어느 경전에 그런 시절이 있던가. 있다면 이야기해 보라. 그런 경전 가운데 이런 말이 있고, 이런 시절이 있다고 말하지 말라. 무슨 교섭交涉이 있으랴. 그러므로 미묘한 말씀이 마음 머리에 막혔으면 항상 연려緣慮의 터전이 되고, 실제實際가 눈앞에 놓였으면 도리어 명상名相의 경계가 된다. 어찌하여야 뒤집겠는가? 또 뒤집을 수 있다면 어찌하여야 바르게 되겠는가? 알겠는가? 그저 그런 식으로 서적이나 염송念誦하지 말라. 무슨 소용이 있으랴."

스님이 물었다.

"어떻게 피력하고 드러내어야 도와 상응하겠습니까?"

대사가 대답했다.

"그대는 몇 번이나 드러냈는데도 도와 상응하지 못하는구나."

"여섯 감관〔六處〕이 음音을 알지 못할 때는 어떠합니까?"

"그대의 집안 권속은 한 무리이다."

대사가 또 말했다.

"어떻게 알겠는가? 이렇게 와서 묻기만 하면 된다고 말하지 말

라. 되지 못한다. 그대가 '여섯 감관이 음을 알지 못한다'고 말한 것은 눈이 음을 알지 못하고 귀가 음을 알지 못하는 것인데, 그래도 근본이라면 어찌 되지 못한다고 이해하겠는가. 옛사람이 말하기를 '소리와 빛을 여의었다고 하면 소리와 빛에 집착한 것이고, 이름과 글자를 여의었다고 하면 이름과 글자에 집착한 것이다'라고 하였으니, 이 까닭에 무상천無想天에서 수행하여 8만 대겁大劫을 지냈더라도 하루아침에 타락하는 일이 엄연하니, 대체로 근본의 진실을 알지 못하기 때문이다. 차례로 3생의 60겁이나 4생의 1백 겁을 수행하고, 이렇게 해서 3아승기의 과위果位가 원만하더라도 옛사람은 말하기를 '한 생각[一念]의 연기緣起가 생겨남이 없어서 3승의 방편 등의 견해를 초월하는 것만 못하다'고 했고, 또 말하기를 '손가락 튀기는 사이에 8만 법문을 원만히 이루고 찰나에 3아승기겁을 소멸한다'고 했으니, 모름지기 체험으로 궁구해야 한다. 만일 이렇게 한다면 무슨 힘을 들이겠는가?"

스님이 물었다.

"손가락은 묻지 않겠으나 어떤 것이 달입니까?"

대사가 대답했다.

"어떤 것이 그대가 묻지 않은 손가락인가?"

"달은 묻지 않겠으나 어떤 것이 손가락입니까?"

"달이니라."

"학인이 손가락을 물었는데, 스님은 왜 달을 대답하십니까?"

"그대가 손가락을 물었기 때문이다."

강남江南의 국주國主가 대사의 도덕을 소중히 여겨 보은선원報恩禪院으로 맞이해서 살게 하고, 정혜淨慧 선사라는 호를 봉했다.

대사가 상당하여 대중에게 말했다.

“옛사람이 말하기를 ‘내가 서 있는 자리를 그대가 눈치 채기 바란다’고 했는데, 산승山僧이 지금 앉은 자리를 그대들이 눈치 채기 바란다. 도리가 있는가, 어떤 것이 친하고 어떤 것이 성근가를 판단해 보라.”

누군가가 물었다.

“인경이 울리고 대중이 모였으니 스님께서 이렇게〔如是〕 보여 주십시오.”

대사가 대답했다.

“대중의 이해가 그대의 이해와 얼마나 흡사한가?”

“어떤 것이 옛 부처님의 가풍입니까?”

“어디를 본들 부족한가?”

“하루 가운데 어떻게 행동해야 도와 상응하겠습니까?”

“취하고 버리려는 마음이 공교로운 거짓을 이룬다.”

“옛사람이 법의를 전할 때에는 누구에게 수기를 주었습니까?”

“그대는 어디서 옛사람이 법의를 전하는 것을 보았는가?”

“시방의 성현들이 모두 이 종宗으로 들어온다고 하니, 어떤 것이 이 종입니까?”

“시방의 성현이 다 들어온다.”

“어떤 것이 부처의 향상인向上人입니까?”

“방편으로 부처라 부른다.”

“소리와 빛깔 두 가지를 어느 사람이 투과할 수 있습니까?”

대사는 선뜻 대중에게 말했다.

“여러 상좌들이여, 말해 보라. 저 스님은 투과했는가, 못했는가? 만일 이 물음의 당처當處를 알면 소리와 빛을 투과하는 것이 어렵지 않을 것이다.”

"부처의 지견知見을 구하는 데는 어느 길이 가장 빠릅니까?"

"이것을 지나치는 것이 없다."

"상서로운 풀이 마르지 않을 때에는 어떠합니까?"

"부질없는 말이구나."

"대중이 구름같이 모였으니, 스님께서 대중의 의심을 단박에 풀어 주십시오."

"요사寮舍 안에서 헤아리고, 차방〔茶堂〕 안에서 헤아려라."

"구름이 열리고 해가 보일 때에는 어떠합니까?"

"부질없는 말이구나."

"어떤 것이 사문이 소중히 여길 것입니까?"

"털끝만치라도 소중히 여길 것이 있으면 사문이라 할 수 없다."

"천백억의 화신 가운데서 어느 것이 청정법신입니까?"

"모두 다이니라."

"줄지어 올라왔는데, 스님의 뜻은 어떠합니까?"

"이게 눈인가, 눈이 아닌가?"

"전신全身이 뜻〔義〕이니, 스님께서 결단해 주십시오."

"그대의 뜻은 스스로 타파되었다."

"어떤 것이 옛 부처님의 마음입니까?"

"자비희사慈悲喜捨를 쏟아 낸다."

"백 년 묵은 방의 어둠을 하나의 등불이 깨뜨린다 하는데, 어떤 것이 하나의 등불입니까?"

"무엇을 백 년이라 말하는가?"

"어떤 것이 올바르고 바른 도입니까?"

"하나의 소원도 그대로 하여금 시행케 하고, 두 개의 소원도 그대로 하여금 시행케 한다."

"어떤 것이 하나의 참[一眞]인 경지입니까?"

"경지라면 '하나의 참'이 없다."

"그럼 어떻게 세웁니까?"

"도리어 교섭할 길이 없다."

"어떤 것이 옛 부처입니까?"

"바로 지금도 협의할 곳이 없다."

"하루 가운데 어떻게 행동하리까?"

"걸음걸이마다 딛는다."

"옛 거울을 열기 전에는 어떻게 비춥니까?"

"하필 두세 번 하겠는가."

"어떤 것이 부처님들의 현묘한 종지입니까?"

"그대에게도 있다."

"듣건대 경전에 말하기를 '머무름이 없는 근본으로부터 온갖 법을 세운다'고 하는데, 어떤 것이 머무름이 없는 근본입니까?"

"형체가 일어나도 아직 질質은 아니고, 이름이 일어나도 아직 이름은 아니다."

"죽은 스님의 옷은 뭇 스님이 불렀지만[唱], 조사의 옷은 누가 부릅니까?"

"그대는 죽은 스님의 어느 옷을 불렀는가?"

"방탕한 아들이 고향으로 돌아올 때에는 어떠합니까?"

"무엇을 바치던가?"

"한 물건도 없었습니다."

"나날의 공급을 어떻게 주겠는가?"

대사는 나중에 청량원으로 옮겨 살았는데, 상당하여 대중에게 보였다.

"출가한 사람은 그저 시절時節을 따를 뿐이니, 추우면 춥고 더우면 더울 뿐이다. 불성의 이치를 알고자 하면 반드시 시절의 인연을 관찰해라. 고금의 방편이 적지 않다. 보지 못했는가. 석두石頭 화상이 '『조론肇論』에서 만물을 회통하여 자기를 삼는 이는 오직 성인뿐이라고 하였으며, 다른 집안에서는 성인은 자기가 없으니 자기 아닌 것도 없다'고 하면서 한 마디의 말로 참동계參同契를 부르다가 마지막에 가서는 '인도의 큰 성인의 마음도 이 말을 지나치지 못하니, 중간에도 그저 때를 따라 말했을 뿐이다'라고 하였다. 상좌들아, 이제 만물을 회통해서 자기를 삼으려 하는 것은 온 누리에서 한 법도 볼 수 없기 때문이다.

그는 또 사람들에게 당부하기를 '시간을 헛되이 보내지 말라'고 한다. 아까도 여러분에게 말하기를 '그저 시절을 따르면 된다'고 했는데, 만일 때를 옮기고 계절을 잃으면 이것이 세월을 헛되이 보내는 것이니, 빛깔이 아닌 것에서 빛깔이란 견해를 짓는다. 상좌들아, 빛깔이 아닌 가운데서 빛깔이란 생각을 하면, 이것이 때를 옮기고 계절을 잃는 것이다. 말해 보라. 빛깔을 빛깔 아니라는 견해를 짓는 것이 옳겠는가, 옳지 않겠는가? 상좌들이 만일 그렇게 알면 이는 아무 교섭할 곳이 없다. 바로 미쳐서 양쪽으로 달리는 짓이니, 무슨 쓸모가 있으랴. 상좌들아, 그저 분수와 시절을 지키면서 세월을 보내는 것이 옳다. 안녕."

누군가가 물었다.

"어떤 것이 청량淸凉의 가풍입니까?"

대사가 대답했다.

"그대가 딴 곳에 가거든 그대는 다만 청량에서 왔다고 하라."

"어찌하여야 모든 법에 당當함이 없겠습니까?"

"어떤 법이 그대에게 당當하는가?"

"그렇지만 아침저녁이 닥치는데 어찌하겠습니까?"

"부질없는 말이다."

"몸이 허깨비 같은 것으로 관찰하고, 안도 그렇다고 관찰할 때에는 어떠합니까?"

"그렇게 된 일이 있는가?"

"급히 상응하기를 바란다면 오직 둘 아님〔不二〕을 말하라 하는데, 어떤 것이 둘이 아닙니까?"

"다시 그런 것을 보태서 무엇 하랴."

"어떤 것이 법신法身입니까?"

"그것은 응신應身이니라."

"어떤 것이 제1의第一義입니까?"

"내가 그대에게 말한 것은 제2의이니라."

대사가 수修 산주山主에게 물었다.

"털끝만큼 차이가 있으면 천지가 현격하다고 하는데, 사형께서는 어떻게 이해하시오?"

수 산주가 대답했다.

"털끝만큼 차이가 있으면 천지가 현격합니다."

"그렇게 알아서야 어찌 맞겠는가?"

"화상은 어떠십니까?"

"털끝만큼 차이가 있으면 천지가 현격하다."

수 산주가 다시 절을 했다.〔동선東禪 제齊가 이 일을 듣고 말했다. "수 산주가 그렇게 대답한 것을 왜 긍정치 않다가 다시 묻고서야 법안은 역시 그렇다고 말했는가? 말해 보라. 잘못이 어디에 있는가? 만일 이

일을 꿰뚫어 보면 상좌는 일을 마쳤다.”〕

대사가 오공悟空 선사와 불을 쪼이다가 부젓가락을 들고 오공에게 물었다.

“부젓가락이라 부르지 못하나니, 형은 무엇이라 부르겠소?”

오공이 말했다.

“부젓가락입니다.”

대사가 긍정치 않으니, 오공이 그 뒤로 20여 일을 지나서야 겨우 이 말을 밝혔다.〔동선東禪 제齊가 이 일을 듣고 말했다. “총림에서 모두 말하기를 ‘오공이 좋은 말을 했다. 법안도 이 말을 했어야 한다’ 하는데, 그렇게 알아서야 꿈엔들 보았겠는가? 이 밖에 어떻게 법안의 뜻을 알 수 있으랴. 상좌여, 이미 부젓가락이라 부를 수 없다면 무엇이라 불러야 하겠는가? 한 말씀 내려 보라. 상좌들의 평생 안목을 보고 싶다.”〕

어떤 스님이 공양 전에 올라와서 참문했는데, 대사가 손으로 주렴을 가리켰다. 이때 두 스님이 함께 가서 주렴을 걷자 대사가 말했다.

“하나는 얻었고, 하나는 잃었다.”〔동선東禪 제齊가 이 일을 듣고 말했다. “상좌들이여, 어찌 생각하는가? 어떤 이는 말하되 ‘그는 진리를 밝히지 못했으므로 달려가서 발을 걸었다’고 했고, 또 어떤 이는 말하되 ‘가리켰더라면 알았을 것인데 가리키기 전에 갔으니 잃었다’고 하니, 이렇게 알면 옳겠는가, 옳지 않겠는가? 이미 그렇게 알아서 안 된다고 하면, 그대에게 묻노니, 어느 것이 얻는 것이고 어느 것이 잃는 것인가?”〕

운문이 어떤 스님에게 “어디서 왔는가?” 하고 묻자 “강서江西에서 왔습니다” 하고 대답하고, “강서의 한 떨거지 노숙들의 잠꼬대가 아직 깨지 않았던가?" 하고 물으니 스님이 대답을 못했는데, 다른 스님이 이 일화를 갖고 대사에게 물었다.

"운문의 뜻이 무엇입니까?"

"가련한 운문이 그 스님의 시험〔勘破〕을 받았구나."

대사가 어떤 스님에게 물었다.

"어디서 왔는가?"

"도량에서 왔습니다."

"밝음과 합했는가, 어둠과 합했는가?"

스님이 말이 없었다.

대사가 스님을 시켜 흙을 파다가 연분蓮盆에 채우게 하니, 스님이 흙을 파 가지고 왔다. 이에 대사가 물었다.

"다리 동쪽에서 팠는가, 다리 서쪽에서 팠는가?"

"다리 동쪽에서 팠습니다."

"진실인가, 허망인가?"

또 대사가 다른 스님에게 물었다.

"어디서 왔는가?"

"보은報恩에서 왔습니다."

"대중이 편안한가?"

"편안합니다."

"차나 마셔라."

또 대사가 스님에게 물었다.

"어디서 왔는가?"

"사주泗州로 가서 큰 성인께 절을 하고 옵니다."

"금년에 탑을 나왔는가?"

"나왔습니다."

대사는 얼른 곁의 스님에게 물었다.

"그대는 이 친구가 사주에 갔었다고 보는가, 가지 않았었다고 여기는가?"

대사가 보자寶資 장로에게 물었다.

"옛사람이 말하기를 '산하에 걸림이 없고, 광명은 곳곳을 투과한다'고 했는데, 어떤 것이 곳곳을 투과하는 광명입니까?"

보자가 말했다.

"동쪽에서 법라를 부는 소리오."〔귀종歸宗 유柔가 따로 말하되 "화상은 막으려 하시는군요" 하였다.〕

대사가 대〔竹〕를 가리키면서 스님에게 물었다.

"보는가?"

"봅니다."

"대나무가 눈으로 왔는가, 눈이 대나무 곁으로 갔는가?"

"모두 그런 것이 아닙니다."〔법등法燈이 따로 말하되 "그때에 다만 눈을 부릅뜨고 대사에게 향했어야 한다" 하였다. 귀종歸宗 유柔가 따로 말하되 "화상은 그저 저를 받지 않으실 뿐이군요" 하였다.〕

어떤 속사俗士가 대사에게 그림 족자를 바치니, 대사가 본 뒤에 물었다.

"그대는 마음이 교묘한가, 손이 교묘한가?"

"마음이 교묘합니다."

"어떤 것이 그대의 마음인가?"

속사가 대답이 없었다.〔귀종 유가 대신 말하되 "저는 오늘부터 쉽게 되었습니다" 하였다.〕

스님이 물었다.

"어떤 것이 둘째 달입니까?"

대사가 대답했다.

"삼라만상森羅萬象이니라."

"어떤 것이 첫째 달입니까?"

"삼라만상이니라."

대사는 금릉金陵에 인연이 있어서 큰 도량에 앉아 조석으로 세 차례씩 진리를 연설하니, 제방의 총림에서 모두가 대사의 감화를 따랐고, 그의 법을 흠모하는 딴 곳의 사람들도 멀리서 오니 현사의 바른 법이 강남에 중흥하였다.

대사는 근기에 맞추고 사물에 순응해서 막힌 것을 틔워 주고 어두움을 물리쳤다. 무릇 제방의 삼매를 들어서 입실하여 견해를 바치거나 물어서 더 배우려 하는 이에게는 모두 병에 따라 약을 주니, 근기에 따라 깨달아 들어간 자가 셀 수 없이 많았다.

주周의 현덕顯德 5년 무오戊午 7월 17일에 병이 나자 국왕이 친히 문병을 나왔고, 윤달〔閏月〕 5일에 머리를 감고 목욕하고 대중에게 고한 뒤 가부좌를 맺고 앉아서 떠나니 얼굴빛이 산 사람 같았다. 수명은 74세요, 법랍은 54세였다. 성안의 여러 사원에서 위의를 갖추고 나와 전송했으며, 공경公卿인 이건훈李建勳 이하 여러 관원이 소복으로 유해를 받들고, 강녕현江寧縣의 단양향丹陽鄕으로 가서 탑을 세웠다. 시호는 대법안大法眼이요, 탑호는 무상無相이었다. 제자인 천태天台 덕소德韶〔오월吳越 국사國師〕와 문수文遂〔강남국江南國 도사道師〕와 혜거慧炬〔고려高麗 국사國師〕 등 14인이 먼저 세상에 나와서 모두가 왕후의 존경을 받았고, 다음에는 용광龍光·태흠泰欽 등 49인이 법문을 열어 제각기 한 지방을 교화하니, 모두 본장本章에 기록한 것과 같다. 나중에 문인인 행언行言에 의하여 현각玄覺 도사라는 호가 추서되었고, 대지장大智藏 대도사라고 거듭 시호를 칭하였다. 세 곳에서 행한 설법과 저술한 게송과 진영眞影의 찬讚과 명銘, 기記, 주석 등 수만 마디가 있는 것을 학자들이 베껴서 천하에 퍼뜨렸다.

양주襄州 청계산淸谿山 홍진洪進 선사〔일찍이 등주鄧州 곡구谷口에 살았다.〕

지장원地藏院에 있을 때에 제1좌座에 앉았는데, 어느 날 두 스님이 와서 절을 하였다. 이에 지장 화상이 말했다.

"모두가 틀렸다."

두 스님이 말없이 법당에서 내려가 수修 산주山主에게 물으니, 수 산주가 말했다.

"그대 자신이 드높고 당당하거늘 남에게 절을 하고 물으려 하니, 어찌 틀리지 않았겠는가?"

대사가 이 말을 듣고 긍정하지 않으니, 수 산주가 물었다.

"상좌의 뜻은 어떠합니까?"

대사가 대답했다.

"그대 자신이 미혹해 있으면서 어찌 남을 위할 수 있으리오."

수 산주가 분연히 법당에 올라가서 지장에게 물으니, 지장이 마루 아래를 가리키면서 말했다.

"전좌典座야, 창고에 넣어 둬라."

수 산주가 잘못을 뉘우쳤다.

다른 날 대사가 수 산주에게 물었다.

"생김이 생김 아닌 성품을 밝게 안다면 어찌 생김에 머무는 바가 있겠는가?"

수 산주가 대답했다.

"죽순은 끝내 대나무가 되지만, 지금 대나무 자리를 만들려 하면 되겠습니까?"

대사가 말했다.

"그대는 이 뒤에 저절로 깨닫게 되리라."

"소수(紹修 : 수 산주)의 보는 바에 의하건대 다만 이러할 뿐인데, 상좌의 뜻은 어떠합니까?"

"이것은 감원監院의 방이고, 저것은 전좌典座의 방이다."

수 산주가 절을 하고 물러갔다.

대사가 주지가 된 뒤에 어떤 스님이 물었다.

"여러 장님이 코끼리를 더듬으면서 제각기 딴 소리를 하는데, 갑자기 눈 밝은 사람을 만나면 어찌하겠습니까?"

"그대는 다만 제방에서도 똑같이 이야기하라."

대사가 경행하는데 여러 스님이 뒤를 따르니, 그들에게 말했다.

"옛사람이 무엇이라 했는지 여러분이 헤아려 보라."

이때에 종의從漪라는 상좌가 대중에서 나와 물으려는데, 대사가 말했다.

"이 털 빠진 당나귀야."

이 말에 종의가 확연히 깨달았다.〔종의는 나중에 천평산天平山에 살았다.〕

승주昇州 세량원勢凉院 휴복休復 오공悟空 선사

그는 북해北海 사람으로서 성은 왕王씨이다. 어려서 출가하여 19

세에 계를 받고 혼자서 말했다.

'설사 진리를 표현한다 해도 이는 몟목에 걸리는 일이요, 고요한 선정에 나아간다 해도 또한 공에 떨어질까 걱정이다. 이렇듯이 나가고 물러섬을 결정하지 못하겠으니, 두 길을 버리고 어디로 가야 하나?'

그리고는 종장을 찾아 나섰다가 지장地藏 화상과 인연이 맞았다.〔법안장法眼章에 기록되었다.〕

나중에 법안의 뒤를 이어 무주撫州의 숭수원崇壽院에 사는데, 갑진년甲辰年에 강남江南의 국주國主가 청량淸凉 대도량을 짓고 대사를 청해서 살게 하였다.

대사가 상당하여 대중에게 말했다.

"옛 성인이 탄생하자마자 두루 일곱 걸음을 걸으시고 사방을 돌아보면서 '하늘 위와 하늘 아래서 나만이 홀로 높다'고 하시니, 그는 이와 같은 기특한 방편이 있었다. 여러분들은 태어날 때에 어떤 기특함이 있었는가? 말해 보라. 없다면 마주 보면서도 기피하는 것이요, 있다면 어떻게 소식을 통하겠는가? 알겠는가. 여러 상좌上座들이여, 다행히도 기특한 일이 있는데 어찌하여 알지 못하는가. 안녕."

스님이 물었다.

"어떤 것이 부처입니까?"

대사가 대답했다.

"그대는 중생이다."

"또한 긍정하는 것입니까?"

"이 물음을 헛되게 베풀었구나."

"어떤 것이 서쪽에서 오신 뜻입니까?"

"그대는 이 땅이 또한 있다고 말하는가?"

"요긴한 곳을 스님께서 한마디 해주십시오."

"안녕."

"어떤 것이 도입니까?"

"본래 한 물건도 없거늘 어디에 티끌이 끼겠는가?"

스님이 절을 하니, 대사가 말했다.

"틀리게 알지 말라."

"어떤 것이 한 티끌의 삼매[正受]에 드는 것입니까?"

"색色이 곧 공이다."

"어떤 것이 여러 티끌의 삼매에서 일어나는 것입니까?"

"공이 곧 색이다."

"다른 것은 묻지 않겠으니, 어떤 것이 공을 깨닫는 한 구절입니까?"

"두 구절이 되었다."

"우두가 4조를 보기 전에는 어찌하여 백 가지 새가 꽃을 물어 왔습니까?"

"4조를 보지 않았기 때문이다."

"본 뒤에는 어찌하여 꽃을 물어 오지 않았습니까?"

"4조를 보았기 때문이다."

"어떤 것이 자기의 일입니까?"

"몇 군데서 그렇게 물었는가?"

"옛사람이 무엇을 얻고서 문득 쉬었습니까?"

"그대는 무엇을 얻었기에 쉬지 못하는가?"

"어떤 것이 학인이 몸을 벗어날 곳입니까?"

"천 가지로도 견줄 수 없고, 만 가지로도 미칠 수 없다."

"화상께서 말씀해 주십시오."

"예전에도 있었고, 지금도 있다."

"무엇을 죽은 스님의 면전에는 눈에 닿는 것마다 보리라고 하는 것입니까?"

"해골 뒤의 사람에게 물어라."

"어떤 것이 온갖 부처님의 근원입니까?"

"그대는 무엇을 온갖 부처님이라 부르는가?"

"꽃비가 내려 땅을 진동하면서 우레 소리가 처음으로 울리니, 화상께서는 오늘 어떤 일을 드날리시겠습니까?"

"그대에게 무엇을 말했는가?"

"그러시면 청량을 만나겠습니다."

"사실이라면 얻었다."

"독룡毒龍이 빨리 달리자 만상萬象도 똑같이 그러할 때에는 어떠합니까?"

"그대는 어디서 그러한 질문을 배웠는가?"

대사는 평상시 방장에 있을 때에는 오직 털버선 하나를 신었고, 매양 함께 참구하던 법안이 게송 많이 짓는 것을 비웃었다.

진晋의 천복天福 8년 계묘癸卯 10월 초하루 날, 스님을 보은원保恩院으로 보내 법안 선사를 방장으로 불러서 산문을 맡기고, 또 국왕에게 글을 보내 하직을 알렸다. 3일 밤 자시에 입적하기로 약속하니, 국왕이 자주 사자를 보내 문안하고, 본원에서 때가 되자 종을 쳐서 대중을 모이게 하였다. 대사는 단정히 앉아서 대중에게 훈계를 내렸다.

"시간을 헛되이 보내지 말라."

말을 마치자 입적하였다. 이때 국왕이 종소리를 듣고 높은 곳에 올라 멀리 청량원을 향하여 절을 하고 더욱 소중히 여겨 제사를 지냈다. 다비를 마치고 사리를 거두어 탑을 세웠다.

무주撫州 용제산龍濟山 소수紹修 선사

처음에 대법안大法眼 선사와 함께 지장地藏에게 참문하여 얻은 바가 완전하다고 여겼는데, 같이 지장을 하직하고 건양建陽으로 가는 길에 이야기를 하다가 법안이 갑자기 물었다.

"옛사람이 만상 가운데서 홀로 몸을 드러낸다고 말한 것이 만상을 배척한 것인가, 만상을 배척하지 않은 것인가?"

대사가 말했다.

"만상을 배척하지 않은 것입니다."

"어째서 배척한다, 배척하지 않는다 하는가?"

대사가 어리둥절하여 다시 지장에게로 돌아오니, 지장이 물었다.

"그대는 떠난 지 오래지도 않은데 어째서 다시 왔는가?"

대사가 대답했다.

"해결하지 못한 일이 있으니, 어찌 산천을 넘나들기를 꺼리겠습니까?"

"그대는 허다한 산천을 넘나들었지만 싫어하지 않는구나."

대사는 그 뜻을 알지 못하여 다시 지장에게 물었다.

"옛사람이 말하기를 '만상 가운데서 홀로 몸을 드러낸다'는 뜻이 무엇입니까?"

지장이 대답했다.

"그대는 옛사람이 만상을 배척했다고 여기는가, 만상을 배척하지 않았다고 여기는가?"

"배척하지 않았습니다."

"두 개가 되는구나."

대사가 깜짝 놀라 곰곰이 생각하다가 다시 물었다.

"옛사람은 만상을 배척했습니까, 배척하지 않았습니까?"

"그대는 무엇을 만상이라 부르는가?"

대사가 그제야 비로소 깨닫고, 다시 지장을 하직하고 법안에게 뵈니, 법안의 말과 뜻이 지장의 것과 앞뒤가 한결같았다. 법안은 먼저 무주의 숭수원崇壽院에 머물면서 종풍을 크게 드날렸는데, 그 까닭으로 대사는 나중에 용제산龍濟山에 있으면서 무리를 모으느라고 애쓰지 않아도 배우는 자들이 모여들었다.

대사는 상당하여 이렇게 말했다.

"범부의 법을 구족했어도 범부가 알지 못하고, 성인의 법을 구족했어도 성인이 이해하지 못한다. 성인이 이해한다고 하면 곧 범부일 것이요, 범부가 안다면 곧 성인일 것이다. 이 두 말은 하나의 이치이면서 두 가지 뜻이 있나니, 누군가가 이를 가려내면 불법 안에서 들어갈 곳을 알게 되겠지만, 가려내지 못했거든 의심치 않는다고 말하지 말라."

어떤 이가 물었다.

"색色을 보는 것이 문득 마음을 보는 것이라 하는데, 맨 기둥은 색인데 어떤 것이 마음입니까?"

대사가 대답했다.

"다행하게도 모르고 있으니, 거짓으로 아는 체하지 말라."

"어찌하여야 삼계를 벗어나겠습니까?"

"그대가 그렇게 물으니, 삼계를 벗어나는 데 방해롭지 않겠다."

"분명히 드러나게 제창하면 아는[委] 이는 누구입니까?"

"그대도 모르는 것은 아니다."

"어떤 것이 만법의 주主입니까?"

"무엇을 만법이라 하는가?"

"경전에 말하기를 '수미산에다 겨자씨를 넣고, 겨자씨 속에다 수미산을 넣는다' 하는데 어떤 것이 수미산입니까?"

"그대의 심장을 꿰어 뚫었다."

"어떤 것이 겨자씨입니까?"

"그대의 눈을 막았다."

"어떤 것이 넣는 것입니까?"

"수미산과 겨자씨를 가져 오너라."

"앞의 말씀과는 달라졌습니다."

"앞서 무엇이라 했는가?"

대사가 언젠가 대중에게 이렇게 보였다.

"소리와 빛깔이 이르지 못하건만 병은 보고 듣는 데 있고, 말로는 미칠 수 없건만 허물은 입술과 혀에 있다."

스님이 물었다.

"빛깔과 소리를 떠나서 화상께서 말씀해 주십시오."

대사가 대답했다.

"빛깔과 소리 속에서 물어라."

"어떤 것이 학인의 마음입니까?"

"누가 그렇게 묻는가?"

"겁의 불길이 활활 타면 대천세계가 모두 무너지는데, 그것도 무너집니까?"

"무너지지 않는다."

"어째서 무너지지 않습니까?"
"대천세계와 똑같기 때문이다."
"어떤 것이 눈에 닿는 대로 보리입니까?"
"유달리 사람들로 하여금 근심스럽게 한다."
"어떤 것이 서쪽으로부터 오신 뜻입니까?"
"그대가 서쪽에서 오신 뜻을 물으니 내가 곧 대답하는 것이다."
"캄캄한 밤에는 무엇으로 눈을 삼습니까?"
"어두움이니라."
"털끝만치도 막히지 않았는데, 어째서 보아도 보이지 않습니까?"
"작가作家는 그림자를 놀리는 자이다."
"옛 거울을 갈기 전에는 어떠합니까?"
"천지를 조파照破한다."
"간 뒤에는 어떠합니까?"
"검기가 칠漆 같다."
"어떤 것이 보안普眼입니까?"
"털끝을 보아도 보지 못하느니라."
"어째서 보아도 보지 못합니까?"
"그 눈이 너무 크기 때문이다."
"어떤 것이 크게 꺾여 무너진 사람입니까?"
"겁이 무너져도 옮긴 적이 없다."
"이 사람도 불법이 있는 것을 압니까?"
"불법이 있는 것을 안다면 몽땅 뒤바뀌게 된다."
"어찌하여야 뒤바뀌지 않겠습니까?"
"곧바로 불법이 있음을 알아야 한다."

"어떤 것이 불법입니까?"

"크게 꺾여 무너졌다."

"어떤 것이 학인에게 항상 존재하는 마음입니까?"

"일찍이 하옥荷玉에게 물은 일이 있는가?"

"학인은 잘 모르겠습니다."

"모르겠거든 해제 뒤에 조산曹山에게 물어라."

대사는 게송 60수와 모든 잠언과 여러 경의 간추림 등을 저술하였는데, 모두가 세상에 퍼지고 있다.

항주杭州 천룡사天龍寺 수秀 선사

상당하여 대중에게 말했다.

"여러분, 얼마나 무사無事한가? 하루 가운데 어느 세계에서 안신입명安身立命한가? 자세히 점검해 보라. 어째서 쉴 자리를 찾지 않는가? 어째서 딴 사람의 점검을 받으려 하는가? 만일 그렇게 한다면 벌써 둘째 머리에 떨어진 것이다."

이때에 어떤 스님이 물었다.

"듣건대 스님께서 '그렇게 한다면 벌써 둘째 머리에 떨어졌다'고 말씀하셨다는데, 학인은 전혀 그렇게 하지 않고 왔습니다. 스님께서 어떻게 저를 판단하시겠습니까?"

대사가 대답했다.

"그대가 도리어 작가로구나."

"그렇다면 곧 오늘 스님을 만나게 되었습니다."

"그대는 거짓 똑똑한 체하지 말라."

"듣건대 옛사람이 말하기를 '두 사람이 모두 틀렸다'고 했다는데, 그의 뜻이 무엇이겠습니까?"

"그대는 왜 스스로가 점검해 보지 않는가?"

"그러면 곧 인간과 하늘이 믿을 곳이 있겠나이다."

"그대는 제법 영리하구나."

본국에서 청혜淸慧 대사라 호를 내렸다.

노주潞州 연경원延慶院 전은傳殷 선사

스님이 물었다.

"색色을 보는 것이 곧 마음을 보는 것이라 합니다. 등롱燈籠은 색인데, 어떤 것이 마음입니까?"

대사가 대답했다.

"그대는 옛사람의 뜻을 알지 못한다."

"어떤 것이 옛사람의 뜻입니까?"

"등롱이 마음이니라."

"만일 능히 사물을 굴릴 수 있으면 곧 여래와 같다 하는데, 어떤 사물을 굴립니까?"

"무엇이라 말했는가?"

스님이 말을 하려는데 대사가 또 말했다.

"이 칠통漆桶아."

형악衡嶽 남대南臺 수안守安 선사

처음에 강주江州의 오공원悟空院에 살았는데, 어떤 스님이 물었다.

"사람마다 장안長安으로 가는 길이 있는데, 어찌해야 도달합니까?"

대사가 대답했다.

"지금은 어디에 있는가?"
"어떤 것이 서쪽에서 오신 뜻입니까?"
"그건 무슨 뜻이던가?"
"어떤 것이 본래의 몸입니까?"
"그건 무슨 몸이던가?"
"적적하여 의지할 곳이 없을 때에는 어찌합니까?"
"본래 적적한 것이니라."
대사가 이로 인하여 게송을 지었다.

> 남대南臺에 고요히 앉으니 하나의 향로 같아
> 종일토록 응연凝然해서 만사를 잊네.
> 이는 마음을 쉬어 망상을 제거한 것이 아니라
> 모든 인연에 사량할 만한 일이 없기 때문일세.
> 南臺靜坐一鑪香　　亘日凝然萬事忘
> 不是息心除忘想　　都緣無事可思量

앞의 복주福州 선종僊宗 계부契符 청법淸法 대사의 법손

복주福州 선종僊宗 동명洞明 진각眞覺 대사

스님이 물었다.
"구름을 잡는 데는 바람과 우레의 도움을 빌리지 않는데, 드높은 물결에서는 어찌하여 몸을 투과할 수 있겠습니까?"
대사가 대답했다.
"어째서 근본을 버리고 끝을 쫓는가?"

천주泉州 복청福清 광법廣法 대사 행흠行欽

처음에 운대원雲臺院에 살았는데, 상당하여 이렇게 말했다.

"누군가가 감정할 수 있겠는가? 만일 감정할 수 있다면 이 무슨 웅덩이 속의 해진 짚신 같은 일인가. 만약 감정해 내지 못하면 땅에 떨어져서 쇳소리를 내리라. 일 없이 오래 서 있구나."

스님이 물었다.

"어떤 것이 불법의 대의입니까?"

대사가 대답했다.

"여러분이 모두 말해 버렸다."

"어떤 것이 진眞을 이야기하고, 속俗을 거슬리는 것입니까?"

"비렁뱅이가 무엇을 묻는가?"

"어떤 것이 속俗에 순종하고 진眞을 거슬리는 것입니까?"

"차나 마셔라."

"어떤 것이 등불을 켜기 전입니까?"

"등불을 켠 뒤이니라."

"어떤 것이 등불을 켠 뒤입니까?"

"등불을 켜기 전이다."

"어떤 것이 바로 등불을 켠 것입니까?"

"차나 마셔라."

"어떤 것이 두 번째 달입니까?"

"그대가 물어서 내가 대답하는 것이다."

대사가 스님에게 물었다.

"그대는 지금 무슨 경을 읽는가?"

스님이 대답했다.

"『법화경』입니다."

대사가 말했다.
"너와 내가 말에 떨어졌다."

앞의 항주杭州 천룡天龍 중기重機 대사의 법손

고려高麗 설악雪嶽 영광令光 선사

스님이 물었다.
"어떤 것이 화상의 가풍입니까?"
대사가 대답했다.
"분명히 기억해 둬라."
"어떤 것이 모든 법의 근원입니까?"
"가리켜 주어서 고맙다."

앞의 무주婺州 국태國泰 도瑫 선사의 법손

무주婺州 제운齊雲 보승寶勝 선사

스님이 물었다.
"어떤 것이 제운齊雲의 경계입니까?"
대사가 대답했다.
"용담龍潭은 바닥까지 맑은데, 오구烏龜는 계속 이름을 얻는다."
"바로 그것이면 되지 않았습니까?"
"도가 높아서 용과 범이 항복하니, 여덟 선인이 연이어 태평이로다."
"어떤 것이 제운의 물입니까?"
"용담은 바닥까지 사무쳤지만, 물으려 하면 곧 물결이다."

"그것이면 되지 않겠습니까?"
"옛 대궐에 향 연기가 없으니, 뉘라서 맑고 흐림을 가리겠는가?"
"깊고 깊은 곳은 어떠합니까?"
"그대가 깊고 깊은 곳을 알고자 하면, 곧바로 다리 밑에서 구름이 생기는 것을 끊어야 한다."

앞의 복주福州 승산昇山 백룡원白龍院 도희道希 선사의 법손

복주福州 광평廣平 현지玄旨 선사

일찍이 황벽黃檗에 살았는데, 상당하여 대중에게 보였다.
"누가 증명할 수 있겠는가? 만일 증명한다면 위로 조사들을 저버리는 일과 앞으로 후생들을 무시하는 짓을 면할 것이다. 만일 예사로 말이나 찾고 구절이나 세려면 대장경에 분명히 있다. 만일 조종祖宗 문중의 일이라면 어디를 괴이히 여기겠는가? 이렇게 말하는 것도 역시 방편의 말이다."
스님이 물었다.
"어떤 것이 광평廣平의 경계입니까?"
"땅은 명산의 수려함을 받들었고, 골짜기는 바다물의 맑음과 이어졌다."
"어떤 것이 경계 안의 사람입니까?"
"그대가 묻고, 내가 대답하는 것이다."
"어떤 것이 법신의 본체입니까?"
"툭 트인 허공에는 한 점의 티도 없다."
"어떤 것이 본체 안의 물건입니까?"

"한 바퀴 밝은 달이 가을 강에 흩어졌다."
"본체와 사물은 나누어집니까, 나누어지지 않습니까?"
"아까 무엇이라 했는가?"
"그러면 나누지 못하겠습니다."
"귀고리를 단 인도 스님이 웃으면서 고개를 끄덕인다."

복주福州 승산昇山 백룡白龍 청모淸慕 선사

스님이 물었다.
"어떤 것이 백룡白龍이 비밀히 쓰는 하나의 기미〔機〕입니까?"
대사가 대답했다.
"그대는 매일 무엇을 쓰는가?"
"그러면 공연히 귀를 기울였습니다."
대사가 문득 할을 해서 내쫓았다.
누군가가 물었다.
"온갖 중생이 날마다 쓰면서 알지 못한다 하니, 어떤 것이 날마다 쓰는 것입니까?"
"다르게 대답한들 그대가 어찌 알겠는가?"
"올라온 것을 꾸짖지 마시고, 소리 이전의 한 구절을 스님께서 말씀해 주십시오."
"분간치 못한 것이 아닌가?"

복주福州 영봉靈峰 지은志恩 선사

스님이 물었다.
"어떤 것이 취모검吹毛劍입니까?"
대사가 대답했다.

"나는 앞으로 나가고, 그대는 뒤로 물러선다."

"그러면 학인은 신명身命을 잃겠습니다."

"물을 때리지도 않았는데, 고기 스스로가 놀라는구나."

"어떤 것이 부처입니까?"

"다시 누가 있는가?"

"이미 그렇다면 왜 미혹함에 차이가 있습니까?"

"다만 스스로가 양을 잃지 않았다면 어찌 기로에서 울겠는가?"

"어떤 것이 영봉靈峰의 경계입니까?"

"만 겹의 푸른 산은 밥을 담은 것 같고, 두 가닥 푸른 물은 그림과 같다."

"어떤 것이 경계 안의 사람입니까?"

"명명明明하고 밀밀密密하며, 밀밀하고 명명하니라."

복주福州 동선東禪 현량玄亮 선사

스님이 물었다.

"본래 미혹함도 깨침도 없는데, 어째서 중생이 있습니까?"

대사가 대답했다.

"말에 떨어졌다[話墮]."

"조사와 조사가 서로 법인法印을 전하셨는데, 스님이 지금 이어받으신 것은 누구 법입니까?"

"증명해 주어서 매우 고맙다."

"그러면 백룡이 계실 당시에 친히 수기를 받으셨다가 오늘은 성스러움으로 중생을 제도하는군요."

"그대는 저울눈[定盤星]을 잘못 알지 말라."

장주漳州 보구원報劬院 현응玄應 정혜定慧 선사

그는 천주泉州 진강현晋江縣 사람으로서 성은 오吳씨이다. 어릴 때 출가하여 개원사開元寺 구불원九佛院에서 구족계를 받고, 율장과 대장경을 다 열람한 뒤에 복주에 가서 백룡白龍 도희道希 화상을 뵙고 마음자리를 인가받았다.

다시 고향의 청활淸豁로 돌아가서 보복암保福庵에서 법연法筵을 마친 청활淸豁 장로를 만났는데, 귀호貴湖에서 한 번 보자 도가 같아서 계합하였다. 이에 청활이 신도에게 분부하여 암자의 서쪽에 있는 청양산靑陽山에다 집을 짓고 대사를 청해 살게 하니, 20여 년을 지냈다.

개보開寶 3년에 천주의 원수 진홍진陳洪進의 둘째 아들인 문호文顥가 장수 자사로 임명되어서 수남水南에다 큰 선원을 지어 이름을 보구원報劬苑이라 짓고, 누차 대사를 주지住持로 청했으나 굳이 사양하고 가지 않았다.

대사의 형 인제仁濟가 군교軍校로 있었는데, 문호가 인제를 산으로 보내 간곡히 뜻을 전하자 대사는 마지못해 산에서 나왔다. 이때에 배우는 무리가 사방에서 모여 1천5백 명이나 되니, 법연法筵을 크게 열었다.

스님이 물었다.

"어떤 것이 제1의第一義입니까?"

대사가 대답했다.

"어떤 것이 제1의인가?"

"학인이 스님께 여쭈었는데, 어째서 스님께서는 학인에게 거꾸로 물으십니까?"

"그대가 아까 물은 것이 무엇이지?"

"제1의입니다."

"그대는 거꾸로 물었다고 여기는가?"

"어떤 것이 옛 부처님의 도량입니까?"

"올 여름에는 1천5백 명의 스님이 있다."

진수陳帥가 대사의 도덕을 태조 황제에게 알리어 자의紫衣와 호號를 하사하게 하였다. 개보開寶 8년 세상을 떠나려 할 때 7일 앞서 진수에게 글을 보내 하직을 알리고 이어 게송 하나를 보였다.

금년에 66세인데
세속 수명에는 길고 짧음이 있다.
무생無生의 불이 맹렬하니
유위의 장작불은 지속되지 못한다.
골짜기에서 나오는 것과 근원에 돌아감이
일시에 모두 구족하노라.

今年六十六　　世壽有延促
無生火熾然　　有爲薪不續
出谷與歸源　　一時俱備足

임종할 시각이 되자 문인들을 훈계하였다.

"내가 멸도한 후에 상복喪服을 입거나 곡을 해서 법도를 어지럽게 하지 말라."

말을 마치자 앉은 채로 떠나니, 진수가 매우 서러워하면서 예를 갖추어 초상을 치렀다. 다비를 해서 영골靈骨을 거두어 절 뒤에다 탑을 세웠다.

앞의 천주泉州 초경招慶 법인法因 대사의 법손

천주泉州 보은원報恩院 종현宗顯 명혜明慧 대사

처음에 흥국興國에 살았는데, 어떤 스님이 물었다.

"신풍新豊의 일파一派가 흥국興國에서 나뉘었으니, 조사께서 서쪽에서 오신 뜻을 스님께서 거양해 주십시오."

대사가 대답했다.

"그래도 신풍에서 좀 얻었다."

"그러면 법우法雨가 줄기차게 뿌리어 뭇 중생들이 믿을 곳이 있겠습니다."

"쓸데없는 말을 말라."

"옛날 영산회상에서는 가섭이 직접 들었지만, 오늘에는 누가 듣습니까?"

"문득 칠엽암七葉巖 속의 존자가 생각난다."

"옛날 각성覺城의 동쪽에서 상왕象王이 배회하자 다섯 무리가 모두 모였는데, 오늘 태수께서 친히 자리에 납시었으니 스님께서는 어떻게 제접하시겠습니까?"

"눈썹을 치켜뜨고 보라."

"그러면 한 기틀이 드러나는 곳에 만萬 가지 인연이 모두 없어지겠습니다."

"왜 번거롭게 말을 하는가?"

"어떤 것이 서쪽에서 오신 뜻입니까?"

"한 낮에 새매의 털을 본다."

대사가 나중에는 보은원報恩院에 살았는데 어떤 스님이 물었다.

"학인이 꼭 한 가지만 묻겠으니 스님께서 답해 주십시오."

"절을 창설한 주지가 아니면 저런 스님은 수용하기 어렵겠다."

"네 구절〔四句〕을 여의고 백 가지 부정〔百非〕을 끊은 것을 스님께서 말씀해 주십시오."

"푸르고 붉은 꽃이 뜰에 가득하다."

"사량思量이 간섭하지 못하는 곳에서 위로부터 전하는 종승을 스님께서 말씀해 주십시오."

대사가 한참 그대로 있자 스님이 말했다.

"그러면 메아리나 듣는 무리는 공연히 귀를 기울이는 것입니다."

"벌써 때가 묻었구나."

"올라온 것을 책하지 마시고, 소리 이전의 한 구절을 스님께서 곧장 말씀해 주십시오."

"그대는 어디서 왔는가?"

"그러면 밝은 스승을 만난 것입니다."

"공연한 말을 말라."

"어떤 것이 인왕人王입니까?"

"받들어 모실 때에 감히 경솔히 하지 못하다."

"어떤 것이 법왕法王입니까?"

"저버리지 않는 것이 좋다."

"법왕과 인왕은 마주해서 무슨 일을 이야기합니까?"

"그대가 엿들을 바가 아니다."

금릉金陵 용광원龍光院 징개澄忋 선사

그는 광주廣州 사람으로서 성은 진陳씨이다. 어릴 때에 고향에 있는 관음원觀音院에서 출가하고, 나이가 차자 남화사南華寺에서 계를 받았다.

이윽고 길을 떠나 천주泉州로 가서 법인法因 대사를 뵙고 마음자리를 깨친 뒤에 서주舒州의 산곡사山谷寺로 가서 살았다.

어떤 스님이 새로 오자 대사가 물었다.

"어디서 왔는가?"

"강남江南에서 왔습니다."

"그대는 강을 건너는 나룻배에다 절을 했는가?"

"화상께서는 왜 나룻배에 절을 하라 하십니까?"

"그게 그대의 선지식이니라."

또 제안齊安의 용광원龍光院에 살았는데, 전후 세 곳에서 설법을 하다가 용광에서 생애를 마쳤다.

영흥永興 북원北院 가휴可休 선사〔제2세 주지〕

스님이 물었다.

"어떤 것이 서쪽에서 오신 뜻입니까?"

대사가 대답했다.

"온 천하에 가득하니라."

"바로 그것뿐 아닙니까?"

"그렇거든 꼭 잡아라."

"크게 업을 지은 자가 와도 스님께서는 제접하시겠습니까?"

"제접하지 않는다."

"왜 제접하시지 않습니까?"

"다행히 좋은 사람 집안의 남녀이기 때문이다."

침주郴州 태평원太平院 청해淸海 선사

스님이 물었다.

"옛사람이 말하기를 '묻고 배워서 얻는 것〔請益〕은 아니다'고 하였는데, 조사께서는 어찌하여 누가 부처가 되겠느냐고 말씀하셨습니까?"

대사가 대답했다.

"깨달아 마쳐야 비로소 안다."

"위로부터의 종승을 차례차례 전해 주셨는데, 오늘 어떻게 들어서 제창하시겠습니까?"

"백운白雲이 깊은 골짜기에서 뭉게뭉게 나오고, 유명한 꽃과 기이한 풀이 산마루에 난다."

"어떤 것이 구절〔句〕 속의 사람입니까?"

"잘 판단하라."

연주連州 자운慈雲 보광普廣 대사 혜심慧深

스님이 물었다.

"바사닉왕〔匿王〕이 부처님을 청하여 당시 불법을 받들었고, 우리 국왕이 스님을 맞이하여 오늘날 종승을 일으키시니, 바라건대 방편을 베푸시어 아낌없이 거양해 주십시오."

"번거롭게 거듭 묻지 말라."

"어떤 것이 대원경大圓鏡입니까?"

"집착했구나."

"어떤 것이 위로 향하는 일입니까?"

"똑똑히 들어라."

영주郢州 흥양산興陽山 도흠道欽 선사〔제2세 주지〕

스님이 물었다.

"어떤 것이 흥양興陽의 경계입니까?"

대사가 대답했다.

"송죽松竹을 가꾸니 산 그림자가 푸르고, 흐르는 개울이 절 마당을 통과해 지나간다."

"어떤 것이 부처입니까?"

"다시 그것이 무엇인가?"

앞의 무주婺州 보은報恩 보자寶資 선사의 법손

처주處州 복림福林 징澄 화상

스님이 물었다.

"어떤 것이 가람伽藍입니까?"

대사가 대답했다.

"번幡과 정幢이 없다."

"어떤 것이 가람 안의 사람입니까?"

"우러러 예禮하면 분수가 있다."

"하당下堂의 한 구절을 아끼지 말아 주십시오."

"한가히 읊조리니 방龐 거사居士만 생각나는데, 천상과 인간에서 짝할 이가 없다."

앞의 처주處州 취봉翠峰 종흔從欣 선사의 법손

처주處州 보은報恩 수진守眞 선사

스님이 물었다.

"여러 관원이 이미 인천人天의 모임에 모였으니, 보은의 오늘 일은 어떠합니까?"

대사가 대답했다.

"그대가 제방에 가거든 분명히 이야기하라."

"어떤 것이 불법의 대의입니까?"

"번개가 번득이니 새가 급하게 날고, 갑자기 뛰어오르니 토끼가 바쁘게 달린다."

앞의 양주襄州 취령鷲嶺 명원明遠 선사의 법손

양주襄州 취령鷲嶺 통通 화상〔제2세 주지〕

스님이 물었다.

"세존께서 도를 깨치자 지신地神이 허공신虛空神에게 알렸는데, 화상께서 도를 얻으신 뒤에는 누가 알렸습니까?"

대사가 대답했다.

"그대가 알려 주어서 고맙다."

앞의 항주杭州 용화사龍華寺 지구志球 선사의 법손

항주杭州 인왕원仁王院 준俊 선사

스님이 물었다.

"듣건대 옛사람이 말하기를 '위로 향하는 외길은 천 명의 성인도 전하지 못한다'고 했는데, 어떤 것이 전하지 못하는 위로 향하는 일입니까?"

대사가 대답했다.

"위로 향하는 물음을 갖고 오너라."
"그러면 올라 왔다가 내려가지 않아야 하겠습니다."
"이미 그런 줄 알면 어정어정 올라와서 무엇 하겠는가?"

앞의 장주漳州 보복원保福院 가주可儔 선사의 법손

장주漳州 융수隆壽 무일無逸 선사

처음 개당開堂하는 날에 자리에 올라 한참 있다가 대중에게 말했다.

"여러 상좌들이여, 만일 상근기의 사람이라면 벌써 귀를 막았고, 중간과 하근기의 사람이라면 앞을 다투어 귀를 기울이리라. 비록 그렇다 하더라도 역시 마지못해서 하는 말이다. 여러 상좌들이여, 이 뒤에 딴 곳에 갔을 때에 어떤 사람이 오늘의 일을 물으면 어떻게 대답하겠는가? 만일 이야기할 수 있다면 혀끝이 혀끝을 두드리는 논란일 것이요, 만일 이야기할 수 없다면 혀가 없는 것 같으리니 어떻게 이야기하겠는가?"

스님이 물었다.

"절묘한 종풍宗風을 스님께서 보여 주십시오."

대사가 한참 있으니, 스님이 말했다.

"그러면 의정疑情을 단박에 결단해서 문득 마음 근원에 계합하겠지만, 위로 향하는 종승은 어떻게 논하겠습니까?"

"그대 스스로가 깨달아야 된다."

앞의 담주潭州 연수사延壽寺 혜륜慧輪 선사의 법손

여산廬山 귀종歸宗 제12세 도전道詮 선사

그는 길주吉州 안복安福 사람으로서 성은 유劉씨이다. 어릴 때부터 누린내와 비린내를 싫어하더니, 귀밑머리를 딸 나이가 되자 고향의 사思 화상에게 귀의하여 업을 닦다가 혜륜慧輪 화상이 장사長沙에서 교화한다는 말을 들었다.

당시는 마馬씨가 외람되이 왕을 자칭하고 형초荊楚와 건강建康의 접경지대에 있었다. 대사가 25세의 나이로 도반을 맺어 위험을 무릅쓰고 멀리 와서 찾아뵈었는데, 이때 마씨는 다시 유언劉言을 멸망시키고 그 땅까지 차지하여 왕규王逵로 하여금 유언의 대를 잇게 했다. 이에 왕규가 대사를 강표江表의 간첩으로 의심하고 대사를 붙들어다가 강에다 던지게 했다. 그러나 대사는 태연히 앉아 겁이 없으니, 왕규가 이상히 여겨 혜륜慧輪 화상에게 물었다. 이에 혜륜 화상이 대답했다.

"이는 모두 불법을 위해 몸을 버린 사람이다. 나의 헛된 이름을 듣고 멀리서 물으러 왔을 뿐이오."

왕규가 기뻐하면서 풀어 준 뒤에 더욱 존중히 여겼다.

대사가 연수延壽에서 머문 지 10여 년 만에 혜륜 화상이 입적하니, 다시 여산廬山의 개선開先으로 돌아가서 살았다.

건덕乾德 초에 산동山東에 있는 남우수봉南牛首峰 밑에다 띠집을 짓고 살았는데, 개보開寶 5년에 대장군[洪帥]인 임인조林仁肇가 균양筠陽의 구봉九峰 융제원隆濟院에 살면서 종지를 드날리라고 청했다. 그리고 본국에서 대사문大沙門이란 호를 하사했다.

스님이 물었다.

"듣건대 화상께서는 연수를 친견하고 오셨다는데 사실입니까?"

대사가 대답했다.

"산 밑의 보리가 익었는가?"

"구봉산 안에도 불법이 있습니까?"

"있다."

"어떤 것이 구봉산 안의 불법입니까?"

"산 속에 있는 돌이 큰 것은 크고, 작은 것은 작으니라."

이윽고 강남국江南國에서 스님들을 모아 놓고 경업經業을 시험했는데, 대사의 제자들은 모두가 선관禪觀을 익혔으므로 게송 하나를 지어 군수에게 바쳤다.

> 말을 잊고 태허太虛에 합함을 겨냥해서
> 화기和氣에 친소親疎가 있게 하는 것을 벗어났네.
> 도와 덕이 전적으로 공용이 없음을 누가 알겠는가.
> 오늘날 스님을 위함은 글 아는 것을 귀히 여길 뿐일세.
> 比擬忘言合太虛　免教和氣有親疎
> 誰知道德全無用　今日爲僧貴識書

이때 군수가 열람한 뒤 관원들과 상의하고 말하였다.

"전단旃檀 나무의 숲 속에는 반드시 잡된 나무가 없다."

그리하여 대사의 선원 하나만을 특별히 위에 알리어 경전 시험을 면하게 했다.

태평흥국太平興國 9년에 남강南康의 원수인 장남금張南金이 먼저 글을 올려 대사에게 아뢴 뒤에 도속道俗을 모아 놓고 귀종도량歸宗道場에 와서 앉기를 청했다.

어떤 스님이 물었다.

"어떤 것이 귀종歸宗의 경계입니까?"

대사가 대답했다.

"천 가지 삿됨이 한 가지 곧은 것만 못하니라."

"어떤 것이 부처입니까?"

"눈이 녹기만 하면 봄은 자연히 온다."

"어떤 것이 학인의 자기自己입니까?"

"자리가 좁으면 먼저 눕고, 죽이 묽으면 나중에 앉아라."

"옛사람이 말하기를 '바람이 움직이는 것도 아니고, 깃발[幡]이 움직이는 것도 아니다' 한 것은 어떠합니까?"

"내일 길 어귀에 저자가 열린다."

대사는 옹희雍熙 2년 11월 28일 밤중에 가부좌를 맺고 앉아서 대중에 알리고서 입적하니, 수명은 56세이고 법랍은 37세였다. 다비를 마치고 사리를 거두어 우수암牛首庵 곁에다 탑을 세웠다.

대사는 노래와 게송을 많이 지었는데 모두 세상에 퍼졌다.

담주潭州 용흥龍興 유裕 선사

"스님이 물었다."

"어떤 것이 학인의 자기입니까?"

대사가 대답했다.

"장삼이사張三李四이니라."

"학인이 아까 자기를 물었는데 어째서 장삼이사라 하십니까?"

"그대는 너무 경솔히 굴지 말라."

"다른 것은 묻지 않습니다. 어떤 것이 화상의 가풍입니까?"

"가풍은 그만두고 어느 것이 그대가 묻지 않은 다른 것들인가?"

앞의 소주韶州 백운白雲 상祥 화상의 법손

소주韶州 대력大歷 화상

처음에 백운白雲에게 참문하니, 백운이 주먹을 들면서 말했다.

"나는 근래에는 이렇지 않다."

대사가 뜻을 알고 절을 했다. 이로부터 입실했는데 주지가 된 뒤에 어떤 스님이 물었다.

"어떤 것이 서쪽에서 오신 뜻입니까?"

대사가 대답했다.

"해진 짚신이니라."

"어떤 것이 무위無爲입니까?"

대사가 손을 흔들었다.

"시주가 공양하는 일에 무엇으로 보답합니까?"

대사가 손으로 수염을 쓰다듬으니, 스님이 말했다.

"수염이 있으면 쓰다듬겠지만, 수염이 없으면 어찌합니까?"

"그대의 경계가 아니다."

대사가 어두운 방에 앉아 있는데 어떤 스님이 와서 인사를 하니, 대사가 한 대 때렸다. 그러나 그 스님은 어리둥절했다.

연주連州 보화寶華 화상

상당하여 대중에게 말했다.

"하늘을 보든 땅을 보든 신라 나라에서 예배를 해도 알지 못하니, 날마다 만 냥의 황금을 쓰는 것이다. 그렇지만 아직도 조금은 남았다."

또 말했다.

"온 시방세계가 온통 나무로 만든 나한羅漢이니, 깃대 끝에서 한 구절을 말해 보라."

또 말했다.

"하늘에는 용이 날고 봉이 달리며, 산골짜기에서는 범이 휘파람을 불고 원숭이가 운다. 콧구멍을 꼭 쥐고 한마디 하여 보라."

스님이 물었다.

"어떤 것이 보화寶華의 경계입니까?"

대사가 대답했다.

"앞에는 푸른 물〔綠水〕이요, 뒤에는 청산靑山이니라."

"잘 모르겠습니다."

"마지막 한 구절이다."

대사가 어떤 스님에게 물었다.

"어디서 왔는가?"

스님이 대답했다.

"대용大容에게서 왔습니다."

"대용이 요즘은 어떤가?"

"요즘에는 장醬 한 독을 담았습니다."

대사가 소리쳤다.

"사미야, 물 한 그릇을 떠다가 이 스님이 비추어 보게 하라."

어떤 스님이 대용에게 묻되 "위에서 6수銖의 옷을 내리시니, 입고서 무엇으로 황제의 은혜에 보답하겠습니까?" 하니, 대용이 대답하되 "올 때에 세 가지 가사를 입고, 갈 때에는 6수의 옷을 걸친다" 하였다. 대사가 이 말을 듣고 말했다.

"저 늙고 썩은 고름 주머니가 그런 소리를 하는구나."

대용이 듣고 사람을 보내 말했다.

"어찌 노예의 인연을 끊지 않은 것과 같겠는가?"

대사가 말했다.

"아까 벽돌을 던진 것은 옥을 얻기 위해서였다."

대사가 어떤 스님이 법당 앞 층계 밑으로 지나가는 것을 보고 승상을 두드리자, 스님이 말했다.

"만일 그렇다면 들어서 보이기를 청하지 않겠습니다."

대사가 기뻐하면서 땅으로 내려가서 물었더니, 전혀 말이 없으므로 대사가 때렸다.

언젠가 관을 쓰고 대중에게 말했다.

"나를 속인이라 한다면 몸에 가사를 입었고, 스님이라 한다면 머리에 관을 썼다."

대중이 대답이 없었다.

소주韶州 월화月華 화상

처음 백운白雲을 뵈니, 백운이 물었다.

"무슨 업業을 짓는가?"

대사가 대답했다.

"『공작경孔雀經』을 읽습니다."

이에 다시 백운이 말했다.

"좋은 집안의 남자가 날짐승의 뒤를 따르고 있구나."

대사가 이 말을 듣고 깜짝 놀랐다. 마침내 그의 제자가 되었다가 오랜 후에 종지에 계합하였다. 그리고는 월화月華를 찾아가 머물렀다.

어떤 스님이 물었다.

"어떤 것이 월화月華의 가풍입니까?"

대사가 대답했다.

"가풍을 묻는다면, 곧 가풍을 대답하리라."

"학인이 가풍을 물었습니다."

"금동金銅으로 만든 나한이니라."

대사가 어떤 스님에게 물었다.

"어디서 왔는가?"

스님이 대답했다.

"대용大容에서 왔습니다."

"동쪽 길로 왔는가, 서쪽 길로 왔는가?"

"서쪽 길로 왔습니다."

"아미타불을 보았는가?"

스님이 한참 있다가 절을 하니, 대사가 말했다.

"월화에게 절을 해서 무엇 하리오?"

대사가 서울에 가서 법당에 올랐다. 어떤 관리가 나와서 절을 하고 일어나서 고개를 숙이고 한참 있으니, 대사가 말했다.

"번개같이 민첩한 근기가 공연히 골똘히 생각하는구나."

어떤 노숙이 왔다가 법당으로 들어와서 동서東西를 돌아보면서 말했다.

"좋은 법당에 주인이 없구나."

대사가 방장에 있다가 이 말을 듣고 말했다.

"앉으시오."

이에 노숙이 물었다.

"현묘한 가운데 가장 분명한 것도 역시 거북이 털과 토끼 뿔이니, 2제諦 속에서 수행하지 않는 이는 어떻게 비밀한 작용을 합니까?"

"기울었다."

"그러면 주장자를 꺾어버리고, 짚신을 뜯어버려야 되겠습니다."

"세밀하고도 자세히 하라."

남웅주南雄州 지장地藏 화상

상당하니, 어떤 스님이 물었다.

"지장이라 하시니, 지장이 왔었습니까?"

대사가 대답했다.

"불전의 문을 활짝 열고, 향을 피우고 물을 갈아라."

대사가 대용大容 화상과 함께 백운에 있으면서 화로火路를 여니, 대용이 말했다.

"세 가닥으로 된 보배 길도 이 화로만이야 하겠는가?"

대사가 대답했다.

"어디가 안 그런가?"

영주英州 낙정樂淨 함광含匡 선사

개당開堂하는 날 대중에게 말했다.

"마갈제국摩竭提國에서 친히 이 법령을 시행하셨으니, 등짐을 벗어 버리고 흐름을 끊는 만남을 청하라."

스님이 물었다.

"어떤 것이 서쪽에서 오신 뜻입니까?"

대사가 대답했다.

"귀를 기울여도 공功이 없다."

"어떤 것이 낙정樂淨의 가풍입니까?"

"천지가 사람을 기른다."

"어떤 것이 낙정의 경계입니까?"

"공이 있으면 힘써 대나무를 심고, 틈이 없으면 소나무를 가꾸지 못한다."

"갑자기 손님이 오면 무엇으로 대접합니까?"

"밭에 가득히 가을 과일이 익었으니, 요구하는 이는 가까이 와서 맛보라."

"보리菩提의 자리에 앉지 않고 바로 저쪽으로 지나갔을 때에는 어떠합니까?"

"놓아 버려라."

"스님은 어느 집안의 곡조를 부르시고, 종풍은 누구의 것을 이으셨습니까?"

"참신한 천지요, 특별한 건곤이니라."

"용문에 뜻을 둔 이가 뛰어넘으면 어떠합니까?"

"여울 밑에서 건진다."

"학인은 잘 모르겠습니다."

"행두(行頭 : 소임의 이름)를 불러와라."

"근본을 얻기만 하면 끝을 걱정하지 말라고 하는데, 어떤 것이 근본입니까?"

"남에게 물을 필요가 없다."

"어떤 것이 끝입니까?"

대사가 손가락을 세웠다.

"어떤 것이 낙정樂淨의 경계입니까?"

"보름달이 둥그니 보살의 얼굴이요, 뜰 앞의 종려수는 야차夜叉

의 머리 같다."

어떤 스님이 하직하니, 대사가 물었다.
"어디로 가는가?"
"대용으로 갑니다."
"대용이 만일 묻기를 '낙정이 요즘 무어라 가르치던가?' 하면 그대는 어떻게 대답하겠는가?"
스님이 대답이 없으니, 대사가 대신 말했다.
"그저 낙정이 요새는 대용을 긍정치 않는다고만 하라."
울력으로 울타리를 막는데 어떤 스님이 물었다.
"옛사람은 갖가지 방편으로 방편의 문을 열었는데, 화상께서는 어찌하여 막으십니까?"
"말뚝을 꽉 박아라."

소주韶州 후백운後白雲 화상

처음으로 개당하는 날 자리에 올라 대중에게 말하였다.
"안녕한가? 위로부터의 종풍은 골똘히 생각하는 것을 용납하지 않는다. 그러나 모든 부처님들을 염念하면서 초심初心으로 공경히 예배하고, 후대에 이어받게 하는 일은 모름지기 방편이 있어야 하니, 30년 뒤에도 이 일은 묻어 버리지 말아야 한다. 만일 높고 현명한 상사上士라면 그런 무리에 들지 않겠지만, 뒤에 배우는 초심자라면 그대들에게 들어갈 길을 보여 주겠다. 대중의 머리 위를 조심히 살펴라. 만일 알지 못하겠거든 이러쿵저러쿵 어지러운 이야기를 들어라."
대사는 한참 있다가 다시 말했다.

"위로 부처님들과 아래로 유정 중생들에 이르기까지 진심眞心을 공유하고 있는데, 어떤 것이 여러분의 마음인가? 유정有情과 무정無情이 동일한 본체가 아니겠는가. 이런 견해가 얼마나 세 집뿐인 시골구석의 생각과 흡사한가. 이미 이렇지 못하다면 또 어떻게 이해하겠는가? 당장에 안다 하여도 벌써 스스로를 둔하게 하는 짓이다. 만일 조사의 문하에 의거한다면, 어찌 그런 사다리를 세우리오. 눈썹을 위로 치켜뜬다 하여도 벌써 어긋났거늘, 하물며 음성 이전에 알거나 언구言句 이후에 계합하는 일이겠는가. 모임 가운데 지음知音의 인간이 있는가? 짊어진 짐을 벗어 버리고 흐름을 끊는 만남을 청하라."

이때에 어떤 스님이 절을 하니, 대사가 말했다.

"준수하구나. 용상龍象이 밟고 지나면서 그 은택이 가없으니, 3승乘과 5성性이 모두 깨닫는다."

스님이 다시 물으려 하니, 대사가 말했다.

"가거라."

"옛 거문고에 운율이 끊겼으니, 스님께서 퉁겨 주십시오."

대사가 대답했다.

"백아伯牙가 아무리 솜씨가 좋으나 사람들 가운데 알아듣는 이가 적다."

"그러면 곧 다시 자기子期를 만난 것입니다."

대사가 말했다.

"웃음이 터지는 틈에 놀라 거문고 줄이 끊어지니, 어찌 곡조가 같지 않은 줄 알리오."

스님이 물었다.

"옛날 영산회상에서는 범왕이 주인이었는데, 오늘 백운白雲에서는 누가 주인이 됩니까?"

"상시(常侍 : 벼슬 이름)가 있다."

"그러면 법우法雨가 고루 뿌려서 중생들이 의지할 곳이 있겠습니다."

"그대는 그 속에서 치자梔子를 팔지 말라."

앞의 낭주朗州 덕산德山 연밀緣密 대사의 법손

담주潭州 녹원鹿苑 문습文襲 선사

스님이 물었다.

"멀리서 스님께 귀의하였으니, 제접해 주십시오."

대사가 대답했다.

"다섯 문의 골목 속에는 소식이 없다."

스님이 잠자코 있으니, 대사가 말했다.

"알겠는가?"

"잘 모르겠습니다."

"장락파長樂坡 거리에는 소식이 통하지 않는다."

예주澧州 약산藥山 가경可瓊 선사〔제9세 주지〕

나중에 강릉江陵 연수원延壽院에 살았는데, 스님이 물었다.

"스님께서 제 이야기에 대답해 주십시오."

대사가 대답했다.

"좋다."

"마땅히 얻을 수 있겠습니까?"

"다시 물어라."

"큰 산은 일찍이 한 줌의 흙도 부족한 적이 없는데, 스님께서 지금 애쓰시는 것은 누구를 위해서입니까?"

"연수延壽 화상도 허물이 있다고 말해야 되겠다."

"그렇게 묻지 않았는데 어째서 저의 스승을 비판하십니까?"

대사가 할을 하니, 그 스님이 절을 했다. 이에 대사가 때렸다.

앞의 서천西川 청성靑城 향림香林 징원澄遠 선사의 법손

관주灌州 나한羅漢 화상

스님이 물었다.

"어떤 것이 불법의 대의입니까?"

대사가 대답했다.

"우물 속에 이글거리는 불꽃이요, 태양 속의 거품이니라."

"어떻게 이해하리까?"

"멀리 부상扶桑을 가리키니, 해는 그 쪽에 있다."

"어떤 것이 나한의 경계입니까?"

"땅은 향적수香積水에 이어 있고, 문은 성봉산聖峰山과 마주 섰다."

"나한羅漢이라면서 왜 사람들에게 굴려집니까〔轉動〕?"

"눈동자를 바꾸고 해골을 굴려라."

앞의 악주鄂州 황룡黃龍 회기晦機 선사의 법손

낙경洛京 장수長水 자개紫蓋 선소善沼 선사

스님이 물었다.

"죽음 속에서 살 길을 찾았을 때에는 어떠합니까?"

대사가 대답했다.

"낫을 들고 뼈를 긁어 천지를 훈熏하고, 작렬하는 관棺 속에서 살기를 구한다."

"겨우 생겨났다가 이내 다시 죽을 때에는 어떠합니까?"

"다행히 병이 든 것을 깨닫게 되었구나."

미주眉州 황룡黃龍 계달繼達 선사

스님이 물었다.

"어떤 것이 납의衲衣입니까?"

대사가 대답했다.

"바늘이 간 뒤에는 실이 돌아오지 않는다."

"어떤 것이 가사입니까?"

"가로로는 네 개의 세계를 가리고, 세로로는 하나의 건곤을 덮는다."

"도가 원만한 시기가 오면 어떠합니까?"

"국을 달라면 국을 주고, 밥을 달라면 밥을 준다."

"황룡黃龍이 세상에 나왔는데 금시조金翅鳥가 하늘에 가득히 날 때는 어떠합니까?"

"그대에게 묻나니, 금시조가 배가 부르리라 여기는가?"

조수棗樹 화상〔제2세 주지〕

어떤 스님에게 물었다.

"어디서 떠났는가?"

"민중閩中에서 떠났습니다."

"준수하구나."

"스님께서 지시해 주셔서 고맙습니다."

"굴욕스럽구나."

어떤 스님이 김을 매다가 대사를 보고 인사를 하니, 대사가 물었다.

"누구를 보았기에 인사를 하는가?"

스님이 대답했다.

"스님을 뵙고 절을 하지 않으면 예의가 없을 것입니다."

"그게 도리어 나를 저버리는 짓이다."

그 스님이 큰방으로 돌아가서 제1좌에게 이야기하니, 제1좌가 말했다.

"화상께서 요즘은 놀라우리만큼 남을 간절히 위하신다."

대사가 이 말을 듣고, 제1좌를 일곱 방망이를 때리니, 제1좌가 말했다.

"제가 그렇게 말한 것이 아무 잘못이 없거늘 왜 때리십니까?"

"몇 해나 소금과 초〔鹽醋〕를 헛되이 먹었는가?"

그리고는 또 일곱 방망이를 때렸다.

흥원부興元府 현도산玄都山 징澄 화상

스님이 물었다.

"방장에 나오게 된 것을 기뻐하오니, 가풍의 일은 어떠하십니까?"

대사가 대답했다.

"훈훈한 바람이 새벽이슬을 여니, 밝은 달이 하늘 복판에 닿았다."

"어떻게 구제하십니까?"

"금계루金雞樓에서 북을 한 번 울린다."

"어떤 것이 사문의 행실입니까?"

"일체가 불여不如하다."

가주嘉州 흑수黑水 화상

처음에 황룡黃龍에게 참문하고 물었다.

"눈이 갈대꽃을 덮을 때에는 어떠합니까?"

황룡이 대답했다.

"맹렬하니라."

"맹렬치 않습니다."

황룡이 또 말했다.

"맹렬하니라."

대사도 또 대답했다.

"맹렬치 않습니다."

이에 황룡이 때리니, 대사는 이로 인해 깨달음을 얻었다. 이로부터 인연이 계합하여 흑수黑水 지방에서 교화했다.

악주鄂州 황룡黃龍 지옹知顒 선사〔제3세 주지〕

스님이 물었다.

"어떤 것이 황룡黃龍의 가풍입니까?"

대사가 대답했다.

"손님을 대접하기 위해 선과僊果를 늘어놓는다."

스님이 물었다.

"어떤 것이 부처님들의 근원입니까?"

대사가 대답했다.

"이 한 물음은 무슨 근원인가?"

"그렇다면 부처님들은 딴 길이 없겠습니다."

"연평延平의 칼은 벌써 용이 되었거늘, 아직도 뱃전에다 표를 하고 칼을 찾는 사람이 있는가?"

미주眉州 창복昌福[1] 달達 화상

스님이 물었다.

"학인이 와서 물으면 스님께서 대답하시겠지만, 묻지 않을 때에는 스님의 뜻이 어떠하십니까?"

"사형師兄이 지시해 주어서 고맙소."

"본래의 일은 묻지 않겠거니와 어떤 것이 오늘의 일입니까?"

"사형의 이 물음은 아주 좋소."

"학인이 모를 때에는 어떠합니까?"

"속일 수만 있으면 되었소."

"나라에 보검〔寶刀〕이 있는데, 누가 볼 수 있습니까?"

"사형께서 멀리 오신 일이 쉽지 않구려."

"그 보검은 어떻게 생겼습니까?"

"필요해도 말하고, 필요치 않아도 말하리라."

"말씀해 주십시오."

"만나기 어렵고, 만나기 어렵군."

"돌소〔石牛〕가 물 위에 누웠을 때에는 어떠합니까?"

---

1 제24권 권두卷頭에는 복창福昌으로 되어 있다.

"다름이 적중했다 해도〔異中異〕 허망한 계교計較이니 부침浮沈하지 말라."

"문득 그렇게 갈 때에는 어떠합니까?"

"하늘에 날개를 쳐서 해를 떨어뜨리고, 흙을 쥐어서 금을 이룬다."

앞의 무주婺州 명초明招 덕겸德謙 선사의 법손

처주處州 보은報恩 계종契從 선사

처음 개당하는 날 법좌에 올라서 앉으려다가 말했다.

"열사烈士의 칼날 앞에서도 날쌘 매와 새매가 있는가? 한 마리 날려 보라. 그러므로 말하기를 '열사의 칼날 앞에는 짝할 이가 별로 없나니, 구름과 우레가 울리듯 검륜劍輪이 열린다'고 한다. 누가 크게 용맹스런 사자의 새끼인가? 온몸에 칼을 맞으려거든 나오기만 하라."

이때에 어떤 스님이 비로소 나서니, 대사가 말했다.

"보건대 풍채가 좋구나."

스님이 물으려 하니, 대사가 말했다.

"어디로 가는가?"

그가 물었다.

"사자가 굴에서 나오기 전에 어떠합니까?"

대사가 말하였다.

"칼끝이 치기 어렵다."

"굴에서 나온 뒤에는 어떠합니까?"

"몸을 감출 길이 없다."

"나오려다가 미처 나오지 못할 때는 어떠합니까?"
"목숨이 명주실 같다."
"향해 나가는 일은 어떠합니까?"
"들이닥친다."

대사가 나중에는 남명南明에 살았는데, 어떤 스님이 물었다.
"어떤 것이 화상의 가풍입니까?"
대사가 대답했다.
"어쩔 수가 있겠는가?"
"하루 가운데 어찌해야 좋습니까?"
"금강金剛의 정수리 위에서 보아라."
"그러면 인간과 하늘의 무리가 의지할 곳이 있겠습니다."
"그대는 또 인간과 하늘을 속여서 무엇 하려는가?"

무주婺州 보조普照 유瑜 화상

상당하여 자리에 앉기 전에 대중에게 말했다.
"30년 뒤에는 여러 사람이 이 속에서 칼끝을 잃고 혀가 굳으리니, 알겠는가? 분명한 사실이다. 만일 참된 사자의 새끼가 아니라면, 어찌 위로부터 내려온 기틀을 알겠는가?"
스님이 물었다.
"사자가 굴에서 나오기 전에는 어떠합니까?"
대사가 대답했다.
"뭇 짐승이 한가하다."
"굴에서 나온 뒤에는 어떠합니까?"
"만 리에 여우의 흔적이 끊어진다."

"나오려다가 나오지 못할 때에는 어떠합니까?"

"충돌하는 자는 죽는다."

"향해 나가는 일은 어떠합니까?"

"결단코 칼날에 임해야 한다."

그리고는 대사가 게송을 지었다.

결단코 칼날에 임하는 곳이
천연天然의 사자의 기틀이니
울부짖으며 삼계를 벗어나는 일
조사가 아니면 알지 못한다.

決在臨鋒處　天然獅子機
嚬呻出三界　非祖莫能知

무주婺州 쌍계雙谿 보초保初 선사

대중에게 보였다.

"투철하지 못했다면 드러내지 않는다. 시방세계가 훤하게 밝다. 우뚝한 봉우리 위에서 기틀의 비춤을 통하면 저 북두성北斗星을 볼 필요가 없다."

스님이 물었다.

"여름 석 달 동안 영봉靈峰의 칼은 스님에게 청해도 칼끝을 드러내지 않았습니다."

대사가 대답했다.

"아직 금 고리를 잡기 전인데 어찌하여 묻지 않는가?"

"천 가지가 공연히 시설한 것이라서 해골 앞에 내놓기 어렵습니다."

"등 뒤에서 사람을 꽉 누르는구나."

처주處州 용천涌泉 구究 화상

상당하여 한참 있다가 말했다.

"호랑이나 이리와 같은 선객이 있는가? 있거든 한 번 내놓아 보라."

그때에 어떤 스님이 나서자, 대사가 물었다.

"목숨을 잃을 곳을 알았는가?"

"학인이 화상께 묻겠습니다."

"어디를 갔는가?"

"사자가 굴에서 나오기 전에는 어떠합니까?"

"대지를 흔든다."

"사자가 굴에서 나온 뒤에는 어떠합니까?"

"하늘과 땅을 뒤덮는다〔蓋天蓋地〕."

"나오려다 나오지 못할 때에는 어떠합니까?"

"아무도 판단하지 못한다."

"향해 가는 일은 어떠합니까?"

"날쌘 새매도 길을 잃는다."

구주衢州 나한羅漢 의義 화상

상당하여 대중이 모이니, 어떤 스님이 나와서 절을 했다. 이에 대사가 말했다.

"좋은 것이 못되는구나."

스님이 말했다.

"용천龍泉의 보검을 스님께서 휘둘러 보십시오."

대사가 말했다.
"어디를 갔는가?"
"그러면 용계龍谿의 남면南面은 칼날을 다한 것이겠습니다."
"거두어들여라."
"고금에 떨어지지 않는 일을 스님께서 말씀해 주십시오."
"그것을 괴이하게 여기는가?"
"그래도 고금에 떨어집니다."
"틀리지 말라."

앞의 낭주朗州 대룡산大龍山 지홍智洪 선사의 법손

대룡산大龍山 경여景如 선사〔제2세 주지〕

스님이 물었다.
"어떤 것이 불법의 대의입니까?"
대사가 할喝을 하니, 스님이 말했다.
"스님의 뜻이 어떠하십니까?"
"알겠는가?"
"모르겠습니다."
대사가 또 할을 했다.
"태양이 한 번 드러나자 모든 사람이 부러워하는데, 북소리가 멈춘 뒤에는 어떠합니까?"
"늦가을이 갠 뒤에는 맑은 하늘이 상쾌하다."

낭주朗州 대룡산大龍山 초훈楚勛 선사〔제4세 주지〕

상당하여 한참 있다가 말했다.

"대중은 다만 이렇게 각자 흩어져라. 벌써 거듭해서 이 이치를 선언해 마쳤는데, 오래 서서 무엇 하리오? 그러나 오래 서 있는 것에는 오래 서 있는 도리가 있으니, 알아 마치면 하나의 소겁小劫을 지내기가 밥 먹는 사이 같겠지만 도리를 모르면 문득 어리둥절할 것이다. 알겠는가? 아는 이가 있거든 나오너라. 여럿이서 같이 헤아려 보자."

이때에 어떤 스님이 나와 방석을 펴면서 말했다.

"펼치면 항하의 모래같이 많은 세계를 두루하고, 수축하면 털끝도 간직하지 않으니, 펼치는 것이 옳습니까, 수축하는 것이 옳습니까?"

대사가 대답했다.

"그대는 어디서 그런 수단을 배워 왔는가?"

"그러면 펼쳐야겠습니다."

"교섭하지 말라."

"어떤 것이 대룡大龍의 경계입니까?"

"제방에서 사람들에게 이야기하라."

"어떤 것이 경계 속의 사람입니까?"

"그대는 왜 나를 속이는가?"

"죽은 스님이 떠나서 어디로 갔습니까?"

"아미타불이다."

스님이 물었다.

"좋은 법당 안에서 사자후師子吼를 하시는데, 법은 누구의 것을 이어받으셨습니까?"

대사가 대답했다.

"오히려 스스로에게 그렇게 물어라."

흥원부興元府 보통원普通院 종선從善 선사

스님이 물었다.
"법륜을 다시 굴릴 때에는 어떠합니까?"
대사가 대답했다.
"그대의 기쁨을 돕는다."
"무슨 이야기를 하십니까?"
"이인異人은 귀를 막는다."
"그런 줄 알 때에는 어떠합니까?"
"틀렸다."
"칼을 차고 와서 소나무 문을 두드릴 때에는 어떠합니까?"
"어지럽히지 말라."
"누가 모르겠습니까?"
"나가라."

앞의 양주襄州 백마白馬 행애行靄 선사의 법손

양주襄州 백마白馬 지륜智倫 선사

스님이 물었다.
"어떤 것이 부처입니까?"
대사가 대답했다.
"순금도 빛을 잃는다."
"어떤 것이 화상이 몸을 뛰쳐 날 곳입니까?"
"소가 담장을 받았다."
"학인이 뜻을 잘 모를 때에는 어떠합니까?"
"이미 팔자八字를 이루었다."[2]

앞의 안주安州 백조산白兆山 제2세 회초懷楚 선사의 법손

당주唐州 보수保壽 광우匡祐 선사

스님이 물었다.

"어떤 것이 불법佛法의 대의大意입니까?"

대사가 대답했다.

"가까이 오라, 가까이 오라."

스님이 가까이 오니, 대사가 말했다.

"알겠는가?"

"모르겠습니다."

"전광석화電光石火가 이미 티끌과 같은 겁을 지났다."

"어떤 것이 사람을 위하는 한 구절입니까?"

"입을 열면 귀로 들어간다."

"어떻게 이해하리까?"

"사람을 만나면 사람에게 고하라."

앞의 양주襄州 곡은谷隱 지정智靜 선사의 법손

곡은谷隱 지엄知儼 선사

그는 등주登州 사람이다. 고향의 작산鵲山에서 업을 닦다가 곡은谷隱 지정智靜에게서 법을 얻고, 그의 뒤를 이어 주지가 되자 배우는 사람이 많이 모였다.

---

2 두 팔을 짝 벌리고 내보였다는 뜻이다.

어떤 스님이 물었다.

"스님은 어느 집안의 곡조를 부르시고, 종풍은 누구의 것을 이으셨습니까?"

대사가 대답했다.

"백운이 남쪽에 뜨니, 삿갓은 북쪽에서 쓴다."

"가섭이 친히 들은 일이 무엇입니까?"

"속히 토해 버려라."

"어떤 것이 모든 부처님들이 다 비추지 못한 곳입니까?"

"이 산의 귀신 굴을 물어서 무엇 하겠는가?"

"비춘 뒤에는 어떠합니까?"

"에잇, 요괴로구나."

"천 개의 산과 만 갈래의 물을 어떻게 지납니까?"

"걸음을 옮기면 문득 천리만리이니라."

"걸음을 옮기기 전에 어떠합니까?"

"역시 천리만리이니라."

양주襄州 보녕원普寧院 법현法顯 선사

스님이 물었다.

"지난 겁에 같이 살았는데 어째서 친하고 성긴 것을 모릅니까?"

대사가 대답했다.

"누구인가?"

"다시 누구의 말을 기다립니까?"

"말귀를 모르는 줄로 알았지."

"만 갈래의 물과 천 개의 산을 어떻게 지납니까?"

"푸른 하늘에는 샛길이 없으니, 도달한 이는 기틀을 미혹하지 않는다."

앞의 여산廬山 귀종歸宗 제4세 주지 홍장弘章 선사의 법손

동경東京 보정원普淨院 상각常覺 선사

그는 진류陳留 사람으로서 성은 이李씨이다. 어릴 때에 유학을 익혔으나 결코 벼슬을 구할 생각이 없어서 산수山水를 즐기며 구경 다니는 것으로 소일을 삼았다. 그러다가 여산廬山 귀종歸宗 선사의 회상에 왔다가 법문을 듣고 깨달은 바가 있어서 출가할 뜻을 밝혔다. 그러나 오래지 않아 귀종이 입적하려 할 때 대사를 불러 어루만지면서 말했다.

"그대는 불법과 깊은 인연이 있으니, 다른 날 대중을 제도할 때에는 아무도 그대의 역량을 헤아리지 못하리라."

그리고는 대사의 머리를 깎는 일 등을 문인들에게 분부한 뒤에 세상을 떠났다.

양나라 건화乾化 2년에 머리를 깎고, 이듬해 동림사東林寺 감로단甘露壇에서 계를 받고는 바로 오대산을 돌아본 뒤에 다시 상도上都로 돌아가서 여경문麗景門 밖에서 2년 동안 혼자 살았다.

이때 북쪽 이웃에 장생張生이라는 신사信士가 있었는데 대사를 청하여 공양했다. 장씨는 본래 현묘한 진리를 찾다가 대사를 방문해서 가르침을 구했는데, 대사가 알맞게 가르쳐 주자 장생은 말끝에 깨달음을 얻었다. 마침내 긴 걸상을 마련해서 묵게 하였는데, 밤이 깊었을 때에 아내와 함께 엿보자 대사의 몸이 온 걸상에 두루하면서 발과 머리는 겉으로 나와 있었다. 그리하여 종들에게 지켜보도록 하였으나 여전하므로 장생은 더욱 흠모하는 생각이 나서 말했다.

"제자들 부부가 늘그막에 저의 집 앞을 내놓아 스님의 장실丈室로 삼고자 합니다."

대사는 기꺼이 받았는데, 후당後唐의 천성天成 3년에 이르러서는 매우 큰 절이 되었고, 위에서 보정普淨이라는 편액을 하사했다.

대사는 생각하기를 '당시의 무리들이 근기가 얕고 어두워서 극칙極則의 진리를 감당키 어려우니, 정도에 맞지 않게 일러 주면 도리어 그들로 하여금 법을 비방하는 허물을 짓게 하리라. 나는 차라리 법을 열지 않으리라' 하였다. 매월 24일에 목욕을 시켰고, 대중은 항상 1만을 헤아렸다.

대사는 항상 대중에게 말했다.

"지혜의 문에 막힘이 없기만 하다면 복이 어찌 막히겠는가."

어느 날 급사중給事中인 도곡陶穀이 와서 절을 하고 물었다.

"경에 말하기를 '온갖 형상을 떠나면 이름하여 부처다'라고 하였으나, 지금 눈앞에 온갖 형상이 분분한데 어찌하여야 여의겠습니까?"

대사가 대답했다.

"급사는 무엇을 보았는가?"

도씨가 흔연히 기뻐하면서 소중히 여겼다. 이로부터 왕공王公과 대인大人들이 자주 천거해서 대사에게 법호와 장복(章服 : 자의)을 하사케 하려 했으나, 대사는 모두 거절하고 받지 않았다.

개보開寶 4년 12월 2일에 병이 나서 11일에 뒷일을 부탁한 뒤, 오른쪽으로 누워서 떠나니, 수명은 76세이고 법랍은 56세였다. 지금도 문도들이 뒤를 이어 사는데 더욱 번성하고 있다.

앞의 양주襄州 석문산石門山 제3세 혜철慧徹 선사의 법손

석문산石門山 소원紹遠 선사〔제4세 주지〕

스님이 물었다.

"스님은 어느 집안의 곡조를 부르시고, 종풍은 누구의 것을 이으셨습니까?"

대사가 대답했다.

"시방에 이류異類가 없으니, 봉림鳳林 앞에 내걸어 광고한다."

"선사先師께서 안탑雁塔의 절로 돌아 가셔서 외치신 한마디를 스님께서 보여 주십시오."

"아수라의 손바닥은 일월日月을 떠받쳤고, 야차의 발바닥은 이룡(泥龍 : 무용지물을 일컫는 말)을 밟고 있다."

"금룡金龍은 범연한 안개를 토하지 않나니, 스님께서는 봉황의 기틀을 제창해 주십시오."

"백미白眉는 손을 벌리지 않고, 장안長安의 길은 평탄하다."

"어떤 것이 서쪽에서 오신 뜻입니까?"

"푸대에 오구(烏龜 : 산 이름)를 가득 담았다."

"어떤 것이 석문의 경계입니까?"

"외로운 봉우리가 봉령鳳嶺과 마주 섰다."

"어떤 것이 경계 안의 사람입니까?"

"바위틈에 녹다 남은 눈이 여기저기서 번득인다."

"어떤 것이 화상의 가풍입니까?"

"물방울이 쏟아지는 것은 본래의 뜻이 아니며, 천 개의 산은 몸을 드러내지 않는다."

"어떤 것이 옛 부처의 마음입니까?"

"맨땅의 백우白牛가 맑은 시냇가에 누웠다."

"생사의 개울을 어떻게 건너겠습니까?"

"바람이 연잎과 부평초浮萍草에 분다."

"어떤 것이 3승의 교법 이외에 따로 전하신 한 구절입니까?"

"염소 수레가 장안長安에 들어왔다."

"생사의 물결 앞에서 어떻게 도를 이야기합니까?"

"털주머니는 옆으로 누워서 먹고 마시는 일을 끊었으며, 푸른 계곡은 화사한 봄 속에 언제나 누워 있다."

"어떤 것이 도입니까?"

"산이 깊으니 물이 차다."

"어떤 것이 도道 안의 사람입니까?"

"황금 망치로 황금 북을 친다."

"날이 흐려 해가 숨을 때에는 광명은 어디로 갔습니까?"

"무쇠 뱀이 큰 길에 누웠으니, 온몸이 연기같이 검다."

악주鄂州 영죽靈竹 수진守珍 선사

스님이 물었다.

"어떤 것이 서쪽에서 오신 뜻입니까?"

대사가 대답했다.

"석장錫杖에는 서역의 흙이 묻고, 병에는 중국의 물이 담겨 있다."

"미혹함과 깨달음이 모든 경계에 들어가지 않을 때에는 어떠합

니까?"

"경계가 어디서 왔는가?"

"그러면 곧 모든 경계에 들어가겠습니다."

"용두사미龍頭蛇尾가 된 놈아."

앞의 홍주洪州 동안同安 지志 화상의 법손

낭주朗州 양산梁山 연관緣觀 선사

스님이 물었다.

"어떤 것이 화상의 가풍입니까?"

대사가 대답했다.

"자양강資楊江의 물이 거세니 고기가 다니기 힘들고, 백록白鹿의 소나무가 높으니 새가 앉기 어렵다."

"대중이 모였으니 백록의 한 구절을 스님께서 천양闡揚해 주십시오."

"요즘 어느 나라에 살았는가?"

또 말했다.

"양산梁山에는 진秦나라 때의 거울을 높이 달았으니, 광수光壽의 문풍門風은 등불을 빌리지 않는다."

"스님은 어느 집안의 곡조를 부르시고, 종풍은 누구의 것을 이으셨습니까?"

"용은 용의 새끼를 낳고, 봉은 봉의 새끼를 낳는다."

"어떤 것이 서쪽에서 오신 뜻입니까?"

"총령葱嶺에는 중국의 소식을 전하지 않았거늘, 서역 사람들은 공연히 태평가를 이야기한다."

"어떤 것이 위로부터 전해진 일입니까?"

"물을 건너 온 인도의 스님은 무릎 덮는 바지가 없고, 낙타의 등에다 경협(經夾 : 경을 넣는 궤)을 실었으나 경을 가지지는 않았다."

"어떤 것이 정법안장正法眼藏입니까?"

"남화경南華經 속에 있는 것이다."

"어째서 남화경 속에 있습니까?"

"그대가 정법안장을 물었기 때문이다."

"어떤 것이 납의衲衣 아래의 일입니까?"

"비밀이다."

단端 장로라는 이가 대사를 찾아와서 잠시 앉아 이야기를 나누는데, 어떤 스님이 물었다.

"두 큰 스님은 같이 교화하시는 것도 아닌데, 어째서 같이 방장에 앉아 계십니까?"

대사가 대답했다.

"하나라 해도 아니다."

대사는 또 이런 게송을 남겼다.

양산의 한가락 노래는
격格 밖이라서 맞추기가 어렵네.
10년을 두고 지음知音을 찾았으나
아직까지 하나도 만나지 못했네.

梁山一曲歌　　格外人難和
十載訪知音　　未嘗逢一箇

또 게송을 지었다.

이글거리는 불꽃 속에 내 몸을 갈무리하면
탑을 새로 만들 필요가 있으랴.
누군가가 서로 긍정할 수 있다면
재 속에서도 온전한 참 모습을 찾으리.
紅焔藏吾身　　何須塔廟新
有人相肯重　　灰裏貌全眞

앞의 양주襄州 광덕廣德 제2세 연延 화상의 법손

양주襄州 광덕廣德 주周 선사

스님이 물었다.
"이야기를 보고도 배우지 못할 때에는 어떠합니까?"
대사가 대답했다.
"온 세계가 귀머거리가 없으니, 누가 소리를 아는〔知音〕 사람인가?"
"어떤 것이 소리를 아는 사람입니까?"
"끊어진 거문고 줄을 이을 수 없다면, 여러 겁을 지나도 메아리가 냉랭泠泠하리라."
다른 스님이 물었다.
"경전에 말하기를 '아일다(阿逸多 : 미륵)는 번뇌도 끊지 않고 선정도 닦지 않았어도 부처님께서 이 사람은 틀림없이 부처가 될 것이다'라고 하셨는데, 이 이치는 어떠합니까?"
대사가 대답했다.

"소금도 떨어지고, 숯도 없다."

"숯도 소금도 모두 떨어졌을 때에는 어떠합니까?"

"근심스런 사람은 근심스런 사람에게 근심을 말하지 말라. 근심스런 사람에게 이야기한들 그에게 근심만 더해 줄 뿐이다."

경덕전등록 제 25 권

길주吉州 청원산靑原山 행사行思 선사의 제9세 법손 ①

금릉金陵 청량淸涼 문익文益 선사의 법손 30인

천태산天台山 덕소德韶 국사國師

항주杭州 보은사報恩寺 혜명慧明 선사

장주漳州 나한羅漢 지의智依 대사

금릉金陵 장의章義 도흠道欽 선사

금릉金陵 보은報恩 광일匡逸 선사

금릉金陵 보자報慈 문수文遂 도사導師

장주漳州 나한羅漢 수인守仁 선사

항주杭州 영명사永明寺 도잠道潛 선사

무주撫州 황산黃山 양광良匡 선사

항주杭州 영은靈隱 청용淸聳 선사

금릉金陵 보은報恩 현칙玄則 선사

금릉金陵 보자報慈 행언行言 도사

금릉金陵 정덕淨德 지균智筠 선사

고려高麗 도봉道峰 혜거慧炬 국사

금릉金陵 청량淸凉 태흠泰欽 선사

항주杭州 보탑사寶塔寺 소암紹巖 선사

금릉金陵 보은報恩 법안法安 선사

무주撫州 숭수崇壽 계조契稠 선사

홍주洪州 운거雲居 청석淸錫 선사

홍주洪州 백장百丈 도상道常 선사

천태天台 반야般若 경준敬遵 선사

여산廬山 귀종歸宗 책진策眞 선사

홍주洪州 동안同安 소현紹顯 선사

여산廬山 서현棲賢 혜원慧圓 선사

홍주洪州 관음觀音 종현從顯 선사

여주廬州 장안長安 연규延規 선사

상주常州 정근正勤 희봉希奉 선사

낙경洛京 흥선興善 서륜棲倫 선사

홍주洪州 신흥新興 제齊 선사

윤주潤州 자운慈雲 광달匡達 선사

〔이상 30인은 기록에 보임〕

행사行思 선사의 제9세 ①

금릉金陵 청량淸凉 문익文益 선사의 법손

천태산天台山 덕소德韶 국사

그는 처주處州 용천龍泉 사람으로서 성은 진陳씨이다. 어머니 엽葉씨의 꿈에 흰 광채가 몸에 비치는 것을 보고 태기가 있었고, 탄생한 뒤에는 기이한 일이 더 많았다.

15세가 되었을 때에 어떤 범승梵僧이 출가를 권하므로 17세에 고향의 용귀사龍歸寺에서 수행하다가 18세 때 신주信州의 개원사開元寺에서 계를 받았다.

후당後唐의 동광同光 때에 제방으로 다니다가 투자산投子山에 가서 대동大同 선사를 뵈었는데, 이것이 발심發心의 시초였다. 나중에 용아산龍牙山에 가서 둔遁 화상을 뵙고 물었다.

"웅웅(雄雄 : 위엄 있음)하신 스님에게 어째서 가까이할 수 없습니까?"

용아가 대답했다.

"불과 불 같기 때문이다."

"갑자기 물을 만나면 어찌합니까?"

"그대는 모른다."

대사가 다시 물었다.

"하늘이 덮지 못하고 땅이 싣지 못한다 하니, 이 이치는 어떠합니까?"

용아가 대답했다.

"마땅히 그러할 뿐이다."

대사가 그 뜻을 알지 못하여 다시 물으니, 용아가 대답했다.
"도자道者여, 그대가 앞으로 스스로 이해할 것이다."

다음에 소산疎山에게 물었다.
"백 겹, 천 겹은 어떤 사람의 경계입니까?"
소산이 대답했다.
"왼쪽으로 꼬아진 새끼로 귀신을 묶는다."
대사가 다시 물었다.
"고금에 떨어지지 않는 길을 스님께서 말씀해 주십시오."
"말하지 않겠다."
"어째서 말하지 않으십니까?"
"거기에서는 유有와 무無를 판단하지 못한다."
"스님께서는 지금 잘 말씀하십니다."
소산이 깜짝 놀랐다.

이와 같이 54명의 선지식을 찾았으나 모두 법연이 맞지 않고, 마지막으로 임천臨川에 가서 정혜淨慧 선사를 뵈었다. 정혜는 대사를 보자마자 깊이 법기法器로 여겼다. 그러나 대사는 총림을 두루 다녔기 때문에 참문하는 일도 게을리 한 채 그저 대중을 따를 뿐이었다.

어느 날 정혜가 상당했는데, 어떤 스님이 물었다.
"어떤 것이 조계의 한 방울 물입니까?"
정혜가 대답했다.
"조계의 한 방울 물이다."

그 스님이 어리둥절해서 물러갔는데, 대사가 그 곁에 있다가 활연히 깨달으면서 평생 꺼림칙하던 것이 얼음 녹듯이 풀렸다. 그리하여 정혜에게 깨달은 바를 이야기하니, 정혜가 말했다.

"그대가 앞으로는 반드시 국왕의 스승이 되어서 불법을 크게 빛내기를 나보다 훨씬 더하리라."

이로부터 제방에서 달리 주창하는 것과 고금의 현묘한 관건을 모두 해결하여 조그마한 자취도 남기지 않았다. 이윽고 고향으로 돌아와 천태산에 가서 지자智者 선사의 옛 터를 보자 자기의 옛 집처럼 느껴졌다. 더구나 지자 선사와 같은 성姓이었으므로 당시 사람들은 지자 선사의 후신이라 하였다.

처음에 백사白沙에 있을 때, 오월吳越의 충의왕忠懿王이 왕자의 몸으로 태주台州를 지키러 왔다가 대사의 명성을 듣고 대사를 청해 도를 물으니, 대사가 말했다.

"훗날 패주(霸主 : 힘 있는 군왕)가 되시면 부처님의 은혜를 잊지 마십시오."

한漢의 건우乾祐 원년元年 무신戊申에 왕이 나라의 지위를 계승하자 사자를 보내 제자의 예로써 뵈었다. 이때에 천태天台 지자智者 선사의 교법을 전하는 희적羲寂이라는 이가 거듭 대사에게 말했다.

"지자 선사의 교법이 날이 갈수록 사라져서 아주 없어질까 걱정입니다. 듣건대 신라에는 완전히 갖춘 것이 있다는데, 화상의 자비가 아니면 어찌 이 소원을 이루겠습니까?"

그래서 대사가 충의왕忠懿王에게 알리니, 왕은 사신과 예물과 대사의 서신을 신라로 보내서 그것을 다 베껴다가 채우니, 지금도 세상에서 성행하고 있다.

대사가 상당하여 말했다.

"옛 성인들의 방편이 항하의 모래 같지만, 조사께서 말씀하시기를 '바람도 깃발도 움직이는 것이 아니고, 그대의 마음이 움직인다'고 하신 것은 위없는 마음자리[心印]의 법문이다. 우리들은 조사 문하의 객客으로서 조사의 뜻을 어떻게 이해해야 되겠는가? 바람도 깃발도 움직이지 않고 그대의 마음이 허망하게 흔들린다고 말하지 말고, 바람도 깃발도 배척하지 않고 바로 바람과 깃발 위에서 깨친다고도 말하지 말고, 바람과 깃발이 움직이는 곳이 무엇이냐고도 말하지 말라.

또 말하기를 '사물에 붙어서 마음을 밝히는 것이 반드시 사물을 인정하는 것은 아니다' 하기도 하고, 어떤 이는 '색色이 곧 공空이다' 하기도 하고, 어떤 이는 '바람도 깃발도 움직이는 것이 아니라는 말을 잘 알아야 한다' 하기도 하지만, 이렇게 이해하는 것이 조사의 뜻과 무슨 관계가 있으랴. 이미 이와 같은 견해를 인정하지 않는다면, 여러분들은 문득 합해서 알게 될 것이니, 만일 그 속에서 철저히 깨달으면 어떤 법문인들 밝히지 못하랴. 부처님들의 백천 가지 방편을 일시에 깨달아 마치리니, 다시 무슨 의심이 남으랴. 그러므로 옛사람이 말하기를 '하나를 요달하면 천 가지를 밝히고, 하나를 미혹하면 만 가지를 미혹한다'고 하였다. 여러분들이 어찌 오늘 하나를 밝혔다가 내일 모르는 사람이겠는가. 한 부분으로는 향상사向上事는 알기 어렵다고 하면서, 한 부분으로는 열등한 범부는 이해하지 못한다고 하는 것이 아니던가. 이와 같은 견해를 가지고는 설사 티끌같이 많은 겁을 지나도 다만 자기의 정신을 괴롭힐 뿐이니, 전혀 옳지 못하다."

스님이 물었다.

“모든 법의 적멸한 형상은 말로써 표시할 수 없다는데, 화상께서는 어떻게 사람들을 위하십니까?”

대사가 대답했다.

“그대가 제방에 가거든 다시 한 차례씩 물어라.”

“그러면 언구言句가 끊어지겠습니다.”

“꿈속에서 또렷또렷하구나.”

“돛대와 삿대가 모두 멈추었을 때에는 어떻게 저 언덕〔彼岸〕에 이르겠습니까?”

“그대의 평생을 경축한다.”

“어떤 것이 세 가지 병을 앓는 사람입니까?”

“묻는 것과 흡사하다.”

“어떤 것이 옛 부처님의 마음입니까?”

“이 물음이 약하지 않구나.”

“어떤 것이 여섯 가지 모습〔六相〕입니까?”

“바로 그대이다.”

“어떤 것이 방편입니까?”

“이 물음이 퍽 타당하다.”

“죽은 스님이 떠나서 어디로 갔습니까?”

“끝내 그대에게는 말하지 않겠다.”

“어째서 저에게는 말하지 않으십니까?”

“그대가 이해하지 못할까 두려워서이다.”

“한 송이의 꽃에서 다섯 잎이 피면 결과는 자연히 이루어진다고 하는데, 어떤 것이 한 송이의 꽃에서 다섯 잎이 피는 것입니까?”

“해가 뜨고 달이 밝다.”

“어떤 것이 결과가 자연히 이루어지는 것입니까?”

"천지가 환하다."

"어떤 것이 근심이 없는 부처입니까?"

"사람들을 근심에 빠뜨린다."

"온갖 산하와 대지가 어디로부터 생겼습니까?"

"그 물음은 어디로부터 왔는가?"

"어떤 것이 자주 일어나는 마음입니까?"

"어찌 기피할 수 있으랴."

"어떤 것이 제2의 달입니까?"

"온 곳이 매우 분명하니라."

"어째서 알지 못하게 됐습니까?"

"무엇을 제2의 달이라 하는가?"

"어떤 것이 사문의 안목입니까?"

"검기가 칠漆 같다."

"소식이 끊어졌을 때에는 어떠합니까?"

"가르쳐 주어서 고맙다."

"어떤 것이 '사물을 굴리는 것이 곧 여래와 동화한 것이다'입니까?"

"그대는 무엇을 사물이라 하는가?"

"그러면 곧 여래와 동화한 것입니다."

"들 여우의 울음소리를 내지 말라."

"나타那吒 태자가 살은 베어서 어머니께 돌리고, 뼈는 쪼개서 아버지께 바친 뒤에 연꽃 위에 앉아서 부모를 위해 설법을 했다 하니, 이때 어떤 것이 나타 태자의 몸입니까?"

"여러 사람들이 그대를 본다."

"그러면 대천세계가 동일한 진여眞如의 성품이겠습니다."

"곡조가 비슷하여 들을 만하더니, 다시 바람에 불려 딴 곡조 속으로 들어가는구나."

"여섯 감관〔六根〕이 모두 없어지면 어째서 이理와 사事를 밝히지 못합니까?"

"어디를 밝히지 못하는가?"

"그러면 이와 사가 모두 여여하겠습니다."

"앞의 말은 어디에 있는가?"

대사가 언젠가 이렇게 대중에게 말했다.

"온갖 말은 마땅히 새어나가는 것을 끊어야 된다."

이에 어떤 스님이 물었다.

"어떤 것이 새어나가는 것을 끊는 구절입니까?"

"그대의 입이 콧구멍 같다."

"어떤 것이 한 법도 증득하지 않는 것입니까?"

"말을 기다리고 있다."

"어떤 것이 모든 법을 증득하는 것입니까?"

"취했는가?"

어느 때 대사는 대중에게 말하였다.

"산승山僧이 다만 이렇게 남을 대하는 것을 여러분들은 어떻게 체회體會하겠는가? '진실한 모습이 되는 것이 아니겠는가, 바로 이러할 때에는 한 법도 증득할 만한 것이 없지 않은가, 온 곳을 알아채는 것이 아니겠는가, 전체를 드러내는 것이 아닌가'라고 이런 식으로 잘못 알지 말아야 한다. 이러한 견해를 풀이나 나무에 붙어서 짓는 견해라 하나니, 불법과는 하늘 땅 사이같이 멀다. 설사 간단하게 대답을 하고 폭포같이 변론하더라도, 다만 뒤바뀐 지견을 이룰 뿐이다. 만일 간략하게 대답하고 변론하는 것만을 숭상한다면 무슨 어려움이 있으랴. 다만 남에게 이익이 되지 못하고 도리어 속임과 의심만을 이룰까 걱정이다. 상좌들은 전부터 배워서 간략하게 변론하고 문답하여 기억한 도리가 지극히 많건만 어째서 마음속의 의심을 쉬지 못하고, 옛 성인의 방편을 들어도 전혀 알지 못하는가. 다만 허망함이 많고 진실이 적기 때문이다. 여러분, 현재 디디고 있는 발밑에서 일시에 발견하여 이게 무슨 도리인가를 보는 것만 못하다. 얼마나 되는 법문이 그대들에게 의심을 일으키고 알음알이를 구하게 하는가. 이제야 비로소 예로부터 배운 것이 다만 생사의 근원이며, 음계(陰界 : 五陰과 十八界) 속의 살림이었음을 알 것이다. 그러므로 옛사람이 말하기를 '보고 들음을 벗어나지 못함이 마치 물속의 달과 같다'고 하였다. 무사無事하라. 안녕."

대사는 또 이런 게송을 보였다.

현묘한 뜻을 통한 봉우리의 정상은
인간의 경계가 아니니라.
마음 밖에는 법이 없나니
눈에 가득 청산뿐이구나.

通玄峰頂　不是人間
心外無法　滿目靑山

나중에 대사가 반야사般若寺에서 12차례 법회를 열었다.

제1회 때 개당하는 날에 대사가 대중에게 보였다.

"한 터럭이 바다를 삼키나 바다의 성품은 이지러지지 않고, 겨자씨를 바늘 끝에 던지나 바늘 끝의 날카로움은 흔들리지 않는다. 봄과 보지 않음, 이해함과 이해하지 못함은 오직 내가 알 뿐이다."

그리고는 게송을 말했다.

잠깐 높은 봉우리에서 내려오자 이미 다 드러났으니
반야의 원통圓通함이 시방에 두루한다.
인간과 하늘이 크고 넓어도 차별이 없고
법계는 종횡으로 곳곳마다 드러난다.

暫下高峰已顯揚　　般若圓通遍十方
人天浩浩無差別　　法界縱橫處處彰

그리고 '안녕' 하였다.

대사가 법당에 오른 날, 어떤 스님이 물었다.

"옛사람이 말하기를 '사람이 반야般若를 보았다면 곧 반야에 속박되는 것이고, 반야를 보지 못했다고 해도 반야에 속박된다'고 하는데, 반야를 본 뒤에는 어째서 반야에 속박됩니까?"

대사가 대답했다.

"그대는 반야가 무엇을 본다고 말하는가?"

"반야를 보지 못하면 어째서 그에 속박됩니까?"

"그대는 반야의 어디를 보지 못한다고 말하는가?"

또 말했다.

"반야를 본다면 반야라 이름 붙일 수 없고, 반야를 보지 못한다 하여도 반야라 이름 붙일 수 없나니, 반야에 대하여 어떻게 본다, 보지 못한다고 말하겠는가. 그러므로 옛사람이 말하기를 '하나의 법이라도 모자라면 법신法身을 이루지 못하고, 하나의 법이라도 남으면 법신을 이루지 못하고, 하나의 법이라도 있으면 법신을 이루지 못하고, 하나의 법이라도 없으면 법신을 이루지 못한다'고 하였으니, 이것이 반야의 참 종지이다. 여러 상좌들이여."

또 어떤 스님이 물었다.

"잠시 응봉장실凝峰丈室을 떠나서 반야의 도량에 와 앉았으니, 오늘의 가풍을 스님께서 한 말씀 일러 주십시오."

대사가 대답했다.

"그대의 어느 곳이 이지러졌는가?"

"그렇다면 곧 우레 소리가 건곤을 뒤흔들어 사람마다 은혜를 입지 않음이 없겠습니다."

"다행히 알지 못하고 있으니 더듬지는 말라. 더듬으면 곧 맞지 않는다. 여러 상좌들이여, 같이 증명해서 바른 법이 오래 머무르고 국토가 안락하게 하자. 안녕."

제2회에 대사가 상당하니, 어떤 스님이 물었다.

"듣건대 경전에 말하기를 '근원에 돌아가는 성품은 둘이 없으나 방편에는 여러 문門이 있다' 하니, 어떤 것이 근원에 돌아가는 성품입니까?"

대사가 대답했다.

"그대가 묻고 내가 대답하는 것이다."

"어떤 것이 방편의 문입니까?"

"그대가 대답하고 내가 묻는 것이다."

"어떻게 향해 나아가리까?"

"뒤바뀌어서 어찌하려는가?"

또 스님이 물었다.

"한 몸이 한량없는 몸이요, 한량없는 몸이 한 몸이라 하는데, 어떤 것이 한량없는 몸입니까?"

대사가 대답했다.

"한 몸이니라."

"그러면 옛날의 영산회상을 이제 뵙겠습니다."

"이치에 합당하면 곧 행하라."

또 말했다.

"3세의 부처님들께서 일시에 그대를 증명하시니, 그대는 어떻게 이해하겠는가? 만일 이해하였다면 때는 옮기지 않는다. 털끝만큼도 옮기는 것이 없나니, 무슨 까닭이겠는가? 과거・미래・현재의 3세가 그대로 그대이기 때문이다. 그대가 3세는 아니지만 출렁이는 바다에는 방울방울이 모두 원만하고, 한 티끌의 공한 성품에는 법계가 전부 가두어진다. 안녕."

제3회에 대사가 상당하니, 어떤 스님이 물었다.

"사부대중[四衆]이 구름같이 모이고 인간과 하늘이 공경하면서 스님의 얼굴을 우러러보며 반야의 법문을 연설해 주시기 바라고 있습니다."

대사가 대답했다.

"분명히 기억해 둬라."

"스님께서 묘한 법을 연설하시면 국왕께서 만세萬歲하시고 백성이 안락하겠습니다."

"누가 그대에게 그렇게 말하던가?"

"법이 그렇습니다."

"그대는 영리하구나."

또 어떤 스님이 물었다.

"3세의 부처님께서는 아는 것이 없고, 삵狸과 물소는 오히려 앎이 있다고 하는데, 3세의 부처이면서 어찌하여 알지 못합니까?"

대사가 대답했다.

"그대가 도리어 알고 있기 때문이다."

"삵과 여우는 어째서 아는 것이 있습니까?"

"그대는 어디서 3세의 부처님을 보았는가?"

또 어떤 스님이 물었다.

"듣건대 경전에 말하기를 '눈으로는 온갖 빛깔을 보지 못하고, 뜻으로는 모든 법을 알지 못한다'고 하는데, 어떤 것이 눈으로 빛깔을 보지 못하는 것입니까?"

대사가 대답했다.

"오히려 귀로 본다."

"어떤 것이 뜻으로는 모든 법을 알지 못하는 것입니까?"

"눈이 안다."

"그러면 보고 듣는 길이 끊어졌는데 빛깔과 소리만이 소란하겠습니다."

"누가 그대에게 그렇게 말하던가?"

또 말했다.

"온갖 문답이 바늘 끝이 서로 맞부딪치는 것 같아서 털끝만큼도 어긋남이 없어야만 통하지 못할 일이 없고 갖추지 않을 이치가 없으리니, 진실로 온갖 언어와 온갖 삼매의 가로 세로, 깊고 얕음, 숨고 드러남, 가고 옴이 여러 부처님들의 실상문實相門이기 때문이다. 다만 바로 지금에 의거해서 일시에 증험해 보라. 안녕."

제4회에 대사가 상당하여 말했다.

"옛사람이 말하기를 '어떤 것이 선禪인가?' 하니, '삼계가 면면綿綿하다' 하였고, '어떤 것이 도道인가?' 하니, '시방이 호호浩浩하다'고 했다. 어째서 삼계가 면면하다 했으며, 어디가 시방이 호호한 도리인가? 알고자 하는가? 눈을 막고 귀를 막고, 혀·몸·뜻을 막아서 빈 곳이 없고 전동轉動할 곳이 없게 하면, 그대들은 어떻게 이해하겠는가? 가로[橫]로 얻을 수도 없고, 세로[縱]로 얻을 수도 없고, 놓아도 얻을 수 없고 빼앗아도 얻을 수 없고, 마음을 쓸 곳도 없고 시설할 자리도 없으니, 이렇게 이해한다면 그제야 비로소 법문이 간택을 끊고 온갖 언어가 삼루滲漏를 끊음을 알게 되리라. 일찍이 어떤 스님이 묻기를 '어떤 것이 삼루를 끊는 언구입니까?' 하기에, 그에게 말하기를 '입이 콧구멍과 같아서 매우 좋다'고 하였노라. 그대들이 이렇게 알면 자연히 바람도 통하지 않게 되리니, 이런 줄 알아채면 온 세계가 금강의 눈동자이리라. 일 없으라. 안녕."

제5회에서 대사가 상당하자, 어떤 스님이 물었다.

"천하가 태평하고 대왕이 장수한다고 하는데, 어떤 것이 왕입니까?"

대사가 대답했다.

"해도 밝고, 달도 밝다."

"어떻게 이해하리까?"

"누가 학인學人인가?"

또 말했다.

"천하가 태평하고, 대왕이 장수하고, 국토가 풍요롭고, 온갖 환난이 없으라고 함은 부처님의 말씀으로 고금에 바뀔 수 없다. 이 변함없는 한마디로 예와 지금을 결정할 수 있나니, 잘 알아야 한다. 상좌들아."

또 어떤 스님이 물었다.

"듣건대 옛사람이 말하기를 '천지天地에 앞선 물건이 있는데 형체도 없고 본래 고요하다'고 하니, 어떤 것이 천지에 앞선 물건입니까?"

대사가 대답했다.

"합쳐져 동일한 것이 아니다."

"어떤 것이 형체도 없고 본래 고요한 것입니까?"

"누가 천지에 앞선 물건을 물었는가?"

"그러면 조용한 숲을 따라 홀로 스스로 거닐겠습니다."

"어지러이 지껄여서 무엇 하리오."

또 말했다.

"불법은 그러한 도리가 아니다. 알고자 하는가? 말을 내도 소리가 아니고, 색色 이전으로 물건도 아니라야 비로소 알아서 천하가 태평하고 국왕이 장수할 것이다. 오래 섰었다. 안녕."

제6회에 대사가 상당하여 대중에게 보였다.

"불법은 현재 이루어져서 일체가 구족하다. 옛사람이 말하기를 '원만함이 태허太虛와 같아서 남음도 모자람도 없다'고 하였으니, 그렇다면 누가 모자라고, 누가 남고, 누가 옳고, 누가 그르고, 누가 알고, 누가 모르고 하겠는가. 그러므로 말하기를 '동쪽으로 가도 상좌요, 서쪽으로 가도 상좌요, 남쪽으로 가도 상좌요, 북쪽으로 가도 상좌다'라고 했다. 상좌가 어째서 동・서・남・북에서 이루어지는가? 만일 이것을 알면 자연히 보고 듣고 깨닫고 아는 길이 끊어지면서 온갖 법이 현전하리라. 왜 그렇겠는가. 법신은 모습이 없으나 눈에 저촉하는 것마다 모두 형상을 띠고, 반야는 앎이 없으나 인연을 대하는 것마다 비추기 때문이니, 일시에 철저히 이해하는 것이 좋다. 상좌들이여, 출가한 사람이 무엇을 해야 할까? 이는 본래부터 있는 이치이지, 분수 밖의 일이 아니다. 마음을 알아채 근원을 통달했기 때문에 사문沙門이라 하나니, 만일 마음을 알아채면 교교(皎皎 : 깨끗함)하여서 털끝만큼의 장애도 없다. 상좌들이여, 너무 오래 섰었다. 안녕."

제7회에 대사가 상당하였는데 어떤 스님이 물었다.

"무위無爲의 바다에 들고자 하면 먼저 반야선般若船을 타라 하는데, 어떤 것이 반야선입니까?"

대사가 대답했다.

"항상 머무는 바가 없다."

"어떤 것이 무위의 바다입니까?"

"우선 반야선을 알아라."

또 어떤 스님이 물었다.

"고덕古德이 말하기를 '하늘에 올라도 사닥다리를 빌리지 않고, 땅 위를 두루해도 다닌 길이 없다'고 하는데, 어떤 것이 하늘에 올라도 사닥다리를 빌리지 않는 것입니까?"

"터럭 끝만큼도 남기지 않는다."

"어떤 것이 땅 위를 두루해도 다닌 길이 없는 것입니까?"

"아까 그대에게 무엇이라 했는가?"

대사가 또 말했다.

"백천 가지 삼매문三昧門, 백천 가지 신통문神通門, 백천 가지 묘용문妙用門이 모두 반야의 바다 속에서 벗어나지 못한다. 무슨 까닭이겠는가? 머무름 없는 근본에서 모든 법을 건립했기 때문이다. 그러므로 말하기를 '생멸生滅과 거래去來와 사정邪正과 동정動靜 따위의 천만 가지 변화는 모든 부처님들의 대정문大定門으로서 여기서 벗어나는 것은 없다'고 하였다. 상좌들이여, 여러분이 연구하여 부처님의 수명을 늘여야 한다. 안녕."

제8회에 대사가 상당하니, 어떤 스님이 물었다.

"세존께서 정법안장正法眼藏을 마하가섭에게 부촉하셨는데, 가섭은 빈발라굴賓鉢羅窟 앞에서 누구에게 부촉했습니까?"

대사가 대답했다.

"나더러 누구에게 설하라는 것인가?"

"그렇다면 영산에서 전해 주시던 일이 오늘과 다르지 않겠습니다."

"그대는 어디서 영산을 보았는가?"

또 스님이 물었다.

"정혜淨慧의 보인寶印을 화상께서 친히 전해 받으셨는데, 오늘 이 모임에서는 다시 누구에게 전해 주시렵니까?"

대사가 대답했다.

"동동고(鼕鼕鼓 : 북)는 한쪽을 치면 양쪽에서 울린다."

"그렇다면 천 성인이 같은 무리여서 고금이 다르지 않겠습니다."

"선하禪河에 물결이 고요한데도 물을 찾다가 근원을 잃었구나."

또 청우淸遇라는 스님이 물었다.

"제왕께서 부르시어 스님께서 왕의 은혜로운 자리에 나오셨으니, 반야의 모임 가운데서 거양해 주십시오."

대사가 대답했다.

"분명히 기억해 두어라."

"그러면 운대雲臺와 보망寶網이 똑같이 묘음妙音을 연설하겠습니다."

"청우는 어디에 있는가?"

"법왕의 법이 원래 이러합니다."

"누가 증명하는가?"

또 말했다.

"영산에서 부촉하신 일이 분명하니, 여러 상좌들은 일시에 증험하라. 만일 증험할 수 있으면 다시 딴 도리가 없어서 지금과 같을 뿐이다. 비유하건대 허공의 해는 밝고 구름은 어두운 것과 같다. 산하대지 등 일체 유위有爲의 세계가 모두 분명히 나타나고, 나아가 무위의 세계도 마찬가지이다. 세존께서 전해 주신 이래 아직까지 털끝만한 차별도 없거니, 다시 누구에게 전하랴. 그러므로 조사께서 말씀하시기를 '마음은 스스로 본래의 마음이고, 본래의 마음에는 법이 있지 않다. 법과 법에는 본래의 마음이 있으나, 마음도 아니고 본래의 법도 아니다'라고 하셨다. 이것이 영산회상에서 전해 주시는 본보기이니, 여러분은 철저히 알아서 이해해야 한다. 세월을 헛되이 보내지 말라. 국왕의 은혜는 갚기 어렵고, 부처님의 은혜도 갚기 어렵고, 부모와 스승의 은혜도 갚기 어렵고, 사방의 시주施主 은혜도 갚기 어렵다. 하물며 이와 같은 차례로 불법을 흥성케 했으니, 국왕의 힘이 아니었다면 어찌 이렇게 될 수 있었으랴. 만일 은혜를 갚고자 하면 도의 눈을 밝게 사무쳐서 반야 성품의 바다에 들어가야 비로소 된다. 너무 오래 섰었다. 안녕."

제9회에 대사가 상당하니, 어떤 스님이 물었다.

"듣건대 고덕이 말하기를 '사람도 공하고 법도 공하여 두 모습이 본래 같다'고 하는데, 어떤 것이 두 모습이 본래 같은 것입니까?"

대사가 대답했다.

"산하대지山河大地이니라."

"학인은 잘 모르겠으니, 스님의 방편을 바랍니다."

"어디가 방편 아닌 곳인가?"

또 스님이 물었다.

"듣건대 경전에 말하기를 '마음이 청정하므로 법계가 청정하다'고 하는데, 어떤 것이 청정한 마음입니까?"

대사가 대답했다.

"가릉빈가迦陵頻伽와 공명조共命鳥이니라."

"마음과 법계는 하나입니까, 둘입니까?"

"그대 자신이 묻는가, 딴 사람이 묻는가?"

또 대사가 말했다.

"대도大道는 확연廓然한데 어찌 예와 지금을 가지런히 하겠는가. 이름도 없고 모습도 없는 것이 법이며 수행이다. 진실로 법계가 끝이 없고 마음도 살피[際]가 없으므로 드러나지 않는 일이 없고 나타나지 않는 말이 없으니, 이와 같이 이해하면 '반야가 현전한다'고 한다. 그 이치의 지극함이 진제眞際와 동일해서 온갖 산하대지와 삼라만상과 담과 벽과 기왓장이 모두 털끝만큼도 모자람이 없다. 무사無事하라. 안녕."

제10회에 대사가 상당하니, 어떤 스님이 말했다.

"구천(九天 : 옥황상제)이 옥인玉印을 받쳐 들고, 7불佛이 앞 마음의 징조를 미리 보인다 하니, 어떤 것이 인印입니까?"

대사가 대답했다.

"문채를 드러내지 않는다."

"어떤 것이 마음입니까?"

"그대의 이름은 무엇을 이었는가?"

또 말했다.

"법계의 성품 바다는 함函과 같고, 덮개와 같고, 고리와 같고, 사슬과 같고, 금과 금빛 같아서 지위마다 가지런하여 털끝만큼도 어긋남이 없고 서로 섞이지 않지만, 동일하지도 않고 다르지도 않으며, 같지도 않고 구별되지도 않는다. 만일 진실한 경지에 돌아가면 법과 법이 모두 근저에 도달한다. 위로부터 온 것은 아니지만 어떠냐고 묻는 것은 옳아도 묻지 않는 것은 그르니, 긴 평상에 앉았을 때에는 있지만 앉지 않았을 때에는 없기 때문이다. 제방 노숙들의 가르친 말씀이 항하의 모래처럼 세상에 남아 있고, 여래의 일대장경一大藏經이 각 권마다 모두가 부처님의 이치를 말씀하고, 구절마다 모두 부처님의 마음을 설명했거늘 어째서 알지 못하는가? 만일 한 방향으로 가르침의 말씀만을 이리저리 얽어서 의식으로 이해하려 한다면, 설사 항하의 모래같이 많은 겁을 지낸다 하여도 끝내 사무치지 못하리니, 이것을 뒤바뀐 지견과 알음알이로 살림을 차린다고 하는 것으로서 힘을 얻는 곳이 없다. 이는 대체로 발 뿌리 밑을 밝히지 못하기 때문이다. 만일 불법의 근원을 끝까지 구명究明한다면 항하의 모래같이 많은 일대장경이 일시에 현전하면서 털끝만큼도 모자라지 않고 실오라기만큼도 남지 않으며, 부처님들께서 항상 세상에 나타나셔서 항상 설법하여 사람들을 제도하는 것을 쉰 적이 없노라. 나아가 원숭이의 울음과 새 소리와 초목과 숲이 모두 그대들의 기틀을 발하는 것을 도와서 잠시도 그대들을 위하지 않는 때가 없다. 이와 같이 기특한 경지가 있거늘 아까운 일이다. 여러 상좌들이여, 여러분이 구명하여 법이 오래도록 세간에 머무르게 하고, 인간과 하늘의 수명을 늘리고, 국왕이 안락하게 하라. 무사하라. 안녕."

제11회에 대사가 상당하여 말했다.

"옛사람이 말하기를 '나에게 한마디가 있으니 하늘과 인간이다. 만약 사람이 이해하지 못한다면 푸른 물과 청산이다'라고 했는데, 어떤 것이 한마디의 도리인가? 옛사람의 말을 밝게 깨달아야 된다. 만일 말을 가지고 말에 이름을 붙인다면 깨달을 곳이 없다. 진실로 모든 법의 뿌리와 꼭지를 끝까지 구명해야만 비로소 한마디를 아는 것이며, 한마디와 반 구절을 따져서 아는 것을 한마디라 하지는 않는다. 만일 언어의 길이 끊이고 심행心行의 처소가 멸했음을 알면 비로소 옛사람의 경계에 이르게 된다. 그렇다고 눈을 감고 눈동자를 감추어서 아무것도 보지 않는 것을 언어의 길이 끊겼다고 하지 않나니, 잘못 알지 말라. 불법은 그러한 도리가 아니다. 알고자 하는가? 설사 항하의 모래같이 많은 겁을 거치면서 설할지라도 반 구절도 그대들에게 도달한 적이 없고, 항하의 모래같이 많은 겁을 거치도록 설하지 않아도 반 구절도 모자람이 없으니, 마땅히 철저히 사무쳐 알아야 한다. 만일 이와 같이 이름과 말을 짐작하면 공연히 정신과 힘을 소비할 뿐 전혀 쓸모가 없다. 여러 상좌들과 함께 증명하나니, 후학과 초심자들은 속히 구명해 알라. 오래 섰었다.

안녕."

제12회에 대사가 상당하니, 어떤 스님이 물었다.

"해골바가지가 항상 세계에 간섭하고 콧구멍은 가풍家風을 건드린다고 하는데, 어떤 것이 해골바가지가 항상 세계에 간섭하는 것입니까?"

대사가 대답했다.

"아직도 대답하기를 기다리고 있는가?"

"어떤 것이 콧구멍이 가풍을 건드리는 것입니까?"

"때로 하나의 두루함을 거양한다."

또 다른 스님이 물었다.

"한 사람은 횃불을 들고 스스로의 몸을 태우고, 다른 한 사람은 얼음을 안고 길에 쓰러져 죽었다면, 이 두 사람 중에서 누가 도를 가려냈겠습니까?"

대사가 대답했다.

"버리지 않는 사람이니라."

"잘 모르겠습니다. 스님의 지시를 바랍니다."

"그대의 이름이 경신敬新이니라."

"그러면 증명해 주는 사람이 있습니까?"

"있다."

"누가 증명합니까?"

"경신이 증명한다."

또 다른 스님이 물었다.

"우두가 4조를 만나기 전에는 어떠합니까?"

대사가 대답했다.

"이상한 경계와 영험한 자취를 보는 이를 모두가 부러워한다."

"본 뒤에는 어떠합니까?"

"아까 그대에게 무엇이라 했던가?"

또 다른 스님이 물었다.

"듣건대 옛사람이 말하기를 '허공을 두드려서 곡곡觳觳 소리가 나면 돌 사람과 나무 사람이 일제히 대답한다. 6월에 눈이 날려 어지러이 떨어지니, 이것이 여래의 대원각大圓覺이다' 하니, 어떤 것이 허공을 두드리는 것입니까?"

대사가 대답했다.

"흑인〔崑崙奴〕이 무쇠 바지를 입고서 한 방망이 치고서 한 걸음 걷는다."

"그러면 돌 사람과 나무 사람이 일제히 대답하겠습니다."

"그대가 듣기는 하였는가?"

또 말했다.

"부처님들의 법문은 언제나 이와 같나니, 비유컨대 큰 바다에 천만 갈래의 물결이 잠시도 머물지 않는 것처럼, 잠시도 있는 적이 없고 잠시도 없는 적도 없다. 호호浩浩하게 광명이 자재하면서 3세가 털끝에 뿌리박고, 고금이 한 생각〔一念〕에 원만하나니, 마땅히 철저히 밝혀서 도달해야 된다. 한 가지 법칙의 말〔則語〕을 물어 한 가지 전화轉話를 기억하면서 교묘히 도리라 여기거나, 풍운風雲과 물속의 달을 넷·여섯·여덟 짝으로 맞추어 불법이라 여기지 말라. 스스로 속이지 말지니, 여러분들이여, 끝내 이익이 없다. 만일 철저히 알면 진실로 숨길 수가 없어서 나타나지 않는 찰토刹土가 없고 드러나지 않는 티끌이 없으리라. 곧바로 범부의 지위에서 모든 부처와 가지런하면서도 털끝만큼의 힘도 들이지 않으리니, 일시에 알아듣는 것이 좋다. 무사하라. 안녕."

개보開寶 4년 신미辛未에 화정華頂의 서쪽 봉우리가 갑자기 무너지면서 온 산천이 진동했다. 이에 대사가 말했다.

"나는 오래 있지 않는다."

이듬해 6월에 큰 별이 봉우리 꼭대기에 떨어지고, 숲의 나무가 희게 변했다. 대사는 연화봉蓮華峰에서 병을 만났으나 참문參問에 응하는 일이 여전하더니, 28일에 대중을 모아 이별의 말을 하고 가부좌를 맺고 떠났다. 수명은 82세이고, 법랍은 65세였다.

항주杭州 보은사報恩寺 혜명慧明 선사

그의 성은 장蔣씨이며 어려서 출가하였다. 3학(學 : 계·정·혜)을 정밀히 연구하다가 현묘한 진리를 탐구하는 데 뜻을 두고서 남쪽 민월閩越 지방을 향해 떠나서 여러 선원을 찾아다녔으나 모두 본심을 깨닫지 못했다.

나중에 임천臨川으로 가서 정혜淨慧 선사를 뵙고 스승과 제자의 인연을 맺었다. 이어 은수鄞水의 대매산大梅山으로 돌아가서 암자를 짓고 살았다.

이 무렵 오월 지방에 참선하는 이가 비록 많았으나 모두가 현사玄沙의 종지를 곁가지로 여기고 있었으므로 대사가 이를 정돈하여 인도하고자 하였다.

어느 날 두 선객이 찾아오니, 대사가 물었다.

"그대들은 어디서 떠났는가?"

그들이 대답했다.

"서울[都城]에서 떠났습니다."

"그대들이 서울에서 떠나 이 산으로 왔으니 서울은 그대들만큼

줄었을 것이요, 이 산은 그대들만큼 남았을 것이다. 남았다면 마음 밖에 법이 있고, 줄었다면 마음의 법이 두루하지 못한 것이다. 바른 도리로 대답한다면 여기에 살고, 알지 못한다면 떠나라."

두 선객이 대답하지 못했다.

새로 온 스님이 물었다.

"어떤 것이 대매大梅의 주인입니까?"

대사가 말했다.

"그대가 오늘 어디서 떠났는가?"

스님이 대답이 없었다.

대사는 이어 천태산으로 옮겨서 백사白沙에다 암자를 짓고 살았다. 당시 붕언朋彦 상좌라는 이가 많이 배우고 널리 기억해 가지고 대사를 찾아와 종승의 법을 겨루어 토론하자고 했다. 이에 대사가 말했다.

"말이 많으면 도와는 멀어진다. 지금 어떤 일을 들어서 물으리라. 위로부터의 여러 성인과 여러 선덕先德들 가운데 아직도 깨닫지 못한 이가 있겠는가?"

붕언이 대답했다.

"성인이나 선덕이라면 어찌 깨닫지 못한 이가 있겠습니까?"

대사가 다시 물었다.

"한 사람이 참〔眞〕을 발해서 근원에 돌아가면 시방의 허공이 모두 무너진다고 했는데, 이제 천태산이 우뚝하거늘 어떻게 무너질 수 있겠는가?"

붕언이 어리둥절했다.

이로부터 다른 종파의 배우는 자들이 찾아와서 모두 굴복하였다.

한漢나라 건우乾祐 때, 오월吳越의 충의왕忠懿王이 성안으로 청해서 법을 묻고는 뒤이어 자숭원資崇院에 살게 하였다. 대사는 여기서 현사玄沙 종일宗一 대사와 지장地藏과 법안法眼의 종지를 성대히 드날리어 극치에 이르렀다. 이에 왕이 취암翠巖 영참令參 등 여러 선장禪匠과 서울 안의 유명한 이들을 시켜 승부를 가리게 했다.

천룡天龍 선사가 물었다.

"여러 부처님과 불법이 모두 이 경에서 나왔다 하는데, 이 경은 어디서 나왔습니까?"

대사가 대답했다.

"무엇을 말하는가?"

천룡이 막 다시 물으려는데, 대사가 말했다.

"지나갔다."

자엄資嚴 장로가 물었다.

"어떤 것이 현전現前의 삼매입니까?"

대사가 대답했다.

"들었는가?"

"저는 귀를 먹지 않았습니다."

"과연 귀가 어둡구나."

대사가 설봉雪峰의 탑명塔銘을 들어 어떤 노숙老宿에게 물었다.

"무릇 인연에 의하여 있는 것은 끝내 무너지고, 인연에 의하여 있지 않은 것은 여러 겁을 지나도 항상 견고하다 한다. 무너짐과 견고함은 그만두고, 설봉은 지금 어디에 있는가?"〔법안法眼이 따로 말하되 "지금의 것은 무너짐인가, 이루어짐인가?" 하였다.〕

대중이 아무도 대답하는 이가 없었고, 설사 대답하는 이가 있어도 역시 따져 묻는 것을 당해내지 못했다.

이때에 여러 대중이 승복하는 것을 보자 왕은 퍽 기뻐하면서 대사에게 주지하기를 명하고, 또 원통圓通 보조普照 선사라는 호를 바쳤다.

대사가 상당하여 대중에게 말했다.

"여러분, 잘 알겠는가? 말하고 잠잠하고 움직이고 고요함이 모두 불사佛事 아님이 없다고 말하지 말라. 그리하여 잘못 알지 말라."

스님이 물었다.

"어떤 것이 조사께서 서쪽으로부터 오신 뜻입니까?"

대사가 대답했다.

"그대는 향대(香臺 : 향로)를 본 일이 있는가?"

"제가 잘 모르겠으니, 스님께서 지시해 주십시오."

"향대도 모르는가?"

"눈앞의 기미機微를 떠나서는 어떤 것이 조사께서 서쪽에서 오신 뜻입니까?"

"그대는 왜 묻지 않는가?"

"그러면 알 수 있겠습니다."

"그것도 헛수고이다."

"어떤 것이 불법의 대의입니까?"

"내가 등명불燈明佛을 보니, 본래의 광명이 그렇게 상서로웠네."

"어떤 것이 학인의 자기自己입니까?"

"특별한 물음을 펴는 것은 무슨 뜻인가?"

"어떤 것이 서쪽에서 오신 뜻입니까?"

"참으로 10만 8천 리를 거쳐서 왔다고는 하나, 곧바로 서쪽에서 동쪽으로 이르지는 못했다."

"어떤 것이 제2의 달입니까?"

"눈을 비비고 꽃을 보니 꽃은 두어 송이요, 정명精明의 나무를 보니, 몇 갈래로 가지가 뻗었다."

장주漳州 나한羅漢 선법宣法 대사 지의智依

상당하여 말했다.

"온 시방세계에 그대가 보고 듣고 깨닫고 알아야 할 한 티끌의 법도 없나니, 이것을 믿겠는가? 그러나 깨달아 보아야 된다. 부질없는 짓으로 여기지 말라. 듣지 못했는가? 자기 일만을 밝히고 눈앞의 일을 깨닫지 못하면, 이 사람은 외짝 눈만을 갖춘 것이다. 알겠는가?"

어떤 스님이 나서서 물었다.

"가는 티끌도 일지 않는데, 어째서 밉고 고운 것이 나타납니까?"

대사가 대답했다.

"분명히 기억해 두었다가 딴 곳에 가거든 그에게 물어라."

"대중이 모였습니다. 법을 얻을 이는 누구입니까?"

"언제 잃었던가?"

"어떤 것이 부처입니까?"

"그대는 행각하는 스님이다."

"어떤 것이 보수寶壽 화상의 가풍입니까?"

"보는 데에 일임한다."

"그러면 대중이 의지하겠습니다."

"그대는 어떠한가?"

"끝내 감히 대중을 속이지는 않겠습니다."

"적다고 혐오한들 무엇 하리오."

대사가 어떤 스님에게 물었다.

"어디서 업을 닦았는가?"

스님이 대답했다.

"불적사佛迹寺에서입니다."

"부처가 어디에 있던가?"

"어디엔들 부처가 없겠습니까?"

대사가 주먹을 번쩍 들면서 말했다.

"이것이 무엇인가?"

"화상께서 거두십시오."

"그대에게 일곱 방망이를 때리리라."

대사가 또 어떤 스님에게 물었다.

"올 여름에 어디에 있었는가?"

"무언無言 상좌의 처소에 있었습니다."

"그에게 법문을 물은 적이 있는가?"

"물은 적이 있습니다."

"무언無言은 말이 없는 것이거늘, 어떻게 물었는가?"

"만일 무언의 경지를 얻었다면, 어디선들 묻지 못하겠습니까?"

대사가 할을 하면서 말했다.

"마치 노형老兄에게 물은 것 같구나."

대사가 언단彦端 장로와 함께 떡을 먹는데, 언단이 물었다.

"백 가지, 천 가지가 그 본체는 둘이 아닙니다."

대사가 말했다.

"어떤 것이 둘이 아닌 본체인가?"

언단이 떡을 번쩍 드니, 대사가 말했다.

“그것은 역시 백 가지, 천 가지이다.”
“그것도 화상의 견처見處입니다.”
“그대도 나공羅公이 머리를 빗는 모습을 노래한 것과 같구나.”

대사가 입멸하려 할 때에 대중에게 말했다.
“오늘 저녁에 몸이 편치 않은 탓에 구름이 뜨고, 새가 날고, 바람이 불고, 먼지가 일어서 끝없이 호호浩浩한데, 누가 치료할 수 있겠는가. 만약 치료할 수 있다면 영원히 서로 알아채지 못할 것이요, 치료할 수 없다면 때때로 항상 나를 보리라.”
말을 마치자 입적하였다.

금릉金陵 종산鍾山 장의章義 선사 도흠道欽

그는 태원太原 사람으로서 처음에는 여산廬山의 서현사棲賢寺에 살았다. 상당上堂하여 이렇게 말했다.
“도가 먼 곳에 있겠는가. 일에 부딪치는 것마다 참되다. 성스러움이 먼 곳에 있겠는가. 체득하면 신령스럽다. 내가 평소에 그대들에게 말하기를 ‘어째서 의발衣鉢 밑이나 방석 밑에서 당장에 참구하지 않는가?’라고 하였다. 일부러 예까지 와서 무엇을 하자는 것인가? 기왕에 왔으니, 나는 어쩔 수 없이 옛사람의 사소한 방편을 들어 거북의 털과 토끼의 뿔을 뒤적여서 풀어 떨어 버리게 하리라. 여러분, 힘 덜리는 곳을 알고자 하는가? 승당僧堂 안에서나 삼문三門 밑에서나 요사寮舍 안에서 참구함이 좋다. 아는 곳이 있는가? 있거든 말해 보라. 그대들에게 증명이 되어 주리라.”
스님이 물었다.
“어떤 것이 현명함이 깃드는 경계입니까?”

대사가 대답했다.

“현명함이 깃드는데 무슨 경계가 있는가?”

“옛사람이 방망이를 들고 불자를 세운 것이 종승 안의 일에 맞습니까?”

“옛사람이 말해 마쳤다.”

“학인이 처음으로 총림에 들어왔으니, 스님께서 지시해 주십시오.”

“한 손으로 하늘을 가리키고, 한 손으로 땅을 가리킨다.”

강남江南 국주國主가 대사를 장의도량章義道場에 살라고 청하니, 여기서 대중에게 보였다.

“모두 여기에 왔으나 오래 서서 무엇 하겠는가? 선지식이 항하의 모래같이 많이 있으면서 항상 그대들과 도반이 되어 주고, 다니고 머무르고 앉고 누울 때도 잠시도 여의지 않는다. 그저 긴 평상 위에 가만히 앉았어도 시방의 선지식이 와서 그대들에게 참문할 것인데 왜 믿으려 하지 않는가? 이렇듯 쉽거나 어려운 허다한 일을 하여도 옛 성인들은 요즘 사람들을 어쩔 수 없다고 개탄하면서 말하기를 ‘인정人情의 미혹을 슬퍼한 지 오래다. 눈앞에 참됨을 대했으면서도 깨닫지 못한다’고 하니, 이것은 그대들이 보면서도 알지 못함을 개탄한 것이다. 말해 보라. 무엇을 보면서도 알지 못한다 하는가? 어째서 옛사람들의 방편을 체득해서 살피지 못하는가? 오직 믿음이 미치지 못하므로 이렇게 된 것이다. 여러분들이 불법에 마음을 두기만 하면 얻지 못할 자가 없으리라. 일 없이 도를 체득하라.”

어떤 스님이 물었다.

"어떤 것이 서쪽에서 오신 뜻입니까?"

대사가 대답했다.

"동쪽도 아니고 서쪽도 아니다."

"백 년 묵은 어둠을 등불 하나가 쫓을 때에는 어떠합니까?"

"부질없는 말을 말라."

"불법도 변이變異를 받습니까?"

"그대는 그렇다."

어떤 스님이 물었다.

"대중이 다 모였으니, 스님께서 종지를 드날려 주십시오."

대사가 대답했다.

"오래되었다."

"어떤 것이 현묘한 종지입니까?"

"현묘함에 무슨 종지가 있겠는가?"

금릉金陵 보은報恩 광일匡逸 선사

그는 명주明州 사람이다. 처음에 윤주潤州 자운사慈雲寺에 살았는데, 강남江南 국주國主가 보은원報恩院에 살기를 청하면서 응밀凝密 선사라 불렀다.

어느 날 상당하여 대중이 운집하자, 대사는 그들을 둘러보면서 말했다.

"의지하여 행하면 허물이 없을 것이다. 믿어지는가? 마치 태양이 혁혁한 것 같나니, 다시는 헤아리지 말라. 헤아려서는 미치지 못한다. 설사 헤아려서 미친다 하여도 그것은 한계 있는 지혜라 부른다. 듣지 못했는가? 옛사람이 말하기를 '사람이 무심히 도에 합하고 도가 무심히 사람에게 합하니, 사람과 도가 합하면 그것을 일 없는[無事] 사람이라 한다' 하였는데, 어디까지를 범부라 하고, 어디까지를 성인이라 하는가? 만일 이것을 알지 못한다면 오직 미혹한 망정妄情에 덮여서 끝내 벗어나지 못한다. 미혹했을 때는 갖가지 장애가 있어서 상대하기가 여러모로 같지 않고, 홀연히 깨달았을 때도 역시 얻는 바가 없다. 비유하건대 연야달다演若達多가 그림자를 잘못 알아서 머리를 잊었다고 여겼을 때, 어찌 머리를 갖고 있으면서 머리를 찾은 것이 아니랴. 그러나 미혹했을 때에도 머리를 잊은 것이 아니고, 깨달은 뒤에라도 머리를 따로 얻은 것이 아니다. 무슨 까닭이겠는가. 사람들이 미혹했을 때에는 잃었다 하고, 깨달았을 때에는 얻었다고 하는데, 얻고 잃는 것은 사람에게 있을지언정 움직이고 고요함[動靜]에 무슨 관계가 있으랴."

스님이 물었다.

"부처님들께서 설법하시면 여러 기틀을 두루 적시는데, 화상께서 설법하시면 누가 듣습니까?"

대사가 대답했다.

"그대만이 듣지 못하고 있다."

"어떤 것이 보은報恩의 한 구절입니까?"

"도라는 것은 터득하는 것이 아니겠는가?"

"하루 가운데 사량思量으로 미치지 못하는 곳을 어떻게 행하겠습니까?"

"그대가 지금은 어디에 있는가?"

"조사께서 서쪽으로부터 오셔서 어떻게 거창擧唱하셨습니까?"

"청하는 바를 어기지 않았다."

"어떤 것이 한 구절입니까?"

"나의 대답이 어찌 그대의 이야기만 하겠는가?"

"부처님께서는 하나의 큰 인연〔一大事因緣〕을 위해 세상에 나셨는데, 화상께서 세상에 나타나신 뜻은 어떠합니까?"

"퍽 좋은 말이다."

"그러면 대중은 의지함이 있겠습니다."

"잘못 알지 말라."

금릉金陵 보자도량報慈道場 문수文遂 도사導師

그는 항주杭州 사람이니, 성은 육陸씨였다. 강보에 싸였을 적에 부모가 선성宣城으로 이사를 갔는데, 귀밑머리를 따게 되자 선뜻 학문을 좋아하기 시작했다. 그리하여 지주池州의 승정僧正에게 귀의하여 계를 받고, 16세에 제방을 향해 떠나서 선禪과 교教를 두루 익혔다.

일찍이 『수능엄경首楞嚴經』 열 권을 열람하여 진망眞妄 연기緣起의 본말과 정수를 잘 가리고, 이어서 문장의 과목을 나누고 주석을 내니, 문구가 분명하고 뚜렷했다. 이 일이 끝나자 정혜淨慧 선사에게 가서 자기의 깨달은 바가 경의 뜻에 깊이 부합된다는 사실을 피력하니, 정혜가 물었다.

"『능엄경』에 8환還의 교의가 있지 않은가?"

대사가 대답했다.

"그렇습니다."

"밝음은 어디로 돌려보내는가?"

"밝음은 해로 돌립니다."

"해는 어디로 돌려보내는가?"

대사가 어리둥절 대답이 없으니, 정혜는 대사가 주석한 글을 모두 태우게 했다. 대사가 이로부터 복종하여 가르침을 청하니, 비로소 알음알이를 잊기 시작했다.

처음에는 길주吉州의 지관止觀에 살았다. 건덕乾德 2년, 국왕이 청해 들여 장경長慶에 살게 하더니, 다음은 청량淸凉, 다음은 보자報慈의 큰 도량에 살게 하고, 뇌음雷音 각해覺海 대도사大導師라 불렀다. 그리고 예의로 대우함이 다른 이와 달랐다.

대사가 상당하여 대중에게 말했다.

"하늘 무리와 인간들이 모두가 이의 은혜를 입나니, 위엄은 삼계를 누르고 덕화는 4생生을 덮는다. 다 함께 신령스런 광명을 받았고 모두가 묘한 이치를 자랑하니, 시방의 부처님들도 항상 그대들을 정수리에 받드는데 누가 감히 시비를 하랴. 이 속에서 방편의 문호를 열고 근기를 따라 교법을 베풀게 되면 이러저러한 것이 있어서 유출流出이 무궁하니, 만일 능히 의지하여 받들어 행하면 무엇을 한들 옳지 않으리오. 그러므로 청량淸凉 선사先師께서 말씀하시기를 '부처란 일 없는 사람이다' 하셨는데, 지금은 일 없는 사람을 찾아도 찾을 수가 없구나."

어떤 스님이 물었다.

"숭수崇壽의 불법은 지관止觀에게 전하였는데, 지관의 불법은 누구에게 전하였습니까?"

대사가 대답했다.

"그대는 숭수의 불법을 이야기해 보라."

"산꼭대기 벼랑 끝에도 불법이 있습니까?"

"그대는 무엇을 산꼭대기에 있는 벼랑이라 하는가?"

"어떤 것이 도입니까?"

"망상과 뒤바뀐 것이니라."

대사가 대중에게 말했다.

"나는 평생 아무것도 아는 것이 없다. 매일 매일이 마찬가지이다. 비록 이곳에 있지만 인연 따라 운행에 맡길 뿐이니, 오늘의 여러 대중도 근본적으로 다를 것이 없다."

스님이 물었다.

"어떤 것이 다름이 없는 일입니까?"

대사가 대답했다.

"천차만별이니라."

스님이 다시 물으니, 대사가 말했다.

"그만 지껄이고, 천차만별이나 알도록 하라."

"어떤 것이 화상의 가풍입니까?"

"방장에 널쪽 문〔板門〕을 달았다."

"어떤 것이 모습 없는 도량입니까?"

"넷째 서방님, 다섯째 서방님의 사당〔廟〕이니라."

"어떤 것이 취모검吹毛劍입니까?"

"국수를 건지는 젓가락이니라."

"어떤 것이 곧고 바른 외길입니까?"

"멀고도 멀고, 가깝고도 가까우니라."

"문득 그렇게 가면 어떠합니까?"

"이 딱한 사람아, 그 길은 험한 길이다."

대사가 어떤 스님에게 물었다.

"어디서 왔는가?"

"무주撫州의 조산曺山에서 왔습니다."

"며칠 걸려서 여기 왔는가?"

"7일이 걸렸습니다."

"허다한 산천을 지나왔을 터인데 어느 것이 그대의 자기自己인가?"

"모두가 저의 자기였습니다."

"중생이 뒤바뀌어서 사물을 자기로 인정하는구나."

"그러면 어떤 것이 저의 자기입니까?"

"모두가 다다."

대사가 또 말했다.

"여러분이 모두가 지관止觀에서 여름과 겨울을 지내는데, 자기를 깨달은 이가 있는가? 지관이 그대들과 더불어 증명해서 그대들로 하여금 참답게 보아서 삿된 마魔의 홀림을 받지 않게 하리라."

"어떤 것이 학인의 자기입니까?"

"좋은 대사여, 안목이 매우 분명하구나."

장주漳州 나한원羅漢院 수인守仁 선사

그는 천주泉州의 영춘永春 사람이었다. 처음에 정혜淨慧에게 참문했다가 나중에 고향으로 돌아와서 동안東安의 홍교사興教寺 상방원上方院에 살았다.

대중에게 보였다.

"다만 바로 지금에 의거한다면 누가 모자라고 누가 남는가? 비록 그러하나 이것 또한 제2 의문義門이다. 그대들이 이 일을 밝게 통달하겠다면, 이것이 하나인가 둘인가를 자세히 살펴야 한다."

어떤 스님이 물었다.

"어떤 것이 조사께서 서쪽에서 오신 분명한 뜻입니까?"

대사가 대답했다.

"지금은 무슨 뜻인가?"

"어떤 것이 열반입니까?"

"생사生死이니라."

"어떤 것이 생사입니까?"

"아까 무엇을 이야기했는가?"

여러 스님이 저녁에 참문을 하자 대사가 대중에게 말했다.

"사물 사물마다 본래 처소가 없으니, 하나의 둥근 달이 마음의 못에 비친다."

그리고는 방장으로 돌아갔다.

대사는 다음에 장주漳州 보은원報恩院에 살았는데, 어느 날 대중에게 말했다.

"보은報恩은 아직 남들과 무엇을 간택하는 말을 여기서 한 적이 없으나, 오늘은 그대들을 위하여 한두 가지 이야기를 간택해 보리라. 듣기를 원하는가? 여러분, 학의 다리는 길고, 오리의 발은 짧고, 감초는 달고, 황벽黃蘗은 쓰다. 이렇게 간택하면 여러분의 뜻에 맞겠는가? 여러 상좌들이여, 혈맥이 통하지 않는다거나 물과 진흙이 막혔다고 하지 말라. 잘못 알지 말라. 안녕."

스님이 물었다.

"어떤 것이 서쪽에서 오신 뜻입니까?"

대사가 대답했다.

"무엇을 서쪽에서 온 뜻이라 하는가?"

"그러면 서쪽에서 온 것이 없겠습니다."

"그대의 입을 말미암아 말했을 뿐이다."

"어떤 것이 보은의 가풍입니까?"

"그대의 눈에 띌 곳이 없다."

"학인이 스님의 가르침을 모르겠으니, 방편을 베풀어 주십시오."

"서로가 저버리는 것이 아닌가?"

"그러면 스승과 제자의 분수가 있겠습니다."

"총림에서 많은 것을 배웠구나."

"어떤 것이 불법의 대의입니까?"

"그대에게 무엇을 말할까?"

"어떤 것이 생김이 없는〔無生〕 모습입니까?"

"몸을 버리고 몸을 받는 것이니라."

"그러면 나고 죽는 데 허물이 없겠습니다."

"그대가 그렇게 이해하리라 짐작했었다."

대사가 또 말했다.

"사람마다 모두가 진리를 갖추었고, 하나하나가 모두 원만하고 항상하다."

"어떤 것이 원만하고 항상한 이치입니까?"

"들쑥날쑥하지 않은 일이 없다."

"그러면 곧 종횡縱橫의 법계이겠습니다."

"교묘히 말하기야 무슨 어려움이 있으랴."

"어떤 것이 세 치〔三寸 : 혀〕로 이를 수 없는 것입니까?"

"그대가 묻고, 내가 대답하는 것이니라."

대사가 어떤 스님에게 물었다.

"어디서 왔는가?"

스님이 대답했다.

"복주福州에서 왔습니다."

"허다한 산을 넘었을 터인데, 어느 것이 상좌의 자기인가?"

"제가 몸소 복주에서 떠났습니다."

"그렇게 헤아리면 따로 헤아림이 있는 것이다."

"다시 무슨 헤아림이 있겠습니까?"

"그대의 말이 틀렸다."

"인연의 티끌을 어둡게 하지 마시고, 스님께서 한 차례 제접해 주십시오."

"무엇을 인연의 티끌이라 하는가?"

"여쭙지 않으면 어찌 의심을 쉬겠습니까?"

"만일 오늘이 아니었더라면 관청의 예절[官方]이 될 뻔하였다."

항주杭州 영명사永明寺 도잠道潛 선사

그는 하중부河中府 사람으로서 성은 무武씨이다. 처음에 임천臨川에 가서 정혜淨慧 선사를 뵈니, 한눈에 기이하게 여기어 입실入室을 허락했다.

어느 날 정혜가 이렇게 물었다.

"그대는 참문하는 이외에 어떤 경을 보았는가?"

대사가 대답했다.

"『화엄경』을 보았습니다."

"총總・별別・동同・이異・성成・괴壞의 6상相은 어느 문門에 속하는가?"

"글은 「십지품十地品」에 있는데, 이치에 근거하면 세간世間과 출세간出世間의 온갖 법이 이 6상을 갖추고 있습니다."

"허공에 6상을 갖추었는가?"

대사가 아찔하여 대답이 없으니, 정혜가 말했다.

"그대가 물어라. 내가 대답하리라."

대사가 물었다.

"허공에도 6상이 갖추어졌습니까?"

정혜가 대답했다.

"허공이다."

대사가 이때에 활연히 깨달아 펄펄 뛰면서 절을 하고 감사하니, 정혜가 말했다.

"그대는 어떻게 알고 있는가?"

"허공입니다."

정혜가 옳다고 여겼다.

다음 날, 사부대중과 선남·선녀가 절에 들어오자, 정혜가 대사에게 물었다.

"율문에 말하기를 '벽을 사이에 두고 가락지 소리를 들어도 파계破戒가 된다' 했는데, 버젓이 금과 은이 뒤섞이고 높은 벼슬아치가 들끓는 것을 보면 파계인가, 파계가 아닌가?"

대사가 대답했다.

"들어가는 길이 좋군요."

이에 정혜가 말했다.

"그대는 나중에 5백 대중과 더불어 왕후王侯의 존중을 받게 되리라."

대사는 곧 절을 하고 물러나서 구주衢州의 옛 절에 가서 대장경大藏經만을 열람하고 있었다. 나중에 충의왕忠懿王 전錢씨가 대사를 서울로 들라 하여 보살계를 받고, 자화慈化 정혜定慧 선사라는 호를 바쳤다. 그리고 큰 가람을 지어 혜일영명慧日永明이라 이름하고 대사를 청해 살라 하니, 대사가 말했다.

"탑 밑에 계신 나한 동상銅像을 새 절에다 모시고 공양하고자 합니다."

왕이 말했다.

"좋소. 내가 지난밤에 꿈을 꾸었는데, 16존자가 선사를 따라 절로 들어오기를 원했소. 어쩌면 이토록 밝게 감응합니까?"

그리고는 대사의 호 위에다 응진應眞이란 두 글자를 더했다. 대사가 영명사 대도량에 앉자, 항상 5백 대중이 있었다.

대사가 상당하여 말했다.

"불법은 그냥 드러나 있는데 어째서 알지 못하는가? 여러분이 불법을 알고자 하거든 그저 아무렇게나 장삼이사張三李四에게 묻고, 세간 법을 알고자 하거든 옛 부처님이나 총림에 가서 물어라. 무사無事하라. 오래 섰구나."

스님이 물었다.

"어떤 것이 영명永明의 분명한 뜻입니까?"

대사가 대답했다.

"오늘이 15일이니, 내일은 16일이니라."

"스님의 분명하신 뜻을 보았습니다."

"어디서 보았는가?"

"어떤 것이 영명의 가풍입니까?"

"벌써 상좌의 대답을 들었다."

"세 가지 병자[病人]가 오면 어떻게 제접하십니까?"

"그대는 귀가 먹은 사람이다."

"스님의 방편을 청합니다."

"이것이 방편이다."

"우두가 4조를 보기 전에는 어째서 새가 백 가지 꽃을 물고 왔습니까?"

"동쪽을 보고, 서쪽을 본다."

"4조를 본 뒤에는 어째서 꽃을 물고 오지 않았습니까?"

"남쪽을 보고, 북쪽을 본다."

"옛날에는 어떠하였습니까?"

"우선 오늘을 알라."

"어떤 것이 제2의 달입니까?"

"달이니라."

"어떤 것이 앞을 보는 일입니까?"

"등 뒤의 것은 무엇인가?"

"문수가 칼을 들었으니 누구를 죽이려 함입니까?"

"그만, 그만."

"어떤 것이 칼입니까?"

"눈이 바로 그것이다."

"다른 것은 묻지 않고, 향상의 종승宗乘도 그만두고, 스님께서 대답하지 않기를 청합니다."

"좋은 승려로구나."

"그러면 절을 해야 되겠습니다."

"세 번 절할 필요는 없고, 그대의 평생을 다하라."

어느 날 대중이 참문하니, 대사가 향로를 가리키면서 말했다.

"그대들, 모두 보았는가? 보았거든 일시에 절을 하고 제각기 방으로 돌아가라."

스님이 물었다.

"지극한 도道는 말이 없으나 말을 빌려서 도를 나타낸다 하는데, 어떤 것이 도를 나타내는 말입니까?"

대사가 대답했다.

"간택하는 것을 아주 꺼린다."

"어떤 것이 혜일慧日의 상서로운 광명입니까?"
"여기서 보자원이 멀지 않다."
"그러면 그 광채를 직접 받겠습니다."
"교섭이 끊긴 것이 그런 대로 기쁘다."

무주撫州 황산黃山 양광良匡 선사

그는 길주吉州 사람이다. 상당하여 대중에게 말했다.

"높은 산봉우리 위의 거친 나물밥으로는 여러분 도자道者들을 대접할 수 없으나, 오직 금강의 눈동자만은 그대들의 참 마음 밝히는 일을 도울 것이다. 만일 이를 안다면 능히 무명無明의 어두움을 부수겠지만, 알지 못한다면 참으로 무너뜨릴 수 없는 것이다."

그리고는 바로 방장으로 돌아갔다.

어떤 스님이 물었다.

"어떤 것이 황산黃山의 가풍입니까?"

대사가 대답했다.

"그대의 콧구멍을 쥐어지르겠다."
"어떤 것이 사물이 변천하지 않는 뜻입니까?"
"봄·여름·가을·겨울이니라."
"어떤 것이 외길의 열반문입니까?"
"그대가 종승 안의 한 구절을 물은 것이 어찌 아니겠는가?"
"그러면 중얼중얼하지 않아야 되겠습니다."
"중얼거리지 않는 것이 좋다."
"뭇 별이 달을 꿰뚫을 때는 어떠합니까?"
"무엇을 달이라 하는가?"
"그것에 즉하면 되지 않겠습니까?"

"그것이라는 것이 무엇인가?"

"밝은 거울이 경대鏡臺에 걸렸는데, 삼라만상이 어째서 나타나지 않습니까?"

"어디 있는 경대에 걸려 있는가?"

"바로 지금을 어찌하겠습니까?"

"나타나지 않는다고 또 말하는구나."

"어떤 것이 선禪입니까?"

"삼계가 면면綿綿하다."

"어떤 것이 도입니까?"

"4생生이 호호浩浩하다."

항주杭州 영은산靈隱山 청용淸聳 선사

그는 복주福州 복청현福淸縣 사람이다.

어느 날 정혜淨慧가 빗방울을 가리키면서 말했다.

"방울방울이 그대의 눈 속에 떨어진다."

대사가 처음에는 그 뜻을 알지 못하다가 나중에 『화엄경』을 보다가 깨닫고서 정혜의 인가를 받았다. 그리고는 명주明州로 돌아와서 사명산四明山에다 암자를 지으니, 절도사節度使인 전억錢億이 스승의 예로써 섬겼다.

충의왕忠懿王이 임천·안주 두 곳에서 법문을 열라고 청하였는데, 나중에 영은사靈隱寺에 살 때에는 요오了悟 선사라는 호를 봉했다.

대사가 상당하여 대중에게 말했다.

"시방의 부처님들이 항상 그대들의 앞에 있다. 보았는가? 보았다면 마음으로 보았는가, 눈으로 보았는가? 그러기에 '온갖 법은 나지도 않고, 온갖 법은 멸하지도 않는다'고 말하는 것이다. 만일 이와 같이 알면 부처님들이 항상 앞에 나타나리라."

또 말했다.

"빛깔을 보는 것이 문득 마음을 보는 것이라 하니, 어떤 것을 마음이라 부르는가? 산·강·땅덩이와 삼라만상과 청·황·적·백과 남·녀 등의 형상이 마음인가, 마음이 아닌가? 마음이라면 어째서 도리어 물상物象이 되었으며, 마음이 아니라 한다면 말하기를 '빛깔을 보는 것이 문득 마음을 보는 것이다'를 알겠는가? 오직 이를 미혹했으므로 뒤바뀜을 이루어서 갖가지로 동일하지 않은 것이니, 같고 다름이 없는 가운데서 같고 다르다는 생각을 억지로 낸다. 만일 지금이라도 곧바로 알아서 본마음을 활짝 깨달으면, 활짝 개어서 한 물건도 보고 들을 만한 것이 없을 것이다. 만일 마음을 떠나서 따로 해탈을 구하는 이가 있다면, 옛사람은 이를 '물결에 홀린 채 근원을 찾으려는 사람이다'라고 불렀으니 끝내 깨닫기 어렵다."

어떤 이가 물었다.

"감관과 티끌이 모두 없어졌는데 어째서 사事와 이理가 밝혀지지 않습니까?"

대사가 대답했다.

"사와 이는 그만두고, 무엇을 몽땅 없어진 감관과 티끌이라 하는가?"

"어떤 것이 관음의 제1의第一義입니까?"

"틀렸다."

"무명의 실제 성품이 곧 불성이라 하니, 어떤 것이 불성입니까?"

"무엇을 무명이라 하는가?"

"어떤 것이 화상의 가풍입니까?"

"예와 지금을 꿰뚫는다."

"묻지도 않고, 대답하지도 않을 때에는 어떠합니까?"

"잠꼬대는 해서 무엇 하리오?"

"어떤 것이 산머리의 바위 벼랑에 있는 불법입니까?"

"산머리의 바위 벼랑은 무엇 하려는가?"

"우두가 4조를 보기 전에는 어떠합니까?"

"푸른 산과 깊은 물이니라."

"본 뒤에는 어떠합니까?"

"깊은 물과 푸른 산이니라."

대사가 어떤 스님에게 물었다.

"그대가 불법을 아는가?"

"모릅니다."

"그대는 단적端的으로 모르는가?"

"그렇습니다."

"그러면 갔다가 다른 때 오라."

그 스님이 인사를 하니, 대사가 말했다.

"그런 도리가 아니다."

"어떤 것이 마하반야摩訶般若입니까?"

"눈이 망망茫茫하게 내린다."

스님이 말이 없으니, 대사가 말했다.

"알겠는가?"

"모르겠습니다."

대사는 이에 게송을 읊었다.

마하반야는
취하는 것도 아니고 버리는 것도 아니니
만약 사람들이 알지 못한다면
눈 밑에서 바람이 차갑구나.

摩訶般若　非取非捨
若人不會　風寒雪下

금릉金陵 보은원報恩院 현칙玄則 선사

그는 활주滑州 위남衛南 사람이다.

처음에 청봉靑峰에게 이렇게 물었다.

"어떤 것이 부처입니까?"

청봉이 대답했다.

"병정동자丙丁童子가 불을 얻으러 왔구나."

대사가 이 말을 마음속에 간직하고 있다가 정혜淨慧에게 뵈니, 정혜가 그의 깨달은 지취旨趣를 따져 물었다. 이에 대사가 대답했다.

"병정은 원래 불인데 다시 '불을 얻으러 왔다' 하니, 마치 제가 부처를 가지고 있으면서 부처를 물은 것 같다는 뜻인가 합니다."

이에 정혜가 말했다.

"하마터면 놓칠 뻔했구나. 원래 잘못 알고 있었군."

대사는 이런 깨우침을 받았으나 여전히 의심이 풀리지 않았다. 물러 나와서 곰곰이 생각했지만 현묘한 이치는 끝내 깨닫지 못했다. 그리하여 정성을 기울여 물으니, 정혜가 말했다.

"그대가 다시 물어라. 대답해 주리라."

이에 대사가 다시 '어떤 것이 부처입니까?' 하니, 정혜가 말했다.

"병정동자가 불을 얻으러 왔다."

대사가 활연히 돌아갈 곳을 알았다.

나중에 보은원報恩院에 살았는데, 상당하여 대중을 둘러보면서 이렇게 말했다.

"좋은 말귀이지만 아무도 물을 줄 모른다. 그러므로 옛사람이 세 차례나 부르는 수고를 하게 했다. 여러분들은 남에게 부르는 수고를 끼치지 말라. 이것은 그만두고, 옛사람의 뜻이 무엇인가? 설명할 수 있겠는가? 천 부처님이 나타나도 실밥 하나 늘어나지 않고, 여섯 길을 윤회하여도 실밥 하나 줄어들지 않는다. 밝게 나타나서 털끝만큼도 가린 것이 없다. 옛사람이 말하기를 '가는 털끝만큼이라도 있기만 하면 이는 곧 티끌이다' 했는데, 지금 온갖 물상이 우뚝우뚝 있거늘 어떻게 없애겠는가. 그대들이 만일 이를 없애지 못한다면 그대로 범부의 경계이리라. 소박한 이야기라고 싫어하지 말고, 조사와 부처를 설명했다고 탓하지도 말라. 무슨 까닭이겠는가. 부처와 조사를 이야기하는 것을 보면 당장 초월하려 하기 때문이다. 만일 이렇게 알고 있으면 전혀 교섭할 길이 없으니, 자세히 살펴야 된다. 보지 못했는가. 옛 대덕들이 생사를 여의는 공부를 하되 머리를 깎거나 손톱을 자르는 정도의 수고도 하지 않았거늘 지금 살펴보건대 너무나 어렵다."

어떤 이가 물었다.

"요요了了하게 불성을 본다 하니, 어떤 것이 불성입니까?"

대사가 말했다.

"얼른 말하고 싶지 않다."

또 물었다.

"어떤 것이 금강金剛 대사大士입니까?"

"보았는가?"

"어떤 것이 여러 부처님들의 밀밀密密한 곳입니까?"

"오히려 자기를 알아야 한다."

"어떤 것이 화상의 밀밀密密한 곳입니까?"

"그대가 알아야 비로소 얻는다."

대사가 대중에게 말했다.

"여러 상좌들이여, 모두에게 항상 둥근 달이 있고, 제각기 값을 매길 수 없는 보배를 품고 있다. 그러므로 달이 구름 속에 있으면 밝아도 비추지 못하고, 지혜가 미혹 속에 숨어 있으면 참되지만 통하지 못하는 것이다. 무사無事하라. 너무 오래 섰었다."

"어떤 것이 부동존(不動尊 : 부처님의 이름)입니까?"

대사가 대답했다.

"이리저리 날아다니는 것이다."

"어떤 것이 분명히 밝힌 한 구절입니까?"

"그대에게 대답하는데 무슨 어려움이 있으랴."

"그렇게 말하면 곧 옳지 않겠습니까?"

"대답하지 않는다 해도 무슨 어려움이 있겠는가?"

"화상의 그 말씀을 깊이 이해했습니다."

"그대는 내가 무어라 말했다고 말하는 것인가?"

"죽은 스님이 떠나서 어디로 갔습니까?"

"그대가 태어나거든 이야기하리라."

"손님과 주인이 분명합니다."

"그대가 서 있는 자리에서 죽은 스님을 보겠다."

"어떤 것이 학인의 본래 마음입니까?"

"그대 또한 일찍이 말하지 않았는가?"

"다만 말했을 뿐이니 어떻게 체득하겠습니까?"

"그대가 물은 뒤에야 비로소 얻으리라."

"경전에 말하기를 '나무에 열매가 열려서 파리頗梨의 빛이 난다' 하는데, 이 열매는 누가 먹습니까?"

"나무는 어디서 왔는가?"

"학인도 분수가 있겠습니까?"

"열매와의 거리가 8만 4천 리이니라."

"어떤 것이 옮기지 않는 것입니까?"

"강과 개울이 앞을 다투어 흐르고, 해와 달이 빙글빙글 돈다."

"종승 가운데 현묘하고 요긴한 곳을 한 말씀 해주십시오."

"그대가 행각을 시작한 지 얼마나 되는가?"

"도반을 만난 적이 없습니다."

"졸지 말라."

금릉金陵 보자도량報慈道場 현각玄覺 도사導師 행언行言

그는 천주泉州 진강晋江 사람으로서 정혜淨慧 선사에게 법을 얻었다.

상당하여 대중에게 말했다.

"행각하는 사람들이 선지식에게 참문하느라고 어느 총림에 이르러 짐을 내려 놓으면 가히 보살도를 행하여 장한 일을 마쳤다 하리라. 무엇 때문에 다시 여기에 와서 진여와 열반을 이야기하리오. 이것이 바로 때 아닌[非時] 이야기이다. 그러나 옛사람이 말하기를 '마치 모래를 헤쳐 금을 찾는데 모래가 다하면 순금은 자연히 나타나는 것처럼, 승보僧寶를 구족하면 세간世間에 상주한다'고 하였다. 또 한 맛[一味]인 비가 똑같은 땅에 뿌려져서 만물을 자라게 하나 크고 작음이 같지 않고 달고 씀이 다른 것과 같으니, 땅과 비에 크고 작은 이름이 있다고 말할 수 없다. 그러므로 말하기를 '모나면 모난 것이 나타나고, 둥글면 둥근 것이 나타난다'고 하니, 무슨 까닭이겠는가? 법은 본래 바르거나 치우침이 없어서 모습에 따라 감응하여 나타나기 때문이다. 이를 일러 '색신色身을 대하여 나타낸다'고 하나니, 보았는가? 보지 못했거든 공연히 앉아 있지 말라."

어떤 이가 물었다.

"어떤 것이 조사께서 서쪽에서 오신 뜻입니까?"

대사가 대답했다.

"이 물음이 온당치 못하다."

"시비의 경지에 앉아서 어찌해야 본래의 사람에 합하겠습니까?"

"그대는 어떻게 앉았는가?"

강남江南 국주國主가 새로 보자도량報慈道場을 세우고는 대사에게 종지를 크게 드날리라 하였고, 대중이 2천여 명이나 모이자 따로 도사導師의 호를 추가로 봉했다.

대사가 대중에게 말했다.

"오늘 영현英賢들이 함께 모이고 바다같이 많은 대중이 다 모였으니, 불법의 지취旨趣가 갖추어지지 않음이 없을 줄로 믿는다. 만일 영특한 사람이라면 말을 기다릴 것 없다. 하지만 말은 본래 없는 것이거늘, 무엇 때문에 침묵하겠는가. 그러므로 삼라만상과 부처님들의 넓은 근원이 밝게 드러나면 해인海印의 광명이 나타나고, 흐리게 하면 미혹한 망정에 스스로 속는다. 진실로 마음을 통한 상등의 선비나 격식을 벗어난 고인高人이 아니면 어찌 온갖 티끌 속에서 묘한 극치를 드날리고, 물상物象을 폈다 거두었다 하고, 삼라만상을 놓았다 빼앗았다 하리오. 나도 나는 것이 아니고, 멸해도 멸하는 것이 아니어서 생멸을 밝힌 뒤에야 비로소 '참되고 항상하다'고 말한다. 말이 거짓이면 그림자가 천 가닥으로 흩어지고, 논論함이 참되면 하나의 허공으로서 자취가 끊어지니, 어찌 유무有無와 생멸生滅로 계교하겠는가?"

어떤 이가 물었다.

"국왕께서 다시 설법을 청하신 뜻은 선왕先王을 천도하기 위한 것인데, 화상께서는 오늘 어떻게 들어 제창하시겠습니까?"

대사가 대답했다.

"그대는 다시 제창할 것을 청해 물을 사람이 아니다."

"그러면 천상과 인간이 이에 지날 것이 없겠습니다."

"교섭할 길이 없구나."

"멀리서 스님께 왔으니, 한 번 제접해 주십시오."

"본래 살던 곳〔舊處〕에 가서 의지하라."

금릉金陵 정덕도량淨德道場 달관達觀 선사 지균智筠

그는 하중부河中府 사람으로서 성은 왕王씨이다. 어린 나이에 속세를 버리고 보구사普救寺의 고杲 대사를 의지하여 머리를 깎고, 나이가 들어 구족계를 받았다. 제방으로 다니다가 무주撫州의 용제龍濟에 가서 수修 산주山主를 뵙고 오랫동안 가까이 모셨으나 인연이 맞지 않았다.

나중에 금릉金陵의 보은도량報恩道場에 가서 정혜淨慧를 만나 현묘한 종지를 단박에 깨달았다. 그 뒤에는 여산廬山의 서현사棲賢寺

에 살았다.

대사가 상당하여 대중에게 말했다.

"위로부터 여러 성인의 방편문이 적지 않으나 대체로 여러분들에게 견처見處가 있게 하기 위한 것뿐이다. 비록 본 것이 없을지라도 털끝만큼도 어긋남이 없으며, 여러분들 역시 털끝만큼도 등진 것이 없다. 무슨 까닭이겠는가? 훤하게 드러났기 때문이다. 지금에 당장 알아차리는 데 아무런 힘도 들이지 않는다. 힘이 덜리는 요처를 얻었는가? 설사 비로자나에 스승이 있고 법신에 주인이 있다 하여도 이는 기틀에 대하여 억누르거나 드날려서 시설한 것이다. 여러분이 상대하는 도리를 어떻게 이해하는가? 만일 이해한다 하여도 부처님의 말씀을 혐오하지도 말고, 조사의 도를 소중히 여기지도 말라. 곧바로 자기의 안목이라야 옳다."

어떤 스님이 물었다.

"무엇이 딱 맞는 말입니까?"

"뭐라고 말했는가?"

"분분히 찾아도 얻지 못할 때는 어떠합니까?"

"찾는 것이 무엇이든 얻지 못한다."

"어떤 것이 조사의 뜻입니까?"

대사가 대답했다.

"조사의 뜻은 무엇에 쓰려고?"

"오늘 아침, 멀리 서기가 서렸는데 그 뜻이 무엇입니까?"

"대중이 모두 그대가 그렇게 묻는 것을 본다."

건덕乾德 3년에 강남江南 국주國主가 대사의 덕화를 앙모하여 북원北苑에다 큰 도량을 지어 정덕淨德이라 이름하고 살기를 청한 뒤에 대선사의 호를 바쳤다.

이에 대사가 상당하여 대중에게 말했다.

"무릇 도를 흠모하고자 하면 반드시 상근기라야 하며, 어름어름하는 중하中下의 근기는 쉽게 깨닫지 못하리라. 무슨 까닭이겠는가? 불법은 마음〔心〕·뜻〔意〕·의식〔識〕의 경계가 아니기 때문이다. 상좌들이여, 이렇게 어슷비슷하게 굴지 말라. 저 옛사람이 말하기를 '사문의 눈은 세계를 꽉 잡아 안정시키고 건곤을 덮어 씌워서 면면히 털끝만큼도 빠지는 것이 없다'고 하였다. 그러므로 부처님들이 찬탄하여도 찬탄이 미치지 못하고, 비유하여도 비유가 미치지 못하는 것이다. 그대들의 위광이 혁혁하여 고금을 관통한다 하나니, 다행이 이런 가풍이 있거늘 어찌하여 계승하지 못하는가. 무엇 때문에 스스로가 못난 체하고 헛된 수고를 하면서 끝내 깨닫지 못하는가. 바로 이렇기 때문에 부처님들께서 세상에 나타나시고, 바로 이렇기 때문에 부처님들께서 열반에 드신다고 외치시고, 바로 이렇기 때문에 조사께서 특별히 서쪽에서 오신 것이다."

어떤 스님이 물었다.

"성인들이 모두 불이법문不二法門에 들었는데, 어떤 것이 불이법문입니까?"

대사가 대답했다.

"다만 이렇게 들어간다."

"그러면 고금이 똑같겠습니다."

"그대는 어디가 같다고 말하는가?"

"어떤 것이 불법의 대의입니까?"

"물음과 흡사하다."

"그러면 학인은 절을 해야 되겠습니다."

"그대는 어떻게 알고 있는가?"

"어떤 것이 부처입니까?"

"어느 것이 아니겠느냐."

대사가 다시 대중에게 말했다.

"나는 바위 골짜기에 숨거나 저잣거리에 자취를 감추지 못하고 궁정에 출입하면서 군왕을 번거롭게 했으니, 나의 허물이다."

그리하여 자주 옛 산으로 돌아가려고 사직하니, 국왕이 오봉서현난야五峰棲玄蘭若를 하사했다. 개보開寶 2년 8월 17일에 앉아서 입적하니, 수명은 64세요, 법랍은 44세였다.

고려高麗 도봉산道峰山 혜거慧炬 국사

처음에 정혜淨慧에게 법을 얻었는데, 본국의 왕이 사모하여 사신을 보내서 오라고 청하므로 본국으로 돌아갔다. 본국의 왕이 마음의 법문을 듣고, 예절로써 대우함이 더욱 두터웠다.

어느 날 왕궁에 청을 받고 들어가 상당하여 위봉루威鳳樓를 가리키면서 대중에게 말했다.

"위봉루가 여러 상좌들을 위해 벌써 다 거양을 마쳤다. 여러분, 알겠는가? 만일 알았다면 어떻게 알았는가? 만약 모른다고 말한다면, 위봉루를 어째서 모르는가? 안녕."

대사의 설법은 중국에 퍼지지 못했고, 그의 임종도 알려지지 않았다.

금릉金陵 청량淸凉 법등法燈 선사 태흠泰欽

그는 위부魏府 사람으로서 태어날 때부터 도를 알았고, 변재가 막힘이 없었다. 정혜淨慧에게 입실하니, 수많은 대중이 몰려와서 모두 말하기를 '민첩한 종장'이라고 했다.

처음에 청을 받아 유곡산幽谷山의 쌍림원雙林院에 살았는데, 상당하여 자리에 오르기 전에 말했다.

"이 산은 지난 세대에 한두 분의 존숙尊宿이 일찍이 설법하던 곳이다. 이 자리가 높고 넓거늘 못난 내가 어찌 오르랴. 옛말에 '수미등왕須彌燈王여래에게 절을 해야 앉을 수 있다'고 했으니, 말해 보라. 수미등왕여래는 지금 어디에 계시는가? 대중은 뵙고자 하는가? 일시에 절을 하자."

그리고는 얼른 자리에 올라서는 한참 있다가 말했다.

"대중을 위한다는 것이 이것뿐이다. 이해하는 곳이 있는가?"

어떤 스님이 물었다.

"어떤 것이 쌍림雙林의 경계입니까?"

대사가 대답했다.

"그리려고 해도 그릴 수도 없다."

"어떤 것이 경계 안의 사람입니까?"

"물러가거라."

또 말했다.

"경계도 모르면서 사람을 따지다니……."

"한 부처님께서 세상에 나타나시면 건곤이 진동하는데, 화상께서 세상에 나오실 때는 어디가 진동했습니까?"

"어디서 진동하는 것을 보았는가?"

"그렇지만 지금을 어찌하겠습니까?"

"오늘 무슨 일이 있었는가?"

어떤 스님이 나와서 절을 하니, 대사가 말했다.

"우선 그대가 물어 준 것을 고맙게 여긴다. 그러나 나는 무엇을 그대에게 주어야 좋겠는가?"

스님이 질문을 하려는데, 대사가 말했다.

"아는 줄 알았더니, 역시 모르는구나."

"어떤 것이 서쪽에서 오신 비밀한 뜻입니까?"

"괴롭다."

"한 부처님께서 세상에 나타나시면 뭇 중생을 이롭게 하시는데, 화상께서 세상에 나타나셔서는 누구를 위하십니까?"

"공연한 짓은 아니다."

"그러면 대중은 믿을 곳이 있겠습니다."

"어찌 반드시 그러하겠는가?"

대사가 대중에게 말했다.

"아직도 있었는가? 오래 섰었다. 오늘 관인官人과 대중들의 청함이 정중하구나. 이 공로가 특수한데, 비유로 어찌 미치겠는가. 그러므로 말하기를 '요달하지 못한 사람은 한마디를 들으면, 그저 지금과 같으니 누가 입을 움직이겠는가' 하였다."

그리고는 자리에서 내려서서 주장자를 집고 대중에게 말했다.

"알겠는가? 하늘과 용이 조용히 듣고서 꽃비를 내렸지만, 수보리須菩提의 족자를 그리려고 하지 말라. 우선 이렇게 믿고 받들어 행하라."

대사는 다음에 상람上藍 호국원護國院에 살았는데, 어떤 스님이 물었다.

"시방에서 함께 북을 치면 열 곳에서 일시에 듣는다 하는데, 어떤 것이 듣는 것입니까?"

대사가 말했다.

"그대는 어디서 왔는가?"

"보살도를 잘 행하여 '온갖 법상法相에 물들지 않는다'고 하는데, 어떤 것이 보살도입니까?"

"온갖 법상이니라."

"어찌하여야 물들지 않겠습니까?"

"어느 곳에 물들었느냐?"

"오래지 않아서 선불장選佛場[1]을 여신다 하니 학인도 뽑으시겠습니까?"

"그대는 이마에 점을 찍은 사람이다."

또 말했다.

"그대는 무슨 과목科目인가?"

"어떤 것이 큰 법의 이치를 연설하는 것입니까?"

"나의 연설이 어찌 그대의 연설과 같겠는가?"

대사는 다음에 금릉金陵 용광원龍光院에 살았다. 상당하여 자리에 앉으니, 유나維那가 외쳤다.

"법연(法筵 : 법회)에 모인 여러 대덕들이여, 마땅히 제1의第一義를 관찰해야 합니다."

이에 대사가 말했다.

"유나는 제2의이니, 장로들은 지금 몇째 의義에 있는가?"

대사는 또 옷자락을 들고서 대중에게 말했다.

"알겠는가? 이는 산호무도山呼舞蹈라는 것이다. 5백 생生 전에 악주(樂主 : 악사) 노릇을 했었으리라고 여기지 말라. 혹시 의심이 있거

1 부처를 가려 뽑는 곳이라는 뜻이다. 즉 납승衲僧들의 수도한 경계를 가리킨 것이다.

든 말해 보라."

이때에 어떤 스님이 물었다.

"무엇이 모든 부처의 올바른 종지입니까?"

"그대는 무슨 종지인가?"

"어떠합니까?"

"어떤가 하고 물으면 곧 알지 못한다."

"상람上藍의 한 곡조를 스님께서 몸소 부르셨거니와 오늘 용광龍光의 일은 어떠합니까?"

"그대는 언제 상람에 이르렀는가?"

"진실하고 마땅한 일은 어떠합니까?"

"진실하고 마땅하지 않으면 다른 곳에서 찾아라."

"어떤 것이 불법의 대의입니까?"

"우선 소의小意를 물었더라면, 오히려 그대에게 대의大意를 알려 주었을 것이다."

대사가 나중에는 금릉에 들어가 청량淸凉 대도량에 살았다. 상당하여 자리에 앉자마자 어떤 스님이 나와서 물으려 하니, 대사가 말했다.

"저 스님이 맨 먼저 나와서 대중을 위하니, 벌써 국왕의 깊은 은혜에 보답해 마쳤다."

어떤 이가 물었다.

"국왕께서 청하시어 조사의 법석法席을 다시 열었습니다. 학인은 올라와 문사오니, 스님께서 마음의 근원을 곧장 보여 주십시오."

대사가 대답했다.

"올라왔거든 도로 내려가라."

"법안法眼의 한 등불이 천하에 나누어 비추는데, 화상의 등불은 누구에게 전하십니까?"

"법안이 어디서 비춤을 나누던가?"

강남江南의 국주國主가 정왕鄭王이 되었을 때에 정혜淨慧에게 법을 받았는데, 정혜가 입멸한 뒤에 대사에게 물었다.

"선사先師께서 어떤 요달하지 못한 공안公案이 있습니까?"

대사가 대답했다.

"분석分析을 보던 참이었소."

다음날 또 물었다.

"듣건대 장로는 선사에게 특이하게 들으신 것이 있다더군요."

대사가 일어서는 시늉을 하자, 국왕이 말했다.

"그만 앉으시오."

대사가 대중에게 말했다.

"선사의 법석에 5백 대중이 있었는데, 지금은 겨우 10여 명이 제방에서 남의 도사導師 노릇을 한다. 그대들은 그들이 남에게 길을 잘못 지시한다고 여기지 않는가? 만일 잘못 지시한다면 그들은 물·불에 들거나 구렁텅이에 빠지게 된다. 그러나 옛사람이 또 말하기를 '내가 도산刀山에 향하면 도산이 저절로 꺾이고, 내가 확탕鑊湯에 들면 확탕이 저절로 소멸한다'고 했으니, 이 말을 어떻게 헤아리겠는가? 말을 하면 익어지고, 물으면 생소해지나니, 무슨 까닭인가? 오직 오랫동안 막혔기 때문이다. 여러분, 그저 내가 어디로도 갈 수 없다는 것을 이해하라. 갈 수 없는 곳이 있다면 오직 눈 따위 여러 감관과 빛깔 따위의 여러 법 때문이다. 여러 법은 고사하고, 상좌들이 눈을 뜨면 무엇을 보는가? 그러므로 '한 법도 보지 않으면 곧 여래이니, 바야흐로 관자재觀自在가 부른다'고 말하는 것이다. 안녕."

대사는 개보開寶 7년 6월에 병이 나자 대중에게 고했다.

"노승老僧이 병이 났건만 억지로 몸을 끌고 그대들을 만났다. 지금 도처에 있는 도량은 완연히 화성(化城 : 허깨비의 성)이다. 어떤 것을 화성이라 말하는가? 보지 못했는가? 옛 도사導師께서 말씀하시기를 '보배 있는 곳이 멀지 않으니 모름지기 전진해야 성이 있는 곳에 이른다'고 하였고, 또 말하기를 '이것은 내가 변화로 지어낸 것이다'라고 했다. 이제 여러분, 이 도리를 말해 보라. 이는 여래선如來禪인가, 조사선祖師禪인가? 결정을 지을 수 있는가? 그대들이 비록 후생後生이지만 우리 국왕이 온갖 명승지에다 하나의 큰 도량을 세우고 부족한 것이 없게 하는 뜻은 오직 그대들의 입을 열게 하기 위함인 줄 알아야 한다. 그런데도 아직껏 어느 것이 그대들의 입인 줄 모르니, 어찌 4은(恩 : 부모·시주·국왕·벗의 은혜)과 3유(有 : 三界)를 보답하리오. 알고자 하는가? 다만 입에는 필경 허물이 없음을 알아채야 한다. 설사 허물이 있다 하여도 그대로 인하여 나〔我〕가 있다. 이제 불과 바람이 핍박하는데 가고 머무는 것이 상도常道이다. 내가 주지가 된 지 어언 20년이 되는데, 매양 국왕의 도움을 받았고, 천 명에 달하는 단월과 시방의 도반들과 일 보는 스님과 수도승〔小師〕들 모두가 진정으로 나를 위하니, 침묵할 뿐 말하기 어렵다. 혹 삼베옷을 입는다면 이는 속세를 따르는 일이니, 나는 참됨을 어긴다고 말하노라. 말해 보라. 순응하는 것이 좋은가, 어기는 것이 좋은가? 그러나 나의 도에 따르기만 하면 뒤바뀜은 없다. 나의 시체는 반드시 남산의 대지장大智藏 화상의 좌우에 두 개의 무덤을 만들어 달라. 오르고 내리는 일이 분명해야 허깨비에 빠지지 않는다. 노력하라, 노력하라. 안녕."

그 달 24일에 편안히 앉아서 임종했다.

항주杭州 진신보탑사眞身寶塔寺 소암紹巖 선사

그는 옹주雍州 사람으로서 성은 유劉씨이다. 일곱 살에 고안高安 선사에 의해 출가하였다. 18세에 구족계를 회휘懷暉 율사에게 받고, 제방으로 다니다가 천태天台 덕소德韶 국사와 함께 임천臨川에서 같이 수기를 받았다. 이어 절우浙右의 수심사水心寺에 석장을 걸어 두고 좌선을 하다가 나중에는 월주越州의 법화산法華山에 가서 거탑사居塔寺 상방정원上方淨院으로 들어가 살았다.

오월왕吳越王이 대사에게 법문 열기를 청하고는, 요공대지상조了空大智常照 선사라는 호를 바쳤다.

대사가 상당하여 대중에게 말했다.

"산승은 본래 아는 것이 없다. 그저 한가롭고 자유로이 경이나 읽으면서 죽음을 기다리려 했다. 어찌 오늘날 대왕의 소중히 여기심을 받고, 산승으로 하여금 제방의 노숙들과 같이 법연을 펴게 하실 줄이야 생각했으랴. 그러나 대왕께서 청한 것은 오직 그대들의 마음을 밝히게 하기 위한 것뿐이며, 이 밖에 다른 도리가 없다. 여러분, 마음을 밝혔는가? 말하고 웃을 때나, 멍하니 잠자코 있을 때나, 선지식께 참문할 때나, 도반들과 헤아리고 따질 때나, 산천 구경을 다닐 때나, 귀와 눈을 막았을 때가 그대들의 마음이 아니던가. 그러나 위에서 말한 것도 모두가 마魔에 포섭된 것이니, 어찌 마음을 밝혔다고 말하겠는가. 또 어떤 사람들은 몸속의 망상을 여의고 따로 시방세계에 두루하면서 일월을 삼키고 허공을 싸는 것이 있다고 인정하면서 그것을 본래의 참마음이라 여기는데, 이것 또한 외도外道의 계교일 뿐 마음을 밝힌 것은 아니다. 여러분, 알고자 하는가? 마음에는 이것〔是〕이랄 것도 없고, 이것 아니라 할 것도 없거늘, 그대들이 집착해서 인정하려 할 뿐이니 어찌 가능하겠는가?”

어떤 이가 물었다.

“6합(合 : 천지)이 밝힐 때에는 어떠합니까?”

“대중의 어느 누가 그대를 믿으랴.”

“달을 보고 손가락을 잊을 때에는 어떻게 합니까?”

“달을 본 것이 아니다.”

“그렇지만 어찌 손가락을 달이라고 인정할 수 있겠습니까?”

“그대는 참선을 시작한 지 얼마나 되는가?”

대사는 개보開寶 4년 7월에 병이 나자, 문인들에게 말했다.

“모든 행行의 무상함 그대로가 항상 머무는〔常住〕 모습이다.”

그리고는 가부좌를 맺고 앉아서 떠나니, 수명은 73세이고 법랍은 55세였다.

금릉金陵 보은원報恩院 법안法安 혜제慧濟 선사

그는 태화太和 사람이다. 법안法眼에게 법을 얻고 처음에는 무주撫州 조산曹山의 숭수원崇壽院에 살면서 제4세 주지를 지냈다. 이때에 상당하여 대중에게 말했다.

“환幻임을 알면 그대로 여의는지라 방편을 지을 필요가 없고, 환을 여의면 그대로 깨달음〔覺〕이라 점차漸次도 없다. 여러분들은 어떻게 이해하는가? 방편도 짓지 않고 점차도 없다고 한 옛사람의 뜻이 어디에 있는가? 만일 안다면 부처님들께서 항상 앞에 나타나시겠지만, 모른다면 『원각경』 속에서 따지지 말라. 불법은 고금을 통하여 잠시도 앞에 드러나지 않은 적이 없다. 여러분들도 일체시

一切時에서 항상 이 위광威光을 받았으니, 모름지기 큰 믿음을 갖추어 두 어깨에 메고서 일어서야 된다. 보지 못했는가? 부처님께서도 용맹하고 날카롭게 건너는 사람을 그릇으로 쓸 만하다고 찬탄하셨을지언정, 오랫동안 착한 법을 향해 맑은 업을 닦은 이를 상주지는 않았다. 오직 광액도아廣額屠兒가 칼을 던지고 아라한을 증득한 것처럼 되기를 바라고 있나니, 그렇게 하여야 된다. 그러므로 장자長者가 말하기를 '범왕梵王의 지위를 곧바로 범부에게 준 것과 같다'고 하였느니라."

어떤 스님이 물었다.

"대중이 이미 자리에 모였습니다. 스님께서는 구절 속의 현묘함〔句中玄〕을 아끼지 말아 주십시오."

대사가 대답했다.

"대중을 속일 수 있겠는가?"

"그러면 이 물음에 온전히 응해 주신 것입니다."

"그럴 필요가 없다."

"옛사람이 말하기를 '온갖 법은 생겨나지 않는 것으로 종지를 삼는다' 했는데, 어떤 것이 생겨나지 않는 종지입니까?"

"좋은 물음이다."

"불법 안에서 스님의 방편을 듣고자 합니다."

"방편이 끝났다."

"어떤 것이 옛 부처님의 마음입니까?"

"어찌 물음을 기다릴 필요가 있으랴."

강남江南의 국주國主가 보은원報恩院으로 청해 들여 살게 하고는 호를 봉하면서 대중을 거느리게 하였다. 대사는 상당하여 대중에게 말했다.

"오늘 날, 내가 왕의 명을 받고 이 절의 주지가 되어 대중에게 법을 연설하게 되었는데, 아까 보아 하니 유나가 백추白槌를 치고서 마땅히 제1의를 관찰해야 한다고 했는데, 어떤 것이 제1의이겠는가? 만일 여기에서 바로 참구하면 얼마나 힘이 덜리겠는가? 그렇다면 지금 따로 말할 것이 무엇이 있겠는가? 그러나 국왕의 은혜를 받았으니 잠자코 있을 수는 없다. 선종의 요점은 법이 늘 그러해서 원명圓明하게 드러나 고금을 꿰뚫는 것이다. 달마가 서쪽에서 오게 된 것도 다만 여러분들의 증명이 되어 줄 뿐이지, 어떤 법을 준 것은 아니다. 오직 말하기를 '당장 이러하다'이니, 문득 선 자리에서 눈치 채게 하는 것이다. 옛사람이 선 자리에서 눈치 채라고 했지만, 지금 앉은 자리에서라도 눈치를 채었는가? 의심이 있거든 물어라."

어떤 스님이 물었다.

"3덕(德 : 열반의 공덕)의 심오한 이치는 부처님께서 연설하셨지만, 일음一音의 현묘한 길은 스님께서 밝혀 주십시오."

대사가 대답했다.

"그대는 그런 것이 있다고 여기는가?"

"어떤 것이 보은報恩의 경계입니까?"

"여러 사람이 그대가 그렇게 묻는 것을 본다."

대사는 개보開寶 도중에 본원本院에서 입멸하였다.

무주撫州 숭수원崇壽院 계조契稠 선사

그는 서주西州 사람이다. 상당하여 자리에 앉으니, 어떤 스님이 물었다.

"사부대중이 제1의를 자세히 관찰하는데, 어떤 것이 제1의입니까?"

대사가 대답했다.

"어찌하여 다시 수고로이 묻는가?"

대사는 또 말했다.

"대중아, 불성의 뜻을 알고자 하면 마땅히 시절 인연을 관찰하라 하니, 어떤 것이 시절 인연인가? 그대들이 지금 문득 흩어진다면 거기에 인연이 있다는 것인가? 없다면 어째서 흩어졌는가? 있다면 어떤 것이 제1의인가? 상좌들이여, 제1의가 현성現成했거늘 어찌 다시 수고롭게 관찰하리오. 이렇게 밝히고 드러내면 불성을 얻어서 항상 비추면서 온갖 법이 항상 머무르겠지만, 만약 법이 항상 머무는 것을 본다면 오히려 법의 참된 근원은 아니다. 그러면 어떤 것이 법의 참된 근원인가? 상좌들이여, 듣지 못했는가? 옛사람이 말하기를 '한 사람이 참[眞]을 발해서 근원에 돌아가면 시방의 허공이 몽땅 무너진다'고 했으니, 한 법이라도 뜻으로 이해할 것이 있겠는가. 옛사람의 이 같은 큰 인연의 일이 있으니, 그를 의지해 행하면 되거늘 어찌 여러분들은 말이 많은가. 대중 가운데 잘 모를 이가 있거든 나와서 물어라."

어떤 스님이 물었다.

"정혜淨慧의 등불을 직접 여수汝水 지방에서 밝혔는데, 오늘 왕후王侯께서 청하십니다. 어떤 것이 정혜의 등불입니까?"

대사가 대답했다.

"다시 한번 물어라."

"옛사람의 견해가 가지런하지 못한 것을 스님께서 방편으로 보여 주십시오."

"옛사람의 견해에서 어디가 가지런하지 못한가?"

"어떤 것이 부처입니까?"

"어떤 것이 부처인가?"

"어떻게 해야 알아듣겠습니까?"

"알아들으면 옳지 않다."

"서쪽에서 오신 분명한 뜻에서 스님은 몇째에 해당하십니까?"

"해마다 8월 보름은 한가위이니라."

"어떤 것이 화상께서 사람을 위하는 한 구절입니까?"

"관음이 이야기했고, 상람上藍이 이야기했다."

대사는 순화淳化 3년에 입멸했다.

홍주洪州 운거산雲居山 청석淸錫 선사

그는 천주泉州 사람이니, 처음에는 용수산龍須山 광평원廣平院에 살았다.

어떤 스님이 물었다.

"어떤 것이 광평廣平의 경계입니까?"

대사가 대답했다.

"광평을 알아채라."

"어떤 것이 경계 안의 사람입니까?"

"증험해 알라."

다음에 운거산雲居山에 살았는데, 어떤 스님이 물었다.

"어떤 것이 운거雲居의 경계입니까?"

대사가 대답했다.

"그대는 무엇을 경계라 하는가?"

"어떤 것이 경계 안의 사람입니까?"

"아까 그대에게 무엇이라 했던가?"

대사가 나중에 천주 서명원西明院에 살았는데, 요廖씨라는 천사天使가 절에 들렀다가 법안法眼 화상의 사진에 공양하는 것을 보고 물었다.

"사진 앞에 있는 것이 무슨 과일인가요?"

대사가 대답했다.

"거짓 과일입니다."

"거짓 과일을 어찌하여 참된 사진에게 공양합니까?"

"다만 천사天使로 하여금 거짓을 알게 하기 위해서일 뿐이오."

"어떤 것이 부처입니까?"

"얼굴이 퍽 기묘하구려."

홍주洪州 백장산百丈山 대지원大智院 도상道常 선사

본산(本山 : 백장산)에서 출가하여 조명照明 선사에 의해 머리를 깎고, 이어 정혜淨慧에게 참문하여 스승과 제자의 인연을 맺었다. 법을 묻는 자리에서 이렇게 물었다.

"외도가 부처님께 '말 있음도 묻지 않고 말없음도 묻지 않습니다'라고 물었습니다……."

이렇듯 묻는 말이 끝나기도 전에 정혜가 말했다.

"그만두어라. 그대는 세존께서 양구良久하신 곳을 깨달으려고 해야 한다."

대사가 이로부터 깨달았다. 뒤에 본산에서 돌아와 주지住持하기를 청하니, 제11세 주지에 해당하며, 배우는 자가 더욱 많았다.

상당하여 이렇게 말했다.

"이 보배 수레를 타고 도량에 와서 매일 여러분들이 방문하는 수고를 끼쳤으나 아무것도 대접할 것이 없다. 날씨가 차가운데 오래 섰을 필요가 없다. 수레를 돌려 돌아가자. 안녕."

어떤 스님이 물었다.

"어떤 것이 학인의 행각하는 일입니까?"

대사가 대답했다.

"주장자를 꺾어버릴 수 있는가?"

"옛사람이 말하기를 '석가가 나와 동참(同參 : 같이 참문한다는 뜻)했다'고 했는데, 누구에게 참문했다는 것입니까?"

"오직 동참하는 이가 있어야 비로소 알게 된다."

"그 사람을 어찌하여야 가까이할 수가 있습니까?"

"그러면 참문할 줄 모르는 것이다."

"어떤 것이 조사께서 서쪽에서 오신 뜻입니까?"

"간혹 질문이 맞지 않는구나."

"고향에 돌아가는 곡조를 어떻게 부릅니까?"

"설사 부른다 하여도 그대의 뒤에 떨어질 것이다."

"어떤 것이 백장의 경계입니까?"

"어찌 운거와 같을 수 있으랴."

"어떤 것이 사람을 위하는 백장의 한 구절입니까?"

"제방에 이르거든 총체적으로 물어라."

대사가 또 대중에게 말했다.

"진실로 일이 없다. 상좌들이 제각기 부처를 섬기거늘, 다시 무슨 의혹이 있기에 여기에 왔는가? 옛사람이 말하기를 '시방이 한자리에 모여서 저마다 무위無爲를 배우니, 이것이 바로 선불장選佛場이라서 마음이 공空하여 급제及第해 돌아간다'고 했는데, 마음의 공함이 급제이니 마음의 공함을 어떻게 이해하는가? 그 속에서 눈을 감고 싸늘하게 앉은 것을 마음의 공함이라고 하지는 못할 것이니, 이는 바로 의식의 망상〔識陰〕으로 상념을 일으키는 것이다. 상좌들이여, 마음이 공하고 싶은가? 단지 마음을 알아채기만 하라. 그러므로 말하기를 '과거는 이미 지났고, 미래는 헤아리지 말라. 우뚝하게 일 없이 앉았으니, 언제 누가 부른 적이 있던가' 하였으니, 설사 누가 그대를 부른다 해도 응해야 좋은가, 응하지 않아야 좋은가? 응한다면 누가 그대를 불렀는가? 응하지 않는다고 해도 귀가 먹지는 않았을 것이다. 3세의 본체가 공하지만 나무토막은 아니지 않는가. 그러므로 옛사람이 말하기를 '마음이 공하면 법왕을 보게 된다'고 했는데, 법왕을 보았는가? 여전히 병든 승려일 뿐이다. 또 그가 스스로 대신하는 것이 아니겠는가. 안녕."

어떤 스님이 물었다.

"어떤 것이 부처입니까?"

대사가 대답했다.

"그대는 묻지 않은 일이 몇 가지나 있는가?"

스님이 다시 말했다.

"어떤 사람이 현사玄沙에게 묻기를 '3승 12분교는 묻지 않거니와 어떤 것이 조사께서 서쪽에서 오신 뜻입니까?' 하니, 현사가 대답하되 '3승 12분교는 필요치 않다'고 하였는데 그 스님이 알지 못했다 하니, 스님께서 설명해 주십시오."

대사가 말했다.

"그대가 진실로 모르는가?"

"진실로 모릅니다."

대사가 게송을 보였다.

3승을 필요로 하지 않고 조종(祖宗 : 조사의 법)이 필요하니

3승을 필요로 하지 않는 것은 그대와 동일하다.
그대는 이제 종지를 회통會通하고자 하는가.
새벽녘의 원숭이 울음이 들쑥날쑥한 봉우리에서 들린다.

不要三乘要祖宗　　三乘不要與君同
君今欲會通宗旨　　後夜猿啼在亂峰

대사는 순화淳化 2년에 입멸하니, 본산本山에다 탑을 세웠다.

천태산天台山 반야사般若寺 통혜通慧 선사 경준敬遵

상당하여 대중에게 말했다.

"교교皎皎하고 혁혁赫赫한 것이 고금을 관통해서 털끝만큼도 끊어지는 모습이 없다. 때도 없고 계절도 없어서 오랜 세월 그대들을 꽉 고정시켜 호흡이 통할 곳도 없다. 그러므로 말하기를 '산하대지가 그대의 선지식이다'라고 하나니, 광명을 놓고 땅이 흔들리는 등 곳곳마다 드러나서 진실로 털끝만한 법도 막힐 것이 없다. 그렇거늘 이제 어찌하여 알지 못하고 유달리 의심을 내는가? 일이 없으면 오래 서 있을 필요가 없다."

어떤 스님이 물었다.

"우담발화優曇鉢華가 피면 사람들이 모두 보는데, 반야般若의 가풍을 한 말씀 들려 주십시오."

대사가 대답했다.

"그대의 물음이 아니었던들 일찍이 남에게 이야기도 못했을 것이다."

"그러면 반야의 웅봉雄峰이 어찌 고금에 가지런할 수 있겠습니까?"

"잘못 알지 말라."

"우두가 4조를 보기 전에 어째서 백 가지 새가 꽃을 물고 왔습니까?"

"그대는 어디서 보았는가?"

"본 뒤에는 어째서 꽃을 물고 오지 않았습니까?"

"말을 알아들으니 좋다."

"영산의 한 모임에서는 가섭이 친히 들었는데, 오늘의 한 모임에서는 누가 듣습니까?"

"그대는 가섭이 들은 것을 이야기해 보라."

"그러면 가섭이 친히 들었겠습니다."

"어지러이 지껄여서 무엇 하겠는가?"

대사는 손수 이렇게 자기의 진영에 찬讚을 지었다.

참됨이여, 텅 비었거늘
영인(郢人 : 민요를 잘 부르는 사람)은 그리려 드는구나.
봉우리 구름 위로 솟았고
맑은 못에는 달빛이 넘실거린다.

眞兮寥廓　　郢人圖艧
嶽聳雲空　　澄潭月躍

여산廬山 귀종사歸宗寺 법시法施 선사 책진策眞

그는 조주曹州 사람으로서 성은 위魏씨이고, 본래의 이름은 혜초慧超였다. 정혜淨慧에게 입실하여 물었다.

"어떤 것이 부처입니까?"

정혜가 대답했다.

"그대는 혜초慧超이다."

대사는 이로부터 깊이 믿음에 들었고, 이 말은 제방에 퍼졌다.

처음에는 여산廬山의 여가봉余家峰에 있었는데, 귀종사歸宗寺로 내려와 살라는 청에 따랐다.

상당하여 이렇게 말했다.

"여러 상좌들이여, 보고 듣고 깨닫고 아는 것이 모두 하나의 법도法度이다. 그냥 그대로 알아 버리는 것은 보고 듣고 깨닫고 아는 것인가, 보고 듣고 깨닫고 아는 것이 아닌가? 알고자 하는가? 그대들에게 벌써 다 설명해 버렸다. 그대들 스스로가 깨달아야 된다. 오래 섰었다. 안녕."

어떤 스님이 물었다.

"어떤 것이 부처입니까?"

대사가 대답했다.

"내가 그대에게 말하면 따로 있는 셈이다."

"어떤 것이 귀종歸宗의 경계입니까?"

"그대는 무엇을 보았는가?"

"어떤 것이 경계 안의 사람입니까?"

"나가라."

"국왕께서 청하셔서 법회가 크게 열렸으니, 보고 듣는 데 떨어지지 않게 속히 말씀해 주십시오."

"부질없는 말이다."

"스님의 뜻은 어떠합니까?"

"또 어지러운 말을 하는구나."

"듣건대 경전에 말하기를 '이 몸과 마음으로 티끌 같은 세계[塵刹]를 받드는 것, 이것이 바로 부처님의 은혜를 갚는 것이라고 한다고 하는데, 티끌 세계는 묻지 않겠으나 어떤 것이 부처님의 은혜를 갚는 것입니까?"

"그대가 그렇게 하면 부처님의 은혜를 갚는 것이다."

"무정설법無情說法은 대지도 듣지만, 사자후獅子吼를 할 때에는 어떠합니까?"

"그대가 듣기는 했는가?"

"그러면 무정과 똑같겠습니다."

"그대가 아는 것이 무방하겠다."

"옛사람은 보고 들음을 여읨으로써 종지를 삼는다고 했는데, 화상은 무엇으로 종지를 삼으십니까?"

"그 물음이 썩 좋았다."

"그래도 세 가지, 네 가지의 인연입니다."

"어지러이 지껄이지 말라."

대사가 다음은 금릉金陵 봉선사奉先寺에 살다가 오래지 않아 다시 보은도량報恩道場으로 옮겨 살더니, 태평흥국太平興國 4년에 입적하였다.

홍주洪州 봉서산鳳棲山 동안원同安院 소현紹顯 선사

어떤 스님이 물었다.

"왕께서 은총을 내리신 것을 스님께서 직접 받으셨으니, 웅이산(熊耳山 : 달마)의 가풍을 한 말씀으로 들려 주십시오."

대사가 대답했다.

"벌써 다 대답했다."

"천 리 밖에서 스님께 귀의하였으니, 스님께서 한 번 제접해 주십시오."

"들어가는 곳은 좋다."

운개산雲蓋山의 스님이 집을 지으려고 기와를 얻으러 다니는데, 어떤 관리가 물었다.

"운개雲蓋는 구름으로 일산을 삼았다는 뜻인데, 어째서 기와를 얻으러 다니시오?"

그 스님이 대답이 없으니, 대사가 대신 말했다.

"기인奇人을 만나기는 드물다."

강주江州 여산廬山 서현사棲賢寺 혜원慧圓 선사

상당하여 대중에게 말했다.

"큰방〔僧堂〕 문을 나서서 오로봉五老峰을 보기만 하면 일생 동안 배우는 일이 끝나거늘, 무엇 하러 여기까지 왔는가? 그렇지만 상좌들을 한바탕 괴롭혀야 되겠다. 무사無事하라. 안녕."

어떤 스님이 물었다.

"바람이 움직이는 것도 아니고 깃발이 움직이는 것도 아니라 하니, 옛사람의 뜻은 어떠합니까?"

대사가 대답했다.

"대중이 일시에 알아듣는다."

또 상당한 날에 어떤 스님이 질문을 하려 하자, 대사가 그 스님을 가리키면서 말했다.

"가만있어라."

그 스님이 앞으로 다가서면서 물었다.

"위로부터의 종승을 스님께서 들어 제창해 주십시오."

대사가 대답했다.

"앞의 말은 씨가 먹지 않았고, 뒤의 말은 따르기가 어렵다."

"그러면 오늘의 일은 어떠합니까?"
"남의 말을 알지 못하는구나."
"어떤 것이 불법의 대의입니까?"
"좋다."
"어떤 것이 서현棲賢의 경계입니까?"
"삼문三門 안에 들어오면 이내 부합하여 알게 된다."
"어떤 것이 조사께서 서쪽에서 오신 뜻입니까?"
"여기는 결함이 적다."
"조사의 등불이 거듭 빛나서 자비를 아끼지 않으시니, 다시 중하 근기에게 내려 주십시오."
"알 수 있겠는가?"
"그러면 방편의 문이 이미 열렸습니다."
"역시 속이는구나."

홍주洪州 관음원觀音院 종현從顯 선사

그는 천주泉州 포전莆田 사람이다. 젊었을 때에 고향의 석제산石梯山에서 스님이 되었고, 구족계를 받은 뒤에는 법안法眼에게 참문하여 수기를 받았다.

처음에는 승주昇州의 묘과원妙果院에 살다가 나중에 관음원觀音院에 와서 사니, 배우는 무리가 퍽 많았다.

대사가 상당하여 대중이 모이자, 한참 있다가 말했다.

"문수가 거사를 많이 찬탄하였는데, 거사가 칭찬을 받았겠는가? 칭찬을 받았다면 어디에 거사가 있는가? 칭찬을 받지 않았다면 문수는 헛소리를 해서는 안 되리라. 대중은 어떻게 이해하는가? 만약 안다면 참다운 납승이리라."

이때에 어떤 스님이 물었다.

“거사의 침묵을 문수가 깊이 찬탄한 뜻이 무엇입니까?”

대사가 대답했다.

“그대가 묻고, 내가 대답하는 것이다.”

“그런 사람이 나타나면 또 어찌하시렵니까?”

“다니다가 물이 다한 곳에 이르면, 앉아서 구름이 일어나는 때를 구경한다.”

“어떤 것이 관음觀音의 가풍입니까?”

“눈앞의 것을 보려무나.”

“갑자기 작자作者를 만나게 되면 어떻게 대접합니까?”

“가난한 집은 그저 이러하거니, 구태여 돌아가라고 할 필요는 없다.”

“오래도록 줄 없는 거문고 소리를 못 들었으니, 스님께서 한 곡조 들려 주십시오.”

“어떻게 듣겠는가?”

그 스님이 귀를 기울이니, 대사가 말했다.

“매우 사람을 속이는구나.”

대사가 대중에게 말했다.

“노盧 행자行者가 그 당시 대유령大庾嶺에서 도명道明 상좌에게 말하되 ‘선도 생각지 말고 악도 생각지 말고서 나에게 도명 상좌의 본래면목을 보여다오’라고 하였는데, 관음은 오늘 그렇게 말하지 않고, 나에게 ‘도명 상좌를 보여다오’ 하리라. 이렇게 말하는 것이 조계의 자손에 맞는가, 맞지 않는가? 만일 조계의 자손이라면 어찌 네 글자를 없앨 수 있으랴. 만일 조계의 자손이 못된다면 허물이 어디에 있는가? 나와서 헤아려 보라.”

대사는 한참 있다가 다시 입을 열었다.

"이 한 무리는 참으로 행각한 사람들이다. 안녕."

태평흥국太平興國 8년 9월의 어느 날, 단월인 원袁 장사長史에게 말했다.

"내가 2·3일 동안 고향에 다녀와야겠소."

원장사가 말했다.

"화상께서는 연세가 그렇게 높은데, 어찌 다시 고향을 생각하십니까?"

대사가 다시 말했다.

"고향에 가면 좋은 반찬을 먹을 수 있을 것 같소."

원씨는 그 말을 짐작하지 못했다. 이튿날 대사가 병 없이 앉아서 입적하니, 수명은 78세였다. 원장사가 서산西山에다 탑을 세웠다.

여주廬州 장안원長安院 연규延規 선사

어떤 스님이 물었다.

"어떤 것이 암자 안의 주인입니까?"

대사가 대답했다.

"제방에 가거든 그저 장안長安에서 왔다고만 하라."

대사는 교화할 인연이 다하여 주지의 일을 문인인 변실辯實 접무接武에게 맡기고 설법을 마친 뒤 본원의 서당西堂으로 돌아가서 입멸하였다.

상주常州 정근원正勤院 희봉希奉 선사

그는 소주蘇州 사람으로서 성은 사謝씨이다. 본원의 주지로서는 제2세였다.

처음에 상당하여 대중에게 보였다.

"옛 성현이 말하기를 '원만함이 허공과 같아서 모자람도 남음도 없다' 하였고, 또 말하기를 '낱낱의 법이 낱낱 종지요, 뭇 법이 한 법의 종지다' 하였고, 또 말하기를 '일어나는 것도 오직 법이 일어나고 멸하는 것도 오직 법이 멸한다' 하고, 또 말하기를 '일어날 때에는 내가 일어나노라 말하지 않고, 멸할 때에도 내가 멸하노라 말하지 않는다' 하였는데, 이러한 이야기들에 의거해서 오랫동안 총림에 묻혀 있던 화상들을 매우 무시하는 것 같다. 만일 초심初心의 형제들이라면 얼른 체득해야 한다. 사람의 몸으로 태어나기가 어렵고 바른 법은 만나기 어려우니, 어정어정 하지 말라. 시주의 옷과 밥은 쉽게 소화하기 어렵다. 도를 밝히지 못하면 하나하나 모두 갚아야 된다. 상좌들이여, 도를 알고자 하는가? 안녕."

어떤 스님이 물었다.

"무엇이 조사께서 서쪽에서 오신 뜻입니까?"

대사가 대답했다.

"그대는 어디서 그런 소식을 들었는가?"

"어떤 것이 모든 법의 공한 모습입니까?"

"산하대지山河大地니라."

"대중이 운집했습니다. 스님께서 종승을 들어 제창해 주십시오."

"들어 제창한 지 오래다."

"불법을 국왕·대신에게 부촉하셨는데, 오늘 정근원正勤院에서는 무엇을 부촉하시겠습니까?"

"만세, 만세니라."

"옛사람이 말하기를 '산하대지가 그대의 참 선지식이다' 하는데, 어찌해야 산하대지로 참 선지식을 삼겠습니까?"

"그대는 무엇을 산하대지라 하는가?"

"어떤 것이 도에 계합되는 말입니까?"

"그대가 묻고, 내가 대답하는 것이다."

"영산회상에서는 가섭이 직접 들었는데, 오늘에는 누가 알아듣겠습니까?"

"가섭이 직접 들은 것이 무엇인가?"

"옛 부처님의 도량에 학인이 어찌하여야 이르겠습니까?"

"그대가 지금은 어디에 있는가?"

"어떤 것이 화상의 원통(圓通 : 깨달은 경계)입니까?"

대사가 선상을 세 차례 두드렸다.

"어떤 것이 감관과 경계〔根塵〕를 몽땅 벗어나는 것입니까?"

"망상을 피우지 말라."

"인왕人王과 법왕法王은 같습니까, 다릅니까?"

"인왕과 법왕이니라."

"어떤 것이 모든 법의 적멸한 모습입니까?"

"일어날 때에는 오직 법이 일어나고, 멸할 때에도 오직 법이 멸한다."

"어떤 것이 일찍이 생겨난 적이 없는 법입니까?"

"그대가 어찌 알리오?"

"무착無著이 문수를 만났건만 어째서 몰랐습니까?"

"그대는 문수는 무착을 알았으리라 여기는가?"

"뜻을 얻은 어느 집의 새로운 곡조가 묘하니, 정근원正勤院의 한 구절을 스님께서 말씀해 주십시오."

"무엇을 말하겠는가?"

"어찌 방편이 없으시겠습니까?"

"그대는 내 말을 알아듣지 못한다."

낙경洛京 흥선興善 서륜棲倫 선사

스님이 물었다.

"어떤 것이 부처입니까?"

대사가 대답했다.

"그대에게도 이렇게 말하면 된다."

"어떤 것이 서쪽에서 오신 뜻입니까?"

"아까도 기억하고 있었다."

궁사宮師로서 정사를 돌보던 이계훈李繼勳 공公이 죽으니, 어떤 스님이 물었다.

"이 법이 법의 자리에 머물러서 세간의 형상이 항상 머문다 하는데, 궁사인 이공李公은 어디로 갔습니까?"

대사가 대답했다.

"흡사 그대의 질문을 받은 것과 같다."

"그러면 헛되이 한 차례 물은 것이겠습니다."

"그대는 제법 영리하구나."

홍주洪州 무녕武寧 엄양嚴陽 신흥新興 제齊 선사

어떤 스님이 물었다.

"어찌하여야 삼계를 벗어나겠습니까?"

대사가 대답했다.

"그대가 믿을 수 있겠는가?"

"믿기는 깊이 믿사오니, 화상의 자비를 바랍니다."

"이 믿는 마음만이 고금을 꿰뚫으니, 빨리 탐구해 알라. 무엇을 망설이고 있는가? 삼계를 벗어나고자 하는가? 삼계는 마음뿐이다."

대사가 눈 오는 것을 보고 대중에게 말했다.

"여러 상좌들이여, 눈이 내리는 것을 보는가? 보았다면 눈이 있고, 보지 못했다면 눈이 없다. 눈이 있다면 항상함〔常〕이요, 눈이 없다면 끊김〔斷〕이니, 이렇게 이해하면 부처의 몸이 시방에 가득하리라."

어떤 스님이 물었다.

"학인이 하직하고 늑담泐潭으로 가고자 하오니, 스님께서 저에게 들어갈 곳을 지시해 주십시오."

대사가 대답했다.

"좋은 들어갈 길이란 도의 마음이 견고하여 대중을 따라 참문하고 대중을 따라 울력하는 것이다. 갈려면 가고, 머물려면 머물러라. 가거나 머무는 것이 딴 까닭이 없으니, 늑담에 이르거든 마조馬祖께 문안하라."

윤주潤州 자운慈雲 광달匡達 선사

어떤 스님이 물었다.

"부처님께서 일대사인연一大事因緣으로 세상에 나타나셨는데, 화상께서 세상에 나심은 어떠합니까?"

"마침 좋다."

"무엇 때문이죠?"

"좋지 않구나."

경덕전등록 제 26 권

길주吉州 청원산靑原山 행사行思 선사의 제9세로부터 제11세 법손까지

제9세 법손 ②

금릉金陵 청량淸凉 문익文益 선사의 법손 33인

소주蘇州 천복薦福 소명紹明 선사
택주澤州 고현古賢 근謹 선사
선주宣州 흥복興福 가훈可勳 선사
홍주洪州 상람上藍 수눌守訥 선사
무주撫州 복선覆船 화상
항주杭州 봉선奉先 법괴法瓌 선사
여산廬山 화성化城 혜랑慧朗 선사
항주杭州 영명永明 도홍道鴻 선사
고려高麗 영감靈鑒 선사
형문荊門 상천上泉 화상

여산廬山 대림大林 승둔僧遁 선사
지주池州 인왕仁王 연승緣勝 선사
여산廬山 귀종歸宗 의유義柔 선사
〔이상 13인은 기록에 보임〕
천주泉州 상방上方 혜영慧英 선사
형주荊州 호국護國 매邁 선사
요주饒州 지령芝嶺 조照 선사
여산廬山 귀종歸宗 사혜師慧 선사
여산廬山 귀종歸宗 성일省一 선사
양주襄州 연경延慶 통성通性 선사
여산廬山 귀종歸宗 몽흠夢欽 선사
홍주洪州 사리舍利 현천玄闡 선사
홍주洪州 영안永安 명明 선사
홍주洪州 선계禪谿 가장可莊 선사
담주潭州 석상石霜 상爽 선사
강서江西 영산靈山 화상
여산廬山 불수암佛手巖 인因 선사
금릉金陵 보안保安 지止 선사
승주昇州 화엄華嚴 유幽 선사
원주袁州 목평木平 도달道達 선사
홍주洪州 대녕大寧 도매道邁 선사
초주楚州 용흥龍興 덕빈德賓 선사
악주鄂州 황룡黃龍 인仁 선사
홍주洪州 서산西山 도용道聳 선사
〔이상 20인은 기연할 어구가 없으므로 기록하지 않음〕

양주襄州 청계淸谿 홍진洪進 선사의 법손 2인

상주相州 천평산天平山 종의從漪 선사

여산廬山 원통圓通 연덕緣德 선사

〔이상 2인은 기록에 보임〕

금릉金陵 청량淸凉 휴복休復 선사의 법손 2인

금릉金陵 봉선奉先 혜동慧同 선사

〔1인은 기록에 보임〕

여산廬山 보경암寶慶庵 도지道旨 선사

〔1인은 기연할 어구가 없으므로 기록하지 않음〕

무주撫州 용제산龍濟山 소수紹修 선사의 법손 1인

하동河東 광원廣原 화상

〔1인은 기록에 보임〕

형악衡嶽 남대南臺 수안守安 선사의 법손 2인

양주襄州 취령鷲嶺 선미善美 선사

〔1인은 기록에 보임〕

안주安州 혜일원慧日院 명明 선사

〔1인은 기연할 어구가 없으므로 기록하지 않음〕

장주漳州 보구원報劬院 현응玄應 선사의 법손 1인

보구報劬 제2세 인의仁義 선사

〔1인은 기연할 어구가 없으므로 기록하지 않음〕

장주漳州 융수隆壽 무일無逸 선사의 법손 1인

장주漳州 융수隆壽 법건法騫 선사

〔1인은 기록에 보임〕

여산廬山 귀종歸宗 도전道詮 선사의 법손 1인

균주筠州 구봉九峰 의전義詮 선사

〔1인은 기록에 보임〕

미주眉州 황룡黃龍 계달繼達 선사의 법손 1인

제2세 황룡黃龍 화상

〔1인은 기록에 보임〕

낭주朗州 양산梁山 연관緣觀 선사의 법손 1인

영주郢州 대양산大陽山 경현警玄 선사

〔1인은 기록에 보임〕

제10세 법손

천태산天台山 덕소德韶 국사의 법손 49인

항주杭州 영명사永明寺 연수延壽 선사

온주溫州 대녕大寧 가홍可弘 선사

소주蘇州 장수長壽 붕언朋彦 대사

항주杭州 오운산五雲山 지봉志逢 대사

항주杭州 보은報恩 법단法端 선사

항주杭州 보은報恩 소안紹安 선사

복주福州 광평廣平 수위守威 선사

항주杭州 보은報恩 영안永安 선사

광주廣州 광성光聖 사호師護 선사

항주杭州 봉선奉先 청욱淸昱 선사

천태天台 보문普聞 지근智勤 선사
온주溫州 안탕雁蕩 원제願濟 선사
항주杭州 보문普門 희변希辯 선사
항주杭州 광경光慶 우안遇安 선사
천태天台 반야般若 우섬友蟾 선사
무주務州 지자智者 전긍全肯 선사
복주福州 옥천玉泉 의륭義隆 선사
항주杭州 용책龍冊 효영曉榮 선사
항주杭州 공신功臣 경소慶蕭 선사
월주越州 칭심稱心 경진敬璡 선사
복주福州 엄봉嚴峰 사출師朮 선사
노주潞州 화엄華嚴 혜달慧達 선사
월주越州 청태淸泰 도원道圓 선사
항주杭州 구곡九曲 경상慶祥 선사
항주杭州 개화開化 행명行明 대사
월주越州 개선開善 의원義圓 선사
온주溫州 서록瑞鹿 우안遇安 선사
항주杭州 용화龍華 혜거慧居 선사
무주婺州 제운齊雲 우진遇臻 선사
온주溫州 서록사瑞鹿寺 본선本先 선사
〔이상 30인은 기록에 보임〕
항주杭州 보은報恩 덕겸德謙 선사
항주杭州 영은靈隱 처선處先 선사
천태天台 선건善建 성의省義 선사
월주越州 관음觀音 안安 선사

무주婺州 인수仁壽 택澤 선사

월주越州 운문雲門 중요重曜 선사

월주越州 대우大禹 영榮 선사

월주越州 지장地藏 경瓊 선사

항주杭州 영은靈隱 소광紹光 선사

항주杭州 용화龍華 소란紹鑾 선사

월주越州 벽천碧泉 행신行新 선사

월주越州 상전象田 묵默 선사

윤주潤州 등운登雲 종견從堅 선사

월주越州 관음觀音 낭朗 선사

월주越州 제기諸暨 오봉五峰 화상

월주越州 하산何山 도자道孜 선사

월주越州 대우大禹 자광自廣 선사

균주筠州 황벽黃蘗 사일師逸 선사

소주蘇州 서광瑞光 청표淸表 선사

〔이상 19인은 기연할 어구가 없으므로 기록하지 않음〕

항주杭州 보은사報恩寺 혜명慧明 선사의 법손 1인

복주福州 보명保明 도성道誠 대사

〔1인은 기록에 보임〕

금릉金陵 보자도량報慈道場 문수文遂 도사導師의 법손 5인

상주常州 제운齊雲 혜慧 선사

홍주洪州 쌍령雙嶺 상祥 선사

홍주洪州 관음觀音 진眞 선사

홍주洪州 용사龍沙 무茂 선사

홍주洪州 대녕大寧 장奬 선사

〔이상 5인은 기연할 어구가 없으므로 기록하지 않음〕

항주杭州 영명永明 도잠道潛 선사의 법손 3인

항주杭州 천광왕千光王 괴성瓌省 선사

형주衡州 진경鎭境 지징志澄 대사

명주明州 숭복崇福 경상慶祥 선사

〔이상 3인은 기록에 보임〕

항주杭州 영은靈隱 청용淸聳 선사의 법손 9인

항주杭州 공신원功臣院 도자道慈 선사

수주秀州 나한羅漢 원소願昭 선사

처주處州 보은報恩 사지師智 선사

형주衡州 곡녕瀫寧 가선可先 선사

항주杭州 광효光孝 도단道端 선사

항주杭州 보청保淸 우녕遇寧 선사

복주福州 지제支提 변륭辯隆 선사

항주杭州 서룡瑞龍 희원希圓 선사

〔이상 8인은 기록에 보임〕

항주杭州 국태國泰 덕문德文 선사

〔1인은 기연할 어구가 없으므로 기록하지 않음〕

금릉金陵 보자報慈 행언行言 도사導師의 법손 2인

홍주洪州 운거雲居 의능義能 선사

〔1인은 기록에 보임〕

요주饒州 북선北禪 청교淸皎 선사

〔1인은 기연할 어구가 없으므로 기록하지 않음〕

금릉金陵 청량清凉 태흠泰欽 선사의 법손 2인

홍주洪州 운거雲居 도제道齊 선사

〔1인은 기록에 보임〕

여산廬山 서현棲賢 혜총慧聰 선사

〔1인은 기연할 어구가 없으므로 기록하지 않음〕

금릉金陵 보은報恩 법안法安 선사의 법손 2인

여산廬山 서현棲賢 도견道堅 선사

여산廬山 귀종歸宗 제14세 혜성慧誠 선사

〔2인은 기록에 보임〕

여주廬州 장안원長安院 연규延規 선사의 법손 2인

여주廬州 장안長安 변실辯實 선사

담주潭州 운개雲蓋 용청用清 선사

〔이상 2인은 기록에 보임〕

제11세 법손

항주杭州 영명사永明寺 연수延壽 선사의 법손 2인

항주杭州 부양富陽 자몽子蒙 선사

항주杭州 조명朝明 원진院津 선사

〔이상 2인은 기연할 어구가 없으므로 기록하지 않음〕

소주蘇州 장수원長壽院 붕언朋彦 대사의 법손 1인

장수長壽 제2세 법제法齊 선사

항주杭州 보문사普門寺 희변希辯 선사의 법손 2인

고려국高麗國 혜홍慧洪 선사

월주越州 상림上林 호지胡智 선사

〔이상 2인은 기연할 어구가 없으므로 기록하지 않음〕

행사行思 선사의 제9세 ②

금릉金陵 청량淸凉 문익文益 선사의 법손

소주蘇州 천복원薦福院 소명紹明 선사

주장州將 전인봉錢仁奉이 주지되기를 간절히 청하면서 물었다.

"어떤 것이 화상의 가풍입니까?"

대사가 대답했다.

"어디서나 볼 수 있다."

택주澤州 고현원古賢院 근謹 선사

대사가 어떤 스님을 감정하기 위해서 이렇게 물었다.

"여래의 굳세고 비밀한 몸이 온갖 티끌 속에 나타난다 하니, 어떤 것이 굳세고 비밀한 몸인가?"

스님이 손가락을 세우니, 대사가 말했다.

"나타나긴 나타났는데, 그대는 어떻게 이해하는가?"

스님이 말이 없었다.

대사가 정혜淨慧 선사를 모시고 섰는데, 정혜가 어떤 스님에게 이렇게 묻는 것을 보았다.

"여기서 떠나 어디를 갔다 왔는가?"

그 스님이 대답했다.

"영嶺 안에 들어갔었습니다."

"쉽지 않았겠구나."

"그토록 많은 산천을 헛되이 걸었습니다."

"그토록 많은 산천이야 싫지 않겠지."

그 스님은 말이 없었으나, 대사는 이 말끝에 크게 깨달았다.

스님이 물었다.

"어떤 것이 부처입니까?"

대사가 대답했다.

"그대의 콧구멍을 쥐어박겠다."

선주宣州 흥복원興福院 가훈可勳 선사

그는 건주建州 건양建陽 사람으로서 성은 주朱씨이다. 정혜淨慧에게 인가를 받은 뒤에 법문을 열어서 주지가 되었다.

어떤 스님이 물었다.

"어떤 것이 흥복興福의 주인입니까?"

대사가 대답했다.

"그대는 알지 못한다."

"다만 그것이면 되지 않겠습니까?"

"설사 광증은 쉬지 않았더라도 머리야 어찌 잃었겠는가?"

"어떤 것이 도입니까?"

"부지런히 행하라."

"어떤 것이 법공法空입니까?"

"공하지 않은 것이다."

대사는 게송으로 대중에게 보였다.

가을 강의 섬 연기 맑은데
해오라기는 걸음마다 우뚝 섰다.
관세음보살을 염念하지 않는다면
어찌 보문普門에 들어감을 알겠는가.

秋江煙島晴　　鷗鷺行行立
不念觀世音　　爭知普門入

홍주洪州 상람원上藍院 수눌守訥 선사

상당하여 대중에게 말했다.

"강령을 끌어내 다하였건만 땅을 쓰는 사람은 없구나[無人掃地 : 깨달음의 경계]. 총림의 여러 형제들이 다 함께 증명할 터이니, 늦게 발심한 무리가 의심이 있거든 물어라."

어떤 스님이 물었다.

"감로문甘露門을 열어서 제1의를 관찰하여 유와 무에 떨어지지 않는 도리를 보여 주소서."

"대중이 증명한다."

"그러면 무시하시는 것입니다."

"부질없는 말이다."

"어떤 것이 부처입니까?"

"다시 누구에게 묻는가?"

무주撫州 복선覆船 화상

어떤 스님이 물었다.

"어떤 것이 부처입니까?"

대사가 대답했다.

"모른다."

"어떤 것이 조사께서 서쪽에서 오신 뜻입니까?"

"조사를 비방하지 말라."

항주杭州 봉선사奉先寺 법명法明 보조普照 선사 법괴法瓌

스님이 물었다.

"석가세존께서 세상에 나실 때는 하늘에서 네 가지 꽃이 내리고 땅이 여섯 번 진동했는데, 오늘 화상에게는 어떤 상서가 있었습니까?"

대사가 말했다.

"대중이 다 본다."

"법왕의 법이 이러하십니다."

"인왕人王이 보고 있다."

"정혜淨慧의 보인寶印은 화상께서 친히 받으셨거니와 오늘의 이 모임에서는 누구에게 전하시겠습니까?"

"누군들 분수가 없겠는가?"

"그러면 우레 소리가 끝없는 세계에 두루 진동하겠습니다."

"그래도 잘 들어야 된다."

여산廬山 화성사化城寺 혜랑慧朗 선사

강남의 재상인 송제구宋齊丘가 개당을 청하니, 대사가 상당하여 말했다.

"오늘 영공(令公 : 재상)께서 산승에게 대중을 위해 설법하라 한 것은 모두가 부처님의 분부를 받아 부처님의 은혜를 잊지 않으려는 것이다. 대중 가운데 물을 말이 있는 이는 나와서 영공과 인연을 맺어라."

어떤 스님이 물었다.

"영공께서 친히 왕림하시고 대중이 모두 모였으니, 스님께서 위로부터의 종승을 들어 제창해 주십시오."

"그렇게 하면 영공을 등지는 것이 아니겠는가?"

"스님께서는 항상 애써 말씀하시는데, 학인은 어째서 자기 일을 밝히지 못합니까?"

"그대는 어디를 밝히지 못했는가?"

"밝히지 못한 곳을 스님께서 결단해 주십시오."

"아까부터 그대에게 무엇을 말했는가?"

"그러시면 전적으로 오늘로 인한 것을 버려야겠습니다."

"물러가서 절을 세 번 하라."

항주杭州 혜일慧日 영명사永明寺 통변通辯 선사 도홍道鴻〔제3세 주지〕

어떤 스님이 물었다.

"멀리 천태경天台境에서 떠나 혜일봉慧日峰으로 올라왔습니다. 오랫동안 사자후의 소문을 들었는데, 오늘 스님께서 알려 주십시오."

대사가 대답했다.

"들었는가?"

"그러면 옛날에는 숭수崇壽이고 오늘은 영명永明이겠습니다."

"퍽 영리하건만 어찌 어지러이 지껄이는가?"

대사가 대중에게 말했다.

"대도大道는 툭 트이어서 고금에 항상 그러할 뿐이다. 참 마음이 두루해서 여량지如量智가 밝으니 삼라만상 모두가 진실상眞實相이다. 천지를 포괄하고 고금을 꿰뚫었으니, 대중은 알겠는가? 흑백을 가리겠는가?"

어떤 이가 물었다.

"국왕이 명령을 내리시고 고귀한 공公이 자리에 임하셨으니, 오늘은 마땅히 무슨 일을 하십니까?"

"그대가 증험해 보라."

"그 뜻이 무엇입니까?"

"어디를 갔다 왔는가?"

"그러면 역시 창졸간이겠습니다."

"어지러운 소리를 말라."

"부처님들께서 출세出世하실 때에는 백 가지 보배 광명을 놓으셨는데, 스님께서 보배 자리에 오르시면 어떤 상서로움이 있습니까?"

"증험할 수 있다."

"법왕의 법이 이러합니다."

"역시 헛소리구나."

고려高麗 영감靈鑒 선사

스님이 물었다.

"어떤 것이 청정한 가람입니까?"

대사가 대답했다.

"소 우리〔牛欄〕이니라."

"어떤 것이 부처입니까?"
"이 어리석은 놈을 끌어내라."

형문荊門 상천上泉 화상

스님이 물었다.
"두 용이 여의주를 다투면 누가 얻습니까?"
대사가 대답했다.
"내가 얻는다."
"아주 먼 곳으로부터 스님께 귀의해 왔으니, 어떻게 한 번 제접하시겠습니까?"
대사가 주장자를 집고 서서 굽어보니, 그 스님이 절을 했다. 이에 대사가 할을 했다.
"한 자쯤 되는 구슬에 티가 없을 때는 어떠합니까?"
"나는 소중히 여기지 않는다."
"소중히 여기지 않은 뒤에는 어떠합니까?"
"불 속의 메뚜기가 뛰어서 하늘로 오른다."

여산廬山 대림사大林寺 승둔僧遁 선사

처음에 원통圓通에 살았는데, 어떤 스님이 물었다.
"어떤 스님이 현사玄沙 화상에게 묻되 '위로부터의 종승을 여기서는 어떻게 이야기하십니까?' 하니, 현사가 말하되 '듣는 이가 별로 없다'고 했다는데, 이제 스님께 묻노니 현사의 뜻이 무엇입니까?"
대사가 대답했다.
"그대가 석이봉石耳峰을 옮겨다 놓은 뒤에야 그대에게 말하리

라."〔귀종歸宗 유柔가 따로 말하기를 "우선 소리를 낮추라"고 했다.〕

지주池州 인왕원仁王院 연승緣勝 선사

어떤 스님이 물었다.

"농가에서 격양가擊壤歌를 부를 때는 어떠합니까?"

대사가 대답했다.

"승려 집안에도 스스로 본분의 일이 있다."

"승려 집의 본분의 일을 묻는 것이 아닙니다. 농가에서 격양가를 부를 때는 어떠합니까?"

"말귀가 어디에 있는가?"

여산廬山 귀종사歸宗寺 의유義柔 선사〔제13세 주지〕

처음에 상당하여 자리에 앉으니, 유나가 대중에게 말했다.

"법연에 계신 여러 용상 대덕들이여, 제1의를 관찰하시오."

이에 대사가 말했다.

"제1의라고 하면 어떻게 관찰할 수 있으랴? 이렇게 말하면 허물이 어디에 떨어지는가? 관찰하는 것인가? 아니면 관찰하기를 허락하지 않는 것인가? 덕 높은 상좌들은 함께 증명해 보라. 초심의 후학들은 돌이켜 묻는 말이라거나 뒤집은 말이라 하지 말라. 의심이 있거든 물어라."

어떤 스님이 물었다.

"부처님들께서 세상에 나타나시어 설법으로 사람들을 제도하시면 천지가 감동했는데, 화상께서 세상에 나타나실 때에는 어떤 상서로움이 있었습니까?"

대사가 대답했다.

"인간과 하늘의 대중 앞에서 잠꼬대는 해서 무엇 하리오."

"여러 관원들이 다 모였고, 대중이 귀를 기울이고 있습니다. 어떤 것이 세상을 벗어나는 한마디의 일입니까?"

"대중이 증명한다."

"향 연기가 일어나는 곳에서 스님께서는 법상에 오르셨는데, 종승의 일은 어떠합니까?"

"교승教乘도 그렇게 이해한다."

"우담발화가 피면 사람들이 모두 보는데, 본래 무심無心인 일을 통달하는 것은 어떠합니까?"

"부질없는 말이다."

"그러면 남방 혜능에게 따로 깊고 깊은 뜻이 있어서 마음을 마음으로 여기는 사람이 아니면 모르겠습니다."

"일은 모름지기 총림을 배불린다."

"옛날의 금봉金峰과 오늘의 귀종歸宗은 하나입니까, 둘입니까?"

"그대가 증명해 주어서 고맙다."

"지장智藏의 한 화살은 곧장 귀종을 쏘았는데, 귀종의 한 화살은 누구를 쏘시렵니까?"

"우리 지장 선사를 비방하지 말라."

"오늘날 대장군〔知軍〕이 몸소 법회를 증명해 주시니, 스님께서는 이 은혜를 어떻게 갚으시렵니까?"

"내가 무엇이라 하면 되겠는가?"

또 말했다.

"한 번 묻고 한 번 대답하는 것으로는 요달할 기약이 없다. 불법은 그러한 도리가 아니다. 대중이여, 오늘의 일은 원래 나의 본심이 아니다. 진실로 말하건대 이렇게 산에 머무는 것이 어찌 뜻이 있겠으며, 이미 성불했다는 것도 또한 무심無心이리니, 이는 오로지 장군께서 청하시기 때문이며, 대중의 정성스런 마음 때문이리라. 이미 여기에 도달하였다면, 또 무엇을 설해야 되겠는가? 알겠는가? 만약 여기에 미치지 못한다면, 옛사람도 말하기를, '서로 만나서 불러 보고 싶으나 맥맥(脈脈 : 할 듯 할 듯함)히 말을 못한다'고 한 것은 어떻게 이해하는가? 만일 이를 안다면 갚지 못한 은혜를 충분히 갚고 무위無爲의 덕화를 족히 돕는다 하겠지만, 만일 알지 못한다면 그저 말하기를 '저 장로는 개당하고서 옛사람의 말이나 들춘다'고 하지 말라. 이 성대한 일은 하늘의 높음과 바다의 깊음으로도 비유할 수 없으며, 더구나 황풍(皇風 : 국왕의 덕화)을 찬탄해서 청정한 무리로 회향하지도 못하리라. 무슨 까닭이겠는가? 옛사람도 말하기를 '내가 기도한 지 오래다'고 하였는데, 하물며 지금의 황제이겠는가. 오래 섰었다. 안녕."

어떤 스님이 물었다.

"어떤 것이 공왕空王의 사당입니까?"

대사가 대답했다.

"신神이 없지는 않다."

"어떤 것이 사당 안의 사람입니까?"

"아까부터 부질없이 말하지는 않았다."

"신령스런 거북의 징조가 나타나기 전에는 어떠합니까?"

"길하던가, 흉하던가?"

"그 근원을 통달치 못했으니, 스님께서 방편을 베풀어 주십시오."

"통달했다."

"통달한 뒤에는 어떠합니까?"

"끝내 그렇게 묻지는 말라."

"오랫동안 대승의 마음을 내었다가 중간에 이 뜻을 잊었다 하니, 어떤 것이 이 뜻입니까?"

"또 중간에 잊었다고 하는구나."

앞의 양주襄州 청계淸谿 홍진洪進 선사의 법손

상주相州 천평산天平山 종의從漪 선사

어떤 스님이 물었다.

"어찌하여야 삼계를 벗어나겠습니까?"

대사가 대답했다.

"삼계를 가져오너라. 그대를 벗어나게 하리라."

"어떤 것이 화상의 가풍입니까?"

"훤히 드러났다."

"어떤 것이 부처입니까?"

"천지를 가리키지 않는다."

"어째서 천지를 가리키지 않습니까?"

"나만이 홀로 존귀하다."

"어떤 것이 천평天平입니까?"

"여덟 곳은 움푹하고, 아홉 곳은 불룩하니라."

"깊은 골짜기의 졸졸 흐르는 맑은 계곡 물을 마시는 이는 어째서 오르거나 떨어지지 않습니까?"

"다시 꿈에서 무엇을 보려는가?"

"대중이 모였으니, 무엇을 이야기하리까?"

"향 연기가 일어나는 곳에 삼라만상이 보인다."

여산廬山 원통원圓通院 연덕緣德 선사

그는 전당錢塘 사람으로서 성은 황黃씨이다. 처음에 임안臨安의 낭첨원朗瞻院에서 스님이 되고, 나이가 차자 천태산天台山에 가서 구족계를 받았다.

그리하여 비로소 천룡天龍 순덕順德 대사에게 배우고는 이어 강남으로 도를 물으러 떠나서 홍진洪進 산주(山主 : 祖室)를 만나 마음을 깨달았다.

이때에 강남江南의 국주國主가 여산廬山에다 선원을 세우고 대사에게 법문 열기를 청하니, 대사가 상당하여 이렇게 말했다.

"여러 상좌들이여, 도안道眼을 밝히도록 해야 하니, 이것이 행각하는 스님의 본분의 일이다. 도안을 밝히지 못하면 무슨 쓸모가 있으랴. 그저 소반을 옮겨다가 밥을 먹을 뿐이다. 도안을 밝히면 무슨 장애가 있으랴. 만일 아직 밝히지 못했거든 억지로 여러 소리를 해도 쓸모없다. 일이 없으니 잘 연구해 보라."

스님이 물었다.

"어떤 것이 네 가지 옮기지 않는 것입니까?"

대사가 대답했다.

"지地·수水·화火·풍風이니라."

"어떤 것이 옛 부처님의 마음입니까?"

"물새와 나무숲이니라."

"학인學人은 잘 모르겠습니다."

"학인을 알라."

"오래도록 줄 없는 거문고를 묵혀 두었습니다. 스님께서 한 곡조 퉁겨 주십시오."

"얼마 동안이나 묵혀 두었던가?"

"어떤 곡조가 나겠습니까?"
"이야기가 틀렸다. 안녕."
"어떤 것이 불법의 대의입니까?"
"과거 등명불燈明佛의 근본 광명의 상서로움이 이러하니라."
"어떤 것이 학인의 자기自己입니까?"
"특별히 묻는 것은 무슨 뜻인가?"
"어떤 것이 대매(大梅 : 산 이름)의 주인입니까?"
"그대는 오늘 어디서 떠났는가?"

앞의 승주昇州 청량淸涼 휴복休復 선사의 법손

승주昇州 봉선사奉先寺 정조淨照 선사 혜동慧同

그는 위부魏府 사람으로서 성은 장張씨이다. 어릴 때에 출가하여 요주饒州 북선원北禪院의 유직惟直 선사에 의해 머리를 깎고, 나이가 차자 무주撫州의 희조希操 율사에게 구족계를 받고 청량淸涼에게 법을 얻었다.

어떤 스님이 물었다.

"오직 하나의 굳세고 비밀한 몸이 온갖 티끌 속에 나타난다 하고, 또 말하기를 '부처의 몸은 법계에 가득하여 온갖 중생의 앞에 두루 나타난다'고 하는데, 이 두 갈래를 스님께서 말씀해 주십시오."

대사가 대답했다.

"오직 하나의 굳세고 비밀한 몸이 온갖 티끌 속에 나타난다."
"어떤 것이 옛 부처님의 마음입니까?"
"그대는 어느 것이 아니라고 의심하는가?"
"어떤 것이 항상 존재하는 사람입니까?"
"다시 누구에게 묻는가?"

앞의 무주撫州 용제산龍濟山 소수紹修 선사의 법손

하동河東 광원廣原 화상

어떤 스님이 물었다.

"어떤 것이 불법의 대의입니까?"

대사가 게송으로 대답했다.

하나하나의 찰토刹土마다 형상을 나타내고
하나하나의 티끌마다 지각을 갖추었다.
성품의 근원이 항상 고동치면서도
일찍이 옮긴 적이 없음을 깨닫지 못하네.

刹刹現形儀　　塵塵具覺知
性源常鼓浪　　不悟未曾移

앞의 형악衡嶽 남대南臺 수안守安 선사의 법손

양주襄州 취령鷲嶺 선미善美 선사〔제3세 주지〕

어떤 스님이 물었다.

"어떤 것이 취령鷲嶺의 경계입니까?"

대사가 대답했다.

"현산峴山은 벽옥봉碧玉峰을 대하고, 강수江水는 남쪽을 향해 흐른다."

"어떤 것이 경계 안의 사람입니까?"

"무슨 일이 있던가?"

"백 갈래의 개울들이 함께 큰 바다로 돌아가는데, 큰 바다에는 몇 방울의 물이 있습니까?"
"그대는 바다에 도달했는가?"
"바다에 도달한 후에는 어찌합니까?"
"내일 오라. 그대에게 말해 주리라."

앞의 장주漳州 융수원隆壽院 무일無逸 선사의 법손

융수隆壽 법건法騫 선사

그는 천주泉州 진강현晋江縣 사람으로 성은 시施씨이다. 어머니 요廖씨가 처음 태기가 있을 때에 누린내와 비린내를 싫어하더니, 태어나서 자란 뒤에 고향의 개원사開元寺 보리원菩提院에서 스님이 되어 계를 받았다. 그리고는 장주漳州로 가서 참일參逸 화상을 뵙고 법을 깨쳤다.

당시 자사刺史인 진홍섬陳洪銛이 법문을 열어 주지하기를〔융수隆壽의 제3세 주지〕 청하므로 상당하여 이렇게 대중에게 보였다.

"오늘 융수隆壽가 세상에 나타나니, 3세의 부처님들과 삼라만상이 동시에 나타나 동시에 법 수레를 굴리신다. 여러분은 보았는가?"

어떤 스님이 물었다.

"어떤 것이 융수의 경계입니까?"

대사가 대답했다.

"그대가 발을 들여 놓을 곳이 없다."

"어떤 것이 경계 안의 사람입니까?"

"경계가 존재하는지 알지 못한다."

어떤 스님이 뵈러 와서 하루를 묵은 뒤에 방장에 들어와서 마음의 요체를 물으니, 대사가 말했다.

"어제 만났을 때에 앉고 눕는 차례에 따랐고, 오늘 아침에 만나도 역시 그러한데, 어떻게 유달리 마음의 요체를 찾아서 드러내겠으며, 마음의 요체가 어찌 특별히 따로 있으랴."

앞의 여산廬山 귀종사歸宗寺 도전導詮 선사의 법손

균주筠州 구봉九峰 의전義詮 선사

어떤 스님이 물었다.

"어떤 것이 조사께서 서쪽에서 오신 뜻입니까?"

대사가 대답했다.

"힘 있는 사람이 지고 간다."

앞의 미주眉州 황룡黃龍 계달繼達 선사의 법손

미주眉州 황룡黃龍 제2세 화상

어떤 스님이 물었다.

"어떤 것이 비밀한 방〔密室〕입니까?"

대사가 대답했다.

"열어도 열리지 않는다."

"어떤 것이 비밀한 방 안의 사람입니까?"

"남자도 여자도 아니다."

"나라 안에서 칼을 뽑아 든 이가 누구입니까?"

"창복(昌福 : 창성한 복덕)이다."

"갑자기 존귀함을 만나면 어찌합니까?"

"버리지 않는다."

앞의 낭주朗州 양산梁山 연관緣觀 선사의 법손

영주郢州 대양산大陽山 경현警玄 선사

어떤 스님이 물었다.

"총림이 드넓고 법고法鼓가 요란한데, 향상의 종승을 어떻게 들어 제창하십니까?"

대사가 대답했다.

"그에게는 소식도 없거늘 어찌 대응할 수 있겠는가?"

"오늘의 종승은 이미 스님께서 지시해 주시는 혜택을 받았습니다만 스님은 누구의 법을 이으셨습니까?"

"양산梁山이 진秦나라 때의 거울을 골라냈는데, 장경봉長慶峰 앞에서 한결같이 비친다."

"어떤 것이 대양大陽의 경계입니까?"

"외로운 학과 늙은 원숭이의 울음이 골짜기를 울리고, 여윈 소나무와 차가운 대나무는 푸른 연기를 녹인다."

"어떤 것이 경계 안의 사람입니까?"

"무엇인가, 무엇인가?"

"어떤 것이 대양의 가풍입니까?"

"병에 가득해서 쏟아도 나오지 않지만, 온 누리에는 주린 사람이 없다."

"어떤 것이 부처입니까?"

"그대는 어찌 부처가 아니겠는가?"

"학인이 모를 때에는 어찌합니까?"

"아득히 3추秋의 달이 걸려 있지는 않지만, 한 구절이 양지에 드러났으니 어찌 등불이 있겠는가."

"어떤 것이 조사께서 서쪽에서 오신 뜻입니까?"

"물을 줄 모르는구나."

"학인이 모를 때에는 어떠합니까?"

"협부陜府의 무쇠소〔鐵牛〕는 사람마다 알고 있고, 변화卞和가 구슬을 얻은 사실은 아직껏 전하고 있다."

"어떤 것이 대양大陽의 법신을 꿰뚫는 구절입니까?"

"큰 바다의 밑바닥에 붉은 먼지 일어나고, 수미산 꼭대기에 물이 옆으로 흐른다."

"우두가 4조를 보기 전에는 어째서 백 가지 새가 꽃을 물고 왔습니까?"

"문을 나선 오계(烏雞 : 오골계)의 머리에 눈이 실렸다."

"본 뒤에는 '어째서 꽃을 물어오지 않았습니까?"

"이글거리는 해가 하늘 복판에 당도한 뒤에는 오계는 문밖으로 날아가느니라."

행사行思 선사의 제10세

앞의 천태산天台山 덕소德昭 국사의 법손

항주杭州 혜일慧日 영명사永明寺 지각智覺 선사 연수延壽

그는 여항餘杭 사람으로서 성은 왕王씨이다. 총각總角 때부터 불법에 마음을 두더니, 20세가 되어 누린내 나는 것을 먹지 않고 하루에 한 끼니만을 먹었다. 또 『법화경』을 읽는데 일곱 줄을 동시에 보아서 60일 만에 다 외우니, 뭇 염소들이 감동하여 꿇어앉아 들었다.

28세에 화정진華亭鎭의 장수가 되었는데, 때마침 취암翠巖 영명永明 대사가 용책사龍冊寺로 옮겨와서 현묘한 법화를 크게 드날리고 있었다. 당시 오월吳越의 문목왕文穆王이 대사가 도를 사모하는 것을 알고, 그의 뜻을 따라 출가를 허락했다.

취암翠巖을 스승으로 삼고 대중을 시봉하는데 힘썼는데, 몸을 돌보지 않고, 옷은 비단을 입지 않고, 음식은 두 맛을 함께 보지 않았다. 그저 야채와 베옷으로 세월을 보내는 것이었다.

그러다가 바로 천태산天台山으로 가서 천주봉天柱峰에서 90일 동안 선정을 익혔는데, 까마귀 종류인 척안尺鷃이 옷자락 속에다 둥지를 지었다.

또 덕소德韶 국사를 뵈었는데, 덕소 국사는 한 번 보고 깊이 법기法器라 여겨서 현묘한 종지를 비밀이 주면서 말했다.

"그대는 원수元帥와 인연이 있다. 다음날 크게 불사를 일으킬 것이다."

이와 같이 비밀한 수기受記를 받고, 처음에는 명주明州의 설두산雪竇山에 사니, 학자들이 구름같이 모였다.〔함평咸平 원년에 자성사資聖寺라는 편액을 하사하였다.〕

대사가 상당하여 말했다.

"설두雪竇의 이 경지는 천 길 폭포가 내려쳐도 좁쌀 하나도 멈추지 못하고, 기이한 바위가 천 길이어서 발붙일 곳이 없다. 그대들은 어디를 향해 나아가겠는가?"

이때에 어떤 스님이 물었다.

"설두의 외길을 어떻게 밟아 나갑니까?"

대사가 대답하였다.

"걸음걸음마다 성에가 끼고, 말마다 밑바닥까지 사무쳐 얼어 있다."

건륭建隆 원년에 충의왕忠懿王이 영은산靈隱山의 새로운 절에 들어와서 살라고 하여 제1세 주지가 되었고, 이듬해에 다시 영명永明 대도량에 살라고 청하여 제20세 주지가 되니, 대중이 2천 명을 넘었다.

어떤 스님이 물었다.

"어떤 것이 영명永明의 묘한 종지입니까?"

대사가 대답했다.

"다시 향香을 첨가하라."

"스님께서 지시해 주셔서 고맙습니다."

"기뻐해도 교섭할 길은 없다."

대사가 게송을 읊었다.

영명의 종지를 알고자 하는가.
문 앞의 한 호수이니라.
해가 비추니 광명이 생겨나고
바람이 부니 물결이 일어난다.
欲識永明旨　門前一湖水
日照光明生　風來波浪起

다른 스님이 물었다.

"학인이 오랫동안 영명에 있었는데, 어째서 영명의 가풍을 알 수 없습니까?"

"알 수 없는 곳을 알도록 하라."

"알지 못하는 곳을 어떻게 알겠습니까?"

"소가 코끼리 새끼를 배서 낳고, 푸른 바다에서는 붉은 티끌이 일어난다."

"부처가 되고 조사가 되어도 벗어날 수 없고, 6도를 윤회해도 벗어나지 못한다 하는데, 어디를 벗어나지 못한다는 것입니까?"

"나가라. 그대의 물음이 맞지 않는다."

"듣건대 경전에 말하기를 '여러 부처님과 온갖 불법이 모두 이 경에서 나왔다'고 하는데, 어떤 것이 이 경입니까?"

"오래 굴러도 멈추지 않으며, 이치〔義〕도 아니고 소리도 아닌 것이니라."

"어떻게 받아 지니오리까?"

"이를 받아 지니고자 하면 마땅히 눈으로 들어야 한다."

"어떤 것이 대원경大圓鏡입니까?"

"깨어진 질동이〔砂盆〕니라."

대사가 영명도량에 있은 지 15년 동안에 제자들 1천7백 명을 제도했고, 개보開寶 7년에 천태산天台山에 들어가 계戒를 설하여 1만여 명을 제도했다. 항상 일곱 가지 무리〔七衆〕[1]에게 보살계를 설해 주었고, 밤에는 귀신의 밥을 나눠 주고, 아침에는 뭇 생명의 목숨을 풀어 주었는데, 그 수효는 헤아릴 수 없다. 매일 여섯 차례 정진하고, 도를 행하다 남는 힘으로 『법화경』을 1만 3천 부를 읽었고, 『종경록宗鏡錄』 1백 권과 시·게송·부賦·영詠 등 천만 마디를 저

1 불제자를 일곱 부류로 나누어 부르는 통칭으로, 비구·비구니·식차마나·사미·사미니(이상 출가자)와 우바새·우바이(이상 재가자)를 말한다.

술했는데 해외에까지 퍼졌다.

고려국의 왕이 대사의 설법을 전해 듣고 사신을 보내 제자의 예를 올리고, 금실로 짠 가사와 자수정紫水晶으로 만든 염주와 금조관金澡罐 등을 바쳤다. 그리고 그 나라의 스님 36명이 직접 수기를 받고서 앞서거니 뒤서거니 본국으로 돌아가 제각기 한 지방을 교화하였다.

개보開寶 8년 을해乙亥 12월에 병이 나더니, 26일 진시辰時에 향을 피우고 대중에게 고한 뒤에 가부좌를 틀고 앉아서 입멸하였다. 이듬해 정월 6일에 대자산大慈山에다 탑을 세웠다. 수명은 72세이고 법랍은 42세였으며, 태종太宗 황제께서 수녕선원壽寧禪院이란 편액을 하사했다.

온주溫州 대녕원大寧院 가홍可弘 선사

어떤 스님이 물었다.

"어떤 것이 바르고 참된 외길입니까?"

대사가 말했다.

"일곱 번 넘어지고 여덟 번 엎어진다."

"그러면 법문이 별다를 것이 없겠습니다."

"나는 그대가 잘못 이해할 줄 알았다."

"환하게 밝아서 실오라기 하나 없을 때에는 어떠합니까?"

"말귀에 이미 떨어졌다."

"스님께서 지시해 주십시오."

"아까도 헛소리를 하지는 않았다."

"향상의 종승을 스님께서 들어 제창해 주십시오."

"그대의 물음이 너무 늦었다."

"그러면 선타바(仙陀婆 : 남의 뜻을 아는 사람)가 못되겠습니다."
"그대가 그렇게 할 줄 익히 알고 있었다."

소주蘇州 안국安國 장수원長壽院 붕언朋彥 대사

그는 영가永嘉 사람으로서 성은 진秦씨이다. 고향의 개원사開元寺에서 업을 익혔다. 처음에 무주婺州 금린金鱗 보자寶資 화상께 참문했다가, 나중에 혜명慧明 선사의 충고에 따라 천태에게 가서 정법안正法眼을 깨달았고, 이때부터 인연 따라 법을 펴면서 고소姑蘇 지방에서 성대히 교화했다.

절수節帥인 전인봉錢仁奉이 소중히 예우하면서 절을 짓고 법륜 굴리기를 청하였으며, 본국에서는 자의紫衣를 하사하고 광법廣法 대사라는 호를 봉했다.

어떤 스님이 물었다.
"어떤 것이 현묘한 종지입니까?"
대사가 대답했다.
"네 모서리가 땅에 닿느니라."
"어떤 것이 털끝 하나 없는 법입니까?"
"산하대지이니라."
"그러면 모습에 즉했으면서도 모습이 없겠습니다."
"그것도 미친 소리이다."
"어떤 것이 곧은길입니까?"
"천 구비와 만 구비니라."
"그러면 모두가 아닌 것이 없겠습니다."
"그게 무슨 소리인가?"
"어떤 것이 도입니까?"

"밟고 지나가기가 쉽지 않다."

대사는 건륭建隆 2년 신유辛酉에 주지의 직책을 문인들에게 맡기는 설법을 하고 그해 4월 6일에 입멸하니, 세상 수명은 49세이고 법랍은 35세였다.

항주杭州 오운산五雲山 화엄도량華嚴道場 지봉志逢 대사

그는 여항餘杭 사람이다. 날 때부터 누린내와 비린내를 싫어하고 피부가 맑고 향기롭더니, 어린 나이에 고향에 있는 동산 낭첨원朗瞻院에 출가했다가 나이가 들자 구족계를 받은 뒤에 3학(學 : 계율·선정·지혜)을 두루 통달하고 성性과 상相을 요달하였다.

일찍이 꿈에서 수미산須彌山에 올라가 세 부처님이 줄지어 앉은 것을 보았는데, 처음은 석가이고 다음은 미륵이어서 모두 그 발 앞에 절을 했으나 셋째 부처님은 알 수 없으므로 우러러보기만 하였다. 이때에 석가부처님께서 지시하면서 말하기를 "이 분이 미륵의 보처존補處尊[2]이신 사자월불師子月佛이시다" 하였다. 대사가 그제야 예배를 하였다. 그리고 꿈을 깬 뒤에 대장경을 열람하다가 꿈에 본 일과 부합되었다.

천복天福 때에 제방으로 다니다가 천태산 운거도량雲居道場에 들러서 국사에게 참문하니, 손님과 주인의 인연이 계합해서 현묘한 비결을 단박에 발현했다.

어느 날 보현전普賢殿에 들어가 고요히 앉았는데, 갑자기 어떤 신인神人이 그 앞에 꿇어앉았다. 이에 대사가 물었다.

"그대는 누구인가?"

---

2 부처님의 곁에 모시어 그 다음에 부처가 되실 분을 말한다.

그가 대답했다.

"호계신(護戒神 : 계를 지키는 신)입니다."

"나는 전생의 허물이 다하지 못한 것이 걱정인데 그대는 알겠는가?"

"스님께서 무슨 죄가 있겠습니까? 오직 조그마한 허물이 있을 뿐입니다."

"무엇인가?"

"발우를 씻은 물도 시주의 것인데 스님은 항상 쏟아 버리셨습니다. 그러시지 마셔야 합니다."

말을 마치자 숨어 버리니, 이로부터 대사는 발우 씻은 물을 다 마셨다. 이렇게 오래 계속하자 위장병을 10년 만에야 고쳤다.〔무릇 음식 찌꺼기를 버리거나 침·콧물·똥·오줌을 배설할 때에는 모두 손가락을 튀기고, 속으로 주문을 외워 보시하는 마음을 일으킨 뒤에 버려야 한다.〕

오월吳越의 국왕이 대사의 도풍道風을 듣고 불러서 자의를 하사하고, 보각普覺 대사라는 호를 내렸다.

처음에는 임안臨安의 공신원功臣院에 있으라고 분부하니, 현묘함을 배우는 무리가 밀려왔다. 이에 대사가 상당하여 말했다.

"여러 상좌들이여, 한 선지식을 떠나서 다른 한 선지식을 참문하는 것은 모두가 선재동자가 선지식을 찾는 양식을 배운 것이다. 잠시 여러 상좌들에게 묻나니, 선재가 문수를 하직하고 묘봉산妙峰山에 올라가서 덕운德雲 비구를 만나려 했는데, 거기에 이르러선 어찌 덕운을 딴 봉우리에서 만났겠는가. 무릇 조사의 뜻과 경전의 뜻은 동일한 방편이어서 끝내 딴 도리가 없다. 저 일을 밝히면 이 일도 저절로 환해진다. 여러 상좌들이여, 지금 이 노승을 쥐어박는다면 이는 나를 만나는 것인가, 만나지 못한 것인가? 여기가 묘봉인가, 딴 봉우리인가? 만일 여기에서 깨닫는다면 이 노승을 저버리지 않았다고 할 수 있을 것이며, 또한 덕운 비구를 항상 만나서 찰나도 여읜 적이 없다고 하리라. 믿어지는가?"

어떤 스님이 물었다.

"총림에서 들어 제창하는 것은 오직 지금을 위한 곡조인데, 어떤 것이 공신원功臣院의 분명한 뜻입니까?"

대사가 대답했다.

"보았는가?"

"그러면 대중이 모두 기뻐하겠습니다."

"나는 그대를 사자 새끼로 여겼다."

"부처와 부처끼리 손수 전하시고, 조사와 조사가 마음을 전하셨는데, 화상께서는 무엇을 전하십니까?"

"그대가 알아들을 수 있겠는가?"

"제가 알아듣지 못한다면 딴 사람이 알아들을 이가 있겠습니까?"

"대중이 그대를 비웃는다."

"어떤 것이 여래장如來藏입니까?"

"물음과 흡사하다."

"어떤 것이 모든 부처님들의 기틀입니까?"

"말한다고 되겠는가?"

어느 날 대사가 상당하여 한참 있다가 말했다.

"대중이여, 살피고 살펴라."

그리고는 자리에서 내려와 방장으로 돌아갔다.

개보開寶 초에 충의왕忠懿王이 보문정사普門精舍를 짓고, 세 차례나 주지되기를 청하자 다시 종요宗要를 선양하니, 그가 곧 보문의 제1세 주지였다.

대사가 상당하여 말했다.

“고덕古德이 법을 위해 행각할 때에는 진실로 수고로움 같은 것을 꺼리지 않았으니, 설봉雪峰 화상이 세 차례 투자投子에 갔었고, 아홉 차례 동산洞山에 올라가 서성거리고 왕래하면서도 들어갈 길을 찾지 못했다. 그대들의 요즘 참학參學하는 것을 보건대, 문턱에 들어서자 곧 내가 제접해 주거나 소상히 선禪을 설명해 주기를 바란다. 그러나 그대들이 현극玄極의 도에 나아가고자 하면 어찌 등한히 굴어서 되겠는가? 하물며 이 일은 깨닫는 시기가 있거늘 조급하게 구한다고 해서 어찌 얻어지겠는가? 그대들이 깨달을 때를 알고자 하는가? 바로 지금 각각 방으로 돌아가서 조용히 앉아 앙가봉仰家峰이 고개를 끄덕이기까지 기다려라. 그때 내가 그대들에게 말해 주리라.”

이때에 어떤 스님이 나서서 말했다.

“앙가봉이 고개를 끄덕였습니다. 스님께서 말씀해 주십시오.”

대사가 말했다.

“대중아, 말해 봐라. 이 스님은 노승의 말을 알아들었는가, 알아듣지 못했는가?”

그 스님이 절을 하니, 대사가 말했다.

“오늘 우연히 거울을 잃었다.”

“어떤 것이 보문普門의 가풍입니까?”

“몇 사람이 구경해도 흡족하지 못하다.”

“어떤 것이 보문의 경계입니까?”

“그대는 가는 곳마다 가풍이나 묻는 것을 그만둬라.”

대사는 개보開寶 4년에 굳이 국왕을 하직하고 늙음을 핑계하여 숲 속에서 휴양하기를 원하였는데, 이때에 대장大將인 능초凌超가 오운산五雲山에 새로 지은 화엄도량華嚴道場을 바치면서 여생을 마칠 도량으로 삼으라고 했다.

옹희雍熙 2년 을유乙酉 11월에 홀연히 병이 나더니, 25일에 시자에게 향탕을 준비하라 해서 몸을 씻고는 가부좌를 틀고 앉아 한참만에 입적하였다. 수명은 77세이고 법랍은 58세요, 탑호는 보봉상조普峰常照였다.

항주杭州 보은報恩 광교사光敎寺 혜월慧月 선사 법단法端〔제3세 주지〕

상당하여 말했다.

"며칠 저녁을 두고 여러 상좌들과 함께 이러쿵저러쿵 따졌으나 아직도 그 근원을 다하지 못했다. 오늘은 상좌들에게 방편문을 활짝 열어서 한꺼번에 말해 버리려 하는데 기꺼이 원하는가? 오래 섰었다. 안녕."

어떤 스님이 물었다.

"학인이 이렇게 올라왔는데 스님께서 제접해 주십시오."

대사가 대답했다.

"제접하지 않는다."

"어째서 제접하시지 않습니까?"

"그대가 너무 영리하기 때문이다."

항주杭州 보은報恩 광교사光教寺 통변通辯 명달明達 선사 소안紹安〔제4세 주지〕

상당하여 말했다.

“한 구절의 물든 정신〔染神〕은 만 겁에 썩지 않는다. 오늘 여러 상좌들을 위해 한 구절을 들어 보이리니, 분명히 기억해 둬라. 안녕.”

스님이 물었다.

“대중이 귀를 다 기울이고 있습니다. 스님께서 아끼지 마시기 바랍니다.”

대사가 대답했다.

“괴이하구나.”

“그러면 오늘 스님을 만나겠습니다.”

“그게 무슨 말이냐?”

언젠가 대사가 대중에게 이렇게 말했다.

“다행히 누대樓臺가 땅 위에 두루 펼쳐진 그대로가 조사의 법인法印을 제접하니, 여러 상좌들은 참구해 보라. 오래 섰었다. 안녕.”

어떤 이가 물었다.

“어떤 것이 화상의 가풍입니까?”

대사가 대답했다.

“어디서나 이루어졌음을 본다.”

“그러면 고금을 꿰뚫겠습니다.”

“부질없는 말을 말라.”

복주福州 광평원廣平院 수위守威 종일宗一 선사

그는 복주福州 후관候官 사람이다. 서봉산西峰山에서 업을 닦다가 천태天台에게 참문하여 법을 얻으니, 국사가 법의法衣를 주었다.

이때에 어떤 스님이 물었다.

"태유령太庾嶺 마루턱에서 들어도 들리지 않던 것을 어떻게 스님께 전했겠습니까?"

대사가 옷을 번쩍 들면서 말했다.

"어떤 사람이 감히 천태를 얻었다 하겠는가?"

이때에 오월吳越의 충의왕忠懿王이 대사의 덕을 듣고서 법을 펴며 주지하라고 하고는 대사에게 법호를 내리니, 현묘함을 배우는 무리가 모여들었다.

이에 상당하여 대중에게 보였다.

"달마 대사께서 말씀하시기를 '내 법이 3천 년 뒤에는 털끝만큼도 옮기지 못한다'고 하였는데, 오늘날 산승도 달마의 털끝을 옮기지 못한다. 먼저 깨달은 이는 서로가 증명하고, 깨닫지 못한 이라도 털끝을 옮기지 못한다."

어떤 스님이 물었다.

"큰 인경〔洪鍾〕의 여운이 멈췄고 대중이 자리에 모였으니, 조사께서 서쪽에서 오신 뜻을 제창해 주십시오."

대사가 말했다.

"인경의 여운이 멈췄고, 대중이 자리에 모였다."

"옛사람이 말하기를 '그대는 마음대로 천 성인의 소견을 가져라. 나에게는 천진불(天眞佛 : 천진한 부처님)이 있다' 하였는데, 어떤 것이 천진불입니까?"

"천 성인이 아우이다."

"어떤 것이 광평廣平의 가풍입니까?"

"누군들 받아쓰지 못하겠는가?"

대사는 나중에 이산怡山의 장경長慶으로 옮겨서 살았는데, 상당하여 대중에게 말했다.

"경을 읽거나 범행梵行을 닦을 필요도 없고 소초疎鈔와 과목을 낼 필요도 없으니, 다시 이理를 논할 곳이 있겠는가? 설사 있다 해도 이를 논하는 곳은 방편의 말씀이니, 종승의 일은 어찌할 것인가?"

어떤 스님이 물었다.

"어떤 것이 서쪽에서 오신 뜻입니까?"

대사가 대답했다.

"아무도 대답한 적이 없다."

"스님의 방편을 보여 주십시오."

"왜 다시 묻지 않는가?"

대사는 나중에 장경에서 임종했다.

항주杭州 보은報恩 광교사光敎寺 제5세 주지 영안永安 선사

그는 온주溫州의 영가永嘉 사람으로서 성은 옹翁씨이다. 어릴 때에 고향의 휘정彙征 대사에 의해 스님이 되었다가 나중에 당唐의 천성天成 때에 은사를 따라 서울에 들어왔다.

이때에 오월吳越의 충의왕忠懿王이 휘정 대사를 승정僧正으로 임명했다. 대사는 속세의 업무를 더욱 싫어하여 살짝 민천閩川으로 가서 선원에 참석하려 했지만, 때마침 앞길이 험난하여 갈 수 없으므로 천태산으로 돌아가서 띠집을 짓고 살았다. 이윽고 여기서 덕소德韶 국사의 가르침을 만나 단박에 본심을 깨닫고 덕소의 곁을 떠났다.

이에 휘정 대사가 충의왕에게 알리니, 처음에는 월주越州의 청태원淸泰院에 살라는 명이 내렸고, 다음에는 상사上寺에 살라고 부르고는 이어서 정각正覺 공혜空慧 선사라는 호를 내렸다.

대사가 상당하여 이렇게 말했다.

"시방의 부처님들이 일시에 모여서 상좌들을 증명해 주고, 여러 상좌들도 일시에 부처님들을 증명한다. 믿어지는가? 절대로 망설이지 말라."

스님이 물었다.

"사부대중이 구름같아 모였으니, 어떻게 들어 제창하시겠습니까?"

대사가 대답했다.

"제방에 가거든 절대로 잘못 이야기하지 말라."

"학인뿐 아니라 대중 전체가 모두 믿을 자리가 있겠습니다."

"절이나 해라."

스님이 물었다.

"5승乘[3]과 3장藏을 아는 이가 퍽 많지만, 조사의 서쪽에서 온 뜻을 스님께서 지시해 주십시오."

대사가 대답했다.

"5승과 3장이니라."

"향상向上에도 일이 있습니까?"

"그대는 제법 영리하구나."

"어떤 것이 불사를 크게 일으키는 것입니까?"

"무엇이 못마땅한가?"

"그러면 직접 정수리를 만져 주심을 받겠습니다."

"어디서 세존을 뵈었는가?"

---

3 대승과 소승을 구체적으로 한 말이다.

"어떤 것이 서쪽에서 오신 뜻입니까?"

"그대는 저쪽에 가서 서라."

스님이 옮겨 서니, 대사가 말했다.

"알겠는가?"

"모르겠습니다."

대사가 게송으로 보여 주었다.

그대가 서쪽에서 오신 뜻을 물으니
저쪽에 가서 서라고 했네.
지난 밤 3경의 시각에
비가 내려서 허공을 적셨다.
번개 빛에 활짝 밝히고 나면
지네가 서두르는 것과는 다르다.

汝問西來意　且過遮邊立
昨夜三更時　雨打虛空濕
電影豁然明　不似蚰蜒急

대사는 개보開寶 7년 갑술甲戌 6월에 병이 나서 대중에게 이별의 말씀을 알렸다. 이때에 어떤 스님이 물었다.

"옛날, 여래의 정법은 가섭이 친히 전해 받으셨는데, 화상의 현묘한 도풍을 백 년 후에는 어떻게 체득해야겠습니까?"

대사가 대답했다.

"그대는 어디서 가섭을 보았는가?"

"그러면 믿고 받아 지니고 받들어 행하면서 이 종지를 잊지 않겠습니다."

대사가 말을 받았다.

"불법은 그런 도리가 아니다."

이렇게 말하고는 앉은 채 떠나시니, 수명은 64세이고 법랍은 44세였다. 화장을 마친 뒤에도 혀는 타지 않고 남아 있어 부드럽고 연하기가 홍련紅蓮과 같았는데, 아직껏 보현도량普賢道場에 갈무리되어 있다. 대사는 화엄의 이 장자(李長者 : 통현)의 석론(釋論 : 이통현의 『화엄론』)이 논리가 심오하다 하여 경에다 합편해서 120권을 만들어 천하에 퍼뜨렸다.

광주廣州 광성도량光聖道場 사호師護 선사

그는 민월閩越 사람이니, 천태에게 법을 얻어 영嶺 밖에서 교화를 펴고 있었다. 이에 국주國主 유劉씨가 스승의 예로 대접하여 큰 절을 짓고서 대사에게 살라고 청하는 한편 대의大義라는 호를 바쳤다.

이에 어떤 스님이 물었다.

"옛날 범왕梵王이 부처님께 청하시고 오늘은 국주께서 자리에 왕림하셨으니, 조사께서 서쪽에서 오신 뜻을 어떻게 들어 제창하시겠습니까?"

대사가 대답했다.

"서쪽에서 온 것은 필요치 않다. 내가 이미 들어서 제창해 버렸다."

"어찌 방편이 없겠습니까?"

"아까 것이 어찌 방편이 아니겠는가?"

"국왕께서 세 차례 청하시어 광성도량光聖道場에 와 앉으셨는데, 스님은 누구의 법을 이으셨습니까?"

"북 소리 한마디에 만 집이 일제히 내다본다."

"그러면 천태의 묘한 종지를 광성光聖이 친히 받았겠습니다."

"어지러이 지껄이지 말라."

"학인은 겨우 총림에 들어왔습니다. 서쪽에서 오신 묘한 비결을 스님께서 지시해 주십시오."

"그대가 총림에 들어오기 전에 나는 이미 보였고, 그대는 마쳤느니라."

"어떻게 알아차리겠습니까?"

"알아차릴 필요가 없다."

항주杭州 봉선사奉先寺 청욱淸昱 선사

그는 영가永嘉 사람으로서 천태天台 국사에게 법을 얻었다. 충의왕忠懿王이 불러들여 도를 물었고, 명군사命軍使인 설온薛溫이 서호西湖에다 봉선사라는 큰 절을 짓고, 또 대불보각大佛寶閣을 지어서 대사에게 그곳에 살며 종지를 드날리게 하고는 원통圓通 묘각妙覺 선사라는 호를 봉했다.

어떤 스님이 물었다.

"어떤 것이 서쪽에서 오신 뜻입니까?"

대사가 대답했다.

"큰 소리로 대중에게 알려라."

대사는 개보開寶 때에 본사本寺에서 입멸하였다.

태주台州 천태산天台山 자응紫凝 보문사普聞寺 지근智勤 선사

스님이 물었다.

"어떤 것이 빈손에 호미를 잡은 것입니까?"

대사가 대답했다.

"다만 그렇게 믿기만 하라."

"어떤 것이 걸으면서 물소를 타는 것입니까?"

"그대는 어디서 왔는가?"

대사가 게송으로 대중에게 보였다.

> 금년이 쉰다섯 살인데
> 발은 한 치의 흙도 밟지 않았다.
> 산하는 내 눈동자요,
> 큰 바다는 내 배[肚]이다.
> 今年五十五　脚未蹋寸土
> 山河是眼睛　大海是我肚

태평흥국太平興國 4년에 연례에 따라 스님들의 경업(經業 : 경에 대한 지식)을 시험했는데, 삼문의 노숙들까지도 각각 이름을 썼으나 대사만은 서찰(書札 : 꼬리표)을 달지 않았다. 그때 통판通判인 이헌李憲이 물었다.

"선사여, 세존께서도 글을 아셨습니까?"

대사가 대답했다.

"천하 사람이 다 안다."

순화淳化 초에 이르러 병도 나지 않았는데 문인들에게 목욕물을 마련케 하였다. 그리고 목욕을 마치고는 무리들에게 경계의 말씀을 내린 뒤에 단정히 앉아서 떠났다.

탑은 본산에다 세웠는데 3년 뒤에 문인들이 탑을 뜯고 무덤[龕]을 열어 보니, 대사의 온몸이 흩어지지 않은 채 얼굴이 뚜렷하고 머리카락과 수염이 여전히 자라고 있었다. 이에 다시 새 탑에 모셨다.

온주溫州 안탕산雁蕩山 원제願齊 선사

그는 전당錢塘 사람으로서 성은 강江씨이다. 어려서 수심사水心寺의 소암紹巖 선사에 의해 출가하여 구족계를 받았다. 처음에는 지자智者 대사의 교법을 익혀서 지관止觀[4]을 정밀히 연마하여 만행의 행문行門을 원융하게 닦다가 나중에는 천태 국사에게 참문하여 현묘한 이치를 깨닫고 안탕산雁蕩山에 살았다.

개보開寶 5년에 오월왕吳越王의 장자가 서관西關에다 광경사光慶寺를 짓고는 대사에게 법문을 열어 주지하라고 청하였으며, 이어서 서울 근처의 여러 회상에서 수행이 높은 사람 3백 명을 추려 함께 새 절에 들게 하였다.

이에 대사가 상당하니, 어떤 스님이 물었다.

"한밤의 달빛이 찬란한데 푸른 못은 어째서 그림자가 없습니까?"

대사가 대답했다.

"작가作家[5]는 그림자를 희롱하는 사람이로다."

그 스님이 동쪽에서 서쪽으로 가서 서니, 대사가 말했다.

"그림자를 희롱할 뿐만 아니라 겸하여 겁내기까지 하는구나."

대사는 얼마 살지 않다가 굳이 사양하고 산으로 들어가서 태평흥국太平興國 때에 입멸했다.

---

4 지止는 멈춘다는 뜻이니, 요동하는 심식을 쉬는 일이요, 관觀은 관조한다는 뜻이니, 심신이 안정된 삼매의 경지에서 온갖 사물을 바르게 관조하는 일이다.
5 종사宗師라는 뜻이나, 여기서는 상대방을 부른 말이다.

항주杭州 보문사普門寺 희변希辯 선사

그는 소주蘇州 상숙常熟 사람이었다. 어릴 때에 출가하여 본 고을의 연복원延福院에서 계상啓祥 선사에 의해 머리를 깎고 구족계를 받은 뒤에 능가산楞伽山에 가서 율장을 듣다가 이내 천태로 가서 심인心印을 전해 받았다.

건덕建德 초에 오월吳越의 충의왕忠懿王이 월주越州의 청태원淸泰院에 살라 하면서 혜지慧智 선사라는 호를 봉했으며, 개보開寶 때에는 다시 불러들여 보문사普門寺〔제2세 주지〕에 살게 했다.

대사가 상당하여 이렇게 말했다.

"나는 본래 아는 것이 적고 들은 것마저 없다. 비록 잠시 동안 산중의 큰스님들을 모셨으나 한 구절의 지시도 받은 것이 없고, 오늘날 여러분과 자리를 같이했어도 한 법도 그대들에게 도움이 되어 줄 것이 없다. 하물며 여러분을 위해서 흑백을 가려 주고 고금을 헤아려 주는 일이 있겠는가? 나를 이상히 여기는가? 만일 나를 괴이하게 여기는 이가 있다면, 말하라. 그는 눈이 있는가, 눈이 없는가? 손님과 주인의 도리가 있는가, 손님과 주인의 도리가 없는가? 만학晩學과 초기(初機 : 처음 발심한 사람)는 반드시 잘 살펴야 된다."

이때에 어떤 스님이 물었다.

"어떤 것이 보문(普門 : 여러 부문)으로 신통을 나타내 보이는 일입니까?"

대사가 대답했다.

"그러면 그대는 나를 괴이하게 여기는 것이다."

"괴이하게 여기지 않을 때에는 어떠합니까?"

"그대는 우선 방으로 돌아가서 더 생각해 봐라."

태평흥국太平興國 3년에 오월吳越의 왕이 천자를 뵈러 들어가는데, 대사가 그를 따라 보탑사寶塔寺에까지 가서 자복전滋福殿에서 뵈니, 자의紫衣와 혜명慧明이라는 호를 대사에게 하사했다.

단공端拱 때에 고향으로 돌아갈 뜻을 위에 아뢰니, 조서로써 허락을 내리고 겸하여 황제의 시詩를 하사했다. 그리고 충의왕이 상숙常熟의 본산에다 돈을 보시하여 벽돌로 싼 부도浮圖 일곱 층을 만드니 높이가 2백 자였다. 공사가 끝나자 지도至道 3년 8월 25일에 병이 나서 그로 인해 입멸하니, 수명은 77세이고, 법랍은 63세였다. 탑은 선원의 서북쪽에 세웠다.

항주杭州 광경사光慶寺 우안遇安 선사

그는 전당錢塘 사람으로서 성은 심沈씨이다. 어릴 적에 출가하여 천태산天台山의 화정봉華頂峰에서 암주庵主인 중소重蕭에게 절하고 머리를 깎았다가 나이가 차자 구족계를 받았다. 그리고는 바로 본산에서 소韶 국사國師를 만나 현묘한 종지를 깨달았다.

건덕乾德 때에 오월吳越의 충의왕忠懿王이 북관北關의 경심원傾心院에 살라고 했다가 다시 불러들여 천룡사天龍寺에서 살라고 하였다.

개보開寶 7년 갑술甲戌에 안희왕安僖王이 광경사光慶寺에서 대중을 거느리라고 하면서 선지善智 선사라는 호를 봉했다.

처음에 상당하니 어떤 스님이 물었다.

"값을 따질 수 없는 보배 구슬을 스님께서 제게 나누어 주십시오."

대사가 대답했다.

"잘도 토로하는구나."

"그러면 사람마다 구족하겠습니다."

"보배 구슬이 어디에 있는가?"

스님이 절을 하니, 대사가 말했다.

"그것도 헛소리다."

"강령綱領을 들어서 이해를 다했다 해도 주인과 손님〔客〕을 세우는데, 어떤 것이 주인입니까?"

"네 물음에 깊이 맡기겠다."

"어떤 것이 손님입니까?"

"아까 그대에게 무엇이라 했던가?"

"손님과 주인의 도가 합할 때에는 어떠합니까?"

"그 영令이 시행되지 않는다."

"마음의 달이 홀로 밝아서 그 빛이 만상을 삼킨다는데, 어떤 것이 만상을 삼킨 빛입니까?"

"대중이 모두 그대의 그런 언동을 보고 있다."

"빛이 만상을 삼키는 일은 스님께서 말씀하시지만, 마음의 달이 홀로 밝은 뜻은 어떠합니까?"

"정신을 가다듬어라."

"해오라기가 눈에 기댄 것은 분별할 수 있겠지만, 빛이 만상을 삼킨 일은 밝히기 어렵습니다."

"삼가 물러가라."

"청산과 녹수가 곳곳마다 분명하거니와 화상의 가풍을 한 말씀 내려 주십시오."

"몽땅 그대의 입으로 지껄여졌다."

"꼭 이럴 필요는 없으니, 스님께서 말씀으로 대답해 주십시오."

"부질없는 말은 할 필요가 없다."

또 다른 스님이 절을 하니, 대사가 말했다.

"질문과 대답이 모두 구비되었다."

스님이 질문을 하려 하니, 대사가 꾸짖었다.

언젠가 대사가 대중에게 이렇게 말했다.

"조계의 종지를 알고자 하면 구름이 앞산을 난다고 하리라. 분명하고 진실한 것은 딴 방법으로 찾을 필요가 없다."

어떤 이가 물었다.

"듣건대 옛 어른이 말하기를 '우물 밑에서 붉은 티끌이 일어나고, 산봉우리에서 파도가 인다'고 하는데, 이 뜻은 어떠합니까?"

대사가 말했다.

"만약 제방에 가거든 그렇게만 물어라."

"화상의 뜻은 어떠합니까?"

"아까 그대에게 무엇이라 했던가?"

대사가 또 말했다.

"고금에 전하는 말 모두가 '우물 속에서 티끌이 일어나고, 산봉우리에서 파도가 일고, 허공의 꽃에서 열매가 맺고, 석녀石女가 아기를 낳는다' 하니, 어떻게 이해하는가? 소리에 맞추어 일[事]을 보내고, 사물에 임해 마음을 드러내고, 구절 속에 칼날을 감추고, 소리 이전에 완전히 드러내는 것이 아니겠느냐. 이름만 있고 실체는 없어서 현묘한 말씀을 특이하게 제창하는 것이 아니겠느냐. 상좌들이 스스로 이해하면 되겠지만, 옛사람의 뜻은 그렇지 않다. 이미 이렇게 이해할 수 없다면 어떻게 이해해야 되겠는가? 상좌들이여, 이해하고자 하는가? 다만 진흙 소가 다니는 곳에 아지랑이가 아롱거리고, 나무말이 울 때에 허공 꽃이 떨어지는 것을 살펴라. 범부와 성인이 이런 것이어서 도리가 심히 분명하거늘 어찌하여 오래

셨는가. 안녕."

태평흥국太平興國 3년에 보탑寶塔을 따라 자복전滋福殿에서 뵈니, 자의紫衣와 낭지朗智 대사란 호를 하사했다. 순화淳化 초에 광경光慶의 옛 절로 돌아갔다가 3년 9월 21일에 입적하였다.

천태산天台山 반야사般若寺 우섬友蟾 선사

그는 전당錢塘의 임안臨安 사람이다. 어려서 출가하여 본 고향의 동산東山 낭첨朗瞻 선사에 의해 스님이 되었는데, 천태 국사가 성대히 교화한다는 소식을 듣고 멀리 찾아가서 방장실에 들어가 비밀히 심지를 인가받았다.

처음에는 운거산雲居山의 보현원普賢院에 살라고 명하여 스님이 모두 모였고, 오월의 충의왕忠懿王이 자오慈悟 선사라는 호를 봉했다. 다시 상사上寺로 옮겨 사니, 대중이 5백 명이나 되었다.

어떤 스님이 물었다.

"북소리가 울려서 대중이 모였으니, 향상의 종승을 스님께서 제창해 주십시오."

대사가 대답했다.

"그대에게 무엇이 모자라는가?"

"그러면 사람마다 모두가 은혜를 입겠습니다."

"어지러이 지껄이지 말라."

옹희雍熙 3년에 산문山門과 대중을 수업제자受業弟子인 융일隆一에게 맡겨서 뒤를 이어 법을 열게 하고, 순화淳化 초에 이르러 입멸하니 본산으로 모셔다가 장사를 지냈다.

무주婺州 지자사智者寺 전긍全肯 선사

처음에 천태天台에게 참문하니, 천태가 물었다.

"그대의 이름이 무엇인가?"

"전긍全肯입니다."

"무엇을 긍정한다는 것인가?"

대사가 절을 하였다.

주지가 된 뒤에 어떤 스님이 물었다.

"누군가가 긍정하지 않아도 스님은 기꺼워하시겠습니까?"

대사가 대답했다.

"만약 나에게 묻는 사람이 있다면 내가 그에게 대답하리라."

대사는 태평흥국太平興國 동안에 주지의 일을 법제자인 소충紹忠에게 맡겨서 대를 이어 설법케 하고, 이어 본사로 가서 입적했다.

복주福州 옥천玉泉 의륭義隆 선사

상당하여 말했다.

"산하대지가 모두 여러분의 눈망울 속에 있거늘 어째서 안다거나 알지 못한다고 말하는가?"

이때에 어떤 스님이 물었다.

"산하대지가 눈망울 속에 있다면 스님이 지금 다시 누구를 가리켜 돌아가고자 하는 것입니까?"

대사가 대답했다.

"다만 상좌의 가는 곳이 너무 분명하기 때문이다."

"만일 올라와서 이렇게 묻지 않았던들 방편을 헛되이 베풀지 않는다는 것을 어찌 알았겠습니까?"

"비슷한 곡조 같아서 들을 만하더니, 다시 바람에 불려 딴 곡조로 들어갔다."

항주杭州 용책사龍冊寺 제5세 주지 효영曉榮 선사

그는 온주溫州 백록白鹿 사람으로서 성은 등鄧씨이다. 어려서 서록사瑞鹿寺에서 스님이 되었다. 계를 받은 뒤에는 천태 국사가 성대히 교화한다는 말을 듣자 바로 산으로 들어가서 참문하고 심법心法을 받았다.

처음에는 항주杭州 부양富陽의 정복원淨福院에 살았고, 나중에는 용책사龍冊寺에 살았는데, 두 곳에서 모두 대중을 모아 법문을 열었다.

어떤 스님이 물었다.

"조사와 조사끼리 서로 전하셨다는데, 화상께서는 누구에게 전하시렵니까?"

대사가 대답했다.

"그대가 조사를 알기는 하는가?"

혜문慧文 스님이 물었다.

"어떤 것이 진실한 사문입니까?"

대사가 대답했다.

"그대는 혜문이다."

"어떤 것이 반야의 크게 신령한 구슬입니까?"

"반야의 크게 신령한 구슬은 만억萬億의 몸으로 형상을 나누어서 티끌마다 묘한 바탕[妙體]을 나타내고 찰토刹土마다 모두 비로자나이니라."

"매일같이 쓰는 일은 어떠합니까?"

"한 생각[一念]이 항하의 모래같이 많은 세계에 두루하면서 매일

같이 만반의 신통을 쓰지만, 담연해서 항상 적멸하고 항상 스스로의 가풍을 굴린다."

어느 날 대사가 묘선대妙善臺에 앉아서 대중의 소참(小參 : 참문하는 한 가지)을 받는데, 어떤 스님이 물었다.

"향상의 일은 묻지 않거니와 어떤 것이 묘선대 안의 분명한 뜻입니까?"

대사가 대답했다.

"제방에 이르거든 분명히 이야기하라."

"그러면 구름은 산세山勢를 벗어나 있고, 물은 시냇물 소리에 던져지지 않겠습니다."

대사가 꾸짖었다.

대사가 순화淳化 원년 경술 8월 29일에 수주秀州 영광사靈光寺 정토원淨土院에서 입적했는데, 미리 문인들에게 고하고 도반들에게 글을 보내서 하직하니, 수명은 71세이고 법랍은 56세였다.

항주杭州 임안현臨安縣 공신원功臣院 경소慶蕭 선사

스님이 물었다.

"어떤 것이 공신원功臣院의 가풍입니까?"

대사가 대답했다.

"밝음·어두움·색色·공空이니라."

"그러면 모든 법이 생겨남이 없겠습니다."

"그대는 무엇을 모든 법이라 부르는가?"

대사는 이어 게송을 말했다.

공신원의 가풍이란 것은

밝음·어두움·색·공이니
법과 법이 다르지 않고
마음과 마음은 저절로 통한다.
이렇게 바로 알게 되면
부처님들의 참다운 종지이다.

功臣家風　明暗色空
法法非異　心心自通
恁麽會得　諸佛眞宗

월주越州 칭심稱心 경진敬璡 선사

스님이 물었다.
"봇짐을 다 꾸렸습니다. 스님께서 분부를 주십시오."
대사가 대답했다.
"기피하지 말라."
"어디서 화상을 저버렸습니까?"
"그것이 그대가 나를 저버리는 것이다."
대사가 나중에 항주杭州 보안원保安院으로 옮겨서 살다가 입멸하였다.

복주福州 엄봉嚴峰 사출師朮 선사

처음 개당하는 날에 법상에 올라가니, 극락極樂 화상이라는 이가 물었다.
"대중이 간절히 바라고 있으니, 스님께서 법의 우레를 울려 주십시오."
대사가 대답했다.
"대중이여, 알겠는가? 가려낼 수 있는가? 오늘이 영산회상과 다르지 않고, 나아가 부처님들의 국토와 천상과 인간까지도 모두 이렇다. 고금을 관통하면서도 항상 변함이 없나니, 이 변함이 없는 도리를 어떻게 이해하겠는가? 만일 이해한다면, '가없는 찰토의 경계가 나와 남 사이에 털끝만큼도 막히지 않고, 10세世의 고금이 시종일관 당장의 생각〔當念〕을 여의지 않았다'고 말해야 하는 것이니라."

"영산회상에서는 가섭이 친히 들었는데, 오늘 엄봉嚴峰의 한 모임에서는 누가 듣습니까?"

"묻는 이도 약하지 않구나."

"어떤 것이 문수文殊입니까?"

"온 곳이 매우 분명하다."

노주潞州 화엄華嚴 혜달慧達 선사

스님이 물었다.

"어떤 것이 옛 부처님의 마음입니까?"

대사가 대답했다.

"산하대지니라."

"어떤 것이 화엄華嚴의 경계입니까?"

"눈에 가득 형상도 그림자도 없다."

월주越州 섬현剡縣 청태원清泰院 도원道圓 선사

스님이 물었다.

"죽은 스님이 떠나서는 어디로 갔습니까?"

대사가 대답했다.

"오늘 떠났다."

영중嶺中 상좌가 물었다.

"어떤 것이 조사께서 서쪽에서 오신 뜻입니까?"

"그대에게 정전백수자庭前柏樹子를 이야기할 수는 없다."

항주杭州 구곡九曲 관음원觀音院 경상慶祥 선사

그는 여항餘杭 사람으로서 성은 심沈씨이다. 키가 일곱 자가 넘고 변재가 출중하고 아는 것이 많았으니, 당시 천태天台의 문하에서는 걸출傑出한 이라고 불렀다.

어떤 스님이 물었다.

"험악한 길에서는 무엇으로 징검다리를 삼습니까?"

대사가 대답했다.

"이것으로 징검다리를 삼아라."

"무엇이 이것입니까?"

"그대의 콧구멍을 쥐어박겠다."

항주杭州 개화사開化寺 전법傳法 대사 행명行明

그는 본 고을 사람으로서 성은 우于씨이다. 어려서 명주明州 설두산雪竇山의 지각智覺 선사에게 귀의하여 스님이 되었다. 나중에 지각 선사가 영명永明 대도량으로 옮겨 살자 2천 명의 무리가 모이고, 국왕 대신이 흠앙하여 법화法化가 더욱 번성했다. 이때에 대사는 천태에서 수기를 받고 영명사로 돌아와서 본사(本師 : 은사)의 교화를 도우니, 무리가 물밀듯이 모였다.

개보開寶 8년에 지각이 입적하자 대사는 능인사能仁寺에서 머물렀다. 충의왕忠懿王이 또 대화사大和寺〔육화사六和寺라 이름을 고쳤는데, 후에 태종太宗 황제가 개화開化라는 호를 하사하였다.〕를 짓고 대사를 청해 주지케 하니, 두 곳에서 모두 대중을 모아 설법했다.

어떤 스님이 물었다.

"어떤 것이 개화開化의 문 안에서 유출流出하는 방편입니까?"

대사가 대답했다.

"날마다 조수潮水 소리가 두 차례씩 들린다."

"어떤 것이 다함이 없는 등불입니까?"

"그대가 비쳐 주어서 고맙다."

태종太宗 황제가 자의紫衣와 대사의 호를 하사했고, 함평咸平 4년 4월 6일에 입적했다.

월주越州 소산현蕭山縣 어포漁浦 개선사開善寺 의원義圓 선사

스님이 물었다.

"한 해가 가고 또 한 해가 오니, 방편의 문 안에서 스님께서 열어 보여 주십시오."

대사가 대답했다.

"분명히 기억해 두어라."

"그러면 옛날에는 사자후師子吼요, 오늘은 코끼리 왕의 거동이겠습니다."

"기뻐해도 교섭할 길은 없다."

온주溫州 서록사瑞鹿寺 상방上方 우안遇安 선사

그는 복주福州 사람으로서 천태에게 법을 얻었는데, 또 항상 『수능엄경』을 열람했으므로 사람들이 안능엄安楞嚴이라 불렀다. 지도至道 원년 늦봄, 임종할 때가 되어 법제자 온인蘊仁이 모시고 앉았으니, 대사가 게송을 말해 주었다.

대유령에서 얻을 수 있는 일이 아니니
어찌 계족鷄足에서 장래를 부촉할 수 있겠는가.
예로부터 모든 성인들이 이러했으니
내가 오늘 그대에게 말할 것이 없네.
不是嶺頭攜得事　豈從雞足付將來
自古聖賢皆若此　非吾今日爲君裁

대사가 게송을 마치고는 향수香水로 몸을 씻고 옷을 갈아입은 뒤에 단정히 앉아서 관棺을 방으로 메고 오라 하였다. 그리고는 한참 있다가 몸소 관으로 들어갔다.

3일이 지나 문인들과 본사의 대덕들이 살짝 관을 열고 보니, 대사는 오른쪽 겨드랑이를 땅에 댄 길상吉祥의 자세로 누워 있었다. 사부대중이 슬퍼서 통곡하니, 대사가 다시 일어나 상당하여 설법하고, 또 이렇게 꾸짖었다.

"이번에 또 나의 관을 여는 자는 나의 제자가 아니다."

말을 마치고는 다시 관으로 들어가서 영영 떠났다.

항주杭州 용화사龍華寺 혜거慧居 선사

그는 민월閩越 사람이다. 천태의 법을 스스로 깨달으니, 오월吳越의 충의왕忠懿王이 상사上寺에서 살라고 했다.

처음 개당하는 날 대중이 모이니, 대사가 말했다.

"위로부터 전한 종승을 여기에 이르러서 어떻게 논의하고, 또 어떻게 제창하랴. 석가여래께서 일대시교一代時教를 설하시기를 마치 병에서 물을 따르듯 하셨는데, 옛 어른들은 이것을 '꿈속의 잠꼬대와 같다'고 하였다. 말해 보라. 옛 어른은 어떤 도리에 의하여 이렇게 말했겠는가? 알겠는가? 크게 베푼 문이 활짝 열렸으니, 어디 막힌 곳이 있으랴. 범부를 내고 성인을 기르는 데 털끝만큼도 틀리지 않는다. 범부를 말하면 온전히 범부요, 성인을 들면 온전히 성인이다. 범부와 성인은 서로 기다리지 않고 낱낱이 홀로 존귀하다. 그러므로 말하기를 '산하대지가 길이 법을 설하고 길이 광명을 놓으니, 지地・수水・화火・풍風 하나하나도 그렇다'고 한 것이니라."

이때에 어떤 스님이 나와서 절을 하니, 대사가 말했다.

"좋은 질문이다. 법답게 물어라."

스님이 막 앞으로 나서려 하니, 대사가 말했다.

"또 교섭할 수 없구나."

스님이 또 물었다.

"부처님들께서 세상에 나타나실 때에는 광명을 놓고 땅이 흔들리는데, 화상께서 세상에 나타나실 때에는 어떤 상서로움이 있었습니까?"

대사가 대답했다.

"말귀가 저절로 타파되었구나."

다른 날 상당하여 대중에게 말했다.

"용화龍華는 그저 여기서 나무를 나르고 나물을 다듬고, 올라오고 내려가고, 새벽에는 죽 한 그릇을 먹고, 낮에는 밥을 먹고, 잠에서 깬 뒤에는 차를 먹으니, 다만 이렇게 참구해 보라. 안녕."

어떤 스님이 물었다.

"학인이 아직 자기를 밝히지 못했으니, 어찌하여야 깊고 얕음을 분별하겠습니까?"

대사가 대답했다.

"자기의 눈을 알아채라."
"어떤 것이 자기의 눈입니까?"
"그대에게 무엇이라 했는가?"

무주婺州 제운산齊雲山 우진遇臻 선사

그는 월주越州 사람으로서 성은 양楊씨이다. 어려서 고향의 대선사大善寺에서 스님이 되었다가 나이가 차서 구족계를 받았고, 천태에게 입실하여 친히 수기를 받고 제운산齊雲山에 편안히 거처하니, 공부하는 무리가 구름같이 모였다.

어떤 스님이 물었다.

"어떤 것이 무봉탑無縫塔입니까?"

대사가 대답했다.

"대여섯 자이니라."

그 스님이 절을 하니, 대사가 대답했다.

"탑이 쓰러졌다."

"원만하고 밝아서 뚜렷이 아는 일이 어째서 마음[心念]을 인하지 않습니까?"

"원만하고 밝아서 뚜렷이 알기 때문이니라."

"심념心念과 무엇이 다릅니까?"

"그대는 무엇을 심념이라 부르는가?"

대사는 추석날 저녁에 조용히 앉았다가 우연히 게송을 지었다.

가을 뜰이 소슬하여 바람만 쌀쌀한데
찬별이 하늘에 늘어섰고 달이 높이 떠올랐네.
턱을 괴고 조용히 앉았으면 정신도 수고롭지 않거늘

조과鳥窠는 까닭 없이 실밥을 들었다네.[6]

秋庭肅肅風颾颾　　寒星列空蟾魄高
擒頤靜坐神不勞　　鳥窠無端拈布毛

그의 모든 시와 노래는 모두가 일을 닥칠 때마다 지은 것으로서 3백여 수가 유행되고 있으며 별록別錄에 실려 있다. 지도至道 연간에 대선사大善寺에서 입적하였다.

온주溫州 서록사瑞鹿寺 본선本先 선사

그는 온주 영가永嘉 사람으로서 성은 정鄭씨이다. 어릴 때에 고향의 집경원集慶院에서 스님이 되었다. 천태天台의 국청사國淸寺에서 계를 받고, 천태의 소韶 국사에게 법을 얻었다.

처음에 국사를 만났을 때는 국사가 '바람도 깃발도 움직이는 것이 아니라, 그대의 마음이 움직인다'는 법으로 지도하였는데, 대사는 즉석에서 깨달았다.

뒤에 권속들에게 말했다.

"내가 처음 천태의 법문을 배울 때는 말끝에 당장 알아 버렸다. 그러나 천 날 동안 네 가지 동작[四儀][7]을 하는 사이에 가슴에 무엇이 걸린 것 같고, 원수와 한자리에 앉아 있는 것 같더니, 천 날이 지난 뒤에는 하루 종일 지내도 아무것도 가슴에 걸리지도 않고 원수와 같이 있는 것 같지도 않아서 당장 안락하여 지난날의 허물을 단박에 깨달았다."

그리고는 게송 세 수를 지었으니, 첫째는 바람도 깃발도 움직이

---

6 조과鳥窠가 불법을 거양할 때 옷에서 실밥을 들어 보인 일을 말한다.
7 4위의威儀. 행行·주住·좌坐·와臥의 일상행위日常行爲를 말한다.

는 것이 아니라 그대의 마음이 움직인다는 게송이다.

바람도 깃발도 움직이는 것이 아니라
오직 마음만이 움직이나니
예로부터 전하여 지금에 이르렀다.
이 뒤로 납자들이 공연히 깨닫고자 하지만
조사는 진실로 지음知音을 좋아한다네.

非風幡動唯心動　自古相傳直至今
今後水雲徒欲曉　祖師眞實好知音

둘째는 색色을 보는 것이 바로 마음을 보는 것이라는 게송이다.

가령 색을 보면 문득 마음을 보는 것이지만
누군가가 물으면 대답하기는 어렵네.
더구나 도리를 따져 여러 가지로 말한다면
평생의 수도 생활을 저버리는 것이다.

若是見色便見心　人來問著方難答
若求道理說多般　孤負平生三事衲

셋째는 자기를 밝히는 게송이다.

광대한 겁 이래로 다만 이러하니
이렇듯이 하늘도 같고 땅도 같다.
땅도 같고 하늘도 같다니 어떤 꼴인가.
어떤 꼴이냐 하지만 이렇지 않은 것 없다.

曠大劫來秖如是　如是同天亦同地

同地同天作麽形　　作麽形兮無不是

대사는 이로부터 발로는 성이나 읍을 밟지 않고, 손으로는 재물을 세지 않고, 침구를 마련하지 않고, 명주옷을 입지 않고, 묘시卯時에 한 끼니만 먹고, 새벽부터 저녁까지 도사리고 앉았고, 제자들을 지도하는 데 조석으로 정성을 다하였는데, 30년이 지나도 그 뜻은 더욱 간절하였다.

대사가 대중에게 보였다.

"그대들, 여러분은 대밭·난야(蘭若 : 암자)·산수山水·절·사람들을 보는가? 보았다면 마음 밖에 법이 있는 것이요, 보지 못했다면 눈앞에 대밭·난야·산수·절·사람들이 현재에 또렷또렷하니, 이렇게 말하는 뜻을 알겠는가? 안다면 제법 영리하다. 일 없으니 서 있지 말라."

대사가 또 대중에게 보였다.

"부처님의 몸이 법계에 충만하여 중생들 앞에 두루 나타난다. 인연을 따라서 감응함이 두루하지 않은 곳 없건만 항상 이 보리의 자리에 처한다 하니, 만일 부처님의 몸이 법계에 가득했다면 보살계菩薩界·연각계緣覺界·성문계聲聞界·천계天界·수라계修羅界·인계人界·축생계畜生界·아귀계餓鬼界·지옥계地獄界 등 여러 세계는 자취도 없어야 옳을 것이거늘, 어째서 이런 두 가지, 세 가지 설이 있는가? 법계가 오직 부처님의 몸뿐이므로 문득 이렇게 말한다고 한다면, 이렇게 말하는 것이 벌써 두세 가지 말이 되었거늘, 무엇을 법계에 꽉 찬 부처님의 몸이라 하는가? 이 속에서 그대들이 어지러이 지껄여서야 되겠는가? 이런 이야기 속에서 뜻을 알아들으면 제법 심력心力을 덜겠지만, 알아듣지 못한다면 그대들은 아승기겁을 거치지 않고 법신을 얻은 사람이 누구라 여기는가? 피차가 수고로움을 벗어났으니 물러가는 것이 좋겠다."

언젠가 대사가 이렇게 말했다.

"불법을 배우는 것이 반드시 화두를 묻는 것을 배우는 것이 아니며, 반드시 화두를 가려내는 것을 배우는 것만이 불법을 배우는 것이 아니며, 반드시 대신 말하는 것을 배우는 것만이 불법을 배우는 것이 아니며, 반드시 다르게 말하기를 배우는 것만이 불법을 배우는 것이 아니며, 경전 가운데 있는 특이한 말을 무찌르기를 배우는 것만이 불법을 배우는 것이 아니며, 조사들의 기특한 말씀 무찌르기를 배우는 것만이 불법을 배우는 것이 아니다. 만일 이러한 것들을 배움이라 한다면, 그대들이 칠통팔달七通八達한다 해도 불법에 대한 실다운 견처見處가 없으면 간혜乾慧[8]의 무리라 불린다. 듣지 못했는가? 옛 어른이 말씀하시기를 '총명으로 생사에 대적하지 못하고, 간혜로 어찌 괴로운 윤회를 면하리오' 하였다. 여러분들이 만일 참문해 배우려면 진실히 참문해 배워야 되나니, 진실히 참문해 배운다 함은 다닐 때에는 다니면서 참문하고, 섰을 때에는 서서 참문하고, 앉았을 때에는 앉아서 참문하고, 잘 때에는 자면서 참문하고, 말할 때에는 말하면서 참문하고, 잠자코 있을 때에는 잠자코 있으면서 참문하고, 온갖 일을 볼 때에는 일을 보면서 참문하는 것이다. 이미 이런 식으로 참문한다면, 또한 말하라. 누구에게 참문하고 무엇을 참문하는가? 이야기가 여기까지 이르렀으면 자연히 명백한 경지가 있어야 된다. 만일 명백한 경지가 아니면 일시적인

8 마른 지혜라 하니, 진실한 지혜가 못 되는 것이 마치 장마철의 마른 샘과 같다는 뜻이다.

참문이라 부르나니 끝내 깨달아 마치지 못하리라."

또 말했다.

"그윽한 숲에서 새가 지저귀고, 푸른 시냇물에는 고기가 뛴다. 조각구름이 하늘을 덮고, 폭포가 울부짖는다. 그대들은 이렇듯 허다한 경계가 그대들에게 들어갈 길을 보여 준다는 것을 아는가? 안다면 참구하는 것을 방해하지 않으리라."

또 말했다.

"천태교天台教에서 문수文殊와 관음觀音과 보현普賢의 세 법문을 말했는데, 문수의 문은 온갖 빛깔이요, 관음의 문은 온갖 소리요, 보현의 문은 걸음을 걷지 않고 이른다고 하였다. 그러나 나는 문수의 문은 온갖 빛깔이 아닌 것이요, 관음의 문은 온갖 소리가 아닌 것이라 하나니, 보현의 문은 무엇이어야 되겠는가? 천태교를 떠나서 이야기했다고 말하지 말라. 일 없으니 물러가라."

또 말했다.

"남전南泉이 열반한 뒤에 어디로 가서 태어났는가? 동쪽 집에서 나귀가 되고, 서쪽 집에서 말이 되었다. 만일 삼계를 벗어나기 위해 수행하는 사람이라면 이런 말을 듣고 의심을 하거나 놀라는 것은 무방하다. 남전이 죽어서 어디로 갔겠는가? 동쪽 집에서 나귀가 되고, 서쪽 집에서 말이 되었다는 말을 어떤 이는 '천만 가지 변화가 진상眞常에서 벗어나지 않는다'고 회통하였다. 또 남전이 죽어서 어디로 갔는가? 동쪽 집에서 나귀가 되고, 서쪽 집에서 말이 되었다는 말을 어떤 이는 '이류異類[9] 속의 행을 아는 이라야 그런 이야기를 알리라'고 회통하였다. 또 남전이 죽어서 어디로 갔는

9 인간과 다른 종류의 생명을 받아 교화한다.

가? 동쪽 집에서 나귀가 되고, 서쪽 집에서 말이 되었다는 말을 어떤 이는 '동쪽 집은 남전이요, 서쪽 집도 남전이다'라고 회통하였다. 또 남전이 죽어서 어디로 갔는가? 동쪽 집에서 나귀가 되고, 서쪽 집에서 말이 되었다는 말을 어떤 이는 '동쪽 집 서방님과 서쪽 집 서방님이다'라고 회통하였다. 또 남전이 죽어서 어디로 갔는가? 동쪽 집에서 나귀가 되고, 서쪽 집에서 말이 되었다는 말을 어떤 이는 '동쪽 집이란 것이 무엇이며, 서쪽 집이란 것이 무엇인가' 라고 회통하였다. 또 남전이 죽어서 어디로 갔는가? 동쪽 집에서 나귀가 되고, 서쪽 집에서 말이 되었다는 말을 어떤 이는 '나귀처럼 울부짖기도 하고, 말 울음소리를 내기도 한다'고 회통하였다. 또 남전이 죽어서 어디로 갔는가? 동쪽 집에서 나귀가 되고, 서쪽 집에서 말이 되었다는 말을 어떤 이는 '무엇을 동쪽 집에서 나귀가 되었다 하고, 무엇을 서쪽 집에서 말이 되었다 하는가?'라고 회통하였다. 또 남전이 죽어서 어디로 갔는가? 동쪽 집에서 나귀가 되고, 서쪽 집에서 말이 되었다는 말을 어떤 이는 '죽어서 어디로 갔는가?'라고 물었는데 '대답은 물은 곳에 있다'고 회통하였다. 또 남전이 죽어서 어디로 갔는가? 동쪽 집에서 나귀가 되고, 서쪽 집에서 말이 되었다는 말을 어떤 이는 '노주露柱가 되러 갔다'고 회통하였다. 또 남전이 죽어서 어디로 갔는가? 동쪽 집에서 나귀가 되고, 서쪽 집에서 말이 되었다는 말을 어떤 이는 '동쪽 집에서 나귀가 된들 남전에게 무슨 손해가 되며, 서쪽 집에서 말이 된들 남전에게 무슨 손해가 되리오'라고 회통하였다. 이와 같이 여러 사람의 회통을 보면 모두가 불법에 안락한 곳이 있음을 알 수 있다. '남전이 죽어서 어디로 갔는가? 동쪽 집에서 나귀가 되고, 서쪽 집에서 말이 되었다' 하자 학인은 '모르겠습니다' 하니, '타고자 하면 타고, 내리고자 하면 내려라'고 했는데, 이 대답은 여러 도리를 따지지 않고서 이해해야 한다. 만일 법계의 성품을 보았다면 아무 일도 없게 하라. 안녕."

또 말했다.

"새벽에 일어나서 세수를 마치고는 차를 마시고, 차를 마시고는 부처님 앞에 절을 하고, 예불을 하고는 화상과 일 보는 이〔主事〕에게 문안을 하고, 문안을 하고는 큰방에서 행익(行益 : 음식을 나누는 것)을 하고, 행익이 끝나면 큰방에 가서 죽을 먹고, 죽을 먹고는 휴게실〔下處〕에 가서 잠시 잠을 자고, 휴게실에서 잠시 자고는 일어나서 세수를 하고, 세수를 하고는 차를 마시고, 차를 마시고는 이 일 저 일을 보살피고, 이 일 저 일을 보살피고는 밥 때가 되면 큰방에서 행익을 하고, 행익이 끝나고는 밥을 먹고, 밥을 먹고는 양치를 하고, 양치를 하고는 차를 마시고, 차를 마시고는 이 일 저 일을 살피고, 이 일 저 일을 살피고는 저녁 예불을 하고, 저녁 예불을 하고는 큰방 앞에서 할참喝參[10]을 하고, 할참을 하고는 일 보는 이에게 할참하고, 일 보는 이에게 할참을 하고는 화상께 문안을 하고, 화상께 문안을 하고는 초저녁 예불을 하고, 초저녁 예불을 하고는 큰방 앞에서 진중(珍重 : 마지막 인사)을 외치고, 큰방 앞에서 진중을 외치고는 화상께 문안을 하고, 화상께 문안을 하고는 예불을 하거나 정진을 하거나 경을 읽거나 염불을 하는데, 이러한 것 이외에는 농장〔莊〕에 가거나 고을에 가거나 속가에 가거나 혹은 시장에 간다. 이미 이렇듯 여러 가지 활동이 있거늘, 무엇을 움직임 없는 모습의 도리라 하며, 무엇을 나가상정那伽常定, 즉 체體를 정하지 않은 것

10 참문하기 위해 자기가 '여기에 섰노라'고 외치는 일을 말한다.

이 없는 도리라 하는가? 말할 수 있는가? 말할 수 있거든 마음대로 말해 보라. 안녕."

또 말했다.

"거울 속의 그림자는 오직 거울 빛에 의거하여 나타나는데, 여러분이 짓는 온갖 일은 오직 무엇에 의거하여 나타난다고 여기는가? 알겠는가? 만약 알았다면 참구하는 가운데 천 가지, 만 가지가 풍족하리라. 일 없으니 서 있지 말라."

또 말했다.

"그대들, 여러분은 밤에 깊이 잠들면 온갖 것을 알지 못한다. 온갖 것을 알지 못한다고 하면, 그대들에게 묻나니, 그대들은 그럴 때에 본래의 성품이 있는가? 만일 그럴 때에 본래의 성품이 있다고 해도 그럴 때에 온갖 것을 알지 못하니 시체와 다름이 없고, 그럴 때에 본래의 성품이 없다고 해도 그때에 잠이 갑자기 깨면 온갖 것을 여전히 지각한다. 알겠는가? 온갖 것을 알지 못하여 시체와 다름이 없고, 잠이 갑자기 깨서 온갖 것을 여전히 지각하면 이럴 때에는 이것이 무엇인가? 알겠는가? 만일 모르겠거든 제각기 궁리해서 체달하라. 일 없으니 서 있지 말라."

또 말했다.

"모든 법의 생김은 오직 마음이 나타난 것이라 하는데, 이런 말은 좋은 들어가는 문호門戶이다. 우선 그대들에게 묻나니, 눈으로 온갖 빛깔을 보고, 귀로 온갖 소리를 듣고, 코로 온갖 냄새를 맡고, 혀로 온갖 맛을 알고, 몸으로 온갖 감각을 느끼고, 뜻으로 온갖 법을 분별하는데, 눈·귀·코·혀·몸·뜻에 상대하는 사물들은 오직 그대들의 마음인가, 그대들의 마음이 아닌가? 만일 그대들의 마음이라면 어째서 그대들의 몸과 혼연히 한 덩어리가 되지 못하며, 어째서 상대하는 사물이 그대들의 눈·귀·코·혀·몸·뜻의 밖에 있는가? 만일 눈·귀·코·혀·몸·뜻에 상대하는 사물이 그대들의 마음이 아니라면, 모든 법의 생김은 오직 마음이 나타난 것이라는 말이 세간에 퍼져 있어 누구나 이야기하는 것을 어찌하겠는가? 그대들이 그런 이야기를 들으면 알겠는가? 만일 모르겠거든 여럿이 함께 헤아려서 알도록 하라. 혹시라도 그 동안 공부를 싫어할 생각을 내지 말라. 일 없으니 물러가라."

대중상부大中祥府 원년 2월에 대사는 홀연히 상족(上足 : 맏상좌)인 여주如晝에게 말했다.

"석감(石龕 : 돌로 만든 관)을 만들어라. 중추절 보름에 나는 세상을 뜨리라."

여주는 분부대로 곧 만들었고, 시기가 되자 멀고 가까운 곳에 있는 승속이 몰려 와서 우러러보았다. 이날의 참문은 여전하였는데, 오시午時가 되자 방장에 편안히 앉아 손으로 보인寶印을 맺고서는 여주에게 말했다.

"옛사람이 호랑이 머리를 타고 앉아서 꼬리를 때렸다고 하였는데, 중간의 일은 어찌하겠는가?"

여주가 대답했다.

"여전히 여주 그대로입니다."

대사가 또 말했다.

"네가 내게 물어라."

여주가 물었다.

"범의 머리를 타고 꼬리를 때렸습니다. 중간을 화상께서는 어찌하시겠습니까?"

대사가 대답했다.

"나도 농담은 할 수 없다."

말을 마치자 한 눈만 약간 떠서 살며시 보면서 입적하니, 수명은 67세이고 법랍은 42세였다. 장리長吏가 이 사실을 모두 위에 아뢰니, 본 고을에 조서를 내려 평소의 사실을 조사케 했다. 여주는 대사가 저술한 『죽림집竹林集』 10권과 시와 노래 1천여 수를 모두 위에 바치니, 조서를 내려 장경각에 비장케 했고 여주에게는 특별히 자의紫衣를 하사했다.

앞의 항주杭州 보은사報恩寺 혜명慧明 선사의 법손

복주福州 장계長谿 보명원保明院 통법通法 대사 도성道誠

상당上堂하여 이렇게 말했다.

"한 사람을 위하는 것처럼 여러 사람을 위하는 것도 그렇다. 안녕."

스님이 물었다.

"어떤 것이 보명保明의 가풍입니까?"

대사가 대답했다.

"살펴보라."

"원음圓音이 두루 울리면 세 무리가 일제히 듣는데, 서역에서 오신 큰 선인의 마음을 스님께서 비밀히 전해 주십시오."

대사가 한참 있으니, 스님이 말했다.

"그러면 뜻의 말[意馬][11]이 보배 말로 변하고, 마음의 소가 단박에 흰 소[白牛]로 변하겠습니다."

---

11 의식이 까닭 없이 요동함이 굴레를 벗은 말과 같다는 뜻이다.

"일곱 번 엎어지고 여덟 번 쓰러진다."
"만일 그렇지 않았더라면 남의 조롱을 받을 뻔하였습니다."
"절하고 물러가라."
"어떤 것이 화상이 서쪽에서 오신 뜻입니까?"
"나는 인도에 간 일이 없다."
"어떤 것이 학인의 서쪽에서 온 뜻입니까?"
"그대는 이 땅에 얼마나 있었는가?"

앞의 항주杭州 영명사永明寺 도잠道潛 선사의 법손

항주杭州 천광왕사千光王寺 괴성瓌省 선사

그는 온주溫州 도산陶山 사람으로서 성은 정鄭씨이다. 어릴 때에 출가하여 율부律部를 정밀히 연구하다가 『천태문구(天台文句 : 『법화경』 주석서)』를 듣고 원돈지관圓頓止觀에 마음을 기울였다.

나중에는 『능엄경』을 열람했으나 문리가 넓고 깊어서 활짝 깨닫지 못하더니, 어느 날 저녁 경을 다 읽고 경상 앞에서 잠깐 졸았는데 꿈에 해가 하늘에서 내려오기에 입을 열어 삼켰다. 이로부터 깨달음이 활짝 열려서 차별의差別義의 문이 환하여 막힘이 없게 되었다.

그 뒤에 서울에서 영명永明의 법석이 성대하다는 말을 듣고 간곡히 참문했는데, 영명은 오직 앞의 견해만을 인가하고 다른 지시는 없었다. 그리고 충의왕忠懿王이 하사한 가사를 주어 신표를 삼게 했다.

다음에는 호서湖西 엄정원嚴淨院에 살았는데, 개보開寶 3년에 구주衢州 자사 옹성翁晟이 대사의 도덕을 소중히 여겨서 서산西山을 개척하여 대선원大禪苑[12]을 짓고 대사에게 살라 하니, 배우는 자들이 많이 모였다.

대사가 상당하여 말했다.

"여러 상좌들이여, 불법은 일이 없다. 옛날의 일월이 오늘의 일월이요, 옛날의 바람이 오늘의 바람이요, 옛날의 상좌가 오늘의 상좌이다. 이야기해서 마쳤다거나 설해서 마쳤다고 말하지 말지니, 온갖 것이 현재 이루어져야 좋다. 안녕."

개보開寶 5년 임신壬申 7월에 병이 났는데 의원을 구하지 않았다. 3일 전에 보배 나무와 목욕할 못이 나타나니, 대사가 말했다.

"무릇 모든 형상은 일체 허망하다."

27일 저녁때에 대중을 모아 놓고 이별의 말을 마치고는 편안히 앉아서 떠나니 수명은 67세였다. 다비를 마치고는 사리를 거두어 문인들이 탑을 세웠다.

구주衢州 진경鎭境 지징志澄 대사

스님이 물었다.

"어떤 것이 건곤을 평정하는 검입니까?"

대사가 대답했다.

"실 끝 하나 빠뜨리지 않는다."

"사용하는 이는 어떠합니까?"

"알지 못한다."

"김을 매다가 호미 끝에 지렁이가 상해도 죄가 됩니까?"

"누가 김을 맸는가?"

12 태종 황제가 보운사寶雲寺라고 절 이름을 고쳐 주었다.

"그러면 죄가 없겠습니다."

"인과因果가 뚜렷하다."

대사는 나중에 항주杭州의 서산西山 보운사寶雲寺로 옮겨 살면서 설법을 하니, 본국에서 자의를 하사하고 적선積善 대사의 호를 봉했다.

명주明州 숭복원崇福院 경상慶祥 선사

상당하여 말했다.

"여러 선덕들이여, 보는 성품이 두루하고 듣는 성품도 그러하니, 시방을 환히 사무쳐서 안팎이 없다. 그러므로 옛사람이 말하기를 '인연을 따르나 작용이 없으니, 움직이든 고요하든 항상 참되다' 하니, 이러한 활동이라야 온전히 참된 지혜의 작용이다."

스님이 물었다.

"어떤 것이 본래의 사람입니까?"

대사가 대답했다.

"당당한 여섯 자가 아주 분명하다."

"본래의 사람도 그런 모습이겠습니까?"

"그대는 무엇을 본래의 사람이라 하는가?"

"스님께서 방편을 베풀어 주십시오."

"누구를 가르치는 방편인가?"

앞의 항주杭州 영은사靈隱寺 청용淸聳 선사의 법손

항주杭州 임안臨安 공신원功臣院 도자道慈 선사

스님이 물었다.

"스님께서 보배 자리에 오르시니, 대중이 모두 모였습니다. 스님께서 으뜸가는 가르침〔宗敎〕을 들어 제창하여 주십시오."

대사가 말했다.

"대중이 상좌를 증명한다."

"그러면 고금을 꿰뚫겠습니다."

"그래도 말귀는 알아들어야 된다."

수주秀州 나한원羅漢院 원소願昭 선사

그는 전당錢塘 사람이었다. 그 지방에 있는 서산西山 보청원保淸院에서 업을 익히다가 영은靈隱에 의해 깨치니, 대중이 청하여 세상에 나왔다.

대사가 상당하여 말했다.

"산하대지가 참다운 선지식이라서 항상 설법하며 때때로 사람을 제도하니, 여러 상좌들은 그에게 참문해도 좋다. 일이 없는데 오래 섰구나."

스님이 물었다.

"나한羅漢의 가풍을 한 말씀 해주십시오."

대사가 대답했다.

"가화嘉禾[13]의 이삭이 패니, 온 나라 안에 꽃다운 향기가 전파된다."

"그것은 여전히 가화의 가풍입니다. 어떤 것이 나한의 가풍입니까?"

"혹시 제방에 가거든 분명히 이야기하라."

---

13 스님의 호이나, 좋은 벼이삭이라 새긴다.

대사가 나중에는 항주의 향엄사香嚴寺에 살았는데, 어떤 스님이 물었다.

"가는 티끌도 세우지 않는 경지를 스님께서 곧장 말씀해 주십시오."

"여러 사람이 그대를 비웃는다."

"어떻게 이해하리까?"

"내 말귀를 돌려다오."

처주處州 보은원報恩院 사지師智 선사

스님이 물었다.

"어떤 것이 화상의 가풍입니까?"

대사가 대답했다.

"누가 보지 못하는가?"

"어떤 것이 일상삼매一相三昧[14]입니까?"

"청·황·적·백이니라."

"일상一相, 즉 한 모습이라는 것이 어디에 있습니까?"

"그대는 제법 영리하구나."

"조사와 조사는 서로서로 조사의 심인을 전하는데, 스님은 누구의 법을 이으셨습니까?"

"영취봉靈鷲峰 앞에 달빛이 교교하다."

구주衢州[15] 곡녕瀫寧 가선可先 선사

스님이 물었다.

14 한 모습으로 나타나는 삼매를 뜻한다.
15 第26권 권두卷頭에는 형주衡州로 되어 있다.

"어떤 것이 곡녕瀔寧의 가풍입니까?"
대사가 대답했다.
"지시해 주어서 고맙다."
"어떤 것이 서쪽에서 오신 뜻입니까?"
"노승의 어디가 이상한가?"
"학인은 잘 모르겠으니, 스님께서 방편으로 지시해 주십시오."
"아까부터 서쪽에서 오신 뜻을 묻지 않았는가?"

항주杭州 임안臨安 광효원光孝院 도단道端 선사

스님이 물었다.
"어떤 것이 부처입니까?"
대사가 대답했다.
"큰 소리로 물어라."
"그것으로 되지 않겠습니까?"
"교섭할 길이 끊어졌구나."
대사는 나중에 영은사靈隱寺에 살다가 입적했다.

항주杭州 서산西山 보청원保淸院 우녕遇寧 선사

처음 개당開堂하는 날에 자리에 오르니, 두 스님이 동시에 절을 했다. 대사가 말했다.
"둘이 다 틀렸다."
스님이 나와서 입을 열려 하니, 대사가 얼른 자리에서 내려갔다.

복주福州 지제산支提山 옹희사雍熙寺 변륭辯隆 선사

그는 명주明州 사람으로서 영은사靈隱寺의 요오了悟 선사에 의해 출가했다가 이어 심인心印을 받았다.

상당하여 이렇게 말했다.

"외외(巍巍 : 드높은 모양)한 실상이 허공을 꽉 채웠고, 금강金剛의 당체는 파괴되지 않는다. 대중은 이를 보았는가, 보지 못했는가? 만일 보았다면 실상의 본체는 원래 청青·황黃·적赤·백白, 장長·단短·방方·원圓이 아니며, 또한 보고, 듣고, 지각하고, 아는 법도 아니거늘 어떻게 볼 수 있는 도리라 말하겠는가. 만일 보지 못했다면 외외한 실상이 허공을 꽉 채웠다 했거늘, 어째서 보지 못하는가?"

스님이 물었다.

"어떤 것이 향상向上의 외길입니까?"

대사가 대답했다.

"발밑이다."

"그러면 평소에 밟겠습니다."

"잘못 인정하지 말라."

"어떤 것이 굳세고 비밀한 몸입니까?"

"벌거벗은 것이다."

"그러면 비밀하지는 않겠습니다."

"무엇을 보았는가?"

항주杭州 서룡원瑞龍院 희원希圓 선사

스님이 물었다.

"어떤 것이 화상의 가풍입니까?"

대사가 대답했다.

"그대가 물어 준 것을 특별히 감사한다."

"물은 일은 없지 않으나 가풍은 어떠합니까?"
"이 졸고 있는 놈아."

앞의 금릉金陵 보자報慈 행언行言 도사의 법손

홍주洪州 운거산雲居山 의능義能 선사〔제9세 주지〕

상당하여 이렇게 말했다.
"올라올 필요가 없다. 법당 안의 교진여憍陳如[16] 상좌가 여러분을 위해 제1의第一義의 법륜을 굴리는데 믿어지는가? 만일 믿어지거든 제각기 방으로 돌아가서 참구해 보라."
법당에서 내려와 대사는 어떤 스님에게 물었다.
"아까 내가 그대들에게 말하기를 '성승聖僧에게 참문하라' 했는데, 성승이 무엇이라 하던가?"
스님이 말했다.
"화상께서 다시 말씀해 주시니, 퍽 감사합니다."
다른 스님이 물었다.
"어떤 것이 부처입니까?"
대사가 대답했다.
"마음이 부처이다."
"학인은 잘 모르겠으니, 스님의 방편을 청합니다."
"방편으로 부처라 하나니, 회광반조迴光返照하여 몸과 마음이 무엇인가를 살펴라."

---

16 부처님의 제자였는데, 선원 큰방에는 그의 등상을 모신다.

앞의 금릉金陵 청량淸涼 태흠泰欽 선사의 법손

홍주洪州 운거산雲居山 제11세 주지 도제道齊 선사

그는 홍주 사람으로서 성은 김金씨이다. 백장산百丈山의 명조明照 선사에 의해 스님이 되어 선원을 두루 다녔으나 배우려는 마음을 쉬지 못했는데, 나중에 법등法燈 선사를 만나자 기연機緣이 단박에 맞았다. 법등이 상람원上藍院에 살게 되자 대사는 경장(經藏 : 경전 창고)을 맡았는데, 어느 날 모시고 섰노라니 법등이 대사에게 말했다.

"장주(藏主 : 경장 맡은 직책 이름)야, 나에게 한 토막 서쪽에서 오신 뜻의 이야기가 있는데, 그대는 어찌 생각하는가?"

대사가 대답했다.

"동쪽도 아니고, 서쪽도 아닙니다."

"그래서야 무슨 교섭이 있으랴."

"도제道齊는 다만 그럴 뿐인데, 화상의 높으신 뜻은 어떠하십니까?"

"그 집안에는 스스로 자손이 있느니라."

대사는 이로부터 단박에 그 뜻을 밝혔다.

처음에는 균주筠州의 동선원東禪院에 살았는데, 스님이 물었다.

"어떤 것이 부처입니까?"

대사가 대답했다.

"그대는 누구인가?"

"가시밭에서 벗어날 길이 없으니, 스님께서 방편을 써서 열어주십시오."

"그대는 어디로 갈 생각이냐?"

"하마터면 여기에 이르지 못할 뻔했습니다."

"부질없는 말이다."

"윤회輪廻를 면하지도 않고 해탈도 구하지 않을 때에는 어떠합니까?"

"일찍이 건산建山에게 물은 일이 있는가?"

"학인이 잘 모르겠으니, 스님께서 방편을 베풀어 주십시오."

"그대에게 30방을 때리리라."

"어떤 것이 삼보三寶입니까?"

"그대는 무슨 보배인가?"

"어떻습니까?"

"흙·나무·기와·자갈이니라."

대사는 다음에 홍주의 쌍림원雙林院에 살았고, 나중에는 운거산雲居山에 살았는데 세 곳에서 설법을 하였다. 그리고 요긴한 법어와 수현(捜玄 : 현묘함을 캐냄)과 염고拈古[17]와 대代·별別[18] 등을 저술한 것이 제방에 많이 퍼졌지만, 여기서는 번거로워서 수록하지 않는다.

지도至道 3년 정유丁酉 9월에 병이 났는데, 8일 신시申時에 종을 치고 대중을 모으라고 했다. 유나維那가 대중이 다 모였음을 알리니, 대사가 말했다.

"내가 세 곳에 주지한 지 30년에 시방의 형제들이 모여서 도를 이야기했고, 일 보는 이들이 힘써 나를 도왔다. 그러다가 오늘 나에게 불과 바람이 마주 닥쳐왔기에 특별히 여러분을 만나려 하는

---

17 옛사람의 법문을 들추어내는 것을 말한다.

18 대代는 법 문답 중 대답하지 못한 부문을 대신 대답함이요, 별別은 남의 대답을 다른 방법으로 대답하는 것이다.

데, 여러분들은 보았는가? 만일 오늘 보았다면 그것이 나의 마지막 방편이다. 여러분은 어디서 나를 보려 하는가? 4대大와 5음陰에서 나를 보려는가? 6입入과 12처處에서 나를 보려는가? 여기서 나를 본다면 운거산雲居山에 산 지 20년 만에 후학後學들이 믿을 만하다고 하리라. 내가 떠난 뒤에는 산문과 대중을 계괴契瓌에게 맡겨서 법당을 열고 주지케 하나니, 무릇 일을 더욱 부지런히 행하라. 각자 노력하라. 안녕."

대중이 흩어지자 대사는 서협西挾으로 가서 입적하니, 수명은 69세이고 법랍은 48세였다. 지금도 탑이 본산에 남아 있다.

앞의 금릉金陵 보은원報恩院 법안法安 선사의 법손

여산廬山 서현사棲賢寺 도견道堅 선사

어떤 관원이 물었다.

"제가 금릉金陵의 전란을 수습하기 위해 무수한 사람을 죽였는데, 죄가 있겠습니까?"

대사가 대답했다.

"나는 그저 바라볼 뿐이다."

"어떤 것이 조사께서 서쪽에서 오신 뜻입니까?"

"드넓은 바다 왼쪽에는 바람도 없는데 파도가 인다."

"어떤 것이 서현棲賢의 경계입니까?"

"서현에 무슨 경계가 있겠는가?"

여산廬山 귀종사歸宗寺 제14세 주지 혜성慧誠 선사

그는 양주揚州 사람으로서 성은 최崔씨이다. 어려서 무주撫州의 명수원明水院으로 출가하여 구족계를 받고, 제방으로 다니다가 혜제慧濟 선사와 인연이 맞아서 비밀히 심인을 받고는 여산廬山의 금봉金峰에다 암자를 세웠다.

순화淳化 4년 첫여름에 귀종歸宗 유柔 화상이 입적하니, 군수와 산문의 대중이 세 차례나 대사에게 법문을 열어 주지하라고 청하였다.

처음 상당하여 자리에 앉기도 전에 대중에게 말했다.

"하늘과 인간이 도를 얻을 때에는 이것으로 증명을 삼았으니, 이대로 흩어진다 해도 벌써 두루한 것이다. 만일 그래도 깨닫지 못하겠거든 다시 설명해 주리라."

그리고는 자리에 오르자, 어떤 스님이 물었다.

"군수께서 자리에 왕림하셨으니, 스님께서 법을 연설해 주십시오."

대사가 대답했다.

"내가 그대에게 미치지 못한다."

"어떤 것이 부처입니까?"

"어떤 것이 아니던가?"

"어떤 것이 조사께서 서쪽에서 오신 뜻입니까?"

"모르겠다."

또 말했다.

"묻는 것을 잠시 그쳐라. 제방의 상좌들이 겁이 다하도록 물어도 묻지 못하고, 내가 겁이 다하도록 대답해도 대답하지 못한다. 무슨 까닭이겠는가? 여러 상좌들에게 제각기 본분本分의 일이 있어서 시방에 원만하고 고금을 꿰뚫었기 때문이다. 나아가 부처님들까지도 감히 그대들을 그르치지 못하나니, 이른바 정족頂族도 그저 상좌들의 공부를 도울 뿐이다. 그러므로 말하기를 '시방 법계의 유정有情들이 생각 생각마다 선서(善逝 : 부처님)의 과위를 증득하는데, 그들도 장부이고 나도 그렇거늘 어찌 스스로 가벼이 여겨서 물러서겠는가'라고 하였다. 상좌들이여, 물러서지는 말라. 굳게 믿으면 그만이다. 조사께서 서쪽에서 오셔서 다만 '성품을 보고 부처를 이룬다'고 하셨고, 그 밖의 말은 이 말씀에 미치지 못하거늘 다시 무슨 기특한 방편이 있겠기에 남에게 들어 보이랴. 분명히 기억해 두었다가 제방諸方에 가서 잘못 이야기하지 말라. 오래 섰었다. 안녕."

다른 날 상당하니, 스님이 물었다.

"바람도 통하지 못하는 곳을 어찌하면 지날 수 있습니까?"

대사가 대답했다.

"그대는 어디서 왔는가?"

스님이 이야기하기를 "남전南泉이 '구리병〔銅甁〕은 경계이고 병 속에는 물이 있는데, 경계를 요동시키지 말고 나에게 물을 갖다다오'라고 하니, 등은봉鄧隱峰이 병을 들어 물을 쏟자 남전은 이내 그만두었습니다"라고 하였다.

대사가 말했다.

"등은봉이 퍽 기괴하나 어지럽게 쏟았어야 한다."

대사는 접무接武와 귀종歸宗에서 14년 동안 있었는데, 항상 5백 명이 넘는 대중이 있었다.

경덕景德 4년 3월 18일에 상당하여 대중을 하직하고 편안히 앉아서 떠나니, 수명은 67세이고 법랍은 52세였다. 전신全身으로 본산本山에 탑을 세웠다.

앞의 여주廬州 장안원長安院 연규延規 선사의 법손

여주廬州 장안원長安院 변실辯實 선사〔제2세 주지〕

스님이 물었다.

"어떤 것이 조사께서 서쪽에서 오신 뜻입니까?"

대사가 대답했다.

"소실少室의 영봉靈峰에 아홉 해나 있었다."

담주潭州 운개산雲蓋山 해회사海會寺 용청用淸 선사

그는 하주河州 사람으로서 성은 조趙씨이다. 본 고장에서 출가하여 독실한 뜻으로 도를 구하다가 멀리 장안에 참문하여 남몰래 현묘한 종지를 깨달았다.

처음에는 소주韶州의 동평산東平山에 살았는데, 순화淳化 2년에 담주潭州 군수 장무종張茂宗이 운개산雲蓋山에 살기〔제6세 주지〕를 청했다.

스님이 물었다.

"어떤 사람이 만 길 우물 속에 있는데 어찌하여야 벗어나겠습니까?"

대사가 대답했다.

"만나게 되어서 기쁘다."

"그러면 구름을 뚫고 달을 투과하겠습니다."

"삼십삼천三十三天의 일은 어찌하겠는가?"

스님이 말이 없었다.

다른 이가 물었다.

"어떤 것이 운개雲蓋의 경계입니까?"

대사가 대답했다.

“문밖에 있는 세 개의 샘이다.”

“어떤 것이 경계 안의 사람입니까?”

“어린이들을 제자로 삼는다.”

대사가 게송으로 대중에게 보였다.

운개의 입을 막는 비결은
의논하려면 곧 머리를 깨부수고
손뼉을 쳐서 현묘한 허공을 쫓고
구름이 드러나니 서산의 달이로다.

雲蓋鎖口訣　　擬議皆腦裂
拍手趁玄空　　雲露西山月

스님이 물었다.

“어떤 것이 운개의 입을 막는 비결입니까?”

대사가 대답했다.

“하늘과 땅에 두루한다.”

“그러면 돌 사람이 고개를 끄덕이고, 맨 기둥이 손뼉을 치겠습니다.”

“한 병의 맑은 물과 한 향로의 향이니라.”

“그것도 역시 우물 속의 개구리이겠습니다.”

“대중을 번거롭게 하는구나.”

대사는 항상 음식을 절제하여 대중을 따라 두 때에만 발우를 펼 뿐이었다. 혹 해와 달이 넘도록 약을 먹지 않아도 일하는 데 장애가 없었으며, 초청이 있으면 배불리 먹기는 했으나 욕심을 내지는 않았다.

지도至道 2년 4월 2일에 병으로 입적하니, 화장을 하고는 본산에다 탑을 세웠다.

행사行思 선사의 제11세

앞의 소주蘇州 장수원長壽院 붕언朋彦 대사의 법손

장수長壽 제2세 법제法齊 선사

그는 무주婺州 사람으로서 성은 정丁씨이다.

처음에는 『백법론百法論』과 『인명론因明論』을 강의하다가 이내 그만두고 제방으로 다니다가 광법廣法 대사에게 법을 얻었다.

건륭建隆 2년에 광법이 입적하면서 주지의 일을 맡겨 주었다. 절도사節度使인 전인봉錢仁奉이 소중히 예우하면서 진요眞要의 법을 제창해 달라고 하였는데, 『백법론』을 강의하던 어떤 좌주座主가 물었다.

"영공令公께서 청하시고 사부대중이 모였으니, 스님께서 향상의 종승을 제창해 주십시오."

대사가 대답했다.

"『백법명문론百法明門論』이니라."

"필경 어떠합니까?"

"온갖 법은 '나'가 없다."

"성동城東의 노모老母[19]는 부처님과 동갑인데, 어째서 부처님을 보지 않으려 했습니까?"

"보지 않는 것이 곧 도이다."

"그러면 보았겠습니다."

"성동의 노모는 부처님과 동갑이니라."

대사는 태평흥국太平興國 3년 무인戊寅에 대중을 버리고 본원本院으로 가서 딴 방을 짓고 살았다. 함평咸平 3년 경자庚子 12월 11일에 입적하니, 수명은 89세이고 법랍은 72세였다.

---

19 부처님 당시에 있던 어떤 노파를 가리킨다. 설화에 의하면 부처님께서 탁발을 하시는데, 노파가 저쪽에서 오는 부처님을 피하였다고 한다.

경덕전등록 제 27 권

선문에 통달한 사람으로서 세상에 드러나지는 않았으나 당시에 유명하던 열 사람

금릉金陵 보지寶誌 선사
무주婺州 선혜善慧 대사大士
남악南嶽 혜사慧思 선사
천태天台 지의智顗 선사
사주泗州 승가僧伽 화상
만회萬廻 법운공法雲公
천태天台 풍간豊干 선사
천태天台 한산자寒山子
천태天台 습득拾得
명주明州 포대布袋 화상

제방의 갖가지 이야기(雜擧)·물음(徵)·들어냄(拈)·대신함(代)·따로 말함(別語) 등

선문에 통달한 사람으로서 세상에 드러나지는 않았으나 당시에 유명하던 열 사람

보지寶誌 선사

그는 금릉金陵 사람으로서 성은 주朱씨이다. 도림사道林寺에서 선정을 익히다가 송宋의 태시泰始 초엽初葉에 홀연히 나타나서 일정한 장소가 없이 살고, 음식을 때 없이 먹고, 머리는 몇 치나 자랐으며, 맨발로 주장자를 짚고, 주장자 끝에는 전도剪刀와 구리거울을 달거나 혹은 한두 자 되는 비단을 달고 다녔다. 며칠씩 먹지 않아도 주린 빛이 없었으며, 때로는 노래를 불렀는데 가사가 예언 같아서 선비나 서민들이 모두 그를 섬겼다.

제齊의 영명永明 7년, 무제武帝가 대중을 미혹하는 스님이라 하여 건강建康의 감옥에다 가두었는데, 이튿날 아침 사람들이 저자에 들어가는 것을 보았다고 하기에 감옥을 검사하니 여전하였다.

건강의 군수가 사실을 아뢰니, 황제가 궁중의 후당後堂으로 맞아들였다. 이때에 대사는 화림원華林園에 있으면서 하루에 모자 셋을 겹쳐 썼는데 어디서 생겼는지도 모른다.

조금 있다가 예장왕豫章王과 문혜文惠 태자가 잇달아 죽자 무제武帝는 세상을 비관하였으며, 제齊는 이것으로 망했다. 이 까닭에 대사는 출입이 금지되었다.

양梁의 고조高祖가 즉위하자, 곧 조서를 내렸다.

"지공誌公의 자취는 세간의 티끌에 구애받으나 신통한 거동은 그윽하고 고요해서 물과 불이 적시거나 태우지 못하고, 뱀과 범도 침노하지 못한다. 그를 부처의 진리로 말하자면 성문聲聞의 위요,

숨고 조신한 것으로 말하자면 고고한 선인이니, 어찌 세속 선비의 예사 감정이나 공한 형상으로 구속할 수 있으랴. 그런데 어찌하여 이토록 누를 끼치게 되었을까? 지금부터는 다시는 가두지 말라."

어느 날 황제가 물었다.

"제자가 마음이 번거로우니, 무엇으로 다스려야 되겠소?"

대사가 말했다.

"12입니다."

이 말을 아는 이들은 12인연이 미혹을 고치는 약이라고 했다.

또 12라는 뜻이 무엇인가를 물으니, 대사가 말했다.

"뜻〔旨〕은 글〔書〕과 시절과 시각에 있습니다."

이 말을 아는 이들은 글자가 12시時 속에 있는 것이라 여겼다.

또 물었다.

"제자는 언제나 조용한 마음으로 닦아 익힐 수 있겠소?"

대사가 대답했다.

"안락함은 금하시오."

이 말을 아는 이는 닦아 익히고 금한다는 것은 그친다는 뜻이라 했으니, 안락할 때가 되면 이내 그칠 뿐이다.

또 대승찬大乘贊 24수를 지었는데 세상에 널리 퍼졌다.〔그 밖에 다른 어록과 선종지취명회약록禪宗旨趣冥會略錄 10수와 십이시송十二時頌은 별록別錄에 수록한다.〕

천감天監 13년 겨울, 임종할 시기가 되자 홀연히 대중에게 말하기를 "절 안에 있는 금강신金剛神을 밖으로 내다 놓아라" 하고, 비밀히 딴 사람에게 말하되 "보살은 이제 떠난다" 하더니, 열흘도 못 되어 병 없이 떠났는데, 온몸이 향기롭고 부드러웠다. 임종하기 직전에 촛불 하나를 켜서 합사인閤舍人인 오경吳慶에게 뒷일을 당부

했는데, 오경이 이 일을 위에 보고하자 황제가 탄식하면서 말했다.

"대사는 더 머물지 않겠구나. 촛불을 준 뜻은 나에게 뒷일을 부탁한 것이다."

그리하여 종산鍾山의 독용부獨龍阜에다 후하게 장사를 지내고, 이어서 그곳에다 개선정사開善精舍를 지었다. 그리고는 육수陸倕에게 명하여 무덤 안에 넣을 글을 짓게 하고, 왕균王筠이 절 문 앞에다 비를 세우니, 곳곳에 대사의 영정을 모시게 되었다.

대사가 처음 세상에 알려질 때에는 50, 60세였지만, 임종할 때까지도 늙지 않으므로 사람들은 그의 나이를 헤아리지 못했다. 당시 나이가 93세인 서첩도자徐捷道者라는 이가 자기가 지공의 외사촌 동생이라 하면서 지공보다 4년이 아래라고 했으니, 대사가 죽은 해를 헤아리건대 97세였다. 칙명으로 시호를 묘각妙覺 대사라 했다.

선혜善慧 대사大士

그는 무주婺州 의오현義烏縣 사람이다. 제齊나라 건무建武 4년 정축丁丑 5월 8일에 쌍림향雙林鄉 부선자傅宣慈의 집에서 태어났으며, 본래의 이름은 흡翕이었다.

양梁나라 천감天監 11년, 나이 16세로 유劉씨의 딸인 묘광妙光에게 장가를 들어서 보건普建과 보성普成 두 아들을 낳았고, 24세에 마을 사람들과 계정포稽亭浦에서 고기를 잡아서 그 광주리를 물에 담고 축원하기를 "갈려면 가고, 머물려면 머물라"고 하니, 사람들이 바보라고 했다.

때 마침 천축의 승僧 달마達磨〔숭嵩 두타頭陀라 했다.〕라는 이가 있었는데 대사大士에게 말했다.

"나는 그대와 함께 비바시불毘婆尸佛께 서원을 세웠는데, 지금 도솔천궁에는 의발衣鉢이 남아 있다. 언제 돌아가겠는가?"

그리하여 물가에 가서 그의 그림자를 보게 하자 대사의 원광圓光과 보개寶蓋가 보였다. 이에 대사가 웃으면서 말했다.

"풀무〔鑪鞴〕가 있는 곳에 못 쓰는 쇠〔鐵〕가 많고, 훌륭한 의원의 문턱에 병자가 끓는다. 중생 제도하는 일이 급하거늘 어찌 그런 쾌락에 연연하리오."

이에 숭嵩 두타頭陀가 송산松山 마루턱을 가리키면서 말하기를 "저기가 살 만하겠다" 하니, 대사는 몸소 밭을 갈면서 살았다. 그리고는 게송 하나를 지었다.

빈손인데 호미를 잡았고
걸어가매 물소를 탔다.
사람이 다리 위를 지나는데
다리는 흐르건만 물은 흐르지 않네.

空手把鋤頭　　步行騎水牛
人從橋上過　　橋流水不流

어떤 사람이 콩·보리·오이·과일 따위를 훔치러 오면 대사는 얼른 광주리에다 담아 주었고, 날마다 낮에는 일을 하고 밤에는 도를 닦았는데, 석가釋迦·금속金粟·정광定光 등 세 부처님께서 광명을 놓아 그 몸을 비추는 것을 보고 대사는 말했다.

"나는 수능엄정首楞嚴定을 얻었으니, 집과 전답을 팔아서 무차대회無遮大會를 열리라."

그리고는 대통大通 2년에 처자를 팔아서 돈 5만 냥을 얻어 법회를 열었다. 이때 혜집慧集 법사라는 이가 대사의 법문에 깨달음을 얻고 말했다.

"나의 스승은 미륵의 응신應身이시다."

대사는 이 말이 대중을 미혹할까 걱정되어서 그를 꾸짖었다.

대통 6년 정월 28일에 제자인 부왕傅王을 시켜 양고조梁高祖에게 글을 보내 이렇게 말했다.

"쌍림수雙林樹 밑에서 미래에 해탈할 선혜善慧 대사는 삼가 국주國主 구세보살救世菩薩에게 아뢰나이다. 이제 상・중・하의 선善을 가리고자 하니 잘 받아 지니시기 바랍니다. 상급의 선이라 함은 대략 회포를 비우는 것을 근본으로 삼고 집착하지 않는 것을 종지로 삼으니, 모습을 잊는 것이 원인이요 열반이 결과입니다. 중급의 선이라 함은 대략 몸을 다스리는 것을 근본으로 삼고 나라를 다스리는 것을 종지로 삼으니, 천상과 인간의 안락한 과보를 받는 것입니다. 하급의 선이라 함은 대략 뭇 생명을 보호하여 잔인함을 이기고 살생을 버림으로써 온 백성이 모두 6재齋를 지키게 하는 것입니다. 이제 황제께서 불법을 숭상하신다는 말을 들어서 속에 든 말씀을 아뢰고자 하였으나, 겨를을 얻지 못하였기 때문에 이제 제자 부왕을 시켜 글월을 올리나이다."

부왕이 태악령(太樂令 : 관명)인 하창何昌에게 전하니, 하창이 말했다.

"혜약慧約 국사 같은 분도 계啓를 올리지 않는데, 부흡은 평민이자 국사도 아닌데 겸손하지 못하게 어찌 감히 글월을 바치는가?"

이에 부왕이 대궐 앞길에서 팔 하나를 태우니, 하창이 동태사同泰寺로 달려가서 이 일을 호皓 법사法師에게 물었다. 호 법사가 속히 전달하라고 권하니 2월 22일에야 글을 전달했다. 황제가 이를 보고 급히 조서를 보내 맞아들였다. 대사가 황제께 이르자, 황제가 물었다.

"종래從來로 누구를 스승으로 섬기었소?"

대사가 대답했다.

"좇아도 좇은 바가 없고 와도 온 바가 없으니, 스승을 섬긴 것도 그러합니다."

소명昭明 태자가 물었다.

"대사는 어찌하여 뜻[義]을 논하지 않습니까?"

대사가 대답했다.

"보살이 설하는 것은 길지도 않고 짧지도 않으며, 넓지도 않고 좁지도 않으며, 끝이 있지도 않고 끝이 없지도 않아서 여여如如한 바른 이치일 뿐이거늘, 또 무슨 말이 있겠습니까?"

황제가 또 물었다.

"무엇이 진제眞諦입니까?"

대사가 대답했다.

"쉬긴 해도 멸하지는 않습니다."

"쉬긴 해도 멸하지 않았다면 이는 색色이 있는 것이요, 색이 있다면 둔합니다. 만일 그렇다면 거사는 속된 무리를 면치 못하겠습니다."

"재물에 임하여도 얻으려 애쓰지 않고, 어려움을 당하여도 면하려 애쓰지 않습니다."

"거사는 예절을 잘 아는구료."

"일체의 온갖 법은 있는 것도 아니고, 없는 것도 아닙니다."

"거사께서 가르치신 것을 삼가 받들겠나이다."

"삼천대천세계에 있는 온갖 색상色象은 모두가 공으로 돌아가고, 모든 냇물은 흘러들어서 바다를 지나칠 수 없고, 무량한 묘법은 진여에서 벗어나지 않거늘, 여래께서는 왜 삼계의 96도道에서 홀로 뛰어나 최고이겠습니까? 온갖 중생 보기를 갓난아기처럼 보고 자기 몸처럼 보기 때문입니다. 천하에 도가 없으면 불안하고, 이치가 아니면 즐겁지 않습니다."

황제가 잠자코 있으니, 대사는 하직하고 물러갔다.

다른 날 황제가 수광전壽光殿에서 지공誌公을 청해 『금강경』을 강해 달라 하니, 대사가 자리에 올라 박판拍板을 잡고 경을 소리 높여 읊고 49수의 게송을 지었다.

대동大同 5년에 자기 집을 버리고 송산 밑에다 절을 짓겠다고 아뢰었다. 두 그루의 나무〔雙檮樹〕에 의하여 절을 지었으므로 쌍림사雙林寺라 하였는데, 그 나무가 한 몸으로 엉키면서 상서로운 구름이 감싸고 두 마리 학이 와서 깃들었다.

태청太淸 2년에 대사는 맹세코 음식을 받지 않고, 부처님의 생신날을 택해 몸을 태워 공양하리라 하였다. 그날이 되자 승속僧俗 60여 명이 대신 먹지 않고 몸을 태우고, 3백여 명이 가슴을 찔러 피를 뽑아 향에다 개어서 대사에게 세상에 더 계시기를 청하니, 대사는 그들을 가엾이 여기어 승낙했다.

승성承聖 3년에 다시 집안 살림을 팔아서 중생을 위하여 삼보께 공양하고, 이어 게송을 말했다.

살림을 탕진함은 중생을 위하여서
거룩한 부처님께 공양키 위함이니
바라건대 끝없는 단 이슬을 뿌려서

중생을 두루두루 적셔 주소서.

傾捨爲群品　奉供天中天
仰祈甘露雨　流澍普無邊

진陳나라 천가天嘉 2년, 대사는 송산 마루턱에 줄지어선 나무를 돌면서 도를 닦으니 7불이 뒤를 따라 감응하였는데, 석가가 앞을 이끌고 유마가 뒤를 따랐다.

이때 석존만이 자주 돌아보면서 "나의 보처補處가 된다"고 하였는데, 홀연히 그 산에 황색 구름이 일어서 일산같이 서리었다. 이에 사람들이 운황산雲黃山이라 불렀다.

이때에 혜화慧和 법사라는 이가 있다가 병 없이 떠났고, 숭嵩 두타頭陀는 가산柯山의 영암사靈巖寺에서 입멸했는데, 대사는 멀리 떨어져서도 알고 말했다.

"숭공嵩公이 도솔천에서 나를 기다리니, 오래 머무를 수 없다."

이때는 주변에 있는 나무들이 바야흐로 무성하여 열매를 맺으려던 때였다.

진陳나라 태건太建 원년, 기축己丑 4월 24일에 대중에게 보였다.

"이 몸은 극히 더러운 것이자 뭇 고통이 모인 바이니, 모름지기 3업을 삼가고 6바라밀을 부지런히 닦아라. 만일 지옥에 떨어지면 끝내 벗어날 수 없으니 항상 참회하라."

또 말했다.

"내가 떠난 뒤에 절대로 침상寢床을 옮기지 말라. 7일 만에 법맹法猛 상인上人이라는 이가 등상과 석종(石鍾 : 부도)을 이리 가지고 오리라."

제자들이 물었다.

"멸도하신 뒤에 형체는 어찌하리까?"

대사가 대답했다.

"산봉우리에서 태워라."

"태워지지 않을 때에는 어찌합니까?"

"행여 관에다 거두지 말고, 그저 벽돌로 단을 쌓아 시체를 그 위에다 옮기고 병풍을 두른 뒤에 붉은 비단을 그 위에 덮어라. 그리고 위에는 부도를 세우고 미륵의 등상을 그 밑에 모시어라."

"부처님들께서 열반에 드실 때에는 모두가 공덕을 말씀하셨으니, 스님의 행적을 들려 주십시오."

"나는 넷째 하늘에서 왔는데, 그대들을 제도하기 위해서 석가의 다음 보처가 되었다. 그리고 부보민傅普敏은 문수요, 혜집慧集은 관음이요, 하창何昌은 아난인데 함께 와서 나를 도왔다. 그러므로 대품경(大品經 : 대반야)에 이르기를 '어떤 보살이 도솔천에서 왔는데, 모든 감각 기관이 날카로워서 빨리 반야에 상응하리라'고 하였는데 바로 이 몸이다."

말을 마치자 가부좌를 맺고 임종하니 수명은 73세였다. 그러자 과연 맹사猛師가 수놓은 미륵상과 구유종九乳鐘을 갖고 와서 모셔 놓고는 이내 보이지 않았다. 대사의 도구 10여 가지가 아직도 남아 있다.

진晉나라 천복天福 9년 갑진甲辰 6월 17일에 전왕錢王이 사자를 보내 탑을 열고, 자금색紫金色의 영골靈骨 16편과 도구를 고을 남쪽에 있는 용산龍山으로 가져다가 용화사龍華寺를 짓고 봉안했다. 그리고는 영골靈骨로 그의 등상을 빚었다.

형악衡嶽 혜사慧思 선사

그는 무진武津 사람으로서 성은 이李씨이다. 정수리에 육계肉髻가 있었고, 소걸음에 코끼리 거동을 하였다. 어릴 때부터 인자하기로 마을에 알려졌다.

일찍이 어느 범승梵僧이 출가하라 권하는 꿈을 꾸자 바로 부모를 하직하고 불도에 들어왔다. 구족계를 받은 뒤에는 항상 앉아서 익히고, 하루에 한 끼니만을 먹고, 『법화경』을 비롯한 여러 경을 천 번 읽었다. 또 『묘승정경妙勝定經』을 열람하다가 선나禪那의 공덕을 찬탄하고 발심하여 도반을 찾아 나섰다.

이때에 혜문慧聞 선사에게 수백 명의 무리가 있었는데 거기에 가서 법을 배웠다.〔혜문 선사는 처음에 등 뒤로 손을 뻗어 장경을 더듬다가 『중관론中觀論』을 얻어 선의 이치를 발견했으니, 이 논은 인도의 제14조 용수龍樹 대사大士가 지은 것이었다. 그러므로 멀리 용수의 대를 이었다.〕 밤낮을 가리지 않고 마음을 거두어 잡아서 여름 안거를 시작한 지 21일 만에 숙지통宿智通을 얻었다. 이에 더욱 용맹정진을 했는데 갑자기 장애가 일어나 사지가 나른하여 걸음을 걸을 수 없었다. 그래서 혼자 이렇게 생각했다.

'병은 업業에서 나고 업은 마음에서 일어나는데, 마음의 근원에는 일어나는 것이 없거늘 바깥 경계가 무슨 꼴〔狀〕이리오. 병과 업과 몸이 모두 구름의 그림자와 같다.

이렇게 관찰하고 나니, 뒤바뀐 생각이 사라지고 전과 같이 개운하였다.

여름을 지내고 나도 전혀 얻은 바가 없자 매우 부끄럽게 생각해서 몸을 벽에다 벌렁 던졌는데, 등이 벽에 닿기 전에 활짝 깨달았다. 법화삼매法華三昧의 최상승문最上乘門을 한 생각에 밝게 통달해서 참구와 연마를 더욱 오래 계속하여 앞서 닦던 관법이 더욱 늘었다. 명성이 멀리 퍼져서 배우는 자들이 날마다 모이자 그들을 격려하기를 게을리 하지 않았으니, 기틀의 감응이 실로 번다하였다. 그래서 대승·소승과 정혜 등의 법으로 근기에 따라 이끌어 주어서 자비·인욕의 행을 닦게 하고, 보살의 삼취정계三聚淨戒를 받들어 행하게 했다.

의복은 모두가 베로 지었고, 너무 추우면 쑥솜〔艾〕을 더 넣었다.

북제北齊의 천보天保 때에 무리들을 이끌고 남쪽으로 가다가 양효원梁孝元의 난亂을 만나서 잠시 대소산大蘇山에 멈추니, 목숨을 가벼이 여기고 법을 중히 여기는 이들이 앞뒤를 다투어 위험을 무릅쓰고 산림山林에 모여들었다.

대사가 대중에게 일렀다.

"도의 근원은 멀지 않고, 성품의 바다는 먼 곳에 있지 않다. 다만 자기를 향해 구할지언정 딴 곳에서 찾지 말라. 찾으면 얻지 못할 것이요, 얻는다 해도 참되지 못하다."

그리고는 게송을 읊었다.

마음의 근원을 단박에 깨달으니 보배 창고 열리고
숨고 드러나면서 신령스럽게 통通함은 참된 형상 나타내네.
홀로 앉고 홀로 다녀서 언제나 우뚝한데
백억百億 화신化身의 그 수효 셀 수가 없네.

頓悟心源開寶藏　　隱顯靈通現眞相
獨行獨坐常巍巍　　百億化身無數量

설사 허공을 가득히 메웠다 하여도
보려고 하면 티끌만큼도 볼 수 없다네.
우습구나, 무엇으로도 견줄 수 없는데
입으로 토한 밝은 구슬 광채가 빛나서
평소의 보고 말함이 부사의不思議하니
한마디 명자名字로 표시하여 말끝에 드러내네.

縱合徧塞滿虛空　看時不見微塵相
可笑物兮無比況　口吐明珠光晃晃
尋常見說不思議　一語標名言下當

또 게송을 말했다.

하늘이 덮을 수 없고 땅도 싣지 못하며
가지도 않고 오지도 않고 막힘도 없다.
길지도 짧지도 않고 청황靑黃도 아니며
중간과 안팎에도 존재하지 않는다.
무리를 초월한 태허의 현묘함이니
그것을 가리켜 마음을 전하나 사람들은 알지 못하네.

天不能蓋地不載　無去無來無障礙
無長無短無青黃　不在中間及內外
超群出衆太虛玄　指物傳心人不會

그 밖에도 물음에 따라 응답하였고, 도속道俗이 시주한 것들을 가지고 금자金字 『반야경』과 『법화경』을 만들었다.

당시 대중들이 대사에게 두 가지 경을 강의해 주기를 청하니, 글을 따라 해석을 내리고는 다시 문인인 지의智顗에게 대신 강하게 했는데, 일심一心에 만행萬行을 갖추었다는 곳에 이르러 의심이 나서 묻자 대사가 말했다.

"그대가 의심하고 있는 것은 대품大品에서 밝힌 차례의 뜻이지 법화의 원돈종지圓頓宗旨는 아니다. 나는 지난 여름 일념이 단박에 발하면서 모든 법이 현전하였다. 나는 이미 몸으로 증득했으니 다시는 의심하지 않게 되었다."

지의가 법화행法華行을 받들어 행하여 37일 만에 깨달음을 얻었다.〔지의는 곧 천태종의 교주인 지자智者 대사이니, 다음 장에 수록되어 있다.〕

진陳나라 광대光大 원년 6월 23일에 대소산大蘇山에서 40여 명의 대중을 이끌고 남악南嶽을 향해 질러가다가 말했다.

"내가 이 산에 10년은 있게 될 것이요, 그 뒤에는 분명 멀리 다니기를 일삼을 것이다. 나의 전생 몸도 여기를 지나간 일이 있다."

길을 가다가 형양衡陽에 이르러 숲과 못이 수승하고 괴이한 곳을 만났는데, 대사가 말했다.

"이는 옛 절이다. 내가 여기에 살았었다."

그리하여 땅을 파게 하니 묵은 터가 역력했다. 또 바위 밑을 가리키면서 말했다.

"내가 여기서 좌선을 하는데, 도적이 나의 목을 베었었다."

그리고는 그 곁에서 마른 뼈다귀 한 무더기를 얻었다. 이로부터 대사의 덕화가 더욱 널리 퍼졌는데, 진주陳主가 자주 초청해서 위로하고 공양하였으며 대선사大禪師라 불렀다.

세상을 떠나려 할 때에 문인들에게 말했다.

"단 열 사람이라도 생명을 아끼지 않고 항상 법화法華·반주般舟·염불삼매念佛三昧나 방등참회方等懺悔를 닦아 증득하기를 바라는 이가 있다면, 나는 그들이 필요한 것을 무엇이나 다 공급하겠다. 만일 그런 사람이 없으면 나는 멀리 떠나겠다."

이때에 대중들이 고행은 어려운 일이라 생각해서 아무도 대답치 않으니, 대사는 무리를 물리치고 조용히 떠났다. 이에 소사小師인 운변雲辯이 소리를 지르자, 대사가 눈을 뜨고 말했다.

"너는 악마다. 내가 떠나려는데 왜 시끄럽게 해서 나를 방해하는가. 어리석은 사람아, 나가라."

말을 마치고는 영원히 떠났다. 이때에 이상한 향기가 방 안에 가득하였고, 정수리는 따뜻하고 몸은 보드라웠으며, 얼굴빛은 평상시와 같았다. 그 해는 태건太建 9년 6월 22일로서 세상 수명은 64세였다.

무릇 저술을 할 때에는 모두 입으로 불렀는데도 수정한 것이 없으니, 『사십이자문四十二字門』 2권과 『무쟁행문無諍行門』 2권과 『석론현釋論玄』·『수자의隨自意』·『안락행차제安樂行次第』·『선요禪要』·『삼지관문三智觀門』 등 5부의 각 1권이 모두 세상에 퍼져 있다.

천태산天台山 수선사修禪寺 지자智者 선사 지의智顗

그는 형주荊州 화용華容 사람으로서 성은 진陳씨이다. 어머니 서徐씨의 꿈에 오색 향연香煙이 품을 감싸는 것을 보았는데, 탄생하는 날 저녁에는 상서로운 광채가 마을을 비쳤다.

어릴 적부터 신기한 일이 많아서 피부에 때가 묻지 않았고, 7세 때에 과원사果願寺에 들어가 스님이 『법화경』의 「보문품」 읽는 소리를 듣고 바로 따라 외웠으며, 이어 『법화경』 7권의 글을 제대로 다 기억해서 외우는 것이 흡사 전생에 익힌 것 같았다.

15세에 불상 앞에 절을 하면서 출가하기를 서원하다가 조급한 마음에 비몽사몽非夢似夢 꿈을 꾸니, 바닷가에 큰 산이 있는데 그 봉우리에서 스님이 손을 흔들어 불러서 다시 절 안으로 데리고 들어가 말하기를 "그대는 여기서 살다가 여기서 죽으리라" 하였다.

18세에 양친을 잃고, 과원사에서 법서法緖라는 스님에 의해 스님이 되었고, 20세에 구족계를 받았다.

진陳나라 천가天嘉 원년에 광주光州 대소산大蘇山의 혜사慧思 선사를 뵈었는데, 혜사가 보고 말했다.

"옛날 영취산에서 함께 『법화경』을 들었는데 이제 다시 왔구나."

그리고는 보현도량普賢道場을 보여 주고, 네 가지 안락행〔四安樂行〕을 말해 주니, 대사는 21일 동안 관觀에 들어가 몸과 마음이 활짝 열리고 선정과 지혜가 융통하자 숙명통〔宿通〕이 은밀히 일어나 혼자만이 분명히 요달했다. 이렇듯 깨달은 바를 혜사에게 아뢰니, 혜사가 말했다.

"그대가 아니면 증득하지 못하고, 내가 아니면 알아채지 못하리니, 이것이 법화삼매法華三昧의 앞 방편이며 첫 선다라니旋陀羅尼이다. 비록 문자를 따지는 스승이 천만 명이 있더라도 그대의 변재는 당하지 못하리라. 그대는 법의 등불을 잘 전하여 마지막으로 부처의 종자를 끊는 사람이 되지 말라."

대사는 인가를 받은 뒤 태건太建 원년에 혜사를 하직하고 금릉에 가서 살면서 교화했는데, 설법하되 문자를 세우지 않았고 변재가 능숙하여 밤낮을 게을리 하지 않았다.

태건太建 7년 을미乙未에 무리들을 다 돌려보내고 천태산 불롱봉佛隴峰에 숨었다. 이에 앞서 정광定光 선사라는 이가 여기에 살다가 제자들에게 말하되 "머지않아 큰 선지식이 제자들을 거느리고 이리로 오리라" 하였는데, 조금 있다가 대사가 이르렀다. 이에 정광이 말했다.

"옛날, 손을 들어 부르던 때를 기억하는가?"

대사는 곧 등상에 절하던 일을 깨닫고 기쁨과 슬픔이 엇갈려 손을 맞잡고 암자로 들어갔다. 그날 밤, 허공에서 종과 경쇠〔磬〕 소리가 나니, 대사가 물었다.

"이게 무슨 상서로움입니까?"

정광 선사가 말했다.

"이는 종을 쳐서 대중을 모아 머물 징조입니다. 여기는 금金의 땅인데 내가 이미 살고 있고, 북쪽 봉우리는 은銀의 땅이니 마땅히 그대가 사시오."

산을 연 뒤에 선제宣帝가 수선사修禪寺를 짓고, 시풍현始豊縣의 조세租稅를 떼어 주어서 대중의 양식을 충당케 했다.

수隋나라 양제煬帝가 대사에게 보살계를 받으려 하니, 대사는 황제를 위해 총지總持라는 법명을 지어 바쳤고, 황제는 대사를 지자智者라 불렀다.

대사는 항상 말하되, "『법화경』은 1승乘의 묘전妙典으로서 화성化城[1]의 집착을 깨트리는 가르침이며, 초암草庵 속에 꽉 막힌 망정을 풀어 주며, 방편의 권문權門을 열며, 진실의 묘한 이치를 드러내며, 온갖 선善의 작은 행실도 회통해서 광대한 1승에 돌아간다"고 하였다. 그리하여 『법화현의法華玄義』를 드러내었으니, 석명釋名·변체辯體·명종明宗·논용論用·판교상判敎相의 다섯 갈피로 되었

---

1 어리석은 이를 이끌기 위해 변화해 낸 거짓 성城을 말한다.

다.

이름〔名〕은 법과 비유를 일제히 들은 것이니, 이른바 1승의 묘법妙法이 바로 중생의 본성이라는 것이다. 무명의 번뇌 속에 있어도 물들지 않음이 마치 연꽃이 진흙 속에 있어도 본체는 항상 깨끗한 것과 같으므로 이렇게 이름을 지은 것이다. 이 경이 방편을 열어 실제를 드러내고, 방편을 폐하여 실제를 세우고, 방편을 회통하여 실제에 돌아가게 함이 마치 연蓮의 꽃〔華〕이 머금고 용납하고 피고 지는 뜻이 있고, 꽃〔華〕의 연蓮이 숨었다 나타났다 하면서 열매를 이루는 뜻이 있는 것과 같으니, 또한 근본에서 자취를 드리우고 자취로 인해 근본을 드러낸다고도 할 수 있다. 경의 제목은 법으로 사람을 비유한 것을 넘어서지 않으니, 홑과 겹이 구족하여 무릇 일곱 가지가〔홑이 셋이요, 겹이 셋이요, 구족함이 하나다.〕 온갖 법을 포섭하고 있다. 묘법연화妙法蓮華라 하면 이는 겹〔複〕의 하나가 된다.〔법과 비유를 겹친 것이다.〕

이름으로써 본체를 부르고, 본체는 바로 실상이니, 이른바 온갖 모습이 실상을 떠나서는 본체가 없기 때문이다.

종지는 1승의 인과이니, 부처님의 지견知見을 열고, 보이고, 깨닫고, 들어가게 하는 것으로서 숭상할 만하기 때문이다.

용用이란 힘의 작용이니, 열고 폐지하고 회통하는 뜻에 그 힘이 있기 때문이다.

그런 뒤에야 교상을 판별하는 것은 여래의 일대시교一代時教를 총체적으로 5시時와 8교教로 판별하는 것이다. 5시라 함은 첫째 부처님께서 처음으로 위없는 도를 이루시자 바로 상급의 근기인 보살들을 위하여 화엄華嚴을 말씀하신 때와, 둘째 소승의 근기를 위하여 아함阿含을 말씀하신 때와, 셋째 치우침을 꾸짖고 작은 것을 무찔러 큰 것을 찬탄하고 원만함을 칭찬하기 위해 방등方等을 말씀하신 때와, 넷째 형상을 소탕하고 집착을 쓸어버리기 위해 반야般若를 말씀하신 때와, 다섯째 방편을 회통하여 실제로 돌아감으로서 3승의 사람들과 온갖 중생까지 모두 성불한다는 수기를 주기 위해 법화法華·열반涅槃을 말씀하신 때이다.

8교敎라 함은 화의사교化儀四敎[2]의 돈(頓 : 단박에 깨우침)·점漸·비밀祕密·부정(不定 : 일정하지 않음)과 화법사교化法四敎[3]의 장藏〔생멸生滅 4제諦〕[4]·통通〔무생無生〕[5]·별別〔무량無量〕[6]·원圓[7]〔무작사제無作四諦는 오직 법화法華의 원융한 이치요, 내지 생산업生産業을 영위하는 데 있어서 하나의 모양, 하나의 향기도 실상實相 아님이 없다.〕이다.

3세 부처님의 말씀을 다 꾸려서 극진한 이치를 다했으니,〔사정삼접四正三接 따위. 넓게는 여래의 본래 가르침이다.〕 이를 떠나서는 모두가 마魔의 말이다. 그러므로 교리를 밝힌 뒤에는 관행觀行이 아니면 본성을 회복할 수 없기에 일심삼제一心三諦의 도리〔진眞·속俗·중中〕에 의하여 삼지삼관三止三觀을 보였다. 하나하나 마음을 관하면 생각 생각에 얻을 수 없나니, 먼저는 공空이요, 다음은 가假요, 나중은 중中인데, 두 치우침〔邊〕을 떠나서 일심을 관하는 것이 마치 구름 밖의 달과 같은 것은 바로 별교別敎의 행상行相이다. 일찍이

2 부처님께서 설교하시던 의식이란 뜻이니, 즉 어떤 형식의 설법인가 하는 것이다.

3 부처님께서 교화하시던 법이란 뜻이니, 어떤 내용의 설법이었는가 하는 것이다.

4 경·율·논의 3장을 두루 설하여 성문·연각을 가르치고 보살도 가르쳐 준다.

5 3승에 두루 통하는 무생無生의 원리 등을 설하여 3승이 모두 두루 배우게 하는 것이나 주로 보살을 위한 설교이다.

6 2승과는 차별되는 대승의 무량법無量法 등을 설한 것이다.

7 원융한 교법이니, 가장 영리한 중생을 위해 설한 것이다.

말하기를 "온갖 미혹을 깨뜨리는 데는 공空보다 성대한 것이 없고, 온갖 법을 건립하는 데는 가假보다 성대한 것이 없고, 온갖 성품을 끝까지 구명하는 데는 중中보다 위대한 것이 없다"고 하였다. 그러므로 하나의 중中이 일체의 중으로서 가假도 공도 모두가 중 아님이 없으며, 공과 가의 경우도 역시 그러하나니, 이는 원교圓敎의 행상이다. 마치 마혜수라천摩醯首羅天의 세 눈이 가로도 세로도, 합친 것도 별개인 것도 아닌 것과 같기 때문이다.〔제14조 용수龍樹 보살이 게송을 짓기를 "인연으로 생긴 법은 공하다 하노니, 이는 가假이기도 하고, 중도中道이기도 하니라" 했다. 이 말은 『능엄경楞嚴經』이나 『원각경圓覺經』에서나 이치는 하나이다. 달마 대사가 마음으로 마음을 전하되 이름과 수효에 막히지 않고 곧장 상상근기를 위해 통발과 언어를 떠나게 하였으니, 이는 교리와 같으면서도 같지 않고, 지자 대사는 진리를 끝까지 구명하고 성품의 근원을 다하여 갖추어 만족한 법문이므로 선종과는 다르면서도 다르지 않다.〕

3관觀[8]이며 원만히 이루어지면 법신法身이 가려지지 않아서 가난한 집 자식과 같이 됨을 면하리라. 그러나 배우는 자들이 성품 닦는 일에 어둡거나 치우친 집착에 빠질까 걱정이 되어서 다시 6즉卽의 법문을 세워서 이런 환란을 막았다. 첫째는 이치가 곧 부처〔理卽佛〕이니, 10법계法界의 중생들이 가장 밑바닥의 초명蟭螟에 이르기까지 똑같이 묘한 성품을 받고 태어났다. 본래부터 청정한 각체覺體가 항상 머물면서 원만한 일리一理가 가지런히 평등하기 때문이다.〔이름과 현상에 집착된 이는 마음이 곧 부처임을 믿지 못하는데 이것을 보고 신심을 내야 한다.〕

---

8 공空 · 가假 · 중中의 세 가지로 관찰하는 수행 방법을 말한다.

둘째는 이름이 곧 부처〔名字卽佛〕이니, 이치의 성품은 비록 평탄하나 흐름만 따르는 이는 날마다 사용하면서도 알지 못하나니, 반드시 말씀과 가르침으로 밖에서 훈습시켜야 이름을 듣고 믿음을 일으켜서 이해를 발하기 때문이다.〔『기신론起信論』에 말하기를, 망상의 마음이 있으므로 이름과 이치를 안다 했으니, 이로부터는 속으로 가만히 증득한 이를 간추려 말한다.〕

셋째는 관행觀行이 곧 부처〔觀行卽佛〕이니, 이미 이름을 듣고 이해를 열었지만, 앞의 세 관법에 의거하여 근원에 돌아가야 하기 때문이다.〔원교圓教의 외범外凡이다. 5음陰이 부사의의 경계임을 두루 관찰하는 것이니, 이는 곧 5품品의 지위이다. 대사도 이 지위에 머무셨다. 별교別教에서는 10신信이라 하고, 장교藏教와 통교通教에서는 모두 자량위資糧位라 하였다.〕

넷째는 비슷함이 곧 부처〔相似卽佛〕이니, 관행의 공이 깊어지면 비슷한 작용을 일으키기 때문이다.〔불법 안에 들어선 범부이니, 무명無明을 두루 굴복시키고 10신信의 철륜위鐵輪位에 들어가도록 견혹見惑과 사혹思惑을 끊지 않다가 7신信 이후로부터는 견혹과 사혹이 저절로 없어져서 6근根이 청정해진다. 경에 말하기를, '부모가 낳아 주신 눈으로 삼천대천세계를 본다'는 것과 같다. 혜사慧思 선사도 이 지위에 머무셨다. 별교別教에서는 10지地 이전의 30심心이라 하고, 장교와 통교에서는 모두 가행위加行位라 한다. 『능엄경楞嚴經』과 『유식론唯識論』에서는 30심 이후에 따로 4가행加行의 지위를 설정했으나, 이름은 같지만 뜻이 훨씬 다르니 깨달은 이라야 잘 회통할 수 있으리라.〕

다섯째는 부분적인 참이 곧 부처〔分眞卽佛〕이니, 세 가지 마음〔三心〕이 열려서 진여의 작용을 얻으면 각 지위마다 더욱 수승해지기 때문이다.〔원교圓教의 초주初住를 일으키니, 이는 곧 동륜위銅輪位이다.

마치 용녀龍女가 깜짝 사이에 부처가 되어 백 가지 세계에 몸을 나타내는 것과 같다. 이로부터는 더욱 훌륭해져서 등각等覺의 지위에 이르는데, 무릇 41심心을 모두 진여의 원인이라 하는데 지위는 다르나 원융한 이치에는 차별이 없다. 별교에서는 10지地라 부르고, 장교와 통교에서는 모두 견도위見道位라 부른다.〕

여섯째는 구경이 곧 부처〔究竟卽佛〕이니, 무명이 영원히 다하고 각성의 마음〔覺心〕이 원만하고 지극해서 증득할 바 없음을 증득하기 때문이다.〔묘각妙覺이니, 『기신론』에 말하되 "시각始覺과 본각本覺이 둘 아님이 구경각究竟覺이다" 했다. 『인왕경仁王經』에서는 적멸상인寂滅上忍이라 했고, 별교에서는 방편부처〔權佛〕에 포섭시키니, 원융한 행상에 대조하건대 제2위位가 된다. 장교와 통교에서는 모두 부처라 했으니 알 것이다.〕

위에서 말한 여섯 지위는 모두 부처에 즉한다고 했는데,〔굴복하지도 않고 외람되지도 않다.〕 모두가 법신·보신·화신을 갖춤으로써 정보正報를 삼고〔3보寶와 3덕德을 얼기설기 연결 지으면 열 가지 3법法에 이르기까지 남음이 없이 다 포섭한다. 게송에 이르기를, 도와 의식과 성품과 반야와 보리와 대승의 몸과 열반과 3보와 3덕이 모두 다 3법이 된다.〕 사는 곳마다 네 가지 국토로 의보(依報 : 사는 국토)를 삼는다. 네 가지 국토라 함은 상적광토常寂光土〔법성토法性土라고 하니, 법신法身이 산다. 몸과 국토가 꼭 맞는다.〕와 실보무장애토實報無障礙土〔두 가지 수용토受用土를 포섭하나니, 자수용토自受用土에는 보신불報身佛이 살고, 타수용토他受用土에는 10지의 지위에 이른 이가 산다.〕와 방편유여토方便有餘土와 정예동거토淨穢同居土이다.〔모두 다 응화신應化身의 국토이다. 10지 이전의 보살과 2승과 범부들이 살고 있다.〕

그러나 실제로는 몸도 아니고 국토도 아니며, 우수함도 없고 열등함도 없다. 오직 근기를 상대하여 가르치기 위하여 몸과 국토를 말하고, 우수함과 열등함을 나눈 것이다. 대사는 몸과 국토의 원융함과 방편과 실제의 걸림 없음을 얻었으므로 30여 년 동안 밤낮으로 연설해서 네 가지 이익을 얻었고, 네 가지 실단悉檀을 갖추었다.〔실단은 범어니, 두루 보시한다는 뜻이다. 선사의 법을 두루 유정들에게 베풀어 근기에 따라 이익을 얻게 했으니 마치 세계실단世界悉檀은 기쁨의 이익을 낸다는 등과 같다.〕

문인 관정灌頂이 날마다 1만 마디를 기록해서 책으로 모아 천태교天台教라 했는데, 따로따로 부류를 나누면 여러 가지가 있다.〔『법화현의法華玄義』·『문구文句』·『대지관大止觀』·『소지관小止觀』·『금광명金光明』·『인왕仁王』·『정명淨名』·『열반涅槃』·『청관음請觀音』·『십육관경十六觀經』 등과 사교선문四教禪門 등 백여 권이나 된다.〕

대대로 전해져서 절강浙江 지방에 성대히 퍼져 있다.

수隋나라 개황開皇 17년 11월 17일에 황제가 조서를 보내서 대사를 부르니, 대사는 떠나려 하면서 문인들에게 말했다.

"나는 이제 가면 돌아오지 않는다. 그대들은 불롱남사佛隴南寺를 성취하되 전적으로 나의 계획에 따라라."

이에 시자가 말했다.

"스님의 힘이 아니고야 어찌 이룩할 수 있겠습니까?"

대사가 말했다.

"이는 왕가王家에서 하실 것이니, 그대들은 보겠지만 나는 보지 못한다."〔대사가 처음에 석교石橋에다 절을 지으려 했는데 선정에 들어서 보니 세 신인神人이 검은 수건에 붉은 옷을 입고 어떤 노승을 따라와 대사에게 이렇게 말하였다. "절을 지으시려면 지금은 때가 아닙니다. 삼국을 통일한 뒤에는 반드시 큰 힘이 있는 시주가 나서서 스님께 절을 지어 드릴 것이니, 절이 되거든 나라 안이 청평해진다고 국청사國淸寺라 하십시오." 신인은 말을 마치자 사라졌다. 개황開皇 18년에 황제가 사마왕홍司馬王弘을 산으로 보내 도본에 의해 절을 자으니, 바야흐로 앞의 예언과 부합되었다.〕

대사는 21일에 섬동剡東의 석성사石城寺에 가는데, 1백 척 돌 불상 앞에 이르자 걸음을 멈추고는 24일에 시자侍者를 돌아보면서 말했다.

"관음觀音께서 마중을 나왔으니, 오래지 않아 떠나야겠구나."

이때에 문인 지랑智朗이 청했다.

"어떤 지위와 어떤 생生을 얻으셨습니까?"

대사가 대답했다.

"내가 대중을 거느리지 않았으니 반드시 6근이 청정해졌을 것이요, 나를 손해보고 남을 이롭게 했으니, 5품品의 지위에 참예하였다."〔오품제자五品弟子는 경을 받아 지니고, 읽고, 외우고, 쓰고, 남에게 설명해 주는 일이니, 법화삼매에 드는 첫 방편의 지위이다. 혜사 대사의 지난날의 예언과 맞는다.〕

서기에게 분부하여 관심게觀心偈와 그 밖의 온갖 법문의 강요綱要를 읊고는 가부좌를 맺고 앉아서 떠나니, 수명은 60세이고 법랍은 40세였다. 제자들이 불롱암佛隴巖으로 모시고 돌아가 장사했다.

대업大業 원년 9월에 양제煬帝가 회해淮海에 순행巡幸을 나왔다가 제자 지조智璪를 보내 절의 편액을 쓰게 하고, 이어 산에 들어가서 대사의 제사에 참석케 했다.

제삿날이 되어 스님들이 모여 석실石室을 열고 보니, 빈 걸상만이 남아 있었다. 이때에 모인 스님들이 1천 명이었는데, 바로 그때 한 사람이 갑자기 남았기 때문에 사람들은 모두 "대사의 화신化身

이 국왕의 공양을 받으러 왔다"고 말했다.

대사는 처음 선교禪敎를 배우기 시작하면서부터 마지막 멸도하기까지 항상 해진 누더기 한 벌을 입고는 여름이나 겨울에도 벗지 않았다. 오고 가면서 천태산에 살기를 22년, 큰 도량을 지은 것만도 12개였고, 최후에는 국청사國淸寺에 살았다. 그리고 형주荊州의 옥천사玉泉寺 등 36개 절에서 스님 1만 5천 명을 만들었고, 경전 15장藏을 베끼고, 금이나 동의 불상과 불상의 그림 80만을 조성하였으니, 그 사적은 퍽 많은데 자세히는 본전本傳과 같다.

사주泗州 승가僧伽 대사

그는 세상에서 관음보살의 화신이라고 말했다. 근본을 따지건대 과거 아승기阿僧祇 항하의 모래같이 많은 겁 이전에 관세음여래를 만나서 세 지혜의 문으로부터 도에 들어가서 음성音聲으로 불사를 삼았는데, 오직 이 지방의 인연 있는 중생들만이 대사가 인도에서 왔다고 하였다.

당唐나라 고종高宗 때에 장안長安과 낙양洛陽으로 와서 덕화를 폈는데, 오吳와 초楚 사이를 넘나들면서 손에는 버드나무 가지 하나를 들고 세속 무리에 섞여 지냈다. 이때에 어떤 이가 묻기를 "스님의 성이 무엇입니까?" 하니, 대사가 대답하되 "나의 성은 무엇〔何〕이다" 하였고, "스님은 어느 나라 사람입니까?" 하면, 대사는 대답하되 "나는 어느 나라〔何國〕 사람이다"라고 했다.

이어 사수泗水 위에다 절을 하나 짓고자 하니, 고을 백성인 하발씨賀跋氏가 살던 곳을 내어 주어서 대사가 말했다.

"여기는 본래 절이었다."

그리하여 땅을 파 보게 하자 과연 옛날의 비석이 나왔는데 향적사香積寺라고 써 있었으니, 바로 제齊나라 이용건李龍建이 지은 절이었다. 또 황금 불상을 얻었는데 대중은 모두가 연등然燈여래라고 했지만, 대사는 보광왕普光王부처님이라 했다. 그리하여 그것으로 절 이름을 삼았다.

경룡景龍 2년에 중종中宗이 사신을 보내 대사를 연輦 곁으로 청해 들여서 깊이 예의로 대접하고, 이어 대천복사大薦福寺에 살라고 명했다. 황제와 백관百官들이 모두 제자를 자칭했고, 이때에 혜엄慧儼·혜안慧岸·목차木叉 세 사람을 제도했으며, 황제가 절의 편액〔보광왕사普光王寺〕을 손수 썼다.

경룡 3년 3월 3일에 대사가 입적하니, 어명으로 천복사에 가서 전신에다 옻〔漆〕을 칠하여 탑을 세우라 하였는데, 홀연히 나쁜 냄새가 성안에 가득했다. 이에 황제가 대사를 임회臨淮로 전송하는 축원을 했는데, 말이 끝나자 기이한 향기가 빙빙 감돌았다.

황제가 만회萬廻에게 물었다.

"승가 대사는 어떤 사람인가?"

"관음의 화신입니다."

건부乾符 때에 증성證聖 대사라는 시호가 내려졌고, 황조皇朝의 태평흥국太平興國 때에 태종太宗 황제가 부도를 세웠는데, 웅장함과 화려함이 아주 뛰어났다.

만회萬廻 법운공法雲公

그는 괵주虢州의 문향閿鄉 사람으로서 성은 장張씨이다.

당唐나라 정관貞觀 6년 5월 5일에 태어났는데, 어린 시절에 휘파람을 불며 오만하기가 미친 듯하여 마을 사람들이 이상히 여겼다.

어느 날 집안사람들에게 청소를 시키면서 말하기를 "높은 손님이 오신다"고 했는데, 그날 현장玄奘 삼장이 인도에서 돌아와 방문했다.

공公이 인도의 풍경을 하나하나 묻는데 마치 분명히 본 것처럼 하므로 현장이 일어나서 절을 하고는 보살이라 불렀다.

만년萬年이라는 형이 있어 요좌遼左 지방으로 원정을 나가 오래되었는데, 그의 어머니 정程씨가 그의 소식을 초조히 기다렸다. 이에 공이 말하기를 "이는 퍽 쉬운 일입니다" 하고는 바로 어머니를 하직하고 떠나서 저녁때에 돌아왔는데 형의 글을 가지고 오자 마을 사람들이 깜짝 놀랐다.

용홍사龍興寺에 대명大明이라는 사문이 있었는데, 어릴 적부터 공公과 가까운 사이였다. 공은 이때에도 자주 대명에게 왕래하였는데, 때마침 정간대부正諫大夫인 명숭엄明崇儼이 절에 와서 밤을 지내다가 공의 좌우에 신병神兵이 에워싸고 있는 것을 보고 깜짝 놀랐다. 이튿날 아침에 대명 스님에게 이 사실을 이야기하고, 또 금과 비단을 후히 내놓고는 절을 하고 떠났다.

함형咸亨 4년에 고종高宗이 대내大內로 불러들였다. 이때에 부풍扶風에서 난 몽홍蒙澒이란 스님이 있었는데, 영특한 행적이 매우 많았다. 그는 먼저부터 대내 안에 있으면서 매양 말하기를 "만회萬迴가 온다. 만회가 온다"고 하였는데, 공이 이르자 "교체할 이가 왔으니 나는 떠나리라" 하고는 10여 일이 지나자 죽었다.

경운景雲 2년 신해辛亥 12월 8일에 대사는 장안의 예천리醴泉里에서 임종하니, 수명이 80세였다. 당시 이상한 향기가 서리고 온몸이 보들보들했다.

나라에서 사도司徒 괵국공虢國公으로 봉하고 장사 비용도 관청에서 대었다. 동 3년 정월 15일에 서울 서쪽에 있는 향적사香積寺에 장사지냈다.

천태天台 풍간豊干 선사

그는 어떤 사람인지 모른다. 천태산天台山 국청사國淸寺에 살면서 머리를 깎고 눈썹을 다듬고, 베 두루마기를 입고 지냈다. 사람들이 혹시 불법의 이치를 물으면 그저 '수시(隨時 : 때에 따른다)'라는 두 마디를 할 뿐이었다.

일찍이 창도가唱道歌를 부르면서 범을 타고 솔문〔松門〕 안으로 들어오니, 대중들이 깜짝 놀란 일이 있었다.

본사의 부엌에 두 고행자苦行者가 있었으니, 한산자寒山子와 습득拾得이었다. 두 사람이 같이 공양을 지었는데, 날마다 중얼거리고 이야기를 하건만 엿들으면 아무도 무슨 말인지 알 수 없어서 사람들은 그들을 미치광이라 했다. 그러나 대사만은 퍽 친했다.

어느 날 한산이 물었다.

"옛 거울〔古鏡〕을 닦지 않으면 어떻게 비추겠습니까?"

대사가 대답했다.

"얼음 항아리는 그림자가 없는데, 원숭이는 물속의 달을 건진다."

"이건 비추지 못하니, 스님께서 다시 말씀해 주십시오."

"만 가지 덕德도 가져오지 못하는데, 나에게 무엇을 말하라 하는가?"

한산과 습득이 함께 절을 했다.

대사는 이어 혼자서 오대산五臺山에 들어가 순례巡禮를 하다가 한 늙은이를 만났는데, 대사가 그에게 물었다.

"문수가 아닙니까?"

늙은이가 대답했다.

"어찌 두 문수가 있으리오."

대사가 절을 하고, 채 일어나기 전에 홀연히 사라졌다.〔조주趙州의 사미가 화상에게 아뢰니 조주가 풍간豐干을 대신해서 말하되 "문수다, 문수다" 하였다.〕 나중에 천태산에 돌아와서 입멸했다.

처음에 여구윤閭丘胤이 단구丹丘 지방을 지키러 나가게 되어서 건거巾車를 차리려는 찰나 홀연히 머리가 아프기 시작하였다. 의원도 고치지 못하자 대사가 그를 찾아가서 말했다.

"내〔貪道〕가 천태산에서 성주〔使君〕를 뵈러 왔습니다."

여구윤이 병이 났다는 사실을 말하니, 대사가 맑은 그릇의 물을 머금어서 뿜자 잠깐 사이에 쾌차했다. 여구윤이 이상히 여겨 앞날의 운수를 한마디 해달라 하니, 대사가 말했다.

"임지任地에 가시거든, 꼭 문수와 보현을 배알하시오."

여구윤이 말했다.

"그 두 보살이 어디에 계십니까?"

"국청사에서 밥을 짓고 그릇을 씻는 한산과 습득이 바로 그들입니다."

여구윤이 절을 하고 물러나서 바로 산사로 가서 물었다.

"이 절에 풍간豐干 선사가 있는가? 그리고 한산과 습득은 어느 분인가?"

이때에 도교道翹라는 스님이 대답했다.

"풍간 선사의 방은 장경각 뒤에 있는데 지금은 텅 비었고, 한산과 습득, 두 사람은 현재 부엌에서 일을 하고 있습니다."

여구윤이 대사의 방에 들어가서 보니, 오직 범의 발자국만이 보였다. 그래서 다시 도교에게 물었다.

"풍간 선사는 여기서 무엇을 했는가?"

도교가 대답했다.

"오직 방아를 찧어서 대중을 공양하다가 한가하면 노래를 불렀습니다. 그러다간 부엌에 들어가서 한산과 습득을 만납니다."

그의 대답 내용은 대략 다음 장章과 비슷했다.

천태天台 한산자寒山子

그는 본래 성도 종족도 모른다. 처음에 풍현豊縣의 서쪽 70리쯤에 한암寒巖과 명암明巖이라는 두 바위가 있었는데, 그 바위틈에 살았으므로 이름을 얻었다.

얼굴이 바싹 여위고, 다 떨어진 베 바지를 입고, 자작나무 껍질로 관을 만들어 쓰고, 큰 나막신을 신고 있었다.

때로는 국청사國淸寺에 와서 습득拾得을 찾아 찬밥이나 반찬 찌꺼기를 얻어먹고는 댓돌 위를 슬슬 거닐기도 하고, 허공을 보고 공연히 호통을 치기도 했다. 절에 사는 스님들이 작대기로 때려 쫓으면 몸을 잽싸게 뒤집고 손뼉을 치면서 깔깔 웃으며 달아났는데, 말하는 것이 미친 듯했지만 어딘가 깊은 뜻이 들어 있었다.

어느 날 풍간豊干이 말했다.

"그대가 나와 함께 오대산에 간다면 나의 동류同流이고, 나와 함께 가지 않으면 나의 동류가 아니다."

한산자가 말했다.

"나는 안 가겠소."

"그러면 그대는 나의 동류가 아니다."

"스님은 오대산에 가서 무엇을 하시렵니까?"

"문수보살을 뵈련다."

"스님은 나의 동류가 아닙니다."

풍간이 죽은 뒤에 여구윤이 산에 들렀다가 한산과 습득, 두 사람이 화로 곁에 둘러앉아 웃으면서 이야기하는 것을 발견하고는 얼떨결에 절을 했다. 이에 두 사람은 소리를 맞추어 여구윤을 꾸짖으니, 절의 대중이 놀라서 말했다.

"대관大官께서는 어찌하여 이 미치광이에게 절을 하십니까?"

한산자는 다시 여구윤의 손을 잡고 웃으면서 말하기를 "풍간이 혀를 놀렸군" 하고는 오랫동안 있다가 손을 놓았다.

이로부터 한산과 습득은 손을 맞잡고 솔문을 빠져나가서 다시는 절에 돌아오지 않았다.

여구윤이 다시 한암寒巖으로 찾아가서 절하여 뵙고 의복과 약을 보내니, 두 분은 소리를 높여 "도적아, 도적아" 하고 꾸짖고는 몸을 움츠려 바위틈으로 들어가면서 말하였다.

"여러분, 모두가 제각기 노력하라."

그러자 바위틈이 저절로 합해졌다.

여구윤이 슬퍼하여 도교道翹 스님으로 하여금 그의 유물을 찾게 하니, 숲 사이의 잎사귀에 쓴 노래나 게송과 마을 집 벽에 써 놓은 시 3백여 수를 얻어 세간에 퍼뜨렸다. 조산曹山 본적本寂 선사가 주석을 내어 대한산자시對寒山子詩라 불렀다.

천태天台 습득拾得

그는 성도 이름도 전하지 않는다. 풍간 선사가 산에서 거닐다가 적성赤城까지 갔을 때에 길옆에서 아기 우는 소리가 나서 찾아보았더니, 몇 살 되지 않은 아이가 있었다. 처음에는 소를 치는 아이로 여겼으나 물어보고서야 버려진 아이임을 알고 습득拾得이라 이름을 지어 주고는 국청사로 데리고 왔다.

처음에 전좌典座 소임을 맡은 스님에게 맡기면서 말하기를 "나중에 누가 찾거든 꼭 내어 주라"고 했는데, 후에 영습靈熠이라는 스님이 그의 뒤를 거두어 식당의 향과 등불을 맡게 되었다.

그러던 어느 날 갑자기 탁자에 올라가 불상과 마주 앉아 밥을 먹기도 하고, 또는 교진여憍陳如 상좌의 등상 앞에서 "소과성문小果聲聞아" 하고 부르기도 했다. 스님이 그를 쫓아내고, 영습도 화가 나서 장로에게 보고해 그의 소임을 빼앗고는 부엌에서 그릇이나 씻으라고 했다. 평상시에 공양이 끝난 뒤에 뜨물 찌꺼기를 가라앉혀서 통에 담아 두면 한산이 와서 지고 가곤 했다.

어느 날 마당을 쓰는데 원주[寺主]가 물었다.

"그대의 이름은 습득이다. 풍간 선사가 그대를 주워 왔기 때문이다. 그대의 진짜 성은 무엇인가? 또 어디서 살았는가?"

습득이 빗자루를 던지고 차수叉手하고 섰으니, 원주는 어리둥절했다. 이에 한산이 가슴을 치면서 "아이고[蒼天]"를 잇달아 외치니, 습득이 그에게 물었다.

"그대는 어찌 생각하는가?"

한산이 대답했다.

"듣지 못했는가? 동쪽 집에서 초상이 나면, 서쪽 집에서 슬픔을 보탠다는 말이 있다."

그리고 두 사람은 춤을 추고 곡을 하고 웃다가 밖으로 나갔다.

당시 호가람신護伽藍神의 사당에다 날마다 대중이 남긴 밥을 두면 까마귀가 물어갔다. 이에 습득이 막대기로 퉁기면서 말했다.

"그대는 밥 하나도 지키지 못하면서 어찌 가람을 지키겠는가?"

그날 밤 가람신이 온 대중의 꿈에 나타나서 말했다.

"습득이 나를 때린다."

아침에 스님들이 꿈 이야기를 하다가 우연히 서로 부합되자 온 절이 발칵 뒤집혔다. 이어 고을에 이 사실을 알리니, 고을에서 이런 공문이 왔다.

"현사賢士의 은둔은 보살의 응신應身이라서 마땅히 표창해야 하니, 습득을 어진 선비라 부르노라."〔돌 틈에 숨어들어 떠난 사실은 한산장寒山章에 수록되어 있다.〕

당시 도교 스님이 한산의 문구를 수록해 모으면서 습득의 게송을 곁들여 붙였는데, 이제 몇 편을 딴 기록에다 간략히 수록해 보인다.

명주明州 봉화현奉化縣 포대布袋 화상

그의 성과 종족은 자세하지 않으나 자기가 자칭하는 이름은 계차契此였다. 생김새가 비대하고, 이마에 주름이 잡히고, 배가 겹쳐지고, 말이 일정하지 않고, 아무 곳에서나 자고 누웠다. 항상 지팡이 끝에다 베자루 하나를 달아 메고 온갖 살림을 모두 그 속에다 넣었다.

저자나 마을에 들어갔다가 물건을 보면 달라고 하는데, 단술이나 초나 생선이나 김치 따위를 만나면 조금 떼어서 입에다 넣고, 나머지는 자루 속에다 넣었기 때문에 사람들이 장정자長汀子 포대사布袋師라 불렀다.

일찍이 눈 속에 누웠으나 눈이 몸에 젖지 않으니, 사람들이 이 때문에 신기하게 여겼다.

혹 사람들에게 무엇을 달라 했다가 돈을 주면 돌려 주었고, 남에게 길흉을 예언해 주면 조금도 틀리지 않았다.

비가 오려고 하면 젖은 짚신을 신고서 길바닥을 뛰어다니고, 심한 가뭄을 만나면 굽 높은 나막신을 신고 시장의 다리 위에서 무릎을 세우고 자니, 사람들이 이것으로 날씨를 짐작했다.

어떤 스님이 대사의 앞을 가는데 대사가 그의 등을 한번 문지르니, 스님이 고개를 돌렸다. 이에 대사가 말했다.

"돈 한 푼 주오."

스님이 말했다.

"바로 말하면 한 푼 주겠소."

대사가 베자루를 내려놓고 차수를 하고 섰다.

백록白鹿 화상이 물었다.

"어떤 것이 베자루〔布袋〕입니까?"

대사가 얼른 베자루를 벗어 던지자, 그가 또 물었다.

"어떤 것이 베자루 밑의 일입니까?"

대사가 다시 짊어지고 갔다.

선先 보복保福 화상이 물었다.

"어떤 것이 불법의 대의입니까?"

대사가 베자루를 벗어 던지고 차수하고 섰으니, 보복이 다시 물었다.

"그것뿐입니까? 다시 향상의 일이 있습니까?"

대사는 다시 짊어지고 갔다.

대사가 길모퉁이에 섰노라니 어떤 스님이 물었다.

"스님, 여기서 무엇을 하십니까?"

대사가 대답했다.

"누군가를 기다린다."

"왔습니다, 왔어요."

"그대는 그 사람이 아니다."

"어떤 것이 그 사람입니까?"

"내게 돈 한 푼 다오."

대사는 이런 노래를 불렀다.

오직 이 마음을 마음이라고 하는 마음만이 부처이니
시방세계에 가장 영특한 물건일세.
가로 세로 묘한 작용 신통한 그 놈이니
온갖 것이 마음의 진실함만 못하다.

只箇心心心是佛　　十方世界最靈物
縱橫妙用可憐生　　一切不如心眞實

팔팔하고 자재하면서도 하는 바가 없으니
한가롭고 한가한 구경究竟이 출가한 장부일세.
만약 눈앞의 참된 대도를 본다 해도
털끝만큼도 기특하게 여기지 않네.

騰騰自在無所爲　　閑閑究竟出家兒
若覩目前眞大道　　不見纖毫也大奇

만법이 무엇이 남다르고 마음은 무엇이 다르기에
어찌하여 수고롭게도 경전의 뜻을 또 찾는가.
심왕心王은 본래 스스로 분별이 끊겼으니
지혜로운 이는 오직 배울 것 없는 경지만을 밝힌다.

萬法何殊心何異　何勞更用尋經義
心王本自絶多知　智者只明無學地

범부도 성인도 아니거니 또 무엇이라 하리오.
억지로 분별하지 않으면 거룩한 심정이 우뚝할 뿐
값 지을 수 없는 마음 구슬이 본래 원만하고 깨끗하거늘
범부는 다른 형상이라면서 망령되게 헛되이 부른다네.

非聖非凡復若乎　不彊分別聖情孤
無價心珠本圓淨　凡是異相妄空呼

사람이 능히 도를 펴면 도가 분명해지니
한량없이 맑고 높음을 도의 정情이라 부른다.
비단을 끌고 고국故國의 길에 오르기만 한다면
어디서나 도의 소리 듣지 못할까 근심치 말라.

人能弘道道分明　無量淸高稱道情
攜錦若登故國路　莫愁諸處不聞聲

또 이런 게송을 읊었다.

발우 하나로 천 집의 밥을 먹고
외로운 몸은 만 리에 노닌다.
푸른 눈은 사람을 별로 보지 않고

길을 물으니 흰 구름의 머리더라.

一鉢千家飯　孤身萬里遊
青目覩人少　問路白雲頭

양梁의 정명貞明 2년 병자丙子 3월에 장차 입멸하려 할 때에 악림사嶽林寺 동쪽 복도 밑의 반석 위에 단정히 앉아서 게송을 읊었다.

미륵은 참 미륵인데
몸을 천백억으로 나누어
때때로 당시 사람들에게 보이나
당시 사람들은 스스로 알지 못하네.

彌勒眞彌勒　分身千百億
時時示時人　時人自不識

게송을 마치고는 편안히 앉아서 떠났는데, 그 뒤에 딴 고을 사람들은 여전히 대사가 베자루를 메고 다니는 것을 보았다. 이에 사부대중이 앞을 다투어 그의 형상을 그렸는데, 지금도 악림사嶽林寺 큰 법당의 동당東堂에는 온몸이 남아 있다.

제방의 갖가지 이야기[雜擧]·물음[徵]·들어냄[拈]·대신 말함[代]·따로 말함[別語] 등

장폐마왕障蔽魔王이 권속들을 거느리고 천년 동안을 금강제金剛齊보살을 따라다녔으나 일어난 곳을 찾지 못하더니, 어느 날 홀연히 발견하고서 물었다.

"그대는 어디에 머물러 있었기에 내가 천년 동안 권속들을 거느리고 그대가 일어나는 곳을 찾아도 찾지 못했는가?"

금강제가 대답했다.

"나는 머무름 있음에 의하지 않은 채 머무르며, 머무름 없음에도 의하지 않고 머무르니, 이렇게 머무른다."〔법안法眼이 이를 듣고 말하되 "장폐마왕이 금강제를 보지 못한 것은 그만두고, 금강제는 장폐마왕을 보았을까" 하였다.〕

외도가 부처님께 여쭈었다.

"말 있음으로도 묻지 않고, 말없음으로도 묻지 않겠습니다."

세존께서 한참 잠자코 계시니, 외도가 절을 하면서 말했다.

"거룩하십니다. 세존이시여, 대자대비로 저의 어리석음의 구름을 열어 주시어 저로 하여금 들어갈 길을 얻게 하셨습니다."

외도가 떠난 뒤에 아난이 부처님께 여쭈었다.

"외도가 무엇을 증득했기에 들어갈 길을 얻었다고 합니까?"

부처님께서 말씀하셨다.

"마치 세간에서 좋은 말은 채찍의 그림자만 보아도 가는 것과 같으니라."〔현각玄覺이 묻되 "어디가 세존께서 채찍을 드신 곳인가" 하였다. 이에 운거雲居 석錫이 말하되 "알고자 하는가? 지금 제각기 방으로 돌아가면 누가 남는가? 외도가 깨달은 곳인가? 대중에서 말하기를 세존께서 한참 잠자코 계신 것이 채찍을 드신 곳이라 하는데 이렇게 알아서 되겠는가" 하였다.〕

긴나라왕緊那羅王이 무생악無生樂을 연주하여 세존께 공양했는데, 왕은 분부하기를 "유정이든 무정이든 모두 왕을 따라가라. 만일 한 물건이라도 따르지 않는다면, 왕은 부처님의 처소에 갈 수 없다"고 하였다. 또 무염족왕無厭足王이 대적정大寂定에 들었는데, 왕이 분부하기를 "유정이든 무정이든 모두 왕에 순종하라. 만일 한 물건이라도 순종하지 않는다면 왕은 대적정에 들어갈 수 없다"고 하였다.〔이에 운거雲居 석錫이 말하되 "유정이 가는 것은 그만두고, 산하대지는 무정의 물건인데 어떤 것이 왕을 따라간다고 말할 수 있는 도리일까" 하였다.〕

계빈국왕罽賓國王이 칼을 잡고 사자師子 존자尊者의 앞에 나서서 물었다.

"스님은 5온蘊이 공함을 얻었소?"

존자가 대답했다.

"5온이 공함을 이미 얻었습니다."

"5온이 공함을 얻었으면 생사를 여의었소?"

"벌써 생사를 여의었습니다."

"생사를 여의었다면 스님의 머리를 취해도 되겠소?"

"몸도 나의 것이 아닌데 하물며 머리이겠습니까?"

왕이 얼른 목을 치자 흰 젖이 솟아오르고, 왕의 팔이 저절로 떨어졌다.〔현각玄覺이 묻되 "말해 보라. 베었는가, 베지 못했는가?" 하였다. 현사玄沙가 말하되 "가련한 사자 존자여, 머리의 주인 노릇을 못했구나" 하였다. 현각이 또 말하되 "현사가 그렇게 말한 것은 사람들로 하여금 주인 노릇을 하라는 것인가, 주인 노릇을 하지 말라는 것인가? 만일 사람들로 하여금 주인 노릇을 하라는 것이면 온蘊은 공하지 못할 것이요, 만일 사람들로 하여금 주인 노릇을 하지 말라는 것이면 현사가 그렇게 말한 뜻이 무엇일까? 시험 삼아 단정해 보라" 하였다.〕

사주泗州 탑두塔頭의 시자가 때가 되어 문을 잠그는데, 어떤 사람이 물었다.

"삼계의 대사인데 어째서 제자들에게 갇히십니까?"

시자가 대답하지 못했다.〔법안法眼이 대신 말하되 "제자가 가두었는가, 대사가 가두었는가?" 하였다. 법등法燈이 대신 말하되 "내 열쇠를 돌려다오" 하였다. 또 어떤 노숙老宿이 대신 말하되 "길주吉州의 사슬과 건주虔州의 사슬이다" 하였다.〕

어떤 이가 스님에게 물었다.

"듣건대 스님은 『조론肇論』을 강의하신다는데 사실입니까?"

그 스님이 대답했다.

"그렇다 하기에는 외람스럽소."

"『조론』에는 사물이 변천하지 않는 이치가 있다는데 사실입니까?"

"그렇소."

그 사람이 찻잔을 땅에다 팽개쳐서 깨뜨리면서 말했다.

"이것은 변천입니까, 변천이 아닙니까?"

그가 대답하지 못했다.〔법안法眼이 대신 손뼉을 세 차례 문질렀다.〕

악보樂普의 시자가 그의 스님에게 말하되 "조肇 법사法師가 네 가지 논論을 지었는데 퍽 기묘합니다" 하니, 악보가 말했다.

"조공肇公이 퍽 기묘하기는 하나 조사는 보지 못했다."

시자가 대답이 없었다.〔법등法燈이 대신 말하되 "화상은 어디서 보셨습니까?" 했다. 운거雲居 석錫이 말하되 "어디가 조공이 조사를 보지 못한 경지입니까? 허다한 말이 있는 것 아닙니까?" 했다. 또 말하되 "조공이 어떤 말을 했습니까?" 했다.〕

두 스님이 각각 암자에 살면서 서로 왕래하였는데, 우연히 10여 일을 만나지 못하다가 어느 날 산을 오르다가 만났다. 이에 위의 암주菴主가 물었다.

"오랫동안 보이지 않았는데 어디에 계셨소?"

아래 암주가 대답했다.

"암자에 틀어박혀서 무봉탑無縫塔을 만들고 있었소."

"나도 무봉탑을 만들고자 하는데, 스님께 가서 견본을 빌려야 되겠습니다."

"왜 진작 말씀하시지 않았소? 벌써 다른 사람이 빌려 갔습니다."〔법안이 이 일을 들추고 말하되 "말해 보라. 그 불을 빌린 것인가, 빌리지 못한 것인가?" 했다.〕

어떤 노파가 사람을 시켜 노숙老宿에게 돈을 보내면서 장경藏經을 읽어 달라고 했다.[9] 노숙은 돈을 받자 곧 선상禪床에서 내려와 한 바퀴 돌고는 말하기를 "노파에게 가서 장경을 한 벌 다 읽었다고 전하라" 했다. 그 사람이 노파에게 가서 이야기하니, 노파가 말했다.

"이번에 장경 전부를 읽어 달라 했는데 겨우 절반만 읽어 주는구나."〔현각玄覺이 묻되 "어디가 장경의 반이 부족하다는 것인가 말해 보라. 이 노파는 어떤 안목을 가지고 있기에 그렇게 말했을까?" 하였다.〕

지공誌公이 사람을 시켜 혜사慧思 대사에게 말을 전하기를 "왜 산에서 내려와 중생을 교화하지 않소? 하늘만 쳐다보아서 무엇 하

9 장경을 읽는다 함은 우리 풍속의 불공과 비슷한 의식이다.

겠소?" 하니, 혜사가 대답했다.

"3세의 부처님들을 내 한 입에 몽땅 삼켰는데, 다시 무슨 교화할 중생이 있으리오?"〔현각玄覺이 묻되 "말해 보라. 이것이 산 위에 말씀인가, 산 밑의 말씀인가?" 하였다.〕

용제龍濟의 수修 산주山主[10]가 취암翠巖에게 물었다.

"네 건달바왕乾闥婆王이 음악을 연주하여 세존께 공양하니, 수미산이 진동하고, 바다가 출렁이고, 가섭은 일어나서 춤을 추고, 보살은 확실한 지혜〔忍〕를 얻어 요동치 않았고, 성문은 나라는 집착을 깨트렸다고 하는데, 가섭이 춤을 춘 뜻이 무엇입니까?"

취암이 대답했다.

"가섭은 전생부터 풍류하는 사람이었는데 습기習氣를 끊지 못해서 그렇다."

"그러면 수미산이나 큰 바다도 습기를 끊지 못했습니까?"

취암이 대답이 없었다.〔법안法眼이 대신 말하되 "바로 그것이 습기다" 하였다.〕

어떤 스님이 한 노숙을 한 여름 동안 모셨건만 한 말씀도 얻어듣지 못했다. 스님이 탄식하며 말했다.

"이렇게 한 여름을 헛되이 보내면서 불법은 한마디도 듣지 못했다. 그저 바른 원인〔正因〕이란 두 글자만 들었더라도 좋았을 터인데……."

노숙이 듣고 말했다.

10 수는 이름, 산주는 산의 주인이란 뜻으로서 주지와 같다.

"사리闍梨여, 너무 조급히 굴지 마오. 바른 원인을 이야기한다면 한 글자도 없는 것이오."

이렇게 말하고는 치아를 세 번 부딪치고 말했다.

"방금 공연히 그런 말을 했군."

옆방에 있던 스님이 듣고서 말했다.

"한 가마솥에 가득한 좋은 국을 쥐똥 두 개 때문에 더럽혔다."〔현각이 묻되 "말해 보라. 찬탄하는 말이겠는가, 부정하는 말이겠는가? 만일 찬탄하는 말이라면 어째서 쥐똥에 더럽혀졌다 하는가? 만일 부정하는 말이라면 무슨 허물이 있어서인가 시험할 수 있겠는가?" 하였다.〕

승조僧肇 법사가 진왕秦王에게 환난을 당할 때에 형장에 나가면서 게송을 읊었다.

4대大가 원래 주인이 없고
5온〔陰〕이 본래 공하다.
머리를 번쩍이는 칼에 내미니
마치 봄바람을 베는 것 같구나.
四大元無主　　五陰本來空
將頭臨白刃　　猶似斬春風
〔현사玄沙가 말하되 "딱한 조 법사여, 죽음을 당해서도 여전히 잠꼬대를 하는구나" 하였다.〕

스님이 어떤 노숙에게 물었다.

"'사자가 토끼를 잡을 때에도 자신의 힘을 다하고, 코끼리를 잡을 때에도 자신의 힘을 다한다'고 하는데, 그 다한다는 힘이 무엇입니까?"

노숙이 대답했다.

"속이지 않는 힘이다."〔법안法眼이 따로 말하되 "옛사람의 말을 알지 못하는구나" 했다.〕

이고李翺 상서尙書가 어떤 노숙이 혼자 앉아 있는 것을 보고 물었다.

"장실丈室에 단정히 앉아서 무엇을 하십니까?"

노숙이 대답했다.

"법신은 응연凝然하고 고요하여서 가고 옴도 없소."〔법안法眼이 따로 말하되 "그대는 무엇을 했었나?" 했다. 법등法燈은 따로 말하되 "공公의 경계가 아니오" 하였다.〕

어떤 도사〔道流〕가 불전佛殿에 와서 부처님을 등지고 앉으니, 스님이 말했다.

"도사여, 부처님을 등지고 앉지 마시오."

도사가 대꾸했다.

"당신들의 경전에 말하기를 '부처의 몸이 법계에 꽉 찼다'고 했는데, 어디를 향해 앉아야 되겠소?"

스님이 대답하지 못했다.〔법안이 대신 말하되 "그대를 알아보리다" 하였다.〕

선월禪月이 시를 짓되 "선객禪客이 서로 만나면 다만 손가락을 튀기는데 그 마음을 몇 사람이나 알리오" 하였다. 이에 대수大隨 화상이 이 시를 들어서 선월에게 물었다.

"어떤 것이 이 마음인가?"

선월이 대답이 없었다.〔귀종歸宗 유柔가 대신 말하되 "몇 사람이나 능히 알고 있을까?" 했다.〕

태주台州 육통원六通院의 스님이 나룻배를 탔는데 어떤 사람이 물었다.

"6통이라 불리면서 왜 배를 탑니까?"

스님이 대답이 없었다.〔천태天台 덕소德韶 국사가 대신 말하되 "대중을 놀라게 하고 싶지는 않다" 했다.〕

성승聖僧의 등상에 비가 새어 젖으니, 어떤 사람이 물었다.

"이미 성승이라면 어째서 새고 있습니까?"〔천태 덕소 국사가 대신 대답하되 "샘이 없다면 성승이 못 된다" 하였다.〕

죽은 고기가 물 위에 뜬 것을 보고 어떤 사람이 스님에게 물었다.

"물고기는 물로써 생명을 유지하는 것이 아닙니까?"

"그렇소."

"그렇다면 왜 도리어 물속에서 죽었을까요?"

스님이 대답이 없었다.〔항주杭州 천룡天龍 기機 화상이 대신 말하되 "그가 왜 언덕 위로 올라가서 죽지 않았을까?" 했다.〕

스님이 운대雲臺 흠欽 화상에게 물었다.

"어떤 것이 진언眞言입니까?"

운대가 대답했다.

"나무불타야南無佛陀耶니라."〔대장여大章如 암주菴主가 따로 말하되

"무슨 소리, 무슨 소리야?" 하였다.〕

강남江南의 국주國主가 어떤 노숙에게 물었다.

"나에게 수고우水牯牛 한 마리가 있는데 만 리에 한 치의 풀도 없으니, 어디다 놓아 먹여야 되겠소?"〔귀종歸宗 유柔가 대신 말하되 "놓아먹이기 좋은 곳입니다" 했다.〕

남전南泉 화상이 입적하자, 육긍陸亘 대부大夫가 위문을 왔는데 원주가 물었다.

"대부는 왜 선사를 위해 곡을 하지 않으십니까?"

대부가 말했다.

"원주가 바로 이르면 곡을 하겠소."

원주가 대답이 없었다.〔귀종歸宗 유柔가 대신 말하되 "곡하오, 곡하오" 했다.〕

강남의 재상 풍연이馮延巳가 몇몇 스님과 종산鍾山에 왔다가 일인천一人泉 앞에 이르러 물었다.

"일인천一人泉인데 많은 사람이 어떻게 흡족하겠는가?"

어떤 스님이 대답하되 "부족하게 하지는 않습니다" 하니, 연이가 긍정하지 않고 있다가 따로 말했다.

"누가 부족하단 말인가?"〔법안法眼이 따로 말하되 "부족한 분이 누구입니까?" 했다.〕

어떤 시주하는 부인이 절에 와서 스님들에게 수년전隨年錢[11]을

11 나이 수효대로 돈을 주는 보시의 방법을 말한다.

돌리는데, 어떤 스님이 말했다.

"성승聖僧 앞에도 한 몫 놓으시오."

부인이 물었다.

"성승의 나이는 얼마지요?"

스님이 대답이 없었다.〔법안이 대신 말하되 "마음속에 원만한 생각이 있으면 알게 될 것이오" 하였다.〕

법등法燈이 새로 온 스님에게 물었다.

"요즘 어디서 떠났는가?"

"여산廬山에서 떠났습니다."

법등이 향합香合을 번쩍 들고 말했다.

"여산에도 이런 것이 있던가?"

스님이 대답이 없었다.〔법등이 스스로 대답하되 "향을 찾아 가지고 화상께 예배하러 왔습니다" 했다.〕

스님이 앙산仰山에게 물었다.

"당긴 활 같은 보름달이 화살촉을 깨문다는 뜻이 무엇입니까?"

앙산이 말했다.

"화살촉을 깨문다."

스님이 입을 열려 하니, 앙산이 말했다.

"입을 열면 당나귀 해〔驢年〕가 되어도 알지 못한다."

스님이 대답이 없었다.〔남전이 대신 몸을 기울이고 섰었다.〕

어떤 행자行者가 법사를 따라 불전에 들어갔다가 부처님께 침을 뱉으니, 법사가 말했다.

"행자는 버릇이 없구나. 왜 부처님께 침을 뱉는가?"

행자가 대답했다.

"부처님 안 계신 곳을 보여 주시오. 거기다 침을 뱉겠소."

법사가 대답이 없었다.〔위산潙山이 말하되 "어진 이는 도리어 어질지 못하게 되었고, 어질지 못한 이는 도리어 어질게 되었구나" 하였다. 앙산仰山은 법사를 대신해서 말하되 "그저 행자에게 뱉으라 했다" 하였고, 또 말하되 "행자가 무어라 하거든 그에게 말하기를 나에게 수행 없는 경지를 보이라 했어야 한다" 하였다.〕

언대偃臺 감感 산주山主가 원통원圓通院에 와서 제1좌座를 만나니, 제1좌가 이렇게 물었다.

"원통圓通에는 길이 없는데 산주山主는 어떻게 여길 오셨소?"〔귀종歸宗 유柔가 대신 말하되 "뜻밖에 다시 만나게 되었습니다" 하였다.〕

어떤 스님이 명부冥府에 들어가서 지장보살을 만나는데, 지장이 물었다.

"너는 평생에 무슨 업을 닦았는가?"

스님이 대답했다.

"『법화경』을 독송하였습니다."

"그만두어라. 말하지 말라. 나의 법은 묘하고 생각하기 어렵다 했으니, 이것은 말씀하신 것인가, 말씀하시지 않은 것인가?"

스님이 대답이 없었다.〔귀종歸宗 유柔가 대신 말하되 "이번에는 인간으로 다시 돌아가는데 가서 퍼뜨릴 말씀을 일러 주십시오" 하였다.〕

귀종歸宗 유柔 화상이 어떤 스님에게 말했다.

"무슨 경을 보고 있는가?"

"『보적경寶積經』을 보고 있습니다."

"사문이면서 어찌하여 보적을 보는가?"

스님은 대답이 없었다.〔귀종歸宗 유柔가 스스로 대답하되 "고래로 사용한 것이 다함이 없소" 하였다.〕

유우劉禹 단공端公이 비오는 것을 보고 선운거先雲居 화상에게 물었다.

"비가 어디서 옵니까?"

운거가 대답했다.

"단공端公이 물으시는 곳에서 옵니다."

단공이 기뻐하며 찬탄하니, 운거가 다시 단공에게 물었다.

"질문〔問〕이 어디서 왔습니까?"

단공이 말이 없었다. 이에 어떤 노숙이 대신 대답했다.

"아까 무어라 했던가?"〔귀종 유가 따로 말하되 "화상께서 두세 번 말씀해 주셔서 고맙습니다" 하였다.〕

옛날에 스님 세 사람이 행각을 떠났다가 경산徑山 화상을 뵈러 가려던 길에 어떤 노파를 만났다. 때마침 노파는 벼를 베고 있었는데, 한 스님이 물었다.

"경산徑山은 어디입니까?"

노파가 대답했다.

"똑바로 가시오."

"바로 앞에는 깊은 물이 있는데 어떻게 건너겠소?"

"다리는 젖지 않습니다."

다른 스님이 또 물었다.

"위 논의 벼는 그렇게 좋은데, 아래 논의 벼는 그렇지 않군요."

"아래 논의 벼는 방게〔螃蟹〕에게 다 뜯겼습니다."

"퍽 향취가 났던 모양이군요."

"아무 냄새도 없습니다."

또 다른 스님이 물었다.

"노파는 어디 사시오?"

"그저 여기에 있지요."

세 스님이 가게 안으로 들어가니, 노파는 차 한 병을 달여서 찻잔 세 개를 소반 위에 놓고서 말했다.

"스님들이 신통이 있거든 차를 마십시오."

세 사람이 대답이 없었고, 또 감히 차를 마시지 못했다. 이에 노파가 말했다.

"노파가 신통을 부릴 터이니 구경하십시오."

그리고는 찻잔을 들어 차를 따라서 돌렸다.

법안法眼 화상이 아이들에게 말했다.

"자식을 인하여 아버지를 안다고 하던데, 네 아버지의 이름이 무엇이냐."〔법등法燈이 대신 말하되 "다만 옷깃으로 얼굴을 가리면 된다" 하였다.〕

대답이 없었다.

법안 화상이 얼른 다른 스님에게 물었다.

"만일 효성스런 아들이라면 마땅히 한마디 했어야 하는데, 말해보라. 마땅히 어떤 말을 했어야 옳은가?"

스님이 대답이 없었다.〔법안이 스스로 대답하되 "그는 효성스런 아들입니다" 하였다.〕

어떤 스님이 『아미타경』을 강하는 강사〔座主〕에게 물었다.

"물·새·나무·숲이 모두 불·법·승을 염念한다는 것을 어떻게 강의하십니까?"

강사가 대답했다.

"기(基 : 규기) 법사가 말하기를 '참된 벗은 청하기를 기다리지 않고 마치 어미가 아기에게로 가듯 한다'고 하였소."

스님이 다시 물었다.

"어떤 것이 참된 벗이 청하기를 기다리지 않는 것입니까?"〔법안이 대신 대답하되 "그것은 기基 법사의 말씀입니다" 하였다.〕

천주泉州의 왕연빈王延彬이 초경원招慶院에 들렀다가 방장方丈의 문이 잠긴 것을 보고 연演 시자에게 물었다.

"누가 감히 대사께서 계신다고 말하겠는가?"

연 시자가 대답했다.

"누가 감히 대사께서 계시지 않는다고 말하겠는가."〔법안이 따로 말하되 "태부太傅께서는 대사를 아십니다" 했다.〕

어떤 스님이 이야기했다.

"부처님께서 설법을 하시는데 홀연히 한 여인이 와서 문안을 드리고는 바로 부처님 앞에서 선정에 들었다. 당시 문수가 앞으로 다가가 손가락을 튀겨서 그 여자를 선정에서 깨어나게 하려고 했으나 깨우지 못했고, 다시 범천梵天에까지 메고 올라갔으나 역시 깨우지 못했다. 부처님께서 말씀하셨다.

'설사 백천 명의 문수가 나오더라도 이 여자의 선정은 깨우지 못하리라. 아래 세계에 망명網明이라는 보살이 있는데, 그라야 능히

이 선정을 깨우리라.'

잠깐 사이에 망명보살이 와서 부처님께 문안하고 여자 앞으로 다가서서 손가락을 한 번 튀기니, 여자는 당장에 선정에서 깨어났다."〔오운五雲 화상이 말하되 "문수만이 이 선정을 깨우지 못할 뿐 아니라 여래께서도 이 선정을 깨우지 못할까 걱정이다. 그러니 경전에 하신 말씀을 어떻게 해야 될까?" 하였다.〕

지공誌公이 말하되 "날마다 향을 들고 불을 가려내면서도 몸이 바로 도량임을 모른다"고 하자, 현사玄沙가 말했다.

"날마다 향을 들고 불을 가려내는 것이 참 도량임을 모른다."〔현각玄覺이 묻되 "이 두 존숙의 말에 친소親疎가 있다고 여기는가" 했다.〕

운암雲巖의 원주가 석실石室을 다녀오니, 운암이 물었다.

"그대는 석실에 갔다가 들어가서 보고 왔는가, 아니면 바로 돌아왔는가?"

원주가 대답이 없으니, 동산洞山이 대신 대답했다.

"거기는 이미 누가 차지하고 있습니다."

운암이 다시 물었다.

"그러면 그대는 무엇 하러 다시 갔던가?"

동산이 대답했다.

"인정을 끊을 수는 없습니다."

염관鹽官의 회상에 일 보는 스님이 죽을 때가 되자, 저승사자가 잡으러 왔다. 이에 그 스님이 말했다.

"나는 대중의 일을 보다가 수행을 못했으니, 7일만 여가를 주지 않겠는가?"

사자가 대답했다.

"염라대왕께 여쭈어 보아서 허락하시면 7일 뒤에 오겠고, 그렇지 않으면 바로 오겠소."

그렇게 말하고 떠나서 7일 만에 다시 왔는데, 그 스님을 찾을 수가 없었다. 나중에 어떤 사람이 한 스님에게 물었다.

"만일 왔더라면 어떻게 대꾸했겠소?"〔동산洞山이 대신 대답하되 "벌써 그에게 들켰다" 하였다.〕

동산洞山의 회상에 있던 한 노숙이 운암雲巖에 다녀왔다. 이에 동산이 물었다.

"그대는 운암에 가서 무엇을 했소?"

노숙이 대답했다.

"모릅니다."〔동산이 스스로 대신 대답하되 "소복소복합니다" 하였다.〕

임제臨濟가 스님이 오는 것을 보자, 불자拂子를 들었다. 스님이 절을 하니, 임제는 때렸다. 다른 스님이 왔는데 또 불자를 들었다. 스님이 전혀 돌아보지도 않으니, 임제는 또 때렸다. 또 다른 스님이 와서 뵈니, 임제는 또 불자를 들었다. 이에 스님이 말했다.

"화상께서 지시해 주셔서 고맙습니다."

임제는 또 때렸다.〔운문雲門이 대신 말하되 "그 노장이 의심스럽다" 하였다. 대각大覺이 말하되 "얻기는 얻었으나 아직 임제의 기지를 보지 못했다" 하였다.〕

민왕閩王이 현사玄沙 화상을 나루터까지 전송했다. 현사가 배에 올라 뱃전을 두드려서 불렀다.

"대왕이여, 어찌하여야 여기서 벗어나겠습니까?"

왕이 말했다.

"거기에 얼마나 계셨는지요?"〔귀종歸宗 유柔가 대신 말하되 "화상이 아니면 여기에 오지 못했을 것입니다" 하였다.〕

스님이 어떤 노숙에게 물었다.

"어떤 것이 비밀한 방 안의 사람입니까?"

노숙이 대답했다.

"손님이 있어서 대답하지 않겠다."〔현사玄沙가 말하되 "언제는 감추었던 적이 있나?" 하였다. 귀종歸宗 유柔가 노숙의 대답을 따로 말하되 "그대는 어떻게 엿보았는가?" 했다.〕

법안法眼 화상이 『백법론百法論』을 강하는 스님에게 물었다.

"『백법론』은 체體와 용用을 함께 들고, 훌륭한 법문은 능能과 소所를 겸하여 드는데, 좌주(座主 : 강사의 칭호)는 능能이고 법좌法座는 소所이거늘 어떻게 겸하여 든다고 설하는가?"〔어떤 노숙이 대신 말하되 "저는 법좌法座라 부릅니다" 하였다. 귀종歸宗 유柔가 따로 말하되 "화상께 그러한 수고를 끼치지 않겠습니다" 하였다.〕

어떤 스님이 이야기하되 경전에서 말하기를 "문수가 홀연히 부처다, 법이다 하는 소견을 일으켰다가 부처님의 위신력으로 두 철위산 사이로 섭수되었다고 합니다"라고 하였다.〔오운五雲이 말하되 "어디가 두 철위산 사이인가? 알겠는가? 지금에라도 어떤 사람이 불법의 소견을 일으키면 나는 그에게 차 두 병을 끓여 주리라. 말해 보라. 상인가, 벌인가, 경전의 뜻과 같은가, 다른가?" 하였다.〕

홍주洪州 대녕원大寧院에서 상소를 올리어 제2좌第二座에게 개당開堂하기를 청했는데, 어떤 사람이 물었다.

"어째서 제1좌에게 청하지 않습니까?"〔법안法眼이 대신 말하되 "그런 수고를 끼치지 않겠다" 하였다.〕

동산洞山이 행각을 다니다가 어떤 관원을 만났는데, 그가 말했다.

"제자가 3조의 『신심명信心銘』에다 주注를 낼까 합니다."

동산이 대답했다.

"잠깐이라도 시비가 있으면 어지러이 본심을 잃는다고 한 것은 어떻게 주를 내겠는가?"〔법안이 대신 말하되 "그러면 제자는 주를 내지 않겠습니다" 하였다.〕

법안法眼 화상이 다리가 아픈데 어떤 스님이 와서 문안을 하니, 대사가 말했다.

"사람 아닌 무리〔非人〕가 왔을 때에는 능히 움직이지를 못했으며, 나아가 사람이 오고서도 움직일 수 없구나. 말해 보라. 불법 안에서 어떤 말을 해야 되겠는가?"

스님이 말했다.

"화상께서 비슷하시니 우선 기쁩니다."

대사가 긍정하지 않았다.

구봉九峰 화상이 강서성江西城에 들어갔는데, 어떤 사람이 물었다.

"저자에 들어가서 교화할 때에는 무엇으로 안목을 삼습니까?"

구봉이 대답했다.

"일월日月은 일찍이 혼란한 적이 없다."〔법안法眼이 따로 말하되 "안목이 생기기를 기다려라" 하였다.〕

스님이 용아龍牙에게 물었다.

"종일 구구區區하다가 어떻게 단박에 쉽니까?"

용아가 대답했다.

"효자가 부모의 초상을 만난 것처럼 하여야 된다."〔동선東禪 제齊가 말하되 "대중에서 말하기를 부모의 초상을 만났는데 무슨 한가한 겨를이 있으리오 하니, 이렇게 알고서도 사람들의 의심을 쉬게 할 수 있을까. 이것을 제하고는 어떻게 뜻을 이해해야 될까" 하였다.〕

스님이 용아龍牙에게 물었다.

"12시 가운데 어떻게 힘을 쓰리까?"

용아가 대답했다.

"손 없는 사람이 주먹을 휘두르려는 것처럼 해야 된다."〔동선 제가 말하되 "좋은 말이다만 어떻게 이해할까? 일찍이 어떤 스님에게 물었더니 그가 대답하되 '손 없는 사람이 어떻게 주먹을 쓰리오' 하였다. 그에게 불법을 물었더니 그만두고 가 버렸다. 그러니 길에 깔리게 말해 둔 것이 아무 쓸모도 없으니 옛사람의 뜻을 자세히 체험해 아는 것만 못하다" 하였다.〕

고산鼓山이 말하되 "이 일을 알고자 하는가? 마치 한 자루의 검과 같다"고 하니, 어떤 스님이 물었다.

"학인은 시체인데 어떤 것이 검입니까?"

고산이 말했다.

"저 송장을 끌어내라."

스님이 대답하고 방으로 돌아가서 짐을 묶어 가지고 떠났다. 고산이 저녁때에 그가 떠났다는 말을 듣고 말했다.

"주장자로 때렸으면 좋았을 것이다."〔동선東禪 제齊가 말하되 "그 스님이 만일 긍정하지 않았다면 고산에게는 무슨 허물이 있었는가? 긍정했다면 왜 떠났을까? 또 고산의 주장자는 상인가 벌인가? 안목을 갖춘 상좌는 헤아려 보라" 했다.〕

어떤 암주菴主가 스님이 오는 것을 보고 화통火筒을 번쩍 들어 보이면서 말했다.

"알겠는가?"

"모르겠습니다."

"30년을 써도 다하지 않는다."

스님이 다시 물었다.

"30년 전에는 무엇을 썼습니까?"〔귀종歸宗 유柔가 대신 대답하되 "나도 알고 싶구나" 하였다.〕

초경招慶 화상이 발우 주머니를 들어 보이면서 어떤 스님에게 물었다.

"그대는 이것의 값이 얼마나 된다고 여기는가?"〔귀종 유가 대신 말하되 "두었다가 남에게 주면 값이 늘겠다" 하였다.〕

운문雲門 화상이 나무 사자의 입에다 손을 넣고 외쳤다.

"이 놈이 나를 문다. 살려다오."〔귀종 유가 대신 말하되 "빨리 손을 빼시오" 하였다.〕

어떤 좌주座主가 아미타불을 외우는데, 소사小師가 "화상이시여" 하고 불렀다. 좌수가 고개를 돌렸으나 소사는 대답이 없었다. 이렇게 몇 차례가 거듭하니 화상이 꾸짖었다.

"세 번, 네 번 부르니, 무슨 일이 있는가?"

소사가 말했다.

"스님은 몇 년이나 그것을 불렀습니까? 제가 잠깐 불렀는데도 선뜻 업을 발동하시는군요."〔법등法燈이 대신 말하되 "에잇, 공연히 꾸짖으시는군요" 했다.〕

새매에 쫓긴 참새가 불전의 난간 위에서 벌벌 떨고 있자, 어떤 이가 스님에게 물었다.

"온갖 중생은 부처님의 그늘 안에서는 항상 안락한데, 참새는 어찌하여 부처님을 뵈면서도 벌벌 떱니까?"〔법등法燈이 대신 말하되 "부처님을 두려워해서이다" 하였다.〕

오공悟空 선사가 충忠 좌주에게 물었다.

"무슨 경을 강하는가?"

"『법화경』을 강합니다."

"『법화경』을 설법하는 곳에는 내가 보배 탑을 나타내서 증명한다고 했는데, 대덕이 강할 때에는 누가 증명하던가?"〔법등法燈이 대신 말하되 "화상께서 증명해 주셔서 고맙습니다" 했다.〕

스님이 어떤 노숙에게 물었다.

"혼魂이 오락가락하면서 내 집 뜰의 오디〔葚〕를 먹는다 하니, 어떤 것이 집 뜰의 오디입니까?"〔현각玄覺이 대신 말하되 "그대는 먹지 못하는 것이다" 하였고, 법등法燈이 따로 말하되 "네 입을 더럽히는 것

이다" 했다.〕

어떤 관리가 스님에게 물었다.
"이름이 무엇입니까?"
"무간無揀[12]입니다."
"누군가가 갑자기 모래 한 그릇을 가지고 오면 스님은 어찌하겠습니까?"
"관인官人께서 공양해 주셔서 고맙습니다."〔법안法眼이 따로 말하되 "그것도 역시 간택하는 것이오" 했다.〕

광남廣南에서 어떤 스님이 암자에 살고 있었는데, 왕〔國主〕이 사냥을 나왔다. 이에 어떤 사람이 암주에게 와서 말했다.
"대왕이 오십니다. 일어나십시오."
암주가 말했다.
"대왕뿐이 아니라 부처님이 오셔도 일어나지 않는다."
이에 왕이 말했다.
"부처님은 그대의 스승이 아닌가?"
"그렇습니다."
"스승을 보고서도 왜 일어나지 않는가?"〔법안이 대신 말하되 "은혜를 갚기에 부족합니다" 하였다.〕

어떤 스님이 조주趙州 화상에게 하직하니, 조주가 말했다.
"부처님이 계신 곳에는 머물지 말고, 부처님이 없는 곳은 급히

---

12 이것저것을 가리지 않는다는 뜻이다.

지나쳐 버려라. 그리하여 3천 리 밖에서 사람을 만나도 이야기하지 말라."〔법안法眼이 대신 말하되 "그러면 떠나지 않겠습니다" 하였다.〕

사주泗州의 탑 앞에서 한 스님이 절을 하고 있으니, 어떤 사람이 물었다.

"스님, 날마다 예배를 하시는데 대성大聖을 보신 일이 있습니까?"〔법안法眼이 대신 말하되 "그대는 예배하는 것이 무슨 뜻이라 여기는가?" 하였다.〕

어떤 스님이 원통圓通 화상에게 물었다.

"한 티끌이 잠시 일어나도 온 땅이 모두 수용한다고 하는데, 또한 선상禪床을 보셨습니까?"

원통이 대답했다.

"무엇을 티끌이라 하는가?"

또 법등法燈에게 물었다.

"무엇을 선상이라 하는가?"〔동선東禪 제齊가 말하되 "이 두 존숙의 말이 그의 묻는 뜻을 밝혔는가, 밝히지 못했는가? 만일 그의 묻는 뜻을 밝혔다면 모두가 다 좋았는가 판단해 보라" 하고, 홀연히 그에게 말하되 "그대가 나에게 지시해 주고는 다시 대답을 요구하니, 어떻게 이해할 것인가? 또 한 번 대답하는 것이다 하지 말라" 하였다.〕

현각玄覺 화상이 비둘기 우는 소리를 듣고 스님에게 물었다.

"무슨 소리인가?"

"비둘기 소리입니다."

대사가 말했다.

"무간지옥의 업을 짓지 않으려면 여래의 바른 법륜法輪을 비방하지 말라."〔동선東禪 제齊가 말하되 "상좌들이여, 비둘기 소리입니다 한 것이 법을 비방한 것이라 했는데 어디가 비방한 곳인가? 만일 그렇지 않다고 하면 되겠는가? 상좌들이여, 말해 보라. 현각의 뜻이 무엇이겠는가?" 하였다.〕

보복保福의 스님이 지장地藏 화상에게 가니, 지장이 물었다.

"그 지방의 불법이 어떠한가?"

스님이 대답했다.

"보복이 가끔 대중에게 이렇게 보여 줍니다. '너희들의 눈을 막아서 너희들이 보아도 보지 못하게 하고, 너희들의 귀를 막아서 너희들이 들어도 듣지 못하게 하고, 너희들의 뜻을 좌정시켜서 너희들이 분별해도 얻을 수 없게 하리라.'"

지장이 다시 물었다.

"내가 그대에게 묻나니, 그대의 눈을 막지 않으면 무엇을 보며, 그대의 귀를 막지 않으면 무엇을 들으며, 그대들이 뜻을 좌정시키지 않으면 무엇을 분별하는가?"〔동선東禪 제齊가 말하되 "그 스님이 말을 듣고 홀연히 깨달음을 얻고 딴 곳으로 가지 않았다. 상좌들이여, 지금에 되었는가? 만일 알지 못했다면 매일 무엇을 보는가?" 하였다.〕

복주福州의 홍당교洪塘橋 위에 스님들이 늘어앉았으니, 어떤 관리가 지나다가 물었다.

"여기에도 부처님이 계시는가?"〔법안法眼이 대신 말하되 "그대는 어떤 사람인가?" 하였다.〕

어떤 사람이 스님에게 물었다.

"함이 없고 일 없는 사람에게 어째서 금 사슬〔金鎖〕의 환난이 있습니까?"〔오운五雲이 대신 말하되 "그저 함이 없고 일이 없기 때문이다" 하였다.〕

어떤 노숙이 스님에게 물었다.

"어디서 오는가?"

"우두산牛頭山에서 조사께 예배하고 옵니다."

노숙이 다시 물었다.

"조사를 보았는가?"〔귀종歸宗 유柔가 대신 말하되 "흡사 믿어지지 않으시는 것 같군요" 하였다.〕

어떤 스님이 동자童子와 함께 경을 보다가 "경을 갖다가 함函에 넣어라"고 하니, 동자가 말했다.

"제가 염송하던 것은 이 속에 두었습니다."〔법등法燈이 대신 말하되 "너는 무슨 경을 읽었느냐?" 하였다.〕

어떤 스님이 『도덕경道德經』을 주석했는데, 다른 사람이 물었다.

"대덕께서 『도덕경』의 주석을 냈다는 소식이 오랫동안 들리더군요."

"그렇다 하기에는 외람스럽습니다."

"명황明皇은 어떠합니까?"〔법등法燈이 대신 말하되 "바로 제자입니다" 하였다.〕

운문雲門 화상이 어떤 스님에게 물었다.

"어디서 오는가?"

"강서江西에서 옵니다."

"강서의 한 무더기 노숙들이 아직 잠꼬대하고 있던가?"

스님이 대답이 없었다.〔오운五雲이 대신 말하되 "흥興이 아직 그치지 않았습니다" 했다.〕

나중에 어떤 스님이 법안法眼 화상에게 물었다.

"운문의 뜻이 무엇이었습니까?"

법안이 말했다.

"가련한 운문이 그 스님에게 감정을 받았구나."〔오운五雲이 말하되 "어디가 운문이 감정을 받은 곳인가 알고자 하는가? 법안도 나중 스님이 심사를 받은 것이다" 하였다.〕

우물을 파는데 모래가 샘구멍을 막으니, 법안法眼이 어떤 스님에게 물었다.

"샘구멍이 통하지 못하는 것은 모래가 막은 것이지만, 도의 안목이 통하지 못하는 것은 무엇에 막힌 것인가?"

스님이 대답이 없었다.〔대사가 스스로 대신 대답하되 "눈 때문에 막혔소" 하였다.〕

경덕전등록 제 28 권

여러 곳의 선사들이 남긴 긴 법어法語(12인 기록 있음)

남양南陽 혜충慧忠 국사 법어
낙경洛京 하택荷澤 신회神會 대사 법어
강서江西 대적大寂 도일道一 선사 법어
예주澧州 약산藥山 유엄惟儼 화상 법어
월주越州 대주大珠 혜해慧海 화상 법어
분주汾州 대달大達 무업無業 국사 법어
지주池州 남전南泉 보원普願 화상 법어
조주趙州 종심從諗 화상 법어
진주鎭州 임제臨濟 의현義玄 화상 법어
현사玄沙 종일宗一 사비師備 대사 법어
장주漳州 나한羅漢 계침桂琛 화상 법어
대법안大法眼 문익文益 선사 법어

여러 곳의 선사들이 남긴 긴 법어法語

남양南陽 혜충慧忠 국사 법어

어떤 선객에게 물었다.

"어디서 오는가?"

"남방에서 왔습니다."

"남방에는 어떤 선지식이 있는가?"

"선지식이 퍽 많습니다."

"어떻게 사람들을 가르치던가?"

"그곳의 선지식들은 곧바로 학인들에게 이렇게 보이고 있습니다.

'마음이 곧 부처요, 부처는 깨닫는다는 뜻이다. 그대들은 지금 모두가 보고 듣고 깨닫고 아는 성품을 갖추었는데, 이 성품이 눈썹을 치켜 올리고 눈을 껌벅이게 하고, 가고 오고 운용되면서 온몸에 두루한다. 머리를 만지면 머리가 알고, 다리를 끓으면 다리가 아니, 이 때문에 정변지正遍知라고 한다. 이것을 떠나서는 따로 부처가 없다. 이 몸에는 생멸이 있지만, 심성心性은 비롯함 없는 이래로 일찍이 생멸한 적이 없다. 몸이 생멸한다는 것은 용이 뼈를 바꾼 것과 같고, 뱀이 껍질을 벗은 것과 같고, 사람이 헌 집을 나서는 것과 같다. 몸은 이렇듯이 무상하지만 성품은 항상하다.'

남방에서 말씀하신 것이 대략 이렇습니다."

대사(혜충 국사)가 말했다.

"만일 그렇다면 저 선니외도先尼外道의 말과 다를 것이 없다. 그들이 말하기를 '나의 이 몸에는 하나의 정신의 성품이 있어서 이 성품이 능히 아프고 가려운 것을 안다. 그러다가 몸이 무너지면 정신이 떠나는데, 마치 집에 불이 나면 주인은 나가는 것과 같다. 집은 무상하고, 주인은 항상하다'고 한다. 사실이 이렇다면, 사邪와 정正을 가리지 못하는 것이니, 어찌 옳다고 하겠는가?

내가 전에 행각을 다닐 때에도 이런 무리를 많이 보았는데, 요새는 더욱 번성하고 있다. 3백, 5백 명의 대중을 모아 놓고 눈으로는 하늘을 멍하니 바라보면서 말하기를 '남방의 종지'라고 한다. 『단경壇經』을 꺼내다가 이리저리 바꾸고, 누추한 말을 섞어서 성인의 뜻을 깎아 버리고 후학들을 어지럽히니, 어찌 가르침이라 하겠는가. 괴롭도다, 우리 종지가 상실되었구나.

만일 보고 듣고 깨닫고 아는 것으로 불성이라 한다면, 정명淨名은 말하기를 '법은 보고 듣고 깨닫고 알기를 여의었다'고 말하지 않았으리라. 만일 보고 듣고 깨닫고 알기만을 행行한다면 이는 보고 듣고 깨닫고 아는 것이지 법을 구하는 것이 아니다."

스님이 또 물었다.

"법화의 요의(了義 : 최고의 이치)는 부처님의 지견知見을 여는 것이라 했는데, 이는 또 어찌하겠습니까?"

대사가 대답했다.

"다른 사람이 부처님의 지견을 연다고 하였을지언정 보살이나 2승의 경지라고도 하지 않았거늘, 어찌 중생의 어리석은 전도顚倒로 부처님의 지견과 같게 여기랴."

"어느 것이 부처님의 마음입니까?"

"담 · 벽 · 기왓장이니라."

"경의 말씀과는 많이 어긋나는군요. 『열반경』에 '장벽 따위 무정의 물건을 여의었으므로 불성이라 한다' 하였는데, 이제는 그것이 부처님의 마음이라 하시니, 마음과 성품은 다릅니까, 다르지 않습니까?"

"미혹하면 다르고, 깨달으면 다르지 않다."

"경에 말하기를 '불성은 항상하고, 마음은 무상하다'고 하였는데, 이제 어째서 다르지 않다고 하십니까?"

"그대는 다만 말에만 의지했고 뜻에는 의지하지 않았다. 마치 겨울날에는 물이 얼어서 얼음이 되었다가 더워지면 얼음이 녹아서 물이 되는 것처럼 중생이 미혹했을 때에는 성품이 맺혀서 마음이 되었다가 중생이 깨달았을 때에는 마음이 풀려서 성품이 된다."

만일 무정無情에는 불성이 없다고 집착한다면 경에서도 삼계가 오직 마음뿐이라고 하지 않았을 것이니, 이는 그대 스스로가 경을 어긴 것이지 내가 어긴 것이 아니다."

"무정도 심성心性이 있다면 설법을 알아듣겠습니까?"

"그들이 치성하게 항상 설법하되 잠시도 쉬지 않는다."

"저는 어째서 듣지 못합니까?"

"그대 스스로가 듣지 않는 것이다."

"누가 듣게 됩니까?"

"모든 부처님들께서 들으신다."

"중생은 분수가 없겠습니다."

"나는 중생을 위해 설하지, 성인을 위해 설하지 않는다."

"저는 귀가 먹어서 무정의 설법을 듣지 못하거니와 스님은 마땅히 들으시겠습니다."

"나도 듣지 못한다."

"스님께서 듣지 못한다면 어찌 무정無情이 설법하는 줄 아십니까?"

"만일 내가 듣는다면 곧 부처님들과 가지런해져서 그대는 나의 설법을 듣지 못한다."

"중생들은 끝내 듣겠습니까?"

"중생이 듣는다면 중생이 아니다."

"무정이 설법한다는 것은 어디에 근거가 있습니까?"

"보지 못했는가. 『화엄경』에 말하기를 '국토가 설법하고, 중생이 설법하고, 3세의 일체가 설법한다'고 했는데, 중생이 유정有情이겠는가?"

"스님께서는 다만 무정에게도 불성이 있다고만 말씀하시는데, 유정은 또 어찌하시겠습니까?"

"무정도 그렇거늘 하물며 유정이겠는가?"

"만일 그렇다면 앞서 이야기한 남방 선지식들의 보고 듣고 깨닫고 아는 것이 불성이라 한 말을 외도와 같다고 판정하실 것이 아니라 생각합니다."

"그들에게 불성이 없다고 한 것은 아니다. 외도인들 어찌 불성이 없으랴. 다만 소견이 잘못 되어 한 법〔一法〕에 대해 두 소견을 일으키기 때문에 틀렸다."

"만일 불성을 갖추고 있다면, 유정을 죽일 경우 업을 맺어서 서로 갚을 것입니다. 그러나 무정에 과보가 있다는 말은 듣지 못했습니다."

"유정은 정보正報[1]이니, 나와 내 것을 따지다가 원한을 맺으므로 죄의 과보가 있다. 무정은 의보依報[2]이니 원한을 맺는 마음이 없다.

---

1 몸을 가리키는 말이니 지은 업 그대로 받는다는 뜻이다.
2 국토를 가리키는 말이니, 중생이 의지해 산다는 뜻이다.

그러므로 과보가 있다고 말하지 않는다."

"경전 가운데서 오직 유정이 부처가 된다고 했을지언정 무정이 수기를 받았다는 것은 보지 못했습니다. 그리고 현겁賢劫[3]의 1천 부처님 가운데 어느 부처님이 무정이십니까?"

"마치 황태자가 왕위를 받기 전에는 오직 한 몸뿐이지만, 왕위를 받은 뒤에는 국토가 온통 왕에게 속함과 같다. 어찌 어떤 국토가 따로 왕위를 받으랴. 이제 다만 유정이 수기를 받아서 부처가 될 때에 시방 국토는 온통 비로자나불의 몸이 된다. 어찌 다시 어떤 무정이 수기를 받는 일이 있으랴."

"온갖 중생은 모두가 부처님의 몸 위에서 살며, 똥·오줌으로 부처님의 몸을 더럽히고, 구멍을 뚫고 밟아서 부처님의 몸을 구박하니, 어찌 죄가 없겠습니까?"

"중생 전체가 부처이거늘 누가 죄를 짓고자 하겠는가?"

"경에 말하기를 '부처의 몸은 걸림이 없다'고 하였는데, '이제 함이 있고 질애質礙가 있는 물건으로 부처를 이룬다'고 하니, 어찌 성현의 뜻에 어긋나지 않겠습니까?"

"대품(大品 : 반야경의 한 부류)에 말하기를 '유위를 떠나서 무위를 말하지 못한다'고 하였는데, 그대는 색色이 공임을 믿는가?"

"부처님의 성실하신 말씀을 어찌 믿지 않겠습니까?"

"색이 이미 공이라면 무슨 걸림이 있겠는가?"

"중생과 불성이 동일한 것이라면 한 부처님의 수행만으로도 온갖 중생이 동시에 감응하여 해탈할 터인데, 이제 그렇지 않으니,

---

3 현재의 대겁大劫을 현겁賢劫이라 하니, 가섭불迦葉佛·석가모니불釋迦牟尼佛 등의 1천 부처님 등 많은 현인이 출현하여 세상 중생을 구제하기 때문에 현겁賢劫이라고 한다.

같다는 이치가 어디에 있습니까?"

"그대는 보지 못했는가? 화엄의 6상相에 말하기를 '같은 가운데 다름이 있고, 다른 가운데 같음이 있다. 이룸·무너짐·전체·부분의 경우도 같다'고 하였다. 중생이 부처님과 같은 성품이기는 하나 제각기 수행해서 스스로 얻는 것이 무방하다. 남이 밥을 먹어서 나의 배가 부른 것을 보지 못했다."

"어떤 선지식이 학인에게 가르치기를 '스스로 성품을 알아서 무상을 요달할 때, 껍질을 한쪽에다 벗어 던지고 영대(靈臺 : 본마음)의 지혜로운 성품만이 홀로 떠나는 것을 해탈이라 한다'고 하였는데, 이는 또 어찌하겠습니까?"

"앞서 이미 말했거니와 역시 2승과 외도의 헤아림이니, 2승은 생사를 싫어하고 열반을 좋아한다. 외도도 말하기를 '나에게 큰 걱정이 있으니, 나에게 몸이 있기 때문이다'고 하여 명제冥諦[4]에 나간다. 수다원須陀洹의 과위를 얻은 사람은 8만 겁劫 동안, 그 밖의 세 과위의 사람은 6·4·2만 겁, 벽지불辟支佛은 1만 겁을 선정에 머무르고, 외도도 8만 겁 동안 비비상정非非想定에 든다. 그리하여 2승은 겁이 차면 마음을 돌이켜 대승으로 향하지만 외도는 도리어 윤회에 빠진다."

"불성은 한 종류입니까, 다릅니까?"

"한 종류일 수 없다."

"왜 그렇습니까?"

"혹은 전적으로 생멸하지 않기도 하고, 혹은 반은 생멸하고, 반은 생멸하지 않기도 하기 때문이다."

---

4 외도의 궁극적인 이상의 경지를 말한다.

"어째서 그런 해석을 합니까?"

"나의 이 지방 불성은 전적으로 생멸하지 않는데, 그대들의 남방 불성은 반은 생멸하고 반은 생멸하지 않기 때문이다."

"어떻게 구분합니까?"

"여기서는 몸과 마음이 한결같아 마음 밖에 딴 것이 없다 한다. 그러므로 전적으로 생멸하지 않는다. 그러나 그대들의 남방에서는 몸은 무상하고 정신의 성품은 항상하다고 한다. 그러므로 반은 생멸하고 반은 생멸치 않는다고 한다."

"화상의 색신色身이 어찌 법신法身과 같이 생멸하지 않을 수 있겠습니까?"

"그대는 어째서 사도邪道의 구덩이에 빠졌는가?"

"제가 언제 삿된 도에 빠졌습니까?"

"그대는 보지 못했는가? 『금강경』에 말하기를 '빛깔로 보거나 소리로 구하면 모두가 삿된 도를 행하는 것이다'라고 했는데, 그대가 지금 보는 것이 그렇지 않은가?"

"제가 일찍이 대승과 소승의 경전을 보니, 나지도 않고 멸하지도 않는 중도의 올바른 성품을 말씀하신 곳이 있고, 또는 여기서 죽어서 저기에 태어나서 몸은 바뀌나 정신의 성품은 멸하지 않는다는 글이 있었는데, 어째서 모두가 외도의 단斷·상常 두 소견과 같다고 배척하십니까?"

"그대는 세상을 벗어난 위없고 바르고 참된 도를 배우는가? 아니면 세간의 생멸하는 단·상 두 소견을 배우는가? 그대는 보지 못했는가? 조공肇公이 말하되 '진眞을 말하면 속俗을 거슬리고, 속을 따르면 진을 어긴다. 진을 어기기 때문에 성품은 미혹하여 돌아오지 못하고, 속을 거슬리기 때문에 말이 담담해서 아무 맛이 없다. 중류中流의 사람은 간직하기도 하고 없기도 하지만, 하등의 사람은 손바닥을 치면서 돌아보지도 않는다'고 하였는데, 그대는 지금 하등의 사람을 따르기 위해 대도大道를 비웃는가?"

"지금 스님께서도 마음이 부처라 하시고 남방의 선지식도 그렇게 말하는데, 어디에 차이가 있습니까? 스님은 혼자만 옳고 남은 그르다 하시지 마십시오."

"이름은 다르나 본체가 같기도 하고, 이름은 같으나 본체가 다르기도 하니, 이 까닭에 혼란이 생긴다. 예컨대 보리·열반·진여·불성 따위는 이름은 다르나 본체는 같고, 진심眞心·망심妄心·불지佛智·세지世智 따위는 이름은 같으나 본체는 다르다. 그런데 남방 사람들은 망심을 진심으로 삼아 도적을 아들로 여기기도 하고, 세지를 불지로 여겨서 고기 눈을 밝은 구슬로 알고 있으니, 결코 부화뇌동해서는 안 되며 반드시 가려야 될 일이다."

"어찌하여야 이런 허물을 여의겠습니까?"

"그대는 오직 음陰·입入·처處·계界를 돌이켜 관조해 보아라. 하나하나 추궁해도 털끝만큼이라도 얻을 것이 있는가?"

"자세히 관찰하건대 한 물건도 얻을 수 없습니다."

"그대는 몸과 마음의 모습을 무너뜨리겠는가?"

"몸과 마음의 성품이 여의었거늘, 어찌 무너뜨릴 수가 있겠습니까?"

"몸과 마음 밖에 딴 물건이 있는가?"

"몸과 마음은 밖이 없거늘 어찌 물건이 있겠습니까?"

"그대는 세간의 모습을 무너뜨리겠는가?"

"세간의 모습은 곧 모습이 없는 것이거늘, 어찌 다시 무너뜨릴 필요가 있겠습니까?"

"그렇다면 허물을 여읜 것이다."

선객이 흔연히 수긍하고 물러갔다.

상주常州의 스님 영각靈覺이 물었다.

"발심하여 출가한 것은 본래 부처가 되려는 것인데, 어떻게 마음을 써야 되겠습니까?"

"쓸 마음이 없어야 부처가 된다."

"쓸 마음이 없다면 누가 부처가 되겠습니까?"

"무심無心은 저절로 이루는 것이요, 부처도 무심이다."

"부처님께 큰 부사의가 있음은 중생을 제도하시기 때문인데 만일 무심이라면 누가 중생을 제도하겠습니까?"

"무심이라면 참으로 중생을 제도하는 것이다. 만일 제도할 중생이 있다고 여기면 이는 유심有心이어서 완연히 생사에 속한다."

"이제 무심인데도 부처님께서 세상에 나시어 허다한 교법을 말씀하셨다니, 어찌하여 공연한 소리를 하셨습니까?"

"부처님께서 교법을 말씀하신 것도 역시 무심이었다."

"설법이 무심이라면 말씀도 없는 것이겠습니다."

"설법이 곧 무심이요, 무심이 곧 설법이다."

"설법이 무심이면 업 짓는 것은 유심이 아니겠습니까?"

"무심이면 업도 없다. 이제 업이 있다면 마음은 생멸이거늘 어찌 무심이 되겠는가?"

"무심이 곧 부처라면 화상께서는 지금 부처가 되셨습니까?"

"마음도 스스로 없는데 누가 부처를 이룬다고 말하리오. 만일 부처를 이룰 수 있다고 하면 이는 유심이요, 유심이면 유루有漏이니 어떻게 무심이 되겠는가?"

"부처를 이룰 수도 없다면 화상께서는 부처님의 작용은 얻으셨습니까?"

"마음도 스스로 없는데 작용이 어디서 생기리오."

"까마득하게 몽땅 없다면 단견斷見에 빠진 것이 아닙니까?"

"본래 소견이란 없는 것인데 누가 단견이라 하겠는가?"

"본래 없다고 하시면 공空에 빠지는 것이 아니겠습니까?"

"공도 없는 것인데 빠진다는 말이 어찌 성립되리오."

"능能과 소所가 모두 없다면 갑자기 어떤 사람이 칼을 들고 와서 생명을 달라고 할 때에 이는 있음입니까, 없음입니까?"

"없음이다."

"아픔을 느낍니까?"

"아픔도 없다."

"아픔도 없다면 죽어서 어디에 태어납니까?"

"죽음도 없고, 생生도 없고, 도道도 없다."

"이미 물건이 없어서 자유로움을 얻었다면, 주림과 추위가 닥칠 때에는 어떻게 마음을 쓰리까?"

"주리면 밥을 먹고, 추우면 옷을 입는다."

"주림을 알고, 추위를 아니까 유심이겠습니다."

"내가 그대에게 묻나니, 마음이 있다면 마음은 어떤 체단體段인가?"

"마음은 체단體段이 없습니다."

"그대가 이미 체단 없음을 알았다면 그것이 바로 본래의 무심인데, 어째서 있다고 하는가?"

"산에서 범이나 늑대를 만났을 때에 어떻게 마음을 쓰리까?"

"보아도 보지 못한 듯하고, 와도 오지 않은 듯하라. 그렇게 무심하면 짐승도 해치지 않는다."

"고요히 일 없고 홀로 벗어나 무심인 것을 어떤 물건이라 이름합니까?"

"금강金剛 대사大士라 이름한다."

"금강 대사는 어떤 체단이 있습니까?"

"본래 형체가 없다."

"형체가 없다면 무엇을 금강 대사라 합니까?"

"형체 없는 것을 금강 대사라 부른다."

"금강 대사에게는 무슨 공덕이 있습니까?"

"일념一念이 금강과 상응相應하면 항하의 모래같이 많은 겁 동안 나고 죽는 무거운 죄도 소멸하고, 항하의 모래같이 많은 부처님을 만난다. 금강 대사의 공적은 한량이 없어 입으로 다 말할 수 없고, 뜻으로 다 헤아릴 수 없다. 가령 항하의 모래같이 많은 겁을 두고 설명한다 하여도 다하지 못한다."

"어떤 것이 일념에 상응하는 것입니까?"

"기억도 지혜도 모두 잊는 것이 상응하는 것이니라."

"기억도 지혜도 모두 잊으면 누가 부처를 보겠습니까?"

"잊으면 없고, 없으면 부처니라."

"없으면 없다고 할 것이지, 어째서 부처라고 부릅니까?"

"없음도 공이고, 부처도 공이기 때문이다. 그러므로 없음이 곧 부처요, 부처가 곧 없음이라고 말하는 것이다."

"털끝만큼도 얻을 수 없다면 무슨 물건을 이름 지은 것입니까?"

"본래 명자名字가 없다."

"비슷한 것은 있습니까?"

"비슷한 것도 없다. 그래서 세상에서는 견줄 이 없이 홀로 거룩한 분이라 한다. 그대가 힘써 이를 의지하여 수행하면 아무도 그대를 파괴할 이가 없으니, 다시 물으면서 멋대로 돌아다닐 필요가 없다. 홀로 벗어나 두려움이 없으면 항상 항하의 모래같이 많은 성현들의 보살핌을 받을 것이요, 항상 항하의 모래같이 많은 천룡팔부天龍八部의 옹호를 받을 것이다. 항하의 모래같이 많은 선신善神의 옹호를 받으면 영원히 장애나 난관이 없을 터이니 어디엔들 소요하지 못하리오."

또 물었다.

"가섭이 부처님 곁에서 법문을 들었는데, 들은 것입니까, 듣지 않은 것입니까?"

대사가 대답했다.

"들음 없이 들었다."

"어떤 것이 들음 없이 들은 것입니까?"

"들어도 들은 바가 없는 것이다."

"여래의 말씀은 들음 없이 듣겠지만, 말씀이 없는 것도 들음 없이 듣습니까?"

"여래는 말씀이 없이 말씀하셨다."

"어떤 것이 말씀 없는 말씀입니까?"

"말이 천하에 가득해도 입의 허물이 없다."

낙경洛京 하택荷澤 신회神會 대사

대중에게 이렇게 보였다.

"무릇 도를 배우는 사람은 스스로의 근원을 깨달아야 한다. 4과果[5]와 3현賢[6]은 모두 조복調伏 받은 이라 하나, 벽지불辟支佛과 나한羅漢은 의심을 다 끊지 못했고, 등각等覺과 묘각妙覺은 분명히 요달하였다.”

깨달음에는 깊고 얕음이 있고, 교법에는 돈頓과 점漸이 있는데, 점漸은 아승기겁을 지나도 여전히 윤회하고, 돈頓은 팔을 굽혔다 펴는 사이에 문득 묘각妙覺에 오른다. 그러나 전생부터의 도의 종자가 없으면 공연히 많은 지식을 배워서 온갖 것을 마음에 두고, 삿됨과 바름이 자기에게서 말미암는다.

한 물건도 생각하지 않는 것이 바로 자기의 마음인데, 지혜로 알 바도 아니고 별다른 수행도 없으니, 이를 깨달아 들어가면 참다운 삼마제(三摩提 : 삼매)이다.

법은 거래가 없고 전후의 제(際 : ᄀᆞ음)가 끊겼으니, 그러므로 무념無念이 최상승最上乘이 되는 줄 알라. 확 사무쳐 맑고 비어서 단박에 보배 창고를 열면, 마음은 생멸하지 않고 성품도 변천을 끊었다.

스스로 청정하면 경계와 사려思慮가 나지 않고, 지음이 없으면 반연이 저절로 쉰다.

내가 옛날에 불퇴전법륜不退轉法輪을 굴리다가 이제 정定과 혜慧를 겹쳐서 닦으니 마치 손과 주먹 같다. 무념의 본체를 보면 사물의 생김을 좇지 않고 여래의 항상함을 요달하니, 다시 무엇이 일어나랴.

지금의 이 환질幻質은 원래 참되고 항상한 것이요, 자성自性은 허공 같아서 본래 모습이 없다. 이런 이치를 깨닫고 나면 무엇을 두려워하고, 무엇을 근심하랴. 천지도 그 본체는 변화시킬 수 없다.

---

5 수다원須陀洹・사다함斯陀含・아나함阿那含・아라한阿羅漢의 네 가지 소승 과위이다.

6 10주住・10행行・10회향廻向의 세 가지 대승의 지위이다.

마음은 법계에 돌아가면 만상萬象이 일여一如해서 온갖 사량思量을 멀리 여의어 지혜가 법성과 동일하다.

"천만 가지 경전과 논장論藏이 오직 마음을 밝힐 뿐인데, 이미 마음을 세우지 않음이 체體라 진리는 전혀 얻을 수가 없다. 여러 학인 대중에게 고하나니, 밖으로 구하지 말라. 최상승의 법이라면 마땅히 지음이 없다. 안녕."

어떤 이가 물었다.

"무념법(無念法 : 상념 없는 법)은 유有입니까, 무無입니까?"

대사가 대답했다.

"있고 없음을 말하지 않는다."

"그럴 때에는 어떠합니까?"

"그런 때라고 하는 것도 없다. 마치 밝은 거울이 물상을 대하지 않으면 끝내 그 상像을 보지 못하는 것과 같다. 만약 사물 없음을 보면 그것이 바로 참되게 보는 것이다."

대사는 대장경에서 여섯 군데 의심나는 것이 있어 6조에게 물었다.

첫째 질문을 했다.

"계戒·정定·혜慧란 무엇입니까? 지켜야 할 계란 무엇이며, 정은 어디서 닦으며, 혜는 어디서 생깁니까? 소견이 트이지 않습니다."

6조가 대답했다.

"정은 마음을 안정시키고, 계는 행을 경계하고, 성품 가운데서 항상 지혜롭게 비추면, 스스로 보고 스스로 아는 경지가 깊어진다."

둘째 질문을 했다.

"본래 없다가 이제 있다고 하는데 어떤 물건이 있으며, 본래 있다가 이제 없다고 하는데 어떤 물건이 없습니까? 경을 읽어도 있다와 없다의 뜻을 볼 수 없으니, 흡사 나귀를 타고 다시 나귀를 찾는 것 같습니다."

"앞생각〔前念〕의 나쁜 업은 본래 없음이요, 뒷생각〔後念〕의 착한 마음은 이제 있음이다. 생각 생각에 항상 착한 행을 행하면, 오는 세상에는 오래지 않아 인천人天도 없어지리라. 그대는 지금 내 말을 듣고 있는데, 내가 곧 본래 없다가 이제 있는 것이다."

셋째 질문을 했다.

"생生으로써 멸滅을 없애고 멸로써 생을 없애서 생멸하지 않는 이치를 요달치 못하고 있으니, 그 소견所見이 마치 벙어리나 소경 같습니다."

"생으로써 멸을 없애는 것은 사람들로 하여금 성품에 집착하지 않게 하기 위함이요, 멸로써 생을 없애는 것은 사람들로 하여금 경계를 여의게 한 것이다. 그러나 두 쪽을 떠나서 스스로가 생멸의 병을 여윈 것만은 못하다."

넷째 질문을 했다.

"먼저 돈頓을 말했다가 나중에 점漸을 말하기도 하고, 먼저 점을 말했다가 나중에 돈을 말하기도 하는데, 돈과 점을 깨닫지 못하는 사람은 마음이 항상 미혹되어 있습니다."

"법을 들을 때는 돈 가운데의 점이요, 법을 깨달을 때는 점 가운데의 돈이요, 수행할 때는 돈 가운데의 점이요, 과위를 증득할 때는 점 가운데 돈이니, 돈과 점이 상인常因이면 깨닫는 가운데 미혹이 없다."

다섯째 질문을 했다.

"먼저가 정이요 나중이 혜인지, 먼저가 혜요 나중이 정인지, 정과 혜의 먼저와 나중을 어떻게 내어야 바릅니까?"

"항상 청정한 마음을 내면 정 가운데 혜가 있고, 경계 위에 마음이 없으면 혜 가운데 정이 있다. 정과 혜를 균등히 하여 둘을 함께 닦으면 스스로 마음은 바르니라."

여섯째 질문을 했다.

"부처가 먼저요 법이 나중인지, 법이 먼저요 부처가 나중인지, 부처와 법의 근본은 어디서 나왔습니까?"

"말할 때에는 부처가 먼저요 법이 나중이며, 들을 때에는 법이 먼저요 부처가 나중이나, 불법의 본래 근원을 말하자면 온갖 중생의 마음속에서 나왔다."

강서江西 대적大寂 도일道一 선사

대중에게 이렇게 보였다.

"도道는 수행이 필요하지 않으니 다만 더럽히지만 말라. 무엇을 더럽힌다 하는가? 생사의 마음을 갖고서 조작하고 취향趣向하면 모두가 더럽히는 것이다. 만일 그 도를 당장에 알고자 하면 평상심平常心이 도이다. 평상심이란 조작造作이 없고, 시비是非가 없고, 취사取捨가 없고, 단상斷常이 없고, 범성凡聖이 없다.

경에 말하기를 '범부의 행도 아니요, 성현의 행도 아닌 것이 보살의 행이다'라고 하였는데, 지금처럼 다니고 멈추고 앉고 눕는 등 기틀에 응하고 사물을 제접하는 것이 다 도道이다.

도는 곧 법계이니, 항하의 모래같이 많은 묘한 작용이라도 법계에서 벗어나지 못한다. 만일 그렇지 않으면 어떻게 심지법문心地法

門이라 하고, 어떻게 무진등無盡燈이라 하겠는가? 온갖 법은 모두가 마음의 법이요, 온갖 이름은 모두가 마음의 이름이다. 만법은 모두가 마음에서 생겼고, 마음은 만법의 근본이다.

경에 말하기를 '마음을 알고 근원을 통달했기 때문에 사문이라 한다'고 하였는데, 이름이 평등하고 뜻이 평등하고 온갖 법이 모두 평등해서 순일하여 잡됨이 없다.

가령 교리의 문중에서도 때에 따라 자재할 수 있다면, 법계를 건립하매 모두 법계요, 진여를 건립하매 모두 진여요, 진리〔理〕를 건립하매 온갖 법이 모두 진리요, 현실〔事〕을 건립하매 온갖 법이 모두 현실이다. 하나를 들면 천이 따르면서 이理와 사事가 다르지 않아 모두가 묘한 작용이니, 다시 다른 이치가 없이 모두가 마음의 회전迴轉을 말미암는다.

비유하건대 달그림자는 여럿이 있으나 진짜 달은 여럿이 아니고, 물의 고임은 여럿이 있으나 물의 성품은 여럿이 아니며, 삼라만상은 여럿이 있으나 허공은 여럿이 아니며, 도리를 말하면 여럿이 있으나 걸림 없는 지혜는 여럿이 아닌 것과 같으니, 이와 같이 갖가지로 건립하나 모두가 한마음을 말미암는다.

건립하여도 좋고 쓸어버려도 좋으니, 모두가 묘한 작용이다. 묘한 작용은 모두 자기 집안이라서 진여를 떠나 건립할 곳이 있는 것이 아니라, 진여에 즉해 건립한 것이어서 모두가 자기 집안의 본체이다. 만일 그렇지 않다면 다시 누가 있겠는가.

온갖 법은 모두가 불법이요, 모든 법은 해탈이며, 해탈이라는 것은 곧 진여이다. 모든 법은 진여에서 벗어나지 않나니, 다니고 멈추고 앉고 눕는 것이 모두가 부사의한 작용으로서 시절을 기다릴 것이 없다.

경에 말하기를 '어디에나 부처님이 계신다'고 하였는데, 부처님은 능인能仁으로서 지혜로 기틀의 정情을 잘 아시고, 온갖 중생의 의혹을 깨뜨리고, 유와 무의 속박에서 벗어났고, 범부와 성인의 망정이 다하고, 사람과 법이 모두 공했고, 견줄 바 없는 법륜을 굴리고, 수량을 초월했고, 하는 일이 걸림 없고, 이理와 사事를 함께 통하니, 마치 하늘에서 구름이 일어났다가 홀연히 없어지는 것처럼 자취를 남기지 않고, 또 물에다 글자를 쓰면 글자를 이루지만 생겨나지도 않고 멸하지도 않는 것과 같다. 이것을 큰 적멸寂滅이라 한다.

얽매임 속에 있으면 여래장如來藏이라 하고, 얽매임에서 벗어나면 큰 법신法身이라 한다. 법신은 다함이 없고, 본체는 증감增減이 없고, 크기도 하고 작기도 하고, 모나기도 하고 둥글기도 해서 사물에 감응하여 형상을 나타내는 것이 물속의 달과 같다.

도도滔滔히 운용運用하되 뿌리를 건립하지 않고, 유위有爲를 다하지도 않고 무위無爲에 머물지도 않는다. 유위는 무위 집안의 작용이요, 무위는 유위 집안의 의지함이니, 의지함에도 머무르지 않기 때문에 허공이 의지하는 곳이 없는 것과 같다.

마음의 생멸하는 이치[心生滅義]와 마음이 진여인 이치[心眞如義]가 있는데, 마음이 진여인 이치란 마치 밝은 거울이 사물을 비추는 것과 같으니, 거울은 마음에 비유하고 상像은 모든 법에 비유한다. 마음으로 법을 취하는 것이 곧 외부 인연과 교섭하는 것이니 바로 생멸의 이치이며, 모든 법을 취하지 않는 것이 바로 진여의 이치이다.

성문은 소리를 들어서 불성을 보고, 보살은 눈으로 불성을 보지만, 요달하면 둘이 없으므로 평등한 성품이라 이름한다. 성품에는 차이가 없으나 작용은 같지 않으며, 미혹에 있을 때는 식識이라 하고, 깨달음에 있을 때는 지혜라 한다. 이理에 순응하면 깨달음이 되고, 사事에 순종하면 미혹이니, 미혹은 곧 자기 집안의 본마음을 미혹한 것이요, 깨달음은 자기 집안의 본 성품을 깨달은 것이다. 한 번 깨달으면 영원히 깨달아서 다시는 미혹하지 않나니, 마치 해가 돋으면 어둠에 합하지 않는 것과 같아서 지혜의 해가 돋으면 번뇌의 어둠과는 어울리지 않는다.

마음과 경계를 깨달으면 망상이 나지 않나니, 망상이 나지 않으면 그것을 무생법인無生法忍이라 한다. 본래 있는 것이 지금 있는 것이라서 수도나 좌선을 빌리지 않나니, 닦지 않고 앉지 않는 것을 여래청정선如來清淨禪이라 한다.

지금이라도 이 이치의 참되고 올바름을 보아서 온갖 업을 짓지 않고 분수를 따라 생애를 보내되 발우 하나, 옷 한 벌로 앉고 서는 동작에서 놓지 않으면, 계행이 차츰 훈습해서 청정한 업을 쌓으리니, 이렇게만 한다면 어찌 통하지 못할까 근심하랴. 오래 섰었다. 여러분, 안녕."

예주澧州 약산藥山 유엄惟儼 화상

상당上堂하여 이렇게 말했다.

"조사께서는 오직 잘 보호하라고 가르치셨으니, 탐욕과 성냄이 오거든 잘 막아서 촉발되지 않도록 하라. 그대들은 알고자 하는가? 마른 나무토막이나 돌덩어리를 짊어지려면 가지와 잎사귀가 없어야 한다. 그러나 이렇더라도 스스로 살펴야 하나니, 언어言語를 아주 끊을 수는 없다.

내가 이제 그대들을 위해 이런 말을 하는 것은 말없는 도리를 나타내기 위한 것이다. 그것에게는 본래 귀나 눈 등의 모습이 없다."

이때에 어떤 스님이 물었다.

"어째서 여섯 가지 윤회가 있습니까?"

대사가 대답했다.

"나도 비록 윤회輪廻 속에 있으나 원래 물들지는 않았다."

"몸 가운데의 번뇌를 요달하지 못할 때는 어떠합니까?"

"번뇌가 어떻게 생겼는지 나는 그대에게 살펴보라고 하고 싶다. 일반적으로는 다만 경전 위의 갖가지 말을 기억해 가짐으로써 다분히 경론에 미혹되는데, 그러나 나는 경과 논을 보지 않았다. 오직 그대들 스스로가 사事에 미혹되어 잘못을 하므로 자기 집안이 안정되지 않는다. 그러므로 생사의 마음이 있어서 한마디 혹은 반마디의 경이나 논도 터득하지 못하고 함부로 말하기를 '보리와 열반은 세상 법에 속한다거나 속하지 않는다' 한다.

만일 이렇게 이해한다면 이것이 곧 생사이고, 이러한 득실得失의 속박을 받지 않으면 생사가 없다.

그대들에게 율사律師가 니살기尼薩耆나 돌길라突吉羅 중의 어느 것이 가장 생사의 근본이 된다고 설명하던가? 아무리 그렇게 생사를 궁구해도 얻을 수 없다.

위로 부처님들과 아래로 개미떼에 이르기까지 모두가 이러한 장단長短과 호오好惡와 대소大小의 차이가 있는데, 그것들이 밖에서 오는 것이 아니라면 어떤 일 없는 사람이 지옥을 만들어 놓고 그대들을 기다리겠는가.

그대들은 지옥의 길을 알고자 하는가? 지금 가마솥에서 끓이고 볶는 것이다. 아귀의 길을 알고자 하는가? 지금 허다한 거짓으로 남을 믿지 않게 하는 것이다. 축생의 길을 알고자 하는가? 지금 인의仁義를 모르고 친소親疎를 가리지 못하는 것이다. 어찌 털을 뒤집어쓰고, 뿔을 이고, 칼로 베고, 거꾸로 달려야만 되겠는가. 인간과 하늘의 길을 알고자 하는가? 지금 청정한 위의威儀로 병과 발우를 들고 있는 것이다.

잘 보임保任해서 여러 나쁜 길에 빠지지 않게 하라. 그러기 위해서는 제일 먼저 그것을 버리지 말아야 된다. 그것은 쉽사리 얻는 것이 아니다. 모름지기 높고 높은 산마루에 서고, 깊고 깊은 바다 밑으로 다녀야 된다. 이러한 행리를 바꾸지 않아야 비로소 조금이라도 상응하게 되리라.

지금 나타난 사람들은 모두가 일이 많은 이들이니, 둔한 사람은 찾으려 해도 찾을 수 없다. 책자 속의 말 구절이나 기억해서 자기의 견해라 여기지 말고, 남이 알지 못하는 것을 보아도 경멸하지 말라. 이런 무리는 모두가 천제외도闡提外道[7]이다.

이 마음이 딱 맞지 않거든 부디 잘 살펴라. 이렇게 말하는 것도 역시 삼계의 변사邊事이다. 먹물 옷 밑에서 헛되이 보내지 말라. 이 속에 이르면 더욱 미세하게 되리니, 그것을 등한시하지 말라. 꼭 알아 두어라. 안녕."

월주越州 대주大珠 혜해慧海 화상

상당上堂하여 이렇게 말했다.

"여러분은 다행히도 스스로 일 없기를 좋아하는 사람들이다. 죽

7 부처가 되지 못하는 무리를 말한다.

도록 업을 지어 칼〔枷 : 형구〕을 쓰고 지옥에 빠지려 하는 이는 무슨 까닭이겠는가?"

날마다 밤이면 몰려와서 자기가 참선을 하고, 도를 알고, 불법을 안다고 하는데, 이렇게 하면 도리어 교섭하지 못한다. 다만 빛깔과 소리를 쫓아 헤맬 뿐이니, 언제 쉴 기회가 있으랴.

내가 듣건대 강서江西 화상(마조)이 말씀하시기를 '그대들 스스로의 집안에 보배가 모두 구족해서 자유롭게 사용할 수 있으니, 밖에서 구하지 말라' 하셨다. 나는 그때부터 일시에 쉬고 자기의 보배를 몸에 따라 받아썼으니 정말 쾌활하다고 말할 수 있다.

한 법도 취할 것이 없고, 한 법도 버릴 것이 없으며, 한 법이 생멸하는 모습도 볼 수 없고, 한 법이 오고 가는 모습도 볼 수 없으며, 시방세계에 한 티끌만큼도 자기 보배 아닌 것이 없다.

다만 자기의 마음을 스스로 자세히 관찰하기만 하라. 일체삼보一體三寶가 항상 스스로 현전하리니, 의심하지 말고, 찾지도 말고, 구하지도 말라. 마음의 성품은 본래 청정하기 때문이다.

그래서 『화엄경』에 말하기를 '온갖 법이 나지 않고, 온갖 법이 멸하지 않으니, 만일 이렇게 이해하여 알면 부처님들께서 항상 앞에 나타나신다'고 하였고, 또 『정명경淨名經』에 말하기를 '몸이 실상實相임을 관찰하고, 부처도 그런 줄로 관찰하라'고 하니, 만일 빛깔과 소리를 따라 생각을 움직이지 않고, 형상과 모양을 따라 알음알이를 내지 않으면 자연히 일이 없으리라. 오래 서 있지 말라. 안녕."

이 날, 대중이 많이 모였다가 오래도록 흩어지지 않으니, 대사가 말했다.

"여러분, 어째서 여기서 떠나지 않는가? 나는 벌써 얼굴이 마주

칠 때에 이미 드러내 주었으니, 기꺼이 쉬었는가? 무슨 의심할 일이 있으랴. 마음을 잘못 써서 기력을 헛되이 낭비하지 말라. 만일 그래도 의문이 나거든 여러분은 마음대로 물어라."

이때에 법연法淵이라는 스님이 있다가 물었다.

"무엇이 불佛이며, 무엇이 법法이며, 무엇이 승僧이며, 무엇이 일체삼보一體三寶입니까? 가르쳐 주십시오."

대사가 대답했다.

"마음이 부처이니, 부처로써 부처를 구하지 말라. 마음이 법이니, 법으로써 법을 구하지 말라. 부처와 법이 둘이 아니어서 화합함이 승이니, 이것이 일체삼보이다.

경에 말하기를 '마음과 부처와 중생, 세 가지는 차별이 없나니, 몸·입·뜻이 청정하면 부처님께서 세상에 나신 것이고, 몸·입·뜻이 더러우면 부처님께서 멸도滅度에 드신 것이다'라고 하였다.

마치 성이 났을 때에는 기쁜 마음이 없고 기쁠 때에는 성내는 마음이 없듯이 오직 한마음뿐이어서 두 본체가 없나니, 본래의 지혜는 법이 그러해서 무루無漏가 현전한다.

마치 뱀이 용이 될 때에 비늘은 바꾸지 않는 것처럼, 중생이 마음을 돌이켜 부처가 될 때에는 얼굴을 바꾸지 않는다. 성품이 본래 청정하여 닦아서 이룰 필요가 없나니, 수행이 있고 증득함이 있다면 뛰어난 체하는〔增上慢〕 사람이다.

진공眞空은 막힘이 없이 무궁한 것이어서 시작도 없고 마침도 없는데, 영리한 무리가 이를 단박에 깨달아서 무등등無等等을 쓰면 곧 아뇩보리阿耨菩提요, 마음의 형상이 없으면 곧 미묘한 색신色身이며, 형상이 없는 것이 곧 실상의 법신이요, 성품과 형상의 본체가 공한 것이 곧 허공무변신虛空無邊身이요, 만행萬行으로 장엄하면 곧 공덕의 법신이다.

이 법신이란 것은 모든 조화의 근원이나 처소에 따라 이름을 세우나니, 지혜로운 작용이 다함이 없으므로 무진장無盡藏이라 하고, 만 가지 법을 내므로 본법장本法藏이라 하고, 온갖 지혜를 갖추었으므로 지혜장智慧藏이라 하고, 만법이 여여如如함으로 돌아가므로 여래장如來藏이라 하다.

경에 말하기를 '여래라 함은 모든 법의 여여한 이치'라 하였고, 또 말하기를 '세간의 온갖 생멸하는 법은 여여함으로 돌아가지 않는 것이 없다'고 하였다."

이때에 어떤 사람이 물었다.

"저는 모르겠는데, 율사·법사·선사 가운데서 어느 것이 더욱 수승합니까? 화상께서 자비로써 지시해 주십시오."

대사가 대답했다.

"율사라는 것은 비니(毘尼 : 계율)의 법장을 열어서 부처님의 유풍遺風을 전하고, 지키는 것과 범하는 것을 가리어 열고 막을 길을 밝히고, 위의를 바로 세워서 규칙을 시행하고, 세 차례의 갈마羯磨를 거듭하여 네 가지 과위의 최초 원인이 되니, 만일 전생부터 공덕을 쌓은 대덕〔白眉〕이 아니면 어찌 감히 경솔히 여기겠는가?

법사라는 것은 사자좌에 걸어 앉아 폭포 같은 웅변을 쏟고, 빽빽이 모인 사람들에게 현묘한 관문을 열어 주며, 반야의 미묘한 문을 열어서 3륜輪[8]이 고루 공한 보시를 하게 하니, 용상 대덕이 아니면 어찌 감히 이 일을 감당하랴.

선사라는 것은 추요樞要를 추려서 마음의 근원을 곧바로 통달하

8 주는 이, 받는 이, 주어진 물건의 셋을 말한다.

고, 나고 들고 펴고 오므리면서 종횡으로 사물에 응하며, 사事와 이理를 다 균등히 해서 단박에 여래를 보고, 생사의 깊은 근원을 뽑아버려서 눈앞에 삼매를 얻나니, 만약 선정에 안정되어 있지 않다면 여기에 이르러서 모두가 망연해진다. 근기에 따라 법을 주는 것이 3학學이 비록 다르기는 하나 뜻을 얻으면 말을 잊는 것이야 1승乘과 무엇이 다르랴.

그러므로 경에 말하기를 '시방의 불토佛土 안에는 오직 1승의 법만이 있고, 둘이나 셋은 있지 않다'고 하였다. 오직 부처님이 방편으로 설한 것은 제외하니, 그건 다만 거짓 명자名字로 중생들을 인도하신 것이다."

"화상께서는 불교의 종지를 깊이 통달해서 걸림 없는 변재를 얻으셨군요."

그리고는 다시 물었다.

"유교·도교·불교의 같은 점과 다른 점은 무엇입니까?"

대사가 대답했다.

"아량이 큰 사람이 활용하면 같고, 기틀이 작은 이가 집착하면 다르다. 모두가 한 성품 위에서 일어난 작용이지만 근기의 견해에 따라 차별이 셋이 된다. 미혹함과 깨달음은 사람에게 달렸고, 교법의 같고 다름에 있지 않다."

유식唯識을 강하는 도광道光이라는 강사가 물었다.

"선사께서는 어떤 마음을 써서 도를 닦으십니까?"

대사가 대답했다.

"노승(老僧 : 나)은 쓸 마음이 없어서 닦을 도도 없다."

"쓸 마음이 없어서 닦을 도가 없다면, 어째서 날마다 대중을 모아 놓고 선을 배우고 도를 닦으라고 하십니까?"

"노승에게는 송곳 꽂을 자리도 없는데 어디에다 대중을 모았다고 하며, 노승에게는 혀도 없거늘 어떻게 사람들을 권하겠는가?"

"선사께서는 마주 보면서 거짓말을 하십니다."

"노승은 사람들을 권장할 혀도 없는데 어떻게 거짓말을 하겠는가?"

"저는 선사의 말씀을 이해하지 못하겠습니다."

"노승 자신도 이해하지 못한다."

화엄華嚴을 강하는 지志 강사가 물었다.

"선사께서는 왜 청정한 대나무는 모두가 법신이요, 휘늘어진 개나리는 반야 아닌 것이 없다는 말씀을 수긍치 않으십니까?"

대사가 대답했다.

"법신은 상象이 없는데 푸른 대에 감응하여 형상을 이루고, 반야는 앎이 없는데 개나리를 대하여 모습을 드러낸다. 개나리와 푸른 대 때문에 반야와 법신이 있는 것은 아니다.

그러므로 경에 말하기를 '부처님의 참 법신은 마치 허공과 같은데, 사물에 감응하여 형상을 나타내는 것이 마치 물속의 달과 같다'고 하였다. 개나리가 반야라면 반야는 무정물과 같을 것이요, 푸른 대가 법신이라면 푸른 대가 능히 감응해 작용해야 할 것이다. 좌주座主여, 알겠는가?"

"그 뜻을 모르겠습니다."

"성품을 본 사람은 옳다 해도 되고, 옳지 않다 하여도 된다. 쓰임에 따라 말해도 시비에 막히지 않는다. 성품을 보지 못한 사람은 푸른 대라 하면 푸른 대에 집착하고, 개나리라 하면 개나리에 집착하고, 법신이라 하면 법신에 걸리고, 반야라 하면 반야를 모른다. 그러므로 모두가 시비를 일으킨다."

지 강사가 절을 하고 물러갔다.

어떤 사람이 물었다.

"마음을 가지고 수행하면 언제 해탈을 얻겠습니까?"

대사가 대답했다.

"마음을 가지고 수행하면 마치 진흙물로 때를 씻는 것 같다. 반야는 현묘하여 본래 스스로 무생無生이지만, 큰 작용이 나타남에는 시절을 가리지 않는다."

"범부도 그럴 수 있습니까?"

"성품을 본 이는 범부가 아니니, 최상승最上乘을 단박에 깨치면 범부도 성인도 초월한다. 미혹한 사람은 범부와 성인을 논하지만 깨달은 사람은 생사와 열반을 초월하고, 미혹한 사람은 사事와 이理를 이야기하지만 깨달은 사람은 큰 작용이 방식이 없고, 미혹한 사람은 얻음과 증명을 구하지만 깨달은 사람은 얻음도 없고 구함도 없으며, 미혹한 사람은 먼 겁을 기다리지만 깨달은 사람은 단박에 본다."

『유마경』을 강하는 강사가 물었다.

"경에 말하기를 '외도육사外道六師들이 그대의 스승이다. 그들로 인해 출가하였으므로 그들이 떨어지는 나쁜 길에 그대도 떨어져야 하고, 그대에게 보시하는 것은 복전福田이라 이름 짓지 못하고, 그대에게 공양하는 이는 세 가지 나쁜 길에 빠져야 하고, 부처와 법을 비방하고 승가의 무리에 들지 못해야 하고, 끝내 열반을 얻지 말아야 한다. 이렇게 할 수 있어야 밥을 먹을 수 있다'고 하였는데, 이제 선사께서 자세히 설명해 주십시오."

대사가 대답했다.

"미혹해서 6근根에 끌려 다니는 무리를 6사師라 하고, 마음 밖에서 부처를 구하는 것을 외도라 하고, 보시할 물건이 있으면 복전이라 할 수 없고, 마음을 내어 공양을 받으면 세 가지 나쁜 길에 빠진다. 그대가 부처를 비방할 수 있다면 부처를 구함에 집착하지 않는 것이요, 법을 비방할 수 있다면 법을 구함에 집착하지 않는 것이요, 승가에 들지 않는다면 승가를 구함에 집착하지 않는 것이요, 끝내 열반을 얻지 않는다는 것은 지혜의 작용이 현전한 것이다. 만일 이와 같이 아는 이가 있다면, 그는 곧 법희선열法喜禪悅의 밥을 얻을 것이다."

어떤 행자行者가 물었다.

"어떤 사람이 부처를 물으면 부처라 대답하고, 법을 물으면 법이라 대답하면서 한 글자[一字] 법문이라 하는데 옳은지 모르겠습니다."

대사가 대답했다.

"앵무새가 사람의 말을 배워도 제 말은 못 하는 것은 지혜가 없기 때문이다. 비유하건대 물로써 물을 씻는 것 같고, 불로써 불을 태우는 것 같아서 도무지 아무런 뜻이 없다."

어떤 사람이 물었다.

"언言과 어語가 같습니까, 다릅니까?"

대사가 대답했다.

"한 글자를 언言이라 하고, 구절을 이루는 것은 어語라고 이름한다. 예컨대 영특한 변론이 도도滔滔함이 마치 큰 강에 흐르는 물 같고, 빼어난 기틀이 첩첩疊疊함이 마치 둥근 그릇에 구슬을 굴리는 것 같은 것이니, 이 때문에 곽상郭象[9]을 현하(懸河 : 폭포)의 웅변가라

9 진晋의 변론가이다.

하고, 앵무새를 의해義海[10]라 부르나니, 이것이 바로 어語이다.

언言이란 것은 한 글자로 마음을 표시한 것이니, 안으로 현묘함을 나타내고 밖으로 묘한 모습을 드러낸다. 만 가지 기틀이 흔들어도 혼란하지 않고, 맑고 흐림이 뒤섞여도 항상 분명하다.

제왕(齊王 : 제선왕)도 이에 이르러서는 오히려 대부大夫의 말에 부끄러움을 느꼈고, 문수도 이에 이르러서는 정명淨名의 설명을 찬탄하였다. 요즘의 범속한 사람들이야 어찌 알 수 있으랴."

원源 율사가 물었다.

"선사께서는 항상 말씀하시기를 마음이 곧 부처라 하시나 옳지 않습니다. 1지地 보살만 되어도 백 불세계佛世界에 몸을 나타내고, 2지에서는 10배로 늘어나는데, 선사께서 신통을 나타내 보여 주십시오."

대사가 대답했다.

"그대는 범부인가, 성인인가?"

"범부입니다."

"범부인 승려이면서 어찌 그런 경계를 묻는가? 경에 말하기를 '그대는 마음이 높고 낮음이 있어서 부처님의 지혜에 의존하지 않는구나' 한 것이 바로 그러하다."

또 물었다.

"선사께서는 항상 말씀하시기를 '도를 깨달으면 현재의 이 몸으로 해탈을 얻는다' 하시나 옳지 않습니다."

대사가 대답했다.

"어떤 사람이 평생 동안 착한 일을 했더라도 갑자기 남의 물건

10 무궁한 이치가 있다고 새긴다.

을 훔쳐서 손에 넣으면 도적이 아니겠는가?"

"그렇게 여깁니다."

"지금 당장에라도 분명하게 성품을 본다면 어찌 해탈을 얻지 못하랴."

"지금 당장에는 반드시 안 되고 모름지기 3아승기겁을 지내야 됩니다."

"아승기겁이란 것이 수효가 있는 것인가?"

원 율사가 항의하는 목소리로 말했다.

"도적질한 것으로 해탈에 견주려 하니, 도리를 통할 수 있겠습니까?"

"그대 스스로가 도를 이해하지 못했다면 모든 사람의 이해를 막지 말아야 하고, 스스로의 눈이 트이지 못했다면 모든 사람들이 사물을 보는 것에 성내지 말라."

원 율사가 얼굴을 붉히고 떠나면서 말했다.

"늙기만 했을 뿐 도는 전혀 없구나."

대사가 대꾸했다.

"바로 떠나가는 것이 그대의 도(道 : 길)이다."

지관止觀[11]을 강하는 혜慧 강사가 물었다.

"선사께서는 마魔를 가릴 수 있습니까?"

대사가 대답했다.

"마음을 일으키면 하늘 마[天魔]요, 마음을 일으키지 않으면 숨은 마[陰魔]요, 일으켰다 안 일으켰다 하면 번뇌마(煩惱魔)이니, 나의 정법 속에는 그런 일이 없다."

11 지止는 안정시킴이고, 관觀은 관찰함이니, 마음을 닦는 방법이다.

"한마음으로 세 가지를 관찰하는 법[一心三觀]은 또 어찌하시겠습니까?"

"과거의 마음은 지나갔고, 미래의 마음은 이르지 않았고, 현재의 마음은 머무는 바 없거늘, 그 사이에서 어떤 마음을 써서 관觀을 일으키겠는가?"

"선사께서 지관止觀을 모르십니다."

"좌주는 아는가?"

"압니다."

"그러면 지자智者 대사께서 말씀하시기를 '지止를 말해서 지를 타파하고, 관觀을 말해서 관을 타파한다. 지에 머무르면 생사에 빠지고, 관에 머무르면 정신이 혼란해진다' 하였으니, 이를 마음을 가지고 마음을 그치는 것이라 하겠는가, 아니면 다시 마음을 일으켜서 관하는 것이라 하겠는가? 관찰할 때 만일 있는 마음으로 관찰하면 이는 상견常見의 법이요, 없는 마음으로 관찰하면 이는 단견斷見의 법이요, 있기도 하고 없기도 하다면 둘을 고집하는 법[二見法]이 된다. 좌주는 자세히 설명해 보라."

"그렇게 물으시면 아무 말도 할 수 없습니다."

"그래서야 어찌 지관을 알고 있다고 하겠는가?"

어떤 사람이 물었다.

"반야는 큽니까?"

대사가 대답했다.

"크다."

"얼마나 큽니까?"

"끝이 없다."

"반야는 작기도 합니까?"

"작다."

"얼마나 작습니까?"

"찾아도 보이지 않는다."

"어디가 그렇습니까?"

"어디가 안 그렇던가?"

『유마경』을 강하던 강사가 물었다.

"경에 말하기를 '여러 보살들이 제각기 불이법문不二法門에 들어갈 때에 유마 거사는 침묵하고 계셨다' 하니, 이것이 궁극의 경지입니까?"

대사가 대답했다.

"궁극의 경지가 아니다. 성인의 뜻을 다했다면 제3권에서 또 무슨 일을 말했겠는가?"

강사가 한참 있다가 말했다.

"스님께서 궁극의 경지가 아니라는 뜻을 설명해 주십시오."

"경의 제1권에서는 대중을 이끌어서 십대제자들의 머무는 마음을 꾸짖었고, 제2권에서는 모든 보살들이 제각기 불이법문에 든 것을 이야기해서 말로써 말없음을 드러냈고 문수는 말없음으로써 말없음을 나타내니, 유마는 말로써도 아니고 말없음으로도 아니기 때문에 잠자코 있어서 앞의 언어를 다 포섭하였다. 그러므로 제3권에서는 침묵으로부터 일어나 말씀하여서 다시 신통의 작용을 나타내셨다. 좌주여, 알겠는가?"

"퍽 기괴하군요."

"그렇지도 않다."

"왜 그렇지 않습니까?"

"다만 사람들의 집착된 망정을 깨뜨리기 위하여 이렇게 말했을 뿐이다. 경의 뜻에 의거한다면, 다만 색色과 마음이 공적함이 본 성품을 보게 한다고 설함으로서 거짓 행을 버리고 참된 행에 들게 했을 뿐이니, 언어와 문자 위에서 이리저리 따지지 말고 오직 정명淨名이란 두 글자를 알면 된다. 정淨이란 본체요, 명名이란 자취의 작용이니, 본체로부터 자취의 작용을 일으키고, 자취의 작용에서 본체로 돌아간다. 본체와 작용이 둘이 아니고, 근본과 자취가 다르지 않으니, 그러므로 옛사람이 말하기를 '근본과 자취가 다르면서도 부사의한 하나이다'라고 했지만, 그러나 하나도 하나가 아니다.

만일 정명이란 두 글자가 거짓 명호名號임을 알았다면 새삼스럽게 구경究竟이니 구경이 아니다를 설하겠는가. 앞도 없고 뒤도 없고, 근본도 아니고, 지말枝末도 아니고, 정淨도 아니고, 명名도 아니니, 다만 중생의 본 성품이 부사의 해탈임을 보였을 뿐이다. 만일 성품을 보지 못한 이는 죽을 때까지도 이런 이치를 보지 못한다."

스님이 물었다.

"만법은 모두 공하고, 식識의 성품도 그러합니다. 마치 물거품이 한 번 흩어지면 다시는 모이지 못하는 것처럼 몸이 죽으면 다시 살지 못합니다. 이것이 공무空無이거니 어디에 다시 식의 성품이 있겠습니까?"

대사가 대답했다.

"거품이 물로 인하여 있기 때문에 거품이 흩어지면 곧 물도 없을 수 있다. 몸은 성품을 인하여 일어나지만, 몸이 죽는다고 어찌 성품의 소멸을 말하겠는가?"

"성품이 있다고 하신다면 내어 보여 주십시오."

"그대는 내일 아침이 있으리라는 것을 믿는가?"

"믿습니다."

"그럼 내일 아침을 갖다 보여 다오."

"내일 아침은 분명 있는 것이나 지금은 얻을 수 없습니다."

"내일 아침을 얻을 수 없다 해서 내일 아침이 없지는 않으리라. 그대 스스로가 성품을 보지 못했을지언정 성품이 없다고는 못 한다. 그대는 지금 옷을 입고, 밥을 먹고, 다니고, 멈추고, 앉고, 눕고 마주 보면서도 알지 못하니 참으로 어리석다 하겠다. 그대는 내일 아침이 오늘과 다르지 않음을 보고자 하는가? 성품을 가지고 성품을 찾으니, 만 겁을 지나도 끝내 보지 못하리라.

또 소경이 해를 보지 못한다고 해서 해가 없는 것은 아닌 것과 같다."

『청룡소靑龍疎』[12]를 강하는 강사가 물었다.

"경에 말하기를 '설할 만한 법이 없어야 그것을 설법이라 한다'고 한 것을 선사께서는 어떻게 이해하십니까?"

대사가 대답했다.

"반야의 본체가 끝내 청정하여 한 물건도 얻을 수 없는 것이 법 없음〔無法〕이요, 반야의 공적한 본체 안에 항하의 모래같이 많은 작용을 갖추어 모르는 일이 없는 것이 설법이다. 그래서 '설할 만한 법이 없어야 설법이라 한다'고 한 것이다."

『화엄경』을 강하는 강사가 물었다.

"선사께서는 무정無情이 부처란 말을 믿습니까?"

대사가 대답했다.

"믿지 않는다. 만일 무정이 부처라면 산 사람이 죽은 사람만 못하고, 죽은 당나귀나 개도 사람보다 나을 수가 있다. 경에 말하기

12 『금강경』의 주석서의 한 종류이다.

를 '부처의 몸은 법신이니, 계・정・혜에서 생기고, 3명明과 6통通에서 생기고, 온갖 착한 법에서 생겼다'고 하였는데, 만일 무정이 부처라면 대덕이 지금 당장에 죽으면 마땅히 부처가 되어야 한다."

어떤 법사가 물었다.

"『반야경』을 받아 지니면 가장 공덕이 많다는 말을 스님께서는 믿으십니까?"

대사가 대답했다.

"믿지 않는다."

"그렇다면 『영험전靈驗傳』 10여 권이 모두 믿을 수 없겠습니다."

"산 사람이 효성을 다하면 저절로 감응이 있는 것이지 백골白骨이 감응을 주는 것은 아니다. 경은 문자이니, 종이와 먹의 성품이 공하거늘 어디에 영험이 있으랴. 영험이란 것은 경을 지니는 사람의 마음 쓰기에 있으니, 이 때문에 신통이 사물에 감응하는 것이다. 만일 그렇지 않다면 시험 삼아 경 한 권을 책상 위에 놓고 아무도 지니는 이가 없어 보라. 그래도 영험이 있는가?"

스님이 물었다.

"온갖 이름〔名相 : 현실을 말함〕과 법상(法相 : 내면적인 진리), 그리고 말과 침묵을 어떻게 회통하여야 앞뒤가 없게 됩니까?"

대사가 대답했다.

"한 생각이 일어날 때에 본래부터 이름도 모습도 없었거늘, 어찌 말함에 앞뒤가 있으리오. 이름과 모습이 본래 깨끗함을 알지 못하므로 허망하게 앞뒤를 계교하는 것이다.

대체로 이름과 모습의 자물쇠는 지혜의 열쇠가 아니면 열지 못하나니, 중도中道를 말하는 이는 중도에 병들고, 두 변〔二邊〕을 말하면 두 변에 병들면서도 현재의 작용이 견줄 바 없는〔無等等〕 법신임을 알지 못한다.

미혹과 깨달음, 얻음과 잃음은 일반인의 법으로서 스스로가 생멸의 마음을 일으켜 올바른 지혜를 묻어 버리나니, 번뇌를 끊기도 하고 보리를 구하기도 해서 반야바라밀을 저버린다."

어떤 사람이 물었다.

"율사는 왜 선禪을 믿지 않습니까?"

대사가 대답했다.

"이치는 깊어서 나타내기 어렵지만 이름과 형상은 지니기가 쉽다. 그러므로 성품을 보지 못한 사람은 믿지 않는 것이다. 성품을 본 이는 부처라 하는데, 부처를 아는 사람이라야 바야흐로 믿어 들어간다. 부처님이 사람을 멀리하는 것이 아니라, 사람이 부처님을 멀리한다.

부처는 마음으로 짓는 것인데 미혹한 사람은 문자 속에서 찾는다. 깨달은 사람은 마음을 향해서 자각하지만, 미혹한 사람은 원인을 닦아 결과를 기다린다. 깨달은 사람은 마음의 형상 없음을 요달하고, 미혹한 사람은 사물에 집착하고 나[我]를 지켜서 자기[己]로 삼는다. 깨달은 사람은 반야의 응용이 현전하고, 어리석은 사람은 공空과 유有에 집착해서 막힘을 이루고, 지혜로운 사람은 성품을 보고 형상을 요달하여 신령스럽게 통하고, 마른 지혜의 변재를 가진 이는 입이 피로하며, 큰 지혜로 체득한 이는 마음이 태연하고, 보살은 닥치는 사물마다 환히 비춘다. 그러나 성문은 경계를 겁내서 마음을 어둡게 하고, 깨달은 사람은 날로 써도 남[生]이 없거니와 미혹한 이는 눈앞에 부처님이 막힌 것을 본다."

어떤 사람이 물었다.

"어찌하여야 신통을 얻습니까?"

대사가 대답했다.

"신령한 성품이 영통靈通하여 항하의 모래같이 많은 세계에 두루했나니, 산하와 석벽에 왕래하여도 걸림이 없고, 찰나 사이에 만 리를 왕래하여도 자취가 없다. 불이 태우지 못하고 물이 적시지 못하거늘 어리석은 사람은 스스로 마음의 지혜가 없어서 4대大 육신으로 날고자 한다.

경에 말하기를 '형상을 취하는 범부에게는 마땅함에 따라 말해준다'고 하니, 마음에 형상이 없는 것이 미묘한 색신色身이요, 형상 없음이 곧 실상實相이요, 실상의 본체가 공한 것을 허공무변신虛空無邊身이라 하고, 만행萬行으로 장엄했으므로 공덕법신功德法身이라 말한다.

이 법신이 만행의 근본이거늘 작용에 따라 이름을 세우지만, 실답게 말하자면 오직 청정법신淸淨法身뿐이다."

어떤 사람이 말했다.

"일심으로 수도하면 과거의 업장이 소멸됩니까?"

대사가 대답했다.

"성품을 보지 못한 이는 소멸할 수 없지만, 성품을 본 이는 해가 서리나 눈을 비춘 것과 같다. 또 성품을 본 사람은 수미산같이 쌓인 풀 더미를 한 번 반짝이는 불로 태울 수 있는 것과 같나니, 업장은 마른 풀과 같고 지혜는 불과 같다."

"어떻게 해야 업장이 다한 것을 알 수 있습니까?"

"당장의 마음을 통하기만 하면 전생과 후생 일을 마주 보듯이 아나니, 앞 부처님과 뒤 부처님의 만 가지 법이 동시이니라. 경에 말하기를 '한 생각에 온갖 법을 알면 그것이 도량이니, 일체지一切智를 성취했기 때문이다'고 했다."

어떤 행자가 물었다.

"어찌하여야 바른 법에 머무를 수 있습니까?"

대사가 대답했다.

"바른 법에 머물기를 구하는 것이 삿된 짓이다. 무슨 까닭인가 하면 법에는 삿됨도 바름도 없기 때문이다."

"어찌하여야 부처가 되겠습니까?"

"중생의 마음을 버릴 필요가 없이 오직 제 성품을 더럽히지만 말라. 경에 말하기를 '마음과 부처와 중생, 이 세 가지는 차별이 없다'고 하였다."

"그렇게 알면 해탈을 얻겠습니까?"

"본래부터 속박한 일이 없으니 해탈을 구할 필요가 없다. 법은 언어와 문자를 초월한 것이니 수효와 구절 속에서 구할 것이 아니고, 법은 과거·현재·미래가 아니니 인과 속에서 계합할 수도 없고, 법은 온갖 것을 초월한 것이라서 견줄 수가 없다. 법신은 상象이 없으면서도 사물에 감응하여 형상을 나타내니, 세간을 여의고서 해탈을 구하지 않는다."

스님이 물었다.

"어떤 것이 반야입니까?"

대사가 대답했다.

"그대가 아니라고 여기는 것을 말해 보라."

"어찌하여야 성품을 봅니까?"

"봄이 곧 성품이니, 성품이 없으면 볼 수 없다."

"어떤 것이 수행입니까?"

"제 성품을 더럽히지만 말지니, 이것이 수행이다. 스스로 속이지만 말지니, 이것이 수행이다. 큰 활용[大用]이 현전하면 곧 견줄 바

없는〔無等等〕 법신이다.”

“성품에도 악惡이 있습니까?”

“이 속에는 선善도 성립되지 않는다.”

“선도 악도 성립되지 않으면 마음은 어디에 씁니까?”

“마음을 가지고 마음을 쓴다면 크나큰 뒤바뀜〔顚倒〕이다.”

“어찌하여야 옳습니까?”

“어쩔 것도 없고 옳을 것도 없다.”

어떤 사람이 물었다.

“어떤 사람이 배를 탔을 때에 배 밑바닥에 달팽이가 깔려 죽으면 사람이 죄를 받습니까, 배가 벌을 받습니까?”

“배도 사람도 모두 마음이 없었으니, 죄는 바로 그대에게 있다. 마치 모진 바람에 나뭇가지가 꺾이면 생명을 상하는 것과 같아서 지은 자도 없고 받을 자도 없지만, 세계 안에는 중생이 괴로움 받지 않는 곳이 없다.”

스님이 물었다.

“심정에 의탁하는 시늉과 경계를 가리키는 시늉과 말하거나 침묵하는 시늉과 나아가 눈썹을 움직이거나 눈알을 굴리는 시늉을 어떻게 하여야 한 생각 사이에 회통하겠습니까?”

대사가 대답했다.

“성품 이외에 일〔事〕은 없다. 묘妙를 쓰는 자는 움직이거나 고요함에도 묘각妙覺을 갖추고, 참된 이는 말하거나 침묵하거나 모두 참되고, 도를 아는 이는 다니고, 멈추고, 앉고, 누움이 모두 도이다. 그러나 제 성품을 미혹했으므로 만 가지 미혹이 생겨난다.”

또 물었다.

“어떤 것이 법에 종지宗旨가 있는 것입니까?”

대사가 대답했다.

"세우는 바에 따라 뭇 의의가 있으니, 문수도 머무름 없는 근본에서 온갖 법을 세웠다."

"허공과 똑같은 것 아닙니까?"

"그대는 허공과 똑같아질 것을 두려워하는가?"

"두려워합니다."

"두려움을 안다면 허공과 똑같지 않다."

어떤 사람이 물었다.

"말과 비유로 미치지 못하는 곳을 어찌하여야 알 수 있습니까?"

대사가 대답했다.

"그대가 지금 바로 말하고 있을 때, 어디를 미치지 못한다고 의심하는가?"

어떤 숙덕宿德 10여 명이 함께 물었다.

"경에 말하기를 '불법을 파괴해 없앤다'고 하였는데, 불법을 파괴해서 없앨 수 있습니까?"

대사가 대답했다.

"범부나 외도들은 불법을 파괴해서 없앨 수 있다고 여기고, 2승은 파괴해 없앨 수 없다고 여기지만, 나의 정법에는 이런 두 가지 소견이 없다. 만일 정법을 말하자면, 비단 범부와 외도만이 아니라 부처의 경지에 이르지 못한 이는 2승이라도 모두 나쁜 사람이다."

"참 법·허망한 법·빈 법·비지 않은 법들이 제각기 종자의 성품이 있습니까?"

"법에는 종자의 성품이 없으나 사물에 따라 모두 나타난다. 마음이 허환虛幻하면 온갖 것이 모두 허환하지만, 한 법이라도 허환하지 않은 것이 있다면 허환은 곧 정定함이 있다. 또 마음이 공하면 온갖 것이 모두 공하지만, 한 법이라도 공하지 않은 것이 있다면 공의 뜻은 성립되지 않는다.

미혹할 때에는 사람이 법을 좇고, 깨달을 때에는 법이 사람을 말미암는다. 마치 삼라만상이 공에 이르러 극치를 이루고, 백 갈래의 개울은 바다에 이르러 극치를 이루고, 온갖 성현은 부처에 이르러 극치를 이루고, 12분경分經과 5부部의 율장〔毘尼〕과 다섯 가지 위타(圍陀 : 베다)는 마음에 이르러 극치를 이룬다.

마음이란 총지總持의 묘한 근본이며, 만 가지 법의 크나큰 근원이다. 또는 지혜장智慧藏이라고도 하고, 혹은 무주열반無住涅槃 따위의 백천 가지 이름이 있으나 모두가 마음을 다르게 부른 것일 뿐이다."

"어떤 것이 환幻입니까?"

"환은 정해진 모습이 없나니, 마치 돌아가는 불바퀴나 건달바의 성이나 기계로 된 허수아비나 아지랑이나 허공의 꽃과 같아서 모두가 실다운 법이 없다."

"어떤 것이 큰 요술쟁이〔大幻師〕입니까?"

"마음을 이름하여 큰 요술쟁이라 하고, 몸을 큰 요술의 성이라 하고, 이름과 형상을 큰 요술의 의식衣食이라 한다."

항하의 모래같이 많은 세계에는 허환虛幻한 요술 밖의 일이 없는데, 범부는 요술을 알지 못해서 곳곳에서 요술의 업에 홀리고, 성문은 요술의 경계를 두려워하여 마음이 어두운 채 적멸에 들고, 보살은 요술의 법을 알고 요술의 본체를 통달하여 온갖 이름과 형상에 구속받지 않고, 부처님은 큰 요술쟁이로서 큰 요술의 법륜을 굴리어 큰 요술의 열반을 이루고, 요술의 생멸을 굴려서 불생불멸不生不滅을 얻고, 항하의 모래같이 많은 더러운 국토를 굴려서 청정한 법계를 이룬다."

스님이 물었다.

"무슨 까닭에 경을 읽지 못하게 하면서 나그네의 말〔客語〕이라 하십니까?"

대사가 대답했다.

"마치 앵무새와 같아서 다만 사람의 말을 배울 뿐 사람의 뜻은 얻지 못하기 때문이다. 경은 부처님의 뜻을 전하는데 부처님의 뜻은 얻지 못하고 경만 읽으니, 이는 말을 배우는 사람이다. 그러므로 허락하지 않는다."

"문자와 언어를 떠나서 따로 뜻이 있는 것은 아니지 않습니까?"

"그대가 그렇게 말하는 것도 역시 말을 배운 것이다."

"똑같은 말인데 어째서 치우쳐 반대하십니까?"

"그대는 지금 자세히 들어라. 경전에 분명한 글이 있다. '내가 말한 것은 이치의 말〔義語〕이지 문장〔文〕이 아니며, 중생이 말한 것은 문장의 말이지 이치의 말이 아니다' 하였다.

뜻을 얻은 이는 뜬 말〔浮言〕을 초월하고, 이치를 깨달은 이는 문자를 초월한다. 법은 언어와 문자를 초월했으니, 어찌 수효와 구절 속에서 구하랴. 그러므로 보리의 마음을 일으킨 이는 뜻을 얻고 말을 잊으며, 이치를 깨닫고는 교학을 버린다. 흡사 고기를 얻고는 통발을 잊고, 토끼를 잡고는 올가미를 버리는 것과도 같다."

어떤 법사가 물었다.

"염불은 형상 있는 대승인데, 선사께서는 어찌 생각하십니까?"

대사가 대답했다.

"형상이 없어도 대승이 아니거늘 하물며 형상이 있는 것이랴. 경에 말하기를 '형상을 취하는 범부에게 마땅함에 따라 말한다'고 하였다."

또 물었다.

"정토淨土에 태어나기를 원한다고 하는데, 실제로 정토가 있습니까?"

대사가 말했다.

"경에 말하기를 '정토를 얻고자 하면 마땅히 그 마음을 맑게 해야 한다. 그 마음이 맑아지면 곧 그 국토도 맑아지니, 마음이 청정하면 있는 곳은 모두가 정토이다. 마치 왕의 집에 태어난 아들은 결정코 왕의 지위를 이어받는 것과 같아서 마음을 일으켜 불도에 향하면 그는 부처님의 정토에 난다. 만일 마음이 부정하면 태어나는 곳마다 더러운 국토이니, 더럽고 깨끗함은 마음에 있지 국토에 있지 않다'고 하였다."

또 물었다.

"매양 도를 설하는 것을 듣는데, 어떤 사람이 볼 수 있습니까?"

"지혜 눈이 있는 자가 볼 수 있다."

"대승을 매우 좋아하는데 어떻게 배울 수 있습니까?"

"깨달으면 얻고 깨닫지 못하면 얻지 못한다."

"어찌해야 깨달을 수 있습니까?"

"그저 체관諦觀하라."

"어떤 물건과 흡사합니까?"

"흡사한 물건이 없다."

"필경畢竟 공空이겠군요."

"공에는 필경이 없다."

"그러면 응당 있겠군요."

"있어도 모습이 없다."

"깨닫지 못하면 어떠합니까?"

"그대 스스로가 깨닫지 못하고 있을 뿐 가로막는 사람은 없다."

어떤 사람이 물었다.

"불법에 3제(際 : 과거, 현재, 미래)가 있습니까?"

대사가 말했다.

"보아도 무상無相일 뿐 그 밖의 것은 없다. 감응하여 쓰는 것이 무궁하나 안에 있지 않고 중간에도 머무는 곳이 없어서 3제를 얻을 수 없다."

"그 말씀이 크게 혼란스럽습니다."

"그대가 혼란이란 말을 할 때 안팎에 있는가?"

"제자가 안팎을 조사해 보아도 자취가 없습니다."

"자취가 없다면 앞의 말이 혼란스럽지 않다는 것을 분명히 알리라."

"어찌해야 부처가 됩니까?"

"마음이 부처이고, 마음이 부처를 짓는다."

"중생이 지옥에 들어가면 불성도 들어갑니까?"

"바로 지금 악惡을 지을 때 다시 선善이 있는가?"

"없습니다."

"중생이 지옥에 들어갈 때에 불성도 그렇다."

"일체 중생이 불성이 있다는데 어떠합니까?"

"부처의 작용을 지으면 부처의 성품이고, 도적의 작용을 지으면 도적의 성품이고, 중생의 작용을 지으면 중생의 성품이니, 성품에는 형상이 없으나 작용에 따라 이름을 세울 뿐이다. 경에서 말하기를 '일체의 성현이 모두 무위법으로써 차별을 두었다'고 하였다."

스님이 물었다.

"어떤 것이 부처입니까?"

대사가 대답했다.

"마음을 떠나서는 부처가 없다."

"어떤 것이 법신입니까?"

"마음이 법신이니, 능히 만 가지 법을 내기 때문에 법계의 몸이라고도 한다. 『기신론起信論』에 말하기를 '법이라는 것은 이른바 중생심衆生心을 이르는 말이니, 이 마음에 의하여 마하연摩訶衍의 이치를 나타낸다'고 하였다."

또 물었다.

"무엇을 이름하여 큰 경전이 하나의 티끌 속에 들어 있다고 합니까?"

대사가 대답했다.

"지혜가 경전이니, 경에 말하기를 '큰 경전이 있어서 그 양量이 삼천대천세계와 같은데 한 티끌 속에 들어 있다' 하였으니, 한 티끌이란 한 생각[一念]의 마음 티끌이다. 그러므로 '한 생각의 티끌 속에서 항하의 모래같이 많은 게송을 연설할 때도 사람들이 알지 못할 뿐이다."

"무엇을 큰 이치의 성[大義城]이라 하고, 무엇을 큰 이치의 왕[大義王]이라 합니까?"

"몸을 큰 이치의 성이라 하고, 마음을 큰 이치의 왕이라 하나니, 경에 말하기를 '많이 배움은 이치에는 능할지언정 말에는 능하지 않다' 하니, 말이란 생멸의 이치이다. 생멸하지 않는 이치는 형상이 없는 것이어서 언어의 밖에 있다. 마음이 큰 경전이 되고, 마음이 큰 이치의 왕이 되는데, 마음을 분명하게 알지 못하는 이는 이치에 능하다 할 수 없고 단지 말을 배우는 사람일 뿐이다."

또 물었다.

"『반야경』에 말하기를 '아홉 종류의 중생을 제도하여 모두를 열반에 들게 한다' 하였고, 또 말하기를 '실제로는 한 중생도 열반에 든 이가 없다' 하니, 이 두 말을 어떻게 회통해야 되겠습니까? 앞뒤의 사람들이 모두 말하기를 '실제로 중생을 제도하더라도 중생의 모습을 취하지 않는다'고 하는데 항상 의심이 풀리지 않습니다. 스님께서 설명해 주십시오."

대사가 대답했다.

"아홉 종류의 중생이 한 몸에 구족해서 짓는 데 따라 이루어진다. 무명無明은 난생卵生이 되고, 번뇌가 싼 것은 태생胎生이 되고, 애욕의 물에 침윤된 것은 습생濕生이 되고, 깜박 사이에 번뇌를 일으키는 것은 화생化生이 된다. 깨달으면 부처이거니와 미혹하면 중생이니, 보살은 다만 생각 생각의 마음으로 중생을 삼으므로 생각 생각의 심체心體가 공한 것을 깨달으면 중생을 제도한다 하느니라. 지혜로운 이는 스스로의 근본 바탕〔本際〕 위에서 형체 이전의 것을 제도하는데, 형체 이전의 것이 공하다면 실제로 중생으로서 멸도하는 자가 없음을 알 수 있다."

어떤 스님이 물었다.

"언어가 마음입니까?"

대사가 대답했다.

"언어는 연緣일지언정 마음은 아니다."

"연을 떠나서는 무엇이 마음입니까?"

"언어를 떠나서는 마음이 없다."

"언어를 떠나서 마음이 없다면 무엇이 마음입니까?"

"마음은 형상이 없다. 언어를 여의지도 않았고, 언어를 여의지 않지도 않았다. 마음은 항상 담연湛然하지만 감응의 작용은 자유롭다. 조사께서 말씀하시기를 '마음이 마음 아닌 줄 요달하면 비로소 마음과 마음의 법을 안다'고 하시니라."

다른 스님이 물었다.

"어떤 것이 정定과 혜慧를 고르게 배우는 것입니까?"

대사가 대답했다.

"정은 혜의 본체요, 혜는 정의 작용이니, 정에서 혜가 일어나고, 혜에서 정으로 돌아간다. 마치 물과 물결이 일체인 것 같아서 다시 앞뒤가 없는 것이 정과 혜를 고르게 배우는 것이라 한다. 출가한 사람들은 말끝을 쫓지만 말라. 다니고 멈추고 앉고 누움이 모두가 그대 성품의 작용이니, 어디선들 도와 상응하지 않으랴. 우선 그대 스스로가 일시에 쉬어 버리기만 하라. 만일 바깥 경계의 바람을 따르지 않으면 심성心性의 물이 항상 스스로 맑으리라. 일 없다. 안녕."

분주汾州 대달大達 무업無業 국사

어떤 스님이 물었다.

"12분교分敎가 이 땅에 들어와서 도과道果를 얻은 이가 하나 둘이 아니거늘, 어찌하여 조사께서 동쪽으로 오시어 교화하여 현묘한 종지를 따로 외치되 사람의 마음을 곧장 가리키어 성품을 보면 부처를 이룬다 하십니까? 어찌 세존의 설법이 다하지 못한 바가 있을 수 있겠습니까? 옛날의 여러 대덕 고승들은 모두가 아홉 학파의 학문을 다 궁구하여 3장藏을 환히 아셨고, 생(生 : 道生)·조(肇

: 僧肇)·융(融 : 道融)·예(叡 : 僧叡)도 모두 특이하게 나온 분들인데 어찌 불법의 멀고 가까움을 짐작치 못했겠습니까? 저는 어리석고 둔하니, 스님께서 지시해 주십시오."

국사가 대답했다.

"부처님들께서 세상에 나타나시기 전에도 한 법도 사람에게 주지 않았으나, 오직 병에 따라 약방문을 베푸셨기 때문에 12분교가 있게 되었다. 마치 단 과일과 쓴 호로葫蘆를 바꾸듯 그대들의 업이 뿌리를 씻어냈지만 도무지 실다운 일이 없다.

신통변화와 백천 가지 삼매의 문으로 저 천마天魔와 외도까지를 교화하고 복과 지혜의 두 가지로 장엄하는 것은 있음〔有〕을 집착하고 공에 막힌 소견을 없애기 위한 것이다. 만일 도와 조사가 온 뜻을 알지 못한다면 어찌 생·조·융·예 따위를 이야기하리오.

지금 천하에 선을 알고 도를 아노라 하는 이가 항하의 모래같이 많고, 마음이나 부처를 이야기하는 이는 백·천·만·억이나 되지만, 미세한 티끌마저 없애지 못하면 윤회를 면치 못하고, 생각을 없애지 않으면 모두가 나쁜 길에 빠진다. 이런 무리는 자기 스스로의 업과業果도 알지 못하면서 허망하게 자기와 남을 모두 이롭게 하노라 하고, 제 스스로가 높은 무리라 하면서 선덕先德들에게 견주고, 눈에 띄는 것마다 불사佛事 아닌 것이 없다면서 발을 딛는 곳마다 모두가 도량이라 하는데, 그들의 하는 짓을 보건대 5계戒나 10선善을 지키는 한 범부만도 못하다.

그들이 말하는 것을 보건대 2승이나 10지의 보살을 마땅치 않게 여기니, 제호醍醐의 좋은 맛이 세상에서 진기하다고는 하나 이런 사람을 만나면 도리어 독약을 이룬다.

남산南山도 스스로를 대승大乘이라 여기지 않았는데, 말이나 배우는 무리들은 입술과 혀 사이에서 칼끝을 겨루고, 형상 없는 일을 요란하게 따지면서 선덕들에게 견주니, 진실로 안타까운 일이다.

시골에 숨어 사는 고사高士만 하여도 돌베개를 베고 개울에 양치하면서 세상 명리를 버릴 줄 알고, 나라를 안정시키고 백성을 다스리는 계책이 있으나 불러도 나아가지 않는데, 하물며 우리 선종은 길은 또 다르다.

옛날의 높은 도인들의 행리를 보건대 뜻을 얻은 뒤에 띠집이나 돌방에서 다리 부러진 솥에 밥을 지어먹으면서 30년이나 20년을 지내도록 세상 명리名利를 마음에 두지 않고 재물을 염두에 두지 않았으며, 인간 세상을 몽땅 잊고 바위틈에 자취를 감추어 군왕이 불러도 나오지 않고 제후가 청해도 나아가지 않았으니, 어찌 우리들이 명리를 탐하여 세상일에 물들음이 마치 밑천 짧은 장사가 작은 이익 때문에 큰 이익을 잃는 것과 같으랴."

10지에 오른 성인들이 어찌 불법의 이치를 통하지 못했다고 하나의 박지범부博地凡夫만 못할 수 있으랴. 진실로 그럴 수가 없다.

그들의 설법이 빗발 같고 구름 같아도 여전히 부처님께서 꾸지람하시기를 '성품을 보기에는 아직 얇은 비단이 가린 것 같다' 하시니, 오직 정情이 성인이란 깜냥에 있고 소견이 과果와 인因에 있기 때문에 성인이란 깜냥을 초월하지 못하고 온갖 자취를 초과하지 못하는 것이다.

옛 현인과 대덕과 많이 배운 이와 고명한 이들이 고금의 일을 두루 통달하고 교리의 대강을 환히 밝혔지만, 학문을 알고 글을 새기기만 했을 뿐이지 물과 젖을 가리지 못하고 스스로의 이치를 밝히지 못했기 때문에 고요함을 염念하고 참됨을 구한다.

아, 사람의 몸을 다시 얻는 이는 손톱 위의 흙과 같고, 사람의 몸을 잃은 이는 대지의 흙과 같으니, 진실로 슬픈 일이다.

설사 이치를 깨닫는 이가 있어서 하나의 앎과 하나의 견해가 생겼더라도 이 깨달음 속의 법칙이 진리에 들어가는 문임을 알지 못하고 선뜻 말하기를 '영원히 세상 명리를 떠났다' 하여 산천을 돌면서 선배들을 업신여기다가 드디어 마음의 번뇌가 다하지 못하고 이理의 경지를 밝히지 못해서 끝내 속절없이 늙어 죽음에 이르도록 아무것도 이루지 못하고 허송세월을 한다.

또 총명으로는 업을 대항하지 못하고, 간혜乾慧로는 괴로움의 윤회를 면치 못하나니, 가령 재주가 마명馬鳴과 같고 식견이 용수龍樹와 가지런하다 하여도 단지 한두 생 동안 사람의 몸을 잃지 않고 감관과 생각의 묵은 업이 맑아져서 들으면 곧 아는 것뿐이니, 저 생공(生公 : 道生)과 같은 이를 부러워할 것이 무엇이랴. 도와는 아주 멀고도 멀다.

여러분이 함께 진실을 이야기하고 거짓을 이야기하지 않는다고 하지만, 입으로 먹고 몸에 입는 것이 모두가 성현을 속이는 것뿐이다. 타심통他心通이나 혜안慧眼을 얻어서 관찰하건대 피·고름을 먹는 것과 꼭 같으니, 모두 반드시 갚아 주어야 한다.

도과道果를 얻었다고 해서 누가 저절로 생겨지는 시주의 물건을 받지 않을 이가 있을까. 반야를 배우는 보살은 스스로를 속이지 못하나니, 마치 살얼음을 밟는 것 같고, 칼날 위를 딛는 것같이 해야 한다.

임종할 때에 털끝만큼이라도 범부나 성인이라는 정량情量이 다하지 않고 가는 티끌만큼이라도 사념思念이 잊혀지지 않으면, 그 염念을 따라 생을 받는다. 5음陰의 경중輕重에 따라 나귀와 말의 배에 들어 의탁하거나, 확탕鑊湯 지옥 속에 들어가 한바탕 볶이고 나면, 전부터 생각해 가졌던 기억과 견해와 지혜를 한꺼번에 몽땅 잃어버리고 예전처럼 개미떼가 되든지 아니면 모기나 각다귀가 된다. 아무리 좋은 인연이라도 나쁜 결과를 받으니, 또 무엇을 도모하겠는가.

형제들이여, 단지 탐욕이 성품을 이루어 25유有[13]를 발바닥 밑에다 두었으니, 언제 끝낼 기약이 있겠는가.

조사께서 이 지방 중생들이 대승의 근성이 있음을 보시고, 오직 심인心印만을 전하여 미혹한 유정에게 보이셨으니, 바로 얻은 이는 범부와 성인, 어리석음과 지혜를 가리지 않는다.

또 많은 거짓이 적은 진실만 못하니, 대장부가 지금 당장에 쉬어서 만 가지 인연을 모두 멈추면 생사의 흐름을 초월하여 상식적인 격식을 훨씬 뛰어난다. 신령스런 광채가 홀로 비추어 사물의 누(累 : 허물)에 구속받지 않고, 외외당당巍巍堂堂하여 삼계를 홀로 걸으리니, 어찌 반드시 키가 열여섯 자요, 몸에서 금빛이 나고, 목에 둥근 광채를 두르고, 혀가 길고 넓어야만 하겠는가? 만일 빛깔로써 나를 보면 삿된 도를 행하는 것이라 하였다.

설사 권속의 장엄함이 있더라도 자득自得을 구하지 않으면, 산하대지가 안광眼光을 가리지 않아서 큰 총지總持[14]를 얻어 하나를 들으면 천을 깨닫고 밥 한 술의 값어치도 바라지 않게 된다.

여러분들이 혹시 이렇지 못하다면, 조사께서 이 땅에 오신 것이 아주 이롭기도 하고 아주 해롭기도 하다.

이롭다 함은 백천 사람 가운데서 하나나 반을 건져서 법기法器

---

13 유有는 삼계의 번뇌를 세분하여 말한 것이다.

14 다라니라고도 하니, 모든 법을 다 지닌다.

를 삼는 것이요, 해롭다 함은 앞에서 이미 밝힌 것과 같거니와 저 3승의 교법에 의거해 수행해서 4과果나 3현賢의 지위를 얻어 닦아 나아갈 길을 찾는 것이 좋다. 그러므로 고덕께서 말씀하시기를 '요달하면 업장이 본래 공하고, 요달하지 못하면 도리어 묵은 빚을 갚아야 한다'고 하셨다."

지주池州 남전南泉 보원普願 화상

상당上堂하여 말했다.

"여러분, 나는 열여덟 가지 경계 위에서 살림[活計]을 짓는다. 누군가가 살림을 지을 줄 아는 이가 있거든 나와라. 그대와 함께 헤아리리니, 그는 반드시 이 산에 머물 사람이 된다."

한참 있다가 대중을 돌아보면서 합장하고 말했다.

"진중(珍重 : 잘 가시오). 일 없으니 제각기 수행하라."

대중이 떠나지 않으니, 대사가 다시 말했다.

"성스러운 과위[聖果]란 참으로 두려운 것이다. 헤아릴 수 없는 대인大人이라도 어쩔 수가 없다. 내가 그가 아니고 그도 내가 아니니, 그가 나를 어찌하겠는가.

경론을 배우는 이들은 말하기를 법신이 극칙極則이 된다고 하거나, 이理가 다한 삼매라 하기도 하고, 뜻[義]이 다한 삼매라 하기도 하는데, 마치 내가 전에 남에게 근원으로 돌아가라는 가르침을 듣고 그렇게 알다가 큰 화근을 당할 뻔한 것과 같다.

여러분, 요사이 선사는 퍽 많으나 둔한 사람을 찾으면 없다. 아주 없다는 것이 아니라 너무 적다는 것이다. 여기에 있거든 나와라. 그대들과 함께 헤아려 보리라.

공겁空劫 때에 수행하는 사람이 있었겠는가? 있는지 없는지 왜 말하지 못하는가? 그대들의 평상시 교묘한 입술과 얇은 혀도 물으면 아무도 대답치 못하는구나. 왜 나서지 못하는가? 부처님이 나타나신 뒤의 일을 말하려는 것은 아니다.

여러분, 요즘 사람들이 어깨에다 부처님을 메고 다니다가 내가 말하기를 '마음도 부처가 아니고, 지혜도 도가 아니다'라는 것을 들으면 당장에 머리를 모으고 숙덕거리는데, 나는 그대들에게 숙덕거림을 당할 일이 없다. 만일 그대들이 허공을 묶어 몽둥이를 만들어서 나를 때릴 수 있다면 멋대로 숙덕거려라."

이때에 어떤 스님이 물었다.

"위로부터 여러 조사와 강서江西 대사에 이르기까지 모두 말씀하시기를 '마음이 곧 부처요, 평상심平常心이 도다' 하셨는데, 지금 화상께서는 '마음도 부처가 아니고, 지혜도 도가 아니다'라고 하시니, 학인은 모두가 의심스럽습니다. 화상께서는 자비로 지시해 주십시오."

대사가 소리를 질러 대답했다.

"그대가 부처라면 다시 의심을 내서 내게 묻는 짓은 그만두어라. 어디에 그런 옆집의 부처를 의심하는 법이 있는가? 나는 부처도 아니고, 조사를 보지도 못했다. 그대가 그렇게 말하니, 그대 혼자서 조사를 찾아보라."

"화상께서 그렇게 말씀하시면 학인은 어떻게 붙들어 유지해야 되겠습니까?"

"그대는 급히 손으로 허공을 잡아라."

"허공은 움직이는 형상이 없거늘 어떻게 잡겠습니까?"

"그대가 움직이는 형상이 없다고 할 때에 벌써 움직였다. 허공이 어찌 '나는 움직이는 형상이 없다'고 말할 줄 알겠는가. 이는 모두가 그대의 망정에서 나온 소견이다."

"허공은 움직이는 형상이 없거늘 망정으로 소견을 낸다면, 아까는 저에게 무슨 물건을 잡으라고 하신 것입니까?"

"그대는 잡는다고 말할 수 없음을 알았다면, 어디에다 그것을 붙들어 유지하려 했는가?"

"마음이 곧 부처라는 말이 틀리다면, 이 마음으로 부처는 이루겠습니까?"

"이 마음이 부처라거나 이 마음으로 부처를 이룬다는 것은 모두가 망정된 계교로서 모두가 상념으로 이룬 것이다. 부처님은 지혜로운 사람이요, 마음은 긁어 모으는 주인인데, 모두가 사물을 대할 때에 그것이 문득 묘한 작용이다.

대덕은 마음을 인정함이 부처를 인정하는 것으로 알지 말라. 설사 인정한다 하여도 그것은 경계이니, 그는 소지우所知愚[15]라 불리리라. 그러므로 강서 대사께서 말씀하시기를 '마음도 아니요, 부처도 아니요, 물건도 아니다'라고 하신 것이다.

또 그대는 뒷사람들로 하여금 그런 행리行履를 하게 하는데, 요즘 사람들은 법복을 걸치고 남의 일을 그렇듯이 이러쿵저러쿵 부질없이 의심하니 되겠는가?"

"이미 마음도 아니요, 부처도 아니요, 물건도 아니라면, 화상께서 지금 '마음도 부처가 아니고, 지혜도 도가 아니다'라고 하시니, 어찌된 일입니까?"

"그대가 지금 '마음도 부처가 아니고, 지혜도 도가 아니다'라고

---

15 알아야 할 바는 부처인데 그 부처를 잘못 아는 바보라는 뜻이다.

인정하지 않는다면, 내가 지금 당장에 마음을 얻어내면 어디에다 두겠는가?"

"총체적으로 얻지 못한다면 허공과 무엇이 다릅니까?"

"이미 사물이 아닌데 어찌 허공에다 견주랴. 또 누구로 하여금 다르거나 다르지 않다고 하겠는가?"

"마음도 아니요, 부처도 아니요, 물건도 아니란 것은 없을 수 없습니다."

"그대가 그것을 인정한다면 도리어 마음이나 부처를 이루겠구나."

"화상께서 말씀해 주십시오."

"나는 모른다."

"어째서 모르십니까?"

"나더러 무슨 말을 하라는 것인가?"

"제가 도를 알았다고 허락하시지 않겠습니까?"

"어떤 도를 알았는가? 또 어떻게 알았는가?"

"저는 모릅니다."

"모르는 것이 도리어 좋다. 만일 내 말을 취한다면 통한 이에게 기댄 사람이라 부른다. 설사 미륵이 세상에 나오심을 보더라도 그에게 머리와 꼬리를 지짐을 당하리라."

"뒷사람들은 어찌하라 하십니까?"

"그대 자신이나 살펴라. 뒷사람을 걱정할 필요는 없다."

"아까는 제가 도를 안다고 허락하지 않으시더니, 이제는 스스로 살펴라 하시니 어찌해야 좋을지 모르겠습니다."

"그윽하게 알고 묘하게 알아야 허락한다면, 그대는 어떻게 알겠는가?"

"어떤 것이 묘하게 아는 것입니까?"

"아직도 노승老僧의 말을 배우려 하는가? 설사 노승의 말이라 하더라도 그대는 어찌하겠는가?"

"제가 스스로 안다면 화상을 괴롭히지 않겠습니다만, 화상께서 자비로 지시해 주십시오."

"동쪽을 가리키고 서쪽을 가리키면서 사람을 속이지 말라. 그대가 말을 배우던 시절에 왜 나에게 물으러 오지 않았던가? 내가 교묘하게 힐난하고서야 비로소 자기는 모른다 하니 어찌하려는 것인가? 그대들이 말하기를 '금생에 태어나서 나는 출가하여 선사禪師가 되었다'고 한다면, 출가하기 전에는 무엇이 있었는가? 말해 보라. 그대들과 함께 헤아려 보자."

"그 시절에 저는 몰랐습니다."

"이미 몰랐는데 지금 옳다고 인증함은 옳겠는가?"

"인증함이 옳지 않다면 인증하지 않음이 옳겠습니까?"

"인증한다거나 인증하지 않는다 함은 무슨 소리인가?"

"그 속에 이르러서 저는 더욱 모르겠습니다."

"그대가 모른다면 나도 알지 못한다."

"저는 학인이므로 알지 못하지만, 화상은 선지식이니 마땅히 아실 것입니다."

"이 사람아, 나는 그대에게 알지 못한다 했는데 누가 선지식이라 했는가? 교묘하게 힐난하지 말라. 강서江西의 노숙老宿이 계시는 날을 회고하건대, 어떤 학사學士가 묻되 '물은 힘줄도 뼈도 없건만 만 곡斛의 배를 띄우니, 이 이치는 어떠합니까?' 하니, 노숙이 말하되 '여기에는 물도 없고 배도 없거늘 무슨 힘줄과 뼈를 논하는가' 하였다. 형제들이여, 그 학사는 문득 쉬었으니 힘이 덜리는 것이 아니겠는가. 그러므로 자주자주 말하기를 '부처도 도를 알지 못하니, 내 스스로 수행해야지 알음알이는 무엇에 쓰리오'라고 하였노라."

"어떻게 수행하리까?"

"생각으로 헤아릴 수 없으니, 사람에게 이렇게 닦고 이렇게 행하라고 하기는 퍽 어려운 일이다."

"학인의 수행도 허락하십니까?"

"나는 그대를 막을 수는 없다."

"제가 어떻게 수행하리까?"

"행하려면 행할지언정 남의 등만 오로지 뒤쫓지는 말라."

"선지식의 지시가 아니면 알 길이 없습니다. 마치 화상께서도 매양 말씀하시기를 '수행하려면 모름지기 알아야 된다. 알지 못하면 저 인과因果에 떨어져서 스스로 말미암을 분수가 없으리라' 하셨으니, 어떻게 수행하여야 인과에 빠지지 않겠습니까?"

"더 헤아리고 따질 필요가 없다. 만일 수행을 논한다면 어디엔들 가지 못하겠는가."

"어찌하여야 갈 수 있습니까?"

"그대는 남의 등 뒤를 좇으면서 얻으려 하지 말라."

"화상께서 말씀하시지 않았는데 저로 하여금 어떻게 찾으라고 하십니까?"

"설사 말해 준다 하여도 어디서 찾으랴. 그대가 새벽부터 저녁까지 바쁘게 동쪽으로 가고 서쪽으로 가면서도 오히려 가게 되었는지 못했는지를 헤아려 말하지를 못하니, 딴 사람도 알 수 없게 되었을 뿐이다."

"동쪽으로 가고 서쪽으로 갈 때에 전혀 생각하여 헤아리지 않으면 옳겠습니까?"

"그럴 때에 누가 옳다거나 그르다 하겠는가?"

"화상께서 항상 말씀하시기를 '나는 온갖 곳에서 행하는 바가 없어서 타자가 나를 구속하지 못하나니, 이는 이른바 변행遍行삼매로써 색신色身을 두루 나타내는 것이다' 하셨는데, 이 이치가 아닙니까?"

"수행을 논한다면 어디엔들 가지 못하랴. 구애됨과 구애되지 않음을 말하지 않고, 삼매도 말하지 않는다."

"법이 있어서 보리의 도를 얻는 것과 무엇이 다릅니까?"

"다르고 다르지 않음을 논하지 않는다."

"화상께서 말씀하시는 수행은 대승과도 아주 다르니, 어떠합니까?"

"다르고 다르지 않음에 관계치 않으며, 아울러 일찍이 배운 적도 없다. 만일 경전을 보는 일을 말하자면 스스로 경론의 강사가 따로 있으니, 그 교가(教家 : 강사)들은 참으로 두렵다. 그대는 듣지 않은 것처럼 하는 것이 좋다."

"궁극적으로 학인으로 하여금 어떻게 알라 하십니까?"

"그대가 묻는 것은 원래 다만 인연의 변두리에 있을 뿐이다. 그대를 보건대 어쩔 수 없는 인연이니, 여섯 문턱의 일을 인정하기 때문이다. 그대가 그저 부처의 저쪽 일을 알기만 하거든 오라. 내가 그대와 함께 헤아려 주리라.

형제들이여, 이렇게 뒤쫓으면서 머무르지 않는다거나 이렇게 취하지 않는다고 하지 말라. 옛사람이 말하기를 '보살의 행을 행하는 것은 오직 한 사람이 행하는데, 천마天魔 파순波旬이 권속들을 거느리고 항상 보살의 뒤를 따르다가 마음의 움직임을 일으키는 짬을 타서는 당장에 쓰러뜨리려 한다'고 하였다.

이와 같이 한량없는 겁을 지나도록 한 생각의 이상한 곳도 찾지 못해야 비로소 권속들의 예찬과 공양을 받으리라. 그렇더라도 역시 닦아 나아가는 지위의 중간과 아래층의 사람이어서 어쩔 수 없거늘 하물며 공용功用이 끊어진 경지이겠는가. 문수・보현도 그에게는 아무 말도 않을 것이다.

형제들이여, 어째서 도를 행함이 없는가? 하루라도 행하는 사람을 얻을 수 없구나. 요즘 옆집 사람들은 설에서 새해에 이르기까지 그저 구경究竟만 구하는데, 어째서 공연히 혀와 입술만을 까불러서 알음알이를 내는가?"

"그럴 때에는 부처의 이름도 없고 중생의 이름도 없다면 저로 하여금 무엇을 도모하라 하십니까?"

"그대가 말하기를 '부처의 이름도 없고 중생의 이름도 없다'고 할 때에 벌써 무엇인가를 도모한 것이며, 또 남의 말을 기억해 가지는 것이다."

"그렇다면 모두가 부처님께서 세상에 나신 뒤의 일에 속하니 끝내 말하지 않을 수 없겠습니다."

"그대는 무엇이라 말하는가?"

"설사 말한다 하여도 말로는 미치지 않습니다."

"만일 말로 미치지 못한다고 하면, 그것이 벌써 미치는 말이다. 그대가 공연히 그렇게 찾아 헤매나 누가 그대의 경계가 되어 주랴."

"이미 경계가 되어 줄 사람이 없다면 누가 저쪽 사람입니까?"

"만일 그대가 교리를 인용해 오지 않았다면 어디에서 부처를 논했겠는가. 이미 부처를 논하지 못한다면, 나는 누구와 이쪽저쪽의 일을 논하랴."

"과위가 도에 머물러 있지는 않으나 도가 능히 원인이 되기는 한다고 하니, 어떤 뜻입니까?"

"옛사람이든 요즘 사람이든 계를 가지지 않을 수 없다. 내가 그가 아니고, 그가 내가 아니니, 삵과 흰 암소의 행리行履를 해야 도리어 쾌활할 것이다. 만일 그대가 한 생각이라도 달라진다면 곧 수행하기가 어려우리라."

"어째서 한 생각이 달라지면 수행하기가 어렵습니까?"

"잠깐 한 생각이라도 다르면 문득 수승하고 열등한 두 뿌리가 생기니, 망정의 소견으로 인과를 따르는 것이 아니겠는가. 다시 무슨 자유로울 분수가 있으랴."

"항상 화상의 설법을 듣건대 보신報身과 화신化身은 참 부처가 아니고 설법하는 이도 아니라 하셨는데, 무슨 뜻입니까?"

"인연으로 생겼기 때문에 아니니라."

"보신·화신이 참 부처가 아니라면 법신은 참 부처입니까?"

"벌써 응신(應身 : 보신·화신)이구나."

"그러면 법신도 참 부처가 아니겠습니다."

"법신이 참인가 참이 아닌가는 나는 혀가 없어서 말할 수 없다. 그대가 나로 하여금 말하게 하면 된다."

"3신(身 : 법신·보신·화신)을 떠나서 어떤 법이 참 부처입니까?"

"이 사람이 80·90살 노인을 놀리는구나. 벌써 다 이야기했는데, 어찌하여 여의었는가, 여의지 않았는가를 다시 물어서 허공에다 못을 박으려 하는가?"

"듣건대 『화엄경』은 법신불이 말씀하셨다는데 무슨 뜻입니까?"

"그대는 아까부터 무엇이라 말했는가?"

그 스님이 다시 물으니, 대사가 돌아보면서 탄식했다.
"만약 법신이 설한다면 그대는 어디서 들으려 하는가?"
"저는 알지 못합니다."
"퍽 어려운 일이다. 퍽 어려운 일이야. 잘 가라. 안녕."

조주趙州 종심從諗 화상

상당하여 이렇게 말했다.
"금부처는 용광로를 건너지 못하고, 나무부처는 불을 건너지 못하고, 흙부처는 물을 건너지 못하는데, 참 부처는 속에 앉아 있다.
보리·열반·진여·불성은 모두가 몸에 걸친 의복이며 번뇌라고도 하나니, 남에게 묻지 않으면 번뇌가 없다. 그리고 실제 이치라 한들 어디에 두겠는가? 한마음이 나지 않으면 만법이 허물이 없으니, 그대는 오직 이치를 궁구하기 위해 앉아서 살펴보라. 20년이나 30년을 했는데도 도를 모르겠거든 내 목을 끊어라.
꿈이나 허깨비 같은 허공 꽃을 어찌하여 수고로이 잡으려 하는가. 마음이 만약 다르지 않으면 만 가지 법이 한결같나니, 이미 밖에서 얻는 것이 아니거늘, 다시 구애하고 집착해서 무엇 하랴.
마치 염소와 같이 분주하게 물건을 주워 입에다 넣는구나. 내가 약산藥山 화상의 방편을 보니, 어떤 사람이 묻기만 하면 입을 다물게 하더라. 나도 입을 다물게 하리니, 나에게 청정함을 취하려는 것이 마치 사냥개가 오로지 무엇을 물려고 하는 것 같으니 불법이 어디에 있으랴.
여기에 있는 천 사람이 모두가 부처가 되려는 사람이지만, 그 중에 하나의 도인을 찾아도 없다. 만일 공왕空王을 제자로 삼은 이가 있다면 마음의 병을 고치기 무척 어렵다고 하지 않으리라.

세간이 생기기 전에도 벌써 이 성품은 있었고, 세계가 무너질 때에도 이 성품은 무너지지 않는다. 나를 한 번 본 뒤로부터는 딴 사람이 아니니, 오직 하나의 주인공이었다. 이런 것을 다시 밖을 향해 물건을 찾은들 무엇 하랴. 정히 그럴 때에 두뇌를 전환하지 말라. 만약 두뇌를 전환하면 곧 잃으리라."

이때에 어떤 스님이 물었다.

"듣건대 스님께서 말씀하시기를 '세계가 무너질 때에도 이 성품은 무너지지 않는다' 하셨는데, 어떤 것이 이 성품입니까?"

대사가 대답했다.

"4대大와 5음陰이니라."

"그것은 여전히 무너지는 것입니다. 어떤 것이 이 성품입니까?"

"4대와 5음이니라."〔법안法眼이 말하되 "하나인가, 둘인가? 무너지는 것인가, 무너지지 않는 것인가? 어떻게 이해할까? 판단해 보라" 하였다.〕

진주鎭州 임제臨濟 의현義玄 화상

대중에게 이렇게 말했다.

"요즘 학인들은 자기의 진정한 견해를 분명히 취해야 한다. 만일 자기의 견해를 얻는다면 생사에 물들지 않고, 가고 옴에 자유로우리라. 남에게서 구하지 말지니, 수승함이 스스로 갖추어져 있다.

요즘 도류道流들은 미혹에 막히지 않고 쓰려면 바로 쓴다고 하는데, 지금 병이 어디에 있는지 얻지 못했는가? 병은 스스로를 믿지 못하는 곳에 있다. 스스로의 믿음이 미치지 못하면 곧 어지러이 바깥 경계에 끄달린다.

대덕들이여, 생각 생각마다 더 얻으려는 마음을 쉬기만 하면 조사와 다르지 않을 것이다. 그대들은 조사를 알고자 하는가? 그대들이 눈앞에서 법문을 듣는 것이 바로 그것이다. 학인의 믿음이 미치지 못하면 문득 밖을 향해 달리면서 구하지만, 얻는 것은 오직 문자의 배움뿐이니 조사와는 너무나 거리가 멀다. 틀리지 말라.

대덕들이여, 지금 만나지 못하면 만 겁이나 천 생生을 지나도록 삼계에 헤매면서 좋거나 나쁜 경계를 따라 나귀나 소의 뱃속으로 들어가게 된다.

지금 여러분은 옛 성인과 무엇이 다른가? 무엇이 부족한가?

여섯 갈래의 신령한 광채가 잠시도 끊일 사이가 없으니, 만일 이렇게 볼 수 있다면 평생 일 없는 사람이다. 한 생각의 맑은 광명이 그대들 집 안의 법신불法身佛이요, 한 생각의 분별없는 광명이 그대들의 보신불報身佛이요, 한 생각의 차별 없는 광명이 그대들의 화신불化身佛이다. 이 3신身이 곧 오늘 눈앞에서 법문을 듣는 주인공인데, 밖을 향해 구하지 않기 때문에 이런 세 가지 공덕의 작용이 있는 것이다.

교리에 의하건대 세 가지 이름을 극칙으로 삼았으나, 나는 말하기를 '세 가지는 이름과 말뿐이다' 하노라. 그러므로 '몸은 뜻[義]에 의거하여 성립되고, 국토는 본체에 의하여 논한다'고 하나니, 법성신法性身과 법성토法性土는 분명히 빛의 그림자임을 알겠다.

대덕들이여, 이 빛의 그림자를 희롱하는 사람을 알아채는 것이 바로 부처님들의 근원이며 온갖 도류道流의 귀의처이다.

대덕들이여, 4대의 몸은 설법할 줄도 법을 들을 줄도 모른다. 지금 그대의 눈앞에 역력하게 홀로 밝아서 형체 없는 것이라야 법을 말할 줄도 들을 줄도 안다.

그러기에 내가 그대들에게 말하나니 '5온蘊의 몸 안에 지위 없는 참 사람〔無位眞人〕이 당당하게 드러나서 털끝만큼도 막힘이 없거늘 왜 모르는가?' 하노라.

마음의 법은 형태가 없으면서도 시방을 온통 꿰뚫고 있으니, 눈에 있어서는 본다 하고, 귀에 있어서는 듣는다 하고, 손에 있어서는 잡는다 하고, 발에 있어서는 다닌다 하나니, 마음이 만약 존재하지 않다면 처소에 따라 해탈한다.

내가 보는 경지로는 보신과 화신불의 머리를 앉아서 끊은 10지地의 마지막 지위〔滿心〕라도 역시 나그네 신세요, 등각等覺과 묘각妙覺이라도 칼〔枷〕을 쓴 것 같고, 나한이나 벽지불도 시궁창의 흙 같고, 보리와 열반도 말을 매는 말뚝과 같나니, 왜 그렇겠는가? 3 아승기겁이 공한 줄 요달하지 못하기 때문에 이런 장애가 있는 것이다.

만일 진정한 수행인이라면 모두 이렇지는 않으리라. 지금 여러분을 위해 대략 설파했으니 멀고 가까움을 스스로 살펴라. 세월은 아까운 것, 제각기 노력하라. 안녕."

현사玄沙 종일宗一 사비師備 선사

상당上堂하여 이렇게 말했다.

"허공의 해도 일체의 사람들이 건립한 것이다. 허공이 나타나 있는데, 여러분은 어째서 눈에 가득해도 보지 못하고 귀에 가득하여도 듣지 못하는가. 이 두 가지를 살피지 못하면 그는 조는 놈이거니와, 만약 밝게 사무친다면 범부나 성인의 자리에 눌러 앉고 삼계에 눌러 앉는다.

꿈 같고 허깨비 같은 몸과 마음은 바늘 끝만큼도 인연이나 상대가 될 만한 한 물건도 없나니, 설사 부처님께서 나오셔서 무한한 신통변화를 부리고 허다한 교리를 시설한다 하여도 한 푼의 털끝도 보탠 적이 없으니, 오직 처음 배우는 성실한 사람을 도울 뿐이다. 알겠는가?

물·나무·새·숲들이 강령을 제창하는데, 그것이 퍽 분명하거늘 듣는 사람이 적을 뿐이니 작은 일이 아니다. 천마와 외도들은 은혜와 의리를 등진 무리요, 하늘·인간 등 여섯 길은 스스로를 속이는 무리요, 지금의 사문들은 이 일을 알지 못하여 도리어 그림자나 놀리는 자가 되어서 생사의 바다 속을 떴다 가라앉았다 하니 언제 쉬겠는가.

자기 집안에 다행히 이와 같이 광대한 문풍門風이 있거늘, 이를 이어받지 못하고 도리어 5온의 몸속을 향해 주인 노릇을 하니 꿈엔들 보겠는가. 그토록 많은 전지田地를 누구로 하여금 주재하게 하겠는가.

땅이 실어도 일어나지 못하고, 허공이 싸도 다하지 못하니, 어찌 작은 일이겠는가. 만일 사무치고 싶다면, 바로 지금 이 속에서 문득 밝게 사무쳐야 하나니, 그대들로 하여금 티끌만한 크기의 한 법도 취하라 하지 않고 털끝만한 한 법도 버리라고 하지 않는다. 알겠는가?"

이때에 어떤 스님이 물었다.

"위로부터의 종지宗旨는 어떠합니까?"

대사가 잠자코 있으니, 스님이 다시 물었다. 이에 대사가 꾸짖었다.

스님이 물었다.

“어떤 방편문으로 들어가야 학인이 깨달음에 들겠습니까?”

대사가 대답했다.

“들어가는 것이 방편이다.”

“초심初心의 사람이 오면 어떻게 지시하십니까?”

“어디에서 초심자가 오는가?”

“학인이 처음으로 총림에 들어왔는데, 스님께서 지도해 주십시오.”

대사가 주장자로 가리키니, 스님이 말했다.

“잘 모르겠습니다.”

“내가 이토록 그대를 위해 주었는데도 여전히 남에게 굽히는가? 지금에라도 확실히 스스로가 수긍하면 제각기 자기의 분수에 맞는 일이다. 초심자가 총림에 들어왔다고 말할 것이 아니다. 가히 여러 사람과 함께 오래 있었다 할 수 있고, 과거의 여러 부처님들과 견주어도 모자랄 것이 없다고 하리라.

마치 큰 바다 물속의 온갖 고기나 용은 처음 태어나서 늙어 죽을 때까지 마시고 놀면서 수용하되 모두가 평등한 것과 같으니, 그 까닭에 말하기를 ‘초발심자와 옛 부처님이 어깨를 가지런히 했다’고 하노라. 그러나 그대들이 비롯함이 없는 여러 겁부터 온갖 망상을 부려서 번뇌를 쌓은 것이 마치 중병이 들은 사람 같고, 마음이 미치고 어지러워 뒤바뀌고 어지러운 소견을 일으키는 것이 도무지 실다운 일이 없으니 어찌하랴.

지금 보는 온갖 경계도 그러하나니, 그대들의 여러 감관을 대對하면 모두가 뒤바뀜이 된다.

옛사람이 무궁한 묘약妙藥으로 고쳐 주어 곧장 10지에 이르게 하지만, 또렷하게 깨닫지 못하면 퍽 어려운 일임을 알아야 한다.

옛사람은 부모를 잃은 듯이 사유했거늘 지금의 형제들은 등한히 여기는 듯이 보이니, 어디에 딴 사람이 있어 그대들을 대신해 깨달아 주겠는가.

아까운 시간을 헛되이 보내니, 애석하구나. 밀밀密密하게 스스로 연구하고 자세히 관찰해서 힘을 쓸 곳도 없는 경지에 이르면 자연히 모든 반연을 쉬리니, 설사 싹이 트지 않았더라도 종자는 여전히 남아 있다.

만일 모두가 내 곁에 붙어서 북을 치고 죽과 밥의 힘을 희롱하면서 장차 이것으로 경솔히 생사를 물리친다고 한다면, 이는 그대의 일생을 속이는 짓이니 무슨 이익이 있으랴. 반드시 실답게 알아야 한다. 일 없다. 안녕."

장주漳州 나한羅漢 계침桂琛 화상

상당上堂하여 대중이 오래 섰으니, 대사가 이렇게 말했다.

"여러 상좌들이여, 고개를 숙이고 헤아릴 필요가 없다. 헤아려도 미치지 못하므로 문득 간택을 쓰지 않는다고 말하는 것이다. 입 댈 곳을 알았는가? 그대들은 어디에다 입을 대고자 하는가 말해 보라. 어떤 한 법이라도 그대가 가까이할 수 있겠는가, 어떤 한 법이라도 그대가 멀어질 수 있는가? 그대와 같아지거나 달라질 수 있겠는가? 이미 이렇거늘 어째서 유달리 어렵게 여기는가?

대체로 장부다운 남자가 못되고, 그럭저럭해서 약간의 위광도 없고, 어물어물 의근意根을 감싸면서 남이 물을까 걱정하기 때문이다.

내가 항상 말하기를 '그대가 깨달은 곳이 있다면 너와 나를 여의고서 드러내 갖고 오라. 그대를 위해 시험해 주리라. 당장에 왜 수긍치 않는가? 소 발자국의 물을 바다로 여기지 말라. 불법은 항하의 모래같이 많은 세계에 두루했거늘 살덩이의 마음〔肉團心〕 위에다 허망하게 지견을 세워서 영역으로 삼지 말지니, 이는 보고, 듣고, 깨닫고, 아는 식상識想의 반연일 뿐이다. 그러나 옳지 않은 것도 아니다'라고 하였다.

만일 그 속을 향해 머리를 끄덕이면서 내가 진실하다고 하면 곧 얻지 못한다. 옛사람이 말하기를 '이 일은 오직 나만이 능히 안다'고 하였으니, 이게 무슨 경계인가? 알겠는가? 그대가 나를 보고, 내가 그대를 보는 것으로 문득 옳지 않겠는가. 잘못 알지 말라.

만일 그런 나라면 나는 생멸을 따르는 것이라서 몸이 있으면 있고 몸이 없으면 없다. 그러기에 옛 부처님께서 그대들의 오늘을 위해 말씀하시기를 '다른 법이 있으므로 다른 법이 생기고, 다른 법이 없으므로 다른 법이 없어진다'고 하셨으니, 공연한 말로 여기지 말라. 나고 죽는 일이 크다.

이 한 덩어리는 없애려고 해도 이를 수 없고 존재하는 곳마다 거두고 펴는 일이 적지 않으니, 소리와 빛깔을 파괴하지 못하면 느낌・생각・지어감・의식도 그렇다. 설사 그대의 뼈가 나온다 하여도 5음이 본래 공하다고 말하지 말라. 그대가 말로 공을 이해하는 것으로는 되는 것이 아니다.

그러므로 말하기를 '몸소 사무치기를 바란다면 모름지기 진실해야 한다'고 하였다. 이 말은 오늘에야 내가 비로소 그렇게 안 것이 아니다. 옛 성인이 그대에게 말하기를 '그대를 금강비밀부사의광명장金剛祕密不思議光明藏이라 부른다'고 하셨는데, 이는 건곤을 덮어 감싸고 범부와 성인을 기르고 고금을 꿰뚫는 것으로서 누군들 분수가 없으랴. 이미 이렇다면 다시 누구의 힘을 빌리랴.

그러므로 부처님들이 자비로써 그대들을 어쩔 수 없음을 보시고, 방편의 문호를 열어 진실상眞實相을 보여 주셨는데, 나도 이제 방편을 다 베풀었으니 그대들은 알겠는가? 모르겠거든 의근意根을 향해 더듬지 말라."

스님이 물었다.

"위로부터의 종문宗門에 대하여 스님의 방편을 빕니다."

대사가 대답했다.

"방편은 없지 않으나 그대는 무엇을 종문이라 하는가?"

"그러면 학인은 공연히 이런 질문을 했습니다."

"그대에게 무슨 잘못이 있으랴."

다른 이가 물었다.

"불법도 탁마琢磨를 받습니까?"

"어째서 받지 않겠는가?"

"어떻게 탁마하겠습니까?"

"불법이니라."

또 물었다.

"모든 행(行 : 변천)이 무상함이 생멸의 법이라 하니, 어떤 것이 생멸하지 않는 법입니까?"

"생멸하지 않는 법으로써 무엇 하랴."

또 물었다.

"까딱 망설이면 허물이라 하니, 망설이지 않을 때에는 어떠합니까?"

"망설인들 무슨 잘못이 있으랴."

"그러면 저절로 부스럼이 없어지겠습니다."

"입을 닥쳐라."

또 물었다.

"모든 경계 가운데서 무엇으로 주인을 삼습니까?"

"어떤 것이 모든 경계인가?"

"의심하는 곳이 바로 그것이 아니겠습니까?"

"의심나는 곳을 가지고 오라."

"바로 그럴 때가 무엇입니까?"

"그렇지 않을 때는 무엇인가?"

"학인은 모른다고 했습니다."

"입 안을 무엇이 막았는가?"

대사가 또 말했다.

"여러분이 아침부터 이렇게 올라왔다 내려가지만 다만 그 소리와 빛깔에 미혹되어서 몸과 마음이 편치 않다. 만일 소리와 빛과 명자名字라면 불법이 아니니, 다시 무엇을 의심하는가? 만약 불법이 소리와 빛깔과 명자가 아니라면, 그대는 또 어째서 몸과 마음을 거기에다 매어 두려고 하는가? 만일 소리와 빛깔과 명자라면 모두가 소리와 빛깔과 명자이고, 만약 불법이라면 모두가 불법이다. 알겠는가? 소리를 달리하면 소리가 없고, 빛깔을 달리하면 빛이 없고, 자字를 여의면 이름이 없고, 이름을 여의면 자가 없으니, 혀를 가지고 점검해 보라.

그토록 많은 소리와 빛깔과 명자는 무엇으로부터 빛깔을 이루고 있으며, 무엇으로 이름을 삼는가? 삼계가 이토록 울퉁불퉁하여 머리를 내밀 곳을 찾아도 얻을 수 없거늘, 어째서 공연히 어렵다고 여기는가.

다만 여러 사람들이 제 스스로 뒤바뀐 생각을 내어서 항상함을 단멸斷滅로 여기고, 거짓을 깨닫고 참을 미혹하며, 허망하게도 밖을 향해 분주히 구하면서 억지로 딴 소견을 내기 때문이다.

종일토록 남과 헤아릴 때에는 문득 불법이 있지만, 남과 헤아리지 않을 때에는 세간의 한가한 사람이 된다. 이야기가 이에 이르러서 잠깐 불법을 들추면, 문득 말하기를 '마음을 기울이면 어긋나고, 생각을 움직이면 곧 틀린다'고 하는데, 평소 어디서나 입 없는 것이 물레와 같다면 모두가 어긋나지 않는다.

불법은 시간을 격隔하는 학질이 아니니, 모두가 그대들의 미친 의식과 범부의 심정으로 말미암아 차별을 짓거나 짓지 않는 알음알이〔解〕인 것이다. 홀연히 내가 방망이를 들어 등을 툭툭 치면 문득 뜻을 일으켜 헤아리면서 돌아보거나, 아니면 내가 비를 들고 동쪽과 서쪽을 쓰는 것을 보고서 얼른 제각기 속으로 조관照管하는데, 그대들의 장작을 패는 일상사에서는 어찌하여 이를 돌아보지 않아서 부르는 사이에 얼른 깨닫지 못하는가.

상좌들이여, 불법을 의근意根 아래의 가죽 주머니 속에서 헤아리지 말라. 그대 스스로를 속이게 된다. 나는 초심자들을 얽어매거나 후학後學들을 가두려고 하지 않는다. 제각기 스스로 연구해 보라. 일 없다. 안녕."

대법안大法眼 문익文益 선사

상당上堂하여 이렇게 말했다.

"여러 상좌들이여, 날씨가 추운데 무엇 하러 올라왔는가? 말해 보라. 올라와야 좋은가, 올라오지 않아야 좋은가? 혹 어떤 상좌는 말하기를 '올라오지 않는 것이 좋다. 어느 곳이 좋지 않다고 다시 올라와서 무엇 하겠는가?' 하고, 어떤 상좌는 말하기를 '그렇게만 해서도 안 된다. 화상께 꼭 와야 된다' 하니, 여러 상좌들이여, 말해 보라. 이 두 사람이 불법 안에서 나아가는 바가 있는가?

상좌들이여, 진실로 얻지 못하나니, 둘 다 조그마한 진보도 없다. 옛사람이 말하기를 '구멍 없는 무쇠 방망이나 선천적인 소경이나 선천적인 벙어리와 다르지 않다'고 하였다.

만일 다른 어떤 상좌가 나서서 말하기를 '그 두 사람이 모두 얻지 못했다. 왜 그렇겠는가? 그가 집착했기 때문이다. 그러므로 얻지 못했다'고 한다면, 여러 상좌들이여, 모두 이렇게 행각하고 이렇게 궁리해서 무엇을 도모하자는 것인가? 입술만을 놀리는 것인가? 아니면 다른 도모하는 바가 있는가? 그가 집착할 것을 두려워했는데 무엇을 집착한다는 것인가?

이理에 집착하는가, 사事에 집착하는가? 색色에 집착하는가, 공空에 집착하는가? 만약 이理에 집착한다면 이理를 어떻게 집착하며, 만약 사事에 집착한다면 사事를 어떻게 집착하는가? 색에 집착하고 공에 집착하는 것도 마찬가지다.

그러므로 내가 항상 여러 상좌들에게 말하기를 '시방의 부처님과 시방의 선지식이 항상 손을 드리우고, 여러 상좌들은 항상 그 손을 잡고 있는데, 시방의 부처님들께서 손을 드리우실 때 어디가 상좌들이 항상 손을 잡는 곳인가?'라고 했으니, 알 만한 곳이 있거든 아는 것이 좋고, 알지 못하겠거든 모두를 통틀어 다 알겠다고 하지 말라.

여러 상좌들이여, 옆집으로 행각을 다닐 때에도 정신을 바짝 차려서 조그마한 지혜를 믿고 세월을 헛되이 보내지 말라. 내가 대중에 있을 때에 이런 무리를 많이 보았다.

또 어떤 종류의 상좌들은 자기 일도 알지 못하면서 이쪽저쪽에서 이것저것 들어두고는 약간의 말솜씨를 자기의 흉금에서 나오는 것이라 하면서 남을 위해 주석을 달아 주며 자기의 안목이라 하니, 상좌들이여, 이렇게 행각하면 자기를 속일 뿐 아니라 남도 속이는 것이다.

삼가 여러 상좌들에게 권하나니, 도의 눈을 분명히 밝혀야 한다. 죽이나 밥을 먹고 쌓은 변변치 않은 지혜는 믿을 것이 못된다. 세간에서 갖가지 못된 업을 짓고 지옥에 든 이는 겁의 수효가 있으므로 벗어날 기약이 있지만, 남의 눈을 잘못 열어 주고 지옥에 떨어지면 캄캄하고 아득한 어둠 속에서 벗어날 기약이 없다. 예사로운 일로 여기지 말라.

삼가 여러 상좌들에게 권하나니, 옛 성인의 자비 법문에 의지하라. 옛 성인들이 본 모든 경계는 오직 자기 마음을 보았을 뿐이니, 조사께서 말씀하시기를 '바람이나 깃발이 움직이는 것이 아니라 그대의 마음이 움직이는 것이다'라고 하였다. 다만 이렇게 알아야 하지 따로 가까이 친할 곳이 없다."

선사가 한참 있다가 다시 말했다.

"여러 상좌들이여, 억눌러도 얻고 깎아도 얻는다."

이때에 어떤 스님이 물었다.

"학인은 별다른 일은 하지 않사오니, 스님께서 곧장 말씀해 주십시오."

대사가 대답했다.

"그대는 별다른 일을 하지 않는구나."

"어떤 것이 불생불멸의 마음입니까?"

"어떤 것은 생멸하는 마음이던가?"

"그렇지만 학인이 보지 못하는 것을 어찌하겠습니까?"

"그대가 보지 못한다면 불생불멸이라 해도 옳지 않다."

"어떤 것이 불법의 대의입니까?"

"문득 회통하라."

"옛사람이 누가 이렇게 오는 것을 보자 선뜻 '잃었구나' 하고 외쳤으니, 옛사람의 뜻은 어떠합니까?"

"그대가 믿지 못하겠거든, 그저 딴 사람에게 물어라."

"유마와 문수가 마주 이야기한 일이 무엇입니까?"

"그대는 제법 총명하구나."

"법이 같은 것은 법의 성품이 모든 법에 들어가기 때문이라고 한 옛사람의 뜻이 무엇입니까?"

"그대는 행각하는 승려이다."

"어떤 것이 수행을 아는 사람입니까?"

"그대는 어떤 사람인가?"

"그러면 인과에 떨어지지 않겠습니다."

"들 여우의 울음소리를 내지 말라."

"근본을 알아서 근원에 돌아갈 때에는 어떠합니까?"

"부질없는 말이다."

"밝고 어두움을 나누지 못할 때에는 어떠합니까?"

"무엇을 말하는가?"

"어떤 것이 경계에 대해서 자주 일어나는 마음입니까?"

"말해 버린 것과 흡사하다."

"어떤 것이 학인의 본분사本分事입니까?"

"지시해 주어서 고맙다."

"결택할 때에 얇은 얼음을 밟듯이 하라는데, 어떻게 결택하겠습

니까?"

"그대가 의심이 나거든 그때에 말하리라."

"학인은 지금 당장에 의심이 납니다."

"에끼, 누구냐?"

"위로부터의 종승을 어떻게 밝히겠습니까?"

"우레 소리는 퍽 요란한데 빗방울은 전혀 없구나."

"어떤 것이 마지막 구절[末後句]입니까?"

"괴롭다."

"어떤 것이 현묘한 말과 묘한 종지입니까?"

"현묘한 말과 묘한 종지로 무엇을 하려는가?"

"어떤 것이 곧은길입니까?"

"그 물음에 대답하지 못할까 두렵다."

"듣건대 부처님의 참 법신은 허공과 같아서 사물에 감응하여 형상을 나타냄이 마치 물속의 달과 같다고 하는데, 어째서 그렇게 됩니까?"

"어째서 그렇게 되었는가?"

"경전에 말하기를 '부처님께서 한 소리로 법을 연설하시면 중생은 종류에 따라 각각 다르게 알아듣는다'고 하는데, 학인은 어떻게 알아야 되겠습니까?"

"그대는 잘 이해했다."

대사가 또 말했다.

"이 물음은 아미 옛사람의 뜻을 모른 것인데, 어째서 그에게 '그대는 잘 이해했다'고 말했겠는가? 어디가 그가 안 곳인가? 그의 분수 안에서 그를 수긍해 준 것이 아니겠는가? 그가 물을 줄 모르기 때문에 그에게 반격한 것이 아니겠는가? 진실로 이 이치가 아니면 행여 잘못 알지 말라.

이 두 가지 이해를 제외하고 다시 어떻게 헤아려야 되겠는가? 여러 상좌들이 이 말을 안다면 바로 여러 성인들의 총지문總持門을 아는 것이리라. 그러면 어떻게 알아야 될까?

만일 한 음성으로 연설하는 것은 알겠으나 종류에 따라 제각기 다르게 안다는 말은 모르겠다고 한다면, 이런 말이 허물 있는 말이겠는가, 허물 없는 말이겠는가? 잘못 알지 말라.

이미 이렇게 알 수 없는 것이라면 어째서 한 음성으로 연설하면 종류에 따라 제각기 다르게 안다고 말했는가? 가는 곳이 있어야 된다. 매일같이 공연히 올라왔다가 내려가는데다가 인사人事에도 맞지 않으니, 모름지기 도안道眼을 궁구해야 된다.

옛사람이 말하기를 '온갖 음성은 부처님의 음성이요, 온갖 빛깔은 부처님의 빛깔이다' 했거늘, 어찌하여 그렇게 알지 못하는가?"

스님이 물었다.

"멀리 멀리서 명성을 듣고 찾아 왔으니, 스님께서 한번 지도해 주십시오."

대사가 대답했다.

"그대가 찾는 것은 어떤 소리(명성)인가? 스님의 소리인가, 속인의 소리인가, 범부의 소리인가, 성인의 소리인가? 아는 곳이 있는가? 만일 진실로 알지 못한다면 상좌여, 와글와글하는 것이 소리이고 우글우글하는 것이 빛깔이니, 소리와 빛깔은 어쩔 수 없다. 예사로운 일로 여기지 말라.

상좌들이여, 만일 안다면[會得] 곧 진실이거니와 모른다면 환화幻化이고, 안다면 환화이고 모른다면 진실이다. 옛사람도 그대에게 말하기를 '오직 나만이 능히 안다'고 하였으니, 이 밖에는 따로 계교를 지을 곳이 없다.

상좌들이여, 이룸과 이루지 못함이 어디서 나왔으며, 옳고 옳지 못함이 어디서 나왔을까? 이理는 사事로 드러나지 않음이 없고, 사事는 이理에서 멀해 있지 않음이 없으니, 이와 사가 둘이 아니어서 사가 아니면 이도 아니고 이가 아니면 사도 아니다. 이렇게 주석을 내어서 상좌들에게 주어도 여전히 모른다면 차라리 옛말에 의지하는 것만 못하다. 옛사람들은 상좌들이 백 가지로 알아듣지 못하는 것을 보자 자비를 드리워서 그대들에게 말하기를 '부처를 지닌 채 부처를 들으려 하면서도 어찌하여 스스로 들음을 듣지는 못하는가'라고 하였다. 일 없구나. 안녕."

경덕전등록 제 29 권

찬讚 · 송頌 · 게偈 · 시詩

지공誌公 화상의 대승찬大乘讚 10수首
지공誌公 화상의 십이시송十二時頌 12수
지공誌公 화상의 십사과송十四科頌
귀종歸宗 지진至眞 선사의 송頌 1수
향엄香嚴 습등襲燈 대사의 송 19수
균주筠州 동산洞山 화상의 송 1수
담주潭州 용아龍牙 화상의 송 18수
현사玄沙 종일宗一 대사의 송 3수
초경招慶 진각眞覺 대사의 송 2수
장주漳州 나한羅漢 화상의 명도송明道頌 1수
남악南嶽 반주도량般舟道場 경勁 화상의 각지송覺地頌 1수
영주郢州 임계臨溪 화상의 입도천심송入道淺深頌 5수
대법안大法眼 선사의 송 14수

당唐 백거이白居易의 팔점게八漸偈 8수
동안同安 찰察 선사의 현담玄談 10수
운정산雲頂山의 승僧 덕부德敷의 시 10수
승윤僧潤의 시 3수

양梁 보지寶誌 화상의 대승찬大乘讚 10수首[1]

1

거룩한 도는 항상 눈앞에 있지만
눈앞에 있다 해도 보기는 어렵네.
도의 참된 본체를 깨닫고자 하면
소리와 빛깔과 언어를 없애지 말라.
언어 그대로가 곧 대도大道이니
번뇌를 끊을 필요가 없네.
번뇌는 본래 비고 고요한 것이지만
허망한 생각들이 서로서로 얽히네.
일체는 메아리 같고 그림자 같으니
무엇이 좋고 무엇이 나쁜 줄 모르겠노라.
있는 마음으로 모습 취하는 것을 실답다 하면
성품을 보아서 요달치 못할 줄 분명히 알라.
업을 지어 부처를 구하려 하지만
업은 생사의 커다란 조짐이니

1 9수밖에 전하지 않는다.

생사의 업이 항상 몸을 따르면서
캄캄한 지옥에서도 깨닫지 못하네.
깨닫는 이치는 본래 차별이 없거늘
깨달은 뒤에 누가 늦고 누가 빠르랴.
법계의 양量은 허공과 같거늘
중생의 지혜는 마음이 스스로 작네.
다만 나라는 생각을 일으키지 않는다면
열반의 법식(法食 : 밥)이 항상 배부르리라.

2

허망한 몸이 거울 앞에서 그림자를 비추니
그림자와 허망한 몸이 다르지 않네.
그림자는 없애고 몸만 남겨 두려고 하면
몸의 근본이 똑같이 허망함을 모르는 것일세.
몸의 근본과 그림자가 다르지 않으니
하나는 있고 하나는 없앨 수 없네.
하나만을 남기고 하나를 버리려 하면
영원히 진리와는 어긋나는 것인데
더구나 거룩함을 좋아하고 범속함을 싫어하면
생사의 바다 속에 떴다 가라앉았다 하리라.
번뇌는 마음으로 인해 있기 때문이니
마음이 없다면 번뇌가 어디에 있으랴.
수고롭게 분별로 모습을 취하지 않으면
자연히 잠깐 사이에 도를 얻으리라.
꿈꿀 때 꿈에서는 조작하지만

깬 뒤의 깬 경계는 도무지 없어라.
깨었을 때와 꿈속을 뒤집어 생각한다면
뒤바뀐 두 소견이 다르지 않아라.
미혹을 고치고 깨달음을 취하여 이익을 구하면
장사하는 무리와 무엇이 다르랴.
움직임과 고요함이 모두 없어져 항상 적멸하면
자연히 진여眞如에 계합하리라.
부처와 중생이 다르다고 한다면
까마득히 부처와는 성글어지고
부처와 중생이 둘 아니라 하면
자연히 구경究竟이라서 남음 없으리.

3
법성은 본래 항상 적멸하여
활짝 트여서 한계가 없건만
마음을 써서 취하거나 버리는 사이에
저 두 경계의 소용돌이에 빠지네.
얼굴빛을 가다듬어 선정에 들고
경계를 거두고 마음을 안정시켜 각관覺觀하나
기관機關으로 된 나무 사람의 수행이거늘
어느 때에 저 언덕에 이를 수 있으랴.
모든 법은 본래 공하여 집착이 없고
경계는 뜬구름같이 모였다 흩어지니
본 성품이 원래 공한 줄 홀연히 깨달으면
흡사 열병에 땀을 낸 것처럼 후련하리라.

지혜 없는 사람에게는 함부로 말하지 말고
그대의 색신色身을 때려서 별처럼 흩어라.

4

그대들 중생들에게 바른 도를 말하노니
있지 않음〔非有〕이 곧 없지 않음〔非無〕일세.
있지 않음과 없지 않음은 둘이 아니거늘
어찌 있음〔有〕을 대하여 허망〔虛〕을 말할 필요가 있으랴.
있다 없다 함은 허망한 마음으로 세운 이름이니
하나를 타파하면 다른 하나도 존재치는 못하리.
두 이름은 그대들의 망정〔情〕 때문에 생겼으니
망정 없음이 곧 근본 진여이다.
만일 정情을 간직한 채 부처를 찾으려 하면
그물을 산에 쳐서 고기를 잡으려는 것이니
헛되이 힘을 써도 이익이 없거늘
얼마나 부질없는 수고를 했던가.
마음이 곧 부처임을 알지 못한다면
정말로 나귀를 타고 나귀 찾는 것과 같으니
온갖 것을 미워하지도 애착하지도 않아야
그 번뇌 모두가 없어지리라.
번뇌가 없어지면 모름지기 몸도 없어지니
몸이 없어지면 부처도 없고 원인도 없네.
부처도 원인도 얻을 수 없으면
자연히 법도 없고 사람도 없네.

5

대도는 행行을 말미암아 얻는 것 아니니
수행을 말하는 것은 범부를 위한 방편일세.
이치를 깨닫고 돌이켜 행을 살피면
비로소 헛수고를 한 줄 알리라.
원통圓通의 큰 이치를 깨닫지 못했거든
반드시 말과 행이 서로 맞게 해야 한다.
저 알음알이에 집착하지 말 것이니
빛을 돌이켜 근원에 돌아가면 전혀 없다.
뉘라서 이 말을 알아들으랴.
그대에게 자기를 향해 구하라 하나니
스스로가 지난날의 허물을 발견하여
5욕欲의 사마귀를 없애 버려라.
해탈하면 소요하고 자재하여서
방향에 따라 풍류를 헐값으로 팔리니
누가 살 마음을 낸 사람인가.
그도 또한 나처럼 근심이 없으리라.

6

불법의 견해든 외도의 견해든 모두 나쁘고
불도佛道도 마도魔道도 모두 틀렸네.
이 두 가지 큰 파순에게 걸리면
문득 괴로움을 싫어하고 즐거움을 구하나니
생사의 근본을 깨달으면 본체가 공하거늘
부처나 악마가 어디에 붙으랴.

오직 망정의 분별에 의하여
앞몸과 뒷몸이 외롭고 얇아지니
6도道를 윤회하면서 쉬지 못하고
지은 업은 끝끝내 없애질 못하네.
그 까닭에 생사에 헤매는데
모두가 멋대로 잔꾀를 내기 때문일세.
몸은 본래 허무하여 실답지 않으니
근본에 들어가면 뉘라서 따지고 분별하랴.
있고 없음을 나 스스로가 능히 할 뿐이며
수고롭게 허망한 마음으로 헤아리지 못하네.
중생의 몸은 허공과 같거늘
번뇌가 어디에 붙으랴.
오직 온갖 일을 희구함이 없다면
번뇌는 자연히 스러지리라.

7
가소롭다 고물거리는 중생들
제각기 딴 소견 하나씩을 집착하네.
오직 화덕 곁에서 떡을 구할 뿐
근본에 돌아가서 밀가루를 볼 줄 모르네.
밀가루는 정正과 사邪의 근본이어서
사람에 의해 백 가지로 변하네.
필요한 바를 뜻에 맡겨 종횡하되
치우쳐 애욕에 빠지는 것은 빌리지 말라.
집착이 없으면 곧 해탈이요

구하는 것 있으면 다시 그물에 걸린다.
인자한 마음으로 일체에 평등하면
진여와 보리가 저절로 나타나며
만일에 나와 남이란 두 마음을 내면
마주 대하고도 부처의 얼굴을 보지 못하리.

8

세간에 허다히 많은 어리석은 사람은
도를 가지고 다시 도를 구하려고 하니
온갖 분분한 뜻을 널리 찾으며 다니지만
자기 몸 구제하기도 제대로 못하네.
오로지 남의 글만 찾아서 어지러이 지껄이며
지극한 이치가 묘하다고 스스로 칭하니
헛수고로 일생을 헛되이 보내다가
영겁토록 생사에 빠져 헤매리라.
혼탁한 애욕에 얽힌 마음을 버리지 못하면
청정한 지혜의 마음이 저절로 번거로워져서
진여와 법계의 총림이
도리어 가시밭이요 황무지가 되니
다만 가랑잎을 금이라고 집착할 뿐
금을 버리고 보배를 구할 줄 모르네.
그 까닭에 바른 생각을 잃고 미친 듯 달리며
애써서 겉모습을 유지하려 하고서
입으로는 경을 읽고 논을 외우나

마음은 언제나 바짝 말랐네.
하루아침에 마음이 본래 공한 줄 깨달으면
구족한 진여는 모자람이 없네.
성문은 마음 마음에 미혹을 끊으나
능히 끊으려는 마음이 도적이니
도적과 도적이 번갈아 서로 없애 버리니
어느 때에 근본을 요달하여 침묵을 말하랴.
입으로는 천 권의 경을 읽으나
본체 위에서 경전을 물으면 알지 못하고
불법의 원통圓通한 이치를 알지 못한 채
공연히 글줄과 먹 자국을 찾고 세네.
조용한 곳에서 두타행을 하는 이
다음 생의 공덕만을 희망하니
희망이 곧 성인 경지를 막는 것이니
큰 도를 어떻게 얻을 수가 있으랴.
비유컨대 꿈속에 강을 건너는데
사공이 강 건너로 건너다 주었으나
평상 위에 편히 잠든 것을 홀연히 깨닫고 나면
나룻배도 법칙도 모두 잃어버리네.
사공과 강 건너는 사람이
본래 서로가 모르는 사이듯이
중생은 미혹함에 결박되어서
삼계를 왕래하며 극히 피로하지만
생사가 꿈같음을 깨달으면

온갖 구하려던 마음이 저절로 쉬네.

9

깨달아 아는 것이 곧 보리이니
근본을 요달하고 나면 단계가 없네.
탄식할 일이로다. 곱새 같은 범부여,
80살이 되어도 발굽을 빼지 못하고
일생을 수고만 하면서 헛되이 보내면서
세월의 흐름을 깨닫지 못하는구나.
향상의 일은 스승의 입만 바라보니
마치 어미를 잃은 아기와 같아서
도속道俗이 빽빽이 모여 앉아
종일토록 그의 죽은 말만 듣네.
자기의 몸이 무상함을 관찰하지 않고
심행心行의 탐욕이 호랑이와 늑대 같네.
애달프다, 2승은 좁고 열등하니
반드시 오장 육부를 항복시켜야 한다면서
술·고기·오신채를 먹지 않으며
다른 이가 먹는 것을 삿된 눈으로 본다.
또 미치광이 같은 삿된 수행의 무리는
기氣를 닦는다면서 소금〔鹽〕도 초醋도 먹지 않으나
만약 상승上乘의 지극히 참됨을 깨달으면
남녀를 분별할 필요가 없네.

보지寶誌 화상의 십이시송十二時頌[2]

첫 새벽의 인시寅時

미친 기틀의 안에 도인의 몸이 있건만
궁색한 고통으로 이미 한량없는 겁을 지내면서
항상 여의주를 들고 있다는 사실을 믿지 않는구나.
만약 사물에 집착하면 미혹의 나루터에 빠지니
다만 터럭만 있어도 벌써 티끌이다.
옛 시절의 형상 없는 면모에 머물지 않고
밖으로 선지식을 구해 다니니 참되지 못하다.

해돋이 묘시卯時

작용하는 곳에서 잔꾀를 부리지 말라.
설사 신령한 광명이 유와 무를 비추어도
뜻을 일으키면 벌써 악마의 홀림을 받았다.
공력을 들여서는 끝끝내 요달하지 못하니
밤낮으로 나와 남의 분별에 끌린다.
안배를 쓰지 않고 다만 그대로 따른다면
언제 마음 땅[心地]에 번뇌가 생기었던가.

밥 먹을 때인 진시辰時

무명이 본래 석가의 몸이니

2 하루의 12시에 따라 운韻을 붙여 가면서 법문을 말한 것이다.

앉고 누움이 원래 도인 줄 모르고
그토록 분주하게 고통만을 받는구나.
소리와 빛깔을 인정해서 친소親疎를 찾으면
오직 그 집안의 더럽혀진 사람일 뿐이요,
마음을 써서 불도를 구하려 하면
허공에 물어보아야 티끌을 벗어나리라.

해가 불끈 솟은 사시巳時

요달하지 못한 사람은 가르쳐도 모르니
설사 조사의 말씀을 통달했더라도
마음 머리에 요달했다는 뜻을 두지 말라.
다만 현묘함을 지킬 뿐 문자를 없앤다면
여전히 인정하고 집착하는 것이라서 옳지 못하다.
잠시라도 스스로 긍정할 뿐 뒤쫓지 않으면
광겁에도 악마의 부림을 만나지 않으리라.

한나절인 오시午時

4대大의 몸 안에 값을 따질 수 없는 보배 있지만
아지랑이와 허공 꽃을 버리려 하지 않고
뜻을 지어서 수행하니 더욱 괴롭구나.
미혹했던 적이 없으니 깨달음을 찾지 말고
그대의 아침볕에 맡겨 몇 차례든 저물게 두어라.
형상 있는 몸 안에 형상 없는 몸이 있고
무명의 길 위에 무생無生의 길이 있다.

해가 기우는 미시未時

심지心地에다 언제 요달했다는 뜻을 둔 적 있던가.
그 집안의 문자들에는 친하고 성글음이 없으니
공부를 일으켜서 적확한 뜻을 구하지 말라.
종횡縱橫에 맡겨서 꺼리거나 기피하지 않으면
영원히 인간에 있으면서도 세상에 살지 않는다.
운용運用하되 빛깔과 소리를 여의지 않으니
여러 겁 동안 잠시라도 버린 적이 있던가.

해가 저무는 신시申時

도를 배우려면 먼저 가난함을 싫어하지 말라.
형상 있음이란 본래 방편으로 쌓은 것이지만
형상 없음인들 어찌 참되다고 할 수 있으랴.
정결케 하려는 것이 도리어 정신을 피로하게 하니
어리석음을 잘못 알아 가까워졌다고 여기지 말라.
언하言下에 구하지 않아서 처소마저 없다면
잠깐이라도 출가한 사람이 되었다고 하리라.

해가 지는 유시酉時

허환虛幻의 음성은 영원할 수 없으니
선열(禪悅 : 도의 기쁨)의 진수도 먹지 않거늘
뉘라서 더구나 무명의 술을 마시랴.
버릴 수도 없고 지킬 물건도 없으니

거침없이 소요하나 있은 적이 없다네.
설사 그대가 고금 일을 많이 알아도
여전히 미쳐서 밖으로 달리는 것이다.

초저녁 술시戌時

미친 사람이 공력을 들여서 어두운 방으로 들어가네.
설사 한량없는 시간에 마음이 통한다 해도
여러 겁이 어찌 오늘과 다른 적이 있었던가.
헤아리려 망설이면서 중얼거리니
마음 머리를 더욱 칠흑같이 캄캄하게 한다.
밤낮으로 광채를 놓아 유와 무를 비추면
어리석은 사람은 바라밀波羅蜜이라 부른다네.

인적이 멈추는 해시亥時

용맹정진이 게으름이 되나니
털끝만큼도 닦고 배우려는 마음을 내지 않아야
형상 없는 광명 속에서 항상 자유롭다.
석가를 초월하고 조사를 지나치나
마음에 가는 티끌이라도 있으면 장애를 이룬다.
확 트이고 일 없어서 단박에 청한淸閑하니
그 집안에는 스스로 통달한 사람의 사랑이 있다.

한밤중 자시子時

마음이 무생無生에 머물면 그것이 곧 생사이니
생사가 어찌 유와 무에 속한 적이 있으랴.
사용할 때에는 문득 없는 문자[沒文字]를 쓰나니
조사의 말씀도 변두리 밖의 일이네.
일어날 때를 식별해도 또한 옳지 않으니
뜻을 지어 구하려 하나 실제로는 자취가 없어서
생사의 악마가 와도 마음대로 시험케 한다.

닭이 우는 축시丑時

한 알 둥근 구슬의 빛이 이미 장구하여
안팎으로 접하지만 찾아보면 전혀 없네.
경계 위에 베풀 때에는 혼연한 대유大有라
머리도 볼 수 없고 또한 손도 없으니
세계가 무너질 때도 그것은 썩지 않는다.
요달하지 못한 사람이 한마디만 들었다 한들
지금까지 어느 누가 입을 달싹이나 했던가.

지공(誌公 : 寶誌) 화상의 십사과송十四科頌

보리와 번뇌가 둘이 아님

중생은 수도할 줄 몰라서
문득 번뇌를 끊어 버리려 하지만

번뇌는 본래 공적한 것이거늘
도를 가지고 다시 도를 찾으려 하네.
일념의 마음이 곧 옳거늘
어찌 딴 곳에서 찾고 따지려 하는가.
큰 도는 그저 눈앞에 있거늘
미혹하고 뒤바뀐 사람은 알지 못한다.
불성佛性은 천진하고 자연스러워서
인연도 없고 닦아 지을 것도 없다.
3독毒이 허망한 거짓임을 모르고
떴다 잠겼다 하는 생사를 집착하네.
옛날 미혹했을 때에는 늦었다 했는데
오늘 비로소 깨달으니 일찍도 아니네.

가지고 범함이 둘이 아님

장부는 운용함에 걸림이 없어
계율에 구애를 받지 않는다네.
가지고 범함이 본래 스스로 무생無生이거늘
어리석은 사람은 그의 속박을 받는다.
지혜로운 이는 하는 일 모두가 공하지만
성문聲聞은 부딪치는 일마다 막힌다.
대사는 육안肉眼으로도 원만히 통하지만
2승은 천안天眼을 얻어도 가림이 있다.
공空 속에서 유와 무를 허망하게 집착하면서
색色과 마음이 걸림 없음을 알지 못한다.

보살은 속인과 함께 세상에 살아도
청정하여 세상에 물든 적이 없으며
어리석은 사람은 열반을 탐내거니와
지혜로운 이는 생사의 실제實際를 안다.
법성法性은 공하여 말이 없고
연기緣起에는 도대체 인자人子가 없다.
백 살이라도 지혜가 없으면 어린아이요,
어린아이라도 지혜가 있으면 백 살이다.

부처와 중생이 둘이 아님

부처와 중생이 다르지 않고
큰 지혜는 어리석음과 다르지 않다.
어찌 밖을 향해 보배를 구하랴.
몸 밭〔身田〕에 스스로 밝은 구슬 있는 것을.
바른 길과 삿된 길이 둘이 아니니
범부와 성인이 같은 길임을 요달해 알라.
미혹과 깨달음이 본래 차별이 없고
열반과 생사는 한결같은 것이니
궁극에서는 반연이 공적하니
오직 뜻과 상념의 청허淸虛만을 구하라.
한 법도 얻을 것이 없으면
깜짝 사이에 저절로 무여無餘에 든다.

사事와 이理가 둘이 아님

심왕(心王 : 마음)은 자재하고 홀연하니
법성은 본래 열 가지 얽힘이 없다.
온갖 것 불사佛事 아님이 없으니
어찌 생각을 거두어 좌선할 필요가 있으랴.
망상이 본래 공적한 것이니
반연을 끊으려 할 필요가 없다.
지혜로운 이가 마음에 얻을 것이 없으면
자연히 시끄러움도 다툼도 없어진다.
무위無爲의 큰 도를 알지 못하면
언제 깊고 현묘한 이치 증득하랴.
부처와 중생은 한 종류이니
중생이 그대로 세존이다.
범부는 허망하게 분별을 내어
없는 가운데 있다고 집착하여 어지럽게 설친다.
탐욕과 성냄이 공적한 줄 요달하면
어딘들 참다운 문門이 아니겠는가.

고요함과 시끄러움이 둘이 아님

성문은 시끄러움을 피하고 고요함을 구하니
마치 밀가루를 버리고 떡을 찾는 것과 같다.
떡은 원래 밀가루에서 생겼는데
사람의 손에 따라 백 가지로 변했다.
번뇌가 그대로 보리이니

마음이 없으면 경계도 없다.
생사가 열반과 다르지 않으니
탐·진·치가 아지랑이나 그림자 같다.
지혜로운 이는 부처를 구할 마음 없거늘
어리석은 이는 삿됨과 바름에 집착한다.
수고롭게 일생을 헛되이 보내다가
여래의 묘한 정수리를 보지 못한다.
음욕의 성품이 공한 줄 요달하면
확탕로탄(鑊湯鑪炭 : 뜨거운 지옥)이 저절로 식는다.

선과 악이 둘이 아님

나 스스로가 몸과 마음이 쾌락하니
홀연히 선도 없고 악도 없구나.
법신法身이 자재하여 방위가 없으니
눈에 닿는 것마다 정각正覺 아님이 없다.
6진塵이 본래 공적하거늘
범부는 허망하게 집착을 낸다.
열반과 생사가 평등하거늘
사해에서 누가 후厚하고 박薄하랴.
무위無爲의 대도大道는 스스로 그러한 것이니
마음으로 헤아릴 필요가 없다.
보살은 거짓을 흩고 영통靈通하여서
하는 일 언제나 묘각妙覺을 머금지만
성문聲聞이 법에 집착해 좌선을 하니

누에가 실을 토해서 스스로를 결박하듯 하네.
법성은 본래 둥글고 밝으니
병이 나으면 어찌 약에 집착하랴.
모든 법이 평등함을 요달해 알면
훌연히 맑고 비어서 쾌락하리라.

색色과 공空이 둘이 아님

법성은 본래 푸르고 누름이 없거늘
중생들이 공연히 문장文章을 지었네.
나를 두고서 그에게 지관止觀을 말하니
자기의 뜻은 요동하여 미쳐 날뛰네.
원통圓通의 묘한 이치를 알지 못하면
언제나 참되고 항상함을 회통하리오.
자기의 병도 능히 고치지 못하면서
남에게 약방문을 가르쳐 주니
겉으로 보기에는 착한 것 같지만
마음속은 여전히 이리와 같네.
어리석은 사람은 지옥을 겁내는데
지혜로운 이는 천당과 다르지 않네.
경계를 대하여 마음이 항상 일어나지 않으면
발끝을 두는 곳마다 도량이리라.
부처와 중생이 둘이 아니건만
중생이 스스로 한계를 긋는다.
만일에 3독毒을 없애고자 한다면

아득하여 재앙을 여의지 못한다.
지혜로운 이는 마음이 부처인 줄 아나
어리석은 이는 극락에 가기를 좋아한다.

나고 죽음이 둘이 아님

세간의 모든 법이 허깨비 같고
생사는 흡사 번개와 같다.
법신은 자재하고 원통圓通해서
산하를 출입하는 데 간격이 없다.
뒤바뀐 망상이 본래 공하고
반야는 미혹도 어지러움도 없다.
3독이 본래 스스로 해탈인데
어찌 생각을 거두어 선관禪觀을 하랴.
다만 어리석은 이가 요달하지 못해서
저 계율을 쫓아서 판결하려 한다.
적멸寂滅의 진여眞如를 알지 못하니
언제 저 언덕에 오르겠는가.
지혜로운 이는 끊을 만한 악惡도 없어서
운용運用이 마음을 따라 합쳤다 흩었다 한다.
법성은 본래 공적하여서
생사의 얽매임을 받지 않으니
만일 번뇌를 끊어 버리려고 하면
이것이 무명無明의 어리석은 이라 한다.
번뇌煩惱가 그대로 보리菩提이거늘

어찌 따로 선禪의 관법을 구하랴.
실제實際에는 부처도 없고 악마도 없으며
심체心體에는 형상도 없고 단락도 없다.

끊음과 없앰이 둘이 아님

장부는 당당하게 운용하여
자재롭게 소요함이 걸림이 없다.
온갖 것이 능히 해치지 못하니
견고하기가 마치 금강金剛과 같구나.
양변과 중도에도 집착하지 않으니
홀연해서 끊어짐도 항상함도 아니다.
5욕欲과 탐·진·치가 부처요,
지옥이 천당과 다르지 않다.
바보는 허망하게 분별을 내어
미친 듯이 생사에 헤매거니와
지혜로운 이는 색色의 걸림 없음을 알고
성문은 초조하고 애타지 않음이 없네.
법성은 본래 티나 가림이 없거늘
중생이 허망하게 푸르고 누름을 집착한다.
여래께서 미혹과 우매함을 인도하기 위하여
지옥과 천당을 말씀하시기도 했네.
하지만 미륵彌勒이 몸 안에 스스로 있거늘
어찌 다른 곳이라 헤아릴 필요가 있겠는가.
진여眞如의 불상을 내버리고 있으니

이 사람이야말로 뒤바뀐 미치광이일세.
성문은 마음속에서 요달하지 못하여
오직 말이나 문장만을 뒤쫓지만
말이나 문장은 원래 참된 도가 아니어서
더욱더 투쟁과 완고함만 더하나니
마음속에 숨은 독한 뱀들이
쏘기만 하면 문득 사람을 상하네.
글 속에서 뜻을 취할 줄 모르니
언제나 참되고 항상함을 회통하겠는가.
죽어서 무간지옥에 들어가면
신식神識은 끝없는 고통을 받으리라.

참과 속됨이 둘이 아님

법사의 설법이 지극히 좋지만
마음속에는 번뇌를 여의지 못했다.
입으로 문자를 말해서 남을 교화하나
더욱더 그의 생로병사를 더할 뿐이다.
참과 허망함이 원래 둘이 아니거늘
범부는 허망을 버리고 도를 찾는다.
사부대중이 구름같이 모여 법을 듣는데
높은 자리에 앉아서 호호浩浩함을 논의한다.
남쪽 자리와 북쪽 자리가 서로 다투니
사부대중이 잘한다고 칭찬을 한다.
입으로 감로甘露와 같은 말을 하기는 하나

마음 속 언제나 바짝 말라 있다.
자기에겐 본래부터 한 푼도 없는데
밤낮으로 남의 보물만 세고 있으니
흡사 어리석은 바보가
순금을 버리고 풀 더미를 짊어지는 것 같네.
마음속의 3독을 버리지 않으면서
언제나 도를 얻으려 하는가.

해탈과 속박이 둘이 아님

율사律師는 계율을 지켜서 스스로 속박하니
스스로 속박하면 남도 속박하게 된다.
겉으로 위의를 보여서 고요한 듯하나
마음속은 흡사 커다란 파도와 같다.
생사의 나룻배를 타지 않으면
어떻게 애욕의 강을 건너랴.
참된 종지의 바른 이치를 알지 못하니
삿된 소견의 말만 더욱 많아진다.
두 비구가 계율을 범하고 나서
우바리優波利에게 가서 물으니
우바리는 율법대로 죄를 말하여
그 비구를 더 더욱 괴롭혔다.
그러나 방장方丈의 큰 거사인
유마힐維摩詰이 와서 꾸짖을 때에
우바리는 잠자코 대답이 없었다.

유마힐의 설법은 잘못이 없으니
그는 계戒의 성품이 허공 같아서
안팎의 사바세계에 있지 않다 했네.
생멸을 없애라는 권고를 수긍치 않으면
홀연히 깨달아 석가와 같으리라.

경계와 비춤이 둘이 아님

선사는 무명을 여의었음을 체득했거니
번뇌가 어디서 일어나랴.
지옥과 천당은 한 모습이요,
열반과 생사는 빈이름뿐이다.
탐·진·치를 끊을 것도 없고
또한 이룰 만한 불도佛道도 없다.
중생과 부처는 평등하니
자연히 거룩한 지혜가 성성惺惺해서
여섯 티끌에 물들지 않고
구절마다 홀로 무생無生에 계합한다.
정각正覺의 일념을 현묘하게 알면
3세가 탄연坦然해서 모두가 평등하리.
법法도 아니고 율律도 아니고 스스로 제어하면
홀연히 원만한 성취에 진실로 들어가리라.
네 구절을 끊고 백 가지 부정을 여의면
허공과 같아서 지음도 없고 의지함도 없으리라.

운용運用이 걸림 없음

나는 이제 도도滔滔하게 자재하여
왕공과 재상도 부러워하지 않는다.
하루 종일 금강과 같아서
괴로움과 즐거움에 마음은 항상하여 바뀌지 않네.
법보法寶는 수미산에 견주고
지혜가 강과 바다보다 넓다.
8풍風에 끌리지 않고
정진과 게으름도 없다.
성품에 맡겨 떴다 잠겼다 엎어지는 듯
막힘없이 자유롭게 천하를 종횡한다.
시퍼런 칼날이 목을 노려도
나는 스스로 안락하여 까딱도 않네.

미혹과 깨달음이 둘이 아님

미혹할 때에는 공空을 색色으로 여기고
깨달을 때에는 색을 공으로 여긴다.
미혹과 깨달음은 본래 차별이 없고
색과 공은 구경에서는 동일하다.
어리석은 사람은 남쪽 북쪽을 따지나
지혜로운 사람은 동서 없음을 안다.
여래의 묘한 이치를 찾고자 하는가.
항상 한 생각〔一念〕 속에 있다.
아지랑이가 본래 물이 아니거늘

목마른 노루는 미친 듯이 갈구하네.
자기의 몸이 거짓되어 진실치 않거늘
허공을 가지고 다시 허공을 찾고자 하네.
세상 사람들의 미혹은 너무 심하여
개가 우레 소리에 컹컹 짖는 듯하다.

귀종歸宗 지진至眞 선사 지상智常의 게송 1수首

귀종歸宗에는 사事도 이理도 끊겼나니
해가 바로 정오正午에 합한 것 같다.
자재로움은 마치 사자와 같아서
어떤 물건과도 어우르지 않는다네.
홀로 네 산〔四山〕의 정수리를 걷고
세 갈래의 큰 길을 마음껏 거닌다.
하품을 하면 나는 새도 떨어지고
기지개를 펴면 뭇 짐승이 놀란다.
기관을 세우니 화살이 쉽게 미치고
그림자가 없어지니 손으로 덮기 어렵다.
시설하고 벌림이 공교한 기술자 같고
재단하는 것이 마치 잣대로 한 것 같네.
교묘하게 만 가지 이름을 새기지만
귀종은 마치 흙과도 같다.
말하고 잠잠함에 소리가 끊겼고
종지가 오묘하니 정情을 두기 어렵다.
눈알을 버렸는데 벙어리가 되었고

귀를 얻었는데 소경을 면치 못한다.
한 화살로 세 관문을 타파했으나
분명하구나, 화살 뒤의 길은.
딱하구나, 대장부들이여.
하늘보다 앞선 것이 마음의 조종이 된다네.〔체자體字의 함函에 든 『열반경』 27권에는 "진사자왕眞師子王 새벽에 동굴을 나와 얼굴을 찡그리고 하품을 한다"고 하였다.〕

향엄香嚴 습등襲燈 대사 지한智閑의 게송 19수首

수지授指[3]

옛사람의 뼈에 영험함이 많으니
어진 자손이 비밀히 간직해 두었다.
이 한 문門이 효도를 이루는데
사람들 알지 못하니 허탕을 치지 말라.
뜻을 견고히 하여 여우같은 의심을 버려서
안정을 얻으면 위태롭지 않으리라.
향하면 멀어지고 구하면 여의고
취하면 급하고 잃으면 더디다.
계교가 없어서 깨달아 앎을 잊고
탁하게 흐르는 식識은 예나 지금이나 거짓이라서
한 찰나에 변이變異에 통하나니
울퉁불퉁한 산석山石의 불기운이

3 어떤 물건을 가리켜서 알린다.

깊은 속에서 일어나 봉우리까지 태우고
막힘이 없으니 바다 밑까지 사른다.
법의 그물은 성글고 신령한 불꽃은 섬세하니
6월에 누워서 옷을 벗어버린 것 같네.
가릴 수도 없고 가장할 수도 없으니
도를 아는 사람은 조사의 뜻을 외친다.
우리 스승의 종지는 예로부터 비밀하니
오직 그 사람이라야 잘 간직해 둔다.
법의 재물 구족하고 부끄러움도 갖추어
헛되이 베풀지 않으나 쓰는 곳은 분명하다.
누군가가 물으면 꾸짖는 일이 없어도
다시 와서 물으면 쌀이 귀하다고 말한다.

마지막 말씀

한 말씀이 있어 규구規矩가 온전하니
사유思惟를 쉬어도 스스로 허락하지 않네.
길에서 도를 요달한 사람을 만나면
눈썹을 깜박이면서 온 곳을 살핀다.
밟아도 밟히지 않아 의심이 많으니
도리어 벗을 대동함을 사유하여 살펴라.
일생에 참구해 배운 일을 이루지 못하면
전단나무 한 아름을 은근히 안게 되네.

현묘함을 드러냄 · 최대부崔大夫에게 주다

통달한 사람은 숨고 드러남이 많아서
형상과 행동이 일정하게 드러나지 않네.
말 아래에 자취를 남기지 않고
비밀히 몰래 보호하고 지녀서
얼굴의 움직임으로도 옛 길을 드날리고
밝고 묘해서 이내 바야흐로 아니
사물에 감응하여 시설할 뿐이니
함부로 부사의不思議라고 말하지는 말라.

도량道場에 통달함 · 성음城陰 행자行者에게 주다

이치가 심오하여 생각과 요량이 끊기고
뿌리를 찾으니 오솔길이 아득하다.
이로 인하여 막히고 트임을 알아야
저 봉강封疆을 받지 않으리라.
사람의 삶이란 모름지기 특별나서
앉으나 일어서나 향기로움을 느끼니
청정한 여래의 아들이
편안히 도량에 앉았다.

설판관薛判官에게 줌

한 방울, 한 방울의 물이나
한 불꽃, 한 불꽃의 불이라도

물을 마시는 이는 취하고
불을 쪼이는 이는 늙는다.
마시지 않고 쪼이지도 않으며
더구나 편안히 눕지도 않는다.
활과 화살을 꺾어 버리고
모래톱을 걷어차 쓰러뜨린다.
누군가가 이를 알고자 하면
먼저 갈고리를 버려라.
사람들은 나에게 이렇게 물어라.
내가 누구냐고.
빨리 이르라, 빨리 이르라.

임유현臨濡縣의 행자에게 주다

장부여, 딱하여라.
오래도록 티끌에 묻혔구나.
내가 오늘로 인해
산에 들어오게 되었는데
눈썹을 깜짝여 내게 보이니,
이 까닭에 나는 눈을 떴다.
노승의 솜씨는
글을 쓰면 서기가 서리고
말 아래 뜻이 있어서
확실히 새장[樊籠]을 벗어난다.

종지를 드러냄

생각은 원대하고 신령스런 거동은 오묘하며
정묘하고 텅 비어서 행리는 통해 있다.
보고 들음에는 그림자와 상像을 여의고
비밀한 경지에서는 옛사람의 자취를 이야기한다.
뜻을 얻으니 티끌 속의 묘함이고
기틀에 맞추어 도의 모습을 드러낸다.
광채를 감추고 경계하여 깨달으니
기꺼이 참 종지를 요달했다 하리.

3구句 뒤의 뜻

글자로 적거나 말하는 것은 거짓이 많으니
거짓 속에서는 있음과 없음을 대동하네.
그러나 글자 이전을 회통해서
뜻 속의 구슬을 던져 버려라.

정랑중鄭郎中의 물음에 답한다 • 2수

말 속에 자취를 묻고
소리 이전에 얼굴을 드러낸다.
당장에 묘하게 회통하면
옛사람과 똑같은 풍류요,
메아리가 따르듯이 근기에 맞추면
나와 남의 종지가 따로 없다.

이무기를 소리쳐 일으키어
크게 분발시켜 용이 되게 한다.
말 속에 근골筋骨이 묻히고
음성은 도의 얼굴을 물들인다.
당장에 묘하게 회통하기만 하면
손뼉을 치면서 병신 용을 내쫓는다.

도를 이야기하다

분명하고 분명해서 대동한 것 없고
홀로 운용하니 무엇에 의존하리오.
길에서 도를 요달한 사람을 만나거든
말이나 침묵으로 대꾸하지 말라.

현기玄機라는 학인에게 주다

묘한 종지는 재빠른 것이어서
말로 설명하려면 벌써 늦는다.
잠시 말을 따라 알려고 하면
신령한 기틀을 미혹한다.
눈썹을 치켜서 물음을 대신하고
얼굴을 마주하고 빙그레 웃으니
이 무슨 경계이던가.
도가 같은 이라야 알 수 있다.

분명한 도

생각 생각이 자취가 있는 듯하나
분명하고 분명하여 처소를 알 수 없다.
종지를 어떻게 가르치느냐 물으면
서서히 몰래 고개를 돌린다.

현묘한 종지

가도 가도 푯말이 없고
와도 와도 이렇게 온다.
누군가가 묻는다 하여도
대답하지 않고 빙그레 웃기만 한다.

등주鄧州의 행자에게 주다

숲 아래서 몸의 어리석음을 깨달으니
마음의 구슬을 반연하여 대동하지 않네.
입을 열어도 할 말이 없고
붓끝으로도 쓸 수가 없다.
누군가가 향엄香嚴의 종지를 묻거든
산에서 산다고 말하지 말라.

세 차례 뒨 뒤에

삼문(三門 : 절의 정문) 앞에서 합장하니
양쪽 복도 밑에서 도를 행하고

중앙의 뜰에서 춤을 추고
뒷문 밖에서 고개를 흔든다.

상근기上根機

딱하여라, 틀리지 말라.
단박에 그런데도 깨닫지 못하네.
빈 곳에서 말을 하니
용이 한바탕 놀라고
작은 소리로 속삭여 부르니
이름도 모양도 묘하게 끊었다.
높고 높은 수도자의 무리여,
헤쳐서 드러낼 만한 것도 없다.

법신이란 소견을 깨뜨리다

위로 향하여서는 부모가 없고
아래로 향해서는 남녀가 없다.
홀로 스스로 하나의 몸이니
반드시 요달해 버려야 한다.
내가 이런 말 하는 것을 들으면
사람마다 앞을 다투어 와서 취하는데
그에게 대하는 한 구절은
이야기를 하지 않으니 언어가 없다.

외다리〔獨脚〕

새끼도 쪼고 어미도 쪼아서
새끼가 깨달으매 껍질이 없네.
어미도 새끼도 모두 없어지면
인연에 응해도 틀리지 않네.
도가 같은 사람끼리 주고받아도
묘하게도 외다리라 부른다네.

동산洞山 화상 양개良价의 게송 1수

무심無心이 도에 계합한다

도는 무심히 사람에 합하고
사람은 무심히 도에 합한다.
이 속의 뜻을 알고자 하는가.
하나는 늙는데 하나는 늙지 않는다.

용아龍牙 화상 거둔居遁의 게송 18수

용아산龍牙山 속의 용 한 마리
형상은 세간의 빛깔이 아니다.
세상에서 용을 그리는 사람
교묘히 교묘히 그려도 그리지 못한다.
오직 용을 아는 사람이라야
한 번 보고서 문득 마음이 쉬네.

오직 문 앞의 나무만을 염念하나니
능히 새들을 날고 깃들이게 하네.
오는 자는 무심히 부르고
몸을 솟구쳐도 돌아갈 것을 사모하지 않는다.
만약 사람의 마음이 나무와 같으면
도道와는 별로 틀리지 않을 것이다.

한 번 무심無心이 되면 문득 정情을 말해도
여섯 문이 모두 쉬어서 형태를 수고롭게 하지 않는다.
인연이 있는 것은 나의 벗이 아니고
작용 없는 두 눈썹이 도리어 형제다.

깨달아 마치면 되돌아 깨닫지 못한 사람과 같으니
이기고 지는 데 무심하면 스스로 정신이 편하다.
예로부터 큰 스님들은 빈도貧道라 자칭했는데
이 문호로 향하는 이가 몇 사람이나 되던가.

도를 배우려면 먼저 깨달음을 말미암아야 하나니
마치 일찍이 빠른 배에다 표를 새긴 것 같네.
비록 빈 땅에다 묵은 집〔舊閣〕을 지으나
한 차례 기울기 시작해야 비로소 쉰다네.

마음이 공한 것이 도가 공한 것만 못하니
도와 마음의 공함은 형상이 하나이다.
현묘함을 배우는데 도가 공한 선비가 아니면

일생 동안 만나도 알아보지 못한다.

어려서부터 스승을 따라 조종祖宗의 법을 배웠는데
부질없는 허공 꽃이 사람을 얽어매는 벌[蜂]과도 같네.
스님이 참되면 구름 밖에 살 필요가 없으니
깨달은 뒤에야 색色 그대로 공한 줄 알리라.

도를 배우면서 까닭 없이 용 그리기를 배웠는데
원래부터 붓 놀리는 법을 전혀 몰랐네.
하루아침 진짜 용을 체득한 뒤에는
예전에 들인 공이 헛일임을 알았네.

성불하는 이는 적은데 염불하는 이는 많으니
염불하기를 오래 하면 도리어 마魔가 된다.
그대는 지금 당장에 부처가 되고자 하는가.
무념無念이 된 사람은 계교가 많지 않다네.

꿈속에서 어찌 꿈이 허망한 줄 알랴.
꿈을 깨어야 꿈이 없는 것임을 안다.
미혹할 때는 마치 꿈속의 일과 같고
깨달은 뒤에는 잠에서 깬 것과 같다.

도를 배우되 스승의 가르침을 받아 한가하면
없는 가운데 길이 있어 인간을 숨기네.
그대가 아무리 천 권의 경론을 외워도

기틀에 임해서는 한마디도 하기 어렵네.

보살과 성문이 공을 다하지 못하여
인간과 하늘을 왕래하면서 진종眞宗을 찾으나
어찌 부처님처럼 의심 없는 분으로서
단정히 앉아 무심한 것과 같을 수 있으랴.

금생에 쉬지 못하면 언제나 쉬려나
쉬는 것은 금생임을 다 함께 알아야 한다.
마음이 쉬는 것은 다만 망상이 없는 것이니
망상을 제하고 마음이 쉬면 그것이 바로 쉬는 때이다.

미혹한 사람이 깨닫지 못하고서 벙어리들을 권장하니
흙에다 진흙을 보태서 한 겹을 더한다.
깨달은 사람도 뜻이 있는 것이 미혹한 뜻과 같으나
다만 미혹함 속에서도 미혹을 만나지 않을 뿐일세.

사람이 도道를 배우려면 탐하지 말라.
만사에 무심해야만 도와 합친다.
무심하여야 비로소 무심의 도를 체득하니
무심을 체득하면 도 역시 쉰다.

이마의 백호상에서 흰 광채를 내는 몸이라 해도
사事를 보는 것이 어찌 이理를 보는 것처럼 친하랴.
사事가 있음은 오직 이理의 있음을 인하니

이理가 방편을 써서 인천人天을 교화한다.
하루아침에 크게 깨달아서 모두 없어지면
바야흐로 일 없는 사람이라 불리리라.

인정이 두터우면 도의 정情이 미약하지만
도가 인정을 쓰는 줄 세상이 어찌 알겠는가.
공연히 인정만 있고 도의 작용이 없으면
인정이 능히 얼마나 지탱하리오.

소를 찾으려면 자취를 찾아야 되고
도를 배우려면 무심을 찾아라.
자취가 있으면 소 또한 있을 것이요,
무심이 되면 도를 찾기 쉽다.

현사玄沙 사비師備 종일宗一 대사의 게송 3수

현사玄沙가 거니는 샛길은 특별하니
요즘 사람들은 모름지기 알아야 된다.
한 겨울에도 양기陽氣가 무성하고
6월에도 서리가 내린다.
말〔語〕은 있어도 혀와는 관계치 않고
말〔言〕은 없어도 언사는 아주 필요하다.
나의 가장 마지막 구절은
세상을 벗어나지만 아는 이 없다.

기이하여라, 영특한 한 늙은이
어찌하여 단박에 말을 많이 하나.
바람이 일으켜 공후箜篌를 당기면
미혹한 아이들은 앞을 다투어 모인다.
설사 총체적으로 옳지 않다 해도
청개구리는 입을 크게 벌리는데
입을 열거나 열지 않거나
끝내 영특한 늙은이를 범하는 것이니
이 속의 뜻을 알고자 하는가.
남극성이 진짜 북두칠성이다.

만 리의 신령한 광명이 정수리 뒤의 모습인데
정수리가 없어졌을 때에는 어디서 바라겠는가.
일은 이미 이루어졌는데 뜻은 아직 쉬지 못했으니
이것은 원래부터 부딪치는 곳마다 두루했다.
지혜로운 이는 듣자마자 용맹하게 취하나니
잠깐 가다리려 하다가 갈 길을 잃지 말라.

초경招慶 성등省僜 진각眞覺 대사의 게송 2수

좌선에 집착한 수좌에게 보임

큰 도는 분명하여 한 점 티끌도 끊겼거늘
어찌 오래 앉았어야만 비로소 친하겠는가.
인연을 따라 시비가 없음을 안다면

시끄러운 곳에 있은들 어찌 새로움과 옛것 있으랴.
호탕하여 지둔支遁과 가지런해지려고 하나
소요한들 어찌 혜휴慧休와 이웃했다 하랴.
개울가에 거닐든 시끄러운 곳에 거닐든
가히 저녁노을 속의 신선〔物外人〕이라 하리라.

좌선하는 방편을 보임

네 가지 거동에서 앉는 것이 먼저이니
몸과 마음이 가라앉아 차츰 평탄해진다.
홀연히 인연을 만나 흐린 경계를 따라도
지속시키지 말아야 함이 그대의 천명〔天年〕이다.
닦아 지님은 그저 공功을 들이는 길을 말한 것이니
진리에 이르렀다면 어찌 저쪽에 있다고 논하랴.
언제 어느 때나 항상 관장하고 대통하면
인연이 맞을 때 활연히 현지玄旨를 통하리라.

장주漳州 나한羅漢 계침桂琛 화상의 명도송明道頌 1수

지극한 도는 깊고 넓어서
말로써는 표현할 수 없다.
말로써 나타내면 가리키는 것 아니니
뉘라서 그렇다고 말을 하겠는가.
부딪치는 곳마다 모두가 그이거늘
어찌 참과 허망을 깨우치랴.

참과 허망을 설정해 변설해도
거울 속에 나타난 것과 같다.
있음과 없음이 비록 드러나도
존재하는 곳마다 손상이 없으니
손상도 없고 존재도 없으면
무엇에 구애되고 무엇에 막히랴.
공력을 빌려서 이루는 것 아니니
법이 그러한 것을 어찌하겠는가.
법이 그렇건 그렇지 않건
모두가 입술과 치아가 되니
만일 이것으로써 진술한다면
종지宗旨를 묻어 버리게 된다.
종지는 뜻을 진술하는 것이 아니고
보거나 들을 수도 없는 것이다.
보고 들음에서 벗어나지 못함이
마치 물속의 달과 같으니
여기에서 밝히지 못하면
도리어 군더더기 법을 이룬다.
한 법이라도 형체가 있으면
그대의 눈동자를 가리나니
눈동자가 밝지 못하면
세계가 울퉁불퉁해진다.
우리 종풍은 기특한 것이어서
별바른 곳에 훤하게 드러났다.
부처와 중생이

모두 은혜를 입었으니
고개를 숙이는 데 있지 않고
사량思量으로도 얻기 어렵다.
얼굴을 쥐어박아 깨뜨리니
건곤도 뒤덮어 버린다.
재빨리 알아들으면
감관과 경계를 벗어나려니와
그렇지 못하고 밝히지 못한다면
지금껏 헛소리를 했다.

남악南嶽 유경惟勁 선사의 각지송覺地頌 1수

각지覺地의 이름이 같고 다름을 간단히 밝힌다

일어났다가 다시 처음으로 끝나면서 번갈아 생기는데
성해(性海 : 성품 바다)를 처음 건립하매 명호를 더하네.
묘각妙覺은 또한 성각性覺의 밝음에 의거하여
체(體 : 본체)와 각(覺 : 묘각)이 모두 밝고 묘함을 머금으니
명각明覺과 묘각이 나란히 쌍으로 행한다.
묘함의 자각과 자각의 묘함이 원래 본체를 밝히는 것이고
전체적으로 무루無漏를 이루니 하나의 참 정기〔眞精〕이다.
밝음의 자각과 자각의 밝음도 밝음이 요달한 바이나
혹은 요달한 모습으로 인해 원래의 밝음〔元明〕을 잃기도 한다.
명각과 묘각은 체각(體覺 : 본체의 깨달음)을 조종으로 하는데

체각과 성각性覺은 둘 다 똑같이 밝음이다.
담각(湛覺 : 담담한 깨달음)은 둥글어서 늘고 줆이 없으니
이 속에는 부처도 없고 중생도 없노라.
처음과 마지막을 깨닫지 못하면 요달해 마친 것이 아니고
미혹과 깨달음을 듣지 못하고야 어찌 또렷또렷하다 하랴.
이것을 심지心地라거나 여래장如來藏이라 칭하는데
또한 깨달아 비춤도 없고 아울러 무생無生이다.
나지도 멸하지도 않는 진여의 바다가
담연히 항상 머무는 것을 이름하여 무명無名이라 한다네.
허공은 노을의 티가 생기는 것을 깨닫지 못하거늘
어찌 미진微塵에서 나는 유루有漏의 소리를 들으랴.
허공도 거품도 깨달음의 바다를 여의지 않았으니
움직이고 고요함이 원래 하나의 참된 밝음이다.
각명覺明의 본체가 이러해서 신령한 불꽃을 머금었으나
각명은 불꽃을 좇다가 이지러지기도 하고 차기도 한다.
어긋나서 돌아오지 못하면 이름하여 무각無覺이라 하고
회통해서 근본에 복귀하면 시각始覺이 생긴다.
본각本覺의 말미암음은 시각으로 인해 생기고
정각正覺도 되돌아 의거해서 각명覺明에 합친다.
그 두 가지를 말미암아 서로 차이를 이루는 것이니
마침내 혼연시켜서 아뢰야阿賴耶라 부른다.
모두가 더러움과 깨끗함의 쌍갈래 길을 갖추었는데
각명이 머금는 곳에서는 다른 길이 싹튼다.
성품에서 무생無生의 부동지不動智가 일어나
본각의 당체를 여의지 않아도 본래 원만히 이루고

성품에서 전각轉覺[4]이 일어나면 뒤집혀 상대〔所〕가 생겨서
드디어 유루有漏로 하여금 미혹의 어둠에 빠져들게 한다.
무명은 애욕으로 인해 점점 불어나서
명색名色의 근본이 차츰 생기고
7식이 구르는 곳에 둥근 거울이 가려지고
5・6식이 생길 때 각명覺明이 가려지고
촉觸과 수受와 유有와 취取는 서로 의지해서 일어나고
생・노・병・사는 잇달아 변해간다.
업식業識이 끝이 없어 괴로움의 바다에 빠지고
그지없이 흐름을 따르다가 이리저리 나부낀다.
대성大聖께서 자비심을 일으켜 구제하니
한 음성을 쓰는 곳에 세 가지 음성이 나온다.
지혜의 몸〔智身〕은 원래 법신으로부터 일어나고
다니는 몸〔行身〕은 또한 지혜의 몸에 의해 생긴다.
지혜의 몸과 다니는 몸이 원융해서 둘이 아니니
되돌아 하나의 본체로 돌아가 본래 평등하다.
만유萬有는 가지런히 참 해인海印을 머금었고
한마음은 두루 나타나서 총체적으로 원명圓明하다.
맑은 광명이 활활 타오르니 어디에 의지하랴.
허공의 성품은 탁 트여서 멈추는 바가 없다.
곳곳에서 생生을 보여도 무생無生의 모습이고
곳곳에서 멸도를 보이나 멸도하는 형상이 없다.
구슬과 거울에 단박에 인印해서 가고 옴이 없고

4 전상이라고도 하니 마음의 일부이다.

뜬구름이 모였다 흩어짐은 항상한 것 아니다.
떴다 잠겼다가 참[眞]에 맡긴 것이 물속의 달과 같으니
인연에 응함이 메아리 같아서 중생들을 교화한다.
중생의 성지性地에는 원래 물들음 없으나
다만 들뜬 허망이 진정眞精을 가린다네.
5음이 허공의 모임이란 것을 요달하지 못하니
어찌 4대가 건달바의 성임을 알겠는가.
아만我慢의 어리석은 산 드높이 솟았고
무명의 욕심 바다 끝없이 출렁인다.
매양 전타라旃陀羅같이 교활한 벗을 따르다가
항상 사나운 짐승을 쫓아 슬픈 울음을 운다.
자성自性이 구르는 식識이 뒤집혀 허깨비가 되니
자기 마음의 허깨비 경계에 자기 마음이 놀란다.
이 허깨비의 성품이 아지랑이 같은 줄 요달하면
허공 꽃과 같은 식識의 물결은 다시 원만해진다.
허공에서 뜬구름이 흩어짐을 홀연히 깨달으면
허공이 본래 스스로 청정한 줄 비로소 깨달으리.
예나 이제나 담연湛然해서 항상 환하니
고금이나 범성凡聖이라고 이름할 수 없다.

영주郢州 임계臨谿 경탈敬脫 화상의 입도천심송入道淺深頌 5수

맨 기둥[露柱]이 소리소리 부르니
잔나비는 새끼줄에 결박된다.
중·하의 근기는 까닭을 모르나

상근기라야 바야흐로 알 수 있다.

맨 기둥이 소리 내어 부르지 않으니
잔나비를 결박한 밧줄이 끊긴다.
상근기의 무리는 깔깔 웃는데
중간 무리는 본 듯 만 듯

잔나비와 맨 기둥으로
동서로 오락가락 면하지 못하나
마음껏 태평가太平歌를 부르고
공연히 불조佛祖를 초월했다 한다.

내가 종사라고 자랑하는 이들을 보건대
말하든 침묵하든 현묘한 구절이라 하지만
본래의 근원을 잘 알지도 못하고
교묘히 기원정사祇園精舍의 옛 일을 편다.

소실少室[5]과 마갈摩竭[6]에서
대代를 바꾸어 드날리셨다.
내 이제 그대들에게 묻노니
누가 장래의 주인이 되겠는가.

5 달마가 있던 토굴이다.
6 부처님께서 설법하시던 곳이다.

대법안大法眼 선사 문익文益의 게송 14수

삼계가 오직 마음뿐이다

삼계가 오직 마음뿐이고
만법은 오직 식識일 뿐인데
마음뿐이고 식일 뿐이라면
눈으로 소리를 듣고 귀로 빛깔을 보겠지만
빛깔은 귀에 이르지 않고
소리가 어찌 눈에 닿으랴.
눈에는 빛깔이요, 귀에는 소리라야
만 가지 법이 가려내서 이루어지지만
만 가지 법이 인연이 아니라면
어찌 허깨비 같은 줄로 관찰하랴.
산하와 대지에서
어느 것이 견고하고 어느 것이 변하는가.

화엄 6상相의 이치

화엄 6상의 이치는
같음 속에 또한 다름이 있고
다름이 같음에서 다르다면
완전히 부처님들의 뜻은 아니다.
부처님들의 뜻은 총總이자 별別이니
어찌 같고 다름이 있으랴.
남자의 몸속에서 선정에 들 때에

여자의 몸속에다 뜻을 남기지 않는다.
뜻을 남기지 않고 명자名字를 끊으니
삼라만상이 밝고 밝아서 이理도 사事도 없다.

수보리須菩提를 본다

수보리의 모습이 고풍스럽고 기특하니
공한 법을 말하나 법은 여의지 않네.
믿음이 미치지 않자 또 의심을 하고
믿음을 얻으니 다시 어디를 갈 것인가.
지팡이에 기대서서 동서를 둘러본다.

거리의 북소리

북소리 둥둥 울려서
큰 공력을 운전하니
조정에 가득한 사람
도로에 통해 있네.
도로에 통했어도
어디로 가겠는가.
통달한 사람은 보배 땅〔寶地〕에
올랐다고 말하지 않네.

사모하는 도道를 버리라고 보이다

동당東堂에서 계수나무를 꺾지 않고

남화南華에서는 신선을 배우지 않고
도리어 불타의 절을 찾아와
가사를 입고 좌선을 배우네.
선禪이 앉는다고 된다면
비상非想인들 어찌 치우침이겠는가.〔여러 겁을 지나도 생사를 벗어나지 못한다는 뜻이다.〕
참선하는 자에게 고하나니
모름지기 도道 속의 현묘함을 깨달아라.
무엇이 도 속의 현묘함인가.
참된 규구規矩가 스스로 완연하다.

『금강경』에서 남에게 경시당하는 장章〔설명하여 말하기를, 경經을 가진 자는 불지佛地를 증득한 것이다.〕

보검寶劍을 잃지 않았으니
빈 배에다 표시를 새기지 말라.
잃지도 않고 새기지도 않으면
그런 자라야 얻은 것일세.
의지하고 기다리면 감당하지 못하니
홀로 그러해야 곧 법칙일세.
허공을 날아간 새의 자취를
있다 없다 하면 더욱 어긋나네.

스님이 빛깔을 따르는 마니주에 대해 묻다

마니주는 빛깔을 따르지 않고

빛깔 속에는 마니주가 없네.
마니주와 온갖 빛깔은
합쳐지지도 않고 분리되지도 않네.

우두암牛頭庵

나라의 도성 남쪽에 있는 조사祖師의 암자
암자의 옛터는 구름에 싸이고 바람이 부네.
짐승도 길들여졌고 정숙한 사람들이 참배하니
홀연히 내 마음은 끝내 감당치 못하는구나.

건달바성乾闥婆城

건달바성은 법마다 다 그러하니
법이 그렇든 아니든 명상名相은 참된 궤칙일세.
해는 따뜻하고 달은 서늘한데 바다는 깊고 산은 솟았으니
건달바성에는 옳고 그름이 없다네.

경전을 읽는 스님을 보고

요즘 사람이 옛날의 가르침을 보지만
마음속의 시끄러움은 면하지 못하네.
마음속의 시끄러움을 면하고 싶다면
다만 옛 가르침을 보아야 함을 알아라.

어떤 스님에게 "아는가?" 했더니, "모른다"고 대답하기에

아는 것과 알지 못하는 것이
그대와 대면하고 있으나
그래도 대면한다고 말하면
진실은 알지 못하는 걸세.

뜰의 잣나무와 화분의 연꽃

한 떨기 함초롬한 연꽃과
두 그루 푸르고 가는 잣나무
늘 승가僧家의 뜰을 향해서
어찌하여 수고롭게 높은 격格을 묻는가.

정월에 우연히 보이다

정월의 봄은 순조로운 시절이니
정情이 있든 없든 모두 기쁨을 머금었네.
그대여, 누구의 힘인지 알고 싶은가.
다시 누구에게 묻고 누구로 하여금 결정케 하랴.

종릉鍾陵의 광光 승정僧正에게 주다

서산西山은 우뚝하여 푸르게 솟았고
장수漳水는 맑고 맑아 투명한 빛깔이네.
마주하여 분명히 나타나거늘
무슨 극칙이 있으랴.

백거이白居易의 팔점게八漸偈〔서문을 겸함〕

당나라 정원貞元 19년 가을의 8월 응공凝公이라는 대사가 동도東都 성선사聖善寺의 발탑원鉢塔院에서 입적했는데, 그 다음해 봄 2월에 동쪽에서 온 나그네 백거이白居易가 팔점게八漸偈를 지어서 게송마다 여섯 구절, 구절마다 네 글자로 찬탄하였다.

처음에 나 백거이는 대사에게 마음의 요체를 물었는데, 대사는 나에게 말을 내려 주셨으니 관觀·각覺·정定·혜慧·명明·통通·제濟·사捨이다.

이것이 귀로 들어와 마음을 관통했으니, 오호라, 지금 대사의 보신報身은 천화했으나 대사의 여덟 마디는 천화하지 않았다.

지극하구나, 여덟 마디여! 진실로 무생법인無生法忍을 관觀하는 점문漸門이다. 그래서 관觀에서 사捨에 이르기까지 차례차례 찬탄하되 한 마디를 넓혀서 하나의 게송으로 만들어 팔점게라고 했으니, 대사의 마음의 가르침을 발휘하고 나 백거이가 감히 실추시킬 수 없음을 밝히고자 함이다.

그리고는 법당에 올라가 제단에 절하고 꿇어앉아서 게송을 읊은 뒤에 곡을 하고 떠나갔다. 다음은 게송이다.

관觀

마음속의 눈으로
마음 밖의 모습을 관찰하니
어디로부터 있는 것이며
어디에서 없어지는가.

관찰하고 또 관찰하면
참과 허망을 가려낸다.

각覺

오직 진眞만이 항상 있지만
허망에게 가려지고 말았네.
참과 허망을 진실로 가려내면
깨달음이 그 안에서 생겨나니
허망한 있음을 여의지 않고서도
참된 공〔眞空〕을 얻는다네.

정定

진眞이 멸하지 않으면
허망은 일어나지 않나니
6근根의 근원이
고요한 물처럼 담연하면
이것이 선정이어서
생사를 해탈하게 된다.

혜慧

선정에만 전일專一하면
선정에 오히려 속박되지만
지혜로써 구제한다면

지혜는 막힘이 없다.
구슬을 소반에 놓은 것 같으니
소반은 선정이고 구슬은 지혜이다.

명明

선정과 지혜가 마주 합하여
합한 뒤에야 밝아지나니
그리하여 저 만물을 비추면
만물은 제 모습을 숨기지 못한다.
마치 크게 둥근 거울이
정情 없이 사물에 응하는 것 같다.

통通

지혜가 이르니 곧 밝고
밝으면 어둡지 않으며
밝음이 지극하면 이내 통하고
통하면 걸림이 없다.
걸림 없다 함은 무엇인가.
변화가 자유로운 것이다.

제濟

신통의 힘은 일정치 않아
생각〔念〕에 감응하여 변화하지만
변화의 모습은 있는 것 아니어서

구함을 따라 볼 뿐이다.
이것이 대자비이니
하나로써 만萬을 구제한다.

사捨

뭇 고통을 다 구제하고는
대자비도 또한 버린다.
괴로움이 참이 아니라면
자비인들 어찌 거짓 아니랴.
그러므로 중생은
진실로 제도할 것이 없다.

동안同安 찰察 선사의 십현담十玄談〔서문을 겸함〕

무릇 현담玄談과 묘구妙句는 3승乘을 벗어난다. 그러나 서로 섞여서 얽히지 않고 또 홀로 떨어져 있는 것도 아니다. 근본에 맞춰서 쓰면 마치 수정 같은 하늘에 빛나는 달과 같고, 그림자를 굴려서 기틀을 없애면 마치 밝은 구슬이 바다에 숨겨진 것과 같다. 또 배우는 무리가 등급이 있다고는 하나 오묘한 이치의 무궁함을 통달하고 일삼는 자는 드물고 근원을 미迷한 무리들은 많다. 삼라만상의 사물 하나하나에 밝고, 혹은 이理와 사事에 쌍으로 즉하지만 명언名言이 모두 상실되는 것이다. 그러므로 은근히 달을 가리키는 것이니 단견端見에 착오를 일으키지 말라. 물을 뚫는 바늘에 미혹하지 말지니, 가히 주먹을 여는 보배를 부촉하노라. 사리事理를 밝히는 짧은 말로써 서를 줄인다.〔경공卿公의 사원事苑에 말하기를 "총림叢林에서 행해지고 있는 십현담은 모두가 서문이 없다. 우낭愚囊의 유노부游盧阜에 있는 동안 선사의 영당影堂에서 그 서문을 얻었다"고 하였다. 지금 기록한다.〕

심인心印

그대에게 묻나니 심인이 어떤 모습이기에
심인을 뉘라서 감히 전해 줄 수 있으랴.
여러 겁을 지내도 평탄해서 다른 빛깔 없으니
심인이라 불러도 벌써 헛말이 된다.
모름지기 본래 스스로 신령하고 빈 성품은
이글거리는 불길 속에 연꽃 같음을 알아야 한다.
무심無心을 일러서 도라 하지 말지니
무심도 오히려 한 겹의 관문이 막혀 있다.

조의祖意

조사의 뜻은 공空인 듯하나 공은 아니니
신령한 기틀이 어찌 유와 무의 공력에 떨어지랴.
3현賢은 아직 이 종지를 밝히지도 못했거늘
10성聖인들 어찌 이 종지를 통달할 수 있으랴.
그물을 벗어난 황금 잉어는 여전히 물에 걸리고
길머리를 돌린 돌말〔石馬〕이라야 사롱沙籠을 벗어난다.
서쪽에서 오신 뜻을 은근히 말해 주나니

서쪽에서 와서 동쪽에 미쳤다고〔及〕 묻지 말라.

현기玄機

기나긴 공겁空劫에도 능히 거두지 못하거늘
티끌의 기틀에 어찌 얽매임을 받으랴.
묘한 당체는 본래 처소處所가 없거늘
통틀어 몸인데 어찌 다시 자취의 말미암음이 있으랴.
신령스런 한 구절이 뭇 형상을 초월하여
3승의 경지를 벗어나니 수행이 필요하지 않다.
저편의 여러 성인 밖으로 두 손을 뿌리쳐
길머리를 돌리면 불 속의 소가 되리라.

진이塵異[7]

흐린 것은 스스로 흐리고 맑은 것은 맑으니
보리와 번뇌는 모두가 공하고 평등해서
감정할 사람이 없는데 누가 변벽(卞璧 : 변화의 구슬)을 말하랴.
내가 말하나니, 여의주는 도처에서 번쩍인다.
만법이 없어질 때에 온전한 바탕이 나타나고
3승이 나누어질 때에 거짓 이름을 붙인다.
대장부라면 하늘을 찌를 기상이 있어서
여래가 가는 곳이라도 가지 말아야 한다.

7 티끌 속의 다른 경지를 말한다.

가르침을 펴다

3승의 차례대로 금언金言을 연설하니
3세의 부처님들도 함께 선포하셨네.
처음에 유有와 공空을 말함에 사람들 모두가 집착하더니
나중에 공과 유를 부정할 때에 모두가 반연하더라.
용궁에 가득한 장경은 의원의 처방과 같은 뜻이나
학수鶴樹[8]에 끝까지 말해도 진리를 다하지 못했네.
참되고 맑은 세계 속의 잠깐 한 생각이
염부제에서는 벌써 8천 년이 지났다.

달본達本

도중에서 공왕(空王 : 공의 진리)을 섬기지 말고
지팡이를 재촉하여 본래의 고향에 도달해야 한다.
구름과 물이 막혔을 때 그대는 머물지 말고
설산의 깊고 깊은 곳을 나는 잊지 않으리.
돌이켜 생각하건대 옥 같던 내 얼굴이
이제는 귀밑머리가 서리 같음을 탄식하네.
손을 뿌리치고 집에 다다르니 아무도 모르는데
더구나 한 물건도 존당尊堂에 바칠 것 없네.

환원還源

근본과 근원에 돌아간다 해도 일이 어긋나니

---

8 부처님의 열반처이다.

본래부터 머묾이 없으니 집이라 이름할 수 없네.
만년 솔〔松〕의 길에는 눈이 깊이 쌓였고
한 줄기 높은 봉우리에는 구름이 더욱 드리웠네.
손님과 주인이 침묵할 때는 순전히 허망함이요
군왕과 신하의 뜻이 맞으면 바름 가운데의 삿됨이다.
환향곡還鄕曲의 노래를 어떻게 부르랴.
명월당明月堂 앞에 마른나무 꽃이다.

회기迴機

열반의 성안도 오히려 위태로우니
길에서 만나도 기약을 정할 수 없네.
방편으로 때 묻은 옷을 걸친 것이 부처라 한다면
진귀한 치장을 하고 나면 다시 무엇이라 이름하랴.
나무 사람이 밤중에 신을 신고 가는데
돌 여자가 새벽에 모자를 쓰고 오네.
만고萬古에 푸른 못에 공계空界의 달을
두세 번 건져봐야 비로소 안단 말인가.

전위轉位[9]

털을 쓰고 뿔을 이고 외양간으로 들어가도
우담발화가 불 속에서 피어난다네.
번뇌의 바다에서는 비와 이슬이 되고

---

9 지위를 바꾼다는 뜻이다.

무명의 산마루에서는 구름과 우레가 되네.
확탕로탄鑊湯爐炭 나쁜 지옥을 불어서 없애고
검수도산劍樹刀山 험한 길을 소리 질러 무찌른다.
금 고리의 현관玄關에는 머무르지 않으며
딴 종류(짐승)로 다니면서 윤회輪廻에 뛰어든다.

일색一色

고목과 바위 앞에 갈림길이 많아서
행인들이 여기 와선 모두가 망설이네.
해오라기 눈에 섰지만 같은 빛깔이 아니요
밝은 달에 갈대꽃이라도 비슷하지 않다.
요달하고 요달하고 요달할 때〔了了了時〕에 요달한 바가 없으니
현묘하고 현묘하고 현묘한 곳〔玄玄玄處〕도 꾸짖어 버려라.
은근히 그대 위해 현묘함 가운데의 곡조를 부르나니
허공 가운데의 달빛을 만질 수 있겠는가.

운정산雲頂山의 승僧 덕부德敷의 10수

말하고 침묵으로 헤아리기 어렵다

한가로이 앉아서 명연冥然하니 성인도 알지 못하고
설사 말한다 해도 그에 견줄 만한 것이 없다.
돌사람이 널빤지를 들고 구름 속에서 치니
나무 계집〔木女〕은 피리를 물고 물 밑에서 분다.
만일 듣지 못했다면 그는 밝히지 못한 것이요,

그 메아리를 찾고자 하면 그는 또한 의심하리라.
그대 만일 합창하려면 그대로 합창할지언정
곡보曲譜와 악기는 아예 묻지 말라.

조사의 뜻과 교리는 매우 다르다

조사의 뜻은 아득히 한 구절을 전하는데
경전에서는 널리 펴서 3승을 인용하네.
정명淨名의 거꾸로 선 봉우리에는 우레가 우짖는데
추자鶖子의 외로운 못에 달그림자가 맑다.
저자에서 생선을 팔다가 갈 길을 잊는가 하면
바위 옆에서 범에게 몸을 던져 왕생을 기대하는데
비록 같은 본체에서 벌어진 방편임을 알지만
마치 한여름 대낮의 외로운 등불 같네.

학문은 비록 묘하지만

마음을 모아 도를 배우려는 이 티끌처럼 많으나
조계의 바른 뜻 아는 사람 몇이나 되나
만약 범부와 성인에 걸림 없게 할 수 있다면
문득 벽돌과 기왓장에 감응해도 참다운 수행이다.
별안간 일념의 삿된 마음을 일으키면
이미 여러 생의 방일한 원인을 지었네.
조사께서 친히 지시해 주시지 않았던들
기틀에 임하여 입을 열어도 끝내 진술하지 못했으리.

질문이 와도 다만 대답하지 못하고

대답하는 구절이 분명하다고 자랑 말지니
구절과 말에 집착하면 그대를 그르친다.
다만 문수에 합하면 문득 도道이지만
저 거사의 까마득히 소리 없음에는 미치지 못한다.
주인을 만났거든 문을 두드릴 필요 없고
길을 알았거든 이정표의 이름을 버려라.
만일 말을 의심치 않고 다 알아 버리면
묵묵히 한 세상을 지낸들 어떠하리오.

지적指的할 수 없다

남북에도 살지 않고 동서에도 살지 않거늘
상하와 허공엔들 견줄 수 있으랴.
조그마한 털끝을 나타내도 넓다 하더니
하늘 위까지 변화했어도 낮다고 트집을 하네.
사해四海를 단박에 말려서 붉은 티끌 일으키고
3도塗의 나쁜 업을 모두 없앤다 해도
이런 온갖 것은 모두가 무너지는 것이니
다시 앞으로 나아가 조계의 뜻을 물어라.

스스로의 외고집을 즐긴다

외고집이 풍류는 못 되지만
송문松門을 나서지 않기 몇십 년일세.

합장하고는 때때로 부처님께 문안하는 것도 게으른데
허리를 굽혀서 왕후를 뵙는 것을 어찌 달가워하랴.
번개 같고 꿈결 같은 세상 견고하지도 영원하지도 못하니
애욕의 불 속의 중생들도 머지않아 쉬겠지만
스스로의 5온蘊이 본래 영각靈覺의 성품인데
잠시도 마음 머리에 걸어 두지를 못하네.

문답을 할 때에는 일어나고 쓰러짐을 알라

문답을 할 때에는 일어나고 쓰러짐을 알아야 하니
용두사미龍頭蛇尾는 스스로를 속이는 것이다.
왕이 칼을 빼는 것은 왕의 뜻에 달린 것과 같고
거울이 경대에 걸려서 사용할 사람을 기다리는 것과 같다.
눈을 깜박이면 들쑥날쑥 천 리나 아득하고
고개 숙여 생각하면 만 겁의 어울이 있다.
누구나 여기에서 깊은 소견 다투면
어찌 앞길에서 들여우가 될 뿐이겠는가.

말과 행동이 맞아야 한다

말을 할 때에는 행하기가 쉽지 않으니
마치 해와 달의 두 가지 광명과 같다.
어찌 밤낮으로 정진한다고 되랴.
탐·진·치와 게으름에서 생긴 것도 아니다.
보살들도 설명해 미치지 못하거늘
성문들이 어떻게 논평할 수 있으리오.

그러나 지위 없이 오래 한가롭게 앉았노라면
용신龍神들이 찾아와서 받들 줄을 뉘라 알리오.

일구자一句子

한 구절이 현묘하여 다할 수 없으나
표연히 회통해 마치면 그가 어찌하리오.
세상일에 관계없이 일 없음〔無事〕을 이루니
조사다 교리다 함은 심마心魔이자 불마佛魔이다.
가난한 아들의 비유에서 이 길을 밝혔고
구슬을 바치는 게송 속에 벌리고 펼쳤다.
공문空門에 있는 길은 평탄하고 넓지만
간절히 부르건만 아무도 걸으려 하지 않네.

고금古今의 대의大意

고금에 불자拂子로써 동쪽과 남쪽을 가리키나
대의는 그윽하고 미세해서 쉽사리 참구하려 않네.
손가락을 튀기고 머리를 끄덕임은 원래 하나요
눈동자를 굴리고 손뼉을 치는 것 본래 셋이 아니다.
도오道吾가 홀笏을 들고 춤춘 것, 같은 사람끼리 알고
석공石鞏이 활을 당긴 것, 작자作者라야 안다.
이 이치를 스승이 인가해서 주지 않았다면
어떤 견처見處로 현담玄談을 말하고자 하는가.

승僧 윤潤의 시詩 3수

『보림전寶林傳』을 읽다가

조사의 달, 선禪의 바람이 보림寶林에 모이니
2천여 년의 도道를 찾을 만하다.
아무리 서쪽 나라와 동쪽 나라를 나누어도
인간 마음이 부처 마음에 이르는 것을 막지 못한다.
가섭이 최초로 받아서 전해감이 성대하고
혜능이 마지막이니 얻어서 옴이 깊었다.
이 글을 보고 단박에 깨달아서 범부를 초월하고는
저들이 언제나 고금에 미혹되었음을 걱정하네.

어느 수행자에게 주다

한마디가 참되고 공하여 세간을 벗어났거늘
불쌍하다, 미혹한 이 개미같이 도는구나.
금생이 삼선천락三禪天樂에 앉은 것보다 나으니
좋은 구절을 길게 읊으면 만사가 그만이다.
가을 달 둥글어지니 구경하다 밤새웠고
들판의 구름 흩어지니 어느 산에 떨어졌나.
끝끝내 스스로 요달해야 비로소 요달하는 것이니
저 경전을 집착하지 말고 조사의 관문을 두드려라.

어느 선객에게 주다

허망을 요달하여 참에 돌아가면 만 가지 생각이 공하니
항하의 모래같이 많은 범부와 성인은 그 본체가 통해서 같다.
미혹할 땐 모두가 불에 뛰어드는 나방과 같고
깨달으면 누구나 조롱에서 나온 학과 같다.
조각달 그림자는 천 갈래 강에 비쳤고
외로운 소나무 소리 4시時의 바람결에 맡겼네.
곧바로 심지心地에 마음이 은밀히 계합할지언정
공연히 수고롭게 꿈속을 헤매지 말라.

경덕전등록 제30권

명銘・기記・잠箴・가歌

부傅 대사大士의 심왕명心王銘
3조 승찬僧璨 대사의 신심명信心銘
우두산牛頭山 초조初祖 법융法融 선사의 심명心銘
이름을 잃은 스님의 식심명息心銘
보리달마菩提達磨의 약변대승입도사행略辨大乘入道四行〔제자 담림曇琳이 서문을 쓰다.〕
하택荷澤 대사의 현종기顯宗記
남악南嶽 석두石頭 대사의 참동계參同契
오대산五臺山 진국鎭國 대사 징관澄觀이 황태자皇太子 문심요問心要에 답함
항주杭州 오운五雲 화상의 좌선잠坐禪箴
영가永嘉 진각眞覺 대사의 증도가證道歌
등등騰騰 화상의 요원가了元歌

남악南嶽 나찬懶瓚 화상의 가歌
석두石頭 화상의 초암가草庵歌
도오道吾 화상의 낙도가樂道歌
일발가一鉢歌〔다른 기록에 의하면 배도杯渡 선사가 썼다고 한다.〕
낙보樂普 화상의 부구가浮漚歌
소계蘇谿 화상의 목호가牧護歌
법등法燈 선사의 고경가古鏡歌 3수
담주潭州 용회龍會 도심道尋의 변참삼매가遍參三昧歌
단하丹霞 화상의 완주음翫珠吟 2수
관남關南 장로의 획주음獲珠吟
향엄香嚴 화상의 여각음勵覺吟·귀적음歸寂吟 2수
소산韶山 화상의 심주가心珠歌

명銘·기記·잠箴·가歌

부傅 대사大士의 심왕명心王銘[1]

마음인 공왕空王을 관찰하건대
현묘해서 측정하기 어렵구나.
형태도 없고 모습도 없건만
커다란 신통력을 가졌네.
천 가지 재앙을 소멸시키고

1 마음 바탕을 노래한 것이다.

만 가지 공덕을 성취하는데
본체의 성품은 공하지만
능히 법칙을 시설한다.
보기에는 형상이 없지만
부르면 소리는 있으니
큰 법장(法將 : 장수)이 되어서
마음의 계법으로 경을 전하네.
물속의 짠맛과
색깔 속의 아교가
분명히 있기는 하나
그 형태는 볼 수 없나니
심왕心王도 그러하여서
몸 안에 자리 잡고 있네.
눈과 입 등으로 출입하면서
사물에 감응하고 정세에 따르니
자유롭고 걸림이 없어서
하는 일 모두가 이루어진다.
본래의 식심識心을 요달하면
식심으로 부처를 보나니
이 마음이 부처요
부처가 이 마음일세.
생각 생각이 부처의 마음이니
부처의 마음이 부처를 생각하네.
빨리 성취하기를 바라거든
계율의 마음으로 스스로를 단속하라.

계율이 깨끗하고 마음이 깨끗하면
마음이 곧 부처이다.
이 심왕을 떠나서는
다시 딴 부처는 없나니
부처가 되기를 바란다면
한 물건에도 물들지 말라.
마음의 성품은 공하지만
탐・진・치의 체體는 실다우니
이 법문에 바로 들어와서
단정히 앉아서 부처가 되면
저 언덕에 이르러서
바라밀을 얻게 된다.
도를 흠모하는 참 도사는
스스로의 마음을 스스로 관찰하여
부처가 안에 있음을 알고서
밖을 향해 찾지 않는다.
마음 그대로가 부처요
부처 그대로가 마음이니
마음이 밝으면 부처를 알아채고
밝혀서 요달하면 마음을 알아챈다.
마음을 떠나서는 부처가 아니요
부처를 떠나서는 마음이 아니니
부처가 아니면 측정하지 못하고
맡김을 감당하지도 못한다.
공에 막히고 고요함에 걸리면

여기에서 표류하고 가라앉지만
모든 부처님과 보살들은
여기에 마음을 안주하지 않는다.
마음을 밝힌 대사는
이 현묘한 소리를 깨달아서
몸과 마음의 성품의 묘함을
쓰면서도 다시 바꾸지 않는다.
그러므로 지혜로운 자여,
마음을 놓아서 자재하라.
심왕이라고도 말하지 말지니
공하여 체성體性이 없기에
능히 색신色身을 사용해서
사邪도 짓고 정正도 짓네.
있는 것도 아니고 없는 것도 아니고
숨었다 드러났다 일정하지 않네.
마음의 성품이 공을 여의면
능히 범부도 되고 성인도 되니
그러므로 간절히 권하나니
스스로 잘 지키어 간직하라.
찰나라도 조작造作을 하면
다시 떠다니게 되고
청정한 마음의 지혜는
세상의 황금과 같다.
반야의 법 창고[法藏]는
모두가 몸과 마음에 있으니

무위법의 보배는
깊지도 않고 얕지도 않다.
모든 부처님과 보살들은
이 근본 마음을 요달했으니
인연이 있어 만나는 이는
과거나 미래, 현재도 없다.

3조祖 승찬僧璨 대사의 신심명信心銘

지극한 도는 어렵지 않으니
오직 간택하는 짓이 탈이니라.
미워하고 좋아하는 생각만 없으면
훤하게 트여서 명백하리라.
털끝만큼이라도 차이가 있으면
하늘 땅 사이로 막히나니
현전現前에서 얻고 싶다면
순종함과 거스름을 간직하지 말라.
어기고 순종함이 서로 다투는 것이
바로 마음의 병이니
현묘한 취지를 알지 못하면
공연히 고요함만을 생각한다.
원만함이 허공과 같아서
모자람도 남음도 없거늘
취했다 버렸다 하기 때문에
여여如如하지 못하게 된다.

유有의 인연을 쫓지도 말고
공의 인식에도 머물지 말라.
한 가지 평탄한 생각을 가지면
사그라지면서 저절로 다하리라.
움직임을 멈추게 해서 멈춤에 돌아가면
멈춤은 더욱더 움직이게 되니
오직 양변兩邊에만 막혀 있으면
어찌 한 가지임을 알리오.
한 가지를 통하지 못하면
양쪽에서 공功을 잃나니
유를 버리려면 유에 빠지고
공을 따르려면 공을 등진다.
말이 많고 생각이 많으면
더욱 상응相應하지 않나니
말을 끊고 생각을 끊으면
통하지 못할 곳이 없다.
뿌리에 돌아가면 종지를 얻고
비춤〔照〕을 따르면 종지를 잃나니
잠깐 사이에 돌이켜 비추면
앞의 공보다 훨씬 나으니라.
앞의 공이 전변轉變하는 것은
모두가 허망한 소견을 말미암으니
참됨을 구하려 하지 말고
오직 소견을 쉬어야 한다.
두 가지 소견에 머물지 않거든

삼가고 뒤좇아 찾지 말라.
까딱이라도 옳고 그름이 있으면
어지러이 마음을 잃으리라.
둘이란 하나를 말미암아 있으니
하나도 또한 지키지 말라.
한마음이 나지 않으면
만 가지 법이 허물이 없으니
허물이 없으면 법도 없고
생겨나지 않으면 마음도 아니다.
주체〔能〕는 객체〔境〕[2]를 따라 사라지고
객체는 주체를 따라 없어지나니
객체는 주체를 말미암아 객체이고
주체는 객체를 말미암아 주체이다.
이 두 단락을 알고자 하는가.
원래가 하나의 공이니
하나의 공이 양쪽과 똑같아서
만상萬象을 가지런히 머금는다.
정밀하고 거칠음을 보지 않거니
어찌 치우침이 있으랴.
대도大道는 본체가 너그러워서
쉬움도 없고 어려움도 없거늘
작은 소견들이 의심을 일으켜서
더욱 급하거나 더욱 더디게 군다.

2 소所라고도 한다.

집착하면 법도를 잃어서
반드시 삿된 길에 들고
놓으면 스스로 그러해서
본체는 가고 머묾이 없나니
성품에 맡겨 도에 합하면
소요하면서 번뇌를 끊으리라.
생각〔念〕에 얽매이면 참됨에 어긋나고
혼침昏沈하면 좋지 않으니
정신을 괴롭힘이 좋지 않거늘
어찌하여 친하고 성글게 굴리오.
1승乘을 취하고자 하거든
6진塵을 싫어하지 말 것이며
6진을 싫어하지 않으면
도리어 정각正覺과 같아지니
지혜로운 이는 함이 없거니와
어리석은 사람은 스스로 결박된다.
법은 다른 법이 없거늘
허망하게도 스스로 애착하니
마음을 갖고서 마음을 쓰니
어찌 큰 잘못이 아니리랴.
미혹이 생기면 고요함이 흩어지고
깨달으면 좋고 나쁨이 없나니
온갖 것의 두 치우친 끝을
진실로 잘 요량해 보아야 한다.
꿈 같고 허깨비 같고 허공 꽃 같은 것을

어찌하여 수고롭게 잡으려 하는가.
얻고 잃음, 옳고 그름을
일시에 놓아 버려라.
눈에 졸음이 없으면
온갖 꿈은 저절로 없어지고
마음에 차이가 없으면
만법은 일여一如하리니
일여의 본체는 현묘하여서
우뚝하여 반연을 잊었다.
만법을 가지런하게 관찰하면
모두가 자연으로 복귀하니
그 까닭이 있는 것 아니어서
바야흐로 견줄 수가 없다.
멈춤이 움직임이면서도 움직임이 없고
움직임이 멈춤이면서도 멈춤이 없나니
두 가지는 이미 이뤄지지 않는 것이니
하나인들 어찌 있으리오.
구경究竟의 궁극窮極은
궤칙을 간직하지 않나니
마음이 평등에 계합되면
모든 작위가 함께 쉬어지고
여우같은 의심이 말끔히 청정해지면
바른 믿음이 고르고 곧아지며
일체를 남겨두지 않으면
기억할 만한 것도 없다.

비고 밝아서 스스로 비추는 것은
마음을 수고롭게 할 필요가 없으니
이는 생각으로 헤아리지 못할 곳이며
의식의 정情으로도 헤아리기 어렵다.
진여의 법계이매
타他도 없고 자自도 없으니
재빨리 상응하기를 바라거든
오직 둘 아님을 말하라.
둘 아니면 모두 똑같아서
포용하지 않는 것이 없나니
시방의 지혜로운 이들이
모두가 이 종지로 들어왔다.
종지란 늦고 빠름이 아니니
일념이 만년이요
존재함도 존재하지 않음도 없어서
시방세계가 눈앞이다.
지극히 작으면 큰 것과 같으니
경계가 모두 없어지고
지극히 크면 작은 것과 같으니
변두리도 겉도 보이지 않는다.
있음은 곧 없음이요
없음이 곧 있음이니
만일 이렇게 되지 않았거든
반드시 꼭 지킬 필요가 없다.
하나가 곧 일체요

일체가 곧 하나이니
이렇게 될 수만 있다면
어찌 끝내지 못할까 근심하랴.
신심은 둘 아님이요
둘 아님이 신심이니
언어의 길이 끊겨서
과거 · 미래 · 현재가 아니다.

우두산牛頭山의 초조初祖 법융法融 선사의 심명心銘

심성心性은 나지 않거늘
어찌 알아보겠는가.
본래부터 한 법도 없거늘
누가 닦아 익힘을 논하랴.
가고 옴이 까닭 없으니
뒤쫓아도 보이지 않고
일체가 작위가 없으면
밝고 고요함이 저절로 나타난다.
전제前際는 허공과 같거늘
아는 곳에서 종지를 미혹하고
분명히 경계를 비추거늘
비춤을 따르다가 캄캄해진다.
한마음에 막힘이 있으면
모든 법이 통하지 않으니
가고 옴이 스스로 그렇거늘

어찌 추궁할 필요가 있으랴.
생겨나도 생겨나는 모습이 없어서
생겨남과 비춤은 하나로 똑같다.
마음이 깨끗하고 싶다면
무심으로 공功을 지어라.
종횡으로 비춤이 없는 것
그것이 가장 미묘하니라.
법을 알아도 아는 것이 없나니
아는 것 없어야 요체를 아는 것이다.
마음을 가지고 고요함을 지키면
여전히 병을 여의지 못한 것이니
나고 죽는다는 생각조차 잊어야
그것이 바로 본래의 성품이다.
지극한 이치는 언전言詮이 없어서
속박도 아니고 해탈도 아니지만
신령스럽게 통하면서 사물에 응하여
항상 눈앞에 존재한다.
눈앞에 물건이 없으면
물건 없음이 완연하니
지혜로써 살필 필요도 없이
본체 스스로 비고 현묘하다.
생각이 일고 생각이 멸함에
앞과 뒤의 차별이 없나니
뒷생각이 생겨나지 않으면
앞생각은 저절로 끊어진다.

3세에 아무런 물건도 없고
마음도 없고 부처도 없나니
중생도 무심無心이지만
무심에 의거해서 나온다.
범부와 성인을 분별하면
번뇌가 더욱 성해지나니
계교하면 항상함을 어기고
참을 구하면 올바름을 등진다.
대치對治가 쌍으로 없어지면
담연湛然하여 밝고 맑으니
교묘한 수단을 행할 것 없이
어린이의 행실을 지켜라.
또렷또렷하게 요달해 안다면
소견의 그물이 더욱 얽히고
적적하여 보는 바가 없으면
어두운 방에서 옮기지 못한다.
또렷또렷하여 허망함이 없으면
적적하고 밝고 청량해서
만상이 항상 참되고
삼라森羅가 한 모습이리라.
가고 오고 서고 앉음에
온갖 것에 집착하지 말라.
결정코 방위가 없나니
누가 나가고 누가 들어가랴.
합함도 없고 흩어짐도 없으며

더딤도 없고 빠름도 없으면
밝고 고요함이 스스로 그러해서
말로는 미치지 못한다.
마음은 딴 마음이 없어서
탐욕과 음심을 끊을 수 없지만
성품이 공하면 저절로 여의어서
성품에 맡기어 떴다 잠겼다 한다.
맑지도 흐리지도 않고
깊지도 얕지도 않으니
본래부터 있어도 옛날이 아니고
존재를 보아도 지금이 아니다.
존재를 보아도 머묾이 없으면
존재를 보는 것이 근본 마음이니
본래부터 존재하는 것이 아니라
본래가 바로 지금이다.
보리菩提는 본래부터 있으니
지켜야 할 필요가 없고
번뇌는 본래 없으니
없앨 필요가 없다.
신령한 앎이 스스로 비추면
만법은 진여에 돌아가니
돌아갈 바 없고 받을 것 없으면
관법도 끊고 지킴〔守〕도 잊는다.
네 공덕〔四德〕이 생겨나는 것 아니고
3신身이 본래 있는 것이니

여섯 감관이 경계를 대하여도
분별하는 것은 식識이 아니다.
한마음에 허망이 없으면
만 가지 인연이 고르고 곧아지니
마음과 성품은 본래 가지런한 것이어서
함께 살면서도 서로 이끄는 것 아니다.
무생無生으로 사물에 순응하면
처소에 따라 그윽하게 깃든다.
깨달음은 깨닫지 못함을 말미암고
깨달음에 즉하면 깨달음 없는 것이니
얻고 잃는 두 쪽에서
누가 좋고 나쁨을 말하랴.
온갖 유위의 법은
본래 조작이 없으니
마음이 마음 아닌 줄 알면
병도 없고 약도 없나니
미혹했을 때에는 사事를 버리다가
깨달으면 다르지 않게 여긴다.
본래 취할 것이 없거늘
이젠들 어찌 버릴 필요가 있으랴.
이른바 마魔가 일어나서
빈 형상이 갖추어졌다고 하지만
범부의 망정을 없애지 말고
오직 뜻을 쉬게만 하라.
뜻에는 마음의 멸함이 없고

마음에는 행行의 끊김이 없으니
공을 증득할 필요도 없이
자연히 밝게 사무치리라.
생사를 멸하여 다하면
그윽한 마음으로 이理에 들어가고
눈을 떠서 모습을 보면
마음이 경계를 따라 일어난다.
마음의 처소에는 경계가 없고
경계의 처소에는 마음이 없으니
마음을 갖고서 경계를 없애려 하면
서로 서로가 침노할 뿐이다.
마음이 적멸하면 경계도 여여如如하여서
버리지도 않고 구속받지도 않는다.
경계는 마음을 따라 멸하고
마음은 경계를 따라 없으니
두 곳에서 생겨나지 않으면
고요하고 비고 밝아진다.
보리는 그림자같이 나타나고
마음의 물은 항상 맑으며
덕의 성품은 어리석은 듯하여
친하고 성김을 세우지 않는다.
칭찬과 훼방에도 요동치 않고
사는 곳도 가리지 않아서
모든 반연을 단박에 쉬면
온갖 것이 기억에 들지 않나니

긴긴 해가 밤과 같고
긴긴 밤이 낮과 같다.
겉으로는 시끄러운 것 같으나
안으로는 비고 곧아서
경계를 대하여 요동치 않으면
힘이 있는 큰 사람〔大人〕이다.
사람이 없으면 보는 것이 없고
보는 것이 없으면 항상 나타나서
온갖 것을 통달하여
두루하지 않은 적이 없다.
생각할수록 더욱 어두워져서
정신을 어지럽게 하니
마음을 써서 움직임을 그치려고 하면
그치려고 할수록 더욱 분주해진다.
만법은 대상〔所〕이 없어서
오직 한 문門 뿐이라서
들어가지도 않고 나가지도 않으며
고요함도 아니고 시끄러움도 아니다.
성문이나 연각의 지혜로는
능히 논할 수가 없나니
진실로 한 물건도 없어서
묘한 지혜만이 홀로 존재한다.
근본의 경지〔本際〕는 텅 비어서
마음으로 궁구할 바 아니니
바른 깨달음은 깨달음이 없고

참된 공은 공이 아니다.
3세의 부처님들이
모두 이 종宗에 의거했으니
이 종지에서는 터럭 끝에서
항하의 모래같이 많은 세계를 포용하였다.
일체를 돌아보지 말지니
안주한 마음은 처소가 없고
처소가 없으면 마음이 안주해서
비고 밝음이 저절로 드러난다.
고요하고 고요하면 생겨나지 않아서
거침없이 자유자재하고
하는 일에 걸림이 없으면
가고 머묾에 모두가 평등하리라.
지혜의 태양은 적적寂寂하고
선정의 광명은 밝고 밝아서
무상無相의 동산을 비추고
열반의 성城을 밝힌다.
온갖 반연을 다 잊으면
정신과 기질이 안정되나니
법좌法座를 일어나지 않고도
텅 빈 방에서 편안히 잠들리라.
도를 즐기면서 담연하여
진실에 걸림 없이 노닐면
함도 없고 얻음도 없어서
없음에 의거해 저절로 나오리라.

4등等과 6도度가
똑같이 1승乘의 길이나
마음이 생겨나지 않으면
법에는 차별이 없으리라.
생겨나면서 생겨남이 없는 줄 알면
현전하여서 항상 머무나니
지혜로운 이라야 비로소 알지
말로써 깨달을 바가 아니다.

식심명息心銘〔지은 스님의 이름을 모름〕

법계에 여의보如意寶로 된 사람이 있는데, 오래도록 그 몸을 봉함해 두고 가슴에는 '옛날의 마음을 가다듬던 사람'이라 새겼으니, 경계할 일이다.

많이 생각하지 말고 많이 알지 말라. 많이 알면 일이 많으니 뜻을 쉬는 것만 못하고, 생각이 많으면 잃는 것이 많으니 하나를 지키는 것만 못하다. 생각이 많으면 뜻〔志〕이 흩어지고 아는 것이 많으면 마음이 어지럽다.

마음이 어지러우면 번뇌가 생기고 뜻이 흩어지면 도에 방해가 된다. 무슨 방해가 되랴 하지 말라. 그 괴로움이 더욱 길어지리라. 무엇이 두려우랴 하지 말라. 그 화가 더욱 끓어오른다. 물방울도 멈추지 않으면 사해四海가 가득 차고, 작은 티끌도 털지 않으면 오악五嶽이 이루어진다.

끝을 막는 것은 근본에 있으니, 비록 작더라도 가볍게 여기지 말라. 그대의 일곱 구멍을 막고 그대의 여섯 감정을 막아서 빛깔에도 드러내지 말고 소리에도 듣지 말라. 소리를 듣는 이는 귀머거리요, 빛깔을 보는 이는 소경이니, 문장 하나, 기예 하나가 공중에 작은 각다귀요, 기량 하나, 능력 하나가 대낮의 등불이다.

재능과 기예가 있는 재사가 도리어 어리석은 무리이니, 본래의 순박함을 버리고 넘치는 화려함에 깊이 빠졌기 때문이다. 의식의 말은 분주하기 쉽고 마음의 말은 붙들기 어려우니, 정신이 이토록 피로하면 몸은 따라서 망가지기 마련이다. 삿된 행은 끝내 미혹하고, 도를 닦는다 함은 영원히 진흙구덩이에 빠진다.

재주 있음을 귀히 여기지 말지니, 날마다 어리석음을 더한다. 서투름을 뽐내거나 공교함을 자랑하면 그의 덕은 넓지 못하고, 명성은 두터운데 행실이 얄팍하면 그 높은 지위가 속히 무너지고, 안으로 교만한 생각을 품으면 밖으로 원한과 미움을 불러들인다.

혹 입으로 지껄이거나 글로 써서 남의 칭찬을 받는다 하여도 몹시 추잡한 일이니, 범부들은 길하다 하나 성인은 허물로 여긴다. 감상하는 것은 잠깐이지만 슬프고 괴롭기는 긴 시간이다. 그림자와 자취를 두려워하여 빨리 뛰면 뛸수록 빨리 따라오지만, 나무 밑에 단정히 앉으면 자취도 그림자도 저절로 사라진다.

나는[生] 것을 싫어하고 늙는 것을 근심하면서 생각을 따르고 조작을 따르니, 마음의 상념이 멸하면 생사도 길이 끊어지고, 나지 않고 죽지 않으면 이름도 없고 모습도 없다. 한 가닥의 길이 비고 고요하여 만물이 가지런하고 평등하니, 무엇이 귀하고 무엇이 천하며, 무엇이 욕되고 무엇이 영화로우며, 무엇이 낫고 무엇이 못나며, 무엇이 중하고 무엇이 가벼우랴. 맑은 하늘은 더할 수 없이 맑고, 밝은 해는 더 밝을 수 없이 밝으니, 드높은 봉우리 위에 안정시킴이 저 금성金城과 같다. 삼가 현명한 여러분에게 주나니, 이 도는 이롭고 정숙하다.

보리달마菩提達磨의 약변대승입도사행略辨大乘入道四行〔제자 담림曇琳이 서문을 쓰다.〕

법사는 서역西域 남천축국南天竺國의 큰 바라문 왕의 셋째 아들이었다. 재주가 뛰어나서 듣는 것은 모두 깨달았는데, 마하연摩訶衍의 도에다 뜻을 두었으므로 속세를 버리고 입산하여 성인의 종자를 이었다. 그윽한 마음이 비고 고요해서 세상일을 환히 비추었으며, 안팎을 모두 밝혀서 덕화가 세상에 알려졌다.

그러나 변두리에서는 바른 교법이 벌써 쇠퇴하는 것을 슬프게 여긴 탓에 마침내 멀리 산과 바다를 건너서 중국을 교화하니, 마음을 잊은 선비는 모두가 믿고서 귀의하였지만 소견을 간직한 무리는 비방을 일삼았다.

이때에 도육道育과 혜가慧可 두 사문이 있었는데, 이 두 사람은 나이는 어리나 기상이 높았다. 다행이 법사를 만나 몇 해를 섬기면서 정성껏 묻고 배워서 법사의 가르침을 잘 받드니, 법사는 그의 정성을 기특히 여겨 참된 길로 인도해 주었다. 바른 길이라 함은 이렇게 마음을 안정시키고, 이렇게 행을 일으키고, 이렇게 사물에 순응하고, 이렇게 방편을 쓰라는 것이니, 이는 대승의 마음 안정시키는 법으로서 착오가 없게 하는 것이었다. 이렇게 마음을 안정시킨다 함은 벽관壁觀이요, 이렇게 행을 일으킨다 함은 네 가지 행이요, 이렇게 사물에 순응한다 함은 비방을 막는 것이요, 이렇게 방편을 쓴다 함은 집착하지 않도록 하는 것이다. 이것이 그 대략을 서술한 것이다.

도에 들어가는 길이 많으나 요약해서 말하건대 두 가지에 지나지 않나니, 하나는 이치로 들어감[理入]이요, 하나는 행으로 들어가는[行入] 것이다.

이치로 들어간다 함은 교리에 의거해 종지를 깨닫는 것이다. 모든 중생이 똑같이 참 성품이지만 번뇌 망상에 덮여서 드러나지 못한다는 것을 깊이 믿고서 만일 허망함을 버리고 참됨에 돌아가서 응연凝然히 머물러 벽관壁觀을 하면 나도 없고 너도 없어 범부와 성인이 평등하다. 여기에 굳건히 머물러 옮기지 않으면 다시는 글이나 교리에 따르지 않는다. 이것이 바로 이치와 그윽이 부합해서 분별이 없고 고요하여 함이 없기 때문에 이름하여 '이치로 들어간다'고 한다.

행으로 들어간다 함은 네 가지 행을 말하나니, 그 밖의 행은 모두가 여기에 포함된다. 무엇이 네 가지 행인가? 첫째는 빚을 갚는 행이요, 둘째는 인연을 따르는 행이요, 셋째는 구하는 바가 없는 행이요, 넷째는 법에 맞는 행이다.

무엇을 빚 갚는 행이라 하는가? 도를 닦아 행하는 사람이 만약 괴로움을 당하면 마땅히 스스로 이렇게 생각해야 한다.

'내가 셀 수 없이 많은 옛날부터 근본을 버리고 말단을 따라 온갖 유有를 다니면서 많은 원수를 맺고 무수한 생명을 죽였다. 비록 지금은 아무 범한 일이 없지만, 이는 나의 전생 나쁜 업의 과보로 받은 것이지, 하늘이나 인간이 능히 보고서 줄 수 있는 것이 아니다. 참는 마음으로 달게 받아 아무런 원망도 말자.'

경에 말하기를 "괴로움을 만나도 근심치 않나니, 무슨 까닭인가? 알아서 달관했기 때문이다"라고 하였으니, 이런 마음을 낼 때에 이치와 상응하여서 원망을 받아도 도에 나아간다. 그러므로 빚을 갚는 행이라 한다.

둘째, 인연을 따르는 행이라 함은 중생은 내〔我〕가 없어서 모두가 반연과 업에 의해 굴려지니, 괴로움과 즐거움을 받는 것 모두가 인연으로부터 생겼는데, 만일 훌륭한 과보와 명예로운 일을 얻으면 이렇게 생각한다.

'이는 나의 전생 인연이 감응한 것이다. 지금 바야흐로 얻었으나 인연이 다하면 도리어 없어질 터인데 어찌 기뻐하랴.'

얻고 잃음은 인연에 따를 뿐 마음은 늘어나고 줄어듦이 없어서 기쁨의 바람에도 흔들리지 않고 가만히 도에 순응하는 까닭에 인연에 따르는 행이라 한다.

셋째, 구하는 바 없는 행이라 함은 세상 사람들이 오랫동안 미혹하여서 곳곳에서 탐내고 집착하는데, 이를 이름하여 '구한다'고 한다. 지혜로운 이는 참됨을 깨달아 이치로 세속의 반反을 거느리고, 마음을 안주하여 함이 없어서 형상은 운運에 따라 구른다. 만유萬有가 이렇게 공하여 원하고 즐기는 바가 없으니, 공덕과 어두움이 항상 서로 따르면서 삼계에 오래 사니 마치 불타는 집과 같다. 몸이 있으면 모두가 괴롭거늘 어떻게 편안하랴. 이런 처지를 요달해서 온갖 유有를 버리므로 상념이 쉬고 구함이 없다. 경에 말하기를 "구함이 있으면 괴롭고, 구함이 없어야 즐겁다" 하였으니, 구함이 없어야 참다운 도행道行임을 분명히 알겠다. 그러므로 구하는 바 없는 행이라고 말한다.

넷째, 법에 맞는 행이다. 성품이 청정한 이치를 가리켜서 법이라 하는데, 이 이치는 온갖 모습이 공해서 물듦도 집착도 없고, 이쪽도 저쪽도 없다. 경에 말하기를 "법에는 중생이 없나니 중생의 때를 여의기 때문이요, 법에는 내가 있지 않나니 나라는 때를 여의기 때문이다"라고 하였다. 지혜로운 이가 이 이치를 능히 믿고 이해한다면 마땅히 법에 맞추어 행해야 한다. 법의 본체는 인색함이 없으니, 몸으로나 재물로 보시를 행하면 인색한 마음이 없어지고, 3공空을 요달하면 기대지도 않고 집착하지도 않는다. 오직 더러움을 없애기 때문에 중생을 제도한다고 칭하면서도 형상을 취하지 않나니, 이것이 바로 스스로의 행〔自行〕으로서 능히 남도 이롭게 하고 능히 보리의 길을 장엄하기도 한다. 보시의 법이 이미 이렇다면 나머지 다섯 바라밀도 이러하나니, 망상을 없애기 위해 여섯 바라밀을 수행하나 행하는 바 없으면, 이것이 법에 맞는 행이다.

하택荷澤 대사 현종기顯宗記

무념無念이 조종이요, 무작(無作 : 작위 없음)이 근본이며, 진공眞空이 본체요, 묘유妙有가 작용이다.

진여라 함은 무념이니 상념으로 능히 알 수 없고, 실상은 생멸이 없으니 어찌 색심色心으로 능히 볼 수 있으랴. 무념의 염念은 곧 진여를 염하는 것이요, 무생無生이면서 나는 것은 곧 실상을 내는 것이다. 머무름 없으면서 머무니 항상 열반에 머무르고, 행이 없으면서 행하니 바로 저 언덕으로 초탈한다.

여여如如하여 움직이지 않으니 움직임의 작용이 다함이 없고, 생각 생각에 구함이 없으니 본래의 무념을 구한다. 보리는 얻음이 없으나 5안眼을 맑혀야 3신身을 요달하고, 반야는 앎이 없으나 6통通을 운용해서 4지智을 넓힌다.

이로 인하여 선정에 즉하면서 선정이 없고, 지혜에 즉하면서 지혜가 없고, 행에 즉하면서 행이 없음을 안다. 성품은 허공과 동등하고 본체는 법계와 똑같으니, 6바라밀이 이로 인하여 원만해지고 도품道品이 이로 인하여 이지러짐이 없어지나니, 이 까닭에 나와 법의 본체가 공하고, 유와 무가 겸하여 없어졌음을 알겠다.

마음은 본래 작위가 없고 도는 항상 무념이니, 염念도 없고 생각도 없으며, 구함도 없고 얻음도 없으며, 저것도 아니고 이것도 아니며, 가지도 않고 오지도 않는다. 본체는 3명明을 깨달았고, 마음은 8해탈을 통하니, 공덕은 10력을 이루고, 부귀로는 7진珍이 구족하다. 둘 아닌 법문에 들어가서 1승의 이치를 얻으니, 묘한 가운데의 묘함이 바로 묘한 법신이요, 하늘 가운데의 하늘이 바로 금강의 지혜이다.

담연湛然하고 항상 고요하고 감응하여 작용하는 데 방위가 없으니, 작용하되 항상 공하고 공하면서도 항상 작용한다. 작용하나 있지 않으니, 그것이 진공眞空이요, 공하나 없지 않으니, 그것이 묘유妙有를 이룬다. 묘유는 곧 마하반야摩訶般若이고, 진공은 곧 청정열반淸淨涅槃이다. 반야는 열반의 원인이요, 열반은 반야의 결과이니, 반야는 봄이 없으면서도 능히 열반을 보고, 열반은 생김이 없으면서도 능히 반야를 낸다.

반야와 열반은 이름은 다르나 본체는 같으니, 뜻을 따라 이름을 세운 것이다. 그러므로 말하기를 "법은 일정한 모습이 없다"고 하는 것이다.

열반은 능히 반야를 내나니, 이를 이름하여 참 부처님의 법신이라 하고, 반야는 능히 열반을 건립하기 때문에 이름하여 여래의 지견知見이라 한다. 안다 함은 마음이 공적함을 아는 것이요, 본다 함은 성품이 나지 않음을 보는 것이다. 알고 보는 것이 분명하여 동일하지도 않고 다르지도 않으니, 그 까닭에 움직이고 고요함에 항상 묘하고 이理와 사事가 모두 여여如如하다. 여여하면 곳곳에서 통달하고, 통달하면 이理와 사事가 걸림이 없다.

여섯 감관이 물들지 않음은 선정과 지혜의 공력이요, 여섯 식識이 나지 않음은 여여의 힘이다. 마음이 여여하면 경계가 물러가고, 경계가 사라지면 마음이 공하다. 마음과 경계가 쌍으로 없어져서 본체와 활용이 다르지 않으면, 진여의 성품이 청정하고 지혜의 비춤이 끝이 없나니, 마치 물에 천 개의 달이 나뉘는 것처럼 보고 듣고 깨닫고 안다.

보고 듣고 깨닫고 아나 항상 공적하니, 공함은 곧 모습이 없는 것이요, 적적함은 곧 생멸이 없는 것이다. 선과 악의 구속을 받지 않고, 고요함과 어지러움의 포섭도 받지 않으며, 생사를 싫어하지도 않고 열반을 좋아하지도 않는다.

없음은 능히 없음이 아니고, 있음은 능히 있음이 아니니, 다니고 멈추고 앉고 누움에 마음을 요동하지 않으면 어느 때나 얻을 바 없음을 얻나니, 3세의 모든 부처님들의 가르침이 이렇다.

보살께서 자비를 일으키시어 차례차례 전해 주시니, 세존께서 입멸하신 뒤에 인도에서 28조들이 모두가 머무름 없는 마음을 전하시고 똑같이 여래의 지견을 말씀하시다가 달마에 이르러 이 땅에서 초조가 되셨다. 다시 다음 다음으로 전하여 지금껏 끊이지 않았는데, 전하신 바 비밀한 교법은 반드시 사람을 얻는 데 의존함이 마치 왕의 동곳 구슬을 헛되이 전하지 않는 것과 같아서 복덕과 지혜의 두 가지 장엄으로 행실과 견해가 상응해야 비로소 능히 건립한다.

옷은 법의 신표이고 법은 옷의 종지이니, 오직 옷과 법을 전했다고 가리킬 뿐 다시 다른 법이 없다. 안으로 심인心印을 전하여 본심에 계합하고, 겉으로 가사를 전하여 종지를 표시하니, 옷이 아니면 법을 전하지 못하고, 법이 아니면 옷을 받지 못한다. 옷은 법을 표시하는 옷이요, 법은 무생의 법이니, 무생이면 곧 허망함도 없어서 바로 공적한 마음이다. 공적을 알아야 법신을 요달하고, 법신을 요달해야 참다운 해탈이다.

남악南嶽 석두石頭 화상의 참동계參同契[3]

인도의 큰 선인의 마음을
동서에서 비밀히 서로 부합하니
사람의 근기에는 둔하고 영리함 있으나
도에는 남북의 조사가 없다.
신령한 근원은 맑고 맑으나
곁가지가 암암리에 흘러 들어가니
사事에 집착하면 원래 미혹한 것이요
이理에 계합하여도 또한 깨달음은 아니다.
문門마다 일체의 경계이니
회호廻互하면서도 회호하지 않으니
돌이켜서 다시 서로 엇걸리거나
그렇지 않으면 지위에 의거해 머문다.
색色은 본래 물질의 형상과 다르고
소리는 원래 즐거움이나 괴로움과 다르다.
상·중의 말에 가만히 부합하면

3 같이 공부에 참가하자는 취지.

명명明明하게 맑고 흐린 구절이다.
4대大의 성품이 저절로 회복됨이
마치 자식이 어미를 만난 것 같으니
불은 뜨겁고 바람은 흔들리며
땅은 견고하고 물은 축축하며
눈에는 빛깔이고 귀에는 음성이며
코에는 냄새이고 혀에는 맛이다.
그러나 낱낱의 법에 의거하여
뿌리에 근거해 잎이 퍼지니
근본과 끝은 조종에 돌아가야 한다고
높은 이든 낮은 이든 그렇게 말한다.
밝은 가운데 어두움이 있다 해도
어두움으로써 만났다 여기지 말고
어두움 가운데 밝음이 있다 해도
밝음으로써 만났다 여기지 말라.
밝음과 어두움이 각기 서로 대함은
마치 앞뒤의 걸음걸이와 같다.
만물은 스스로 공덕이 있으니
당면하여 작용과 처소를 말하라.
사事는 궤와 뚜껑이 맞는 것 같고
이理는 활과 화살이 버티는 것 같으니
말을 듣고는 바로 종지를 알지언정
스스로로 법규를 세우지는 말라.
눈에 닿는데도 도를 알지 못하면
발을 옮긴들 어찌 길을 알랴.

진보進步는 멀지도 가깝지도 않으니
미혹하면 산하가 굳게 막힌다.
삼가 현묘함을 배우는 이에게 말하노니
세월을 헛되이 보내지 말라.

오대산五臺山 진국鎭國 대사 징관澄觀이 황태자문심요皇太子問心要에 답함

지극한 도는 그 마음에 근본을 두고
마음의 법은 머무름 없음이 근본이다.
머무름 없는 마음의 본체는
신령스런 앎으로 어둡지 않고
성품과 형상이 고요하며
공덕과 작용을 포함하고
안팎을 두루 포섭하며
능히 깊고 능히 넓기도 하고
있음도 아니고 공함도 아니며
나지도 않고 멸하지도 않고
시작도 없고 끝남도 없다.
구해도 얻을 수 없고
버려도 여의지 못하나니
현량現量[4]에 미혹하면 분주히 괴롭고
참 성품을 깨달으면

4 눈에 보이는 그대로의 것.

비고 밝아서 확 트인다.
비록 마음이 부처라고는 하나
증득한 이라야 비로소 안다.
그러나 증득함도 있고 앎도 있으면
지혜의 태양이 유有의 땅에 빠지고
비춤도 없고 깨달음도 없으면
어두운 구름이 공의 문에서 걷힌다.
한 생각이 나지 않으면
앞과 뒤의 경계[際]가 끊어지고
비추는 본체가 홀로 우뚝하면
사물과 내가 모두 여여하다.
곧장 마음의 근원에 나아가면
앎도 없고 얻음도 없으며
취하지도 않고 버리지도 않으면
대對함도 없고 닦을 것도 없다.
그러나 미혹과 깨달음이 엇갈려 의지하고
참과 허망함이 마주 상대하니
참을 구하려고 허망함을 없애면
마치 그림자를 버리려고 애쓰는 것과 같고
허망함이 곧 참임을 체득하면
그늘에 처해서 그림자가 없어지는 듯하다.
만약 무심하여 비춤을 잊으면
만 가지 사념이 모두 사라지고
만약 운運에 맡겨 고요히 알면
뭇 행이 모두 일어난다.

매인 곳 없어서 가고 머무는 데 맡기며
조용히 비추어서 그 근원을 깨닫는다.
말하든 침묵하든 현묘함을 잃지 않고
움직이든 고요하든 법계를 여의지 않는다.
지止를 말하면 앎과 고요함을 쌍으로 없애고
관觀을 논하면 고요함과 앎을 쌍으로 비추니
증득을 말하려면 남에게 보일 수 없으나
이理를 설하려면 증득이 아니면 요달하지 못하네.
그러므로 고요함을 깨달으면 고요함이 없고
참된 앎은 앎이 없나니
앎과 고요함이 둘 아닌 한마음으로
공空과 유有가 쌍으로 융화한 중도中道에 계합하면
머무름도 집착도 없으니
거두지도 말고 포섭하지도 말라.
옳고 그름이 둘 다 없어지고
능能과 소所가 쌍으로 끊겨서
끊겼다는 것마저 고요하면 반야가 현전하니
반야는 마음 밖에 새로 생기는 것이 아니고
지혜의 성품은 본래 구족한 것이다.
그러나 본래의 고요함은 스스로 나타날 수 없으며
반드시 반야의 공력에 의해야 되나니
반야와 지혜 성품은 엎치락뒤치락 하면서
서로를 이루어 주고
근본 지혜와 처음 닦음은 실로 두 바탕〔體〕이 없으니
쌍으로 없애서 올바로 들어가면

묘한 각성〔妙覺〕이 뚜렷이 밝고
시작과 마지막을 두루 융합하면
원인과 결과가 서로 사무친다.
마음과 마음이 부처를 이루나니
한마음도 부처의 마음 아닌 것이 없고
곳곳에서 도를 이루나니
한 티끌도 불국토 아닌 곳이 없다.
그러므로 참과 허망함, 사물과 내가
하나를 들어도 전체가 거두어지고
마음과 부처와 중생은
혼연히 일체가 된다.
그러기에 미혹하면 사람이 법을 따르므로
법마다 만 가지 차별 있고 사람도 같지 않고
깨달으면 법이 사람을 따르므로
사람마다 하나의 지혜로서 만 가지 경계를 융합한다.
말이 다하고 생각이 끊겼으니
무엇이 결과이고 무엇이 원인이겠는가.
본체는 본래 적료寂寥하거니
어느 것이 같고 어느 것이 다르랴.
오직 생각을 잊어 텅 비어 밝거나
소식(消息 : 잡념을 쉬는 것)하여 깊고 원융하면
마치 물을 투과한 달과 같아서
허망하나 볼 수 있고
무심히 상象을 비추면
비추면서도 항상 공하다.

항주抗州 오운五雲 화상의 좌선잠坐禪箴

앉는다〔坐〕 함은 몸을 구속함이 아니요,
참선〔禪〕이라 함은 경계와 교섭하지 않는다.
구속하면 반드시 피로하고
교섭하면 고요하지 않다.
교섭하지도 않고 구속치도 않으면
참 광명이 휘영청 밝으니
여섯 문門이 가지런히 응하고
만 가지 행이 똑같이 펼쳐진다.
애석하다, 처음 배우는 무리는
현묘함을 요달하지 못하여
혼침昏沈과 도거(掉擧 : 들뜸)에 빠지고
능能과 소所를 오락가락하니
공교한 방편이 아니면
어떻게 대치對治를 하겠는가.
채찍질과 억누르는 것으로
혼침과 산란을 조절하나
생각을 쉬고 반연을 잊으면
마치 죽은 사람 같게 되나니
알맞게 열고 닫아서
벽관壁觀에만 전일하지 말고〔달마 대사도 정법안장正法眼藏을 전하신 이외에 초심자들의 수행하는 비결을 보이시기 위해 4문門과 4행行을 말씀하시니, 하나만이 전일한 것이 아니다.〕
망상이 들끓거든

안나발나安那鉢那[5]를 닦아라.〔흩어짐이나 망상이 성하거든 마땅히 수식관(數息觀 : 아나바나)으로 바꾸어 관찰하라. 호흡이 들고 나는 것을 엇갈리면 안 된다.〕

흐름을 따라 검각(劍閣 : 지명)에 이르러
목아木鵝[6]에 걸리지 않으면
화재에 물을 얻은 것 같고
병에 의원을 얻은 것 같으리니
병을 고치면 의원을 물리치고
불이 꺼지면 물을 버린다.
한 생각〔一念〕이 청정하면
본체가 고요하여 항상 신령하니
신령스럽다 고요하다 하거나
신령스럽지도 고요하지도 않다 하면
시비가 번갈아 일어나서
허물이 끝이 없으리니
앞의 것 멸하면 뒤의 것 일어남이
마치 걸음 걷는 것과 같다.
모르면 걱정이거니와
알면 허물이 없나니
해는 밤을 등지기 때문이지만
거울이야 어찌 뒤를 비추랴.
그러나 이 법은 그렇지 않아서

5 흐름을 세는 관법.
6 물의 깊이를 재는 기구.

원만히 밝아서 투명하게 통했으니
비추되 반연하지 않고
고요하되 누가 지키겠는가.
만상이 뜬 거품이요
허공이 번개 빛이니
마魔의 궁전을 무찔러 버리고
부처님 궁전도 쳐서 없는다.
앉은뱅이가 걷게 되고
소경이 눈을 뜨니
법계와 티끌세계가
가지런히 단박에 나타난다.
호탕하게 저자를 쏘다니면서
앉기도 하고 눕기도 하니
방편을 다 밝히면
금선金仙이라 부른다.
내가 비록 억지로 말했으나
성인의 말씀에 꼭 맞으니
성인의 말씀이란 무엇인가.
꼭 거듭 말해야 된다면
움직이지도 않고 선禪도 하지 않으면
그것이 무생선無生禪이다.
또 온갖 삼매를 배우면
움직임이지 좌선은 아니고,
마음이 경계를 따라 흐르니
어찌 선정이라 이름하겠는가 하니

그러므로 알아야 한다. 역대의 조사께서
오직 이 한마음을 전하셨을 뿐이다.
조사의 광명이 멀고도 컸으니
내 자손들이 잘 간직하라.
애오라지 말없는 종지를 서술하여
좌선잠坐禪箴이라 말하노라.

영가永嘉 진각眞覺 대사의 증도가證道歌[7]

그대는 보지 못했는가.
배움을 끊고 함이 없는 한가한 도인은
망상을 없애지도 않고 참을 구하지도 않는다.
무명의 참 성품이 곧 불성이요
허깨비 같은 공한 몸이 곧 법신이다.
법신을 깨닫고 나면 한 물건도 없으니
근원의 자기 성품은 천진불天眞佛이라
5음陰의 뜬구름은 공연히 오락가락하고
3독毒의 거품은 헛되이 떴다 잠겼다 한다.
실상을 증득하면 사람도 법도 없으니
찰나에 아비阿鼻지옥의 업을 녹인다.
거짓말로 중생을 속인다면
스스로 발설拔舌지옥에서 티끌 같은 겁을 지내리.
여래선如來禪을 단박에 깨달아 요달하니

---

7 도를 증득한 노래.

육도만행六度萬行이 본체 안에서 원만하다.
꿈속에는 분명히 여섯 길이 있더니
깬 뒤에는 공하여 대천세계도 없다.
죄와 복도 없고 손해와 이익도 없으니
적멸한 성품 안에서 묻고 찾지 말라.
아직까지는 먼지 속의 거울을 닦지 못했으니
오늘에야 분명히 닦아 버렸네.
누가 무념無念이며, 누가 무생無生이랴.
진실로 무생이라면 나지 않는 것도 없으니
기관機關인 나무 사람을 불러서 물을지니
부처를 구하고 공을 베푼들 언제 이루어지랴.
4대大를 놓아 버려서 거둬 잡지 말고
적멸의 성품 안에서 마음껏 먹고 마셔라.
모든 행行이 무상하여 일체가 공하니
그것이 여래의 대원각大圓覺이다.
결정된 말씀이여, 참된 수레〔眞乘〕를 표시하지만
누군가는 긍정치 않고 정情에 맡겨 따진다.
곧장 뿌리를 끊어야 부처에게 인가를 받으니
잎을 들고 가지를 찾는 짓은 나는 하지 않는다.
마니 구슬을 사람들이 모르니
여래장如來藏 안에서 직접 거두어진다.
여섯 가지 신통은 공하면서도 공하지 않고
한 개의 둥근 광명은 빛깔이면서도 빛깔이 아니다.
5안眼을 맑게 해서 5력力을 얻는 것은
오직 증득해야 알 뿐이지 측량하기 어렵다.

거울 속의 그림자는 보기 쉬우나
물속의 달을 어찌 잡을 수 있으랴.
항상 홀로 다니고 항상 홀로 걸으니
깨달은 이는 함께 열반의 길을 노닌다.
옛 신神을 조절하니 맑은 바람이 스스로 높지만
모양은 여위고 뼈가 드러나서 돌아보는 이 없다.
궁색한 스님이여, 입으로는 가난하다 하나
실제에는 몸이 가난할 뿐 도는 가난하지 않네.
가난하면 몸에다 항상 베옷을 걸치지만
도道는 마음에다 값을 따질 수 없는 보배를 간직한다.
값을 따질 수 없는 보배여, 써도 다함이 없으니
사물을 이롭게 하고 기틀에 감응하되 끝내 인색하지 않다.
3신身과 4지智가 본체 안에서 원만하고
8해탈과 6신통이 심지心地에 찍히었다.
상등의 선비는 하나를 해결하면 일체를 요달하나
중·하등의 선비는 많이 들어도 다분히 믿지 않는다.
다만 스스로 가슴 속에서 때 묻은 옷을 벗을지언정
뉘라서 밖을 향해 정진함을 자랑하랴.
마음대로 비방하고 멋대로 시비하라.
불을 들어 하늘을 태우니 스스로 피곤할 뿐이다.
내가 듣기에는 흡사 감로를 마시는 것 같아서
녹고 융화해서 단박에 부사의不思議에 들어간다.
나쁜 말을 관觀하는 것이 공덕이니
그것이 곧 나에게는 선지식이다.
비방하는 소리에 친하고 미운 생각 안 내면

무생의 자비와 인욕의 힘을 어찌하여 표시하랴.
종지〔宗〕도 통하고 설법〔說〕도 통하니
선정과 지혜가 원만히 밝아서 공에 막히지 않는다.
나 혼자만이 이제 통달해 마친 것이 아니라
항하의 모래같이 많은 부처님들의 본체는 모두 같았다.
사자후師子吼의 두려움 없는 말씀을
모든 짐승이 들으면 다 뇌수腦髓가 찢어지니
큰 코끼리는 분주히 설치다가 위의를 잃지만
천룡天龍은 조용히 들으면서 기쁨을 낸다.
강과 바다를 거닐고 산천을 건너서
스승을 찾고 도를 배워 참선을 했지만
조계曹谿의 바른 길을 깨달은 뒤로는
생사에 상관없음을 분명히 알았다.
다녀도 참선이요 앉아도 참선이니
말하고 침묵하고 움직이고 고요함에 본체는 편안하다.
비록 칼날을 만나도 항상 태연하고
독약을 만났을지라도 역시 한가하다.
우리 스승께서 연등불然燈佛을 뵈옵고서
여러 겁을 지나면서 인욕선인忍辱仙人 되셨네.
몇 차례나 나고, 몇 차례나 죽었던가.
생사가 유유悠悠하여 그칠 적이 없었네.
스스로 무생법을 단박에 깨달아 마치고 나니
욕되고 영화로움에 무슨 근심이나 기쁨이 있으랴.
깊은 산에 들어가 조용한 절에 사니
우뚝하고 깊은 골의 낙락장송 밑이다.

한가히 노닐며 조용히 앉았으니 야승野僧의 집안이요
고요하여 안거安居하니 진실로 쇄락하다.
깨달으면 곧 마치는 것이라서 공력을 들이지 않으니
온갖 유위의 법과는 동일하지 않다.
모습에 머무른 보시는 하늘에 나는 복이지만
오히려 하늘을 향하여 활을 쏘는 것과 같으니
세력이 다하면 화살은 떨어져서
내생에 여의치 못한 과보를 받나니
어찌 무위의 실상문實相門에서
단번에 곧바로 여래지如來地에 초월해 들어감만 하랴.
근본을 얻기만 하면 지말枝末은 근심치 말지니
마치 맑은 유리가 보배 달을 머금은 것과 같다.
이미 이 여의주를 능히 이해했다면
나와 남을 이롭게 함이 끝내 다하지 않는다.
강 위에 달 비치고 솔바람 부니
긴 밤의 맑은 하늘에 무엇을 하겠는가.
부처 성품의 계율 구슬〔戒珠〕은 심지心地의 도장〔印〕이요
안개·이슬·구름·노을은 체體 위의 옷이니라.
용을 항복시킨 발우〔鉢〕와 범의 싸움을 말린 주장자〔錫〕여,
두 개의 금 고리가 또렷또렷 울린다.
표시를 하려고 허사로 지니는 것 아니니
여래의 보배 창고와 친근한 자취이니라.
참됨을 구하지도 않고 허망함을 끊지도 않나니
두 법이 공하여 모습이 없는 줄 요달해 안다.
모습도 없고 공도 없고 공하지 않음도 없으니

이것이 여래의 진실한 모습이라
마음 거울이 밝아서 걸림 없이 비추니
탁 트이고 밝게 사무쳐 항하의 모래같이 많은 세계에 두루한다.
삼라만상이 그림자로 나타나는 가운데
한 알의 둥근 광명이 안팎이 아니다.
활달하게 공하다고 인과를 배척하면
황막하게 넓기만 해서 재앙을 부르는데
유有를 버리고 공空에 집착하면 병도 마찬가지니
마치 익사를 피하려다가 불에 빠지는 것과 같다.
허망한 마음을 버리고 진리를 취하니
취하고 버리는 마음이 교묘한 거짓을 이룬다.
학인은 요달하지 못해서 수행을 쓰니
진실로 도적을 잘못 알아 아들로 여긴다.
법의 재물을 잃고 공덕을 멸함은
이 마음의 의식意識을 말미암지 않음이 없으니
그러므로 선문禪門에서는 마음을 요달해 버리면
단박에 무생無生의 지견력智見力에 들어간다네.
대장부가 지혜의 칼을 잡으니
반야般若의 칼끝이요 금강金剛의 불꽃이다.
외도의 마음만을 능히 무찌를 뿐 아니라
일찍이 천마天魔의 간담도 서늘케 했다.
법의 우레를 울리고 법의 북을 쳐서
자비의 구름을 펴고 감로를 뿌린다.
용과 코끼리가 밟아 나가니 은택이 끝이 없어
3승乘과 5성性이 모두가 깨닫는다네.

설산의 비니초肥膩草에는 잡됨이 없어
순수히 제호醍醐를 내니 나 항상 수용한다.
한 성품이 온갖 성품에 원만히 통하고
한 법이 온갖 법을 두루 포함한다.
하나의 달이 온갖 물에 두루 나타나니
온갖 물속의 달은 하나의 달에 포섭되네.
모든 부처의 법신이 내 성품에 들어가고
나의 성품이 되돌아 다시 여래에 합한다.
한 지위에 온갖 지위가 구족하니
빛깔도 아니고 마음도 아니고 행업行業도 아니다.
손가락 튀기는 사이에 8만 법문이 원만히 이루어지고
찰나에 3아승기겁을 다 멸한다.
온갖 수數와 구절은 수와 구절이 아니니
나의 영각靈覺과 무슨 교섭이 있으랴.
훼방할 수도 없고 칭찬할 수도 없으니
본체가 허공과 같아서 끝이 없도다.
당처當處를 여의지 않고 항상 담연하지만
찾으면 볼 수 없다는 것을 그대는 알라.
취할 수도 없고 버릴 수도 없으니
얻을 수 없는 가운데 다만 이럴 뿐이네.
침묵할 때 말하고 말할 때 침묵하니
큰 보시의 문이 열려서 막힘이 없다.
누군가가 나에게 어떤 종지를 아는가 물으면
마하반야의 힘이라고 대답하리라.
옳기도 했다 그르기도 했다 사람들은 모르니

역행逆行과 순행順行을 하늘도 헤아리지 못하네.
내 일찍이 여러 겁을 수행했는지라
등한시해서 속이거나 미혹하지는 않는다.
법의 깃대를 건립하고 종지를 세우니
밝고 밝은 부처님의 칙령, 바로 조계이니
제일 먼저 가섭이 법의 등불을 전해서
28대까지 인도에서 기록하였다.
법이 동으로 흘러 이 땅에 들어오니
보리달마가 초조初祖이시고
6대代에 옷을 전한 일 천하에 들렸고
나중에 도 얻은 이도 헤아릴 수 없네.
참을 세우지 않고 망妄은 본래 공하니
있음과 없음을 모두 버려서 공 아닌 공이다.
20가지 공空의 문에도 집착하지 않으니
한 성품의 여래와 본체가 스스로 같다.
마음은 뿌리요 법은 티끌이니
두 가지는 마치 거울 위의 티끌과 같다.
티끌이 다 제거되면 광명이 비로소 나타나고
마음과 법이 쌍으로 없어지면 성품이 곧 참이다.
슬프다, 말법末法인 나쁜 세상이여.
중생은 복이 엷아서 조복하기 어렵다.
성인과는 멀어지고 삿된 소견 깊어지며
마魔는 강하고 법은 약해서 원망과 해침이 많다.
그러다 여래의 돈교頓敎 법문을 들었지만
기왓장 부수듯이 멸하지 못함이 한이로다.

지음은 마음에 있지만 재앙은 몸에 있으니
남을 원망하지도 말고 더욱이 탓하지도 말라.
무간지옥의 업을 초래하고 싶지 않다면
여래의 올바른 법륜을 비방하지 말라.
전단나무 숲에는 잡나무가 없으며
울창하고 깊은 곳에는 사자가 산다.
고요한 숲을 한가로이 홀로 노닐면
나는 새, 길짐승이 모두 멀어진다.
사자 새끼를 뭇 짐승이 뒤따르니
세 살이면 능히 크게 포효를 한다.
만일 들여우가 법왕의 뒤를 쫓는다면
백 년 묵은 요괴가 헛되이 입을 여는 것이다.
원돈교圓頓教는 인정이 없으니
의심을 풀지 못했거든 곧바로 씨름해라.
산승山僧이 아상과 인상을 드러낸 것이 아니라
수행하는 이가 단상斷常의 구덩이에 빠질까 걱정이다.
글러도 그르지 않고 옳아도 옳지 않으니
털끝만큼 어긋나면 천 리를 잃는다.
옳으면 용녀龍女가 단박에 성불하고
그르면 선성善星이 산 채로 지옥 간다.
나도 일찍이 학문을 쌓았었고
또한 소疏도 더듬고 경론도 보았는데
이름과 형상의 분별을 쉬는 것 알지 못하면
바다에서 모래를 세는 것이라 스스로 피곤할 뿐이네.
여래께서도 모질게 꾸짖으셨으니

남의 보배를 세어서 무슨 이익 있으랴.
예전부터 헛디뎌서 허망한 행이란 것을 깨달으니
여러 해를 공연히 풍진의 나그네가 되었네.
종자의 성품이 삿되고 지견이 잘못 되어서
여래의 원돈圓頓한 제도를 통달하지 못하네.
2승乘은 정진하나 도의 마음이 없고
외도外道는 총명하나 지혜가 없다.
어리석기도 하고 유치하기도 하여
빈주먹인 손가락 위에서 실답다는 견해를 내지만
손가락을 달이라 여겨서 헛수고를 하니
감관과 대상의 법 속에서 헛되이 날조한다.
한 법도 보지 않는 것이 곧 여래이니
바야흐로 그 이름을 관자재觀自在라고 한다.
요달하면 업의 장애가 본래 공하고
요달하지 못하면 도리어 묵은 빚을 갚는다.
주림 끝에 국왕의 밥을 만났으나 먹지 못하니
병들어 의원을 만난들 고칠 수 있으랴.
욕망에서 선禪을 행함은 지견知見의 힘이니
불 속에 핀 연꽃이라 끝내 파괴되지 않나니
용시勇施가 중죄를 범한 뒤 무생법無生法을 깨달아
일찍이 성불한 일이 아직껏 전한다.
사자후의 두려움 없는 설법이여,
어리석은 완피달頑皮靼〔다多와 달達의 반절이다.〕[8] 같은 이를 깊이

8 소 목에 난 멍에 자국.

탄식하니

중한 죄를 범하면 보리를 막는 줄만 알고
여래께서 여신 비결은 보지 못하네.
어떤 두 비구가 음행과 살생을 범했는데
우바리優波離의 반딧불은 죄의 매듭을 더했으나
유마 대사가 단박에 의심을 풀어 주니
밝은 태양 아래 눈과 서리가 녹는 듯하네.
부사의한 해탈의 힘은
묘한 작용 항하의 모래같이 많아 다함이 없으니
네 가지 공양을 감히 사양해서 수고롭게 하랴.
만 냥의 황금이라도 녹일 수 있다.
뼈와 몸을 부수어도 갚을 수 없으니
한 구절이 훤해야 백억百億을 초월한다.
법 가운데 왕이여, 가장 거룩하시니
항하의 모래같이 많은 여래를 똑같이 함께 깨쳤네.
내 이제 이 여의주를 알았나니
믿어 받드는 이는 모두가 상응하리라.
요달하고 요달해서 보면 한 물건도 없으며
사람도 없거니와 부처도 없다.
삼천대천세계는 바다의 거품이요
온갖 성현은 번갯불과 같다네.
설사 무쇠 바퀴가 정수리 위를 돌아도
선정과 지혜가 원만하고 밝아서 끝내 잃지 않으리.
해가 차가워지고 달이 뜨거워질지라도
온갖 마군들은 참 말씀을 무너뜨리지 못한다.

코끼리의 수레가 요란스레 길을 가는데
당랑(螗螂 : 말똥구리)이 가로막는 것을 누가 보았겠나.
큰 코끼리는 토끼의 길에서 노닐지 않고
큰 깨달음은 작은 절개에 구애되지 않는다.
대롱으로 보면서 창창한 하늘을 비방하지 말라.
아직 요달치 못했다면 내 이제 그대에게 가르쳐 주노라.

등등騰騰 화상의 요원가了元歌[9]

도를 닦아도 도는 닦을 만한 것 없고
법을 물으나 법은 물을 만한 것 없다.
미혹한 사람은 색色과 공空을 요달하지 못하지만
깨달은 이에게는 본래 순종함과 거스름이 없다.
8만 4천 가지의 법문이라 해도
지극한 이치는 마음을 여의지 않았다.
자기의 집안과 성곽을 알려 할지언정
부질없이 딴 고을을 쏘다니지 말라.
널리 배우고 많이 들을 필요도 없고
변재와 총명도 쓸모없다.
달력의 크고 작음도 모르고
해에 윤달이 있고 없음도 관계치 않네.
번뇌 그대로가 보리이니
맑은 꽃이 진흙에서 난다.

9 근원을 깨닫는 노래.

누가 와서 어떤 것인가 물으면
능히 그와 함께 이야기할 수 없다.
새벽에는 죽을 먹어 주림을 달래고
낮에는 다시 한 술 떠먹는다.
오늘은 운運에 맡겨 등등騰騰하고
내일도 등등하게 운運에 맡긴다.
마음속으로는 요달하고 요달해서 다 알지만
겉으로는 거짓 어리석은 체한다.

남악南嶽 나찬懶瓚 화상의 노래

우뚝하게 일 없이 있노라니
바뀌칠 일 있으랴.
아무 일도 없거늘
무엇 하러 한바탕 떠들랴.
곧은 마음에는 산란散亂이 없으니
딴 일을 끊으려 하지 말라.
과거는 벌써 지나갔고
미래는 아직 헤아리지 말라.
우뚝하게 일 없이 앉았으니
뉘라서 부른 적이나 있던가.
밖을 향해 공부를 하는 이
모두가 어리석은 무리이다.
한 알의 양식도 모으지 않았지만
밥을 만나면 먹을 줄은 안다.

세간에 일 많은 사람들은
뒤쫓지만 전혀 미치지 못한다.
나는 하늘에 태어나기도 좋아하지 않고
복전福田도 사랑하지 않나니
시장하면 밥을 먹고
곤하면 잠을 잘 뿐이다.
어리석은 사람은 나를 비웃지만
지혜로운 사람은 알 것이다.
어리석고 둔한 것이 아니라
본체가 원래 그러하다네.
갈려면 가고
멈추려면 멈추니
몸에는 해진 누더기 한 벌이요,
발에는 어머니가 준 버선 한 켤레다.
말이 많고 또 이야기가 많으나
그로 말미암아 도리어 그르치니
중생을 제도코자 하면
허물이 없고 또 스스로를 제도하라.
부질없이 참 부처를 구하지 말지니
참 부처는 볼 수가 없다.
묘한 성품과 영대靈臺가
어찌 훈습과 수련을 받은 적이 있으랴.
마음은 일 없는 마음이요,
얼굴은 어머니가 낳은 얼굴이니
겁의 돌〔劫石〕은 옮길 수 있을지언정

그 가운데서 개변改變이 없다.
일 없음은 본래 일이 없는 것이니
어찌 문자를 읽는 것이 필요하랴.
인상과 아상의 뿌리를 없애면
그 가운데 뜻과 그윽이 계합한다.
갖가지 뼈아픈 힘을 들이나
숲 밑에서 조는 것만 못하니
우뚝 고개를 들어 해가 높이 떴거든
밥을 얻어다 깡그리 퍼먹는다.
공력을 들이면
더욱 어리석어지나니
취하면 얻지 못하고
취하지 않으면 저절로 통한다.
나에게 한 말이 있는데
생각을 끊고 반연을 잊었으니
교묘히 말해도 되지 않고
오직 마음만으로 전한다.
다시 한 말이 있으니
곧장 일러 주는 것만 못하다.
가늘기는 털끝과 같고
크기는 방위나 처소가 없으며
본래 스스로 원만히 이루어져서
아무런 손질〔機杼〕을 빌리지 않는다.
세상일은 유유悠悠하여서
산등성이만 못하니

푸른 솔이 해를 가리고
푸른 시냇물은 길이 흐른다.
산 위의 구름으로 천막을 삼고
밤의 달로 갈고리를 삼는다.
머루 다래 덩굴 밑에 앉고
돌베개를 베고 눕는다.
천자를 뵙지도 않거늘
어찌 왕후를 부러워하랴.
생사에 걱정이 없으니
다시 무엇을 근심하랴.
물속의 달이 형상이 없듯이
나는 항상 다만 편안하다.
만 가지 법이 모두 그러하여
본래 스스로 무생無生이다.
우뚝하게 일 없이 앉았으니
봄이 오니 풀은 저절로 푸르구나.

석두石頭 화상의 초암가草庵歌

내가 엮은 토굴[草庵]에는 보배가 없지만
먹고 나니 한가하고 잠을 자니 즐겁다.
새로 지었을 때는 띠가 새롭더니
부서진 뒤에도 띠를 갖다 덮는다.
토굴에 사는 사람 항상 있으니
중간에도 안팎에도 속하지 않네.

세상사람 머무는 곳 나는 머물지 않고
세상사람 사랑하는 곳 나는 사랑하지 않네.
토굴은 작으나 법계를 머금으니
방장의 노인이나 체득해 이해하리.
상승上乘의 보살은 의심 없이 믿지만
중·하근기가 들으면 반드시 의심한다.
토굴이 무너질까, 무너지지 않을까 묻지만
무너지건 말건 원래의 주인은 항상 있네.
남북에도 있지 않고 동서에도 있지 않으니
기반이 견고함을 최고로 여기네.
푸른 솔 밑이요 밝은 창 안이니
옥의 대궐과 단청한 누각으로는 견줄 수 없어라.
누더기를 머리까지 덮어쓰면 만사가 쉬니
이때 산승은 아무것도 알지 못하네.
이 토굴에 살려면 알음알이를 내지 말라.
뉘라서 가게를 차려서 팔려고 도모하는가.
빛을 돌이켜 반조返照하면 문득 돌아오지만
확 트인 신령한 근기는 등지거나 향함이 없다.
조사를 만나면 친히 가르쳐 주나니
띠를 엮어 토굴 짓기를 게을리 말라.
백 년 동안 버려두어도 걸림이 없고
손을 털고 떠나간들 죄가 안 되네.
천 가지 말과 만 가지 해석은
다만 그대로 하여금 영원히 어둡게 하지 말라는 것이니
토굴 속의 죽지 않는 사람을 알고자 한다면

어찌 지금의 이 가죽 주머니를 떠나서 있으랴.

도오道吾 화상의 낙도가樂道歌

도를 즐기는 산승山僧이
제멋대로 하는 성향이 많아서
하늘이 돌고 땅이 굴러도 그대로 따른다.
외딴 봉우리에 한가히 누웠으니 벗이 없고
무생곡無生曲 한 가락을 혼자서 부른다.
무생가여, 세상 밖의 즐거움이니
요새 사람 어울리지 못함이 우습구나.
정情을 펼치고 도를 즐기면서 여생을 보내니
장가張哥이건 이가李哥이건 몽땅 잊는다.
대장부는 모름지기 기개가 있어야 되나니
인정에 따르지 않으면 걸림이 없다.
그대는 순종함이 보리라 하나
나는 원래부터 저절로 등진다고 여기네.
언제는 공손하고 언제는 어리석으니
나의 길이 아닌데 어찌 알쏘냐.
일생一生을 특별히 요달해서 항상 임운任運하니
들 나그네 돌아갈 고향조차 없구나.
오늘의 산승 이대로가 옳으니
원래의 산승이란 것 다시 어떤 것이겠는가.
조사의 기틀을 탐구하는 공왕의 자손〔空王子〕이여,
본체는 뜬구름 같아서 기댈 구석이 없다.

예로부터 언제나 누더기 한 벌을 입고
추위와 더위를 얼마나 지냈던고.
참도 아니고 거짓도 아니니
북을 쳐서 신神을 즐겁게 하고 절을 하기도 한다.
분명한 한 가닥은 은하수와 구름인데
청산과 녹수는 서로 비슷하지 않다.
천성 그대로여서 매만질 수 없으니
상투를 짜건 무늬를 놓건 걸림 없어라.
혹은 자비희사慈悲喜捨의 마음을 발휘하고
혹은 만나는 사람을 몽둥이로 친다.
자비의 은애恩愛는 얽매임에 빠지고
몽둥이찜질은 그대에게 은애를 끊어 준다.
달빛에 길을 가는 나그네들이여,
은정恩情이 남았거든 내가 고쳐 주리라.

배도杯渡 선사의 일발가一鉢歌[10]

알랄랄遏喇喇하고 요괄괄鬧聒聒[11]한데
모두가 유유悠悠하여 매달休䟖을 지었구나.
굶주릴 때 소금 먹으면 갈증이 더하듯
일생을 헛되이 보내면서 분주히 군다.
끝끝내 시작과 끝을 모르니

---

10 스님의 생애를 노래.
11 발우를 어르는 소리인가 한다.

죽은 송장으로 버려지면 어디서 해탈하랴.
그대에게 권하나니, 힘써서 해탈을 구하라.
부질없는 일은 마침내 매듭을 이룬다.
발등에 불이 떨어지면 빨리 끌지언정
죽을 때를 당하여 보살을 부르지 말라.
대장부의 이야기는 시원스러워야 하나니
어리석은 사람을 배우지 말고 털어내 버려라.
쫓다가 묶이는 가운데 물리침을 배우고
또한 거친 밥에 부드럽게 친화하는 것도 배워라.
머리도 깎고 칡으로 엮은 옷 입으며
범부의 생활을 배우기도 한다.
곧은 말로 그대에게 말해도 요달하지 못하니
다시 긴 노래인 일발가一鉢歌를 부른다.
일발가여,
많음 가운데 하나이고, 하나 가운데 많음이니
야인野人이 이 일발가를 노래하는 것을 비웃지 말지니
한 발우를 들고 사바세계를 살았었다.
푸른 하늘 적적할 때 처음 달이 솟으니
이때에 그림자 공하여 만상을 머금네.
몇 곳에서 허망하게 살면서 시비를 부렸던가.
한 근원이 청정하여 왕래가 없는 것을.
다시는 마음으로 물거품을 짓지 말라.
백 개의 털구멍에 피가 나니 누가 시킨 일인가.
진여의 경지에 조용히 앉아서
정수리 위에 까치가 둥지를 짓게 하는 것만 못하네.

만대의 금륜성왕金輪聖王의 자식도
오직 이 진여의 영각靈覺일 뿐이다.
보리수 밑에서 중생을 제도하시고
중생을 다 제도하니 생사生死치 않는다.
나지도 않고 죽지도 않음이 참 장부이니
형상 없고 모습 없어 대비로자나일세.
번뇌가 다 사라지면 진여가 존재하니
한 알의 둥글고 밝은 무가주無價珠여라.
눈에 보이지 않고 귀에 들리지 않으니
보이지 않고 들리지 않음이
참으로 보고 듣는 것이다.
본래부터 한 구절의 말도 없는데
오늘 천千 마디를 억지로 한다.
억지로 하는 말을 삼가 자세히 들어라.
사람마다 다 진여의 성품은 가지고 있으나
마치 광석 속의 황금과 같아서
단련하면 할수록 금체金體가 청정해진다.
진眞이 곧 망妄이요 망이 곧 진이니
진과 망을 제하면 다시 사람도 없다.
참 마음으로 부질없이 번뇌를 내지 말라.
의식은 때에 따라 색신色身을 보양하면 된다.
좋아해도 집착이요 약해도 집착이니
온갖 일에 무심하여 집착하지 말라.
싫을 것도 없고 좋을 것도 없으니
두 쪽이 평평해서 평등한 도이다.

거칠어도 먹고 고와도 먹어서
범부들이 모습 위에서 보는 것을 배우지 말라.
거친 것도 없고 고운 것도 없으니
위의 향적香積세계에는 뿌리도 꼭지도 없네.
앉아서도 다니고〔行〕 다니면서도 앉으니
생사의 나무 밑에서 보리의 열매이고
앉는 것도 없고 다니는 것도 없으니
무생無生인데 어찌하여 무생을 찾는가.
나도 되고 죽어도 되니
곳곳마다 미래의 미륵을 본다네.
나지도 않고 죽지도 않으니
3세의 여래가 모두 그러하시다.
여의면 집착하고 집착하면 여의니
허깨비의 문〔幻化門〕 안에는 실다운 뜻이 없다.
여읠 것도 없고 집착할 것도 없으니
어디서 다시 병을 없애는 약을 구하랴.
말할 때 침묵하고 침묵할 때 말하니
말과 침묵함이 종횡으로 처소가 없구나.
말하지도 않고 침묵하지도 않으니
동서를 남북이라고 부르지 말라.
성냄이 기뻐함이요 기뻐함이 성냄이니
나 스스로 마魔를 꺾어 법륜法輪을 굴린다.
성냄도 없고 기뻐함도 없으니
물이 파도를 여의지 않으니 파도가 곧 물이네.
인색함이 보시布施요 보시가 인색함이니

안팎과 중간을 여의지 않았으며
인색함도 없고 보시도 없으니
적적寂寂하고 요요寥寥하여 잡을 수 없다.
괴로울 때 즐거움이고 즐거울 때 괴로움이니
그렇게만 수행하면 문호門戶가 끊긴다.
괴로움도 없고 즐거움도 없으니
본래부터 자유로워 속박이 없다.
더러움이 깨끗함이요 깨끗함이 더러움이니
두 변邊은 필경 앞뒤가 없다.
더러움도 없고 깨끗함도 없으니
대천세계가 동일한 진여의 성품이다.
약이 병이요 병이 약이니
끝끝내 두 일은 버려야 된다.
약도 없고 병도 없으니
그것이 바로 진여의 영각성靈覺性이다.
부처가 마魔로 되고 마가 부처 되니
거울 속의 그림자요 물 위의 파도로다.
마도 없고 부처도 없으니
본래부터 3세에 한 물건도 없다.
범부가 성인이요 성인이 범부이니
그림 속의 아교이고 바닷물의 짠맛일세.
범부도 없고 성현도 없으니
만행萬行을 총체적으로 지녀도 한 가지 행도 없다.
참 가운데 거짓이요 거짓 가운데 참이니
스스로 범부가 허망한 번뇌를 일으킬 뿐이다.

참도 없고 거짓도 없으니
만약 부르지 않는다면 누가 대꾸하랴.
본래부터 성도 없고 이름도 없으니
다만 이렇게 등등騰騰하게 발길 따라 걷는다.
때로는 저잣거리 푸줏간을 들르니
한 떨기 붉은 연꽃이 불 속에서 피어나고
때로는 지팡이 끌고 서울 거리를 거니니
이 몸은 뜬구름인 듯 정한 자리 없구나.
허깨비〔幻化〕는 원래부터 더부살이 같으니
그 집안의 닿는 곳은 다시 맑고 비어 있다.
만약 계행을 찾으려 하면
3독毒의 종기가 언제나 나을 건가.
만약 참선을 찾는다면
나는 멋대로 실컷 잠만 자겠네.
딱하구나, 전도된 것은 아니니
세간의 출세간이고 하늘 가운데 하늘이니
사람들은 이 속의 뜻을 모른다.
남쪽 쳤는데 북쪽이 움직이니
만약 법을 찾는다면
계족산雞足山의 가섭에게 물어라.
대사大士는 옷을 가지고 그 속에 있지만
본래부터 아무도 기다리고 있지 않았다.
만약 경을 찾는다면
법성의 참 근원은 들을 수 없으며
만약 계율을 찾는다면

궁핍한 아들이 뛰쳐나가게 할 필요가 없네.
만약 수행을 찾는다면
8만 개의 부도浮圖를 어디서 구하랴.
단풍잎으로 우는 아기를 달랠 줄은 알지만
검은 구름이 해를 가리는 줄은 깨닫지 못하네.
차제次第가 없는 미친 소리라고
괴이하게 여기지 말라.
사라(篩羅 : 북의 일종)는 거칢 속의 섬세함으로 차츰 들어가나
이 거칢 가운데는 섬세함도 없으니
그것이 원만하고 밝은 진실한 말씀〔眞實諦〕이다.
진실한 말씀이란 본래 참된 것 아니니
이름을 듣기만 하여도 객진客塵이다.
티끌 속에서 진실을 이해한다면
그는 당당히 세상을 벗어난 사람일세.
세상을 벗어난 사람이여, 조작하지 말라.
홀로 다니고 홀로 거닐건만 두려움이 없다네.
남〔生〕도 없고 죽음도 없고 열반도 없으니
본래부터 생사와는 관계하지 않는다.
시비是非도 없고 동정動靜도 없으니
부질없이 몸을 이끌고 공空의 우물로 들지 말라.
선악善惡도 없고 거래去來도 없으며
또한 명경明鏡이 걸린 높은 경대도 없다.
산승의 견해는 다만 이럴 뿐이니
믿지 못하겠거든 남을 좇아 겁의 재난을 지어라.

낙보樂普 화상의 부구가浮漚歌

흐린 날 빗방울이 뜰에 고이니
물 위에 넘실넘실 거품이 인다.
앞의 것 꺼지면 뒤의 것이 생기어
앞뒤가 상속하여 끊임이 없다.
본래는 빗방울의 물로 인해 거품이 생기나
바람이 세차게 불면 거품은 다시 물이 되네.
거품과 물의 성품 같은 줄 모르면
겉모양의 변함에 따라 다르다고 여기네.
겉은 반짝이고 안은 비었는데
안팎이 영롱玲瓏하여 보배구슬 같구나.
맑은 물결에 있을 땐 있는 듯하더니
움직이기 시작하니 없는 듯하구나.
있음과 없음과 움직임과 고요함으로 밝히기 어려우니
모습 없는 가운데 모습의 형태가 있기 때문이다.
다만 거품이 물에서 나온 줄은 알지만
물이 거품에서 나오는 줄이야 어찌 알았겠나.
거품을 내 몸에다 견주어 보니
5온蘊을 거짓으로 꾸민 허수아비일세.
5온이 공하고 거품이 진실하지 않은 줄 요달하면
비로소 본래의 참됨을 분명히 보리라.

소계蘇溪 화상〔즉 오설산五洩山의 작은 스님을 말한다.〕의 목호가牧護歌[12]

납자衲子의 마음 보호하고 기르는 법을 들어라.
운運에 맡겨 소요하며 머무름이 없으니
한 벌의 누더기와 물병과 발우이면
문득 그대로 한 평생의 살림살이다.
지극한 이치를 찾아서 두루 다니되
춥고 더러움과 괴로움을 싫어하지 않는다.
일찍부터 사해四海를 돌아다녔기에
산·물·바람·구름이 뱃속에 가득하다.
안으로는 계율의 정밀하고 엄격함을 배제하고
위의를 갖춘 행보行步를 배우지도 않는다.
3승乘은 내가 무능하다 비웃지만
나는 3승의 부질없는 짓을 비웃는다.
지혜로운 이가 방편으로 단계를 세웠으나
큰 도는 본래 미혹과 깨달음이 없다.
통달한 이는 닦아 다스릴 필요가 없나니
능히 말하고 능히 이야기하는 데에도 있지 않다.
베옷을 걸치고 눈으로 하늘을 쳐다볼 뿐
설사 왕과 제후가 와도 돌아보지 않는다.
도인의 본체가 본래 이러하니
부처가 가는 곳을 앎이 아니로다.

---

12 마음자리를 잘 간직하는 노래.

태어나는 것은 마치 옷 입는 것 같고
죽는 것 또한 옷을 벗는 것 같다.
태어나도 기쁨도 없고 근심도 없으니
8풍風[13]이 어찌 놀라게 하거나 두렵게 하랴.
겉모양은 흡사 바보 같은데
뱃속은 비상하여 기상이 높다.
살림은 아무리 한 푼 없어도
군왕을 상대하여 부귀를 겨룬다.
어리석은 사람은 손을 휘저으며 미워하지만
지혜로운 사람은 고개를 끄덕여 수긍하리라.
꼭두각시 끌어당겨 노래하고 춤추는 것이
몽땅 속에 든 주인의 짓임을 누가 알리오.
한마디로 여러분께 알리나니
그림 속의 떡을 타파하고 돌아가게나.

법등法燈 선사 태흠泰欽의 고경가古鏡歌 3수

1수
모두가 고경古鏡을 본 적이 없다 하나
여러분께 한 차례 보여 주리라.
눈앞에는 한 티끌도 목도하지 못하건만
맑디맑은 차가운 빛은 한 조각 엉키었네.
한 조각 엉키었음이여, 앞뒤가 없으니

---

13 풍風은 기쁨, 슬픔 따위의 감정을 말한다.

못생긴 아씨는 화장하면서 투덜대나
귀부인은 고개를 돌려서 자주 감탄하네.
무엇을 기뻐하고 무엇을 근심하랴.
곱든 추하든 원래 그것일 뿐이니
그것뿐이라 함이여, 더욱 어리둥절하니
연야演若는 새벽에 보다가 놀라 달아났는데
자세히 헤아려 보면 까닭이 있구나.
내가 미치광이에게 물었더니 고개도 돌리지 않고
눈물을 흘리면서 소리소리 슬퍼하네.
목이 메어 거룩한 법 연설하지 못하나
그의 머리와 그림자는 유유悠悠하기만 하다.
유유함이여,
그대는 얼마 동안이나 그 속에 있었던가.
미혹의 구름이 걷히면
걸음걸음에 손을 잡고 높은 대臺에 오른다.

2수
뉘라서 말했던가, 고경古鏡에는 양태樣態가 없다고
고금에 출입한 이가 어느 문호門戶를 통했으랴.
문호여,
그대가 살펴도 보이지 않을 때가
그대를 위하여 활짝 드러난 것이다.
활짝 드러남이여,
그대의 일생과 더불어 끝내 보호하라.
뜻이 통하는 이가 물으러 왔더라도

만나는 사람에게 경솔히 말하지 않는다.
다만 얼굴 비추는 데만 맡기고
두려운 생각은 낼 필요가 없으니
그날의 연야다演若多를 보라.
아직까지도 잘못 되고 있다.
당장 그림자의 분명함을 깨닫지 못하면
여전히 그 당시에 한 번 돌아보는 것과 같으리.
한 번 돌아보는 것과 같음이여,
괴롭고, 괴롭고, 괴롭도다.

3수

고경古鏡이 정명精明하고 맑으니
맑은 빛이 항하의 모래같이 많은 세계를 두루 비춘다.
곳곳에서 이름과 글자를 쓰니
나 밖에 다시 누구의 집이겠는가.
과거・미래・현재의 부처님들도
거울 위에 가느다란 티끌이니
티와 티끌이 다해 아무것도 없으면
이것이 진짜 불 속의 연꽃일세.
연꽃은 천 송이 만 송이인데
송이마다 또렷한 석가부처님일세.
누가 구시나俱尸那에서 열반에 드셨다 하며
누가 갈대 싹이 무릎을 꿰뚫었다 하는가.
믿지 않고 거울 속을 살핀다면
염소 수레, 사슴 수레, 소 수레니라.

당시 사람들은 고경을 알지 못하여
모두가 본래부터 청정했다 하나니
다만 청정이 가짜〔假〕임을 살펴서
형용形容이 바르지 않음을 비추어 얻어라.
둥글기도 하고 짧기도 하고 길기도 하니
가는 티끌이라도 있으면 모두 병이다.
그대에게 부숴 버리는 것만 못하다고 권하니
거울이 없어지고 티가 사라지면 빛날 것이며
비야리성毘耶離城[14]에서 입을 다문 것도 보아서
원만히 통하여 남음 없음도 알게 되리라.

담주潭州 용회龍會 도심道尋의 변참삼매가遍參三昧歌[15]

하늘 끝, 바다 모퉁이에서 선지식을 뵈옵고
나에게 온전히 끄는 힘을 베풀어 달라고 했더니
스승은 꾸짖으며 나를 내쫓는 바람에
자신을 환히 깨쳐 이로부터 쉬었네.
제방에서 드리운 곧은 방편을 보니
선재동자 얻은 자리 숨기기 어렵더라.
방망이와 할 소리에 그윽하고 기특함을 드러내니
풀어놓았다 뺏었다 하면서 특별함을 살피노라.
조주趙州의 관문과 설산의 등성이여,

14 유마 거사가 살던 고을의 이름.
15 여러 삼매를 두루 배우는 노래.

축합봉築嗑峰 앞에서 허虛와 실實을 증험한다.
증험에 의해 신령함을 써서 1만 기틀을 열고
조사의 칼날을 휘둘러 세 영역에 들리니
펼치고 거둬들임이 거듭 거듭되는 것을 놔라서 알라.
식識의 뜻을 드러내어 부질없이 뽐내지 말라.
납자가 눈썹을 찡그리고 푸른 눈을 부릅뜨면
황하가 곤륜산 꼭대기로 거슬러 흐른다.
위산潙山의 검은 암소를 도오道吾가 외쳤고
마조馬祖는 서슴없이 원상圓相을 드러냈네.
물그릇을 들고 바늘을 던져 뒷사람의 본을 이루고
거울을 잡고 깃발을 지녀서 예전의 종사를 살핀다.
광릉廣陵의 노래를 누가 이어서 부르는가.
이으려면 음률音律로는 곡조를 못 맞춘다.
돌사람이 성을 내어 채찍을 흔드니
나무말이 달리면서 범천梵天에 오른다.
여수麗水의 황금과 남전藍田의 옥이여,
축융봉祝融峰은 뾰족하고 소상의 물결은 구비 친다.
보름달 맑은 개울 솔바람 소리에
구름이 용을 따라 피어오르니 좋은 경치로구나.

단하丹霞 화상의 완주음翫珠吟 2수

1수

반야의 신령한 구슬 묘하여 헤아리기 어려우니
법성의 바다 속에서 직접 인정해 얻어야 한다.

숨었다 드러났다 항상 5온蘊 속을 노닐면서
안팎의 광명은 큰 신력神力이로다.
이 구슬 크지도 않고 작지도 않으니
밤낮으로 광명은 모든 것을 비추네.
찾으려면 한 물건도 없고 또한 자취도 없지만
앉거나 서노라면 서로 따르면서 항상 요요了了하다.
황제黃帝가 일찍이 적수赤手에 갔을 때
들으려고 해도 구하려고 해도 모두 이루지 못했는데
망상罔象은 마음이 없어서 도리어 구슬을 얻었으니
능히 본다거나 능히 듣는다는 것 모두가 거짓일세.
우리 스승 방편으로 마니 구슬 가리키니
구슬 찾는 사람이 수없이 봄의 물에 빠졌네.
제각기 기왓장을 보배라고 여겼지만
지혜로운 이는 편안하게 얻었네.
삼라만상 모두가 광명 속에 나타나니
체용體用이 여여如如하여 구르면서 아니 구르네.
만 가지 기틀이 마음 가운데 꺼져 버리고
어느 때에나 공교로운 방편을 부린다.
여섯 도적을 태우고 뭇 마魔를 태우며
능히 아만我慢의 산을 꺾고 애욕의 바다를 말린다.
용녀龍女는 영산靈山에서 직접 부처님께 바쳤는데
궁핍한 자식은 품에 품고 얼마나 헤매었나.
성품이라 부르기도 하고 마음이라 부르기도 하지만
성품도 아니고 마음도 아니어서 고금을 초월한다.
전체全體가 밝을 때에 밝음을 얻지 못하니
방편으로 구슬의 노래를 지어 보노라.

2수

옷 속의 보배를 알아채면
무명無明의 취기는 저절로 깬다.
백 조각 뼈는 흩어지지만
한 물건은 영구히 신령하다.
경계는 전혀 체體가 아님을 알지니
신령한 구슬은 일정한 형상이 없다.
깨달으면 3신불身佛이지만
미혹하면 만 권의 경을 의심한다.
마음에 존재하면 마음이 헤아릴 수 있으나
귀를 지나는 것은 귀로도 들을 수 없다.
망상罔象은 천지天地보다 앞섰고
현묘한 샘은 깊고 깊은 데서 난다.
본래의 강함은 단련에 의하지 않고
원래 맑은 것은 맑히지 말라.
소반 위에 아침 해를 놓아서 굴리는 듯
영롱함이 새벽 별을 비추는 듯
상서로운 광명이 흘러서 멸하지 않고
진기眞氣는 닿기만 하면 다시 난다.
밝게 비추면 공동崆峒이 고요하고
벌리고 싸면 법계가 밝다.
범부를 무찔러도 공은 멸하지 못하고
성현을 초월해도 과果는 차지 않네.
용녀가 마음으로 직접 바쳤고
아사세왕阿闍世王이 자기 입으로 바쳤네.
거위를 보호하니 사람도 도리어 살았거늘

참새의 뜻은 여전히 가볍구나.
말할 줄 아는 것은 혀와 상관하지 않고
능히 말하는 것은 소리가 아니다.
끝이 없으니 더욱 드넓고
살피[際]가 없으니 허공같이 평등하다.
교법을 연설하는 것 말하기 위함이 아니고
명성이 나도 명성을 인정하지 말라.
양쪽에 모두 서지도 말고
중도中道에도 다니지 말라.
달을 보았거든 손가락을 그만 살피고
집에 돌아왔거든 길을 묻지 말라.
마음을 알면 마음이 곧 부처이니
어떤 부처를 다시 이룰 것 있으랴.

관남關男 장로의 획주음獲珠吟[16]

삼계는 허깨비 같고
6도道는 꿈속과 같다.
성현이 세상에 나심은 번개 같고
국토는 마치 물 위의 거품과 같네.
무상하게 생멸하면서 나날이 변천하니
오직 마하반야摩訶般若만이 견고하여서
마치 금강처럼 뚫을 수가 없다네.

16 구슬을 간직하는 노래.

부드럽기는 솜〔兜羅〕이요 크기는 허공과 같고
작기는 티끌보다 더해서 볼 수가 없다.
감싸서 모으려 해도 모아지지 않고
없애려고 흩어도 흩어지지 않네.
귀를 기울여 들으려 해도 들리지 않고
눈을 부릅떠 보려고 해도 보이지 않네.
노래하고 또 노래하다가
반석 위에서 깔깔 웃어대고
웃고 또 웃다가
푸른 소나무 그늘에서 큰 소리를 지른다.
스스로 이 마음 구슬을 얻은 뒤로는
제석帝釋도 전륜왕轉輪王도 부럽지 않다.
나 혼자서 하는 짓이 아니라
예로부터 성인들은 이런 곡조였다네.
좌선도 하지 않고 수도도 하지 않으니
운運에 맡겨 소요하면서 이럴 뿐이네.
다만 만 가지 법을 마음에 품지 않을 수 있다면
무시이래로 어찌 나고 죽음이 있었으랴.

향엄香嚴 화상 지한智閑의 시 2수

여각음勵覺吟[17]

입에 가득한 말, 말할 곳 없어라.

17 깨닫기를 권장하는 노래.

분명히 사람들에게 말해도 결택하지 못하네.
급히 서두르고 이를 악물라.
죽음〔無常〕이 닥쳐오면 구할 길 없다.
낮에는 이야기를 하고
밤에는 이를 악물고
옛 송곳을 뾰족하게 갈아서 덩그렇게 두었네.
이치가 다한 각성을
나 스스로가 보호해 가지니
금생의 일은 끝내 말하지 않네.
현학玄學에서는 옛 노인의 말씀을 구하지만
선학禪學에서는 모름지기 궁구하여
마음의 그림자를 끊어야 한다.

귀적음歸寂吟 증동주贈同住[18]

같이 사는 도인이 70여 명인데
모두가 집을 떠나 산에 살기를 좋아하니
몸은 찬 나무와 같고 마음은 싹도 끊겼으며
당나라 말도 하지 않고 범서梵書도 그만두네.
마음의 기약이 다한 곳에서 몸은 없어지더라도
여래의 제자인 사문의 자세로다.
깊은 신심으로 서로 존경하여 발우의 탑 이루어서
〔『열반경涅槃經』에서 말하였다.
"여래의 몸은 이미 한량없는 아승기겁 동안 음식을 받지 않지만,

18 적멸에 돌아가는 노래. 함께 공부하는 도반들에게 준다.

여러 성문聲聞들을 위해 앞에서 소치는 여인 두 명에게서 우유죽을 받았다고 설하였다."

그래서 『본행경本行經』에서는 이렇게 말하였다.

"보살이 도수(道樹 : 보리수)에 가려 하자, 그때 천인天人이 선생신왕善生神王의 두 딸에게 고하였다. 하나는 난타難陀로서 한역하면 희喜이고, 다른 하나는 바라婆羅로서 한역하면 창昌이다.

'너희들이 최초로 음식을 보시할 수 있다.'

그러자 두 딸은 우유로 죽을 끓였는데, 그 솥 위에서는 갖가지 상서로운 모습이 나타났다. 이윽고 그릇에 담아 바치니, 보살은 먹고 나서 그 그릇을 니련하尼連河 속에다 던졌다. 천제석天帝釋이 그릇을 거두어 천상으로 돌아가서 탑을 세워 안치하고는 공양하였다. 이 때문에 그 이름을 발탑鉢塔이라 하는데, 천상의 네 가지 탑 중의 하나이다. 네 가지 탑은 첫째 발탑(髮塔 : 머리카락 탑), 둘째 전탑(箭塔 : 화살 탑), 셋째 발탑(鉢塔 : 발우 탑), 넷째 아탑(牙塔 : 치아 탑)이다. 인간에게도 네 가지 탑이 있으니, 첫째는 여래가 태어난 곳의 탑이고, 둘째는 여래가 성도成道한 곳의 탑이고, 셋째는 여래가 법륜을 굴린 곳의 탑이고, 넷째는 여래가 열반한 곳의 탑이다."〕

우뚝하게 청산靑山의 손바닥에다 얹어 두었다.
도 배우는 이를 보건대 허망하지 않아서
껍질인 몸 벗어남이 매우 고상하구나.
애초부터 오늘 아침 일을 말하지 않고
어둠 속에 머리를 묻고 몰래 현묘함을 펼쳤네.
자취를 남기지 않아서 인간과 다르니
깊고 묘한 신령스런 광명은 밝음으로 배불렀다.

소산韶山 화상의 심주가心珠歌

산승山僧이 스스로 공문空門을 통달한 지 오래니
마음 구슬 단련하는 일이 이미 끝났다.
구슬이 영롱하여 주인과 손님을 나누고
간혹 소리를 내는 것은 사자후 같다.
사자후여, 비상한 뜻이니
모두가 불성의 진여 이치를 밝혔네.
때로는 간혹 스스로 사유해 보면
활연한 큰 뜻에 마음이 기쁘다.
경을 짓기도 하고 논도 저술하며
점법漸法을 말하기도 하고 돈법頓法도 말한다.
부처님 쪽에 있으면 신통을 일으키고
범부 쪽에 있으면 인색한 마음이 되네.
이 마음의 구슬은 물속의 달과 같으니
땅 끝이든 하늘가이든 차이가 없다.
오직 미혹했기 때문에 어긋남이 있으니
그 까닭에 여래께서 다양하게 말씀하셨네.
지옥의 길과 아귀의 길과 같은
여섯 길을 윤회하면서 잠시도 머물지 못하니
이는 부처님의 자비가 없기 때문이 아니요
염왕閻王이 조작해서 그런 것도 아니다.
사람들에게 권하노니 깊이 체득할지니
마음 구슬 잘 보아서 놓치지 말라.
5온의 몸이 온전할 때에 모른다면

백 마디 뼈가 흩어진 뒤에는 어디서 찾으랴.

위부魏府 화엄華嚴 장로의 시중示衆[19]

불법은 일상 생활하는 곳에 있으니, 다니고 멈추고 앉고 눕고 차 마시고 밥 먹는 데와 이야기하고 묻고 대답하는 데 있다. 짓는 일과 하는 일에서 마음을 일으키고 생각을 움직이면 역시 옳지 못하니, 알겠는가?

만일 알았다면 바로 지금 걸림 없이 자재한 진인眞人이지만, 알지 못했다면 칼을 쓰고 족쇄를 찬 죄인이다. 왜 그러한가? 불법은 멀리 티끌같이 많은 겁이 막힌 것이 아니라, 그대의 한 생각 속에서 볼 수 있고 그대의 눈썹과 콧구멍에 있기 때문이다. 만일 알지 못했다면 장대를 이어서 달을 따려는 것 같으니, 존재하는 곳에서 절대로 생각에 잠기지 말고 말로 표현해서도 안 된다.

그대는 하루 12시 가운데 누구의 은력恩力을 받아서 사는가? 만일 안다면 그대는 기뻐할 경지가 있으리라. 옛사람이 말하기를 "항상 적적寂寂하고 항상 역력歷歷하니, 모든 부처를 구하여 찾지 못하고 중생은 소식이 끊겼다" 하였다. 그대는 알겠는가?

온갖 법은 본래 무정하고 모든 부처는 본래 스스로 신령스러우니, 혼연히 허공과 같아서 모자람도 남음도 없다. 알겠는가?

모르겠다면 닿는 곳마다 막혀서 몸이 빠진 곳도 모른 채 허둥지

19 이 부분은, 신수대장경에는 맨 뒤에 있으나 내용상 이 자리에 넣는 것이 합당하므로 이곳으로 옮겨 번역하였다.

둥한다. 오랜 겁을 단지 물건을 연모하고 경계에 집착하며, 빛깔을 실답다고 인정하고, 은애恩愛를 버리지 못하며, 어리석게 재물에 홀려서 나와 남을 다툰다.

한 무더기의 의기意氣가 조금이라도 감정에 어기면 얼굴이 붉으락푸르락하면서 강함과 약함을 따지면서 "나는 남에게 속지 않는다", "나는 대장부다", "나는 처자를 양육한다"고 한다. 하지만 그대는 어찌하여 업장의 바다 속과 죄악의 구덩이 안에서 고기 먹기를 아귀가 시체를 뜯는 것같이 하고, 술 마시기를 주린 개가 물 마시듯이 하며, 여색을 좋아하기를 주린 파리가 피를 빠는 것같이 하는가? 알겠는가?

이 몸이 큰 재화의 근본임을 모르고 방자하게 무명에 끌려서 어리석게 의기를 북돋다가 오래지 않아 무너지면서 허망하게 났다 죽었다 하고 헛되이 1천 겁을 지내도록 들락날락 하는데, 어째서 금강의 견고한 몸이 영원히 살면서 멸하지 않는 도는 알아채지 못하는가?

세상에 있으면서 머리를 흔들흔들, 입을 오물오물, 눈을 껌벅껌벅 하다가 무상한 죽음의 귀신이 닥쳐와 머리맡에 나타나면, 설사 마음을 써서 재물을 연모하고 경계를 흠모하는 것처럼 당장에 달려가서 염라대왕을 뵙더라도 한마디도 못한다. 무쇠화로·숯불·불매·구리 기둥·칼산 등이 모두 희롱하지만, 이런 때에 크게 뉘우쳐도 면하기 어렵다.

그대들은 지금 병이 나기 전부터 몸을 보살피는데, 어찌하여 하루 종일 털끝만한 선행이라도 구해서 노자 돈을 삼으려 하지 않는가? 허깨비 같은 몸을 무엇에 의거해 실답다고 여기는가? 부처님들이 과거에 경을 남기고 논을 저술하신 온갖 선한 법은 모두가 그대들, 처음 배우는 사람들을 위해 업장을 참회하고, 이익을 자라게 하며, 선지식을 구하고, 해탈 법문을 보여 주며, 무명의 성품 속에서 진실한 주인공을 바로 알게 하기 위한 것이다. 만겁의 세월 속에 사람의 몸으로 태어나기란 매우 쉽지 않은 일이다. 그대들은 몸의 근본 성품이 부처님과 동시同時라 본래 조금도 모자람이 없다는 것을 아는가?

일대사一大事가 그대들의 오줌 그릇과 똥 무더기에서 광채가 찬란하고 옥처럼 둥글고 아름다운데 믿어지는가? 만일 믿어지지 않는다면 그대 멋대로 죄악의 깊은 구덩이에 빠져들어 영원히 헤매리라. 그러나 그대가 빛을 돌이켜 되돌아 비춘다면, 한 찰나에 심념心念이 쉬고 평시에 가졌던 번뇌의 어리석음이 단박에 소멸하면서 모든 반연과 경계가 감로와 제호의 안락국토安樂國土로 변하리니, 이 얼마나 좋은 일인가.

성인께서 말씀하시기를 "만법은 마음으로부터 생기고, 만법은 마음으로부터 멸하나니, 모두가 그대의 마음을 말미암는다"고 하셨으니, 선과 악도 그대의 마음을 말미암고, 지옥과 천당도 그대의 마음을 말미암는다.

지금에라도 부처님의 지혜와 상응해서 합하면 그것이 부처이다. 다시는 속이는 것이 없다. 당장에 받들고 믿어서 의심치 않으면, 마음이 곧 정각이다. 하필 3아승기겁을 지내야 되겠는가.

금생의 이 몸은 만나기가 너무나 어려운데, '나는 범부요' 하면서 스스로를 퇴보시키지 말라.

천 권의 경전과 만 권의 논서가 오직 중생들이 미혹해서 본 성품을 모르기 때문에 말씀하신 것이니, 그대들은 잠시 동안이나마 평소에 물건을 탐내는 마음으로 경전에 쓰인 의리義理를 살펴보라.

오직 말하기를 "중생이 온갖 경계에 끌리는 것은 애욕에 집착했기 때문이다"라고 하였다.

이 스님이 입이 쓰도록 말하는 것이 참으로 간절하였는데, 그대들은 믿어지는가? 그대들은 수긍이 가는가? 평상시에 추위와 더위에 집착하다가 조금이라도 감정에 어긋나면 괴로움을 감당하지 못하였으므로 나날의 일상에서도 스스로 깨닫지 못한 것이니, 당장 가다듬어 마음을 취해야 되겠는가, 몸을 취해야 되겠는가?

백 년이 화살 같고, 부귀가 꿈과 같다. 은정恩情도 오래가지 못하고, 백 년도 며칠이 안 된다. 머리가 희어지면 병이 오는 것이요, 병은 업의 빚이 온 것이요, 업의 빚은 죽음이 오는 것이요, 죽음은 지옥이 오는 것이니, 그대들은 입을 열어 "나는 사람으로 태어나서 평생에 길한 일만 했고, 오직 본분에 의거해서 나쁜 일은 안 했다. 나는 죄가 없으니, 내가 태어날 좋은 곳이 있으리라" 하지 말라.

나는 오늘 아침에 그대가 존재함을 믿지 못한다. 왜 그러한가? 그대들의 평등은 어디에 있는가? 그대들은 이 말을 알겠는가? 불법에 의존하지 않는 온갖 법은 모두가 삿된 법과 외도의 견해이다.

또 남을 구제한다든가 나를 구제한다고 말하지 말라. 색色을 탐내고 재물을 사랑하며, 생선을 먹고 고기를 씹으며, 거짓말과 비단말을 일삼으니, 날마다 이런 짓을 해서 죄업이 매우 깊다. 그대들은 또 입을 벌려 말하기를 "나는 재물을 버려서 탑과 법당을 짓고, 공양을 베풀고 경을 읽었으니 영원한 공덕이 되리라"고 하지 말라. 이런 것으로 진실을 삼으면 의탁할 수 없으니, 대중 속의 노스님께서도 그대에게 아무 도움을 주지 못한다. 그대들은 알겠는가?

그대들에게는 천 가지 만 가지 무명의 죄업이 있으니, 부처님도 그대를 어쩔 수 없다. 모름지기 그대 스스로가 힘을 써서 앞길을 스스로 판단하라.

만일 그대가 온갖 유위의 공덕을 짓는다면 이는 업을 지을 뿐이며, 거짓된 복만 늘려서 청정한 지견을 내지 못하리라.

이 중도 비록 그렇게 공양을 받고는 있지만, 밤낮으로 불안하니 옳지 않음이 있을까 걱정하기 때문이다. 알겠는가? 그대 마음대로 제방 노숙老宿에게 가서 말해서 나를 비웃게 하라. 그러나 나를 미워할 수는 없을 것이다.

그대들이 시주에게 돈 얻은 곳을 따져 본다면, 아마도 그대들은 사람들에게 두루 윤택을 주지 못하고 가난과 고통을 구제하지 못한 자라고 생각했을 것이다. 이를 요달했다면 끝까지 먹는 것을 그만두고, 끝까지 집착하는 것을 그만두고, 일찍 수행하는 것을 그만두고, 이 몸을 제도하기를 그만두고, 뉘우치는 마음도 그만두어라. 뉘우치는 마음도 그만두는 것을 잘 생각하라. 진중(珍重 : 안녕).

한림학사翰林學士 공부시랑工部侍郎 증贈 예부상서禮部尙書 문공文公 양억楊億이 비서감祕書監에 임명되어 여주汝州를 다스리던 어느 날 내한(內翰 : 한림)인 이유李維에게 글을 보내 그가 법을 전해 받은 시말始末을 밝혔으니, 다음과 같다.

병부(病夫 : 나)가 일찍이 어리석은 몸으로서 돌보아 주심을 받아 미리 남종南宗의 종지를 물었는데, 오랫동안 높으신 거동을 모시면서 앉고 섬에 질문하고 오가면서 탐구함으로써 마음의 조예가 약간 생겼습니다만 아무것도 모르면서 부끄러움도 모른 채 남의 좌석 끝에나마 참석하게 되었습니다.

더구나 고故 안공安公 대사가 매양 자상한 가르침을 일러 주셨건만, 쌍림雙林에서 그림자를 멸하고 신발 한 짝이 인도로 돌아간 뒤부터 마음속이 허전해서 무슨 뜻인지 모르겠더니, 그 해에 심한 병이 들어 정신이 혼미하기까지 하였다가 약간 뜸할 적에야 다시 방위를 분별하게 되었습니다.

또 운문雲門 양공諒公 대사가 나를 찾아와 주었는데 양공의 뜻도 안공과 궤도가 같았으니, 그들은 모두 여산廬山의 귀종歸宗과 운거雲居에서 온 이로서 모두가 법안의 후손이었습니다.

작년에 잠시 고을을 지키러 왔다가 마침 광혜廣慧 선백禪伯을 만났는데, 그는 남원南院 염念의 법을 이었고 남원 염은 풍혈風穴의 법을 이었고, 풍혈은 선남원先南院의 법을 이었고, 남원은 흥화興化의 법을 이었고, 흥화는 임제臨際의 법을 이었고, 임제는 황벽黃檗의 법을 이었고, 황벽은 백장百丈 해海의 법을 이었고, 백장은 마조馬祖의 법을 이었고, 마조는 양讓 화상 밑에서 나왔고, 양 화상은 조계(6조)의 맏제자이십니다.

관청 일이 간소하고 사생활에 여가가 많으므로 오시는 것을 앉아서 맞기도 하고 수레를 몰아 뒤를 따르기도 하면서 갖가지 방법으로 청해 물으니, 막혔던 의심이 단박에 풀리면서 반년이 지난 뒤에는 아무것도 의심하지 않게 되었습니다. 잊었던 것을 갑자기 기억한 것 같고, 잠에서 깨어난 것 같아서 평소에 가슴에 막혔던 것이 툭 트이면서 저절로 떨어지고, 여러 겁에 밝히지 못했던 일이 훤하게 눈앞에 펼쳐지니, 진실로 결택하는 데 분명하고 응접하는 데 지장이 없었습니다.

이에 거듭 생각하건대 선덕들도 거의가 여러 곳에 참문했었으니, 설봉雪峰은 아홉 차례 동산洞山에 올랐고, 세 차례 투자산投子山에 오른 끝에 덕산德山의 법을 이었고, 임제臨際는 대우大愚에게 법을 얻었으나 끝내 황벽黃蘗의 대를 이었고, 운암雲巖은 대체로 도오道吾의 교훈을 받았으나 약산藥山의 제자가 되었고, 단하丹霞는 마조馬祖에게 인가를 직접 받았건만 석두石頭의 후손이 되었으니, 이런 예가 예전에도 많이 있어서 이치에도 어긋나지 않습니다.

병든 내가 이제 이어받는 인연도 실제로는 광혜廣慧에 속하건만 이끌어 주신 시초는 오봉鼇峰에서 나왔으니 기쁘고 다행한 일이로소이다.

시랑侍郎이 광혜廣慧 화상에게 이렇게 물었다.

"평소에 듣건대 스님께서 말씀하시기를 '온갖 죄업은 모두가 재물에서 생긴다'고 하시면서 사람들에게 재물을 멀리하라고 하셨는데, 남섬부주의 중생은 재물로써 생명을 삼고 국가도 재물로써 사람을 모으고 경전에도 재물과 법의 두 가지 보시를 말씀하셨거늘 어째서 사람들에게 재물을 멀리하라 하십니까?"

광혜가 이렇게 대답했다.

"깃대 꼭대기에 무쇠 용두龍頭이니라."

"해단마자(海壇馬子)의 크기가 당나귀만 합니까?"

"초楚 땅의 닭은 단산丹山의 봉鳳이 아니다."

"부처님이 멸도하신 지 2천 년에 비구들은 부끄러움이 없어졌군요."

동문同門의 스님이 표징表澄에게 이렇게 물었다.

"듣건대 누가 말하기를 '하늘 위에도 미륵이 없고, 땅 위에도 미륵이 없다'고 하는데, 미륵은 어디에 있습니까?"

표징이 이렇게 대답했다.

"손 위의 나무〔手上木〕이다."

"죄가 돌아가는 곳이 있겠군요."

"잘못을 아는 이가 드물다."

"주장자를 맞아야 하겠군요."

이에 표징이 할을 하니, 시랑이 말했다.

"놓치면 안 됩니다."

시랑이 이李 부마附馬에게 물었다.

"석가모니께서 6년을 고행하셔서 얻은 것이 무엇입니까?"

부마가 대답했다.

"멜대〔擔〕가 부러지고야 짐이 무거운 줄 안다."

"한 소경이 여러 소경을 이끌 때는 어떠합니까?"

"소경이니라."

"환하군요."

부마가 그만두었다.

동광제(同光帝 : 장종)가 흥화興化 화상에게 묻되 "짐이 중원中原의 보배를 얻었는데 아무도 값을 치지 못하는구료" 하였다. 이에 흥화가 대답하되 "폐하의 보배를 보여 주십시오" 하니, 황제가 손으로 복건(幞巾 : 머리에 쓰는 수건)의 끈을 풀었다. 이에 흥화가 말하되 "군왕의 보배를 누가 감히 값을 따지려 하겠습니까?" 하였다. 현각玄覺이 이를 두고 말하되 "흥화의 안목이 어디에 있었을까? 만일 긍정치 않는다면 허물이 어디에 있을까?"라고 하였다.

이에 시랑이 말했다.

"흥화가 그렇게 다만 대꾸한 것이 장종莊宗을 긍정한 것인가, 긍정치 않은 것인가 판단해 보라."

스님들이 도를 이야기하는데, 시랑이 불쑥 이렇게 말했다.

"도는 사람을 여의지 않으니, 사람이 능히 도를 편다. 대체로 참선하여 도를 배우는 이는 하루 종일 항상 돌이켜 살펴야 한다. 보지 못했는가? 남전南泉이 말하기를 '30년 동안 한 마리의 검은 암소〔水牯牛〕를 지켜보다가 남의 밭에 침입하면 곧 고삐를 끌어 돌이켰더니, 이제는 맨땅의 흰 소로 변해서 풀어 놓아두어도 달아나려고 하지 않는다'고 하였다."

여러분들은 오래오래 정신을 바짝 차려라. 선도禪道를 말할 때에는 비추고 살피는 도리가 있다가 나물을 다듬거나 일을 할 때에는 없어진다고 말하지 말라. 마치 닭이 알을 품는 것 같으니, 만일 알을 떠나서 일어나면 따뜻한 기운이 식어서 병아리가 되지 못한다. 지금의 삼라만상에서 여섯 감관을 번거로이 움직이다가 돌이켜 살피는 일을 잊으면, 문득 몸과 목숨을 잃으리니 작은 일이 아니다.

이제 이 인연의 생生을 받고서 생사에 얽매임은 대체로 티끌 수효같이 많은 겁으로부터 생멸하는 마음에 순응하였고, 또 그 유전流轉에 따라 지금까지 이르렀기 때문이다.

여러분들이여, 말해 보라. 만일 일찍이 잃었던들 어찌 오늘에 이를 수가 있었으랴. 맨땅의 흰 소를 알고자 하는가? 시험 삼아 콧구멍을 잡아서 끌어 보라."

시랑이 또 말했다.

"현사玄沙 화상이 말하기를 '대당국大唐國 안에서 종문宗門의 법을 아무도 들추어 제창한 이가 없다'고 하였는데, 누군가가 들추어 제창했다면 온 누리의 사람이 모두 성명性命을 잃었을 것이다. 이는 구멍 없는 무쇠 방망이 같아서 일시에 칼날이 무디고 혀가 굳어지리라. 말해 보라. 이게 무슨 도리인가? 지금 주인과 손님을 임시로 설정해서 두 조각 입술을 움직이고, 손가락을 곧추 세우고 불자拂子를 번쩍 들지만, 모두가 뒤바뀐 지견을 이루어 그대의 미친 뜻에 따르면서 그대로 하여금 묻고 이야기하는 곳이 있게 할 뿐이다.

만일 눈 밝은 사람 앞에서라면 어찌 그런 식으로 드러낼 수 있으랴. 예컨대 노조魯祖 화상은 스님이 오는 것을 보자 얼른 벽을 향해 돌아앉았는데, 장경長慶이 말하기를 '그 따위로 사람을 제접하다가는 당나귀 해〔驢年〕나 되어야 한 사람 얻을지 모른다. 나는 노조도 부끄러움을 모르는 노장이라 하노라' 하였다. 이렇거늘 눈 밝은 사람이 어찌 긍정하겠는가.

이제 어쩔 수 없어서 그대들 여러 사람에게 뒤바뀐 지견을 보여주나니, 마치 수건을 매듭지어서 말을 만들고 눈을 비비어 허공의 꽃을 보는 것과 같다.

상조(上祖 : 부처님)께서 말씀하시기를 '부처의 지견을 열고, 부처의 지견을 보이고, 부처의 지견을 깨닫고, 부처의 지견에 들어가게 한다'고 하셨으니, 그가 그렇게 말함으로써 얼마나 많은 위광威光을 무색케 했던가. 말해 보라. 여러분의 분수 위에서 무엇이 부족한가. 아무리 그렇다 하여도 내가 이렇게라도 알려 주지 않거나 들려주지 않았다면 그대들은 어디서 만나 보았겠는가. 옛사람이 말하기를 '은혜를 아는 이는 적다'고 하였으니, 말해 보라. 어떤 사람의 은혜를 받았던가. 이에 대해 밝히지 못하겠거든 돌기둥〔露柱〕

에게 물어보라."

시랑이 또 말했다.

"이 일은 퍽 어려우니, 석가모니께서도 21일 동안 생각한 끝에 열반에 들려고 하다가 제석帝釋 범왕梵王의 정성스런 세 차례의 청을 받아 마지못해 허락했다. 처음 녹원鹿苑에서부터 마지막 구시라성俱尸羅城에 이르기까지 49년 동안 크게 불사를 일으키시니 5승乘 12분교分敎를 병에서 물을 따르듯 하였다. 그러던 마지막에 영산회상에서 눈으로 가섭을 보시면서 대중에게 말씀하시기를 '나에게 정법안장正法眼藏이 있는데 마하대가섭에게 부촉하노라' 하셨다. 또 말씀하시기를 '나는 49년 동안 한마디도 말한 것이 없다'고 하셨으니, 이게 무슨 도리인가?

만일 여러분의 분상分上에서 말한다면 한 글자의 첫 획도 붙일 수 없나니, 여러분에게 기특한 일이 있기 때문이다. 그러나 기특한 것이라고 말할지라도 벌써 맞지 않는다. 나는 말하기를 '석가는 패전의 장수요, 가섭은 몸과 목숨을 잃은 사람이다' 하나니, 그대들 여러분은 어떻게 생각하는가? 옛사람의 말을 듣지 못했는가? 열반과 생사는 모두가 잠꼬대요, 부처와 중생은 나란히 군소리라 하였으니, 바로 이렇게 알아들을지언정 밖을 향해 달리면서 구하지 말라. 만일 이것을 밝히지 못했다면, 여러분들이 헛수고를 적지 않게 하였다고 감히 말하겠노라."

시랑이 다시 『조론肇論』의 말씀인 "만물을 회통하여 자기를 삼는 이는 오직 성인뿐이다"라고 한 구절을 들어 말했다.

"지금 눈앞에 산하대지와 나무와 숲이 올망졸망한데, 이들은 같은가, 다른가? 같다고 말하면 저 갖가지 물건이 제각기 같지 않으며, 다르다고 말하면 옛사람이 말하기를 '만물을 회통하여 자기로 삼는다'를 어떻게 이해해야 하는가?

교리에서도 말하기를 '한 사람이 참 마음을 발해서 근원에 돌아가면, 시방 허공이 일시에 녹아버린다'고 했고, 어떤 고덕은 말하기를 '어떤 사람이 마음을 알아채면 대지에 한 치의 흙도 없다'고 하였으니, 이게 무슨 도리인가? 당장에 시방세계가 온통 그대의 외짝 눈이요, 여러 부처님과 천인天人, 중생들이 모두 그대의 위광威光을 받아 건립된 것임을 확실히 믿어야 바야흐로 체득한다."

시랑이 임종하기 하루 전에 손수 게송을 써서 집사람에게 주면서 다음 날 이李 부마附馬에게 전하라 했는데, 그 게송은 다음과 같다.

> 거품이 일어나는 것과 거품이 꺼지는 것
> 두 법이 본래부터 가지런하니
> 참으로 돌아갈 곳을 알고자 하는가.
> 조주趙州 동원東院의 서쪽일세.
> 漚生與漚滅　二法本來齊
> 欲識眞歸處　趙州東院西

이부마가 게송을 받고는 태산묘泰山廟에 가서 지전紙錢을 샀다.[20] 이상은 『천성광등록天聖廣燈錄』 제18권에서 나왔다.

연우延祐 3년 병진년丙辰年에 사명四明 필추苾芻 희위希渭가 의발衣鉢을 팔아서 한 힘을 보태어 장인에게 명을 내려 여산廬山 온암穩

20 즉 재齋를 지냈다는 말이다.

菴 구본舊本에 의지해서 도량 선유암禪幽菴에서 간행했다. 훌륭한 이익을 모아서 위로는 4은恩에 보답하며 아래로는 3유有를 돕고, 법계의 유정有情이 똑같이 원종지圓種智를 이루어지게 하기 위함이다.

발跋

이『경덕전등록』은 원래 호주湖州 철관음원鐵觀音院의 스님 공진拱辰이 지은 것이다.

책이 다 되자 그것을 가지고 서울로 가서 위에 보이려고 하는데, 도중에 어떤 한 스님을 만나 동행을 하였다. 이로 인해 그에게 보였더니, 그날 저녁에 그 스님이 짊어지고 달아났다.

그래도 서울에 가니, 도원道原이라는 스님이 이미 바치고서 상을 탄 뒤였다. 이 사실은 마치 곽상郭象이 향수向秀의 장자주莊子註를 훔친 것과 같다.

이에 공진이 말하기를 "나의 뜻은 불조佛祖의 도를 밝히려는 것인데 일은 이미 시행되었다. 이름이야 누구에게 있건 한가지이다. 내가 어찌 명예를 위하겠는가" 하고는 다시는 입을 떼지 않았으니, 공진의 마음 쓰임새가 이와 같았다. 이 일은 우리 공자孔子의 누군가가 활을 잊으면 누군가가 얻는다는 이야기와 비슷하니, 주고받는 절차에 사사로움이 용납되지 않은 것이다.

그리고 양문공楊文公이 법안(法眼 : 바른 안목)을 갖추어 교정하였기에 이 책이 더욱 믿을 만한 것이요, 저『속등록續燈錄』이 스님들을 보내어 사실을 수집하는 동안 돈을 받고 이름을 실어 주어서 진실을 어지럽힌 일과는 다르다.

혹 어떤 이는 의심하기를 "불조佛祖의 전법게傳法偈는 번역해 전한 사람이 없다"고 하는데, 이는 여름 벌레가 봄과 가을을 모르는 것과 같은 말이다. 불조가 아무리 전함이 없이 전했다 하나 전해주는 인연이야 어찌 몰라야 된단 말인가.

또 달마는 정변지正遍知를 갖춘 분이어서 서역과 중화中華의 말을 모두 환히 깨쳤다. 그의 문답을 보더라도 어디 번역해서 전한 티가 있던가. 이는 마치 세상의 어리석은 사람들이 교리 밖에 따로 전하고 문자를 세우지 않았다는 말을 듣고 문득 의혹하기를, 『능가경楞伽經』은 송宋나라 때에 이미 있었던 것이지 달마가 비로소 갖고 온 것이 아니라 하는 것과 같으니, 이 어찌 딱한 일이 아니랴.

복주福州 대중사大中寺의 지장知藏으로 있는 스님이 전란이 있은 뒤에 서적이 없어져서 도법의 존속이 어렵다고 여겼다. 그래서 시주를 걷어 이 책을 다시 펴서 승속의 열람에 편의를 제공하고는 나를 찾아와 서문을 써 달라고 하기에 책 뒤에다 이렇게 적는다.

소흥紹興 임자(壬子, 1232) 첫 겨울 달 10일에 장락長樂 정앙鄭昻이 쓴다.

소疏

〔천동天童 굉지宏智 화상 지음〕

도추道樞 속의 빈 이치는 내〔我〕가 없는데도 이름과 형상을 취하고, 신령스런 기틀이 안에서 발한 지혜는 내가 없는데도 변화와 신통을 포괄한다. 일념에 깊이 본원本源을 사무치니, 여섯 이치〔六義〕가 모두 신령스런 작용을 이루고, 호흡을 낼 때에 콧속이 시원하니 부처님의 입으로부터 생긴 것이다. 두리번거리는 사이와 손가락을 튀기는 틈에 확연해지는 것이 우레 소리에 벌레가 입을 떼는〔破〕 것 같고, 찬란함이 안개가 표범 같은 채색을 이루는 것 같다. 제방 납자들의 전기는 으뜸가는 장부의 지음이니, 달마는 오실 때에 문자를 세우지 않았으나 위음威音부처님 이후로는 전해 받는 절차가 필요했다.

병부가 병부에 합하니 법규와 법규가 들어맞고, 마음으로 마음을 인가하니 말과 침묵이 모두 통달한다. 등불과 등불이 불꽃을 이으니, 끊임없이 세상을 비추는 광명을 나누고, 잎과 잎이 번성하니 신령스런 종자가 마르지 않게 하는 봄빛을 이어 간다. 조사의 계보를 이어 가니 누구의 종풍을 계승했는가? 면면히 발자취를 따르는 사람이며, 분명히 집안을 일으키는 자손들이다.

강하고 부드러움은 법도로 삼을 만하니, 이글이글하여 백 번 달군 쇠가 무색하고, 물리치고 구박해도 떠나지 않으니, 간절함이 박옥璞玉을 세 차례 바친 이에게 견줄까. 기약하기 어렵구나, 못을 파서 달을 건지는 것이요, 계합하기 어렵구나, 겨자씨를 던져서 바늘끝에 맞히기다.

칼집을 나와서는 광채를 뿜고, 가르침의 길에 들어서서는 그릇을 이루며, 스스로 수용하게 되어서는 서로 증명을 구한다.

맘마 빠빠〔哆哆啝啝 : 아기의 중얼거림〕를 부르는 무리는 혀끝에 털이 돋게 내버려 두어라. 뾰족뾰족한(똑똑함) 무리들은 이마에 땀을 흘리게 한다. 주먹을 쓰기 두렵구나, 그 용맹이여. 문득 와서 범의 수염을 잡아끌고, 방망이로 위세를 부려서 놀라게 하고, 뱀의 희롱하는 수단을 지켜본다.

모습〔相〕이 원만과 결함으로 나뉘니 감응하여 작용하는 것이 합당하고, 바르고 치우친 지위를 열거하니 기틀에 따라 법도에 맞는다.

털끝만큼 어긋남에 천지의 차가 생기고, 싸라기만큼이라도 청정치 못하면 파리 떼가 끓는다. 보지도 듣지도 않고서 마군을 항복시키니 원래 예사 무리가 아니요, 혼자서 부르고 스스로 대답하면서 주인이 되니 또랑또랑하다 하리라. 멜대〔匾擔〕에는 온갖 일을 꿰어 달고, 포대 속에는 갖가지 물건을 넣는다.

길고 짧음은 나에게 달렸으니, 보공寶公의 지팡이 끝에 칼이요, 음악을 연주하는 것은 누구를 말미암음인가. 만회萬回의 품안에 든 꽃북〔花鼓〕이다. 스님들은 버들가지를 들고서 일어나고 대사는 판때기를 치면서 노래를 부르니, 봉鳳을 잡고 자라를 낚는 일 본분의 공부요, 조개와 굴을 따는 짓 평생에 즐거운 일이다.

벽돌을 갈아 사람을 제접하는 묘리와 송곳 끝을 세워 대꾸하는 방법은 번개같이 말아내는 기틀의 바퀴요, 바람이 달리는 문답이다. 풀밭을 두드려 뱀을 놀라게 하는 구절과 깃대를 흔들어 풀단을 비치게 한 공功은 줄탁啐啄이 동시同時라 마음의 눈이 서로 비춘다.

운運에 맡겨 등등하니 허물이 없고, 평탄한 생각으로 거침없으니 걸림이 없다. 출가해서 행각行脚한 인연과 앉아서 죽고 서서 해탈한 시절을 서책에 기록하니, 옛사람을 보는 것 같아서 후학들의 귀감이 될 만하다. 신령스런 계합의 경지에 나아가려면 행여 말로써 구하지 말라. 입과 귀만으로 퍼뜨리다가는 몸과 마음의 장애를 이룰까 걱정이다.

비구 사감思鑑이 이 일을 오래 생각한 것은 조사의 등불 전함을 법인法印으로 삼고자 한 것이니, 눈으로 볼 때에는 푸르고 흰빛을 분명히 가려야 되지만 입을 열어서는 암컷 수컷을 따지지 말고, 쓸모없는 이야기 구덩이에서 스스로가 속박되지 말라. 담판한擔版漢은 남의 비웃음을 꺼리지 않는다. 동행인에게 이를 주어 같이 인연을 맺고자 한다.

경덕전등록 후서後序

〔좌조左朝 봉대부奉大夫 충充 우문전右文殿 수찬修撰 권발견權發遣 태주台州 군주사軍州事 유비劉棐 지음〕

『전등록』이 출판된 지는 오래되었으나, 전란이 일어난 이래로 그 판본이 타버려서 심종(心宗 : 禪法)을 흠모하는 이는 그 책이 없는 것을 섭섭하게 여겼다.

이에 스님 사감思鑒은 무주婺州 사람으로서 짚신을 끌고 도를 찾기를 30년 동안 하였는데, 다른 사람들도 똑같이 열반의 묘한 마음을 깨닫게 하고 싶어서 도움이 될 것을 생각하였다. 그리하여 청정 시주를 널리 모아 다시 그 판을 새기니, 승속이 찬탄하여 힘을 합쳐 완성했다.

혹 어떤 이는 이렇게 말한다.

"자기 마음의 법은 형상이 없어 남에게 얻는 것이 아니다. 시조인 석가여래 이후로 어느 한 조사도 잠잠히 계합하여 스스로 깨닫지 않은 이가 없으니, 이 때문에 달마는 곧장 마음을 가리키면서 문자를 세우지 않았고, 소림少林에서 9년 동안 면벽面壁했을 뿐이다. 비록 2조가 눈 위에서 팔을 끊었으나 한마디도 일러 주지 않았고, 오직 그의 잘못된 지견만을 막아 주었을 뿐이다. 2조는 이로 인해 바른 지견을 얻어 활짝 깨달았으니, 2조도 달마의 말에 의해 깨달은 것이 아니고 스스로가 증득한 것이다.

또 백장百丈이 자리를 걷은 것, 설봉雪峰이 털 공을 굴린 것, 노조魯祖가 벽을 향해 앉은 것, 석공石鞏이 수레를 끈 것, 도오道吾가 춤을 춘 것, 조과鳥窠가 털을 분 것, 구지俱胝가 손가락을 세운 것이니, 고덕들이 이렇게 사람들에게 보인 것이 퍽 많은 까닭은 말에 있지 않기 때문이다. 말도 그렇거늘 하물며 문자이겠는가? 마음의 종지는 당면해서 스스로가 참구해야지 조사의 말씀이 나에게 무슨 필요가 있으랴."

그러나 나는 그렇지 않다고 한다. 마음의 법이 형상이 없다고는 하나 온갖 곳에 두루하니, 푸른 대는 진여이고 노란 꽃은 반야요, 개구리 소리는 기틀을 발하고 거문고 소리는 마음을 전한다. 나아가 담과 기왓장까지도 설법하지 않는 것이 없다.

그러므로 영운靈雲은 복사꽃을 보고 도를 깨달았고, 현사玄沙는 "제비 소리가 실상實相을 깊이 말한다"고 하였다. 그렇다면 온 누리가 모두 깨달음의 문이니, 어느 것이 도가 아니랴. 하물며 마음의 종지를 밝힌 문자들이겠는가. 하물며 마음의 종지를 밝히는 문자를 실은 것이겠는가.

만일 이 두 가지가 다르다면 마음의 종지에 과연 아무 관계가 없겠는가. 천복고薦福古는 어째서 『운문록雲門錄』을 보다가 깨달았으며, 황룡심黃龍心은 어찌하여 다복多福의 어록을 읽다가 깨달았을까? 대체로 언어의 형상이 고요하고, 문자의 성품이 공하기 때문이니, 이것이 그대로 도이니라. 만일 언구와 문자에 의하여 성품과 모습의 공적함을 본다면 이는 바로 한 번 뛰어서 곧바로 들어가는 것이다.

그러기에 나는 '이 책의 퍼짐이 마음 바탕을 밝히는 일에 큰 도움이 된다'고 여기노라.

또 사감思鑒이 화주貨主를 할 때에 태주台州의 영해읍寧海邑 사람 주周씨가 이렇게 찬탄하였다.

"나의 땅에 큰 배나무가 있는데 3대를 묵었다. 요즘 우리 식구들이 제각기 꿈을 꾸었는데, 그 나무 위에 큰 집이 즐비하고, 그 안에 무수한 스님이 왕래하는 것을 보고 매양 의심했다. 이제 보니, 이 책을 새길 징조임을 깨달았다."

그리고는 그 나무를 희사하여 판목으로 쓰게 하였다. 또 사감을 집으로 불러 공사를 진행케 했는데, 다 새기고 나니 주씨의 꿈에 스님 여섯이 와서 다 새긴 것을 보여 달라고 하였다.

이에 주씨가 사감에게 묻기를 "그게 어떤 스님일까요?" 하니, 사감이 말하기를 "그는 6대까지 의발을 전하시던 여섯 조사께서 특별히 와서 이 불사를 증명한 것이오"라고 하였다.

아! 이 책은 일대사一大事를 위해 쓰일 것이라서 마땅히 이런 감응하는 상서로움이 나타나 사람들의 마음을 깨우쳐 준 것이리라. 그러므로 나는 여기에다 덧붙여 보는 이로 하여금 작은 인연이 아님을 알게 해서 그 신심을 더욱 견고히 하게 하노라.

소흥紹興 4년(1224) 상원(上元 : 정월 보름)에 등자암等慈菴에 사는 선남자, 수양睢陽 유비劉棐 중침仲忱은 서序한다.

색 인

ㄱ

가관可觀 2 - 408, 564, 588
가나제바迦那提婆 1 - 102, 105, 109, 112
가릉可隆 → 요공了空
가문可文 2 - 332, 391
가비마라迦毘摩羅 1 - 56, 69, 97, 98, 101
가선可先 3 - 345, 413
가섭불迦葉佛 1 - 55, 60
가섭파迦葉波 1 - 66
가승迦勝 1 - 141
가야사다伽耶舍多 1 - 105, 119
가주可儔 → 명변明辯
가지迦智 1 - 625, 684
가홍可弘 3 - 342, 368
가훈可勳 3 - 339, 348
각몽당覺夢堂 2 - 193
각사고覺師姑 2 - 579
각覺 2 - 126
각적覺寂 1 - 194。3 - 129
각지송覺地頌 3 - 612
각체覺體 1 - 552
각평覺平 1 - 381
간幹 1 - 215
간簡 2 - 329, 357, 442
간지簡之 2 - 331
갈마羯磨 1 - 91。2 - 545。3 - 515
감甘 2 - 209
감鑒 2 - 618
감鑒 3 - 96
감감憨憨 2 - 674, 675
감온感溫 2 - 256, 320
감종鑒宗 1 - 624, 681
감지鑑智 1 - 194
감지甘贄 1 - 623, 678
감진鑒眞 2 - 587
강强(彊) 2 - 704, 767
강덕彊德 2 - 419
강선康詵 1 - 214
거둔居遁 2 - 399, 426。3 - 604
거방巨方 → 거현巨玄
거영巨英 1 - 211
거현巨玄 1 - 212, 270
거회居誨 2 - 330, 358
건나犍那 1 - 195
건다騫荼 1 - 57
건봉乾峰 2 - 399, 440
건종建宗 1 - 624
게학산憇鶴山 2 - 564, 612
견堅(招慶院) 3 - 100
견堅(大陽山) 3 - 102

견고堅固 1 - 145, 294。2 - 377
견상見相 2 - 188, 289
견성見性 1 - 447。2 - 265
견숙甄叔 1 - 480, 532
겸저謙著 2 - 158
경敬 1 - 213
경景 2 - 403, 482
경慶 3 - 99, 155
경璚 3 - 102
경담鏡潭 1 - 208
경련敬連 3 - 31
경산徑山 → 도흠道欽(徑山)
경상慶祥(九曲) 3 - 343, 394
경상慶祥(崇福) 3 - 345, 411
경소慶蕭 3 - 343, 391
경수慶壽 2 - 331
경여景如 3 - 179, 242
경왕景王 1 - 90
경왕敬王 1 - 91
경운慶雲 1 - 381
경유慶猷 2 - 622
경잠景岑 1 - 623, 623, 760
경제景諸 1 - 551
경제慶諸 2 - 72, 95, 234, 256, 284, 290, 337, 460
경준敬遵 3 - 256, 327
경진敬璡 3 - 343, 392
경청鏡淸 2 - 130, 353, 417, 435, 446, 449, 458, 504, 540
경탈竟脫 3 - 32, 83, 615
경통景通 2 - 28, 66
경풍景豊 2 - 703
경현慶玄 2 - 342
경현警玄 3 - 342, 363
경혜敬慧 2 - 257, 325
경흠竟欽 → 광오廣悟
경희慶喜 1 - 69
계령戒靈 1 - 625, 685
계상啓祥 3 - 384
계여契如 2 - 701, 726。3 - 64
계영契盈 → 주지周智
계온契穩 → 법보法寶(契穩)
계유啓柔 3 - 93, 103
계조契稠 3 - 256, 321
계진契眞 1 - 550
계침桂琛(羅漢) 2 - 501, 701, 704。3 - 175, 182, 558, 610
계침桂琛(地藏) 2 - 193, 508
계행종戒行宗 1 - 160
계허戒虛 → 계령戒靈
계훈繼勳 3 - 180
고古 2 - 30, 95
고高(沙彌) 2 - 183, 242
고경가古鏡歌 3 - 700
고두庫頭 1 - 557
고명高明 2 - 331, 625
고목대중枯木大衆 2 - 289
고사古寺 1 - 480, 530
고산鼓山 2 - 449, 715, 763。3 - 482
고안高安 1 - 621
고정高亭 1 - 626, 692
고제古堤 1 - 551, 601
고조高祖 2 - 326
고종高宗 1 - 266
고한高閑 1 - 681
곡반왕斛飯王 1 - 69

곡산谷山 3 - 96, 142
곡산谷山 장藏 2 - 330, 367
곡산谷山 풍豊 3 - 93, 109
곡은谷隱 2 - 257, 324
골좌骨剉 2 - 60
공관空觀 1 - 183
공기公畿 1 - 551, 601
공덕다라功德多羅 1 - 148
공승功勝 1 - 96
공진拱辰 3 - 725
곽두통钁頭通 2 - 445
곽산霍山 1 - 697, 737
곽상郭象 3 - 725
관觀 1 - 213。2 - 391
관계灌谿 → 지한志閑
관남關男 3 - 707
관남關南 → 도상道常(關南)
관남關南 → 도오道吾
관음觀音 2 - 331。3 - 32, 87
관음觀音 낭朗 3 - 344
관음觀音 상견常蠲 2 - 28
관음觀音 안安 3 - 343
관음觀音 진眞 3 - 344
관정灌頂 2 - 396。3 - 449
관종觀宗 1 - 210
광光 3 - 94
광光(侍者) 2 - 503
광개光蓋 1 - 127
광계匡界 3 - 93, 110
광과匡果 → 광계匡界
광덕廣德 2 - 624, 668
광덕廣德 연延 3 - 101, 166
광덕廣德 의義 3 - 166
광덕廣德 주周 3 - 101, 181, 253
광도廣度 2 - 687
광등록廣燈錄 1 - 172。2 - 63
광리廣利 용容 2 - 623, 654
광목光睦 2 - 471
광법廣法 3 - 369, 424
광복光虙 2 - 183
광복廣福 도은道隱 3 - 100, 163
광부廣敷 1 - 209。2 - 123
광산匡山 3 - 96, 144
광상光相 1 - 698
광서光緖 → 지덕至德(光緖)
광수光首 1 - 140
광오廣悟(慧眞) 3 - 32, 72, 94
광요光耀 1 - 58
광원廣原 3 - 341, 360
광인光仁(棗山) 2 - 255, 266
광인光仁(疎山) 2 - 400, 448
광인匡仁 2 - 677
광일匡一 → 정각定覺(匡一)
광일匡逸 3 - 255, 287
광제廣濟 2 - 82, 621, 636
광조光肇 1 - 551
광징廣澄 1 - 479
광통光統 1 - 181
광혜光慧 2 - 528, 622, 645。3 - 204,717, 718
광화匡化(藏嶼) 2 - 623, 658
괴瓌 1 - 214
괴성瓌省 3 - 345, 409
교教 2 - 31, 108
교사야憍奢耶 1 - 74
교시가憍尸迦 1 - 122

교연皎然 2 - 447, 483, 534
교진여憍陳如 1 - 63。3 - 416, 458
구나발타라求那跋陀羅 1 - 298
구나함모니불拘那含牟尼佛 1 - 55, 60
구라기리바瞿羅忌利婆 1 - 106
구류손불拘留孫佛 1 - 55, 59
구마라다鳩摩羅多 1 - 105, 121, 122
구봉九峰 3 - 482
구봉九峰 보만普滿 2 - 399, 435
구봉九峰 의전義詮 3 - 342, 362
구봉九峰 자혜慈慧 1 - 697, 735
구산龜山 2 - 702, 752
구산龜山 → 정원正原
구양龜洋 1 - 517
구句 3 - 31
구종산九嵕山 2 - 257, 324
구지俱胝 1 - 701, 758
구현소丘玄素 2 - 192, 193
국사國師 2 - 769
국일國一 1 - 256, 447。2 - 189, 192, 197
국태國泰 덕문德文 3 - 345
굴다堀多 1 - 293, 307
귀歸 3 - 29, 35
귀등歸登 2 - 192
귀본歸本 2 - 563, 570
귀신歸信 3 - 103, 172
귀양龜洋 → 무료無了
귀적歸寂 1 - 599。2 - 651
귀정歸靜 2 - 120, 144
귀종歸宗 1 - 492
귀종歸宗 몽흠夢欽 3 - 340
귀종歸宗 사혜師慧 3 - 340
귀종歸宗 성일省一 3 - 340
귀진歸眞 1 - 338
귀효歸曉 → 혜광慧廣(歸曉)
규봉圭峰 2 - 192
규봉圭峰 온溫 2 - 125, 671
규봉圭峰 → 종밀宗密
규산圭山 2 - 167
극락極樂 원엄元儼 2 - 564, 610
극락極樂 3 - 392
극빈克賓 2 - 80
근謹 3 - 339, 347
금강륜金剛輪 1 - 116
금강제金剛齊 3 - 463
금계金雞 2 - 667
금광金光 1 - 133
금륜金輪 3 - 31, 63
금봉金峰 종지從志 2 - 622, 650
금사金沙 2 - 29
금속여래金粟如來 3 - 116
금우金牛 1 - 480, 524
금장金藏 2 - 400
금주金柱 의소義昭 3 - 96, 141
금화金華 선혜善慧 1 - 56
급의級衣 2 - 29
긍월亘月 1 - 215
기夔 2 - 183
기림祇林 1 - 625, 687
기사산祇闍山 2 - 332
기신론장소起信論章疏 1 - 290
기타祇陀 1 - 294
긴나라왕緊那羅王 3 - 464
길본吉本 1 - 550
길불연吉弗煙 1 - 196
김대비金大悲 1 - 305

ㄴ

나가난제那伽難提 1 - 106
나문羅紋 3 - 101
나봉螺峰 충오沖奧 → 명법明法
나부羅浮 감심鑒深 1 - 550
나산羅山 2 - 338, 519
나산羅山 소자紹孜 3 - 95, 136
나산羅山 숭崇 3 - 32, 83
나한羅漢(桂琛) → 계침桂琛(羅漢)
나한羅漢(灌州) 3 - 178, 233
나한羅漢(光度) 1 - 128
나한羅漢(漳州) 1 - 701, 763
낙도가樂道歌 3 - 690
낙보樂普 2 - 39, 431, 690, 692, 695。3 - 698
낙보樂普 원안元安 2 - 687
낙정樂淨 함광含匡 3 - 178, 228
낙하落霞 2 - 183
난왕赧王 1 - 101
남대南臺(水西) 2 - 621, 6362
남대南臺 성誠 2 - 701, 722
남대南臺 수안守安 3 - 175, 205
남선南禪 계번契璠 2 - 563, 586
남선南禪 무염無染 2 - 30, 93
남악南嶽 → 현태玄泰
남악南岳 → 회양懷讓
남악고승전南嶽高僧傳 2 - 619
남악南嶽 나찬懶瓚 3 - 685
남악南嶽 남대南臺 2 - 642
남양南陽 1 - 492
남양南陽 → 혜충慧忠(南陽)
남원南源 1 - 699
남원南院(洛京) 2 - 563, 571
남원南院(汝州) 2 - 32, 109, 116, 130
남원南院 염念 3 - 717
남원南院 옹顒 2 - 32
남인南印 2 - 123
남전南泉 1 - 367, 479。2 - 232, 292, 311。3 - 472, 543
남제南際 2 - 494
남탑南塔 광용光涌 2 - 28, 70, 99
남평왕南平王 종전鍾傳 2 - 627
낭朗 1 - 270。2 - 123, 331
낭朗 2 - 307
낭朗(永安) 3 - 93, 114
낭지朗智 3 - 388
노盧 1 - 269
노관老觀 2 - 57
노사공路嗣恭 1 - 382
노사나불盧舍那佛 1 - 455
노안老安 1 - 268
노지백우露地白牛 2 - 40
노진盧珍 1 - 201
노피盧陂 2 - 132, 179
노홍일盧鴻一 1 - 266
녹두鹿頭 2 - 648
녹수淥水 1 - 699, 747
녹수淥水 문거文擧 1 - 624
녹원鹿源 2 - 331
녹원鹿苑 2 - 120, 129
녹원鹿苑 문습文襲 3 - 178, 232
녹원鹿苑 휘暉 2 - 330, 370
녹청祿淸 2 - 256, 291
뇌만雷滿 2 - 626
뇌음雷音 각해覺海 3 - 290
늑나다라勒那多羅 1 - 106

늑담泐潭 광오匡悟 2 - 402, 474
늑담泐潭 도겸道謙 3 - 93, 113
늑담泐潭 명明 2 - 402, 472
늑담泐潭 모牟 2 - 402, 478
늑담泐潭 보봉寶峰 2 - 255, 265
늑담泐潭 상흥常興 1 - 431, 436
늑담泐潭 연무延茂 2 - 402, 473
늑담泐潭 오悟 2 - 402
능能 3 - 102, 168
능稜 → 혜릉慧稜
능가楞伽 1 - 453
능초凌超 3 - 374
니총지尼總持 1 - 151

ㄷ

다복多福 1 - 700, 754
단端 3 - 252
단경壇經 1 - 298
단금사鍛金師 1 - 65
단기端己 3 - 103, 171
단복端伏 1 - 208
단제斷際 1 - 572
단하丹霞 → 천연天然
달達 3 - 178, 237
달공達空 2 - 644
달관達觀 영穎 2 - 192
달마가제達摩訶帝 1 - 106
달마달達磨達 1 - 106, 136
달마시리제達磨尸利帝 1 - 106
달성達性 1 - 360
담譚 3 - 99, 156
담공譚空 1 - 746。2 - 28, 32, 74, 82
담광曇曠 1 - 192
담광曇光 1 - 211
담권澹權 2 - 621, 634
담기曇覬 1 - 432
담명潭明 3 - 94, 114
담보曇普 2 - 332
담수曇邃 1 - 152
담애曇藹 2 - 55
담언曇彦 2 - 64
담영曇影 1 - 152
담옹譚顒 1 - 210
담요曇曜 1 - 196
담익曇益 1 - 209
담장曇藏 1 - 480, 522
담저曇翥 2 - 192
담진曇眞 1 - 215
담최曇璀 1 - 208, 249, 295
대가大哥 2 - 665
대가섭大迦葉 1 - 72
대각大覺 1 - 255, 389, 440, 444。
2 - 40, 365
대각大覺(六合) 1 - 152
대각大覺(魏府) 2 - 28, 115
대각大覺(廬州) 2 - 32, 78
대감大鑒 1 - 306
대광명보살大光明菩薩 1 - 126
대녕大寧 눌訥 2 - 401
대녕大寧 도매道邁 3 - 340
대녕大寧 신강神降 3 - 99
대녕大寧 장奬 3 - 345
대달大達 1 - 485
대덕大德 1 - 60
대동大同 2 - 224, 255, 270, 643, 677。
3 - 257

대랑大朗 2 - 202。3 - 180
대랑大浪 3 - 100, 164
대력大歷 3 - 177, 224
대령大嶺 2 - 403, 481
대명산大明山 3 - 102
대모大茅 1 - 627, 693
대무위大無爲 2 - 564
대범大梵 2 - 622, 643
대범大梵 원圓 3 - 94, 118
대법안大法眼 → 문익文益(大法眼)
대변大辯 2 - 182
대보大寶 1 - 453
대비大悲 2 - 32, 114
대비광大悲光 1 - 215
대사大士 화공化公 1 - 152
대선大善 1 - 479, 509
대선교大宣教 1 - 440
대세지보살大勢至菩薩 1 - 147
대소大素 1 - 208
대수大隨 3 - 470
대수大隨 → 법진法眞
대승경요大乘經要 2 - 311
대승기신론大乘起信論 2 - 176
대승산大乘山 3 - 100, 162
대승찬大乘贊 3 - 429, 570
대안大安 1 - 549, 579, 746
대암大巖 백白 2 - 627
대양大陽 1 - 480, 515
대양산大陽山 2 - 331
대용大容 3 - 228
대우大于 1 - 550, 591
대우大愚 1 - 627。2 - 33
대우大禹 영榮 3 - 344
대웅大雄 1 - 41
대원大圓 1 - 566
대위大潙 간簡 1 - 698
대은大隱 1 - 216
대의大醫 1 - 199
대이大耳 1 - 364
대적大寂 1 - 389, 416, 437, 441, 517, 522。2 - 188, 201
대전大顚 2 - 182, 187, 217, 250
대정大靜 2 - 729
대조大祖 1 - 188
대종代宗 1 - 199, 364。2 - 122
대주大珠 → 혜해慧海
대증大證 1 - 374
대지大智 1 - 210, 427
대지도론大智度論 1 - 103
대지장大智藏 3 - 195
대진동大震動 1 - 215
대천大川 2 - 181, 214
대천제大闡提 1 - 279, 445。2 - 407
대철大徹 1 - 468
대청정묘大清淨妙 1 - 61
대통大通 3 - 95
대통지승불大通智勝佛 2 - 126
대혜大慧 1 - 342, 486
대호大湖 2 - 214
대효大曉 1 - 362, 364
덕겸德謙(明招) 3 - 95, 129
덕겸德謙(報恩) 3 - 343
덕명德明 2 - 565
덕부德敷 3 - 630
덕산德山 → 선감宣鑒
덕산德山(郎州) 2 - 621, 641

덕산德山 존덕存德 **2** - 330, 368
덕소德韶(報慈) **2** - 120
덕소德韶(天台) **2** - 164, 283。**3** - 194, 255, 257, 318, 365, 377, 471
덕언德言 **3** - 101
덕종德宗 **1** - 188
덕해德海 **3** - 31, 60
도道 **1** - 549, 587
도瑫 **1** - 591。**2** - 701, 721。**3** - 133
도간道簡 **2** - 621, 638
도건道虔(九峰) **2** - 330, 361
도건道虔(雙泉山) **3** - 98, 153
도견道堅(棲賢) **3** - 127, 346, 419
도견道堅(襄州) **1** - 211
도곡陶穀 **3** - 248
도광韜光 **1** - 256, 259
도광道曠 **1** - 550, 699
도광道匡 **2** - 702, 731
도교道翹 **3** - 455, 457
도규道規 **2** - 544
도균道均 **1** - 624
도긍道亘 **2** - 678
도단道端 **3** - 345, 414
도덕道德 **2** - 403
도독고塗毒鼓 **2** - 337
도락차都落遮 **1** - 139
도량道亮 **1** - 213
도리천忉利天 **1** - 73, 122
도림道林 **1** - 209, 256, 259
도명道明 **1** - 211, 268, 270, 380, 411。**2** - 124
도방道方 **1** - 433, 550, 698
도부道副 **1** - 151, 175
도부道溥 **2** - 563, 584
도부道怤 **2** - 346, 483, 523
도사道師 **1** - 60
도상道常(關南) **1** - 680, 762, 763。
도상道常(百丈) **3** - 256, 324
도선道詵 **2** - 182
도성道性 **1** - 210
도성道誠 **3** - 344, 408
도솔천兜率天 **1** - 61
도수道樹 **1** - 208, 212, 273
도수道邃 **1** - 702
도숭道崇 **2** - 28
도숭道嵩 **3** - 178
도신道信 **1** - 152, 193, 196, 200
도암道巖 **1** - 432
도연道演 **1** - 208
도영道穎 **1** - 211
도영道英 **1** - 295
도오道晤 **1** - 381
도오道悟(天皇) **2** - 181, 186, 189, 193, 194, 221, 238
도오道吾(關南) **1** - 701, 761。**2** - 204, 210, 241, 243, 285, 289, 314。**3** - 690
도우道遇 **1** - 211
도원道原 **1** - 42
도원道圓 **2** - 124
도원道圓(崛山) **1** - 432
도원道圓(清泰) **3** - 343, 393
도원道圓(華州) **1** - 626
도원道原 **2** - 193。**3** - 725
도유道幽 **2** -399, 435
도육道育 **1** - 151, 175
도융道融 **1** - 210

도은道殷 2 - 703, 752
도응道膺 2 - 297, 308, 366, 399, 403, 628
도의道義 1 - 550
도일道一 1 -254, 339, 342, 379, 381。482, 504, 512, 586。2 - 189, 192。3 - 507, 717
도자道慈 3 - 345, 411
도잠道潛 3 - 255, 295
도전道全(洞山) 2 - 399, 425
도전道詮(歸宗) 3 - 177, 221
도제道齊 3 - 346, 417
도준道俊 1 - 212
도준道遵 → 법운法雲
도지道智 1 - 389
도지道志 1 - 552
도지道旨 3 - 341
도진道進 1 - 294
도천道倩 2 - 122
도초道初 1 - 211
도통道通 1 - 380, 407
도파道播 1 - 216
도한道閑(功臣院) 3 - 29, 35
도한道閑(羅山) 2 - 401, 460
도행道行 1 - 380, 403, 481
도헌道巘 2 - 31, 96
도현道玄 2 - 484
도홍道弘 1 - 624
도홍道鴻 3 - 339, 351
도흠道欽(徑山) 1 - 209, 253。3 - 475
도흠道欽(崇壽院) 2 - 623
도흠道欽(章義) 3 - 255, 285
도흠道欽(興陽) 3 - 176, 218
도희道希(白龍) 2 - 701, 722。3 - 212
도희道熙(報恩) 3 - 30, 54
독군모督君謨 2 - 141
돈교법문頓教法門 1 - 232
돈오입도요문론頓悟入道要門論 1 - 390
동계洞谿 2 - 626, 692
동림東林 아雅 2 - 125
동명洞明 → 진각眞覺(洞明)
동봉桐峰 2 - 29, 84
동불우대東弗于代 3 - 86
동산東山 1 - 550
동산洞山 → 양개良价
동산洞山 구단龜端 2 - 703
동산東山 낭첨朗瞻 3 - 388
동산洞山 늠凜 3 - 94
동산洞山 도연道延 2 - 622, 648
동선東禪 2 - 30, 564, 607, 626
동선東禪 계눌契訥 2 - 702, 748
동선東禪 현량玄亮 3 - 176, 211
동선東禪 현해玄偕 3 - 97
동선東禪 혜무慧茂 2 - 28
동안洞安 1 - 480, 525
동안同安 2 - 332, 397, 455
동안同安 비조 2 - 621, 632
동안同安 찰察 3 - 625
동암洞巖 가휴可休 2 - 563, 572
동정東汀 3 - 99, 159
동천산桐泉山 2 - 627, 698
동천왕東天王 광자廣慈 3 - 94
동탑東塔 2 - 28, 70
두杜 1 - 213
두묵杜默 1 - 208
두홍杜洪 2 - 269
두홍점杜鴻漸 1 - 287

둔遁 3 - 257
득승得勝 1 - 142
득승왕得勝王 1 - 145
득일得一 2 - 702, 735
등등騰騰 1 - 274。2 - 674。3 - 684
등봉燈峰 → 정원淨原
등운登雲 종견從堅 3 - 344
등은봉鄧隱峰 → 은봉隱峰
등하藤霞 2 - 402

ㄹ

라후라다羅睺羅多 1 - 105, 110, 112, 113

ㅁ

마馬 1 - 216
마馬 1 - 458。2 - 187
마곡麻谷 1 - 367, 492。2 - 157
마곡麻谷[제2세] 2 - 40
마곡산麻谷山 1 - 700
마곡산麻谷山 → 보철寶徹
마나라摩拏羅 1 - 106, 128, 130, 131, 133
마면아바馬面阿婆 1 - 752
마명馬鳴 1 - 56, 94, 96。2 - 176
마목다摩目多 1 - 139
마제예피라摩帝隸披羅 1 - 106
마조馬祖 → 도일道一
마하가섭摩訶迦葉 1 - 55, 63, 65
마하라摩訶羅 1 - 128
막야검鏌鋣劍 2 - 261
막요莫傜 1 - 743
만滿 2 - 270。3 - 102, 103
만滿(溫門山) 3 - 32, 79
만滿(興聖) 3 - 30, 46
만세萬歲 1 - 549, 587。2 - 29, 82, 331
만수실리曼殊室利 1 - 56
만회감萬迴憨 2 - 141
만회공萬廻公 1 - 268
말산니末山尼 요연了然 1 - 702, 764
말전지가末田底迦 1 - 72
맹猛 1 - 215
맹팔랑孟八郎 1 - 487
면免 도자道者 1 - 700
멸진삼매滅盡三昧 1 - 91
명明 3 - 99, 341
명각明覺 1 - 481
명간明幹 1 - 381
명교明教 3 - 32, 86
명달明達 → 소안紹安
명도송明道頌 3 - 610
명련明練 1 - 152
명미明微 2 - 103
명법明法 2 - 701, 724
명변明辯 3 - 30, 50
명상明相 1 - 58
명수明水 1 - 669
명수明水 회충懷忠 2 - 565
명숭엄明崇儼 3 - 453
명식明識 3 - 32, 81
명오明悟 3 - 29, 37
명원明遠 2 - 703, 753
명제明帝 1 - 127, 145, 181, 182
명조明照 2 - 678
명주明州 2 - 192
명진明眞(安國院) 2 - 563, 565。3 - 42
명진明眞(重機) 2 - 701, 718

명찬明瓚 1 - 215
명찬明讚 1 - 272
명평산茗萍山 1 - 700
명혜明慧(瀛) 3 - 30, 57
명혜明慧(宗顯) 3 - 176, 214
모模 2 - 201
모牟 2 - 472
모보산慕輔山 2 - 622
목穆 3 - 96
목구木口 2 - 39
목왕穆王 1 - 62, 65
목정다라目淨多羅 1 - 148
목종穆宗 1 - 440
목차木叉 3 - 452
목평木平 도달道達 3 - 340
목호가牧護歌 3 - 699
몽계濛谿 1 - 480, 533
몽산蒙山 광보光寶 2 - 122, 158
몽필夢筆 2 - 564, 610
몽홍蒙澒 3 - 453
묘각妙覺 1 - 59。3 - 430
묘공妙空 2 - 609
묘공妙空(智嵩) 2 - 704, 766
묘과妙果 2 - 702, 748
묘승妙勝 진臻 3 - 94, 116
묘승妙勝 현밀玄密 3 - 95, 126
묘음여래妙音如來 1 - 124
묘제妙濟 2 - 105
무계武誡 1 - 217
무구無垢 2 - 329
무득종無得宗 1 - 161
무등無等 1 - 432, 470
무량無量 1 - 58
무료無了 1 - 480, 481, 517。3 - 161
무루지혜無漏智慧 2 - 163
무명無名 1 - 702。2 - 123
무상無上 1 - 682, 725
무상無相 1 - 216, 287, 351。2 - 704。3 - 194
무상게無常偈 1 - 64
무상삼매無相三昧 1 - 102
무상종無相宗 1 - 158
무생법인無生法忍 1 - 102
무숙왕武肅王 2 - 69
무업無業 1 - 479, 481
무업無業大達 3 - 491, 538
무염無染 1 - 551
무염족왕無厭足王 3 - 465
무외無畏 1 - 550。2 - 396
무외해無畏海 1 - 134
무우無憂 1 - 57
무원茂源 2 - 255, 266
무일無逸 3 - 177, 220
무쟁삼매無諍三昧 1 - 371
무쟁행문無諍行門 3 - 441
무적無迹 1 - 552
무제武帝 1 - 117, 173, 193。3 - 428
무제無際 2 - 188
무종武宗 1 - 287
무종武宗 2 - 56
무종武宗의 사태沙汰 1 - 599。2 - 259
무주無住 1 - 217, 287。2 - 241
무진無塵 2 - 358
무진無盡 2 - 194
무진장無盡藏 1 - 296
무착無著 2 - 69

무표無表 1 - 626
무표계無表戒 1 - 721
무학無學(潭州) 2 - 123
무학無學(翠微) 2 - 182, 223
묵默 2 - 292
문립文立 1 - 698
문목왕文穆王 2 - 100。3 - 365
문文 통두桶頭 2 - 499
문분文賁 2 - 193
문성文聖 대왕 1 - 702
문성제文成帝 1 - 196
문수文殊 2 - 41, 70, 97, 128, 148,199, 233, 280, 362, 388, 509, 543
문수文邃 3 - 194
문수文殊(潭州) 2 - 627, 699
문수文邃(報慈) 3 - 255, 289
문수文殊(湖南) 2 - 330, 343, 372
문수文邃(欽山) 2 - 333, 335, 400, 451
문아文雅 1 - 46
문약文約 1 - 698
문언文偃 2 - 192, 417, 564, 592。3 - 484, 489
문의文義 2 - 704, 768
문익文益(大法眼) 1 - 42。2 - 697。3 - 200, 562, 617
문익文益(清凉) 3 - 175, 181
문제文帝 1 - 113, 187
문종文宗 1 - 286
문질文質 1 - 625
문혜文惠 태자 3 - 428
문호文顥 3 - 212
문흠文欽 3 - 30, 53
문희文喜 2 - 28, 67
미米 1 - 600, 697, 735, 737
미微(牛頭) 2 - 256, 321
미微(紫陵) 3 - 100, 163
미두米頭 2 - 284
미령米嶺 1 - 479, 513
미령米嶺(洪州) 2 - 30, 96
미차가彌遮迦 1 - 56, 81, 83
미창米倉 2 - 29, 89, 183, 226
미칠사米七師 1 - 735
민敏 2 - 592。3 - 99
민고敏古 1 - 208
민덕旻德 2 - 32, 115
밀密 사백師伯 2 - 245

ㅂ

바기婆耆 1 - 64
바난제다婆難提多 1 - 106
바라바다婆羅婆多 1 - 106
바라바婆羅婆 1 - 61
바라제波羅提 1 - 158, 163
바란타婆蘭陀 1 - 159
바바婆婆 1 - 58
바사婆舍 1 - 138
바사사다婆舍斯多 1 - 107, 140
바수婆修 1 - 130
바수밀婆須蜜 1 - 56, 85
바수반두婆修盤頭 1 - 105, 124, 127, 128
박릉왕博陵王 1 - 233
박산泊山 3 - 98
박엄泊嚴 2 - 403, 481
반槃 2 - 227
반두槃頭 1 - 57
반두飯頭 2 - 209

반두다라盤頭多羅 1 - 106
반두바제槃頭婆提 1 - 57
반룡盤龍 2 - 626
반산盤山(幽州 제2세) 2 - 257, 324
반산盤山 → 보적寶積
반야경품송게般若經品頌偈 2 - 57
반야다라般若多羅 1 - 107, 148, 154
반야般若 1 - 376
반정盤亭 종민宗敏 2 - 331
방龐 거사 1 - 384, 451, 510, 514, 520, 521, 524。2 - 198
방변方辯 1 - 303, 305
방별어傍瞥語 3 - 56
방성方聖 1 - 120
방온龐蘊 1 - 481, 542
방응方膺 1 - 57
배도杯渡 3 - 691
배휴裴休 2 - 27, 56, 61, 161, 166, 168, 259
백白 2 - 400
백거이白居易 1 - 257, 625, 683。3 - 622
백곡柏谷 2 - 612。3 - 95, 125
백령百靈 1 - 480, 524
백록白鹿 3 - 460
백록白鹿 종약從約 1 - 698
백룡白龍 청모淸慕 3 - 176, 210
백마白馬 2 - 319
백마白馬 담조曇照 1 - 623, 648
백마白馬 둔유遁儒 2 - 399, 439
백마白馬 지륜智倫 3 - 179, 244
백마白馬 홍적弘寂 2 - 623
백수白水 2 - 674
백수사白水寺 2 - 332, 397
백수산白水山 2 - 400
백아伯牙 2 - 141
백안百顔 명철明哲 2 - 183, 245
백암柏巖 2 - 71, 204
백암柏巖 명철明哲 1 - 431, 444
백암柏巖 상철常徹 1 - 432
백운白雲 감減 2 - 622
백운白雲 내迺 3 - 29, 36
백운白雲 담정曇靖 1 - 624
백운白雲 무휴無休 2 - 626
백운白雲 문聞 3 - 32, 77
백운白雲 선장善藏 2 - 401, 469
백운白雲 약約 2 - 256, 283
백운白雲 영엄令弇 3 - 95, 139
백운白雲 지작智作 2 - 703
백장百丈 → 도상道常(百丈)
백장百丈 → 회해懷海
백장百丈 안安 2 - 625, 678
백장百丈 초超 2 - 625, 684
백정법白淨法 3 - 50
백조白兆 2 - 357
백호광명白毫光明 2 - 461
범덕梵德 1 - 61
범마정덕梵摩淨德 1 - 110
범운梵雲 1 - 550
범천梵天 1 - 66
범행梵行 1 - 294
법계관문法界觀門 2 - 168
법공法空 1 - 357, 379
법괴法瓌 3 - 339, 350
법단法端(紹眞, 延慶) 1 - 697, 725。2 - 30, 92
법단法端(慧月) 3 - 342, 374

법달法達 1 - 293, 314
법등法燈 1 - 210。3 - 417, 473
법도法瑫 → 종일宗一(法瑫)
법랑法朗 1 - 698
법량法粱 1 - 210
법만法滿 2 - 119, 127
법맹法猛 3 - 435
법명法明 보조普照 3 - 350
법명法明 1 - 394。3 - 194, 247, 328, 374, 385, 453, 459
법보法寶 2 - 461。3 - 127
법보法寶(契穩) 3 - 31, 62
법상法常 1 - 211, 432, 461, 552
법서法緖 3 - 442
법선法宣 1 - 432。2 - 756
법성法性 2 - 478
법안法安 혜제慧濟 3 - 319
법안法眼 2 - 678。3 - 199, 476, 480, 481, 489
법여法如 2 - 122
법우法遇 1 - 699
법운法雲 3 - 32, 71
법운공法雲公 3 - 427, 452
법유法柔 1 - 381
법융法融 1 - 207, 215, 228, 242, 249。3 - 648
법인法因 3 - 216
법장法藏 1 - 381, 432, 481
법정法淨 1 - 294
법제法濟 3 - 93, 104
법제法齊 3 - 346, 424
법조法照 1 - 212
법조法操 3 - 31
법준法俊 1 - 208
법지法持 1 - 207, 212, 243, 244
법지法智 1 - 626。2 - 124
법지法志 2 - 126, 622
법진法眞(大隋) 1 - 699, 738
법진法眞(潙山) 1 - 698
법진法眞(清苑) 1 - 295
법진法進 2 - 703
법초法超 1 - 216
법하法河 1 - 625
법해法海 1 - 293, 308
법현法顯 3 - 180, 246
법화法華 2 - 32
법회法會 1 - 380, 400
법희法喜 2 - 270
벽운碧雲 3 - 103
벽지불辟支佛 3 - 503
벽천碧泉 행신行新 3 - 344
변륭辯隆 3 - 345, 414
변실辯實 3 - 346, 422
변재辯才 1 - 208, 294
변정遍淨 1 - 213
변참삼매가遍參三昧歌 3 - 703
변행遍行 1 - 124
변화辯和 1 - 187
변화卞和 2 - 276, 3 - 37
보각普覺 3 - 371
보개산寶蓋山 2 - 400, 442
보개寶蓋 약約 2 - 330, 371
보견寶堅 1 - 552
보경保慶 1 - 381
보관寶觀 1 - 209
보광普光 2 - 184, 253

보리다라菩提多羅 1 - 148, 154
보리달마菩提達磨 1 - 151, 154。3 - 658
보리류지菩提流支 1 - 181
보림전寶林傳 1 - 177
보만普滿(光明) 1 - 433
보명普明 2 - 564, 613
보문寶聞 2 - 564, 618。3 - 111, 612
보복保福 2 - 518, 548, 624, 709。
3 - 97, 460
보복保福 → 종전從展
보복保福 청계淸谿 3 - 176
보상寶相 2 - 235
보성普成 3 - 430
보수寶壽 2 - 74, 78, 83, 89
보수寶壽[제2세] 2 - 32, 114
보수保壽 광우匡祐 3 - 179, 245
보수寶壽 소沼 2 - 28, 75
보신寶身 1 - 94
보안普岸 1 - 549, 575
보안保安 연連 2 - 702, 736
보안保安 지止 3 - 340
보운寶雲 1 - 431, 434
보원普願 → 남전南泉
보월寶月 1 - 151, 241
보윤普潤 1 - 698
보은報恩 계종契從 3 - 179, 238
보은報恩 법안法安 3 - 256
보응寶應 2 - 32, 109
보응寶應 청진淸進 3 - 96, 145
보인왕寶印王 1 - 131, 133
보자報慈 광운光雲 2 - 702
보자寶資 3 - 193
보자寶資 → 효오曉悟
보장엄왕寶莊嚴王 1 - 117
보적普寂(盤山) 1 - 432, 449
보적寶積(嵩山) 1 - 212, 214, 286
보정寶靜 1 - 161, 184
보정寶貞 1 - 432
보조普照 유유 3 - 179, 239
보지寶智 2 - 434
보지寶誌 3 - 427, 428, 570, 579
보창寶唱 1 - 171
보처존補處尊 3 - 370
보철寶徹 1 - 431, 453
보통寶通 2 - 182
보통普通 봉封 3 - 94, 117
보화普化 1 - 625, 687, 688
보화寶華 3 - 177, 224
보회普會 2 - 289
복福 3 - 99
복계福谿 1 - 480, 536
복례復禮 1 - 256
복룡산伏龍山 2 - 401, 441, 468
복룡산伏龍山[제2세] 2 - 401, 469
복룡산伏龍山[제3세] 2 - 401, 470
복림福琳 2 - 122, 158
복분覆盆 2 - 29, 88
복선覆船 3 - 339, 349
복수福壽 2 - 120, 128
복우伏牛 2 - 197
복원福圓 2 - 424
복유상향伏惟尙饗 2 - 51, 129, 594
복타밀다伏馱蜜多 1 - 56, 88, 90
본계本谿 1 - 479, 510
본공本空 2 - 388
본동本童 2 - 183, 226

본선本先 3 - 343, 399
본여本如 1 - 379
본인本仁 2 - 400, 446, 671
본적本寂 2 - 399, 414
본정本淨 1 - 294, 351, 370。2 - 358
봉奉 1 - 700, 751
봉국奉國 신조神照 2 - 160
봉린奉璘 2 - 625, 682
봉선奉先 심深 3 - 94, 115
봉선奉先 의義 1 - 626
봉시등鳳翅燈 2 - 134
부孚 2 - 349, 564, 615, 618
부怤 2 - 449
부傳 3 - 638
부강浮江 1 - 699, 747
부구가浮漚歌 3 - 698。
부나야사富那夜奢 1 - 56, 92, 94
부배浮杯(浮盃) 1 - 481, 538
부법장전付法藏傳 1 - 196
부보민傅普敏 3 - 436
부석浮石 1 - 700, 756
부양富陽 자몽子蒙 3 - 346
부용芙蓉 2 - 55
부유浮游 1 - 184
부유扶遊 1 - 59
북선北禪 청교淸皎 3 - 345
북원北院 가휴可休 3 - 176, 216
북원北院 간簡 2 - 627
불공견삭不空羂索 2 - 664
불광佛光 1 - 683
불대선佛大先 1 - 156
불대승다佛大勝多 1 - 156
불수암佛手巖 3 - 158
불암佛巖 휘暉 2 - 30, 94
불여밀다不如密多 1 - 107, 142, 145
불오佛嶴 1 - 479, 507
불용처정不用處定 1 - 62
불일佛日 1 - 728。2 - 621, 628
불타난제佛陀難提 1 - 56, 86, 87
불타발타佛陀跋陀 1 - 156
불타佛陀 2 - 182, 216
불타선다佛陀扇多 1 - 196
붕언朋彦 3 - 123, 280, 369
비루라다마毘樓羅多摩 1 - 106
비루毘樓 1 - 59
비마祕魔 1 - 737
비마암祕魔巖 1 - 625, 686
비바시불毘婆尸佛 1 - 55, 57, 65
비바하毘婆訶 1 - 128
비비상정非非想定 1 - 62
비사리용왕毘舍離龍王 1 - 73
비사부불毘舍浮佛 1 - 55, 58
비사야다라毘舍也多羅 1 - 106
비수椑樹 1 - 480, 530。2 - 229
비율추다라毘栗芻多羅 1 - 106
비전肥田 복伏 2 - 330, 370
비증悲增 2 - 675
빈斌 2 - 623
빈두로賓頭盧 2 - 664。3 - 73
빈랑檳榔 3 - 44

ㅅ

사思(夾石山) 1 - 215
사史 2 - 170
사思 3 - 102, 169, 221
사가록四家錄 2 - 63

사감思鑒 3 - 730
사건師乾 1 - 333
사건師虔 2 - 399, 436, 625, 686
사공司空 → 본정本淨
사관師寬 → 명교明教
사귀師貴 3 - 30, 38
사나바사舍那婆斯 1 - 73
사내師鼐 2 - 563, 587
사눌師訥 2 - 703, 755
사다斯多 1 - 138
사다함과斯陀含果 1 - 125
사대송四大頌 2 - 451
사라수왕여래娑羅樹王如來 1 - 115
사라쌍수娑羅雙樹 1 - 64
사랑辭朗 1 - 212
사리舍利 현천玄闡 3 - 340
사마司馬 1 - 553
사명思明(西院) 2 - 32, 113, 110, 112, 144
사명思明(濠州) 2 - 257, 323
사밀師密 3 - 94, 121
사비師備 → 종일宗一(玄沙)
사선四禪 2 - 332, 388
사순士洵 1 - 46
사십이자문四十二字門 3 - 441
사야다闍夜多 1 - 105, 122, 124
사언師彦 2 - 400, 456, 458
사외師巍 2 - 626, 693
사원휘査元徽 2 - 771
사자분신삼매師子奮迅三昧 1 - 85
사자師子 1 - 106, 134, 136。3 - 465
사정師靜 2 - 702, 729
사지師智 3 - 345, 413
사진師進 3 - 29, 33
사탁詞鐸 2 - 121, 154
사호師護 3 - 342, 380
사호師浩 → 전심傳心
살니薩尼 1 - 59
살바라薩婆羅 1 - 157
살바하薩婆訶 2 - 720
삼귀의三歸依 1 - 99
삼두육비三頭六臂 2 - 155
삼봉三峰 2 - 391
삼상三相 2 - 625, 686
삼성三聖 2 - 247
삼양杉洋 2 - 29, 85
삼지관문三智觀門 3 - 441
삼지삼관三止三觀 3 - 445
상祥 → 실성實性
상爽(汾州) 2 - 331
상爽(石霜) 3 - 340
상祥(雙嶺) 3 - 344
상祥(安國) 3 - 30, 47
상爽(雲門) 3 - 74
상각常覺 3 - 180, 247
상견常堅 1 - 432
상관常觀 1 - 549, 577
상광祥光 원遠 2 - 625
상나화수商那和修 1 - 56, 72, 73
상람上藍 영초令超 2 - 331, 387
상령商嶺 2 - 182
상방上方 1 - 625
상방上方 진眞 2 - 126
상방上方 혜영慧英 3 - 340
상보常普 3 - 181
상불경常不輕 1 - 146
상산霜山 1 - 699

상승上勝 1 - 59
상안락常安樂 1 - 140
상원上元 지만智滿 1 - 698
상월常越 1 - 214
상일常一 2 - 125
상자재常自在 1 - 128
상적常寂 3 - 129
상전象田 묵默 3 - 344
상정常貞 1 - 626
상제殤帝 1 - 129
상조常照 2 - 342
상주법신常住法身 1 - 232
상진常眞 3 - 95, 139
상찰常察 2 - 402, 473
상천上泉 3 - 101, 339, 353
상청常淸 2 - 182
상통常通 1 - 701, 760
상혜常慧 2 - 702, 745
상호常浩 1 - 379
서계西谿 도태道泰 2 - 625
서광瑞光 청표淸表 3 - 344
서당西堂 → 지장智藏
서당西堂 복復 1 - 698
서룡瑞龍 유장幼璋 2 - 625
서명西明 침琛 3 - 31, 63
서목西睦 1 - 700, 755
서목棲穆 2 - 332
서반나舒槃那 1 - 60
서봉瑞峰 2 - 440
서봉西峰 2 - 54
서산薯山 2 - 184
서산西山 도용道聳 3 - 340
서선西禪(蘇州) 1 - 623, 676。
서선西禪(蜀川) 2 - 623, 657
서선西禪 흠欽 3 - 94
서쌍천西雙泉 2 - 570
서栖 전좌典座 2 - 345
서암瑞巖 2 - 340, 403, 481。3 - 123
서원西園 → 담장曇藏
서원西院 → 사명思明
서천西川 2 - 319
서탑西塔 광목光穆 2 - 28, 65
서현棲賢 혜총慧聰 3 - 346
서호西湖 2 - 400
석가모니불釋迦牟尼佛 1 - 55, 61
석경石鏡 3 - 101, 164
석공石鞏 2 - 250
석구石臼 1 - 479, 510
석두石頭 → 희천希遷
석론현釋論玄 3 - 441
석루石樓 2 - 182, 215
석림石林 1 - 479, 511
석상石霜 → 경제慶諸
석상石霜 → 대선大善
석상石霜 → 성공性空
석오구石烏龜 2 - 430
석장石藏 1 - 215
석제石梯 1 - 701, 757
석주石柱 2 - 330, 372
선詵 2 - 513
선각善覺 1 - 480, 528
선감宣鑒 2 - 77, 193, 223, 255, 257, 333, 342, 356, 357, 426, 451
선강宣康 태자太子 1 - 702
선거산僊居山 2 - 332
선건善建 성의省義 3 - 343

선계禪谿 가장可莊 3 - 340
선권善權 철徹 2 - 29
선남원先南院 3 - 717
선도善道(木平山) 2 - 627, 695
선도善道(白馬) 1 - 210。
선도善道(石室) 2 - 183, 246
선등善燈 1 - 58
선리다禪利多 1 - 117
선문규식禪門規式 1 - 427
선미善美 3 - 341, 360
선본善本 2 - 401, 467
선상禪想 3 - 78
선소善昭(汾州) 2 - 121, 154
선소善沼(紫蓋) 3 - 178, 233
선승善勝 1 - 60
선아善鴉 2 - 626
선오善悟 2 - 121
선왕宣王 1 - 76
선요禪要 3 - 441
선우善友 1 - 61
선원제전禪源諸詮 2 - 63, 161
선월禪月 3 - 470
선응善應 2 - 270
선의善意 1 - 76
선자船子 2 - 183, 241, 315
선정善靜 2 - 626, 686
선제宣帝 1 - 268
선조禪慥 1 - 212
선종宣宗 1 - 624。2 - 169
선종僊宗 계부契符 → 청법淸法
선종僊宗 명明 3 - 30, 46
선종지취명회약록禪宗旨趣冥會略錄 3 - 429
선주禪主 2 - 538
선지善枝 1 - 59
선지善智 3 - 385
선천僊天 2 - 184, 252
선최善崔 2 - 29, 82
선쾌善快 1 - 294
선타바仙陀婆 1 - 720。2 - 369, 719, 749。3 - 51, 134, 369
선현善現 1 - 294
선혜善慧 3 - 427, 430
선회善會 2 - 241, 256, 314
설봉雪峰 → 의존義存
설악雪嶽 영광令光 3 - 176, 208
설애雪涯 1 - 45
설온薛溫 3 - 381
설정망薛廷望 2 - 259
성省 2 - 625, 683
성공性空 1 - 549, 575, 578, 683。2 - 68, 183, 225
성등省僜 → 정수淨修
성명聲明 2 - 506
성수聖壽 엄嚴 2 - 401, 465
성예成汭 2 - 411
성제成帝 1 - 122
세종世宗 2 - 326
소素 1 - 550
소昭 1 - 551
소紹 2 - 402, 478
소韶 3 - 385, 399
소韶(鵝湖山) 2 - 401
소경紹卿 → 흥법興法
소계蘇溪 3 - 699
소당小塘 2 - 507

소도진小道進 2 - 122
소란紹鑾 2 - 284
소랑小朗 2 - 202
소륭紹隆 2 - 368
소마小馬 신조神照 1 - 626
소면蕭俛 2 - 169
소명紹明 3 - 339, 347
소명昭明 태자 3 - 433
소복小福 1 - 213
소부포납小恷布衲 2 - 525
소산韶山 3 - 711
소산疎山(撫州) 2 - 625
소산疎山 증證 2 - 625, 677
소산韶山 환보寰普 2 - 332, 394
소수紹修 3 - 196, 200
소안紹安 3 - 342, 375
소암紹巖 3 - 256, 318, 383
소앙蕭昻 1 - 171
소엄小嚴 2 - 337
소연翛然 1 - 380
소왕昭王 1 - 62
소요逍遙 1 - 480, 535
소원선蕭元善 1 - 240
소원紹遠 3 - 180, 249
소일昭一 1 - 550
소장로小長老 2 - 771
소정小靜 2 - 730
소제昭帝 1 - 120
소종紹宗 2 - 30, 92
소종昭宗 2 - 57
소종紹宗 → 원지圓智(紹宗)
소지邵志 2 - 69
소진紹眞 → 법단法端(紹眞, 延慶)
소충紹忠 3 - 389
소현紹顯 3 - 256, 330
속법기續法記 1 - 171, 181
속보림전續寶林傳 2 - 619
손孫 보살 1 - 295
손유孫儒 2 - 57
손조진孫朝進 1 - 364
손지고孫知古 2 - 122
송려松廬 1 - 46
송산松山 1 - 480, 520
송운宋雲 1 - 181
송제구宋齊丘 3 - 350
쇄석碎石 2 - 182
수秀 1 - 639
수秀(天龍寺) 3 - 175, 204
수秀(涿州) 2 - 29
수修 3 - 190, 195, 308, 468
수계秀谿 1 - 480, 527
수공水空 2 - 182, 220
수광修廣 1 - 433
수눌守訥(上藍) 3 - 339, 349
수눌守訥(和龍山) 2 - 564, 609
수당水塘 1 - 480, 529
수랑守廊 2 - 130
수로水老 1 - 481, 537
수룡睡龍 3 - 64
수룡산睡龍山 2 - 701, 725
수륙水陸 2 - 32, 114
수빈守玭 2 - 702, 750
수산壽山 사해師解 1 - 699, 744
수산首山 성념省念 2 - 120, 145
수상手相 2 - 570
수승묘안殊勝妙顔 1 - 395

수업受業 2 - 770
수월水月 2 - 703, 760
수위守威 → 종일宗一(守威)
수유산茱萸山 1 - 623, 671
수인守仁 3 - 255, 292
수일修一 2 - 235
수자의隨自意 3 - 441
수진守眞(報恩) 3 - 177, 218
수진守珍(靈竹) 3 - 180, 250
수징守澄 → 정과淨果
수창遂昌 2 - 28
수청守淸 3 - 30, 58
수초守初 → 종혜宗慧
수한守閑 1 - 701。2 - 331
수현守賢 1 - 215。3 - 94
수흠守欽 → 원조圓照
숙명지宿命智 1 - 121
숙종肅宗 1 - 306, 364。2 - 122
순덕順德 2 - 757
순봉舜峰 소韶 3 - 32, 85
순봉舜峰 3 - 74
순일純一 2 - 101
순지順支 2 - 28, 69
순타純陀 3 - 41
숭교崇敎 3 - 168
숭규崇珪 1 - 213
숭崇 1 - 432
숭嵩 두타 3 - 430, 431, 435
숭복崇福 연교演敎 2 - 30, 93
숭산嵩山 1 - 623, 675
숭승崇勝 증證 2 - 402
숭신崇信 2 - 182, 192, 221, 258
숭연崇演 1 - 215
숭은崇恩 2 - 330, 369
숭인崇因 2 - 771
숭적崇寂 1 - 214
숭진崇眞 3 - 99, 156
숭태崇泰 1 - 380
숭혜崇慧 1 - 209, 251
숭호崇皓 1 - 698
습득拾得 3 - 427, 454, 456, 458
습등襲燈 → 지한智閑
승乘 3 - 94, 116
승가僧伽 3 - 427, 451
승가난제僧伽難提 1 - 105, 113, 117, 120
승가라차僧伽羅叉 1 - 106
승가리의僧伽梨衣 1 - 73
승광勝光 1 - 673, 700, 755。3 - 138
승나僧那 1 - 151, 188
승달僧達 1 - 212
승둔僧遁 3 - 340, 353
승밀僧密 2 - 256, 311
승변勝辯 1 - 381
승산升山 유柔 3 - 31
승선勝善 천인天人 1 - 61
승일僧一 2 - 330, 358
승정僧正 3 - 85, 182
승조僧肇 3 - 469
승찬僧璨 1 - 152, 186, 193。3 - 642
시기불尸棄佛 1 - 55, 57
시리尸利 1 - 447。2 - 181, 195
식심명息心銘 3 - 656
신감神鑒 1 - 380
신개新開 3 - 180
신건新建 1 - 700, 753
신검神劍 1 - 698

신광神光 1 - 173
신당神黨 2 - 402, 471
신록神祿 3 - 95, 122
신비神斐 1 - 214, 215
신산神山 → 승밀僧密
신수神秀 1 - 201, 211, 264, 270, 273
신안神晏 → 흥성興聖(鼓山)
신영神英 2 - 123
신완神翫 1 - 432
신우神祐 1 - 552
신장神藏 1 - 480, 527
신정神定 1 - 151
신정神貞 1 - 214
신조神照 1 - 216, 379, 742。2 - 125
신찬神贊 1 - 549, 583
신회神會 1 - 194, 294, 337, 375。
2 - 158。3 - 503, 661
신회神會 1 - 217
신휘愼徽 1 - 214
실성實性 3 - 31, 66
심尋 1 - 294
심명心銘 3 - 648
심왕명心王銘 3 - 638
신심명信心銘 3 - 642
심요집心要集 1 - 333
심용審用 2 - 126
심적深寂 1 - 216
심주가心珠歌 3 - 711
심철審哲 2 - 623, 661
십사과송十四科頌 3 - 583
십상十相 심초審超 2 - 564
십이면관세음十二面觀世音 2 - 40, 157
십이문론十二門論 1 - 103
십이시송十二時頌 3 - 579
십현담十玄談 3 - 625
쌍계雙谿 보초保初 3 - 179, 240
쌍령雙嶺 오해悟海 3 - 179
쌍류雙流 위지尉遲 2 - 329
쌍륙雙陸 1 - 496
쌍봉雙峰 1 - 698
쌍암雙巖 3 - 131

ㅇ

아난阿難 1 - 55, 69
아람가람阿藍迦藍 1 - 62
아미타불阿彌陀佛 1 - 395
아비부阿毗浮 1 - 58
아사세왕阿闍世王 1 - 69
아사타阿私陀 1 - 81
아육왕阿育王 1 - 130
아호鵝湖 대의大義 1 - 431, 445
아호鵝湖 소석紹奭 2 - 329
악록산嶽麓山 3 - 30, 59
악양왕岳陽王 2 - 64
안安 1 - 277
안晏 2 - 617
안덕安德 2 - 565
안락행차제安樂行次第 3 - 441
안반삼매安般三昧 1 - 260
안심게安心偈 1 - 248
안왕安王 1 - 96
안제安帝 1 - 129
안지安志 3 - 101
안화安和 1 - 60
안희왕安僖王 3 - 385
암두巖頭 → 전활全豁

암밀巖密 3 - 98
암준巖俊 2 - 257, 325
앙산仰山 양공良供 3 - 97
앙산仰山 → 혜적慧寂
야부산冶父山 2 - 622
약변대승입도사행略辨大乘入道四行 3 - 658
약산藥山 → 유엄惟儼
약산藥山(澧州)[제7세] 3 - 97, 150
약산藥山 가경可瓊 3 - 178, 232
약산藥山 언彦 3 - 99
약화엄장자론略華嚴長者論 2 - 451
양讓 1 - 380, 410
양亮 1 - 479, 512
양亮 1 - 410
양良 2 - 454
양讓 3 - 717
양간楊侃 1 - 305
양개良价 2 - 193, 237, 242, 256, 261, 286, 291, 312, 372, 404, 414, 425, 427, 436, 450, 451。3 - 478, 481, 604
양광정楊光庭 1 - 352。2 - 121
양문공楊文公 1 - 183。3 - 725
양산梁山 간簡 3 - 31, 61
양산梁山 연관緣觀 3 - 180, 251
양수良遂 1 - 551, 593
양억楊億 1 - 41, 42。3 - 716
양왕襄王 1 - 85
양제煬帝 1 - 194, 266。3 - 443
양진良津 1 - 432
양함楊瑊 1 - 306
양현지楊衒之 1 - 178
어군용魚軍容 1 - 372
언彦 1 - 699
언偃 3 - 100
언단彦端 3 - 30, 42, 284
언대偃臺 감感 3 - 474
언빈彦賓 2 - 626, 689。3 - 97
언구彦球 → 득일得一
언종彦從 2 - 386
언충彦忠 1 - 701
엄령嚴靈 1 - 701
엄릉嚴陵 균대鈞臺 2 - 29, 30
엄봉嚴峰 사출師朮 3 - 343, 392
엄양嚴陽 1 - 700, 748
엄일嚴一 1 - 127
엄준嚴峻 1 - 379
여각음勵覺吟 3 - 708
여구윤閭丘胤 3 - 455
여눌如訥 2 - 256, 281
여도如度 1 - 208
여래선如來禪 3 - 317
여래장식如來藏識 2 - 162
여래장如來藏 3 - 372
여래청정선如來淸淨禪 2 - 163
여만如滿 1 - 380, 410
여보如寶(資福) 2 - 31, 105
여보如寶(湖南) 2 - 123
여산廬山 1 - 572
여산廬山 귀종歸宗 3 - 247
여산廬山 눌訥 2 - 564
여산廬山 상常 3 - 102
여산廬山 조操 1 - 550
여산요畬山謠 2 - 375
여신如新 3 - 30, 51
여왕厲王 1 - 73

여일如一 2 - 125
여재呂才 1 - 734
여주如晝 3 - 407
여진如眞 1 - 698
여체如體 2 - 564, 611
여하경呂夏卿 2 - 194
여회如會 1 - 432, 468
역촌歷村 2 - 29, 88
연演 3 - 130, 477
연演(廣陵) 1 - 215
연경廷慶 2 - 332
연규延規 3 - 256, 334
연덕緣德 3 - 341, 358
연등然燈여래 3 - 452
연밀緣密 → 원명圓明(緣密)
연소緣素 1 - 294
연소延沼 2 - 111, 120, 130, 145。3 - 717
연수延壽 3 - 102, 169, 342, 364, 394
연승緣勝 3 - 340, 354
연왕燕王 1 - 700
연종延宗 2 - 564, 613
연화演化 3 - 102, 168
연휴延休 2 - 332
열반涅槃 1 - 550
염관鹽官 → 제안齊安
염관鹽官 1 - 461
영永 2 - 564, 614
영嬴 2 - 626
영瀛 → 명혜明慧(瀛)
영가永嘉 → 현각玄覺
영가집永嘉集 1 - 344
영각除珏 2 - 622, 644
영감靈鑒 2 - 190, 221
영감靈鑒(高麗) 3 - 339, 352
영감靈龕(西川) 3 - 103, 170
영감산靈龕山 3 - 181
영공靈空 1 - 698
영관靈觀 2 - 27, 57
영규令珪 2 - 257, 326
영단靈湍 1 - 433
영도令道 2 - 31
영도令韜 1 - 294, 306, 364
영명永明 2 - 484, 560。3 - 281, 365
영묵靈默 1 - 431, 458, 682
영봉靈峰 지은志恩 3 - 176, 210
영부靈阜 1 - 484
영분寧賁 1 - 481
영산靈山 3 - 340
영서靈瑞 2 - 120, 144
영수永壽 2 - 402
영수靈壽 2 - 331
영수靈樹 여민如敏 1 - 699, 742
영숭令崇 3 - 98, 154
영습靈熠 3 - 458
영안永安 3 - 342, 377
영안永安 명明 3 - 340
영안永安 설봉雪峰 2 - 565
영안永安 혜도慧度 3 - 97
영암靈巖 혜종慧宗 2 - 400, 460
영암靈巖 3 - 96, 144
영약令約 2 - 625
영양靈陽 1 - 699
영우靈祐 1 - 549, 552, 580, 703, 718。2 - 193, 230, 284, 292
영운靈運 2 - 121
영은靈隱 소광紹光 3 - 344

영은靈隱 처선處先 3 - 343
영제令齊 2 - 199
영제永濟 2 - 320
영조靈照 → 진각眞覺(靈照)
영죽靈竹 2 - 402
영준令遵 2 - 255, 267
영중嶺中 3 - 394
영지靈智 1 - 690
영참令參 → 영명永明
영천靈泉 2 - 120
영천靈泉 귀인歸仁 2 - 625, 682
영취靈鷲 한閑 1 - 623, 669
영탄靈坦 2 - 123
영태永泰 2 - 564, 608
영통靈通 3 - 181
영평永平 3 - 93, 113
영함令含 2 - 702, 751
영훈靈訓 1 - 626, 691
영휘靈暉 1 - 211
영흥永興 녹祿 2 - 701, 728
예득禮得 1 - 59
오悟 1 - 209
오吳 1 - 294。2 - 124
오공悟空 1 - 458, 681。3 - 191, 484
오공悟空(龍興寺) 2 - 622
오공悟空(智靜) 3 - 99, 157, 245
오공悟空(休復) 3 - 175, 197
오구烏臼 1 - 479, 508
오본悟本 2 - 311
오봉五峰 2 - 233
오사바烏沙婆 1 - 168
오운五雲 3 - 670
오통悟通 3 - 93, 112
온溫 2 - 256
온蘊 2 - 625, 685
온광韞光 1 - 398
온인蘊仁 3 - 395
온조溫造 2 - 174
옹성翁晟 3 - 409
와관瓦棺 2 - 329, 357
와룡臥龍 2 - 403, 480, 626, 693
와륜臥輪 1 - 376
완달구椀躂丘 2 - 216
완주음翫珠吟 3 - 704
왕王(頭陀) 1 - 217
왕王(太尉) 3 - 54
왕경초王敬初 1 - 471, 697, 737
왕규王逵 3 - 221
왕서王曙 1 - 42
왕언초王彦超 2 - 673
왕연빈王延彬 2 - 514。3 - 477
왕영지王靈智 2 - 142
요耀 3 - 93, 109
요寥(거사) 1 - 152
요了(院主) 2 - 718
요각了覺 2 - 704, 766
요공了空 2 - 702, 749
요공대지상조了空大智常照 3 - 318
요산嶢山 1 - 699, 745
요오了悟 2 - 653。3 - 300, 414
요원가了元歌 3 - 684
요종了宗 2 - 704, 768
용경龍境 윤倫 3 - 32, 75
용계龍谿 2 - 627, 697
용광龍光 2 - 624, 664。3 - 194
용광龍光 구인龜仁 1 - 208

용담龍潭 신信 2 - 193
용면龍眠 2 - 273
용복龍福 진眞 2 - 257
용분신삼매龍奮迅三昧 1 - 75, 98
용사龍沙 무茂 3 - 344
용산龍山 1 - 481, 540
용수龍樹 1 - 56, 101, 109
용승龍勝 1 - 101
용아龍牙 2 - 261。3 - 482
용아龍牙 → 거둔居遁
용운龍雲 대臺 1 - 549, 587
용원龍源 1 - 45
용자龍子 1 - 131
용제龍濟 소수紹修 3 - 175
용준산龍峻山 2 - 401, 469
용천涌泉 2 - 478
용천龍泉 3 - 98, 155
용천검龍泉劒 3 - 73
용천龍泉 경敬 2 - 330
용천涌泉 경흔景欣 2 - 330, 365
용천涌泉 구究 3 - 179, 241
용청用淸 3 - 346, 422
용혈산龍穴山 3 - 100, 161
용화龍華 소란紹鑾 3 - 344
용회龍會 도심道尋 3 - 703
용흥龍興 2 - 401, 468
용흥龍興 덕빈德賓 3 - 340
용흥龍興 염念 2 - 126
우祐(율사) 2 - 377
우녕遇寧 3 - 345, 414
우두牛頭 → 법융法融
우바국다優波鞠多 1 - 56, 74, 76
우바전타優波羶馱 1 - 106
우섬友蟾 3 - 343, 388
우안遇安(光慶) 3 - 343, 385
우안遇安(光慶, 瑞鹿) 3 - 343, 395
우연遇緣(南禪) 2 - 703, 755
우연遇緣(鎭境) 3 - 29, 35
우적于頔 1 - 409, 627
우진遇臻 3 - 343, 398
우치재愚癡齋 2 - 310
운개산雲蓋山 3 - 97
운개雲蓋 2 - 288
운거雲居 → 도응道膺
운거雲居 지智 1 - 210, 262
운대雲臺 흠欽 3 - 471
운도雲韜 1 - 210
운문雲門 → 문언文偃
운문雲門 보寶 3 - 32, 83
운문雲門 상爽 3 - 32, 77
운문雲門 양공諒公 3 - 717
운문雲門 언偃 2 - 193
운문雲門 중요重曜 3 - 344
운문雲門 후煦 3 - 32, 88
운변雲辯 3 - 441
운산雲山 2 - 29, 83
운雲 선사 1 - 216
운수雲水 1 - 627
운수雲水 정종靖宗 1 - 433
운암雲巖 1 - 73。2 - 206, 230, 232, 243, 292, 332
운암雲巖 담성曇晟 2 - 183, 235
운암雲巖 성晟 2 - 193
운자재雲自在 1 - 99
운제雲際 사조師祖 1 - 623, 648
운종雲琮 1 - 455

운주雲住 2 - 622, 643
운진雲震 3 - 94, 119
울다루鬱多樓 1 - 60
울다마鬱多摩 1 - 59
울두람불鬱頭藍弗 1 - 62
원遠 1 - 211
원源 1 - 398
원圓(선사) → 원명圓明(文殊院)
원圓(율사) 1 - 382
원각경소주圓覺經疏注 2 - 64
원각圓覺 1 - 183
원감圓鑑 1 - 698
원경圓鏡 1 - 209
원관元觀 1 - 213
원광圓廣 2 - 651
원광圓光 3 - 94, 118
원규元珪 1 - 213, 280
원두園頭 2 - 205, 688
원례元禮 1 - 381
원명圓明(文殊院) 1 - 699, 748
원명圓明(緣密) 3 - 32, 69
원명圓明(志郎) 3 - 102, 169
원소圓紹 2 - 126
원소願昭 3 - 345, 412
원수元遂 1 - 624
원순元順 1 - 698
원안元安 2 - 331, 377
원응圓應 3 - 45
원인론原人論 2 - 64, 168
원적圓寂 1 - 213
원정元淨 1 - 626
원정圓淨 2 - 366
원제元堤 1 - 481
원제願齊 3 - 343, 383
원조圓照 3 - 100, 167
원증元證 2 - 424
원지圓智 1 - 583, 597
원지圓智(道吾) 2 - 183, 227
원지圓智(紹宗) 2 - 702, 738
원진圓震 2 - 123
원진元眞 2 - 388
원창圓暢 1 - 433, 691
원통元通 2 - 256
원통圓通 3 - 486
원화영조元和靈照 1 - 306
월공月空 1 - 208
월륜삼매月輪三昧 1 - 103
월봉越峰 2 - 332
월정月淨 1 - 125
월화月華 3 - 178, 226
위瑋 2 - 622
위威 2 - 624, 663
위거韋據 1 - 295, 298, 305
위문경衛文卿 1 - 274
위문승衛文昇 1 - 271
위부魏府 화엄華嚴 3 - 712
위산潙山 → 영우靈祐
위산潙山 서棲 2 - 564, 612
위韋 감군監軍 2 - 506
위음왕불威音王佛 3 - 62
위음威音부처님 2 - 133
위정魏靖 1 - 344
위제희韋提希 1 - 596
유幽(상좌) 2 - 306
유幽(선사) 1 - 216
유幽(율사) 1 - 482

유裕(龍興) 3 - 177, 223
유劉(主簿) 1 - 212
유건惟建 1 - 380, 403, 432
유경惟勁 → 보문寶聞
유계幽谿 2 - 256, 314
유관惟寬 1 - 432, 465
유광惟曠 → 진적眞寂(惟曠)
유마維摩 1 - 56, 3 - 39
유무첨柳無忝 1 - 305
유상종有相宗 1 - 157
유숙惟肅 1 - 552
유숭경劉崇景 1 - 306
유언劉彦 2 - 60
유엄惟儼 1 - 444。2 - 181, 193, 202, 235, 242。3 - 510
유연惟然 1 - 432
유연有緣(連雲院) 1 - 702
유연有緣(谷山) 2 - 401, 467
유우劉禹 3 - 475
유원乳源 1 - 480, 520
유장幼璋 2 - 625, 674
유적遊寂 2 - 122
유정惟政 1 - 214, 286, 588
유지략劉志略 1 - 296
유직惟直 1 - 432。2 - 623。3 - 359
유철마劉鐵磨 1 - 674
유충惟忠 2 - 124
유칙惟則 1 - 210, 261
유한幽閑 2 - 193
유헌惟獻 1 - 433
육긍陸亘 1 - 495, 499, 623, 678。3 - 472
육합六合 대은大隱 2 - 183
육합六合 덕원德元 2 - 27
육환장六環杖 2 - 138
윤潤 3 - 635
윤성允誠 2 - 29
융融 1 - 215, 217。3 - 94
융수隆壽 2 - 583
융수隆壽 법건法騫 3 - 341, 361
융일隆一 3 - 388
은미隱微 3 - 95, 127
은봉隱峰 1 - 479, 504
은산隱山 1 - 540
은정이殷淨已 1 - 211
음광승존飮光勝尊 1 - 66
음택飮澤 1 - 65
응凝 1 - 210, 684
응공凝空 1 - 211
응밀凝密 3 - 287
응적凝寂 1 - 211, 451
응천應天 1 - 697, 734
의義(羅漢) 3 - 179, 241
의義(선사) 2 - 400
의공誼公 2 - 333
의능義能 3 - 345, 416
의륭義隆 3 - 343, 389
의면義偭 2 - 124
의방義方 1 - 212
의복義福 1 - 212
의숭義崇 3 - 97
의심義深 2 - 119
의안義安 2 - 182, 225
의원義圓 3 - 343, 395
의유義柔 3 - 340, 354, 420, 475
의인義因 3 - 96, 143

의존義存 1 - 582, 679。2 - 77, 262, 273, 287, 329, 333, 341, 451, 453, 484, 512, 523, 545, 588, 592, 675, 705
의종義宗 1 - 626
의종懿宗 2 - 342
의직義直 2 - 30
의진義眞 1 - 208
의징義澄 → 상진常眞
의초義初 2 - 31, 103
의총義聰 3 - 30, 39
의충義忠 2 - 184, 250
의풍義豊 1 - 277
의현義玄 2 - 27, 33, 71, 86, 192, 263, 428。3 - 479, 553
의흥義興 2 - 182
이건훈李建勳 3 - 194
이견왕異見王 1 - 162
이계훈李繼勳 3 - 337
이고李翱 2 - 183, 212, 223。3 - 470
이맹준李孟俊 3 - 127
이명오尼明悟 1 - 211
이발李渤 1 - 627
이산利山 1 - 480, 518
이상李常 1 - 194。2 - 123
이상耳相 행수行修 2 - 565
이유李維 1 - 42。3 - 716
이자李鄑 2 - 326
이종利蹤 1 - 623, 673
이한李罕 2 - 326
이효일李孝逸 1 - 213
인諲 3 - 32, 81
인검仁儉 1 - 213, 274
인다라因陀羅 1 - 106
인수仁壽 택澤 3 - 344
인유仁瑜 2 - 126
인의仁義 3 - 341
인仁(南臺) 2 - 564, 607
인仁(黃龍) 3 - 340
인璘 3 - 93, 110
인因 3 - 340
인제仁濟 3 - 212
인종印宗 1 - 293, 297, 307, 332
인행忍行 1 - 58
인혜仁慧 2 - 483, 552
일日 1 - 213
일대시교一代時教 2 - 167, 286。3 - 61
일발가一鉢歌 3 - 691
일상삼매一相三昧 1 - 301
일숙각一宿覺 1 - 344
일심삼제一心三諦 3 - 445
일용日容 1 - 700, 757
일월천자日月天子 1 - 134
일자日子 1 - 623, 676
일조日照 1 - 215
일행삼매一行三昧 1 - 301
일행一行 1 - 215
일휴日休 2 - 526
임관任灌 2 - 160
임승林勝 1 - 74
임인조林仁肇 3 - 221
임제臨濟 → 의현義玄
임천林泉 2 - 563, 571。3 - 32, 88
입도천심송入道淺深頌 3 - 615

ㅈ

자고自古 **2** - 626
자광自廣 **3** - 344
자광慈光 **2** - 571。**3** - 94, 121
자국資國 **2** - 329, 357
자남自南 **3** - 180
자동紫桐 **1** - 700, 756
자린紫璘 공봉供奉 **1** - 372
자만自滿 **1** - 380, 413
자방子方 **3** - 183
자복資福 단端 **2** - 332
자복資福 → 여보如寶
자복資福(韶州) **2** - 613。**3** - 32, 74
자성資聖 방方 **2** - 400
자심삼매慈心三昧 **1** - 87
자씨불慈氏佛 **1** - 63
자엄資嚴 **3** - 281
자연복自然服 **1** - 73
자오慈悟 **3** - 388
자운慈雲 광달匡達 **3** - 256, 338
자유子遊 **3** - 182
자의子儀 → 수월水月
자재自在 **1** - 294, 408, 431, 447
자재천自在天 **1** - 122
자제慈濟 **2** - 281
자화資化 **3** - 30, 53
자흥子興 → 명오明悟
작소鵲巢 **1** - 257
장張 **1** - 750
장경長慶 **2** - 712, 753。**3** - 182
장경長慶 → 혜릉慧稜
장남금張南金 **3** - 222
장륙금신丈六金身 **1** - 746
장분張濆 **1** - 369
장사長沙 **2** - 247
장사長沙 → 경잠景岑
장생長生 연然 **2** - 502
장서藏嶼 → 광화匡化
장석張錫 **1** - 213
장張 **2** - 160
장璋 **3** - 100
장藏(降魔) **1** - 212, 272。**3** - 151
장藏(南臺寺) **3** - 97, 151
장손長遜 **1** - 247
장술藏術 **1** - 550
장숭張崇 **2** - 639
장열張說 **1** - 265
장왕莊王 **1** - 83
장용藏用 **3** - 30, 41
장이藏廙 **1** - 626, 690
장자長髭 광曠 **2** - 182, 219, 246
장정만張淨滿 **1** - 305
장조長爪 범지梵志 **1** - 145
장종莊宗 **2** - 81, 433
장좌불와長坐不臥 **2** - 289
장추藏樞 **1** - 626
장평산長平山 **2** - 30, 93
장폐마왕障蔽魔王 **3** - 463
장환藏奐 **1** - 624
장흥長興 **2** - 120
재주財主 **1** - 61
저경渚涇 **2** - 182
저사底沙부처님 **2** - 133
적寂(선사) **2** - 30
적寂 → 오통悟通
적만寂滿 **1** - 216

적멸寂滅 **1** - 59
적선積善 **3** - 411
적안귀종赤眼歸宗 **1** - 477
적음寂音 **2** - 191
적음寂音(존자) **2** - 191, 194
적정종寂靜宗 **1** - 161
적조寂照 **2** - 701, 714
적중간翟仲侃 **1** - 187
적행寂行 **1** - 140
전전 **1** - 210。**2** - 332
전田(道者) **2** - 30, 94
전군田頵 **2** - 69
전긍全肯 **3** - 343, 389
전명傳明 **1** - 470。**2** - 320
전명全明 **1** - 727
전법傳法 **3** - 103, 172
전부全付 **2** - 31, 98
전법게傳法偈 **2** - 42
전삼삼前三三 후삼삼後三三 **1** - 732。**2** - 128, 351
전선典善 → 유관惟寬
전성傳性 **2** - 626
전식全植 **1** - 212, 274
전심全諗 **1** - 698
전심傳心 **2** - 703, 758
전심게傳心偈 **1** - 619
전심법요傳心法要 **1** - 602。**2** - 63
전억錢億 **3** - 300
전위全偉 **3** - 181
전은傳殷 **3** - 175, 205
전인봉錢仁奉 **3** - 369
전좌典座 **1** - 554。**2** - 68, 191, 289。**3** - 458
전징詮澄 **1** - 286
전초傳楚 **2** - 626, 690
전타라다旃陀羅多 **1** - 106, 122
전탄全坦 **2** - 350
전활全豁 **2** - 262, 329, 333, 451, 453, 456
절상회折床會 **1** - 468
절조絶照 **1** - 45
점원漸源 중흥仲興 **2** - 256, 289
정政 **2** - 27
정靜 **2** - 702, 746
정丁(거사) **1** - 215
정각定覺 **1** - 481
정각正覺 **2** - 331
정각淨覺 **2** - 402
정각定覺(匡一) **2** - 623, 662
정거淨居 **1** - 62
정경定境 **1** - 216
정경定慶 **1** - 433
정계淨戒 **2** - 326
정공定空 **1** - 210
정과淨果 **2** - 625, 681
정광淨光 **1** - 351
정광定光 **3** - 442
정명淨名 **1** - 452, **2** - 546
정반천淨飯天 **1** - 61
정방靜方 **2** - 199
정법안장正法眼藏 **1** - 41, 66, 86, 133。**2** - 438, 497。**3** - 252
정법淨法 장章 **3** - 32, 78
정산定山 신영神英 **1** - 698
정수正壽 **1** - 214
정수淨修 **3** - 30, 47
정수貞邃(吉州) **2** - 123

정수貞邃(資福) 2 - 120, 127
정승淨勝 2 - 241
정심定心 1 - 216
정악定鄂 1 - 700
정안淨安 1 - 294
정앙鄭昂 3 - 726
정오淨悟 2 - 689
정오淨悟(永安) 2 - 627, 694
정오淨悟(懷烈) 2 - 702, 750
정왕定王 1 - 87
정원正原 1 - 598, 624, 682
정원淨原 3 - 94, 117
정장定莊 1 - 208, 216
정적淨寂 2 - 627
정제靜帝 1 - 181
정종기正宗記 1 - 171
정진定眞 1 - 208, 294
정태靜泰 1 - 152
정혜淨慧 2 - 169, 462。3 - 96, 185, 258, 279, 289, 295, 303, 306, 308, 311, 316, 324, 328, 347
정혜定慧(襄州) 2 - 704, 770。
정혜定慧(玄應) 3 - 176, 212
정혜正慧(華嚴) 3 - 100
정혜종定慧宗 1 - 159
제濟 1 - 683
제齊 3 - 256, 337
제공制空 1 - 439
제기諸曁 오봉五峰 3 - 344
제다가提多迦 1 - 56, 80
제봉齊峰 1 - 480, 514
제사提舍 1 - 57, 61
제안齊安(鹽官) 1 - 431, 455
제안齊安(黃州) 1 - 627, 694
제왕齊王 1 - 140
제용齊聳 2 - 29
제운齊雲 보승寶勝 3 - 176, 208
제운齊雲 혜慧 3 - 344
제합齊合 2 - 588
조操 1 - 551, 600
조照(화상) 1 - 755
조照(嵩山) 1 - 217
조照(報國院) 3 - 29, 36
조각사照覺寺 2 - 30
조계심요曹谿心要 2 - 201
조과鳥窠 → 도림道林
조명照明 1 - 210
조명朝明 원진院津 3 - 346
조사선祖師禪 3 - 317
조산曹山 2 - 648
조산曹山 → 본적本寂
조산曹山 장章 2 - 193
조수棗樹 3 - 178, 234
조어사調御師 1 - 371
조왕趙王 1 - 700
조원造圓 2 - 159
조주趙州 → 종심從諗
조천모朝天帽 2 - 50
조포납照布衲 2 - 555
존存 3 - 100
존덕存德 혜공慧空 2 - 330
존수存壽 2 - 330, 374
존장存奬 2 - 28, 78, 79, 115。3 - 717
존제存制 1 - 624
종宗 2 - 125
종괴從瓌 2 - 703, 753

종귀從貴 3 - 30, 40
종랑從朗 1 - 700, 753
종밀宗密 2 - 125, 159
종선從善 3 - 179, 244
종성從盛 3 - 96, 142
종습從襲 2 - 564, 608
종실從實 3 - 97, 151
종심從諗 1 - 623, 651, 671。2 - 75, 271。3 - 486, 552
종엄從弇 → 초증超證
종의從漪 2 - 112。3 - 196, 341, 357
종일宗一 1 - 294
종일宗一(法瑫) 2 - 702, 741
종일宗一(守威) 3 - 342, 375
종일宗一(玄沙) 2 - 193, 350, 483, 484, 617, 618, 705, 714, 729。3 - 478, 480, 555, 608
종자기鍾子期 2 - 745
종전從展 2 - 563, 573, 743
종정宗靖 2 - 563, 585
종철宗徹 2 - 27, 60
종침從琛 → 홍인洪忍
종현從顯(觀音院) 3 - 256, 332
종현宗顯(報恩) → 명혜明慧(宗顯)
종혜宗慧 3 - 93, 105
종효宗曉 2 - 704, 770
종흔從欣 2 - 702, 747
좌계左谿 현랑玄朗 1 - 343
주계朱谿 겸謙 2 - 621, 637
좌선잠坐禪箴 3 - 670
주금강周金剛 2 - 194, 258
주만住滿 3 - 98
주본周本 3 - 154
주연住緣 3 - 98
주우住遇 2 - 119
주지周智 2 - 703, 754
준고遵古 2 - 257, 323
준濬 1 - 215
준遵 3 - 102
준俊 3 - 177, 219
준포납遵布衲 2 - 208, 394
줄탁동시啐啄同時 2 - 111, 281
중기重機 → 명진明眞(重機)
중교오가종파重校五家宗派 2 - 193
중도中度 2 - 626, 691
중동산中洞山 2 - 425
중론中論 1 - 103
중소重蕭 3 - 385
중운中雲 개봉 2 - 330, 373
중운重運 지휘智暉 2 - 625, 671
중종中宗 1 - 298, 305
중탑中塔 2 - 516, 714
증證 2 - 625
증각證覺 3 - 98, 152
증공證空 2 - 427
증도가證道歌 1 - 344。3 - 673
증성證聖 3 - 452
증진證眞 2 - 446
지견智堅 1 - 380, 401
지겸志謙 2 - 121, 153
지공誌公 1 - 581。2 - 64。3 - 467, 478, 583
지관止觀 2 - 30, 91
지광智光 1 - 298
지구志球 3 - 29, 33
지균智筠 3 - 256, 308

지근智勤(普聞) 3 - 343, 381
지근志勤(靈雲) 1 - 697, 730
지단志端 3 - 30, 42
지달智達 1 - 379
지덕志德 2 - 675
지덕至德(光緖) 2 - 701, 725
지도志道 1 - 293, 328
지등智燈 1 - 210
지랑智朗(荊南) 1 - 698
지랑志朗(護國) → 원명圓明(志郎)
지령芝嶺 조照 3 - 340
지륭池隆(羅漢) 2 - 623
지리산智異山 2 - 29
지만志滿 2 - 123
지묵知默 3 - 29, 38
지본智本 1 - 196, 295
지본志本 1 - 482
지봉智封 1 - 212, 271
지봉志逢 3 - 342, 370
지부智孚 2 - 483, 538
지상智爽 1 - 208
지상智常 1 - 293, 325, 432, 471。3 - 595
지선智侁 1 - 212
지성智誠 1 - 208
지성志誠 1 - 293, 310
지성知聖 1 - 742
지숭智嵩 → 묘공妙空(智嵩)
지심智深 1 - 216
지악智嶽 → 요종了宗
지암智巖 1 - 207, 240, 241, 243
지엄智嚴(鼓山) → 요각了覺
지엄知儼(谷隱) 3 - 180, 245
지원志元 2 - 330, 366
지원志圓 2 - 401, 465
지원智遠 1 - 296
지원智遠(資福) 2 - 703, 756
지원智遠(滑州) 2 - 125
지원知遠(護國) → 연화演化
지위智威 1 - 207, 244, 246, 250
지유智游 1 - 216
지의紙衣 1 - 699。2 - 32, 86
지의智顗 3 - 427, 439, 441
지의智依 3 - 255, 283
지자智者 3 - 383
지장志長 1 - 208
지장智藏 1 - 255, 416, 431, 437
지장地藏 3 - 195, 197, 474, 487
지장智藏(京兆) 1 - 481
지장地藏(南雄州) 3 - 178, 228
지장智藏(西京) 1 - 552
지장智藏(坑州) 1 - 380
지장地藏 경瓊 3 - 344
지정智靜 → 오공悟空(智靜)
지전志詮 1 - 699
지조志操 3 - 96, 149
지주智周 1 - 432
지진智眞 1 - 210, 551, 598
지진志眞 1 - 216
지진至眞 → 지상智常
지징志澄 3 - 345, 410
지차智瑳 1 - 208
지철志徹 1 - 293, 322
지총智聰 1 - 380
지칭智稱 3 - 127
지통智通(棲靈寺) 1 - 380
지통智通(壽州) 1 - 293, 319

지통智通(五臺山) 1 - 627, 693。2 - 66
지통志通 2 - 627
지한志閑 1 - 764。2 - 28, 71
지한志罕 2 - 403, 480
지한智閑(香嚴) 1 - 697, 718。2 - 77。3 - 596, 708
지행志行 3 - 156
지현志賢 1 - 381
지화志和 1 - 698
지황智隍 1 - 293, 313, 362
진進 2 - 650
진陳 2 - 360
진陳(尊宿) 2 - 27, 42, 592
진眞 1 - 215。2 - 621, 631。3 - 99
진眞(廣慧) 2 - 120, 145
진眞(慶雲) 3 - 94
진眞(화상) 3 - 100, 162
진進(山主) 3 - 182
진각眞覺 → 현각玄覺
진각眞覺 → 의존義存
진각眞覺(洞明) 3 - 175, 206
진각眞覺(雪峰) 2 - 475
진각眞覺(省僜) 3 - 609
진각眞覺(永嘉) 3 - 673
진각眞覺(靈照) 2 - 484, 555
진감眞鑒 3 - 96, 150
진랑振朗 2 - 181, 202
진량眞亮 1 - 215
진망송眞妄頌 1 - 256
진명眞明 2 - 509
진시황秦始皇 1 - 103
진응眞應 2 - 122, 156, 714
진적眞寂 1 - 518。2 - 281, 374, 697
진적眞寂(惟曠) 3 - 95, 140
진적眞寂(智作) 2 - 763
진제眞際 1 - 669
진제眞諦 1 - 298
진조陳操 2 - 29, 48, 89
진평進平 2 - 122
진포혜陳蒲鞋 2 - 42
진회陳誨 2 - 772
집군集軍 1 - 61
징澄(建山) 3 - 31, 61
징澄(福林) 3 - 177, 218
징澄(章敬寺) 1 - 215
징澄(玄都山) 3 - 178, 235, 236
징澄(忽雷) 1 - 212, 312
징개澄忋 3 - 176, 215
징관澄觀(淸凉) 2 - 160
징관澄觀(華嚴) 2 - 124
징령澄靈 2 - 42
징심澄心 1 - 215
징원澄源 1 - 485。2 - 476
징원澄遠 3 - 32, 88
징정澄靜 2 - 703, 752
징태澄汰 1 - 518

ㅊ

차車 1 - 214
찬讚 2 - 27
참동계參同契 2 - 188。3 - 664
참일參逸 3 - 361
참현상사參玄上士 3 - 46
창暢 1 - 214
창昌 2 - 622, 642
채두菜頭 2 - 279

책策 1 - 313, 343, 380
책진策眞 3 - 256, 328
처덕處德 2 - 408
처미處微 1 - 550, 592。2 - 33
처서處棲 2 - 573
처적處寂 1 - 214
처진處眞 2 - 623, 651。3 - 157
천개天蓋 1 - 120
천개天蓋 유幽 2 - 332, 397
천덕天德 1 - 142
천동天童 굉지宏智 3 - 727
천룡天龍 1 - 625, 685, 758
천발天鉢 2 - 32
천복天福 2 - 257, 323
천성天性 1 - 550
천승千勝 1 - 133
천연天然 1 - 542。2 - 181, 195, 223
3 - 59, 83,704
천왕원天王院 2 - 625, 684
천인사天人師 1 - 62
천제闡提 1 - 279, 445, 615。2 - 407。
3 - 512
천친天親 2 - 600
천태天台 → 덕소德韶(天台)
천태天台 → 지의智顗
천태天台(彭州) 2 - 403, 480
천황天皇 → 도오道悟
철각鐵脚 2 - 755
청淸 3 - 130
청간淸幹 2 - 30, 93
청교淸皎 3 - 96, 148
청량淸凉 명明 3 - 94, 115
청량淸凉 익益 2 - 193
청련靑蓮 2 - 169
청림靑林 → 사건師虔
청면淸免 3 - 103, 172
청법淸法 2 - 701, 719
청봉靑峰 3 - 303
청석淸錫 3 - 256, 323
청악淸諤 → 종효宗曉
청양淸讓 2 - 119, 126
청엄淸嚴 2 - 341
청예淸銳 2 - 416
청요淸耀 3 - 94, 120
청용淸聳 3 - 255, 300
청욱淸昱 3 - 342, 381
청운淸運 → 자화資化
청원靑原 → 행사行思
청원淸源 1 - 211
청원淸院 2 - 402, 471
청전淸田 1 - 550, 591
청정淸淨 2 - 564
청좌산靑剉山 2 - 624, 669
청평淸平 2 - 98, 326
청품淸禀 3 - 93, 111
청하淸賀 1 - 432
청해淸海(奉國) 3 - 94, 121
청해淸海(太平) 3 - 176, 217
청허淸虛 2 - 331
청혜淸慧 3 - 205
청호淸護 2 - 704, 771
청환淸換 2 - 702, 747
청활淸豁 2 - 727。3 - 31, 64, 212
초각超覺 2 - 515
초경招慶 2 - 547。3 - 483
초남楚南 2 - 27, 55

초달超達 **1** - 698
초당草堂 **1** - 480, 531
초복招福 **2** - 257, 323
초招(상좌) **1** - 724
초初(상좌) **2** - 295
초超(선사) **1** - 216。**2** - 27
초암草庵 **1** - 518。**3** - 159
초암가草庵歌 **3** - 688
초암草庵 법의法義 **2** - 623, 657
초오超悟 **2** - 564, 614
초증超證 **2** - 483, 553, 711
초혜超慧 **3** - 124
초훈楚勛 **3** - 179, 242
총인總印 **1** - 431, 433
총지總持 **1** - 175
최崔(相公) **1** - 469
최녕崔寧 **1** - 288
최승륜最勝輪 **1** - 342
최융崔融 **1** - 214
최자옥崔子玉 **2** - 193
추니芻尼 **1** - 128
추산秋山 **2** - 402, 473
출진出塵 **2** - 341
충忠(국사) **2** - 192, 197
충忠(선사) **1** - 261, 451
충忠(좌주) **3** - 484
충忠(화상) **2** - 31
충언忠彦(新羅國) **1** - 625
충언忠彦(藥山) **3** - 98, 154
충오沖奧 → 명법明法
충의왕忠懿王 **3** - 259, 281, 296, 300, 366, 372
충일沖逸 **1** - 699
충허沖虛 **2** - 214
충헌왕忠獻王 **2** - 101
충후沖煦 → 혜오慧悟
취령鷲嶺 **3** - 31
취모검吹毛劍 **2** - 101, 573, 736。**3** - 51, 107, 110, 119, 211, 291
취미翠微 **2** - 268, 426。**3** - 59
취암翠巖 **3** - 468
취엄翠嚴 사음師陰 **3** - 97
측천무후則天武后 **1** - 265
칙천則川 **1** - 480, 521
칠언각지송七言覺地頌 **2** - 619
침봉枕峰 **3** - 31
칭계稱戒 **1** - 59

ㅌ

타심통他心通 **2** - 157
타지打地 **1** - 480, 526
탁락찬鐸落鑽 **2** - 44
탄연坦然 **1** - 213, 267, 338, 379
태太 **2** - 298
태공太恭 **2** - 125
태상泰祥 **1** - 294
태석太錫 **2** - 125
태원太原 → 부孚
태육太毓 **1** - 431, 451
태조太祖 **1** - 42
태종太宗 **1** - 42, 351
태종太宗 **3** - 452
태포납泰布衲 **2** - 374
태흠泰欽 **3** - 194, 256, 311, 700
통統 **1** - 244
통通(北院) **2** - 400, 443, 670

통通(餘杭) 2 - 331
통通(龍井) 2 - 563, 573
통通(鷲嶺) 3 - 177, 219
통通(和安) 1 - 549, 585, 703
통성通性 2 - 624。3 - 340
통은通隱 2 - 123
통적通寂 2 - 82
통진량通眞量 1 - 80
통현通玄 2 - 400, 693
투자投子 → 대동大同

ㅍ

파라바제波羅婆提 1 - 106
파라발마波羅跋摩 1 - 106
파루구다라破樓求多羅 1 - 106
파리가波利迦 1 - 136
파사波斯 2 - 322
파사론破邪論 2 - 57
파순波旬 1 - 76
파조타破竈墮 1 - 213, 275
파초芭蕉 2 - 330, 369, 624, 669
팔점게八漸偈 3 - 622
평왕平王 1 - 80
포대布袋 3 - 427, 459
포수布水 암巖 2 - 623, 657
표징表澄 3 - 719
품일品日 1 - 624
풍간豊干 3 - 427, 454, 456
풍덕사豊德寺 2 - 30, 94
풍분신삼매風奮迅三昧 1 - 73
풍연이馮延巳 3 - 472
풍혈風穴 → 연소延沼
풍화豊化 2 - 621, 637
피광업皮光業 2 - 526
피안彼岸 1 - 550
피운披雲 지적智寂 3 - 32, 77

ㅎ

하동河東 1 - 621
하산何山 도자道孜 3 - 344
하지장賀知章 1 - 214
하창何昌 3 - 432
하택荷澤 → 신회神會
하후자夏侯孜 2 - 674
학륵나鶴勒那 1 - 106, 133, 131
한산시寒山詩 2 - 463
한산자寒山子 3 - 427, 454, 456
한운閑雲 1 - 552
함계咸啓 1 - 699。2 - 400, 441
함공咸空 1 - 294
함택咸澤 2 - 702, 743
항마저降魔杵 2 - 67
해안海晏 2 - 330, 371
해일海一 2 - 401
해호海湖 2 - 332, 396
행각行覺 2 - 123
행계行繼 2 - 625
행도行瑫 → 인혜仁慧
행두行頭 3 - 229
행랑行朗 3 - 102, 170
행만行滿 1 - 700
행명行明(開化) 3 - 343, 394
행명行明(王屋山) 1 - 481
행사行思 1 - 293, 333。2 - 185, 193
행산杏山 2 - 247
행산杏山 감홍鑒洪 2 - 256, 311

행수行修 2 - 402, 471
행숭行崇 3 - 30, 58
행애行靄 3 - 96, 146
행언行言 3 - 255, 306
행응行應 1 - 210
행인行因 3 - 99, 157
행적行寂 2 - 331
행전行傳 2 - 623, 656
행주行周 2 - 563, 572
행진行眞 1 - 700
행충行沖 3 - 96, 147
행흠行欽 3 - 175, 207
향개香蓋 1 - 90
향向 1 - 151, 190
향계香谿 종범從範 2 - 401, 464
향광香光 1 - 256
향산香山 징조澄照 2 - 257, 322
향성香城 2 - 624, 670
향엄香嚴 → 지한智閑(香嚴)
향엄香嚴 유계惟戒 2 - 122
향엄香嚴 의단義端 1 - 623, 649
향육香育 1 - 212
향중香衆 1 - 80
향지왕香至王 1 - 154
향지香至 1 - 148
향지香志 1 - 65
허사許思 2 - 69
헌憲 2 - 28
헌獻 2 - 624, 665
허순許詢 2 - 64
헌안憲安 대왕 1 - 702
헌제獻帝 1 - 136
현玄 2 - 402

현각玄覺 1 - 294, 343。2 - 121。
3 - 195, 487
현겁賢劫 1 - 56
현고玄固 2 - 125
현교顯教 2 - 465
현극玄極 1 - 624
현눌玄訥 2 - 564, 591
현명玄明 2 - 650
현색玄賾 1 - 212, 244
현성玄晟 1 - 379
현소玄素 1 - 209, 250, 254。2 - 192
현수玄邃 2 - 125
현악玄諤 3 - 97
현오玄悟 → 광혜光慧
현왕顯王 1 - 98
현욱玄昱 1 - 552
현응玄應 → 정혜定慧(玄應)
현자蜆子 2 - 399, 434
현장玄奘 3 - 453
현적玄寂 3 - 129
현정玄挺 1 - 209, 249
현종기顯宗記 1 - 376。3 - 661
현종玄宗 1 - 194, 214, 364
현중賢衆 1 - 127
현증玄證 1 - 216
현지玄旨 3 - 176, 209
현진玄眞 1 - 624, 681
현책玄策 1 - 294, 362
현천玄泉[제2세] 3 - 95, 126
현천玄泉 언彦 2 - 400, 459
현철玄哲 1 - 552
현칙玄則 2 - 466。3 - 255, 303
현태玄泰 2 - 330, 374

현통玄通 2 - 483, 509, 522
현해玄楷 1 - 295
현허玄虛 1 - 381
현휘玄暉 2 - 564
협脇 1 - 56, 92
협산夾山 2 - 377, 391, 628
협산원夾山院 2 - 332
혜慧(화상) 1 - 550, 590
혜慧(西川) 3 - 95, 137
혜慧(新羅國) 1 - 551。2 - 622
혜慧(黃檗) 2 - 625, 679
혜가慧可 1 - 151, 174, 183
혜각慧覺(光孝院) 1 - 700, 749。2 - 96
혜각慧覺(光雲) 2 - 737
혜간慧簡 1 - 152
혜강慧綱 1 - 152
혜거慧炬(道峰) 3 - 194, 256, 311
혜거慧炬(石藏) 2 - 624, 669
혜거慧居(龍華寺) 3 - 343, 396
혜건慧建 1 - 626
혜공慧空 1 - 214, 215。2 - 368
혜공慧恭 2 - 329, 356
혜관慧觀 1 - 195。2 - 471
혜광慧光(京兆) 1 - 626
혜광慧廣(歸曉) 3 - 100, 162
혜근慧勤 2 - 183, 268
혜능慧能 1 - 200, 293, 295
혜동慧同 3 - 341, 359
혜랑慧朗(報慈) 2 - 702, 745
혜랑慧朗(招提) 2 - 181, 201。
혜랑慧朗(化城寺) 3 - 339, 350
혜량惠良 1 - 210
혜렴慧廉 3 - 30, 52
혜륜慧輪 3 - 31, 62, 221
혜릉慧稜 2 - 347, 351, 483, 501, 512, 569, 574, 616
혜림慧林 홍구鴻究 2 - 31, 105
혜만慧滿 1 - 151, 189, 191
혜명慧明 1 - 270。3 - 255, 279, 369
혜문慧文 1 - 273。3 - 390
혜문慧聞 3 - 437
혜방慧方 1 - 207, 243
혜사慧思 3 - 427, 437, 442, 467
혜산慧山 연然 3 - 179
혜산嵇山 장章 2 - 622, 643
혜섭慧涉 1 - 211
혜성慧誠(歸宗) 3 - 346, 419
혜성慧省(椑樹) 2 - 183, 242
혜심慧深(小乘山) 1 - 550
혜심慧深(慈雲) 3 - 176, 217
혜안慧安 1 - 211, 266, 280, 338
혜안慧岸 3 - 452
혜엄慧儼 3 - 452
혜연慧演 2 - 122
혜연慧然 2 - 28, 76
혜오慧悟 2 - 704, 727, 771
혜옹慧顒 2 - 109
혜운慧雲 3 - 97
혜원慧圓 3 - 256, 331
혜은慧隱 1 - 216
혜음惠愔 1 - 484
혜일慧日 1 - 699, 746
혜자慧慈 → 명식明識
혜장慧藏 1 - 380, 405
혜적慧寂 1 - 470, 559, 601, 697, 703, 736。2 - 76, 193, 248, 526333。3 - 473

혜전慧全 2 - 349
혜제慧濟 3 - 420
혜조慧照 2 - 42, 203
혜지慧志 2 - 622
혜지慧智 3 - 384
혜진慧眞 2 - 193
혜진慧眞(雙峰) → 광오廣悟
혜집慧集 3 - 432
혜차慧瑳 1 - 152
혜철慧徹 3 - 101, 164
혜청慧淸 2 - 31, 101
혜초慧超 1 - 551, 594
혜충慧忠(南陽) 1 - 207, 245, 246, 255, 437, 447, 481。2 - 156。3 - 492
혜충慧忠(光宅寺) 1 - 294, 364
혜충慧忠(龜洋) 3 - 100, 159
혜충慧忠(泉州) 1 - 481
혜통慧通 2 - 626
혜하慧霞 2 - 623, 653
혜해慧海(大善) 2 - 621, 641
혜해慧海(大珠) 1 - 380, 389, 390。3 - 512
혜홍慧洪 3 - 347
혜화慧和 3 - 435
호皓 3 - 432
호감顥鑒 3 - 32, 80
호계虎谿 2 - 29, 86
호국護國 매邁 3 - 340
호국護國 2 - 614
호명護明 1 - 61
호신부護身符 2 - 156
호영鎬英 1 - 380
호옥皓玉 2 - 123
호정교胡釘鉸 2 - 75
호지胡智 3 - 347
홍각弘覺 2 - 414
홍경弘景 1 - 338
홍교弘敎 2 - 584
홍규弘珪 1 - 699
홍담洪潭 1 - 381
홍도弘道 2 - 214
홍도弘瑫 → 명진明眞(安國院)
홍라紅螺 1 - 480, 516
홍밀鴻謐 3 - 111
홍방洪方 2 - 331
홍변弘辯(長慶) → 묘과妙果
홍변弘辯(薦福) 1 - 551, 594
홍산洪山 1 - 481
홍선弘宣 2 - 27
홍엄洪儼 2 - 702, 743
홍은洪恩 1 - 380, 414
홍의弘義 3 - 94
홍인弘忍 1 - 152, 197, 199, 244
홍인弘仁 1 - 209
홍인洪諲(徑山) 1 - 697, 681
홍인洪忍(從琛) 3 - 30, 55
홍장弘章 3 - 98, 152
홍제弘濟 1 - 338
홍제洪濟 2 - 331
홍제弘濟(智洪) 3 - 96, 146
홍준洪濬 1 - 432
홍직洪直 1 - 551
홍진弘進 1 - 698
홍진洪進 3 - 175, 195, 358
홍천洪荐 2 - 330, 367
홍통弘通(洪通) 2 - 622, 648
화공和公 1 - 152

화광삼매火光三昧 1 - 76, 82, 122
화광華光 범範 2 - 623, 654。3 - 95, 136
화도化度 사욱師郁 2 - 483
화도化度 오진悟眞 2 - 542
화두火頭 1 - 557
화룡和龍 3 - 95, 125
화림華林 2 - 182, 217
화산禾山 2 - 233, 400, 441
화산禾山 계운契雲 3 - 97
화산禾山 무은無殷 2 - 402, 475
화성化城 2 - 214, 624
화수반두和修盤頭 1 - 106
화엄華嚴 2 - 623, 658
화엄소華嚴疏 2 - 160
화엄華嚴 유幽 3 - 340
화엄華嚴 혜달慧達 3 - 343, 393
화엄華嚴 혜慧 3 - 32, 84
화정華亭 2 - 241
화한華閑 1 - 151
환제桓帝 1 - 133
환중寰中 1 - 549, 573
환희歡喜 1 - 69
황룡黃龍[제2세] 3 - 342, 362
황룡黃龍 계달繼達 3 - 178, 234
황룡黃龍 온蘊 3 - 98
황룡黃龍 지옹智顒 3 - 178, 236
황벽黃檗 1 - 489。2 - 33, 55, 61。3 - 717
황벽黃檗 → 희운希運
황벽黃蘗 사일師逸 3 - 344
황산黃山 2 - 698
황산黃山 양광良匡 3 - 255, 299
황산黃山 월륜月輪 2 - 332, 391
황소黃巢의 난 2 - 68, 281
황운黃雲 원元 3 - 32, 75
황원진黃元眞 1 - 196
황태자문심요皇太子問心要 3 - 666
회會 2 - 457
회고懷古 1 - 210
회공懷空 1 - 213, 481。2 - 122
회과懷果 2 - 565
회기晦機 3 - 95, 123
회도懷韜 1 - 380
회신懷信 1 - 210
회악懷岳 2 - 483, 540, 622, 644。3 - 154
회양懷讓 1 - 267, 294, 336, 338, 382。2 - 192
회열懷烈 → 정오淨悟
회우懷祐 2 - 330, 360
회운懷惲(章敬寺) 1 - 431, 441
회운懷惲(歸宗寺) 2 - 621, 640
회정懷政 1 - 551, 600
회주懷晝 3 - 103, 171
회창會昌의 사태沙汰 1 - 691, 726。2 - 67
회초懷楚 3 - 96, 147
회충懷忠 2 - 332, 389
회칙懷則 1 - 381
회탄懷坦 1 - 381
회통會通 1 - 209, 257, 258
회해懷海 1 - 380, 384, 409, 416, 437, 438, 442, 552, 567, 583, 586, 602。2 - 157, 193, 235
회會 화상 1 - 630
회휘懷暉 3 - 318
획주음獲珠吟 3 - 707
횡룡橫龍 3 - 95, 122
효료曉了 1 - 216, 293, 312

효명제孝明帝 1 - 171, 174
효무제孝武帝 1 - 148, 150
효방曉方 1 - 624
효영曉榮 3 - 343, 390
효오曉悟 2 - 702, 739。3 - 369
효왕孝王 1 - 69
효장제孝莊帝 1 - 182
후동산後洞山 → 사건師虔
후백운後白雲 3 - 178, 230
후초경後招慶 3 - 31, 60
휘暉 1 - 432
휘輝 2 - 330, 369
휘徽 3 - 94
휘정彙征 3 - 377
휴복休復 → 오공悟空(休復)
휴정休靜 2 - 399, 431, 434
흑간黑澗 1 - 480, 534
흑산黑山 1 - 698
흑수黑水 3 - 178, 236
흑안黑眼 1 - 479, 513
흠충欽忠 2 - 331
흥고興古 3 - 102, 170
흥교興教 사보師普 3 - 96, 149
흥덕興德 대왕 1 - 702
흥법興法 2 - 483, 551
흥선興善 → 유관惟寬
흥선興善 서륜棲倫 3 - 256, 337
흥성興聖(鼓山) 2 - 483, 544。3 - 64
흥성興聖 조調 3 - 179
흥성興聖 중만重滿 3 - 96, 145
흥양산興陽山 3 - 96
흥평興平 1 - 480, 534
흥화興化 → 존장存奬
희각希覺 3 - 181
희변希辯 3 - 343, 384
희봉希奉 3 - 256, 334
희운希運 1 - 549, 566, 602。2 - 60, 193
희원希圓 3 - 345, 415
희위希渭 1 - 45。3 - 723
희적羲寂 3 - 259
희정希頂 1 - 481
희조希操 2 - 203。3 - 359
희종僖宗 1 - 338。2 - 289, 341
희천希遷 1 - 334, 386, 542。2 - 181, 184, 189, 191, 193, 194, 195, 217,219。3 - 664, 688

월운 스님

경기도 장단에서 태어나 한학을 수학하고, 남해 화방사에서 당대의 대강백 운허스님을 은사로 출가하였다. 통도사와 해인사 강원을 졸업하고 강사가 되었으며, 동국역경원 역경위원을 거쳐 동국역경원 원장을 역임했다. 중앙승가대학 교수와 제25교구 본사 봉선사 주지를 역임하였고, 불경서당과 능원학림을 통해 후학 양성에 매진하다 2023년 6월 16일 원적에 들었다.
저서로는 「삼화행도집」·「일용의식수문기」·「금강경강화」·「원각경강화」·「대승기신론강화」·「구름처럼 달처럼」 등이 있고, 「조당집」·「선문염송」을 비롯한 80여 종의 경론을 번역한 우리나라의 대표적인 학승이자 강백이다.

박용배 불자

2008년 5월 초 귀중한 정재를 보시하여 '한글대장경 개역 전산화 사업'과 '단행본 경전 발간 사업'에 크게 도움을 주신 경기도 수원시 거주 불자님으로, 진심으로 깊은 감사의 뜻을 표하고자, 2008년 출간되는 단행본 경전인 「조당집」과 「전등록」에 그 이름을 올립니다.

전등록 3

2023년 8월 1일 개정판 3쇄 발행

역 주 월운스님
발행인 박기련
발행처 동국역경원

출판등록 1964-000001호
주소 04626 서울시 중구 퇴계로36길2 신관 1층 105호
전화 02-2264-4714
팩스 02-2268-7851
Homepage http://dgpress.dongguk.edu
E-mail abook@jeongjincorp.com
인쇄처 네오프린텍(주)

ISBN 978-89-5590-455-0
ISBN 978-89-5590-452-9(전3권)

값 35,000원